无机化学基本原理

Basic Principles of Inorganic Chemistry

蔡少华　龚孟濂　史华红　编著

中山大学出版社

·广州·

图书在版编目(CIP)数据

无机化学基本原理/蔡少华,龚孟濂,史华红编著.—广州:中山大学出版社,1999.5
ISBN 978-7-306-01530-3

Ⅰ.无…
Ⅱ.①蔡…②龚…③史…
Ⅲ.无机化学-化学原理-教材
Ⅳ.O 61

中山大学出版社出版发行
(地址:广州市新港西路135号　邮编:510275
电话:020-84111998、84037215)
广东新华发行集团股份有限公司经销
虎彩印艺股份有限公司
787毫米×1092毫米　16开本　21.125印张　511千字
1999年5月第1版　2019年7月第10次印刷
定价:32.50元

内容简介

本书是为大学化学及相关专业师生编写的无机化学课程教学用书，在内容上与《元素无机化学》（中山大学出版社，1998）教材配套使用。

本书共11章。全书以现代无机化学基本理论即热力学原理及结构原理为基本点，围绕着元素及其化合物的性质和反应性这一中心，着重向学生介绍和讲述如何应用无机化学的理论，从宏观及微观的角度去学习、讨论、研究无机化学的问题，使传统的描述性的、以罗列性质及反应事实为主体的无机化学转变为说理性的、推理性的无机化学，使学生明确学习原理的目的及应用原理的方法，收到“学以致用”的教学效果。本书在内容上删除了一些经典的、但较为陈旧的普通化学的理论，避免在内容上与中学教学内容重复。本书尽量向学生介绍一些现代的无机化学基本原理的结论及其应用，尤其注重于各种理论间的相互联系，使学生进一步加深对无机化学基本原理的认识和掌握，激发学生学习求知的欲望和热情，从而掌握学习无机化学的方法。

为了方便师生的教与学，与本教材配套使用的还有《无机化学习题解答》（中山大学出版社2003年10月出版）及计算机辅助教学软件、试题库等资料。

本书适合于综合性大学、师范院校化学系师生使用，也可用作其他各类高等院校普通化学课程的教学参考书。

前　言

本教材是根据国家教委1992年颁布的关于“化学专业培养规格和教学要求”，以中山大学校内使用教材《无机化学基本原理》为基础，经多年教学实践修改编写而成的。本教材与《元素无机化学》（蔡少华、黄坤耀、张玉容编著，中山大学出版社，1998）及《无机化学实验》第三版（中山大学编，高等教育出版社，1991）教材配套使用。

本教材在内容的选择和编写上考虑到：近十多年来，随着科学的进步与发展，大学无机化学的教学内容和教学过程中需要向学生讲述的基础知识及基础理论越来越多（主要是热力学理论及结构原理，以及这些理论的结论在无机化学中的应用）；同时，教材在内容上应删除与中学化学及物理学的教学内容有重复的部分（如物质的聚集状态、气态方程、溶液浓度、阿仑尼乌斯酸碱理论、卢瑟福原子结构模型、路易斯电子式及其学说等经典理论的内容）。此外，我们也充分注意到目前中学化学教学大纲的要求以及大学学生的数理实际水平及学习能力的特点，力求在教材内容的编写中做到概念准确、条理清楚、深入浅出、前后呼应、互相联系、突出应用、循序渐进、自成体系，自始至终围绕着热力学原理和结构原理这个纲及其在无机化学学习中的应用，使学生在学习无机化学原理的同时逐步提高提出问题、分析问题及解决问题的学习能力，为学习元素无机化学及后续课程打下扎实的基础。

在教材内容的安排上，我们把配合物化学这一章放在氧化还原电化学一章之前，而不像其他教材中放在下册过渡元素之后讲授。我们认为，这样的安排既有利于保持基本原理的完整性，也体现了由简单到复杂、由浅入深的原则，从而有利于学生对热力学原理与四大平衡的关系的掌握，有利于加强学生对多重平衡原理的应用及理解，有利于加强学生对热力学原理的进一步深入认识及应用。

全书共分11章，突出围绕热力学原理与结构原理这两大原理在学习无机化学中的应用。对于化学反应动力学，鉴于教学时数限制及学生数理水平，我们只作一般性介绍，有待于后续课程深入研究。

在每一章书的末尾，都列有“本章教学要求”一节，目的在于方便学生对本章教学内容的掌握。章末附有习题，其中一些题目的综合性、灵活性较强，着重训练学生能力，我们另编有习题解答，可供师生们参考使用。

本书在编写、评审、出版过程中始终得到校内外专家、前辈及同行的指导、关怀和支持。北京大学化学与分子工程学院严宣申教授、西北大学化学系唐宗薰教授对本教材的内容提出了不少指导性的具体意见；北京大学出版社赵学范副编审对本书的内容及出版提出了不少修改意见，并给予了热情帮助。中山大学化学与化学工程学院的黄坤耀、张玉容、杨燕生、计亮年、邓云祥、曾昭槐、施开良、刘冠昆、罗裕基等教授分别对本书的出版给予了极大的关怀及指导。无机教研室的金毅、雷衡毅、鲁统部等老师在教学过程中对本书的内容也提出了很多很好的建议。所有这些都使本教材更为完善、更富有自己的特色。在此，对他们一并表示最衷心的感谢。中山大学出版社周建华编辑对本教材的出版付出了辛勤而艰苦的劳动，给予了热情的指导与帮助，在此谨表深切的谢意。

由于我们水平有限，时间紧迫，书中错漏在所难免。在此，恳请读者在使用过程中给予批评指正。

编　者

1998 年 7 月于康乐园

目　录

第一章 绪　论

Introduction

化学对人类社会的发展起着重大作用，可以说，现代人类的衣、食、住、行和健康都离不开化学。化学作为"中心科学"之一的地位，正被越来越多的人所认识。在本章中，我们将简要介绍化学研究的对象、化学与人类社会发展的关系、无机化学的发展趋势以及学习无机化学的方法。

第一节　化学研究的对象

一、化学的定义[1,2]

先看我们熟悉的物质发生变化的两个例子。

例 1-1　氢气在氧气中燃烧生成水：

$$H_2(g) + \frac{1}{2}O_2(g) \longrightarrow H_2O(l)$$

在研究这个变化时，我们涉及到"物质的组成"——氢气、氧气和水，分别由氢分子、氧分子和水分子组成；每个氢分子由 2 个氢原子组成，每个氧分子由 2 个氧原子组成，每个水分子由 2 个氢原子和 1 个氧原子组成。在这个过程中，物质发生了变化，物质的组成也发生了变化。同时，我们也会涉及到"物质的结构"——氢分子、氧分子和水分子，分别由相应的原子通过"共用电子对"形成"共价键"而构成：

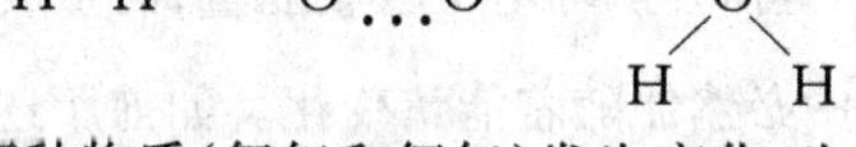

另外，在这个过程中，两种物质（氢气和氧气）发生变化，生成了一种新的物质（水）；物质的"凝聚态"也变了，氢气和氧气均为气体（gas），而水是液体（liquid）。

发生这一变化的过程伴随着能量的变化，这是一个放热过程（$-285.83\ kJ\cdot mol^{-1}$）。

例 1-2　钠与氯气作用生成氯化钠：

$$Na(c) + \frac{1}{2}Cl_2(g) \longrightarrow NaCl(c)$$

这同样涉及到物质的组成、结构和变化（新物质的生成及过程中的能量变化）。这是一个放热过程（$-410.9\ kJ\cdot mol^{-1}$）。钠和氯化钠是晶体（crystal），而氯气是气体。

这些变化涉及到物质的三个层次：原子（或带电的原子，即离子）、分子及其凝聚态（气态、液态、固态、等离子体等）。

这样，我们可以给出“化学”的定义：“化学是从原子、分子及其凝聚态层次上研究物质的组成、结构、性质、变化规律及其应用的科学”[1,2]。其中，“分子”是化学研究的中心层次，因此也可以简称“化学是分子的科学”[2]*。在变化过程中生成了新的物质，但各元素的原子核不发生改变，这种变化称为“化学变化”(chemical change)，或称“化学反应”(chemical reaction)。

二、化学变化的基本特征

由上述两个例子，我们很容易归纳出“化学变化”的三个基本特征：

1. 新物质生成，但各元素原子核均不改变

因为化学变化过程中，参加反应的物质(反应物)原有的化学键被破坏，而重组为新的化学键(生成新的物质，即生成物)。例如 H_2 分子中的 H—H 键，O_2 分子中的 O—O 键被破坏，而 H—O—H 键生成。

注意到化学变化中各元素原子核不变是必要的。因为化学键的重组只涉及原子核外电子的变化，各元素原子核均不变，因此不会产生“新的元素”。对比核裂变和核聚变过程，虽然也生成了新的物质，例如：

$$^{235}_{92}\mathrm{U} + ^{1}_{0}\mathrm{n} \longrightarrow ^{144}_{56}\mathrm{Ba} + ^{89}_{36}\mathrm{Kr} + 3\,^{1}_{0}\mathrm{n}$$

$$^{2}_{1}\mathrm{H} + ^{3}_{1}\mathrm{H} \longrightarrow ^{4}_{2}\mathrm{He} + ^{1}_{0}\mathrm{n}$$

但是，参加反应各元素的原子核也发生了改变，生成了新的元素。这类变化不属于“化学变化”范围，而称为“核反应”(nuclear reaction)，通常属“核物理学”研究范围。

2. 化学变化是定量变化，服从“质量守恒定律”

由于化学变化只涉及核外电子的重组，各元素原子核不发生变化，不产生新的元素，因而反应体系中所有元素的原子核总数和核外电子总数在反应前后并无变化，它们的总质量必然不变，即遵守“质量守恒定律”。例如，2.016 g H_2 与 15.999 g O_2 完全化合，必然生成 18.015 g H_2O。

3. 化学变化过程伴随能量变化，服从“能量守恒定律”

由于破坏反应物的化学键需要从环境中吸收能量，而生成新的化学键则要向环境放出能量，所以化学变化过程中必然伴随着能量变化。如前所述，1 mol H_2(g) 与 $\frac{1}{2}$ mol O_2(g) 完全化合为 1 mol H_2O(l) 的过程中，向环境放出能量($-285.83\ \mathrm{kJ\cdot mol^{-1}}$)，而环境的能量等量增加($+285.83\ \mathrm{kJ\cdot mol^{-1}}$)。这样，反应体系和环境总的能量变化为：

$$(-285.83\ \mathrm{kJ\cdot mol^{-1}}) + (+285.83\ \mathrm{kJ\cdot mol^{-1}}) = 0\ \mathrm{kJ\cdot mol^{-1}}$$

这就是“能量守恒定律”。在热力学中，也就是“热力学第一定律”。

三、化学的二级学科

在自然科学中，数学、物理学、化学、生物学等被列为“一级学科”。通常认为，现代化

* 关于“化学的定义”，曾有过 20 多种提法，可参阅文献[1]、[2]。

学是从19世纪末开始发展的。1895年，德国科学家伦琴（W. K. Röntgen）发现了x射线；1896年，法国科学家贝克勒尔（A. H. Becquerel）发现了铀的放射性；1897年，英国科学家汤姆生（J. J. Thomson）发现了电子。这三项重大发现动摇了物理学的传统观念，也冲击着道尔顿（Dalton）“原子是不可分割的最小微粒”这一观点，其重要意义在于打开了“原子结构”和“原子核结构”的大门，使物理学和化学研究进入了“微观世界”，孕育了新的科学概念和科学理论。在随后的20多年中，物理学中提出了“量子论”（M. Planck，1900）、“相对论”（A. Einstein，1905）和“量子力学”（E. Schrödinger 和 W. Heisenberg，1926），在化学中则提出了“原子结构理论”和“分子结构理论”，这标志着现代化学进入了蓬勃发展阶段[3]。自19世纪30年代起，按照研究对象、研究方法或研究目标的不同，现代化学被划分为无机化学、有机化学、分析化学、物理化学和高分子学科5个二级学科。

1. 无机化学

无机化学是研究除碳、氢化合物及其衍生物之外的所有元素的单质和化合物的组成、结构、性质、变化规律及应用的化学分支。

人类早期的化学实践活动大都属于“无机化学”的范畴，例如陶器制造（1万年前）、青铜制造（5 000年前）、“点金术”和“炼丹术”（2 100年前）、黑火药制造（1 300多年前）等。无机化学（也就是早期的化学）在18世纪中叶至19世纪中叶奠定了理论基础，其发展的主要里程碑有：1748年罗蒙诺索夫（М. В. Ломоносов）提出：“质量守恒定律”；1808年道尔顿（J. Dalton）的“原子论”；1811年阿佛加德罗（A. Avogadro）提出“分子论”；1840年盖斯（G. H. Hess）提出“盖斯定律”以及1869年门捷列夫（Д. И. Менделеев）创立“元素周期律”。从此，无机化学形成一门独立的化学分支。无机化学的现代化始于20世纪二三十年代原子结构和分子结构理论的建立和现代测试分析技术的应用，它使无机化学的研究由宏观深入到微观，把无机物的性质、反应性与其分子、原子结构联系起来。随着无机化学的发展，按照被研究对象的不同，无机化学被划分为普通元素化学、稀有元素化学、配位化学、金属间化合物化学、同位素化学、无机合成化学、无机高分子化学等分支。无机化学的发展趋势将在第3节介绍。

2. 有机化学[4]

有机化学是研究碳、氢化合物及其衍生物的化学分支。已知的有机化合物达1 000多万种，而无机化合物则只有几十万种。有机化合物具有不同于无机化合物的特征，如分子组成复杂、容易燃烧、熔点低（通常低于400℃）、难溶于水、反应速率小、副反应多等。有机化学可以划分为天然有机化学、合成有机化学、结构有机化学等。天然有机化学研究动物、植物、微生物等天然有机物的结构、性能，并进行人工合成。合成有机化学则利用天然的（例如煤焦油、石油、动植物等）或人工的原料，合成各种染料、香料、医药、农药、肥料、炸药、有机光电材料、塑料、合成纤维和合成橡胶等。1965年，我国人工合成了一种相对分子量最小的蛋白质——牛胰岛素；1970年，77单位的多核苷酸基因片断被合成，标志着有机化学在探索生命现象中发挥着越来越重要的作用。结构有机化学主要研究有机物结构理论，进行结构测定和分析，它对其他有机化学分支起着理论指导作用。

3. 分析化学[5,6]

分析化学是研究物质化学组成的分析方法及有关理论的一门化学分支学科，其任务是鉴定物质的化学成分、测定各成分的含量和物质的化学结构（分子结构、晶体结构），它们依次属于定性分析、定量分析和结构分析研究的内容。根据被分析对象是无机物还是有机物，可把分析化学分为无机分析化学和有机分析化学。根据测定原理的不同，分析化学的分析方法可分为两大类：以物质的化学反应为基础的分析方法称为“化学分析法”，它是分析化学的基础，主要包括重量分析法和容量分析法；以物质的物理和物理化学性质为基础的分析方法，因需要特殊的仪器，称为“仪器分析法”，它包括原子发射光谱法、原子吸收光谱法、原子荧光光谱法、紫外-可见分光光度法、红外光谱法、核磁共振波谱法、x 射线荧光分析法、x 射线衍射分析法、分子发光（荧光、磷光）和化学发光法、质谱法、电化学分析法、色谱法、热分析法、激光光谱分析法、圆二色谱法和电子能谱法等。仪器分析是在化学分析的基础上发展起来的，一些仪器分析方法，需要先用化学分析手段作试样处理、分离、掩蔽或富集，然后才用仪器测定，可以说二者是相辅相成的。随着近代计算机科学、物理学、数学和生物学的成就不断地引入分析化学，仪器分析法已发展成为一门化学信息科学，即产生、获得和处理各种化学信息（除了物质的化学组成、含量和化学结构之外，还包括状态分析、表面分析、微区分析、化学反应参数测定和其他化学信息[6]）。这些信息被其他每一个化学分支以及物理学、生物学等学科广泛采用，并应用于工农业生产、贸易、环境监测和医学等领域。

4. 物理化学[7]

物理化学是借助物理学的原理和方法来探求化学变化基本规律的一门化学分支，是整个化学学科的基础理论部分，它包括化学热力学、化学动力学和结构化学三部分。化学热力学研究化学反应过程的能量变化、方向和限度；化学动力学研究化学反应的速率、机理和化学反应的控制；结构化学研究物质的结构（原子、分子、晶体结构）及其与物质的性能之间的关系。物理化学的基本原理在各个化学分支都得到广泛应用，化学热力学、化学动力学、催化和表面化学的成果，更促进了石油炼制、石油化工和材料等工业的发展。物理学提供的新技术，如超快速（$10^{-15}\sim10^{-12}$ s）激光光谱技术、分子束技术、x 射线衍射、x 射线光电子能谱、俄歇电子能谱等，以及计算机科学成果的引入，大大促进了物理化学的发展，其发展趋势具有以下几个特点[7]：①从体相到表相。多相化学反应总是在表相上进行。应用光电子能谱，可以研究物质表相几层原子范围内的组成和结构。这类“表面化学”的研究促进了催化化学的发展和应用，并成为新材料的生长点。②从静态到动态。化学热力学研究方法是典型的由静态判断动态的例子，因此无法给出变化过程的细节。超快速激光光谱技术和分子束技术的出现并应用于化学动力学研究，诞生了“分子反应动力学”（又称“微观反应动力学”或“化学动态学”），使超快过程（$10^{-15}\sim10^{-12}$ s）的动态研究成为可能。例如，蛋白质行使其功能时，“构象”变化发生在 10^{-6} s之内，目前已可以对此作动态研究，这将加深对复杂的生命化学过程的认识。③从平衡态到非平衡态。平衡态热力学（可逆过程热力学）只限于研究孤立体系或封闭体系，而大多数真实体系属于开放体系（非平衡体系）。60 年代以来，非平衡体系的研究发展迅速，已形成了“非平衡态热力学”，它与生命科学、化学反应动力学等有密切的联系，成为当前物理化学发展的前沿之一。

5. 高分子学科[8]

高分子学科是在有机化学、物理化学、生物化学、物理学等学科的基础上形成的*。1924年，Staudinger首次明确提出“大分子”的概念；1928年，Carothers建立了缩聚反应理论；30年代，自由基聚合获得成功，一系列烯类聚合物相继投产。从此，“高分子学科”真正成为化学的一门分支学科。“高分子”是指分子量为$10^4 \sim 10^6$的大分子，一般由许多相同的、简单的结构单元通过共价键（有些以离子键）有规律地重复连接而成，因此又称“聚合物”。按主链元素组成的不同，高分子可分为3类：①碳链高分子。主链完全由碳原子组成，例如乙烯基类和二烯烃类聚合物。②杂链高分子。主链除碳原子外，还含有氧、氮、硫等原子，如聚醚、聚酯、聚酰胺等。③元素有机高分子。主链不是由碳原子，而是由硅、硼、铝、氧、氮、硫、磷等原子组成，如有机硅橡胶。高分子学科分为高分子化学和高分子物理两个分支。高分子物理的任务是研究聚合物的结构与性能的关系及其应用；高分子化学的任务是根据性能的要求，研究聚合原理，探索最佳工艺条件，选择合适原料、引发剂等，合成出预期结构和性能的聚合物。近年来，高分子学科的研究，已朝着提高聚合物产量和综合性能、注意环境保护和功能化等方向发展，在精细高分子合成、高分子设计、新的合成方法和表征手段以及特殊功能高分子材料方面的研究十分活跃。这里的特殊功能高分子材料包括高性能结构材料、光敏高分子、高分子导体和半导体、光导体、高分子分离膜、高分子试剂、催化剂和药物、自然降解用毕寿终聚合物（环保聚合物）、生物高分子、具有能量转换性能聚合物和信息传递大分子等。可以说一场新材料革命已经开始，高分子学科和无机材料学科等将在其中发挥重大作用。

应当指出，化学作为一门自然科学，划分为若干分支学科，有其自身发展和社会生产发展的客观需要，而各个分支学科之间，又是紧密联系、互相渗透的。例如，无机化学被公认是化学的基础；物理化学为各个化学分支提供了基本理论；分析化学方法和技术在各个化学分支中被广泛应用；高分子学科是由有机化学等学科衍生出来的；无机化学与有机化学的互相渗透导致产生“金属有机化学”，这两门化学分支的界限现已很难明确划分。化学与其他科学的互相渗透也是十分显著的：化学与生物学的互相渗透产生了生物化学；计算机科学的成果应用于化学而导致形成“计算机化学”；把无机化学原理（特别是配位化学原理）应用于生物体系，就诞生了“生物无机化学”，等等。因此，要学习好化学，不但要求掌握化学各个分支学科的基础理论和基本知识，而且必须对物理学、数学、生物学、计算机科学等知识有相当的了解。

第二节　化学与人类社会发展的关系[9,10]

化学已经对人类社会的发展作出了巨大贡献。下面从化学创造物质财富、化学与环境、化学与人类健康和化学对人类文化发展的影响四个方面论述化学与人类社会发展的关系。

---

* 高分子学科（或科学）包括高分子化学和高分子物理两部分，二者相互渗透，很难截然分开。

一、化学对人类创造物质财富的贡献

现代人类的衣、食、住、行、医药、能源、材料以至人口控制本身,没有一样可以离开化学。

1.化学与粮食生产和人口控制

目前,全世界人口约60亿,粮食年总产量约20亿吨。地球表面的71%被水(海洋、湖泊、江河)覆盖,余下29%为陆地,除去山脉、沙漠等之后,可耕地的面积并不充裕。人类正面临"粮食问题",必须通过"增加粮食生产"和"限制人口增长"来解决,而这两方面的努力都十分依赖于化学科学的发展。目前,世界粮食总产量的30%~50%得益于化肥、农药和植物生长调节剂的使用。全世界在1988年生产了1.3亿吨化肥,其中氮肥6 700多万吨,磷肥3 500多万吨,钾肥2 700多万吨;农药产量为200多万吨,包括杀虫剂、除草剂、昆虫信息素等。

一些豆科植物的根瘤菌具有"固氮功能",即把元素状态的氮转变为氮的化合物而被植物吸收。"化学模拟固氮的研究"正在进行,已发现某些金属有机化合物和簇合物具有固氮酶的催化作用,一旦生物固氮机制被完全认识,农业将大为改观。

"人工模拟光合作用"是化学家研究的另一个重大课题。绿色植物的叶绿素可以吸收阳光,把二氧化碳和水转变为氧气和有机化合物,以满足植物生长的需要。化学家已证明叶绿素是一种镁(Ⅱ)-1卟啉衍生物配合物,并人工合成了一些模拟化合物[11]。由于光的吸收和能量转移过程很快($10^{-12}\sim10^{-9}$ s),化学家和生物学家将利用超快速激光光谱等手段,研究光合作用的复杂反应机制。尽管目前我们离在实验室里模拟天然光合作用还相差很远,然而化学家仍然期望能发展利用太阳能的人工光合系统,生产出更多的食物。

控制人口增长是解决粮食问题的另一个重要途径,80年代以来,世界人口每年增加9 000万左右,"人口爆炸"危机依然存在[9]。为控制人口增长,化学家、生物学家和医学家正合作研究,并已为人类提供了一些安全、有效、副作用小的避孕药物,对控制人口起了积极的作用。

2.化学与能源开发

煤的气化和液化、石油的炼制和石油化工产品的生产,都离不开化学和化学工业。煤、石油和天然气既是当前人类的主要能源,又是主要的化工原料。然而这些能源的储存量是有限的。90年代以来,世界每年开采石油量达95亿吨以上。据估算,现已探明的石油储量只能再供开采40年左右,煤可开采200年左右。因此,人类不得不加快开辟新的能源,其中核能和太阳能是两个重要能源。物理学家和化学家已为人类提供了原子能,目前,原子能已在一些国家的能源供应中占有较大比例。电化学已提供了把太阳能转化为电能的实用装置,供居民、工农业和宇宙飞船使用。氢能源被认为是最理想的能源(无污染),储氢材料、储氢电池研制已进入了实用阶段。人工模拟光合作用有可能光解水而生成氢气,提供新的能源。

3.化学与现代化的材料

材料科学是多学科互相渗透而诞生的科学[10],如下图所示:

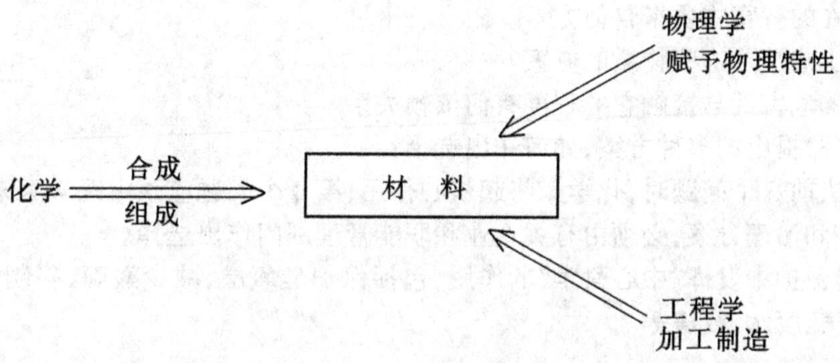

由于化学是人们认识和控制物质的组成、结构和性质的中心科学[10]，化学家具有合成和控制物质组成的特殊才能，因此在制备材料中起关键作用。但这并不意味着排斥其他学科。正是化学、物理学、工程学等多学科专家们的协同工作，已为人类提供了大量的"材料"，从"传统材料"钢铁、铝、其他合金、各种塑料、合成纤维、合成橡胶，到各种各样具有特殊的光、电、磁、声、热或力学功能的"特殊材料"。这些材料被人类用来制造汽车、飞机、宇宙飞船、建筑物、桥梁、衣物、电视机、计算机等。材料、能源和信息被认为是新的产业革命的三大要素，而材料则是这些要素的物质基础。因此，具有特殊功能的新材料的研制，是当前科学研究的中心课题之一。"超导体"是近 10 年来最热门的研究领域之一，$YBa_2Cu_3O_x$（$x\approx7.5$）被发现具有超导性，其居里温度（零电阻率起始温度）T_c 为 90 K，这为在液氮（沸点 77 K）冷却条件下长距离传输电能不受损失、制造大规模计算机集成电路和无摩擦的超导悬浮火车等提供了可能。

更为重要的是，新材料的出现可引导产生新的工业。例如，有了"聚合物"，就出现了塑料工业、合成纤维工业和合成橡胶工业；合成了荧光材料，就诞生了电视机工业；有了半导体，就出现了计算机工业，等等。新工业的诞生，极大地推动了社会生产的发展。

二、化学与人类生存环境

现代工业生产给人类创造了巨大物质财富，与此同时，工业废气、废液、废渣的排放，燃烧矿物燃料的废气、废渣以及使用工业制品后的废弃物却造成了日益严重的环境污染。

应当指出，"环境污染"并不是现代工业的一种"新发明"。有史以来，就存在人类干扰自然环境的记载；城市的出现，加剧了环境污染（例如下水道污水问题，燃料燃烧废渣废气问题等）。与化学工业有关的环境污染是由下列原因之一（或多个原因）引起的：

（1）缺乏对化学及其工艺知识的全面了解，未能选择污染最小的工艺生产流程和设备，处理工业"三废"不力。

（2）缺乏"环境保护"意识，使用工业制品后随意废弃。

（3）环境保护法规不够完善，有关职能部门监管力度不够。

由于上述原因，显而易见，"环境保护"是一项"综合工程"。在这项"综合工程"中，化学再次处于"中心科学"的地位。因为，在保护和治理环境之前，我们必须了解[10]：

(1)环境中存在哪些潜在的有害物质?

(2)这些潜在的有害物质来自何方?

(3)有何减少或消除这些物质的方案?

(4)某物质的危害性与接触它的程度有何依赖关系?

(5)对问题(3)提出的多种方案,如何作出选择?

显然,在解决前3个问题时,化学家将起核心作用;第4个问题应该由医学家来回答;最终的环境保护和治理方案,必须由有关企业和职能管理部门作出选择。

化学在环境保护中发挥"中心科学"的作用,包括保护臭氧层,减少酸雨,限制温室效应,处理工业废气、废水、废渣等。

三、化学与人类健康

生命活动是最复杂的变化过程。化学与生物学相结合来研究人体生命活动的化学机制,促进了医药学的发展,使我们得以根据药物对生物体作用的化学机制,以合乎逻辑的方式去寻找或合成新的药物,以替代传统的试验和不当的筛选方法。现代化学家与生理学家、医药学家的合作已为人类提供了治疗各种疾病的药物,包括酶抑制剂、抗生素(抗细菌剂和抗病毒剂)、激素、维生素、不会上瘾的新镇痛药以及抗癌药等。可以预期,化学科学的进步,将帮助我们进一步从分子水平上了解生命过程以及药物对生物体的作用机制,合理地设计和合成药物,更好地保障人类的健康。

四、化学对人类文化发展的影响[9]

化学文化是科学文化的一部分,它由化学物质、化学变化、化学组织、化学活动、化学方法、化学语言、化学理论和化学思想等要素构成。化学文化的价值在于它的科学精神和应用的合理性。人们在日常生活中经常接触化学物质、化学变化,若缺乏化学知识,迷信就可能流行。化学教育的普及,提高了社会的文明程度。

化学与伦理学有着必然的联系。化学的应用性对人的行为准则提出了新的内容、新的要求。一个化学工业企业,可以带来物质财富;但如果经营者只顾经济效益,不顾社会效益,任由"三废"污染环境,其伦理道德就应受到谴责。

对生命起源和人类起源的认识,是人文文化和化学文化共同的重要内容。尽管任重道远,生命化学将逐步揭开生命之谜,这在人类文化发展中将是极有意义的篇章。

第三节　无机化学的发展趋势

19世纪40年代末起,随着原子能工业和电子工业的兴起,对具有特殊电、磁、光、声、热或力性能的新型无机材料的需求也日益增加,从而建立了大规模的无机新材料工业体系;另一方面,随着无机结构理论(化学键理论,包括价键理论、晶体场理论、分子轨道法、配位场理论、金属键理论等)的发展、现代物理技术的引入和无机化学与其他学科的互相渗透,产生了一系列新的边缘学科,无机化学进入了蓬勃发展的"复兴"阶段。下面主要介绍代表着当前无机化学发展趋势的几个新兴的无机化学分支学科。

一、生物无机化学[11~14]

生物无机化学是无机化学与生物化学互相渗透产生的边缘学科，它应用无机化学理论(尤其是配位化学原理)和方法，研究元素及其化合物与生物体系及其模拟体系的互相作用、结构及与生物活性的关系。生物无机化学是一门年轻的学科，1970 年在美国 Virginia 州举行了首次国际生物无机化学学术讨论会，次年把该会议的 19 篇学术报告汇编为《生物无机化学》(*Bioinorganic Chemistry*)出版，这是系统介绍生物无机化学的第一部专著。同年，第一份生物无机化学学术期刊——*Bioinorganic Chemistry* 创刊(1979 年更名为 *Journal of Inorganic Biochemistry*)。1983 年，生物无机化学国际会议组织委员会成立，并决定每 2 年召开一次会议。1997 年 7 月，在日本横滨举行了第八次生物无机化学国际会议。频繁的国际学术交流，反映了生物无机化学研究进展的迅速。当前，生物无机化学研究的重要领域包括金属蛋白质、金属酶、离子载体、金属配合物与核酸的作用以及利用生物材料(特别是生物矿物材料)、生物的成矿功能或仿生技术制备新型的功能材料等。

二、金属有机化学[15~17]

金属有机化学是无机化学与有机化学互相渗透产生的边缘学科，它打破了无机化学与有机化学的传统界限。金属有机化合物是指含有碳-1 金属键的化合物。第一个金属有机化合物——蔡斯盐[Zeise salt，$(CH_2=CH_2)PtCl_3$]发现于 1827 年，但其结构在 100 多年后才被测定。50 年代之前，金属有机化学主要研究主族元素的金属有机化合物，其后，过渡元素金属有机化合物的研究迅速发展。1963～1983 年间，K. Ziegler，G. Natta，G. Wilkinson，E. O. Fischer，W. N. Lipscomb，Jr.，H. C. Brown 等 7 位金属有机化学家和与金属有机有关联的配位化学家 H. Taube 共 8 人获得诺贝尔化学奖，可见金属有机化学的突破性进展已被国际化学界所公认。当前金属有机化学研究的重要领域包括用于精细有机合成的催化剂的研制、合成特种功能材料、固态金属有机科学以及在诊断、医药和农药方面应用的研究等。

三、无机固体化学[18~20]

固体化学是研究固体物质(包括材料)的制备、组成、结构和性质的科学。无机固体化学则以无机物(包括有机金属化合物和无机高分子等)为研究对象，是无机化学与固体物理学紧密结合的一个领域。固体化学、固体物理和材料工程学等学科互相渗透、互相补充，形成了现代固体科学和技术，共同解决新材料的科学技术问题。

能源、信息和材料是现代文明的三大支柱，而材料又是能源和信息的物质基础。材料种类繁多，但按其化学键性质划分，可分为金属材料、无机非金属材料和有机高分子材料三大类，前二类都属于无机材料。当前世界面临着能源不足，太阳能和核能是极待开发的能源。照射到地球表面的太阳光的能量为 $8.1\times10^5\ kJ\cdot s^{-1}$，相当于世界总发电量的十几万倍，可惜绝大部分太阳能未被利用。要有效利用太阳能，就必须制备高效、稳定的光电或光热能量转换材料；要利用核能，则要制出耐高温和耐强辐射材料；信息的产生、传输、收集、处理、存贮和显示等技术,需要具有单色性好、强度高、信息容量大、灵敏度高等特性的各种激光、光导换能和传感材料。无机固体化学正是提供了无机材料的化学理论基础,当前其主要的研究领域包括无机功能材料化学(合成具有特殊光、电、磁、声、热或力性能的各种功能材料)、晶体生长、固相的缺陷化学、固体表面化学以及固相化学反应等。

特别指出"富勒烯(Fullerence)化学"的进展是有意义的。1984 年,首次发现碳可以形成 $n<200$ 的 C_n 原子簇,当 $n>40$ 时,它仅为偶数,且 C_{60} 特别稳定。1985 年,H. W. Kroto 等[20] 获得以 C_{60} 为主的质谱图,并提出 C_{60} 分子具有类似足球形状的封闭笼状结构(图 1-1),即:C_{60} 分子是由 12 个五边形和 20 个六边形组成球形的 32 面体,其中五边形彼此不相连接,只与六边形相邻;C_{60} 球面外侧和内腔形成离域 π 键,分子具有芳香性。这类 C_n 原子簇被称为"Fullerence"。由于 C_{60} 分子结构酷似足球,因此 Fullerence 又被称为"足球烯"(Footballene)。除 C_{60} 外,具有封闭笼状结构的 Fullerence 可能还有 C_{28},C_{32},C_{50},C_{70},C_{240},C_{540} 等。1991 年起,发现掺碱金属和铊的 M_3C_{60} 具有超导性(M = K,Rb,Cs 或/和 Tl),超导起始温度为 19.28~42.5 K。其中,K_3C_{60} 是各向同性三维超导体,与二维氧化物超导体和一维有机超导体很不相同。C_{60} 与 H,O,F 和一些金属元素形成的化合物或包合物也已被制备。Fullerence 的发现把我们带进了一个全新的化学世界:从平面的或低对称性的分子到全对称的球型分子,从平面的离域 π 键和芳香性到球面的 π 键,从简单的分子到 Fullerence 笼内金属包合物的"超分子",从一维超导性到三维超导性,现有的化学结构理论无疑正面临着巨大的冲击,酝酿着新的发展或突破。可以说,Fullerence 已广泛地影响到化学、物理学、材料学、电子学、生物学、医药科学等领域,并在"超导"等领域显示出潜在的应用前景。1996 年,Fullerence 的 3 位发现者 R. F. Curl, Jr. ,H. W. Kroto 和化学家 R. E. Smalley 被授予诺贝尔化学奖。

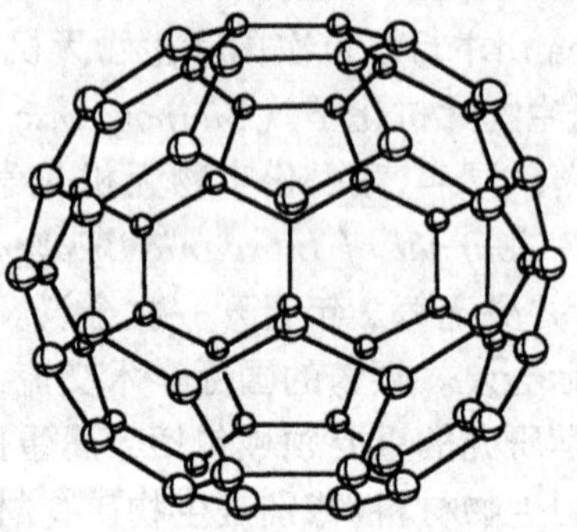

图 1-11　C_{60}的分子结构模型

第四节　学习无机化学的方法

对于不同的学习者,要指出学习某一学科的统一的、细致的学习方法是意义不大的。读者应该按照自身的具体情况,找到适合自己的具体学习方法。下面关于学习无机化学方法的意见,对一般读者具有共性,供读者参考。

一、重视做好化学实验

化学科学本身既是理论科学,又是实验科学。化学理论产生于化学实验和生产实践活动,同时又接受实践的检验。

元素周期表ⅢB 族的 Sc、Y、La~Lu 共 17 种元素,合称为"稀土元素"。从 1794 年发现钇(Y),到 1947 年从人工铀核裂变的碎片中用离子交换法发现钷(Pm),历时153 年,至少几百名科学家进行了大量的分离、分析和鉴定实验工作,才完成了稀土元素的发现[21]。化学家和生物学家合作,通过化学合成与生物活性筛选的穿插结合及超大规模技术,从除半胱氨酸之外的所有 L-氨基酸构成的 52 128 400 种六肽中,筛选出 3 种强活性肽,可用作鸦片受体拮抗剂[14],可见实验工作之艰巨。认识化学实验的重要性,认真做好化学实验,掌握实验的基本技能,以巩固、深化理论课学习的理论和知识,学会用有关化学理论知识和技能分析和解决化学现象或问题的方法,培养实事求是的科学态度和严谨的科学作风,既为学好无机化学所必需,也是一名化学家成长的基础。

二、重视化学理论的指导作用

我们强调做好化学实验的重要性,同时也重视理论对学习和实验、生产实践的指导作用。理论来源于实践。正确的理论才能阐明"本质"问题,因而更深刻并具有预见性。1869 年门捷列夫发现"元素周期律",曾大胆地重新排列了一些元素(如 Os, Ir, Pt, Au; Te, I; Ni, Co 等),果断地修正了一些元素的原子量(如 In, Ca, Y, Er, Ce, Th, U 等),还大胆地在"元素周期表"中留下空位(当时只发现了 63 种元素),预言了十几种尚未被发现的元素的存在,其中"类铝"、"类硼"和"类硅"分别在 4 年、8 年和 15 年之后被发现,并依次称为镓(Ga)、钪(Sc)和锗(Ge)。门捷列夫关于"类铝"、"类硼"、"类硅"的物理、化学性质的预言后来被实验事实证明准确得令人惊奇[21]。从此,"元素周期律"在国际化学界获得普遍承认。而无机化学也在"元素周期律"的基础上,首次连成一个完整的科学体系。

在本书及其姐妹篇《元素无机化学》(中山大学出版社,1998)中,我们尝试以无机化学理论,尤其是化学热力学原理和物质(原子、分子、晶体)结构理论为纲,贯穿在全书内容的论述中。希望读者首先学习好化学热力学原理和物质结构理论,以这些理论为纲,把无机化学原理和元素无机化学连成一个完整的无机化学学习体系,并以这些理论作为基础,分析、说明所遇到的无机化学问题,以求收到"纲举目张"的学习效果。"理论来自实践,又高于和指导学习和实践",这是我们在学习无机化学时应该记住的。

学习一个新的化学概念、定律、原理或理论时,首先应该注意问题是如何提出的、有何实验或理论依据、本身的含义和应用条件怎样、解决了什么问题、还存在什么缺陷,然后再了解细致的推导过程。由于无机化学是作为一门基础课,所以学生在学习无机化学理论时,把主要精力放在理论的物理模型的意义和理论的应用条件、应用范围上是重要的,有时不必过多注意具体的数学推导过程,更严谨的推导过程可在后继课程中学习。

三、抓好各个学习环节

像其他化学课程一样,要学习好无机化学,抓好各个学习环节是有用的。预习——上理论课和做实验——复习——解答习题……只要认真做好每一个学习环节,就会收到较好的学习效果。我们希望学生在重视做好实验的同时,也认真地解答一些无机化学习题。本书所列的习题,大多数是在多年教学实践的基础上精选出来的,具有一定的代表性、深度和难度。通过解答这些习题,可以锻炼思维方法,巩固所学的理论知识,提高分析、解决无机化学问题的能力。当然,在各个具体的学习环节上如何分配时间和精力,读者应该根据自己的实际情况来决定。

四、学一点化学史[21]

化学史是化学与历史学交叉的一门化学分支学科。“历史给人智慧”，在学习无机化学的同时，学习一点化学史将大有裨益。

(1) 更深刻地认识化学理论的形成和发展。每一个化学概念、定律、原理或理论的提出，都有其实验基础或生产实践基础，有特定的历史背景。同时，限于当时的实验技术水平、生产水平或科学家自身的认识水平，又会存在一定的局限性。当我们以后人的眼光审视前人的成就和不足时，我们就会更深刻地理解这些理论的形成过程，更懂得如何继承和发展这些理论。

(2) 吸取前辈的经验教训，掌握科学研究方法，提高工作能力和工作效率。通过了解化学前辈成功的经验和失败的教训，分析、比较各种研究方法的优劣，掌握科学研究的方法和规律，可以帮助我们在实际工作中少走弯路，提高工作能力，取得更高的工作效率。

(3) 学习前辈献身科学的精神、实事求是和严谨治学的科学态度，提高化学人才的素质。

参考文献

1 魏光等. 论现代化学定义及其原则宗旨. 化学通报，1997，(7)：50～53

2 徐光宪. 化学的定义、地位、作用和任务. 化学通报，1997，(7)：54～58

3 王祖陶. 现代化学发展的特点和趋势. 化学通报，1983，(2)：53～58

4 邢其毅，徐瑞秋，周政等. 基础有机化学(上册). 北京：高等教育出版社，1993

5 武汉大学主编. 分析化学(第3版). 北京：高等教育出版社，1995

6 赵树藩，周性尧，张悟铭等. 仪器分析. 北京：高等教育出版社，1990

7 傅献彩，沈文霞，姚天扬. 物理化学(上册). 北京：高等教育出版社，1990

8 邓云祥，刘振兴，冯开才. 高分子化学、物理和应用基础. 北京：高等教育出版社，1997

9 张道民. 现代化学对人类进步的作用与影响. 化学通报，1991，(10)：51～55

10 G C Pimentel，J A Coonrod 著. 化学中的机会——今天和明天. 华彤文等译. 北京：北京大学出版社，1990

11 计亮年，莫庭焕，曾添贤等. 生物无机化学导论. 广州：中山大学出版社，1992. 205～230

12 郃子厚. 生物无机化学简介. 化学通报，1984，(8)：54，55

13 黄仲贤. 生物无机化学的新台阶. 化学通报，1993，(9)：1～4

14 王夔. 化学与生物科学的融合. 化学通报，1994，(9)：10～12

15 王积涛. 金属有机化学. 化学通报，1978，(8)：6～8

16 黄耀曾. 漫谈金属有机化学. 大学化学，1990，5(1)：1～8

17 刘道玉，秦金贵. 金属有机导体、半导体和超导体. 有机化学，1988，(8)：487～496

18 苏勉曾. 无机固体化学. 化学通报，1986，(1)：58～60

19 严东生. 无机材料在迎接未来的挑战. 化学通报，1984，(10)：1，2

20 旋祖进，顾镇南. C_{60}的发现和 Fullerence 化学——1996年诺贝尔化学奖简介. 大学化学，1997，12(2)：1～5

21 张家治主编. 化学史教程. 太原：山西人民出版社，1987

第二章　无机化学的基本概念
The Basic Concept of Inorganic Chemistry

第一节　化学的基本概念

一、分子

分子(molecule)是指在保持物质化学性质的前提下，物质可分割的极限。这就意味着分子是保持物质化学性质的最小微粒。

根据这一定义，我们应注意以下三点：

(1)分子只是保持物质化学性质的最小微粒，但并不保持物质的物理性质。因为物质的物理性质是由许许多多的分子以不同聚集态(固、液、气态、等离子体)表现出来的性质，如熔点、沸点、密度、硬度等都因聚集态的不同而不同。

(2)虽然分子可以被分割为更小的微粒——原子，但由于原子已不再保持物质原有的化学性质，因此，分子是在保持物质原有的化学性质的前提下物质可被分割的极限。例如水分子可以被分割为氢原子及氧原子，但氢原子及氧原子完全不具有水分子的性质。

(3)多数物质是由分子组成的，分子是保持物质化学性质的最小微粒。然而，也有不少物质是由原子直接构成的，如金属和某些原子晶体等；也有些物质是由正负离子直接以离子键结合为离子晶体，如 NaCl 晶体等。因此，原有“分子”局限于“独立性”及“微粒性”的概念存在相当大的局限性，从而产生了“大分子”(用价键结合一起的聚合体)或“巨型分子”的概念。也就是说，分子是物质分割的一个层次，是组成这个层次的基本单位，这种单位或它们的集合，应当反映出物质本身的全部化学性质。这种单位的大小是相对的。这一概念充分体现了“物质的分子性”。

根据科学实践的发展，有关分子的概念也在不断地得到补充、修正和完善。例如，人们根据分子微粒有无电荷和未配对电子的特征，又将分子微粒分为分子(无电荷也无未配对电子，如 Br_2，Cl_2)、分子离子(有电荷，无未配对电子，如 NO_2^-，SO_4^{2-})、分子的离子——自由基(有电荷，也有未配对电子，如 O_2^+，O_2^-，Br_2^- 等)。这些都丰富了分子的概念及研究的内容。

二、原子

化学反应事实表明，分子可以进一步分割为原子。在化学反应中，发生的变化只是原子和原子间的重新组合，而原子本身并没有变为其他种类的原子。因此，原子(atom)是物质参加化学变化的最小微粒。例如，水的电解反应可以把水分子分解为氢分子及氧分子，说明一种物质可以分解为两种物质。但在整个过程中，只是发生了氢原子及氧原子间的不同组合过程，而原子本身没有发生变化。因此，可以说，原子是物质进行化学反应的基本微粒。

“原子”这一概念最早是由希腊哲学家提出的，本意是“不可分割”。事实上，原子只是在化学反应中不可分割，在核反应中也是可以发生变化的。

现代化学认为，不仅孤立的原子，而且由它衍生的，即由原子电离或激发下产生的物种都应认为是原子微粒。如能独立存在的原子（单原子）、离子（如 K^+，S^{2-}）、原子自由基（如 H·，Cl·）等都认为是原子微粒。

三、四大化学基本定律

近代“原子论”是由英国化学家道尔顿提出的。在此之前，化学家们根据大量化学实验事实，总结了三条有关化学反应中物质质量之间的关系定律：

(1) 质量守恒定律：参加化学反应各物质质量的总和，等于反应后生成物质质量的总和。

(2) 定组成定律：各种化合物组成元素质量之间，皆有一恒定的比例。

(3) 倍比定律：当两种元素能化合生成几种化合物时，与一定量某元素化合的另一元素的质量间的比为简单的整数比。

有时，人们把化合量定律（描述化学反应过程中物质的量的关系的定律）一起称为化学的四大基本定律。应用道尔顿近代原子论可给予很好的解释。

第二节　元　　素

一、元素与单质

根据现代化学的概念，元素是原子核里质子数（即核电荷数）相同的一类原子的总称。这就是说，元素是以核电荷为标准，对原子进行分类的，即原子的核电荷是决定元素内在联系的关键。例如，氢有氕、氘、氚三种原子，但它们的核电荷数相同，属同一种元素。氯原子和氯离子性质不同，但它们同属氯元素。

迄今为止，人们已发现了 112 种元素，它们组成了 1 200 多万种以上的化合物。可见，宇宙万物都是由这些元素的原子构成的。

由同种元素组成的物质称为单质，如氧气、铁、金刚石等。因此，单质相当于同一元素表现为实物的存在形式。由不同元素组成的物质称为化合物，如氯化氢、氯化钠、氢氧化物等。

最后，应强调一下元素、原子与单质三个不同的概念彼此不应混淆。它们彼此间既有联系又有区别：

(1) 原子是一个微观的概念，元素及单质是宏观的概念。单质只是元素的一种存在形式。例如金刚石、石墨、C_{60} 都是由碳元素组成的三种不同的碳单质，称为同素异形体。

(2) 元素只能存在于具体物质（单质或化合物）中，脱离了具体的物质，抽象的元素是不存在的。

(3) 原子可以以数目或量的概念去描述，但元素只能以“种类”去说明。例如我们常常讲，水是由氢、氧两种元素组成的，我们还可以讲一个水分子中含有二个氢原子及一个氧原子。

(4) 元素不包含量的概念，而原子则常常与量相联系。例如，氧原子可以论个数，也可以论质量，但元素既不可以论个数，也不可以论质量。

二、核素

原子核由质子和中子构成，只有氢原子例外，它的核只由一个质子构成。核中质子数与中子数之和称为质量数，以 A 表示，质子数以 Z 表示，则原子的中子数 N 为 $(A-Z)$ 个。元素的化学性质几乎完全是由它的核电荷决定的，仅在很小程度上与其质量数 A 有关。

所谓核素，是指具有相同质子数 Z 及不同质量数 A 的一类原子。例如，碳-12 核素（${}^{12}_{6}C$），表示原子核中有 6 个质子及 6 个中子的碳原子；碳-13 核素（${}^{13}_{6}C$），则表示了原子核中有 6 个质子及 7 个中子的碳原子；氧元素有三种核素，即 ${}^{16}_{8}O$，${}^{17}_{8}O$，${}^{18}_{8}O$。

具有多种核素的元素称为多核素元素。例如以上提及的碳元素、氧元素。天然存在的钠元素只有一种核素（${}^{23}_{11}Na$），这一类元素称为单一核素元素。

质子数 Z 相同而中子数不同的同一元素的不同原子互称同位素。例如，氢同位素有 ${}^{1}_{1}H$，${}^{2}_{1}H$，${}^{3}_{1}H$。在氢的同位素中，${}^{1}_{1}H$，${}^{2}_{1}H$ 在自然界中稳定存在，是稳定同位素，${}^{3}_{1}H$ 是人造氢，具有放射性，是放射性同位素。同理，碳有三种同位素：${}^{12}_{6}C$，${}^{13}_{6}C$，${}^{14}_{6}C$。其中 ${}^{12}_{6}C$，${}^{13}_{6}C$ 是稳定同位素，${}^{14}_{6}C$ 是放射性同位素。考古学上常用 ${}^{14}_{6}C$ 测定古物的年代。

第三节　SI 国际单位制及摩尔

一、SI 国际单位制

国际单位制是由 1960 年第十一届国际计量大会建议并通过的一种单位制。它以米、千克、秒(m，kg，s)公制为基础，逐步地加上其他单位，并作出一些规定而制定的，简称为 SI 国际单位制(the International System of Units)。SI 国际单位制具有科学性、精确性及简明实用的特点，因此为世界各国所接受，并已成为国际上科学交流共同使用的计量语言。表 2-1 及表 2-2 分别给出了 SI 基本单位、SI 单位制的词头。

表 2-1　SI 基本单位

物理量	物理量符号	单位名称	中文符号	国际符号
长度	l	米	米	m
质量	m	千克	千克	kg
时间	t	秒	秒	s
电流	I	安培	安	A
温度	T	开尔文	开	K
光强度	I_V	坎德拉	坎	cd
物质的量	n	摩尔	摩	mol

表 2-2　SI 单位制的词头

表示的因数	词头名称	词头符号	表示的因数	词头名称	词头符号
10^{18}	艾(可萨)	E(exa)	10^{-1}	分	d(deci)
10^{15}	拍(它)	P(peta)	10^{-2}	厘	c(centi)
10^{12}	太(拉)	T(tera)	10^{-3}	毫	m(milli)
10^{9}	吉(咖)	G(giga)	10^{-6}	微	μ(micro)
10^{6}	兆	M(mega)	10^{-9}	纳(诺)	n(nano)
10^{3}	千	k(kilo)	10^{-12}	皮(可)	p(pico)
10^{2}	百	h(hecto)	10^{-15}	飞(母托)	f(femto)
10^{1}	十	da(deca)	10^{-18}	阿(托)	a(atto)

为了贯彻执行 SI 国际单位制，推进科学技术进步及扩大各国经济技术交流，我国国务院于 1984 年 2 月 27 日发布了“关于在我国统一实行法定计量单位的命令”，规定 1990 年底以前要完成向国家法定计量单位的过渡，并从 1991 年 1 月 1 日起，除个别特殊领域外，不允许再使用非法定计量单位。中华人民共和国法定计量单位，是以国际单位制为基础，同时选用了一些国内外习惯或通用的非国际单位制的单位构成的(表2-3)。

表 2-3　我国选定的非国际单位制单位

量的名称	单位名称	符号	换算关系
时间	分	min	1 min = 60 s
	(小)时	h	1 h = 60 min = 3 600 s
	天(日)	d	1 d = 24 h = 86 400 s
平面角	[角]秒	(″)	1″ = (π/64 800)rad
	[角]分	(′)	1′ = 60″ = (π/10 800)rad
	度	(°)	1° = 60′ = (π/180)rad
旋转速度	转每分	r/min	1 r/min = (1/60)s^{-1}
长度	海里	n mile	1n mile = 1 852 m(只用于航程)
速度	节	kn	1 kn = 1 n mile/h = (1 852/3 600)m/s(只用于航行)
质量	吨	t	1 t = 10^3 kg
	原子质量单位	u	1 u = 1.660 565 5 × 10^{-27} kg
体积	升	L(l)	1 L = 1 dm^3 = 10^{-3} m^3
能	电子伏	eV	1 eV ≈ 1.602 189 2 × 10^{-19} J·e^{-1}
级差	分贝	dB	
线密度	特[克斯]	tex	1 tex = 1 g/km

二、物质的量及其单位

在 1971 年 10 月，第十四届国际计量大会上正式通过有关“物质的量”单位——摩尔的概念。其定义为：

(1) 摩尔是一系统的物质的量，该系统中所包含的基本单元数与 0.012 kg 碳-12 的原子数目相等。由实验测定，该数目为阿佛加德罗常数 N_A，近似为 $6.022\times10^{23}\ mol^{-1}$。

(2) 在使用摩尔时，微粒的基本单元应予明确，它们可以是原子、分子、离子、电子及其他粒子，或者是这些粒子的特定组合体。在 SI 制中，摩尔的单位名称规定为摩(尔)，用符号“mol”表示。

这样，我们可以 0.012 kg ^{12}C 中所含碳原子的数目来量度 1 mol。因此，摩尔就是以 0.012 kg ^{12}C 中所含的原子个数为标准，来衡量其他物质中所含的基本单元数目的多少。例如，1 mol ^{12}C 含有 N_A 个 ^{12}C 原子，1 mol H_2O 含有 N_A 个 H_2O 分子，1 mol e^- 含有 N_A 个 e^-，等等。这里，N_A 为阿佛加德罗常数(Avogadro number)，$N_A = 6.022\ 094\ 3\times10^{23}\ mol^{-1}$。

在使用“物质的量”及其单位(摩尔)的概念时，以下几点应予以明确：

(1) 摩尔是物理量“物质的量”所选定的一种单位，是 SI 制中七个基本单位之一。这些基本单位各自独立，是不能相互替代、相互包含的。例如，我们不能认为“摩尔包含有质量的意义”。

(2) 某物系中所含有的基本单元数是阿佛加德罗数的多少倍，则该物系中“物质的量”就是多少摩尔。对于质量一定的物质，其“物质的量”随指定的单元不同而不同。例如，18 g 的纯水含有 1 mol H_2O，2 mol H，1 mol O，10 mol e^- 等。

(3) 根据“量值计算法”，物理量 = 纯数 × 单位。因此，作为物理量的“物质的量”可以表示为纯数乘以摩尔，即 n_B = 纯数 × 摩尔，其中 n_B 表示基本单元 B 的物质的量，显然，这里 n_B 不应称为摩尔数。正如我们只能说“1 kg 氧气中氧分子物质的量是 31.25 摩尔”，但是，我们不能说：“1 kg 氧气中氧分子的摩尔数是 31.25”。

(4) “物质的量”(n_B)与“质量”(m)是两个完全不同的物理量。质量是代表物体惯性大小的物理量，而物质的量是表明指定的基本单元，在数目上是阿佛加德罗数的多少倍。例如，1 mol H_2 与 1 mol O_2 都具有相同的“物质的量”，但有不同的质量。因此，认为“摩尔既是数量单位又是质量单位”的观点显然是不对的。因为，同样重量的任何物质，其质量都相同；而同样摩尔的任何物质，它们包含的微观基本单元的数目都完全相同，但其质量可以完全不同。

三、摩尔质量

我们已十分明确，摩尔是物质的量的单位，而不是质量单位，有关物质的质量计算需使用“摩尔质量”的概念。“摩尔质量”是一种物理量而不是一种单位制，它的定义是单位物质的量(每摩尔)的物质所具有的质量，即以质量除以物质的量，通常用符号 M 表示，其单位为“千克每摩”($kg\cdot mol^{-1}$)或“克每摩”($g\cdot mol^{-1}$)。因此，可以说，任何原子、分子或离子的摩尔质量,在单位为 $g \cdot mol^{-1}$ 时,在数值上等于其相对原子质量、相对分子质量或相对离子质量。

从以上分析可见,国际上采用 0.012 kg ^{12}C 所含的原子数作为计量"物质的量"的标准,是与 1961 年采用 ^{12}C 的原子质量(12)作为原子量的标准密切相关的。我们可以以此方便地通过相对原子质量、相对分子质量、相对离子质量等数据去确定某一物系的基本单元的摩尔质量,进而进一步计算该物系的某基本单元的"物质的量"。例如,50 g 硫原子(S)的物质的量等于 $50\ g / 32.06\ g \cdot mol^{-1} = 1.56\ mol$。

用 m 代表某物质的质量,用 M 表示指定基本单元的摩尔质量,则质量为 m 的该指定单元的"物质的量" n 为:

$$n = m/M \tag{2-1}$$

第四节　相对原子质量和相对分子质量

一、相对原子质量

相对原子质量简称为"原子量"。

国际原子量与同位素丰度委员会 1979 年给"原子量"下的最新定义是:一种元素的相对原子质量是该元素 1 摩尔质量对核素 $^{12}_{6}C$ 的 1 摩尔质量 1/12 的比值。

由于 1 mol 任何元素都含有相同的原子数,因此,相对原子质量也就是一种元素的一个原子的平均质量对核素 $^{12}_{6}C$ 一个原子的质量的 1/12 之比。显然,由于很多元素都有同位素,因此,原子的平均质量是对一种元素的多种天然同位素来说的,它决定于天然同位素的数目及质量,也决定于它们在自然界中的丰度大小。规定相对原子质量用符号 $Ar(E)$ 表示,这里, A 代表原子质量, r 表示相对(relative), E 代表某元素。例如: $Ar(Cl) = 35.453$ 表示了氯元素的相对原子质量为 35.453(无单位量)。它同时表明 1 mol 的氯原子的质量是核素 $^{12}_{6}C$ 的 1 摩尔质量 1/12 的 35.453 倍,亦即 1 个氯原子的平均质量是 $^{12}_{6}C$ 原子质量 1/12 的 35.453 倍。可以看出,相对原子质量仅是一个相对比值,它是无单位物理量。因此,将氯的原子量说成是 35.453 g 或 35.453 个碳单位都是不正确的。其次,既然原子量是以 $^{12}_{6}C$ 核素为标准的,为什么在周期表中,碳原子量又会是 12.011 呢?这是由于自然界 C 有两种稳定的天然同位素,原子量是根据存在于自然界中该元素各种天然同位素原子的平均质量来计算得到的。

原子量没有单位,但原子质量(指某核数一个原子的质量)就有单位了。例如,规定一个 $^{12}_{6}C$ 核素的原子质量的 1/12 为原子质量单位,用"u"表示(有资料写作 amu 或 mu)。这样,核素 $^{12}_{6}C$ 的原子质量等于 12 u。

根据同位素的原子质量及它们在自然界的丰度,可以计算出元素平均原子质量。元素的平均原子质量与原子量在数值上相同,但平均原子质量有单位(u),而原子量则是一个没有单位的比值,它们是两个不同的概念,应区别清楚。例如,自然界的硅有 ^{28}Si, ^{29}Si, ^{30}Si 三种稳定同位素,它们的原子质量分别为 27.98 u, 28.98 u, 29.97 u,它们的相对丰度

分别为92%,4.7%,3.1%,由此,可求出 Si 的原子量 $Ar(\mathrm{Si})$:

$$Ar(\mathrm{Si}) = \frac{(27.98 \times 92.2 + 28.98 \times 4.7 + 29.97 \times 3.1)\mathrm{u}}{100\ \mathrm{u}} = 28.09$$

二、相对分子质量

相对分子质量简称"分子量",符号 Mr。分子是由原子组成的,因此,当知道组成分子的元素及其原子数时,我们即可写出其分子式,并计算出其相对分子质量。相对分子质量等于组成该分子的各原子的相对原子质量的总和,显然,相对分子质量也应是无量纲的。严格地说,分子量只可应用在由分子组成的物质。不少物质,如 NaCl, SiO_2 晶体,没有分子式,只有表示它们组成比例的"化学式",对于这一类用化学式表示其组成的物质,所谓的相对"分子量"只是"化学式量"。

测定相对分子量的方法很多,对于气态或极易挥发的物质,测定方法通常有相对密度法、标准摩尔体积法、气体扩散法、理想气态方程法等。读者可通过做实验进一步学习掌握。

第五节　理想气体及气体分子运动论

气体的基本特征是它的扩散性及可压缩性。这说明气体分子处于运动之中,并且分子之间相互距离较大,密度很小,温度及压力都对气体的体积产生较大的影响。

一、理想气体状态方程

在中学时期,我们学习过有关理想气体状态方程的知识。理想气体状态方程是以波义耳定律及查理-盖吕萨克定律为依据推导出来的,其形式是:

$$pV = nRT \tag{2-2}$$

式中:p 为一定量气体在某一确定状态下所具有的压力(以 Pa 为单位);V 为其体积(以 $\mathrm{m^3}$ 为单位);n 为该气体物质的量(以 mol 为单位);T 为气体所具有的热力学温度;R 为"摩尔气体常数",在 SI 国际单位制中,R 为 $8.314\ \mathrm{J \cdot K^{-1} mol^{-1}}$(或 $8.314\ \mathrm{Pa \cdot m^3 \cdot K^{-1} \cdot mol^{-1}}$, $8.314\ \mathrm{kPa \cdot dm^3 \cdot K^{-1} \cdot mol^{-1}}$)。

如果一种气体能在任何条件下都服从理想气体状态方程,这种气体被称之为"理想气体"。理想气体之所以能在任何条件下都服从状态方程,乃是出于以下两个假设:

(1) 气体分子体积可以忽略。

(2) 气体分子之间完全没有作用力,即气体分子发生的碰撞完全是弹性碰撞。

真实气体分子本身有体积,分子之间有作用力。因此,真实气体的行为不可能在任何条件下都服从理想气态方程,只有在高温(>0℃)、低压(<101.3 kPa)下,才能较好地服从理想气体方程。

对于 $pV = nRT$ 方程,当我们固定两个变量时,可以得到一系列气体实验定律。

(1) n, T 不变时,得到波义耳定律:

$$pV = k_1 \tag{2-3}$$

即当温度不变时,一定量气体的压力与体积的乘积为一常数。

(2) n,p 不变时,得到盖-吕萨克定律:

$$V/T = k_2 \tag{2-4}$$

即当压力保持不变时,一定量气体体积与温度成正比关系。

(3) n,V 不变时,得到查理定律:

$$p/T = k_3 \tag{2-5}$$

即气体体积保持不变时,一定量气体压力与气体热力学温度成正比。

(4) p,T 不变时,得阿佛加德罗定律:

$$V = k_4 n \tag{2-6}$$

即在相同压力及温度下,相同体积的气体中含有相同数量的气体分子。

二、混合气体

在生活与生产中,我们常常会见到很多混合气体。例如,空气中含有21%的氧和78%的氮,其余1%为稀有气体、二氧化碳等。这些气体在混合体中都是均匀分布,并在一定条件下近似地服从气体定律。它们在混合气体中的相对含量可以用气体的分体积或体积分数来表示,也可以用组分气体的分压来表示。

1. 分体积、体积分数、摩尔分数

在恒温恒压条件下,混合气体总体积(V_T)等于各组分气体分体积 V_i 之和,即:

$$V_T = \sum_{i=1} V_i \tag{2-7}$$

这里分体积 V_i 是指恒温恒压条件下某组分 i 气体占有的体积。每一组分气体的分体积与总体积之比称为该气体的体积分数,常用 x_i 表示,显然:

$$x_i = V_i/V_T \tag{2-8}$$

由此,我们有以下关系:

$$\sum_{i=1} x_i = 1 \tag{2-9}$$

混合气体中某组分的"物质的量"n_i 与混合气体各组分的总"物质的量"之比,称为该组分气体的摩尔分数(N_i),同理,我们有以下关系:

$$n_T = \sum_{i=1} n_i \tag{2-10}$$

$$N_i = n_i/n_T \tag{2-11}$$

$$\sum_{i=1} N_i = 1 \tag{2-12}$$

在恒温、恒压下:

$$V_i = V_T \cdot N_i \tag{2-13}$$

2. 道尔顿气体分压定律

设混合物中含有A,B,C三种气体,其"物质的量"分别是 n_A, n_B, n_C,盛于体积为 V 的容器中,则混合气体的"物质的量"$n = n_A + n_B + n_C$。设气体服从理想气体方程,则混合气体压力 p 为:

$$p = nRT/V = (n_A + n_B + n_C)RT/V$$

即
$$p = \frac{n_A}{V}RT + \frac{n_B}{V}RT + \frac{n_C}{V}RT$$
也即
$$p = p_A + p_B + p_C \tag{2-14}$$
此即道尔顿分压定律表达式，表明混合气体的总压力等于各组分气体单独占有该容器时所具有的压力(又称各组分分压力)之和。

$$\because \quad \frac{p_A}{p_T} = \frac{\frac{n_A}{V}RT}{\frac{n_T}{V}RT} = \frac{n_A}{n_T} = N_A$$

$$\therefore \quad p_A = p_T \cdot N_A \tag{2-15}$$

即恒温下，某组分气体的分压 p_A 等于其摩尔分数 N_A 乘以混合气体的总压力 p_T。

三、气体扩散定律

一种气体可以自发地同另一种气体相混合，而且可以渗透，这种现象称为气体的扩散。各种气体扩散的速度是不同的，显然，摩尔质量较大的气体扩散速度较慢，摩尔质量较小的气体扩散速度较快。1831 年，英国化学家格雷姆(Graham Thomas)在一系列实验基础上得出以下结论：在同温同压下，各种不同气体的扩散速度与气体密度的平方根成反比。这个结论现在称为气体扩散定律：

$$u_1/u_2 = \sqrt{\frac{\rho_2}{\rho_1}} = \sqrt{\frac{M_2}{M_1}} = \sqrt{\frac{Mr_2}{Mr_1}} \tag{2-16}$$

式中：u，ρ，M 分别表示气体的扩散速度、密度及相对分子质量。

应用气体扩散定律，可以计算气态物质的相对分子质量。

例 2-1　某未知气体在扩散仪器内以 0.01 $m \cdot s^{-1}$ 的速度扩散，CH_4 在此扩散仪器内以 0.03 $m \cdot s^{-1}$ 的速度扩散，计算此未知气体的近似相对分子质量。

解：CH_4 的相对分子质量 $Mr_1 = 16.04$

$$\because \quad u_1/u_2 = \sqrt{\frac{Mr_2}{Mr_1}}$$

$$\therefore \quad (u_1/u_2)^2 = Mr_2/Mr_1$$

$$Mr_2 = (u_1/u_2)^2 Mr_1 = (0.03/0.01)^2 \times 16.04 = 144.4$$

所以未知气体的相对分子质量近似为 144.4。

本章教学要求

1. 掌握原子、分子、元素、同位素、核素、相对原子量及原子质量、相对分子量及分子质量、式量等基本概念。

2. 了解国际单位制及中华人民共和国法定计量单位的基本内容。

3. 掌握及熟练应用“物质的量”及其单位摩尔的概念，并进行有关计算。

4. 掌握及应用理想气体状态方程和气体分压定律，并进行有关计算。

习　题

1. 用对比的方法说明以下概念的区别：

① 原子与分子

② 原子与元素

③ 核素与元素

④ 单质和化合物

⑤ 同位素与同素异形体

⑥ 核素与同位素

⑦ 分子式与化学式

⑧ 化学式式量与分子量

⑨ 原子量与原子质量

2. 判断以下说法是否正确，并说明理由。

① 某元素相对原子质量就是该元素一个原子的质量。

② 碳有三种同位素$^{12}_{6}C$，$^{13}_{6}C$，$^{14}_{6}C$，因此碳的相对原子量等于^{12}C原子质量、^{13}C原子质量、^{14}C原子质量之和的1/3。

③ 在58.44 g NaCl中，有N_A个NaCl分子。

④ 某溶液浓度为$1\ mol \cdot dm^{-3}$时，表示$1\ dm^3$溶液中含某溶质的摩尔数为1 mol。

⑤ 1 mol某物质的质量，称为该物质的“摩尔质量”。

⑥ 一定量气体的体积与温度成正比。

⑦ 1 mol任何气体体积都是22.4 L。

⑧ 混合气体中各组分气体的体积百分组成与其摩尔分数相等。

3. 元素硼由质量为10.01 u及11.01 u的两种同位素组成，两种同位素的丰度分别为19.83%及80.17%，请计算硼的平均原子量。

4. 氯由质量为34.98 u及36.98 u的两种同位素组成，它的平均原子量为35.45 u，试计算同位素丰度。

5. 用等量的Ag分别制取AgCl和AgI，二者的质量比是AgI/AgCl = 1.638 10，若已知Ag的相对原子量为107.868，氯的相对原子质量为35.453，试求碘的相对原子量是多少？

6. 下列提法是否正确？为什么？

① 水分子由二个氢元素及一个氧元素组成。

② 如果某元素处于“游离状态”，则它就被视为单质。

③ 一种用物理的或化学的方法都不能将其分解为两种以上不同性质的物质称为元素。

④ 水分子中元素氢与元素氧重量比为1:8，体积比为2:1。

⑤ 元素硅可以由SiO_2与C或CaC_2反应制取。

⑥ 元素磷在游离态时可以分为两种单质——白磷及红磷。

⑦ 煤、石墨和金刚石都是元素碳的三种不同的形态。

⑧ 在硫化铁中硫已不是脆的、黄色的、易燃的物质，而是以硫元素的形态存在。

⑨ 硫化铁是由硫及铁两种元素构成的。

⑩ 元素的性质是指游离态的原子的性质。

7. 1893 年，雷利发现从空气中分离出的“氮”的分子量比用化学方法制取的纯氮的分子量大 0.45%，他认为这是由于某种未被发现的气体存在而造成的，已知纯氮的分子量为 28.01，氩的相对分子量为 39.95，试问从空气中分离出来的“氮”试样中含氩的百分数是多少？

8. 某体积的氯气重 1.589 5 g，同温同压下，同体积的氢气重 0.044 9 g，试求氯气的相对分子质量。

9. 在标准状况下，0.4 L 某气体重 1.143 g，试求该气体相对分子质量。

10. 当温度为 360 K，压力为 9.6×10^4 Pa 时，0.4 L 的丙酮蒸气重 0.744 g，试求丙酮的相对分子质量。

11. 氧化亚砷的组成为 As_2O_3，在 844 K 及 99 058 Pa 时，氧化亚砷以气体存在，实验测定其蒸气密度为 $5.66\ g\cdot dm^{-3}$，试求蒸气状态下化合物分子式。

12. 在 573 K 时，白磷的蒸气对空气的相对密度是 4.28，磷的相对原子质量为 31，空气的平均相对分子质量为 29，问白磷蒸气的分子式是什么？

13. 在 298 K 时，用 0.25 dm^3 烧瓶收集某反应产生的气体，收集压力为 7.33×10^4 Pa，气体净重为 0.118 g，试求该气体的相对分子质量。

14. 在 298 K 和 $1.013\ 25\times10^5$ Pa 压力下，测得某气体的密度是 $1.340\ g\cdot dm^{-3}$，气体成分分析表明该气体含 C 为 79.8%，含 H 为 20.2%，试求：①该化合物的最简式；②该化合物相对分子质量；③该化合物的分子式。

15. 一个装有 8.4 g 氮的 5.0 dm^3 储气瓶，以一活门与另一个装有 4.0 g 氧气的 3.0 dm^3 储气瓶相联接。打开活门使两种气体相混，若温度为 300 K，问氮气、氧气的分压及储气瓶总压力若干？

16. 某气体是由 80.0% 重的碳和 20.0% 重的氢所组成，在同温同压下，该气体的密度为氧气密度的 94%，试据此求出该气体分子量，分子式又如何？

17. 某未知气态碳氢化合物在 373 K 及 99 458.4 Pa 时的密度约为 $3.5\ g\cdot L^{-1}$。①求该化合物近似分子量；②当该化合物在过量氧气中燃烧时，产物为 CO_2 和 H_2O，已知生成水的质量正好和原来碳氢化合物的质量相同，求该碳氢化合物的实验式；③求该化合物的分子式及其精确分子量。

18. 试计算：①303 K 与 100% 相对湿度时（水的饱和蒸气压为 4.24 kPa），每升空气中含水蒸气的质量；②323 K 与 80% 相对湿度时（水的饱和蒸气压为 12.34 kPa），每升空气中含水蒸气的质量。

19. 水杨酸（SA）和乙酸酐（AA）反应生成阿司匹林（Asp）的反应如下：

$$2C_7H_6O_3(aq) + C_4H_6O_3(l) \longrightarrow 2C_9H_8O_4(aq) + H_2O$$

求在以下反应条件中，Asp 的理论产量将是多少克？

① 1.50 mol SA + 1.06 mol AA

② 10.0 g SA + 10.0 g AA

③ 10.0 g SA + 3.00 g AA

20. 人在呼吸时，呼出气体的组成与吸入的空气组成不同。在36.8℃与101.325 kPa时，某典型呼出气体的体积百分组成是：N_2 75.1%，O_2 15.2%，CO_2 3.8%，H_2O 5.9%。试求：①呼出气体平均分子量；②CO_2 的分压力。

21. 在293 K和9.33×10^4 Pa条件下，在烧瓶中称量某物质的蒸气得到下列数据：烧瓶容积为0.293 dm^3，烧瓶与空气的质量为48.369 g，烧瓶与该物质蒸气质量为48.537 8 g，且已知空气的平均分子量为29，请计算此物质的相对分子质量。

22. 200 cm^3 N_2 和 CH_4 的混合气与400 cm^3 O_2 点燃起反应后，用干燥剂吸去水分后，干燥气体体积变为500 cm^3，求原来混合气中 N_2 和 CH_4 的比例(各气体体积都在同一温度、压力下测定)。

23. 45 cm^3 CO，CH_4，C_2H_2 的混合物气体与100 cm^3 O_2 完全燃烧并冷却到室温后，体积变为80 cm^3，用KOH吸收 CO_2 之后，体积缩成为15 cm^3。求原混合气体中CO，CH_4，C_2H_2 的体积百分组成。

24. 在293 K和101 kPa下，让1.00 dm^3 干燥空气(设体积组成为 O_2 21.0%，N_2 79.0%)通过盛水汽瓶后，饱和湿空气的总体积应是多少？潮湿的混合气体中各气体的分压是多少？(已知在293 K时，饱和水蒸气压为2.33 kPa)

25. 在250℃时，PCl_5 全部气化并能部分离解为 $PCl_3(g)$ 及 $Cl_2(g)$。将2.98 g PCl_5 置于1.00 dm^3 容器中，在250℃下全部气化，容器总压力为113 kPa，问容器中含有哪些气体？它们的分压力各是多少？

26. 在298 K时，将压力为3.33×10^4 Pa的氮气0.2 L和压力为4.67×10^4 Pa的氧气0.3 L移入0.3 L的真空容器中，求混合气体中各组分气体的分压力、分体积及体系总压力，从你的计算中可以得出什么结论？

27. 将1体积氮气和3体积氢气的混合物放入反应器中，在总压力为1.42×10^6 Pa的压力下开始反应，当原料气中有9%反应时，各组分的分压和混合气的总压力各为多少？

第三章　化学反应进行的方向及热力学初步

Direction of Chemical Reactions and Basis of Thermodynamics

化学反应进行的方向及限度，反应过程中伴随发生的能量变化以及化学反应进行的速率、反应的机理，以及如何控制反应的发生或增加反应的速率，这一系列问题都是化学工作者的研究课题。

化学热力学是应用热力学的基本原理去研究化学反应，讨论化学变化过程（包括物理变化过程）中所伴随的能量变化。因此，热力学所讨论的是大量质点的平均行为，即物质的宏观性质，而不涉及个别的或少数分子、原子的微观性质。这样，我们应用热力学研究化学反应时，往往只需要知道过程进行的条件及过程的始态、终态，而无需知道过程的机理是什么；机理问题是动力学的问题。同时，用热力学原理研究化学过程并不涉及到时间的问题。因此，热力学研究的只是反应的可能性，而动力学则是研究反应的现实性。

由于在后续课程中，我们还要系统地学习化学热力学，因此本章的主要目的是向读者介绍一些热力学原理在无机化学中的基本应用，使学生能应用热力学的一些基本原理去分析、研究无机物的基本性质及反应性。

第一节　化学反应的方向性及热力学基本概念

中学化学中，我们在描述化学反应时，往往将化学反应分成正向进行的正反应，逆向进行的“逆反应”以及在一定条件下可逆进行的可逆反应。以热力学的观点研究反应的方向时，往往认为任何反应都是可逆的，只是在一定条件下反应可以正方向进行，而在另一条件下反应可以逆方向进行。这就是有关反应的方向性问题。

一般来说，化学反应过程中伴随有能量的吸收或放出。如果产物的能量比反应物的能量高，则表现为吸收能量；如果产物的能量比反应物的能量低，则表现为放出能量。众所周知，自然界自发发生的过程的方向总是向体系能量减少的方向进行。因此，在讨论化学反应的方向性时，必须用热力学原理分析反应过程的能量变化。以下对一些热力学基本概念及术语进行简单介绍。

一、体系

体系是指被选择作为研究对象的一部分物质及空间。因此，体系是我们研究的对象，它包含一定种类和一定数量的物质。

二、环境

环境是指体系以外的其他部分。例如，在研究烧杯中的 NaOH 与 HCl 溶液的反应时，我们可以把烧杯内的溶液部分称为体系，而将烧杯及周围空气称之为环境。

根据体系与环境之间的物质与能量交换的情况的不同，体系可划分为敞开、封闭、孤立三种热力学体系。以烧瓶中的水为例，当烧瓶口敞开时，由于在体系与环境中既存在着物质的交换，也存在着能量上的交换，因此该体系是敞开体系；当烧瓶口用胶塞密封后，体系的水蒸气不可能逸散到环境中，而环境中的物质，如空气中各种分子也不可能进入体系中，因此体系与环境间不可能存在物质上的交换，而只会存在能量上的交换(体系通过烧瓶与环境进行热交换)，这种只有能量上的交换而不存在物质上的交换的体系属于封闭体系；如果在体系与环境间既不存在物质上的交换，又不存在能量上的交换时，该体系被称为孤立体系。在以上的例子中，如果我们把带塞的烧瓶放入密闭的真空保温瓶中，这时，体系可以近似地被认为是孤立体系。显然，绝对的孤立体系是不存在的。

三、状态及状态函数

所谓状态(state)，是指体系总的性质。由于一个体系的状态可由压力、体积、温度及体系内各组分的物质的量等参数来决定，因此，体系总的性质就是指这些参数。如果体系中其中一个或多个参数发生改变，则体系就从一种状态转变为另一种状态。例如，气体所处的状态是由它的一系列物理量 p, T, V, n 所确定的，在其中一物理量发生变化时，气体所处的状态也随之发生变化，我们说气体体系从一种状态改变为另一种状态。

这些确定体系热力学状态的物理量称为状态函数(state function)。显然，体系的性质决定于它此刻所处的状态，而与它的过去无关。例如，一杯 300 K 的水的状态是明确的，无论这杯水是从 273 K 的水加热而来或是由 373 K 的水冷却得到的，这一杯 300 K 的水的状态都是一样的。因此，我们可以看到状态函数的几个基本特性，即状态一定值一定，殊途同归变化等，周而复始变化零。例如，某理想气体经历了如图 3-1 的两种变化，但是它们的始态、终态是一致的，我们很容易看到它们的状态函数变化值 Δp, ΔV, ΔT 的数值都是相同的：

$$\Delta p = p_2 - p_1 = 101.3\ \text{kPa}$$

$$\Delta T = T_2 - T_1 = 0\ \text{K}$$

$$\Delta V = V_2 - V_1 = -1\ \text{m}^3$$

符号 Δ 表示某物理量在过程变化前后的改变量。

如果一个物理量具有以上三个特征中的任一个特征，而且在任何过程中无一例外时，它就是一个状态函数。例如，我们熟悉的 p, V, T, n 等物理量都是状态函数。

再例如，当高山上的石头可以以不同的方式落在平地上，如自由落体及通过滑轮拉重物而下落，在这两种不同的过程中，势能变化量都是 $-mgh$，因此势能 $E_{势}$ 是状态函数。但是这两种过程所做的功及放的热是明显不同的，自由落体过程不做功，放热大；而滑轮下落过程对外做了功，放热少，因此热和功不是状态函数。

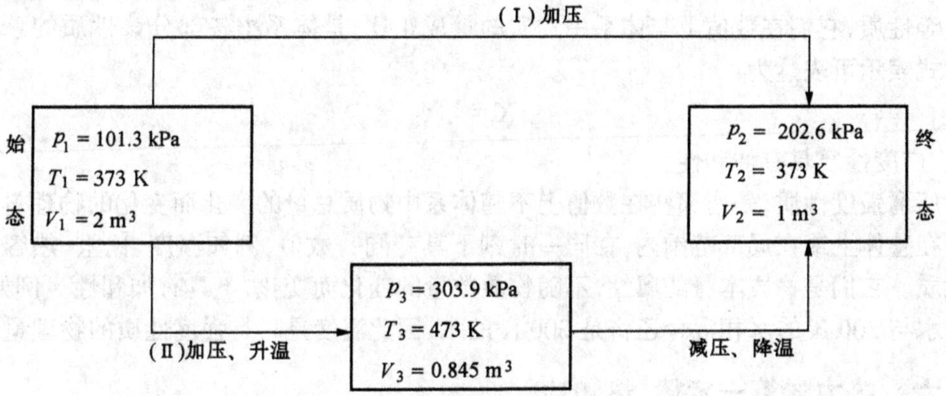

图 3-1　理想气体两种不同变化过程

体系中各状态函数数间是相互制约的，确定了其中的几个，就可以确定其他的状态函数数值，例如，理想气体方程 $pV = nRT$，确定了其中三个物理量，第四个物理量也随之确定。

四、过程与途径

体系状态发生变化时，状态变化的经过称为过程(process)，而完成这些过程的具体步骤称为途径(path)。热力学上有恒温、恒压、恒容、绝热这四个基本过程。对于我们常见的化学反应，在很多情况下都是在敞开容器下进行，因此，其过程可以以恒压恒温过程进行近似的处理。实际上，热力学的实际过程都是十分复杂的，因此，相应的计算也十分困难，但我们在处理时，可以利用状态函数的性质，把复杂过程分解成相应的简单过程去简化计算。

例如，某理想气体可以通过Ⅰ，Ⅱ两种不同的途径变化，而它们的始、终态是相同的。在这两种不同途径中，都经历了恒温、恒压过程(图 3-2)。

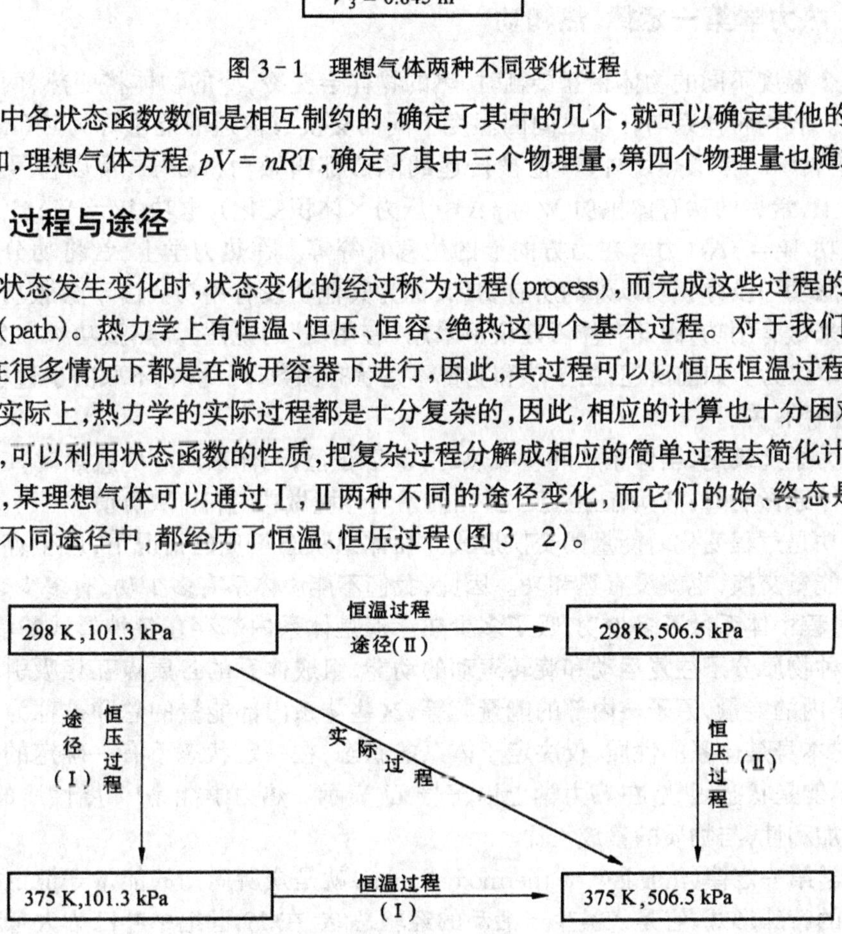

图 3-2　实际过程与完成过程的不同途径

五、广度(容量)性质及强度性质

体系的诸多性质中，根据它们与体系中物质的量的关系，可以分成广度性质(又称容量性质)(extensive properties)及强度性质(intensive properties)。

所谓广度性质的物理量，是指那些与体系中物质的量成正比的物理量，如体积、质量、电量等性质，它们在数值上与体系中物质的量成正比，是体系中各部分该性质的总和，用数学式表示可表达为：

$$X = \sum_i X_i$$

显然，广度性质具有加和性。

所谓强度性质，是指那些在数值上不随体系中物质总量的变化而变化的物理量，它们不论在整体上或在局部范围内，在同一时刻下具有同一数值，例如温度、比重、热容、压力等性质。它们是物质本身的属性，不随物质数量的变化而变化，不具有加和性。例如，300 K 的水与 300 K 的水相混合还将是 300 K 的水，因此温度是具有强度性质的物理量。

六、热力学第一定律，热和功

当两个温度不同的物体相互接触时，热的物体会变冷，冷的物体将变热，两者发生能量的交换。我们将体系与环境之间因温度不同而交换或传递的能量称为热(heat)，通常以符号 Q 表示。除了热之外，其他被传递的能量都叫做功(work)，常以符号 W 表示。在物理学上，常见的功有体积功 $W = p\Delta V$(压力×体积变化)，电功 $W = V\Delta C$(电压×电量)，机械功 $W = f\Delta l$(力×在力方向上的位移)，等等。在热力学上，常将功分成体积功(又称"膨胀功")及体积功以外的所有功(又称为其他功或有用功。由于膨胀功本身也可以被利用来做有用功，因此有作者建议不采用"有用功"的说法)。热及功都以焦耳(J)或千焦(kJ)单位为。如前所述，由于热和功都不是状态函数，因此，它不取决于过程的始、终态，而与途径有关。

在热力学上规定，当体系从环境吸热时，Q 取正值；当体系向环境放热时，Q 取负值。当环境对体系做功时，W 取正值；反之，当体系对环境做功时，W 取负值。*

热和功是过程变化时能量的交换形式。在体系状态不变的情况下，就不存在体系与环境间的能量交换，也就没有热和功。因此，我们不能说体系有多少功，有多少热，而只能说，在某过程中体系做了多少功，吸了多少热。但是体系内部存在各种形式的能量，例如体系内各种物质分子往复运动和旋转运动的动能，组成体系的各质点互相吸引和排斥的能量，分子内的能量，原子核内部的能量等等，这些体系内部能量的总和被称为体系的热力学能，它本身是体系的性质，仅决定于体系的状态，在一定状态下有一确定的数值。因此，热力学能是状态函数，在热力学上以符号 U 表示。热力学能是广度性质的物理量，因此具有加和性，与物质的量成正比。

热力学第一定律(first law of thermodynamics)就是众所周知的能量守恒定律在热现象领域内的特殊形式，它是人类生产活动的经验总结，在 19 世纪中叶已为大量精确的实验所证明。热力学第一定律可表述如下：自然界一切物质都具有能量，能量有各种不同的形式，它可以从一种形式转化为另一种形式，可以从一种物质传递到另一种物质，在转化和传递过程中总能量不变。

---

* 根据 IUPAC 1970 年建议，环境对体系做功取正值，体系对环境做功取负值，参阅 Pure Appl. Chem, 1970, 21:1. 在一些教材中与此规定相反，请读者注意。

根据热力学第一定律，对于某一封闭体系，在从状态Ⅰ变化到状态Ⅱ时，假设在状态Ⅰ热力学能为 U_1，变化过程中与环境热交换为 Q，做功为 W，则状态Ⅱ时体系热力学能 U_2 为：

$$U_2 = U_1 + Q + W \tag{3-1}$$

$$\Delta U = U_2 - U_1 = Q + W \tag{3-2}$$

式中：ΔU 为过程变化时体系热力学能变。(3-2)式就是热力学第一定律的数学表达式。由(3-2)式可见，虽然体系的热力学能的绝对数值不能直接被测定，但我们只关心过程的热力学能变就足够了，它可以利用热力学能是状态函数的性质，由热力学第一定律计算得到。

例如，某封闭体系在某一过程中从环境中吸收了 50 kJ 的热量，对环境做了 30 kJ 的功，则体系在过程中热力学能变 $\Delta U_{体系}$ 为：

$$\Delta U_{体系} = (+50\ \text{kJ}) + (-30\ \text{kJ}) = 20\ \text{kJ}$$

这表示体系热力学能净增 20 kJ，读者可以从以上数据计算出环境热力学能变数值 $\Delta U_{环境}$。

七、化学反应的热效应，焓

对于化学工作者来说，他更感兴趣的问题是如何利用热力学第一定律计算化学反应的热效应。由于化学反应过程通常都在敞开容器中进行，因此，化学反应过程中体系只有对抗外压(通常是恒定的大气压)做体积功，而不做其他功。因此，化学反应的热效应被定义为：在化学反应过程中，当生成物的温度与反应物的温度相同，反应过程中体系只做体积功而不做其他有用功时，化学反应中吸收或放出的热量称为化学反应的热效应，俗称为"反应热"。

由(3-2)式：

$$\Delta U = Q + W$$

由于在等压条件下，体系只对抗外压做体积功 $W = -p\Delta V = -p(V_2 - V_1)$

则

$$\Delta U = Q_p + W = Q_p - p(V_2 - V_1) \qquad (Q_p \text{ 为等压反应热})$$

$$U_2 - U_1 = Q_p - p(V_2 - V_1)$$

$$Q_p = (U_2 + pV_2) - (U_1 + pV_1) \tag{3-3}$$

在 $U + pV$ 的组合中，U，p，V 都为状态函数，因此，它们的组合一定具有状态函数的性质，在热力学上将这一组合定义为新的状态函数，称为"焓"(enthalpy)，并用符号 H 表示：

$$H = U + pV \tag{3-4}$$

由于体系的热力学能 U 的绝对数值不能确定，因此，体系的焓 H 的绝对数值同样不能确定。但是焓与体积、热力学能一样都是体系的性质，在一定状态下应有一个确定的数值，因此，我们可以利用状态函数的性质求算出过程的焓变 ΔH：

$$Q_p = H_2 - H_1 = \Delta H \tag{3-5}$$

(3-5)式表明，在封闭体系中，在等压及不做其他功的条件下，过程吸收或放出的热全部用来增加或减少体系的焓。因此，如果某化学反应过程的焓变为正值，表示体系将从环境吸收热量，反应过程是吸热的，称为吸热反应；如果某化学反应过程的焓变为负值，表示体系将向环境放热，反应过程是放热的，称为放热反应。在此请注意，切勿误认为焓是体系所含的热量，它只是表示在等压条件下，体系不做有用功时，体系与环境之间的热传递 Q_p 可以用体系的焓变来量度。

同理，对于(3-2)式，在一个化学反应中，例如溶液中的反应，在不做其他功的条件下，如果认为体系体积不发生变化，即 $\Delta V=0$（恒容过程）时，则 $W=0$，恒容热 Q_V 可从第一定律求得：

$$\Delta U = Q_V + W = Q_V + 0$$

$$\Delta U = Q_V \tag{3-6}$$

(3-6)式表明，对于封闭体系，在不做体积功及其他功的条件下，体系对环境吸收或放出的热全部用于增加或减少体系的热力学能，Q_V 称为恒容热。而实际上，对于化学反应来说，反应体系往往伴随气体的生成及液体体积的变化，因此常常用 ΔH 来衡量反应的热效应。通常在产生气体的反应中，ΔH 与 ΔU 在数值上相差较大；而在不产生气体的反应中，由于体系反应前后体积变化量较小，$\Delta V\approx 0$，因此 $\Delta H\approx\Delta U$。

因此，在密闭容器中进行的反应，反应热用 ΔU 来描述；在敞口容器中进行的反应，反应热用 ΔH 来描述。反应物和生成物都是固体或液体时，$\Delta H\approx\Delta U$；反应物和生成物中有气体参加的反应中，$\Delta H\neq\Delta U$，反应热应用 ΔH 来衡量。

应该注意，封闭体系、等温等压条件、不做有用功（或称为非体积功）的热力学条件是十分重要的。因为在做了其他功的场合下，一部分反应热要以功的形式转化，根据热力学第一定律：

$$\Delta U = Q_p + W_{体积} + W_{有用功}$$

Q_p 不可能再是定值了。因此学习热力学原理时，热力学条件的要求是应该引起我们注意的。

例 3-1　在 101.3 kPa 条件下，373 K 时，反应 $2H_2(g) + O_2(g) = 2H_2O(g)$ 的等压反应热是 $-483.7\ kJ\cdot mol^{-1}$，求生成 1 mol $H_2O(g)$ 反应时的等压反应热 Q_p 及恒容反应热 Q_V。

解：①由于 $H_2(g) + \frac{1}{2}O_2(g) = H_2O(g)$ 反应在等压条件下进行，

$$\therefore \quad Q_p = \Delta H = \frac{1}{2}(-483.7) = -241.9\ kJ\cdot mol^{-1}$$

②求 Q_V

设反应物与生成物都具有理想气体的性质，则由于反应 $H_2(g) + \frac{1}{2}O_2(g) = H_2O(g)$ 的气体物质的化学计量数 $\sum v_B = -0.5$，

$$\therefore \quad p\Delta V = \sum v_B RT = -0.5\times 8.314\times 373 = -1.55\ kJ\cdot mol^{-1}$$

$$\because \quad \Delta H = \Delta U + p\Delta U$$

$$\therefore \quad \Delta U = \Delta H - p\Delta V$$

$$= -241.9 - (-1.55) = -240.35\ kJ\cdot mol^{-1}$$

可见 $p\Delta V$ 与 ΔU 相比是相差较大的，而 ΔH 与 ΔU 仍然相当接近。但是，在研究化

学反应的热效应时,等压反应热 ΔH 比等容反应热 ΔU 有更广泛更实用的意义。

实验室中,反应热是由实验测定的,图 3-3 是常用的一种装置,叫弹式量热计。实验进行的化学反应是在一个可以完全密闭的厚壁钢制容器内进行的,容器形状似小炸弹,故称之为“钢弹”。由于钢弹是密闭容器,因此可以认为反应是在恒容条件下进行的,这样测出的反应热效应应是恒容反应热 Q_V。

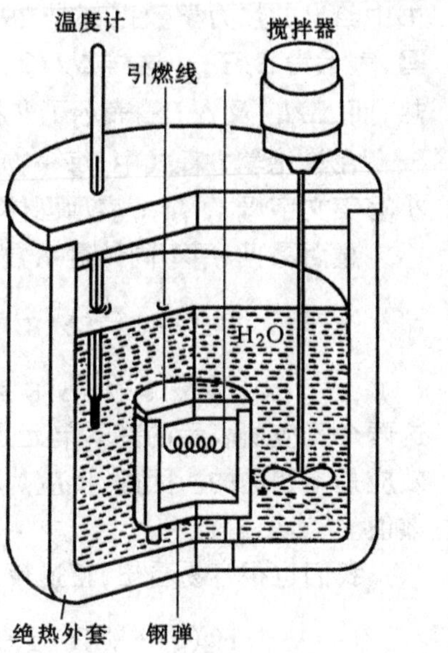

图 3-3 弹式量热计

由于反应热总是与具体的化学反应联系在一起的。因此,在中学化学中常将反应热与反应式写在一起,如:

$$2H_2(g)+O_2(g)\xlongequal{298\ K}2H_2O(g)+483.6\ kJ$$

其实,这种写法是不科学的,因为化学反应方程式是表示反应物与生成物关系的,是表现物质的量的关系,将物质的量与热量写在一起是欠妥的。此外,由于反应热是随反应条件(温度、压力)而改变的,因此,在化学热力学中的热化学方程式的写法是

$$2H_2(g)+O_2(g)=\!=\!=2H_2O(g) \qquad \Delta_r H_m^{\circ}(298)=-483.6\ kJ\cdot mol^{-1}$$

$\Delta_r H_m^{\circ}(298)$表示等温(298 K)等压(101.3 kPa)以及体系不做其他功的条件下进行 1 mol 表达式的反应时的热效应*。通常,298 K 可以省去,其他反应温度时不能省去温度。1 mol 反应是由反应式所表达的粒子的特定组合,反应热单位为 $kJ\cdot mol^{-1}$,表示进行 1 mol 反应的热效应。符号$\circ$表示热力学标准态。所谓热力学标准态,是表示当反应物或生成物都是气体时,各物质分压为 1×10^5 Pa;当反应物及生成物都是溶液状态时,各物质的浓度为 $1\ mol\cdot kg^{-1}$(准确地说是活度,近似地以 $1\ mol\cdot dm^{-3}$表示);固体和液体的标准态则指处于标准压力下的纯物质。由于温度没有规定,因此,不同温度下都有相应的标准态,通常必须加以注明。如 $\Delta_r H_m^{\circ}(298)$,表明是标准态下 298 K 的 1 mol 反应的反应热。通常,

---

* 所谓 1 mol 反应,是指反应进度 $\xi=1$ mol 时的反应。ξ 为反应进度,其定义可以根据反应:

$$v_a A + v_b B \longrightarrow v_c C + v_d D$$

$t=0$ 时: n_{A_0} n_{B_0} n_{C_0} n_{D_0}

$t=t$ 时: n_{At} n_{Bt} n_{Ct} n_{Dt}

式中:v_a, v_b, v_c, v_d 分别是 A,B,C,D 的计量系数,是一种无量纲物理量,对反应物取负值,表示减少,对生成物取正值,表示增加。$n_{A_0}, n_{B_0}, n_{C_0}, n_{D_0}$ 分别为 $t=0$ 时刻反应体系中各物质的量;$n_{A_t}, n_{B_t}, n_{C_t}, n_{D_t}$ 则分别为 $t=t$ 时刻反应体系中各物质的量。则反应进度 ξ 定义为

$$\xi=\frac{n_{A_t}-n_{A_0}}{v_a}=\frac{n_{B_t}-n_{B_0}}{v_b}=\frac{n_{C_t}-n_{C_0}}{v_c}=\frac{n_{D_t}-n_{D_0}}{v_d}$$

因此,反应进度 ξ 的物理学单位是摩尔(mol),所谓的 1 mol 反应,也就表示了从 $\xi=0$ mol 时刻计算起已有 v_a mol 的 A 和 v_b mol 的 B 反应生成了 v_c mol 的 C 和 v_d mol 的 D 的过程,也就是说,反应按 v_a 个 A 粒子和 v_b 个 B 粒子为一个单元计算,反应进行了 6.023×10^{23} 个单元反应,这时的反应进度 ξ 为 1 mol 反应,也就是我们所说进行了 1 mol 反应。

书中给出的热力学数据都是 298.15 K 的数据，因此为简便起见，298.15 K 可以略去不写，表示为 $\Delta_r H_m^\ominus$。这样 $\Delta_r H_m^\ominus$ 及 $\Delta_r U_m^\ominus$ 表示标准态下 298.15 K 的等压或等容摩尔反应热，而 $\Delta_r H_m$ 及 $\Delta_r U_m$ 表示了非标准态下 298.15 K 时的等压或等容摩尔反应热。

在热化学方程式中，每一物质的化学式的右侧都必须注明物质的物态或浓度，分别用小写英文字母 s,l,g,c 表示固体、液态、气态、结晶态。

显而易见，用不同计量系数表示同一种物质的反应，其摩尔反应热是不同的。例如：

$$H_2(g)+\frac{1}{2}O_2(g) = H_2O(g) \qquad \Delta_r H_m^\ominus = -241.8\ kJ\cdot mol^{-1}$$

$$2H_2(g)+O_2(g) = 2H_2O(g) \qquad \Delta_r H_m^\ominus = -483.6\ kJ\cdot mol^{-1}$$

这两个反应所表示的基本单元是不同的，因此，虽然都是进行了 1 mol 反应，但相应的热效应是不相同的。因此，反应热不能离开反应式，一个反应式只应有一个对应的热力学函数值。

我们也很容易看出，正逆反应的反应热效应在数值上应相等，但符号相反。例如：

$$H_2(g)+\frac{1}{2}O_2(g) = H_2O(g) \qquad \Delta_r H_m^\ominus = -241.8\ kJ\cdot mol^{-1}$$

$$H_2O(g) = H_2(g)+\frac{1}{2}O_2(g) \qquad \Delta_r H_m^\ominus = +241.8\ kJ\cdot mol^{-1}$$

如前所述，虽然某一物质(体系)焓的绝对数值是不可知的，但我们关心的只是某一过程的焓变，由于焓是状态函数，因此 ΔH 只取决于反应的始终态。对于反应：

$$aA + bB = cC + dD$$

$$\Delta_r H_m^\ominus = \sum H^\ominus_{生成物} - \sum H^\ominus_{反应物}$$

为此，我们引入标准摩尔生成焓的概念。标准摩尔生成焓是指在热力学标准态下，在某一确定温度下，由最稳定单质生成 1 mol 纯物质时的等压热效应，用符号 $\Delta_f H_m^\ominus$ 表示，简称为在该温度下的生成热焓(生成热)。例如：

$$H_2(g,10^5\ Pa)+\frac{1}{2}O_2(g,10^5\ Pa) = H_2O(l) \qquad \Delta_r H_m^\ominus(298) = -285.8\ kJ\cdot mol^{-1}$$

因此，$H_2O(l)$ 的 298 K 下的标准摩尔生成热 $\Delta_f H_m^\ominus = -285.8\ kJ\cdot mol^{-1}$。这样，我们也就规定了在标准状态下，298 K 时，最稳定单质的生成热焓为零。本书附录中附有无机化学中常见化合物及单质在 298.15 *K* 时的标准摩尔生成热焓的数值。由该表可见：

(1) 同一物质不同聚集状态下，标准生成焓数值不同。例如：$\Delta_f H_m^\ominus(H_2O,g) = -241.8\ kJ\cdot mol^{-1}$，$\Delta_f H_m^\ominus(H_2O,l) = -285.8\ kJ\cdot mol^{-1}$。因此，在生成热的符号之后的括号中应写明物质的化学式及物态，为简便起见，m 可省去，写作 $\Delta_f H^\ominus(H_2O,g)$。

(2) 只有最稳定单质的标准摩尔生成热才是零。因此，在石墨与金刚石中，$\Delta_f H_m^\ominus$(C,石墨) = 0，而 $\Delta_f H_m^\ominus$(C,金刚石) = 1.9 kJ·mol^{-1}；$\Delta_f H_m^\ominus$(S,斜方) = 0，而 $\Delta_f H_m^\ominus$(S,单斜) = 0.33 kJ·mol^{-1}；$\Delta_f H_m^\ominus$(Sn,白) = 0，$\Delta_f H_m^\ominus$(Sn,灰) = −2.1 kJ·mol^{-1}，等等。

(3) 表中的数据是在 298.15 K 下的热力学数据，同一物质在不同温度 T 应有不同的标准摩尔生成热，但是由于在温度相差范围不大时，这种变化常常可以省略，可以用 298.15 K 的标准摩尔生成热数值代替。

(4) 表中离子生成热数据是以 $H^+(aq)$ 的 $\Delta_f H_m^\ominus(H^+(aq))$ 为零为基础求出的，但并不意味着反应：

$$\frac{1}{2}H_2(g)+\infty H_2O \longrightarrow H^+\cdot\infty aq+e$$

的热效应为零。离子生成热只是指从稳定单质生成 1 mol 溶于足够大量的水成为无限稀释溶液时的水合离子所产生的热效应。

由标准生成热焓出发，根据焓是状态函数的性质，我们就可以根据化学反应方程式计算反应热效应。对于反应：

$$aA+bB = cC+dD$$
$$\Delta_r H_m^\ominus = [\sum\Delta_f H_m^\ominus(\text{生成物})]-[\sum\Delta_f H_m^\ominus(\text{反应物})]$$

例 3-2　计算 $CaCO_3(s) \xlongequal{\triangle} CaO(s)+CO_2(g)$ 反应的热效应。

解：　$CaCO_3(s) \xlongequal{\triangle} CaO(s)+CO_2(g)$

查表：$\Delta_f H_m^\ominus$/kJ·mol^{-1}　　-1206.9　　-635.6　-393.5

$$\therefore\quad \Delta_r H_m^\ominus = [(-635.6)+(-393.5)-(-1206.9)] = 177\ \text{kJ}\cdot\text{mol}^{-1}$$

该反应热效应为 177 kJ·mol^{-1}，是吸热反应。

例 3-3　计算 $3C_2H_2(g) = C_6H_6(g)$ 反应的热效应。

解：　$3C_2H_2(g) = C_6H_6(g)$

查表：$\Delta_f H_m^\ominus$/kJ·mol^{-1}　　227　　83

$$\therefore\quad \Delta_r H_m^\ominus = 83-227\times3 = -598\ \text{kJ}\cdot\text{mol}^{-1}$$

这一反应是放热反应，反应热为 -598 kJ·mol^{-1}。

第二节　盖斯定律及其应用

瑞士化学家盖斯(G. H. Hess)根据一系列实验事实，于 1840 年提出盖斯定律："不管化学过程是一步完成或分步完成，这个过程的热效应都是相同的。"这一性质体现了反应热(焓)的状态函数的性质(殊途同归变化等)，因此我们都十分容易理解，但在"状态函数"概念产生之前，Hess 便提出这一定律，其意义是极其深远的，它为热力学第一定律的发现提供了相当重要的实验数据。

例如，对于反应 $H_2(g)+\frac{1}{2}O_2(g) \longrightarrow H_2O(l)$，可以两种不同的途径进行：

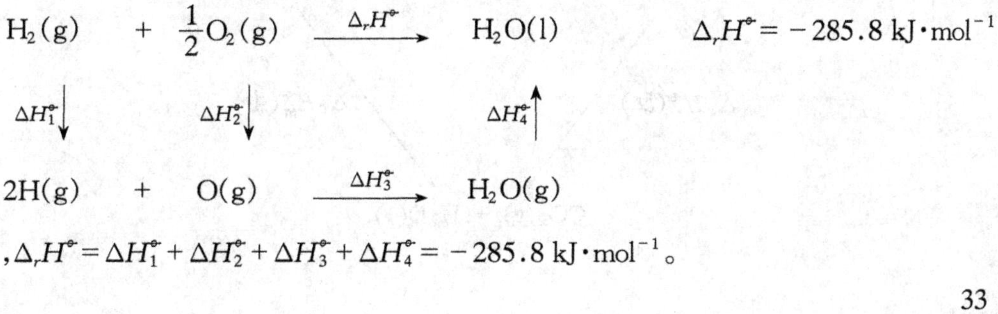

显然，$\Delta_r H^\ominus = \Delta H_1^\ominus+\Delta H_2^\ominus+\Delta H_3^\ominus+\Delta H_4^\ominus = -285.8\ \text{kJ}\cdot\text{mol}^{-1}$。

利用盖斯定律可以帮助我们计算一些难以用实验方法测定的反应热。

例 3－4　已知　$Sn(s)+Cl_2(g)=\!=\!=SnCl_2(s)$　　　$\Delta_r H_m^\ominus=-349.8\ kJ\cdot mol^{-1}$

$SnCl_2(s)+Cl_2(g)=\!=\!=SnCl_4(l)$　　　$\Delta_r H_m^\ominus=-195.4\ kJ\cdot mol^{-1}$

试求 $Sn(s)+2Cl_2(g)=\!=\!=SnCl_4(l)$的反应热 $\Delta_r H_m^\ominus$。

解：　$Sn(s)+Cl_2(g)=\!=\!=SnCl_2(s)$　　$\Delta_r H_1^\ominus$　　(1)

$SnCl_2(s)+Cl_2(g)=\!=\!=SnCl_4(l)$　　$\Delta_r H_2^\ominus$　　(2)

(1)＋(2)得　$Sn(s)+2Cl_2(g)=\!=\!=SnCl_4(l)$　　$\Delta_r H_m^\ominus$

$\therefore\quad \Delta_r H_m^\ominus=\Delta_r H_1^\ominus+\Delta_r H_2^\ominus$

$=-349.8+(-195.4)=-545.2\ kJ\cdot mol^{-1}$

例 3－5　已知　C(石墨)$+\frac{1}{2}O_2(g)=\!=\!=CO(g)$的反应热 $\Delta_r H_m^\ominus$ 难以用实验测定，试利用 C(石墨)及 CO(g)的燃烧热求该反应的反应热 $\Delta_r H_m^\ominus$。

解：燃烧热是指 1 mol 物质在热力学标准态下完全燃烧(C 生成 $CO_2(g)$，H 生成 $H_2O(l)$，N 生成 $N_2(g)$，S 生成 $SO_2(g)$，Cl 生成 HCl(g)等)时所产生的热效应。

$\therefore$　C(石墨)$+O_2(g)=\!=\!=CO_2(g)$　　$\Delta_r H_m^\ominus=-393.5\ kJ\cdot mol^{-1}$　(1)

$CO(g)+\frac{1}{2}O_2(g)=\!=\!=CO_2(g)$　　$\Delta_r H_m^\ominus=-283.0\ kJ\cdot mol^{-1}$　(2)

(1)－(2)得　C(石墨)$+\frac{1}{2}O_2(g)=\!=\!=CO(g)$　　$\Delta_r H_m^\ominus=?$

$\therefore\quad \Delta_r H_m^\ominus=-393.5-(-283)=-110.5\ kJ\cdot mol^{-1}$

应用盖斯定律进行热力学计算应注意：① 若某化学反应是在等压(或等容)下一步完成的，在分步完成时，各分步也要在等压(或等容)下进行。② 在应用盖斯定律计算过程中，要消去某同一物质时，不仅要求该物质的种类相同，而且其物质的聚集状态也要相同，否则不能相消。因此，我们可以利用盖斯定律及各种热效应，如生成热、燃烧热、离子生成热、键能、溶解热的关系，设计热力学循环，进行有关计算。

例 3－6　已知甲醇和甲醛的燃烧热分别为－726.64 kJ·mol⁻¹及－563.58 kJ·mol⁻¹，求反应 $CH_3OH(l)+\frac{1}{2}O_2(g)\longrightarrow HCHO(g)+H_2O(l)$的反应热。

解：对于反应 $A+B\xrightarrow{\Delta_r H^\ominus}C+D$，根据燃烧热定义设计以下热力学循环：

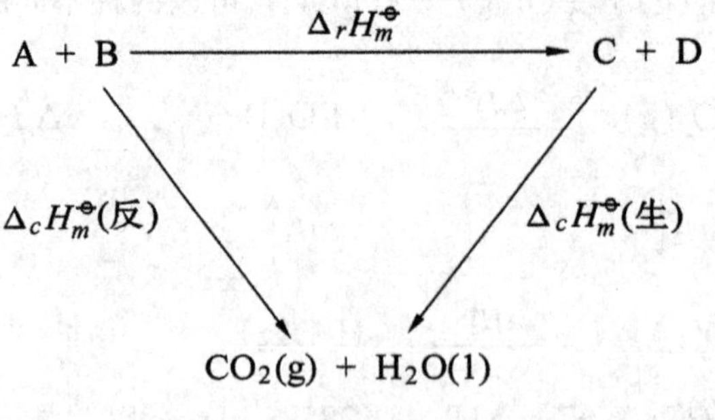

其中：$\Delta_c H_m^\ominus$(反)表示反应物的燃烧热(c：combustion)；$\Delta_c H_m^\ominus$(生)表示生成物的燃烧热。则

$$\Delta_r H_m^\ominus = \sum \Delta_c H_m^\ominus(\text{反}) - \sum \Delta_c H_m^\ominus(\text{生})$$

因此，CH_3OH 氧化制 HCHO 的反应 $\Delta_r H_m^\ominus$ 为：

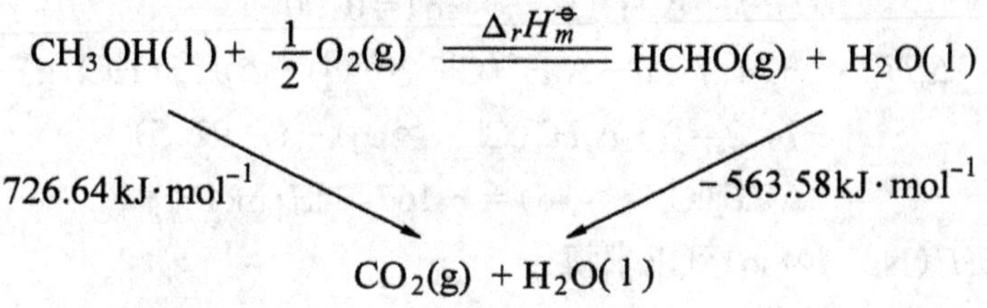

$$\Delta_r H_m^\ominus = -726.64 - (-563.58) = -163.06\ \text{kJ}\cdot\text{mol}^{-1}$$

例 3－7　试利用标准生成热数据计算乙炔的燃烧热。

解：乙炔燃烧反应：

$$C_2H_2(g) + \frac{5}{2}O_2(g) \xlongequal{\quad} 2CO_2(g) + H_2O(l)$$

查表：$\Delta_f H_m^\ominus / \text{kJ}\cdot\text{mol}^{-1}$　　226.8　　　　−393.5　−285.3

$$\Delta_r H_m^\ominus = 2\times(-393.5) + (-285.9) - (226.8)$$
$$= -1\ 299.7\ \text{kJ}\cdot\text{mol}^{-1}$$

该反应的 $\Delta_r H_m^\ominus$ 即表示 1 mol 纯乙炔在热力学标准态下完全燃烧所产生的热效应，即乙炔的燃烧热。

溶解热是指将定量溶质溶于定量溶剂时的热效应。显然，溶解热与温度、压力、溶剂种类以及生成的溶液浓度有关。本书附录数据表中所列的溶解热数值是指在 298.15 K 及 101.325 kPa 下的水溶液的溶解热，如果没有写出溶解终了的溶液浓度，即指无限稀溶液。所谓无限稀溶液，是指当向溶液加入溶剂时，不再产生热效应时的溶液，习惯上用∞aq 表示物质处于无限稀溶液中。例如：HCl(g)的溶解热为 $-74.7\ \text{kJ}\cdot\text{mol}^{-1}$，表示了 1 mol HCl(g)溶于大量水形成无限稀溶液时的热效应：

$$HCl(g) + \infty H_2O \xlongequal{\quad} HCl\cdot\infty aq \qquad \Delta_r H^\ominus = -74.7\ \text{kJ}\cdot\text{mol}^{-1}$$

在本书附录中还列有水溶液中的离子生成热。所谓离子生成热，是指在热力学标准态下，由稳定单质生成 1 mol 溶于足够大量水形成相应的离子的无限稀溶液时产生的热效应。例如反应：

$$Na(s) + \frac{1}{2}Cl_2(g) + \infty H_2O \xlongequal{\quad} Na^+(aq) + Cl^-(aq) \qquad \Delta_r H_m^\ominus = -407.2\ \text{kJ}\cdot\text{mol}^{-1}$$

由于溶液是电中性的，上述反应的热效应应是 $Na^+(\infty aq)$和 $Cl^-(\infty aq)$生成热之和，显然，用实验方法测定它们是困难的。因此，我们往往用指定一种离子的生成热为零作标准，并由此确定其他离子在无限稀溶液中的生成热，这些数值并非是绝对的，而仅仅是相对值。但它不会影响化学反应的热效应计算，因为我们感兴趣的只是化学过程中能量的相对变化的数值。目前，离子生成热是在以 $H^+(\infty aq)$的生成热力零的基础上计算出来

的。例如反应：

$$HCl(g)+\infty H_2O = H^+(\infty aq)+Cl^-(\infty aq) \qquad \Delta_r H_m^\ominus = -74.7\ kJ\cdot mol^{-1}$$

已知
$$\Delta_f H_m^\ominus(HCl,g) = -92.5\ kJ\cdot mol^{-1}$$
$$\Delta_f H^\ominus(H^+,\infty aq) = 0.00$$
$$\therefore \quad \Delta_r H_m^\ominus = -74.7 = 0+\Delta_f H^\ominus(Cl^-,\infty aq)-\Delta_f H_m^\ominus(HCl,g)$$
$$-74.7 = 0+\Delta_f H^\ominus(Cl^-,\infty aq)-(-92.5)$$
$$\therefore \quad \Delta_f H^\ominus(Cl^-,\infty aq) = -167.2\ kJ\cdot mol^{-1}$$

因此，上式中 $\Delta_f H^\ominus(Na^+,\infty aq)$ 可以求得：

$$\Delta_f H^\ominus(Na^+,\infty aq)+\Delta_f H^\ominus(Cl^-,\infty aq) = -407.2\ kJ/mol$$
$$\Delta_f H^\ominus(Na^+,\infty aq) = -407.2+167.2 = -240\ kJ\cdot mol^{-1}$$

有了水合离子的生成热，我们可以求算水溶液中水合离子反应的热效应。

例 3-8　计算 AgCl(s) 的生成热（已知 $Ag^+(aq)+Cl^-(aq) = AgCl(s)$ 的 $\Delta_r H^\ominus = -65.3\ kJ.mol^{-1}$）。

解：设计 $Ag+\frac{1}{2}Cl_2(g) = AgCl(s)$ 反应热力学循环：

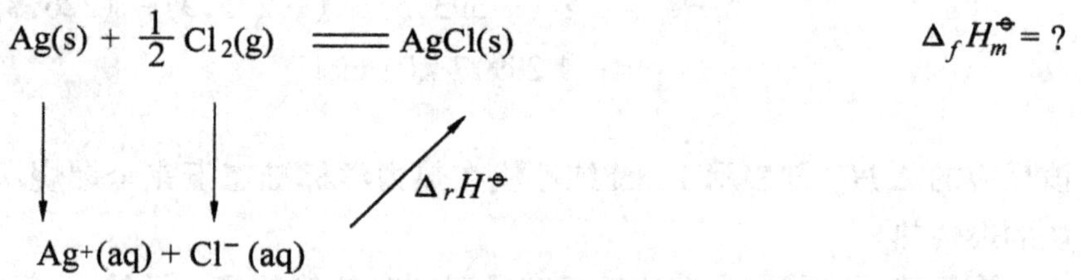

查表：
$$\Delta_f H^\ominus(Ag^+,\infty aq) = 105.4\ kJ\cdot mol^{-1}$$
$$\Delta_f H^\ominus(Cl^-,\infty aq) = -167\cdot 3\ kJ\cdot mol^{-1}$$

所以 AgCl(s) 的生成热为：$\Delta_f H_m^\ominus = \Delta_f H^\ominus(Ag^+,\infty aq)+\Delta_f H^\ominus(Cl^-,\infty aq)+\Delta_r H^\ominus$

$$= 105.4+(-167\cdot 2)+(-65.3) = -127\cdot 1\ kJ\cdot mol^{-1}$$

键焓* 的概念及应用在化学计算中常常碰到，其定义是在 298 K 及 10^5 Pa 下，气态分子断开 1 mol 化学键的焓变，常用 B. E. 代表(Bond Enthalpy)。例如，一个 $H_2O(g)$ 分子含有两个 O—H 键，但断开第一个 O—H 键和断开第二个 O—H 键显然是有区别的：

$$H_2O(g) \longrightarrow H(g)+OH(g) \qquad \Delta_r H^\ominus = +502\ kJ/mol$$
$$HO(g) \longrightarrow H(g)+O(g) \qquad \Delta_r H^\ominus = +426\ kJ/mol$$

同样，断开不同化合物的 OH 键的焓变显然也是不完全相同的。因此，通常给出的键焓数值都只能是平均值，不是直接的实验结果。对于双原子分子，键焓与键的离解能是相等的，例如：

$$F_2(g) \longrightarrow 2F(g) \qquad \Delta_r H^\ominus = B.E._{(F-F)} = +155\ KJ\cdot mol^{-1}$$

* 键焓也叫做键能，因为在 $AB(g) = A(g)+B(g)$ 反应中，$\Delta H = \Delta U + p\Delta V$，$\Delta U$ 为键能，$p\Delta V$ 这一项都是很小的数值，而 ΔH 又是实验测定数值，有一定误差，故 $\Delta H \approx \Delta U$，因此键能与键焓常常通用，数值也相同。

$$HF(g) \longrightarrow H(g) + F(g) \qquad \Delta_r H^{\ominus} = B.E._{(H\text{-}F)} = +565\ kJ \cdot mol^{-1}$$

键焓大小表示了化合物中原子间结合力的强弱。表 3－1 列举了常见化合物键的键焓。

利用键焓数据可以进行热化学计算。

表 3－1　常见化学键的键焓（$kJ \cdot mol^{-1}$，298 K，10^5 Pa）

		H	F	Cl	Br	I	O	S	N	P	C	Si
单键	H	436										
	F	565	155									
	Cl	431	252	243								
	Br	368	239	218	193							
	I	297	—	209	180	151						
	O	465	184	205	—	201	138					
	S	364	340	272	214	—	—	264				
	N	389	272	201	243	201	201	247	159			
	P	318	490	318	272	214	352	230	300	214		
	C	415	486	327	276	239	343	289	293	264	231	
	Si	320	540	360	289	214	268	226	—	214	281	197
双键	C═C 620，			C═N 615，			C═O 708，			C═S 578，		
	O═O 498，			N═N 419，			S═O 420，			S═S 423		
叁键	C≡C 812，			N≡N 945，			C≡N 879，			C≡O 1072		

例 3－9　已知反应 $H_2(g) + F_2(g) \!=\!=\!= 2HF(g)$ 的 $\Delta_f H^{\ominus}(HF, g) = -268.6\ kJ \cdot mol^{-1}$，试求 H—F 键焓。

解：设计热力学循环：

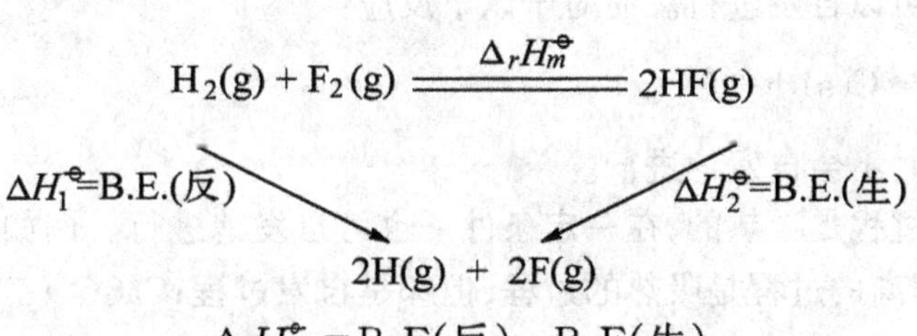

$$\Delta_r H_m^{\ominus} = B.E(反) - B.E(生)$$

$$\because \quad \Delta_r H_m^{\ominus} = 2\Delta_f H_m^{\ominus}(HF, g) - \Delta_f H^{\ominus}(H_2, g) - \Delta_f H^{\ominus}(F_2, g)$$

$$= -268.6 \times 2 = -537.2\ kJ \cdot mol^{-1}$$

$$\Delta_r H_m^{\ominus} = \Delta H_1^{\ominus} - \Delta H_2^{\ominus} \times 2$$

$$-537.2 = 436 + 155 - \Delta H_2^{\ominus} \times 2$$

$$\therefore \quad \Delta H_2^\circ = \frac{1}{2}(436 + 155 + 537.2) = 564.1\ \text{kJ}\cdot\text{mol}^{-1}$$

即 H—F 键的键焓为 564.1 $kJ \cdot mol^{-1}$。

必须指出，由于键焓是从微观的角度来阐明反应的本质，即旧键的破坏与新键形成的过程，因此，它是更为本质的。但是，由于键焓的数据不完善，都是平均的近似值，而且只限于应用在气态物质，因此，由键焓计算反应热有一定的局限性。例如，我们不能由键焓直接计算 $BF_3(g)$，$H_2O(l)$的生成热（为什么?）。因此，在应用键焓数据计算反应热是有一定的局限性的。

第三节　过程的自发性，熵，热力学第二、三定律

一、过程的自发性

人们的实践经验表明，自然界中发生的一切过程都具有一定的方向性。例如，水由高处向低处流动，是属于自发进行的过程；把 Zn 粒放入稀的 $CuSO_4$ 溶液中，自发发生 Cu 被置换的过程；NaCl 溶液与 $AgNO_3$ 溶液混合，将自发地生成 AgCl 沉淀及 $NaNO_3$ 溶液；热从高温物体向低温物体传导，等等，这些过程都有其方向性，其逆过程都不可能自发地进行。我们把在一定条件下，不凭借外力就能发生的过程称为自发过程；不凭借外力就能发生的反应称为自发反应。

人类长期的生活经验告诉我们，凡体系能量升高的过程都是不能自发进行的。因此，在 19 世纪中叶，有人提出用焓变来判断反应发生的方向。确实，对于许多放热反应，由于体系能量降低，过程应该能自发进行，在这一类反应中，焓变是自发过程的动力。例如：

$$Na(s) + H_2O(l) \longrightarrow NaOH(aq) + \frac{1}{2}H_2(g) \qquad \Delta_r H_m^\circ = -184\ kJ\cdot mol^{-1}$$

$$CH_4(g) + 2O_2(g) \longrightarrow CO_2(g) + 2H_2O(g) \qquad \Delta_r H_m^\circ = -802\ kJ\cdot mol^{-1}$$

反应都是放热的，可以自发进行。而对于以下反应：

$$CO(g) \longrightarrow C(s) + \frac{1}{2}O_2(g) \qquad \Delta_r H_m^\circ = 111 kJ\cdot mol^{-1}$$

由于反应是吸热的，不会自发地进行。

但是，有一些过程是吸热的，在一定条件下也可自发地进行。例如，固体 NH_4Cl 在水中自发地溶解并解离的过程是吸热的过程，但却是自发过程；$CaCO_3(s)$在 910℃ 以上高温条件下，分解为 CaO 及 CO_2 的过程也是自发过程，虽然该反应 $CaCO_3(s) \xlongequal{\triangle} CaO(s) + CO_2(g)$是一个吸热反应。显然，只利用反应是否放热来作为过程是否自发的判据是不全面的，或者说，除了有焓变作为过程方向的动力之外，是否还应存在另一种推动力？另一种因素？答案是肯定的。

让我们观察墨水滴在水溶液中自发地迅速分散的过程，该过程的 $\Delta H^\circ \approx 0$，但过程却是不借助外力自发进行的。再如在图 3-4 中，两个烧瓶内分别充有 $N_2(g)$和 $I_2(g)$，连通

旋塞都开启后，两种气体自发地混合，而这过程的 $\Delta H^{\circ}=0$，我们也注意到混合气体的分离是不可能自发进行的。热力学告诉我们，这另一种使过程自发进行的推动力是熵。

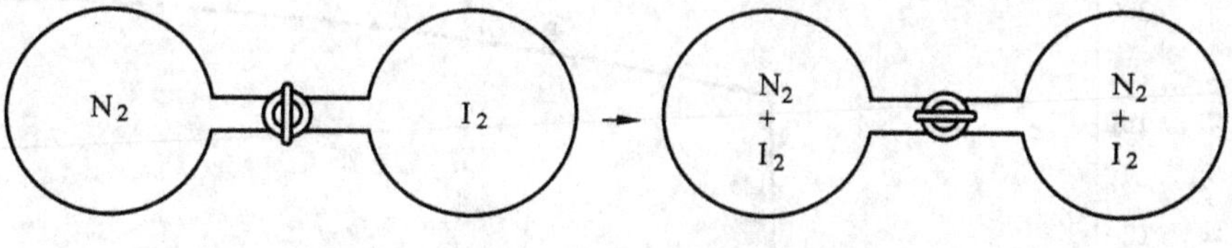

图 3-4 N_2 与 I_2 的自发混合

二、熵

熵(entropy)是另一个非常重要的热力学状态函数，我们可以粗浅地把熵看作是体系混乱度(或无序度)的量度，用符号 S 表示，单位为 $J \cdot K^{-1} \cdot mol^{-1}$。它具有广度性质，因此和物质的量有关。以下我们以物质的三态说明熵的概念。

对于某一纯物质的完美晶体来说，在热力学零度时，由于分子的热运动完全停止了，我们说它的无序度为零，这就是热力学第三定律的内容。随着温度的升高，晶体结点上的质点的无规则运动(振动)逐渐加剧，晶体的无序度增大。而温度继续上升，晶体熔化。物质处于液态时，所有的质点都可以在总体积范围内自由地运动。体系的混乱度较晶体时大；温度继续增加，混乱度继续增大。当物质处于气态时，质点获得足够的动能及势能，基本上克服了其他质点的作用力而进入了更大的运动空间，混乱度最大。表 3-2 和图 3-5 分别为 10^5 Pa 下氧的摩尔熵和摩尔熵对温度对画图。由图表可见，物质的混乱度是随温度的增加而呈增大的趋势，而混乱度的突变过程就是物质的三态的变化过程。

表 3-2 10^5 Pa 下氧的摩尔熵

相	$S^{\circ}/J \cdot K^{-1} \cdot mol^{-1}$	T/K
固相	0 59.0	0 54.4
液相	67.2 81.6 94.2	54.4 71.4 90.1
气相	169.8 173.2 192.9 205.1	90.1 100.0 200.0 298.2

因此，我们说熵是体系无序度的量度。所谓无序度，指的是位置无序(positional disorder)，即质点在空间中的分布无序或热无序(thermal disorder)，也即质点间能差(available

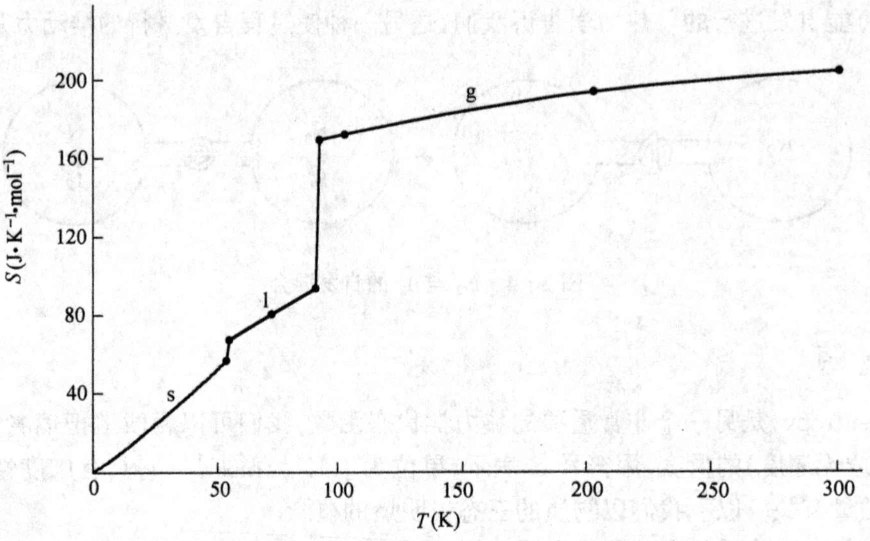

图 3-5　10^5 Pa 下氧的摩尔熵-温度图

energy)的分布无序。对于任何一个使质点在空间中有更随机分布的过程，或任何使质点温度增加的恒压过程都是使物质总熵值增加的过程。

物质的熵值随温度的升高而逐渐增大。物质熵的数值是以理想晶体在热力学零度时，熵值为零作基础计算得到的。它与物质的比热、摩尔质量、温度、熔化热、汽化热等性质有关。1 mol 物质在标准态所计算得到的熵值叫标准熵，也叫绝对熵。本书附录中列有各物质的标准熵数值。由该表中我们可以得出以下规律：

(1)对于同一物质而言，气态熵大于液态熵，液态熵大于固态熵，即 $S_T^{\ominus}(g) > S_T^{\ominus}(l) > S_T^{\ominus}(s)$。

例如 H_2O：　$S^{\ominus}_{298,H_2O(g)}$ $>$ $S^{\ominus}_{298,H_2O(l)}$

(188.7 $J \cdot mol^{-1} \cdot K^{-1}$)　(69.96 $J \cdot mol^{-1} \cdot K^{-1}$)

(2)由相同原子组成的分子中，分子中原子数目越多，熵值越大。例如：

$$S^{\ominus}_{O_2(g)} < S^{\ominus}_{O_3(g)}$$

$$S^{\ominus}_{NO(g)} < S^{\ominus}_{NO_2(g)} < S^{\ominus}_{N_2O_4(g)}$$

$$S^{\ominus}_{CH\equiv CH(g)} < S^{\ominus}_{CH_2=CH_2(g)} < S^{\ominus}_{CH_3-CH_3(g)}$$

$$S^{\ominus}_{CH_4(g)} < S^{\ominus}_{C_2H_5(g)} < S^{\ominus}_{C_3H_8(g)} < S^{\ominus}_{C_4H_{10}(g)}$$

(3)相同元素的原子组成的分子中，分子量越大，熵值越大。例如：

$$S^{\ominus}_{CH_3Cl(g)} < S^{\ominus}_{CH_2Cl_2(g)} < S^{\ominus}_{CHCl_3(g)}$$

(4)同一类物质，摩尔质量越大，结构越复杂，熵值越大。例如：

$$S^{\ominus}_{CuSO_4(s)} < S^{\ominus}_{CuSO_4 \cdot H_2O(s)} < S^{\ominus}_{CuSO_4 \cdot 3H_2O(s)} < S^{\ominus}_{CuSO_4 \cdot 5H_2O(s)}$$

$$S^{\ominus}_{F_2(g)} < S^{\ominus}_{Cl_2(g)} < S^{\ominus}_{Br_2(g)} < S^{\ominus}_{I_2(g)}$$

(5)固体或液体溶于水时，熵值增大，气体溶于水时，熵值减少。例如：

$$NaCl(s) \xlongequal{H_2O} Na^+(aq) + Cl^-(aq) \qquad \Delta_r S_m^\ominus > 0$$

$$HCOOH(l) \xlongequal{H_2O} H^+(aq) + COOH^-(aq) \qquad \Delta_r S_m^\ominus > 0$$

$$HCl(g) \xlongequal{H_2O} H^+(aq) + Cl^-(aq) \qquad \Delta_r S_m^\ominus < 0$$

(6)同一种物质，存在不同异构体时，结构刚性越大的分子，熵值越小。例如C_3H_6O有两种异构体：

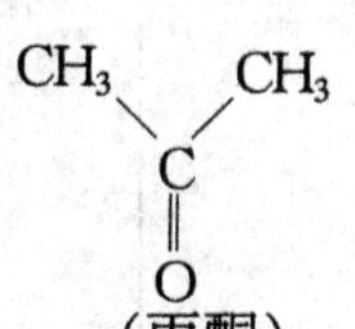

(丙酮)

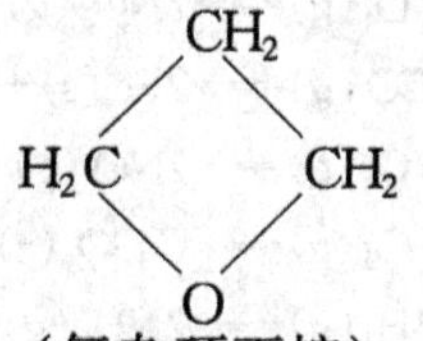

(氧杂环丁烷)

分子刚性　　＜　　分子刚性

$S_{298}^\ominus = 295\ J \cdot K^{-1} \cdot mol^{-1} \quad > \quad S_{298}^\ominus = 274\ J \cdot K^{-1} \cdot mol^{-1}$

根据各物质的熵值及熵是状态函数的性质，我们可以十分方便地计算出化学过程的熵变。对于反应：

$$aA + bB \xlongequal{\quad} cC + dD$$

$$\Delta S^\ominus = \sum S^\ominus(生成物) - \sum S^\ominus(反应物)$$

$$= (S_C^\ominus \times c + S_D^\ominus \times d) - (S_A^\ominus \times a + S_B^\ominus \times b)$$

例 3-10　试估计合成氨反应 $3H_2(g) + N_2(g) \longrightarrow 2NH_3(g)$的$\Delta S^\ominus$值的正负，并用附表数据计算反应$\Delta S^\ominus$。

解：由于反应 $3H_2(g) + 2N_2(g) \longrightarrow 2NH_3(g)$是气体分子数目减少的反应，$\Delta_r S_m^\ominus$ 应是负值：

	$3H_2(g)$	$N_2(g)$	$2NH_3(g)$
查表：$S^\ominus/J \cdot K^{-1} \cdot mol^{-1}$	130.5	191.5	192.5

$$\therefore \quad \Delta_r S_m^\ominus = 192.5 \times 2 - (130.5 \times 3 + 191.5)$$

$$= -198.0\ J \cdot K^{-1} \cdot mol^{-1}$$

例 3-11　试估计氯化铵溶于水反应的$\Delta_r S^\ominus$的正负，并查表计算反应熵变$\Delta_r S_m^\ominus$。

解：

$$NH_4Cl(s) \xrightarrow{H_2O(l)} NH_4^+(aq) + Cl^-(aq)$$

由于固体溶于水是熵增加的过程，因此反应的$\Delta_r S_m^\ominus > 0$，为正值。

查表：	$NH_4Cl(s)$	$NH_4^+(aq)$	$Cl^-(aq)$
$S^\ominus/J \cdot K^{-1} \cdot mol^{-1}$	94.6	113.4	55.2

$$\therefore \quad \Delta_r S_m^\ominus = 113.4 + 55.2 - 94.6 = 74.0\ J \cdot K^{-1} \cdot mol^{-1}$$

由以上计算及表 3-3 给出的一些反应的$\Delta S^\ominus$值可以看出，凡反应过程中气体计量系数增加的反应，反应$\Delta S^\ominus > 0$；凡反应过程中气体计量系数减少的反应，反应$\Delta S^\ominus < 0$，这是由于气体的$S^\ominus$都比液体或固体大得多的原因。对于气体计量系数不变的反应，如：

$$Fe_2O_3(s) + 3CO(g) \longrightarrow 2Fe(s) + 3CO_2(g) \qquad \Delta n_{气} = 0$$

$$N_2(g) + O_2(g) \longrightarrow 2NO(g) \qquad \Delta n_{气} = 0$$

它们的 $\Delta_r S_m^{\ominus}$ 值都很小，接近于零（分别为 12 $J \cdot K^{-1} \cdot mol^{-1}$ 及 24 $J \cdot K^{-1} \cdot mol^{-1}$）。

表 3-3　某些反应的 $\Delta_r S_m^{\ominus}$（$J \cdot K^{-1} \cdot mol^{-1}$ 298 K）

化学反应	$\Delta_r S_m$	$\Delta n_{气}$	$\Delta n_{总}$
$2AgNO_3(s) = 2Ag(s) + 2NO_2(g) + O_2(g)$	+488.2	+3	
$N_2O_4(g) = 2NO_2(g)$	+177	+1	
$Fe_2O_3(s) + 3CO(g) = 2Fe(s) + 3CO_2(g)$	+12	0	
$N_2(g) + O_2(g) = 2NO(g)$	+24	0	
$CaO(s) + SO_3(g) = CaSO_4(s)$	−189	−1	
$N_2(g) + 3H_2(g) = 2NH_3(g)$	−198	−2	
$CuSO_4 \cdot 5H_2O(s) = CuSO_4(s) + 5H_2O(l)$	+158.6		+5
$2H_3BO_3(s) = B_2O_3(s) + 3H_2O(l)$	+86.1		+2
$NH_4Cl(s) \xlongequal{H_2O} NH_4^+(aq) + Cl^-(aq)$	+73		+1
$PbI_2(s) = Pb(s) + I_2(s)$	+5		+1

对于没有气体参加的反应，可以用反应前后物质总计量系数的变化判断反应的 $\Delta_r S_m^{\ominus}$ 值。一般来说，反应中物质总计量系数增加的反应，$\Delta_r S_m^{\ominus}$ 值为正值；总计量系数减少的反应，$\Delta_r S_m^{\ominus}$ 为负值；总计量系数不变的反应，$\Delta_r S_m^{\ominus}$，应接近于零。对于消耗固体生成液体的反应，$\Delta_r S_m^{\ominus} > 0$。

以上规律对于判断反应过程的熵变是很有帮助的。

应该指出的是，在气体参加的反应，且反应前后气体计量变化量不为零的反应中，压力对熵变有明显影响。所以，反应的压力条件必须强调，标准熵 $S_{298}^{\ominus}$ 及熵变 $\Delta S_{298}^{\ominus}$ 都是在标准态下的数据。此外，在计算过程中，在无相变条件下，温度对熵值的影响可以忽略，通常可用 298 K 的熵值代替。

三、熵变与过程的方向

热力学已证明，熵也可以从宏观热力学的角度来说明，即

$$\Delta S = Q_r / T$$

其中 Q_r 是恒温可逆过程中体系所吸的热，因此熵又叫“热温熵”。

热力学还证明，孤立体系的自发过程是体系熵增加的过程，即在孤立体系中，若

$$\text{状态 I} \xrightarrow{\text{自发}} \text{状态 II}$$

则有

$$S_{\mathrm{I}} < S_{\mathrm{II}}$$

即

$$\Delta S = S_{\mathrm{II}} - S_{\mathrm{I}} > 0$$

因此，应用孤立体系总熵变的数值可以判断过程自发的方向性，即在孤立体系中，

当 $\Delta S_{孤} > 0$，过程自发进行；

$$当\ \Delta S_{孤} < 0，逆过程自发进行；$$

$$当\ \Delta S_{孤} = 0，达平衡状态。$$

这就是说，自然界中孤立体系不可能自发发生熵减少的变化，这就是所谓的热力学第二定律。在此，应再次强调的是，当用熵作过程自发性判据时必须用$\Delta S^{\ominus}_{孤}$，这孤立体系的条件是不能少的。例如，液体水和固体水间的转化过程中，体系与环境的熵变分别是：

$$H_2O(l) \longrightarrow H_2O(s)$$

	$\Delta S_{体}$/J·K^{-1}·mol^{-1}	$\Delta S_{环}$/J·K^{-1}·mol^{-1}	$\Delta S_{孤}=\Delta S_{体}+\Delta S_{环}$/J·K^{-1}·mol^{-1}($10^5$ Pa)
+1℃	−92.59	92.25	−0.34
0℃	−92.01	92.01	0
−1℃	−91.42	91.75	0.33

这说明，在+1℃时液态水不能自发地变成冰；而在−1℃时，水将自发地变成冰。

以上分析说明体系的熵变是过程变化的推动力之一。

对于化学反应，我们研究以下过程：

(1)反应 $2H_2O_2(l) \longrightarrow 2H_2O(l) + O_2(g)$

$$\Delta_r H^{\ominus}_m = -196.5\ \mathrm{kJ\cdot mol^{-1}} < 0（放热）$$

$$\Delta_r S^{\ominus}_m = 160.8\ \mathrm{J\cdot K^{-1}\cdot mol^{-1}} > 0$$

事实上，$H_2O_2(l)$分解的反应在任何温度下都是自发的，因为它受到$\Delta H^{\ominus}$及$\Delta S^{\ominus}$两因素的推动。

(2)反应 $CO(g) = C(s) + \frac{1}{2}O_2(g)$

$$\Delta_r H^{\ominus}_m = 110\ \mathrm{kJ\cdot mol^{-1}} > 0（吸热）$$

$$\Delta_r S^{\ominus}_m = -89.72\ \mathrm{J\cdot K^{-1}\cdot mol^{-1}}$$

事实上，CO(g)不管在任何温度下都不会自发地生成 C 和 O_2，说明这一反应无任何推动力。

(3)反应 $CaCO_3(s) = CaO(s) + CO_2(g)$

$$\Delta_r H^{\ominus}_m = 177\ \mathrm{kJ\cdot mol^{-1}} > 0$$

$$\Delta_r S^{\ominus}_m = 164.69\ \mathrm{J\cdot K^{-1}\cdot mol^{-1}} > 0$$

这一反应在低温下不能自发进行，逆反应由于放热，可自发进行，说明$\Delta_r H^{\ominus}_m$是反应正向进行的阻力；而高温时，该反应自发进行说明是反应的熵变推动了反应进行。

(4)反应 $HCl(g) + NH_3(g) = NH_4Cl(s)$

$$\Delta_r H^{\ominus}_m = -176.89\ \mathrm{kJ\cdot mol^{-1}} < 0（放热）$$

$$\Delta_r S^{\ominus}_m = -284.23\ \mathrm{J\cdot K^{-1}\cdot mol^{-1}}$$

事实上，该反应在低温下能正向自发进行（$\Delta_r H^{\ominus}_m$起推动作用）；而在高温下，由于逆向反应$\Delta_r S^{\ominus}_m > 0$，逆向反应将自发进行，正向反应不进行。

由以上讨论可见，常温时，我们只须考虑$\Delta_r H^{\ominus}_m$的数值即可确定反应是否自发，如果

$\Delta_r H_m^\circ$ 是较负的负值时，反应正向自发；如果 $\Delta_r H_m^\circ$ 是正值，则反应正向自发的条件必须是 $\Delta_r S_m^\circ > 0$ 时，才有可能在高温时使反应正向自发进行。因此，决定反应方向性的问题有这两个因素，如何统一这两个相互制约的因素，热力学中引入另一个的热力学函数 G——自由能。

第四节　自由能，化学反应自发性的判据

因为自发过程是不借助于外力就可以进行的过程，而且自发过程是体系能量降低的过程，因此，可以想像，这部分能量应可以被利用来对外做功(有用功)。所以，自发过程是可以被利用来对外做有用功的过程，而非自发过程就是要消耗外功的过程。例如反应 $CH_4(g) + 2O_2(g) = CO_2(g) + 2H_2O(l)$，该反应可以被利用对外做有用功，它是自发的。又例如反应 $Zn + Cu^{2+} = Zn^{2+} + Cu$ 可以设计成原电池对外做电功，因此它是自发的。再如反应 $2H_2O(l) = 2H_2(g)\uparrow + O_2(g)\uparrow$ 必须由外界提供电能去完成，因此该反应是非自发的。

1876 年，美国科学家 Gibbs(吉布斯)证明了在等温等压下，如果在理论上或实际上一个反应能被利用来完成其他功，则这个反应是自发的；如果该反应必须由环境提供其他功去使反应发生，则这个反应是非自发的。

从热力学第一定律：

$$\Delta U = Q + W$$

证明，在等温($T_1 = T_2 = T_{环境}$)可逆过程中做功最大。因此，在等温可逆条件下，第一定律可写作：

$$\Delta U = Q_r + W_{max} \qquad (3-7)$$

式中：Q_r 为可逆过程吸收或放出的热量；W_{max} 是最大功。功应包括膨胀功与有用功之和，即

$$W_{max} = \Delta pV + W' \qquad (3-8)$$

式中：ΔpV 是膨胀功；W'为有用功。等压($p_1 = p_2 = p_{环境}$)条件下：

$$W_{max} = -p\Delta V + W'_{max} \qquad (3-9)$$

$$\Delta U = Q_r - p\Delta V + W'_{max} \qquad (3-10)$$

在等温可逆过程中，$\dfrac{Q_r}{T} = \Delta S$

∴ $Q_r = T\Delta S$

$$\Delta U + p\Delta V = T\Delta S + W'_{max} \qquad (3-11)$$

$$\Delta H = T\Delta S + W'_{max} \qquad (3-12)$$

∴ $$W'_{max} = \Delta H - T\Delta S \qquad (3-13)$$

定义一个新的热力学函数 G(吉布斯自由能，简称自由能，Free energy)：

$$G \equiv H - TS \qquad (3-14)$$

则等温、等压、可逆条件下：

$$\Delta G = \Delta H - T\Delta S = W'_{\max} \tag{3-15}$$

也就是说，当过程的自由能变是负值时，表示 $W'_{\max}$ 为负值，意味着体系自由能变可以被利用来对环境做最大有用功，是自发过程；当过程自由能变为正值时，$W'_{\max}$ 为正值，意味着体系自由能变不可以被利用来对环境做功，要使过程进行，必须由环境对体系做功，是非自发过程。

自由能 G 是由状态的函数 H, T, S 组合而成，因此自由能 G 也是一个状态函数。

公式 $\Delta G_{(T)} = \Delta H - T\Delta S$ 被称为吉布斯-赫姆霍兹方程(Gibbs-Helmholtz equation)，它被用于计算等温、等压条件下，任何过程的自由能变。公式 $\Delta G^{\ominus}_{(T)} = \Delta H^{\ominus} - T\Delta S^{\ominus}$ 只应用于热力学标准态下等温过程的自由能变的计算中。

自由能 G 是具有容量性质的状态函数，因此，有关热力学函数计算的热化学定律都可适用。同样地，由于焓(H)的绝对数值是无法可知的，因此自由能(G)的绝对数值也是无法可知的。像定义标准生成热焓一样，我们可以定义标准生成自由能($\Delta_f G^{\ominus}$)，即在热力学标准态下，由处于稳定状态的单质生成 1 mol 纯物质时反应的自由能变化为该物质的标准生成自由能 $\Delta_f G^{\ominus}_m$，这样也就规定了在标准态下稳定单质的生成自由能 $\Delta_f G^{\ominus}_m = 0$。对于水溶液中离子的生成自由能 $\Delta_f G^{\ominus}(M^{n\pm})$，则是以指定氢离子的无限稀释溶液的标准生成自由能为零，即 $\Delta_f G^{\ominus}(H^+, \infty aq) = 0$ 为基础求得的。本书附录中附有常见化合物的生成自由能 $\Delta_f G^{\ominus}_m(298)$ 的数据。因此，对于反应：

$$aA + bB \longrightarrow cC + dD$$

过程自由能变 $\Delta_r G^{\ominus}_m$ 为：

$$\Delta_r G^{\ominus}_m = \sum[\Delta_f G^{\ominus}_{298}(\text{生成物})] - \sum[\Delta_f G^{\ominus}_{298}(\text{反应物})]$$

$\Delta_f G^{\ominus}$ 和 $\Delta_r G^{\ominus}_m$ 的单位均为 $kJ \cdot mol^{-1}$。

综上所述我们对过程自由能变 ΔG 等热力学函数的变化归纳以下：

(1)从 $\Delta G_{(T)} = \Delta H - T\Delta S$ 公式可见，ΔG 是体系焓变与体系熵变所分别表示的能量差值。这也告诉我们，体系无序度的增大本身会引起过程能量的变化，这就不难理解为什么熵增加的反应在温度升高时会改变反应的方向。从另一意义来说，ΔG 可以理解为是被修正了的焓变，其意义是在过程中，体系与环境能量间的交换是以热焓及熵变两种形式进行的，因此，推动过程变化的动力有焓因素和熵因素。

(2)ΔG 在数值上表示了过程在等温等压条件下对外所做的最大有用功，即 $\Delta G = W_{\max}$。当 ΔG 为正值时，$W_{\max} > 0$，表明过程必须由环境对体系作功，是非自发过程；当 ΔG 为负值时，$W_{\max} < 0$，表明过程自由能变可以被利用对外做有用功，是自发过程。因此，ΔG 在数值上表明了体系对外所做的最大有用功的量度，同时是过程自发性的判据：$\Delta G > 0$ 是非自发过程，$\Delta G < 0$ 是自发过程，$\Delta G = 0$ 是平衡过程。

(3)由于化学反应通常是在等温、等压(敞开容器)进行的，因此，可以利用反应的 $\Delta_r G^{\ominus}_m$ 的正、负来判断反应在标准态的方向性。

① 对于 $\Delta_r H^{\ominus}_m < 0, \Delta_r S^{\ominus}_m > 0$ 的过程，由于 $\Delta G^{\ominus} = \Delta H^{\ominus} - T\Delta S^{\ominus} < 0$，因此是自发过程。例如：

$$2C_2H_6(g)+7O_2(g)\longrightarrow 4CO_2(g)+6H_2O(g)$$

$$\Delta_r H_m^\ominus=-3\ 189\ kJ\cdot mol^{-1},\Delta_r S_m^\ominus=92.6\ J\cdot K^{-1}\cdot mol^{-1}$$

$\Delta_r G_m^\ominus<0$，任何温度下自发。

② 对于 $\Delta_r H_m^\ominus>0,\Delta_r S_m^\ominus<0$ 的过程，由于 $\Delta G^\ominus>0$，因此是非自发过程。例如：

$$N_2(g)+\frac{1}{2}O_2(g)\longrightarrow N_2O(g)$$

$$\Delta_r H_m^\ominus=81.17\ kJ\cdot mol^{-1},\Delta_r S_m^\ominus=-74.66\ J\cdot K^{-1}\cdot mol^{-1}$$

$\Delta_r G_m^\ominus>0$，所以该反应在标准态、任何温度下都不能正向自发进行。

③ 对于 $\Delta_r H_m^\ominus>0,\Delta_r S_m^\ominus>0$ 的过程，由 $\Delta G^\ominus=\Delta H^\ominus-T\Delta S^\ominus$ 可见，在低温时 $\Delta G^\ominus>0$，在高温时 $\Delta G^\ominus$ 有可能改变符号，使反应可以正向自发进行。例如：

$$N_2(g)+O_2(g)=\!=\!=2NO(g)$$

$$\Delta_r H_m^\ominus=181\ kJ\cdot mol^{-1},\Delta_r S_m^\ominus=24\ J\cdot K^{-1}\cdot mol^{-1}$$

在常温下，$\Delta_r G_m^\ominus>0$，反应非自发；但当温度升高到 7 542 K 以上时，$\Delta_r G_m^\ominus<0$，反应可以正向自发进行。

④ 对于 $\Delta_r H_m^\ominus<0,\Delta_r S_m^\ominus<0$ 的过程，低温时，$\Delta_r G^\ominus<0$，正向自发；高温时，$\Delta_r G_m^\ominus>0$，正向非自发。例如：

$$N_2(g)+3H_2(g)\longrightarrow 2NH_3(g)$$

$$\Delta_r H_m^\ominus=-92.4\ kJ\cdot mol^{-1},\Delta_r S_m^\ominus=-198\ J\cdot K^{-1}\cdot mol^{-1}$$

可见，在常温下正向是自发过程，高温下由于 $\Delta_r S_m^\ominus<0$，会改变反应方向。

(4) 对于非标准态下的反应，其方向性由 ΔG 的正负值确定。$\Delta G<0$，自发；$\Delta G>0$，非自发；$\Delta G=0$，平衡。

例如对于合成氨的反应，计算表明，该反应在标准态下不宜高温进行。因为 $\Delta_r G_m^\ominus$ 值在 466 K 以上时将由负值转为正值。但实际生产中，合成氨的合成温度为 773 K 以上，这是由于合成氨生成是在高压下进行(一般在 5×10^7 Pa)，是非标准态下的反应。这时用 $\Delta_r G_m^\ominus$ 来判断反应方向性就不正确了。有关非标准态下 ΔG 的计算见第四章的 van't Hoff 化学反应等温式。

(5) G 与 H,S 一样是具有广度性质的热力学函数，因此，$\Delta_r G_m^\ominus,\Delta_r H_m^\ominus,\Delta_r S_m^\ominus$ 都是指某一具体反应的热力学函数变化值，都不应该脱离具体的化学反应式。$\Delta H,\Delta G,\Delta S$ 都随温度、压力而变化，但化学反应的 $\Delta_r G_m^\ominus$ 与 $\Delta_r H_m^\ominus,\Delta_r S_m^\ominus$ 不同，在 ΔT 不大，无相变条件下反应的 $\Delta_r H_m^\ominus,\Delta_r S_m^\ominus$ 随温度变化不明显，因此常可以用 298 K 的数据代替某温度下反应的 $\Delta_r H_{m(T)}^\ominus$ 或 $\Delta_r S_{m(T)}^\ominus$，但 $\Delta_r G_{m(T)}^\ominus$ 与 $\Delta_r G_{m(298)}^\ominus$ 明显不同，它们的关系由吉布斯-赫姆霍兹方程 $\Delta_r G_{(T)}^\ominus\approx\Delta_r H_{(298)}^\ominus-T\Delta_r S_{(298)}^\ominus$ 确定。

(6) 用 $\Delta_r G_m^\ominus$ 或 $\Delta_r G_m$ 的正负判断某一反应自发性倾向时，只表明反应的热力学倾向，而不表示实际反应的速率(速率问题是动力学问题)。因此，某些热力学倾向大的反应有时在某一条件下却难以进行。例如：

$$H_2(g)+\frac{1}{2}O_2(g)=\!=\!=H_2O(l)\qquad \Delta_r G_m^\ominus=-237\ kJ\cdot mol^{-1}$$

但在常温下，氢气与氧气混合是不会发生反应的。这就是说，“反应自发”不意味着反应速率大(自发性是热力学问题)。

(7) 反应的自发性与反应的可能性不是同一概念，非自发的反应不等于不可能。例如：

$$H_2O(l) = H_2(g) + \frac{1}{2}O_2(g) \qquad \Delta_r G_m^\circ = 237\ kJ \cdot mol^{-1}$$

该反应是非自发反应，但并不意味该反应不可能发生。大家都知道，借助于电功(外力)可以实现以上过程，但它是非自发的。

第五节　热力学函数的计算及初步应用

在这一章中，我们介绍了几个新的热力学函数，它们是热力学能 U，焓 H，熵 S，自由能 G，有关它们的计算及应用简单总结如下。

(1) 热力学第一定律：

$$\Delta U = Q + W$$

从环境吸热，Q 取正值；向环境放热，Q 取负值。体系对环境作功，W 取负值；环境对体系作功，W 取正值。

(2) 等容条件下的反应热：$W' = 0, Q_V = \Delta U$。

(3) 等压条件下的反应热：$Q_p = \Delta H, \Delta H = \Delta U + p\Delta V$。

(4) 盖斯定律及其应用。

(5) 过程自发性判据 ΔG 与 ΔG°。标准态下用 $\Delta_r G_m^\circ \leqslant 0$，非标准态下用 $\Delta_r G_m \leqslant 0$ 作为自发性判据，且

$$\Delta G_{(T)}^\circ = \Delta H^\circ - T\Delta S^\circ, \Delta G_{(T)} = \Delta H - T\Delta S$$

(6) 求算反应逆转的温度。例如：试求 SS 下 $CaCO_3$ 热分解的反应的最低温度。

解：

$$CaCO_3(s) \xlongequal{\triangle} CaO(s) + CO_2(g)$$

查表：			
$\Delta_f G_m^\circ / kJ \cdot mol^{-1}$	−1 128.8	−604.2	−394.4
$\Delta_f H_m^\circ / kJ \cdot mol^{-1}$	−1 026.9	−635.1	−393.5
$S_m^\circ / J \cdot K^{-1} \cdot mol^{-1}$	92.9	39.7	213.6

反应的 $\Delta_r G_m^\circ$：

$$\Delta_r G_m^\circ = -394.4 + (-604.2) - (-1\,128.8) = 130.2\ kJ \cdot mol^{-1} > 0$$

所以标准态下 298 K 时非自发。

$$\because \quad \Delta_r H_m^\circ = -393.5 + (-635.1) - (1\,206.9) = 178.3\ kJ \cdot mol^{-1} > 0 \text{(吸热反应)}$$

$$\Delta_r S_m^\circ = 213.6 + 39.7 - 92.9 = 164.4\ J \cdot K^{-1} \cdot mol^{-1}$$

根据 $\Delta G_{(T)}^\circ = \Delta H^\circ - T\Delta S^\circ$

标准态下，若 $\Delta G^{\ominus}_{(T)}<0$，则在 T 温度下正向反应自发。

$$\Delta H^{\ominus}_{298}-T\Delta S^{\ominus}_{298}<0$$

$$\therefore \quad 178.3-0.160\,4\,T<0$$

$$T\geqslant\frac{\Delta H^{\ominus}}{\Delta S^{\ominus}}=\frac{178.3}{0.160\,4}=1\,111\text{ K}$$

所以在标准态下，$CaCO_3$ 在 1 111 K 以上自发分解。实际上在生产中，人们常用抽风机把石灰窑的压力降到 10^3 Pa，这是非标准态下的反应，$CaCO_3$ 受热超过 873 K 时就可以自发分解了。

(7) 应用热力学函数 $\Delta_f H^{\ominus}$，$\Delta_f G^{\ominus}$ 判断化合物的相对稳定性。

无机化合物的相对稳定性通常可以由其生成焓或生成自由能的数值来量度。一般来说，如果化合物的 $\Delta_f G^{\ominus}<0$ 时，该化合物是稳定的，而且数值越负越稳定；反之，当 $\Delta_f G^{\ominus}$ 为正值时，则该化合物是不稳定的。例表 3－4 给出了 HX 的 $\Delta_f G^{\ominus}$ 值。由该表数值可以判断：从 HF $\longrightarrow$ HCl $\longrightarrow$ HBr $\longrightarrow$ HI，化合物的稳定性依次下降。事实也是如此，HI 在 573 K 已明显地分解，而 HBr，HCl 在 1 273 K 时才稍分解，HF 在此温度下还相当稳定。

表 3－4　HX 的标准生成自由能 $\Delta_f G^{\ominus}_{HX(298)}$ ($kJ\cdot mol^{-1}$)

HX	HF(g)	HCl(g)	HBr(g)	HI(g)
$\Delta_f G^{\ominus}_{298}$	－273.2	－95.3	－53.4	＋1.7

但是，必须指出的是，用 $\Delta_f H^{\ominus}$ 或 $\Delta_f G^{\ominus}$ 来判断化合物的相对稳定性只是相对于单质的稳定性。

本章教学要求

1. 初步掌握热力学函数 U,H,S,G 的物理意义及状态函数的性质。
2. 较熟练地应用盖斯定律及状态函数性质进行热力学计算。
3. 掌握在热力学标准态下过程自发性的判据。
4. 掌握吉布斯-赫姆霍兹公式及其计算，并较熟练地应用该公式去分析不同温度下反应的方向。

习　题

1. 等摩尔的 HCl 溶液分别与过量不等的两种 NaOH 溶液中和，所放的热量是否相等，为什么？等摩尔的 NaOH 和 $NH_3\cdot H_2O$ 溶液分别与过量 HCl 溶液中和时，所放热量是否相等，为什么？

2. 已知

$$2Cu_2O(s)+O_2(g)=\!=\!=4CuO(s) \qquad \Delta_r H^{\ominus}_m=-290\text{ kJ}\cdot\text{mol}^{-1}$$

$$CuO(s)+Cu(s)=\!=\!=Cu_2O(s) \qquad \Delta_r H^{\ominus}_m=-12\text{ kJ}\cdot\text{mol}^{-1}$$

试求 CuO(s) 的标准生成热焓 $\Delta_f H^{\ominus}_{CuO(s)}$。

3. 某教材对 N_2O 的性质描述如下："常温时，N_2O 比较稳定，但它与金属接触时，即发生分解反应。”请根据有关热力学函数对这段话进行评述。

4．试计算 $Fe_2O_3(s)+Al(s) \longrightarrow Al_2O_3(s)+Fe(s)$反应的 $\Delta_r H_m^\ominus$ 及 $\Delta_r G_m^\ominus$，在 298 K 时，铝箔与 Fe_2O_3 有什么样的反应？为什么？实际上在 298 K 时反应又是如何进行？

5．请根据键能数据预测 NF_3 及 NCl_3 稳定性上的区别。

已知：$B.E._{N\equiv N}=945\ kJ\cdot mol^{-1}$，$B.E._{F-F}=155\ kJ\cdot mol^{-1}$，$B.E._{N-F}=272\ kJ\cdot mol^{-1}$，$B.E._{N-Cl}=201\ kJ\cdot mol^{-1}$。

6．一定量理想气体由状态Ⅰ($p_1=6\times10^5\ Pa, V_1=1\ dm^3, T=298\ K$)变为状态Ⅱ($p_2=10^5\ Pa, V_2=6\ dm^3, T=298\ K$)，若气体等温膨胀时所需热量是从环境吸收，以下三种变化途径的 $\Delta U, Q, W$ 是否相等？用计算对比说明。

① 一次减压 $p_1 \to p_2, V_1 \to V_2$

② 二次减压 $p_1 \to p_B \to p_2, V_1 \to V_B \to V_2$($p_1 > p_B > p_2, V_1 < V_B < V_2$)

③ 三次减压 $p_1 \to p_c \to p_d \to p_2, V_1 \to V_c \to V_d \to V_2$($p_1 > p_c > p_d > p_2, V_1 < V_d < V_c < V_2$)

本题计算结果说明什么问题？

7．能否从键焓数据直接求 $BF_3(g)$的生成热焓，如何设计热力学循环计算 $BF_3(g)$的生成热焓。

8．已知 C(石墨)和 $H_2(g)$的燃烧热分别为 $-393.5\ kJ\cdot mol^{-1}$ 及 $-285.8\ kJ\cdot mol^{-1}$，1 mol甲醚 CH_3OCH_3 完全燃烧时 $\Delta_c H_m^\ominus=-1\,461\ kJ\cdot mol^{-1}$，求：

① 甲醚的 $\Delta_f H_m^\ominus$；

② 已知键焓 $B.E._{H_2}=436\ kJ\cdot mol^{-1}$，$B.E._{C-O}=343\ kJ\cdot mol^{-1}$，$B.E._{O=O}=498\ kJ\cdot mol^{-1}$，$B.E._{C-H}=415\ kJ\cdot mol^{-1}$，试用以上数据估算甲醚的 $\Delta_f H^\ominus$，比较以上结果，你得到什么结论？

9．以下说法是否正确？为什么？

① 放热反应都可以自发进行。

② 凡 $\Delta G^\ominus > 0$ 的反应都不能自发进行。

③ $\Delta_r H_m^\ominus > 0$ 及 $\Delta_r S_m^\ominus > 0$ 的反应在高温下有可能自发进行。

④ 物质的温度越高，熵值越大。

⑤ 纯单质的 $\Delta_f H^\ominus$，$\Delta_f G^\ominus$及 $S^\ominus$皆为零。

10．请利用本书附录数据讨论 $CaO(s)+H_2O \longrightarrow Ca(OH)_2(s)$反应的方向性。

11．火箭推进器常用 $N_2H_4(l)$作燃料，$N_2O_4(g)$作氧化剂，燃烧后生成 $N_2(g)$和 $H_2O(l)$，写出有关反应式，利用 $\Delta_f H_m^\ominus$ 数据计算 $N_2H_4(l)$的摩尔燃烧热。

12．利用以下反应，计算 $N_2H_4(l)$的生成焓及燃烧热。

① $2NH_3(g)+3N_2O(g) = 4N_2(g)+3H_2O(l)$　　$\Delta_r H_1^\ominus=-1\,010\ kJ\cdot mol^{-1}$

② $N_2O(g)+3H_2(g) = N_2H_4(l)+H_2O(l)$　　$\Delta_r H_2^\ominus=-317\ kJ\cdot mol^{-1}$

③ $2NH_3(g)+\frac{1}{2}O_2(g) = N_2H_4(l)+H_2O(l)$　　$\Delta_r H_3^\ominus=-143\ kJ\cdot mol^{-1}$

④ $H_2(g)+\frac{1}{2}O_2(g)══H_2O(l)$　　$\Delta_r H_4^\ominus=-286\ \text{kJ·mol}^{-1}$

13．判断下列过程的 $\Delta S^\ominus>0$ 或 $\Delta S^\ominus<0$：

① NH_4NO_3 爆炸。

② KNO_3 从水溶液中结晶。

③ 水煤气转化为 CO_2 及 H_2。

④ 臭氧的生成：$3O_2(g)\longrightarrow 2O_3(g)$。

⑤ 向 $AgNO_3$ 溶液中滴加 NaCl 溶液。

⑥ 打开啤酒瓶盖的过程。

14．试计算氨的分解反应：

$$2NH_3(g)\longrightarrow N_2(g)+3H_2(g)$$

在 298 K 时标准态下反应是否自发？反应正向自发进行的温度是多少？

15．为了减少高炉废气 SO_3 对环境的污染，有人设计用 CaO(c)来固定 SO_3，请讨论在标准态条件下实现反应的条件。

16．据美国《化学及工程新闻》报道，在常温常压下，可以利用日光与某种催化剂使水和氮气反应制取氨，设想以下反应是可能的反应，请讨论反应的合理性。

$$2N_2(g)+6H_2O(l)\longrightarrow 4NH_3(g)+3O_2(g)$$

17．计算讨论应用以下反应进行“固氮”的可能性及反应条件。

① $N_2(g)+2CO(g)\longrightarrow 2NO(g)+2C$(石墨)

② $N_2(g)+2CO_2(g)\longrightarrow 2NO_2(g)+2C$(石墨)

③ $N_2(g)+4CO_2(g)\longrightarrow 2NO_2(g)+4CO(g)$

18．计算说明用以下反应合成酒精的条件（标准态下）：

$$4CO_2(g)+6H_2O(l)\longrightarrow 2C_2H_5OH(l)+7O_2(g)$$

19．高炉炼铁中常用焦炭为原料使 Fe_2O_3 还原，焦炭在高炉内会产生 CO，试问还原 Fe_2O_3 的反应中是 CO 抑或 C 起主要还原作用？请用热力学计算加以说明。

20．试求过二硫酸铵氧化 Mn^{2+} 反应：

$$2Mn^{2+}+5S_2O_8^{2-}+8H_2O══2MnO_4^-+10SO_4^{2-}+16H^+$$

的 $\Delta_r G_{298}^\ominus$，实际上该反应的条件是什么？为什么？（$\Delta_f G_{S_2O_8^{2-}}^\ominus=-1\,110.4\ \text{kJ·mol}^{-1}$）

21．请计算反应 $MgCO_3(s)══MgO(s)+CO_2(g)$ 的 $\Delta_f H_{298}^\ominus$，$\Delta_r G_{298}^\ominus$，$\Delta_r S_{298}^\ominus$ 及 $\Delta_r G_{850}^\ominus$。

22．试用热力学原理讨论用 CO 还原 Al_2O_3 制 Al 的可行性。

23．由锡石(SnO_2)冶炼制金属锡(Sn)有以下三种方法，请从热力学原理讨论应推荐哪一种方法？实际上又应用什么方法更好？为什么？

① $SnO_2(s)\longrightarrow Sn(s)+O_2(g)$

② $SnO_2(s)+C(s)\longrightarrow Sn(s)+CO_2(g)$

③ $SnO_2(s)+2H_2(g)\longrightarrow Sn(s)+2H_2O(g)$

第四章　化学平衡

Chemical Equilibrium

几乎一切化学反应都是可逆的。例如，合成氨生产过程中一氧化碳的变换反应：

$$CO + H_2O \rightleftharpoons CO_2 + H_2$$

就是可逆反应。反应的可逆程度因不同反应而异，同一反应因反应条件不同而异。只有为数不多的反应被认为是不可逆的反应，例如：

$$2KClO_3 = 2KCl + 3O_2$$

$$H_2 + F_2 = 2HF$$

一些反应在一些条件下不可逆，在另一些条件下则是可逆的，例如：

$$2H_2O(g) = 2H_2(g) + O_2(g)$$

在 600～1 000℃时，该反应不可逆地向左自发进行；但在 4 000～5 000℃时，正向反应变得有可能进行(因为 $\Delta_r S_m^{\ominus} > 0$)。因此，研究化学反应的可逆性有特殊的意义。

在中学化学中，我们都知道一个化学反应只能进行到正反应和逆反应的反应速率相等为止，这时反应体系建立了化学平衡，也就是正反应在单位时间内消耗的反应物将由逆反应生成的反应物所补偿。因此，在宏观上来看，在平衡时反应是"停止"了。

根据热力学最小自由能原理，在等温等压条件下，标准态下反应的 $\Delta_r G_m^{\ominus} = 0$ 是过程平衡的标志。但在实际的反应中，体系往往不是处于热力学标准态下，而是处于非标准态下，其平衡的标志是 $\Delta_r G_m = 0$。因此，研究化学反应平衡常数与反应自由能变的关系，就是本章的学习重点。

第一节　化学平衡常数

一、质量作用定律，经验平衡常数

大量的科学研究证明，在等温条件下，可逆反应无论是从正反应开始或从逆反应开始或从反应物和产物的混合物开始，都会达到平衡状态。虽然在平衡时，反应物或生成物的浓度或压力的数值会因平衡前反应物或生成物的初始浓度或压力的不同而不同。但是反应体系中反应物与生成物浓度或分压的关系符合质量作用定律。对于溶液中的反应：

$$aA + bB \rightleftharpoons gG + dD$$

$$K_c = \frac{[G]^g[D]^d}{[A]^a[B]^b} \tag{4-1}$$

式中：[A]，[B]，[G]，[D]分别代表了物质 A，B，G，D 在平衡时的浓度；K_c 为浓度平衡常数。显然，K_c 的量纲为$(\text{mol}\cdot\text{dm}^{-3})^{\sum_B \nu_B}$（$\sum_B \nu_B = (g+d)-(a+b)$）。$\nu_B$ 是方程式中的计量系数，对反应物取负值，对产物取正值。在$\sum_B \nu_B = 0$ 时，K_c 无量纲；在$\sum_B \nu_B \neq 0$ 时，K_c 有量纲。

对于气相中的反应：

$$aA(g) + bB(g) \rightleftharpoons gG(g) + dD(g)$$

我们常常可以以平衡时物质的分压（Pa，kPa，atm）的比值来表示反应的平衡常数 K_p：

$$K_p = \frac{p_G^g \cdot p_D^d}{p_A^a \cdot p_B^b}$$

式中：p_G，p_D，p_A，p_B 分别代表了气态物质 A，B，G，D 平衡时的分压；K_p 为压力平衡常数。显然，K_p 的量纲随选用压力单位不同而异，常见的有$(\text{Pa})^{\sum_B \nu_B}$，$(\text{kPa})^{\sum_B \nu_B}$，$(\text{atm})^{\sum_B \nu_B}$。在$\sum_B \nu_B = 0$ 时，K_p 为无量纲物理量；在$\sum_B \nu_B \neq 0$ 时，K_p 有量纲。

此外，我们还可以由平衡时各气体的物质的量浓度 $c(\text{mol}\cdot\text{dm}^{-3})$的比值来表示反应在平衡时的关系，即浓度平衡常数：

$$K_c = \frac{[G]^g[D]^d}{[A]^a[B]^b}$$

特别地，若气体反应中当反应物及生成物都近乎遵守理想气态方程（$p = cRT$）时，我们可以十分容易地得到 K_p 与 K_c 的互换关系式：

$$K_p = K_c(RT)^{\sum_B \nu_B} \tag{4-3}$$

显然，在 $\Sigma\nu_B = 0$ 时，$K_p = K_c$。在这里应指出的是，K_p 与 K_c 的互换关系式只能应用于单纯的气态反应中。

对于复相反应，即反应物或生成物中同时存在溶液状态及气体状态、固体状态时，则纯液相和纯固相不出现在平衡常数表达式中，因为它们在体系中是大量存在的，不存在浓度的概念。在这一类反应中，平衡常数表达式的气体用分压表示，溶液用浓度表示，其平衡常数称为杂平衡常数 K_x，显然，这时的平衡常数将具有混合单位的量纲。例如：

$$Zn(s) + 2H^+(aq) \rightleftharpoons H_2(g) + Zn^{2+}(aq)$$

$$K_x = [Zn^{2+}]\cdot p_{H_2}/[H^+]^2 \tag{4-4}$$

这里，K_x 的量纲为 $\text{Pa}\cdot(\text{mol}\cdot\text{dm}^{-3})^{-1}$，或 $\text{kPa}\cdot(\text{mol}\cdot\text{dm}^{-3})^{-1}$，或 $\text{atm}\cdot(\text{mol}\cdot\text{dm}^{-3})^{-1}$，等等。

浓度平衡常数、压力平衡常数和杂平衡常数都属于“经验平衡常数”，又称“实验平衡常数”。

显然，由质量作用定律出发引入的平衡常数在具体应用时会产生一系列问题：平衡常数到底是一个什么样的物理量？它应该是有量纲，还是没有量纲？一个反应式为什么可以具有不同数值、不同单位的平衡常数？这些问题在进一步讨论到热力学函数与平衡常数关系式时会引起不必要的混乱，因此，在讨论到热力学与平衡常数关系时，我们不再使用经验平衡常数的概念，而引入热力学平衡常数 K。

二、热力学平衡常数 K_T* （相对平衡常数 K_T^r）

热力学平衡常数的引入涉及到物理化学中化学势的概念问题，因此，我们从相对浓度或相对压力出发，引入相对平衡常数 K^r 的概念（r 表示 relative，“相对的”）。对于反应：

$$aA + bB \rightleftharpoons gG + dD$$

设平衡时气态物质的分压为 p_x，则定义 $p_x/p^\ominus$ 为物质 X 的相对压力（$p^\ominus$ 为标准压力，例如 p_x 用 Pa 时，$p^\ominus$ 为 1×10^5 Pa；p_x 用 kPa 时，$p^\ominus$ 为 1×10^2 kPa；p_x 用 atm 时，$p^\ominus$ 为 1 atm，等等）；溶液物质浓度为 c_x $mol\cdot dm^{-3}$ 时，则 $c_x/c^\ominus$ 表示物质 X 的相对浓度（c_x 用 $mol\cdot dm^{-3}$ 作单位时，标准浓度 $c^\ominus$ 为 1 $mol\cdot dm^{-3}$），即：

$$p_x^r = p_x/p^\ominus \tag{4-5}$$

$$c_x^r = c_x/c^\ominus \tag{4-6}$$

实际上，这时 p_x^r，c_x^r 都已失去了分压、浓度的意义，它只能够表示物质的量的相对大小，只是一个纯数，在达到平衡时，它们之间数值上的关系定义为相对平衡常数 K^r。对于稀薄气体或稀溶液体系，K^r 数值近似等于热力学平衡常数。例如，对于气相反应：

$$aA(g) + bB(g) \rightleftharpoons gG(g) + dD(g)$$

$$K^r = \frac{(p_G/p^\ominus)^g \cdot (p_D/p^\ominus)^d}{(p_A/p^\ominus)^a \cdot (p_B/p^\ominus)^b} \tag{4-7}$$

显然，K^r 是一个无量纲的量。

对于溶液相中的反应：

$$aA + bB \rightleftharpoons gG + dD$$

$$K^r = \frac{([G]/c^\ominus)^g \cdot ([D]/c^\ominus)^d}{([A]/c^\ominus)^a \cdot ([B]/c^\ominus)^b} \tag{4-8}$$

这里，当浓度是以 $mol\cdot dm^{-3}$ 为单位时，$c^\ominus = 1\ mol\cdot dm^{-3}$。显然，$K^r$ 也是一个无量纲的量。

对于复相反应，例如：

$$Zn(s) + 2H^+(aq) \rightleftharpoons H_2(g) + Zn^{2+}(aq)$$

对应的 K^r 可以写为：

$$K^r = \frac{(p_{H_2}/p^\ominus)([Zn^{2+}]/c^\ominus)}{([H^+]/c^\ominus)^2} \tag{4-9}$$

同样，K^r 也是一个无量纲的纯数。

由以上可见，在一个确定的温度下，对某一化学反应式来说，以平衡时的反应物及生成物的相对压力、相对浓度的数值应用到质量作用定律中，只能得到唯一的无量纲纯数，这一纯数称为该反应在该温度下的平衡常数。我们在此称它为“相对平衡常数”。

关于相对平衡常数，以下几点必须明确：

(1)平衡常数是代表平衡时反应物与生成物间物质的量的相对大小关系的物理量，因此，与热力学函数一样，书写平衡常数时必须与反应式联系在一起，反应式的书写形式不

---

* 在一些无机化学的教材中，称热力学平衡常数为标准平衡常数 $K^\ominus$，由于“$\ominus$”是标准态的符号，这会使初学读者误会 $K^\ominus$ 是标准态下平衡常数，故本教材中使用 K^r 的概念。

同，平衡常数数值不同。例如在500℃时，合成氨反应：

$$N_2(g) + 3H_2(g) \rightleftharpoons 2NH_3(g) \qquad K_1 = 1.60 \times 10^{-5}$$

而

$$\frac{1}{2}N_2(g) + \frac{3}{2}H_2(g) \rightleftharpoons NH_3(g) \qquad K_2 = 3.87 \times 10^{-2}$$

显然，$K_2 \neq K_1$，但 $K_2 = (K_1)^{1/2}$。

(2)书写平衡常数时，对于反应中的纯固体、纯液体溶剂等，通常由于量较大，反应过程中不会引起浓度的变化，因此在平衡常数表达式中作常数处理。例如：

$$Cr_2O_7^{2-} + H_2O \rightleftharpoons 2CrO_4^{2-} + 2H^+$$

$$K^r = \frac{([CrO_4^{2-}]/c^{\ominus})^2([H^+]/c^{\ominus})^2}{[Cr_2O_7^{2-}]/c^{\ominus}}$$

又如：

$$CaCO_3(s) = CaO(s) + CO_2$$

$$K^r = p_{CO_2}/p^{\ominus}$$

(3)平衡常数 K^r 只表示达到平衡时，体系反应物或生成物之间的量的关系，而不表示反应达到平衡时所需的时间。K^r 越大，只说明该反应越彻底，反应倾向性越大。通常，K 在 $10^{-7} \sim 10^7$ 范围内可以认为反应是可逆的；$K > 10^7$ 或 $K < 10^{-7}$ 时，可以认为是单向反应。例如 $2SO_2(g) + O_2(g) = 2SO_3(g)$ 在 298 K 时 $K^r = 3.6 \times 10^{24}$，表示其反应倾向很大，但实际上，该反应在常温下不进行(反应速率很小)。

(4)当一个反应是另外几个反应的加和时，总反应的平衡常数等于另外各个反应平衡常数之乘积；而当一个反应是另外两个反应之差时，总反应的平衡常数为另外两个反应平衡常数之商。例如：

$$2NO(g) + O_2(g) \rightleftharpoons 2NO_2 \qquad K_1$$

$$2NO_2(g) \rightleftharpoons N_2O_4(g) \qquad K_2$$

则

$$2NO(g) + O_2(g) = N_2O_4(g) \qquad K = K_1 \times K_2 \tag{4-10}$$

又例如反应：

$$C(s) + CO_2(g) = 2CO(g)$$

可以写成以下两个反应的“相减”：

$$C(s) + H_2O(g) \rightleftharpoons CO(g) + H_2(g) \qquad K_1$$

$$CO(g) + H_2O(g) = CO_2(g) + H_2(g) \qquad K_2$$

因此

$$K = K_1/K_2 \tag{4-11}$$

也就是说，若干反应方程式相加(或相减)，所得到的反应的平衡常数等于这些反应的平衡常数之积(或商)，此即“多重平衡规则”。

(5)书写平衡常数值时必须注明温度。因为平衡常数值虽然不随平衡组成而变，但随平衡时的温度变化而变化。因此，书写平衡常数值时必须注明温度。若未注明温度，一般是指 $T = 298.15$ K。

(6)一个确定的化学反应在一个确定的温度下，只有唯一的一个平衡常数数值。

(7)上述平衡常数与平衡体系各组分分压或浓度的关系，严格地说只是对于气体分压不太高、溶质的浓度比较稀的情况下适用，在高压及高浓度下，由于分子间或离子间的相互作用，应加以一定的修正，修正的方法在后续课程会作介绍。

第二节　化学反应等温式，范德荷甫方程

在热力学一章中我们已提到：在标准态下，过程 $\Delta G^{\ominus}<0$ 是自发过程，$\Delta G^{\ominus}>0$ 是非自发过程，$\Delta G^{\ominus}=0$ 是平衡状态；在非标准态下，我们是以 $\Delta G \gtreqless 0$ 作为反应过程自发性的判据。ΔG 与 $\Delta G^{\ominus}$之间存在什么关系？以下我们由 3－14 式出发推导它们之间的关系。

∵
$$G=H-TS \tag{4-12}$$
$$G=U+pV-TS$$

对 G 微分：
$$dG=dU+d(pV)-d(TS)$$

即
$$dG=dU+pdV+Vdp-TdS-SdT \tag{4-13}$$
$$U=Q+W$$
$$dU=\partial Q+\partial W$$

设过程只做膨胀功，则 $\partial W=-pdV$

∴
$$dG=\partial Q-pdV+pdV+Vdp-TdS-SdT \tag{4-14}$$

在恒温可逆过程，$SdT=0, \partial Q=TdS$，

∴
$$dG=TdS-pdV+pdV+Vdp-TdS$$

化简：
$$dG=Vdp \tag{4-15}$$

对于 1 mol 理想气体，由气体方程有：
$$V=RT/p \tag{4-16}$$

(4－16)式代入(4－15)式则：
$$dG=(RT/p)dp \tag{4-17}$$

对(4－17)式积分，积分区间为 $G^{\ominus}\rightarrow G, p^{\ominus}\rightarrow p$，则：
$$\int_{G^{\ominus}}^{G} dG=\int_{p^{\ominus}}^{p}(RT/p)dp$$
$$G-G^{\ominus}=RT\ln\frac{p}{p^{\ominus}}=RT\ln p^{r}$$
$$G=G^{\ominus}+RT\ln p^{r} \tag{4-18}$$

对于 $aA+bB \rightleftharpoons gG+dD$，反应 ΔG 为：
$$\Delta G=\Sigma G(\text{生成物})-\Sigma G(\text{反应物})$$

所以反应 $\Delta_r G$ 为：
$$\begin{aligned}\Delta_r G &= gG_G+dG_D-aG_A-bG_B\\ &=gG_G^{\ominus}+gRT\ln p_G^r+dG_D^{\ominus}+dRT\ln p_D^r-aG_A^{\ominus}-aRT\ln p_A^r-bG_B^{\ominus}-bRT\ln p_B^r\\ &=(gG_G^{\ominus}+dG_D^{\ominus}-aG_A^{\ominus}-bG_B^{\ominus})+RT\ln\frac{(p_G^r)^g(p_D^r)^d}{(p_A^r)^a(p_B^r)^b}\end{aligned}$$

即
$$\Delta_r G=\Delta_r G^{\ominus}+RT\ln Q_T^r \tag{4-19}$$

当平衡时，$\Delta_r G=0$，则 Q_T^r 为 K_T^r，我们有：
$$\Delta_r G^{\ominus}=-RT\ln K_T^r \tag{4-20}$$

这是一个十分重要的公式，它揭示了平衡常数 K_T^r 与反应标准自由能变的关系。由于

$K_T^r > 10^7$或 $K_T^r < 10^{-7}$是单向正向或逆向进行的标志，因此，$\Delta_r G^\ominus < -40\ \mathrm{kJ \cdot mol^{-1}}$ 或 $\Delta_r G^\ominus > 40\ \mathrm{kJ \cdot mol^{-1}}$也可以近似地被看作反应单向正向或逆向进行的标志；在 $40\ \mathrm{kJ \cdot mol^{-1}} > \Delta_r G^\ominus > -40\ \mathrm{kJ \cdot mol^{-1}}$范围内的反应可以近似地被认为是可逆反应。这样，$\Delta_r G_T^\ominus = -RT\ln K_T^r$代表了在温度 T 时标准态下反应的自由能变与热力学平衡常数的关系。而对于公式 $\Delta_r G_T = \Delta_r G_T^\ominus + RT\ln Q_T^r$，则代表了在温度 T 时，非标准状态下反应自由能变与标准态下反应自由能变 $\Delta_r G_T^\ominus$ 的关系，Q_T^r 为反应商*，它是表示在非标准态下，生成物与反应物的分压或浓度间的关系。例如，对于气体反应：

$$m\mathrm{A(g)} + n\mathrm{B(g)} = q\mathrm{C(g)}$$

其(4－19)式可写为：

$$\Delta_r G_m = \Delta_r G_m^\ominus + RT\ln \frac{(p_c/p^\ominus)^q}{(p_A/p^\ominus)^m \cdot (p_B/p^\ominus)^n}$$

$$\Delta_r G_m = \Delta_r G_m^\ominus + RT\ln Q_T^r$$

对于溶液中反应：

$$m\mathrm{A(aq)} + n\mathrm{B(aq)} = q\mathrm{C(aq)}$$

其(4－19)式可写为：

$$\Delta_r G_m = \Delta_r G_m^\ominus + RT\ln \frac{(c_c/c^\ominus)^q}{(c_A/c^\ominus)^m \cdot (c_B/c^\ominus)^n}$$

$$\Delta_r G_m = \Delta_r G_m^\ominus + RT\ln Q_T^r$$

对于复相反应：

$$m\mathrm{A(aq)} + n\mathrm{B(l)} \longrightarrow e\mathrm{E(g)} + g\mathrm{Z(s)}$$

其(4－19)式可写为：

$$\Delta_r G_m = \Delta_r G_m^\ominus + RT\ln \frac{(p_E/p^\ominus)^e}{(c_A/c^\ominus)^m}$$

$$\Delta_r G_m(T) = \Delta_r G_m^\ominus(T) + RT\ln Q_T^r$$

Q_T^r 的写法、形式与相对平衡常数的形式相同，只是在 Q_T^r 中，各项数值是体系在任意状态下某一时刻的相对压力或相对浓度的数值。公式：

$$\Delta_r G_T = \Delta_r G_T^\ominus + RT\ln Q_T^r \qquad (4-19)$$

称为化学反应等温式，又称为范德荷甫(van't Hoff)等温式，它表示体系任一时刻自由能变与标准态下体系自由能变间的关系。在 $Q_T^r = 1$ 时，例如在热力学标准态下，由于 $\ln Q_T^r = 0$，所以

$$\Delta_r G_T = \Delta_r G_T^\ominus$$

也就是说，$\Delta_r G_T^\ominus$ 代表了温度为 T，反应物和生成物相对浓度及相对压力都为 1 时的反应的自由能变。当 $\Delta_r G_T^\ominus < 0$，过程正向自发；当 $\Delta_r G_T^\ominus > 0$，过程逆向自发；当 $\Delta_r G_T^\ominus = 0$，体系

* 在一些教材中，$\Delta_r G_T = \Delta_r G_T^\ominus + RT\ln Q_T^r$ 式中 Q_T^r 被写为 $Q_c(T)$或 $Q_p(T)$，并称之为浓度商及压力商。由于在 $Q(T)$计算式中，各项均须以相对压力或相对浓度代入计算，而不再存在浓度与压力的意义，故 Q_T^r 项仍记以 $Q_p(T)$ 或 $Q_c(T)$是不太合适的。

处于平衡状态。而 $\Delta_r G_T$ 则代表了体系在任意状态下，体系在某一时刻的自由能变。当 $\Delta_r G_T < 0$，过程正向自发；当 $\Delta_r G_T > 0$，过程逆向自发；当 $\Delta_r G = 0$，体系处于平衡状态，这时，4－19 式中 $Q_T^r = K_T^r$，公式可写为：

$$0 = \Delta_r G_T^\ominus + RT\ln K_T^r$$

$$\Delta_r G_T^\ominus = -RT\ln K_T^r \qquad (4-20)$$

把(4－20)式代入(4－19)式，就得到：

$$\Delta_r G_T = -RT\ln K_T^r + RT\ln Q_T^r$$

$$\Delta_r G_T = RT\ln \frac{Q_T^r}{K_T^r} \qquad (4-21)$$

由 4－21 式可见，当 $Q_T^r > K_T^r$ 时，$\Delta_r G_T > 0$，正向反应非自发；当 $Q_T^r < K_T^r$ 时，$\Delta_r G_T < 0$，正向反应自发；当 $Q_T^r = K_T^r$ 时，体系处于平衡状态。由 Q_T^r 与 K_T^r 对比，可以判据反应的方向性。

由以上讨论，我们可以得到以下结论：

(1)$\Delta_r G_T$ 是化学反应方向性的判据。

(2)$\Delta_r G_T^\ominus$ 是化学反应所能进行的限度的标志，即进行程度。

(3)由公式 $\Delta G = \Delta G^\ominus + RT\ln Q_T$ 可见，由于 $\Delta G^\ominus$ 的单位通常是用 $kJ \cdot mol^{-1}$，R 取 $8.314\ J \cdot mol^{-1} \cdot K^{-1}$，$T$ 用 K，在 $\Delta_r G^\ominus$ 数值太大（如 $> 40\ kJ \cdot mol^{-1}$）或太小（如 $< -40\ kJ \cdot mol^{-1}$）时，要改变 ΔG 的符号就不太容易。因此，只有当 $40\ kJ \cdot mol^{-1} > \Delta_r G^\ominus > -40\ kJ \cdot mol^{-1}$ 时，平衡常数 K_T^r 的数值才会落在 $10^{-7} \sim 10^7$ 之间，才是属于可逆反应的范畴。

(4)至今为止，我们可以用以下方法计算过程自由能变化：

$$\Delta_r G^\ominus - \Sigma\Delta_f G^\ominus(\text{生成物}) \quad \Sigma\Delta_f G^\ominus(\text{反应物})$$

$$\Delta G_T = \Delta H - T\Delta S$$

$$\Delta G_T^\ominus = \Delta H^\ominus - T\Delta S^\ominus$$

$$\Delta_r G_T^\ominus = -RT\ln K_T^r$$

$$\Delta_r G_T = \Delta_r G_T^\ominus + RT\ln Q_T^r$$

$$\Delta_r G_T = \Delta H^\ominus - T\Delta S^\ominus + RT\ln Q_T^r$$

以上各公式的应用条件及意义请读者自行总结。

第三节　化学平衡的计算

有关化学平衡的计算，主要包括有以下几个方面：

(1)利用平衡常数求反应物或产物的浓度，求反应物的转化率。

例 4－1　在一个 10 L 的密闭容器中，以一氧化碳与水蒸气混合加热时，存在以下平衡：

$$CO(g) + H_2O(g) \rightleftharpoons CO_2(g) + H_2(g)$$

在 800℃时，若 $K_c = 1$，用 2 mol CO 及 2 mol H_2O 互相混合，加热到 800℃，求平衡时各种

气体的浓度以及CO转化为CO_2的百分率。

解：　　　　　　　$CO(g)+H_2O(g) \rightleftharpoons CO_2(g)+H_2$

初始浓度/$mol \cdot dm^{-3}$	2/10	2/10	0	0
平衡时浓度/$mol \cdot dm^{-3}$	$0.2-x$	$0.2-x$	x	x

$$\frac{x^2}{(0.2-x)^2}=1$$

解得：　　$[CO_2]=0.1\ mol \cdot dm^{-3}=[H_2]=[CO]=[H_2O]$

$$转化率\ \alpha=\frac{0.1}{0.2}\times 100\%=50\%$$

例4－2　700℃时，$H_2(g)+I_2(g) \rightleftharpoons 2HI(g)$反应的初始浓度为$c_{H_2}=0.111\ 0\ mol \cdot dm^{-3}$，$c_{I_2}=0.099\ 5\ mol \cdot dm^{-3}$，平衡时，$[H_2]=0.028\ 8\ mol \cdot dm^{-3}$，求反应的$K_c$。

解：　　　　　　　$H_2(g)\ +\ I_2(g) \rightleftharpoons 2HI(g)$

初始浓度/$mol \cdot dm^{-3}$	0.111 0	0.099 5	0
平衡时浓度/$mol \cdot dm^{-3}$	0.028 8	$0.099\ 5-[0.111\ 0-0.028\ 8]=0.017\ 3$	$0.082\ 2\times 2=0.164\ 4$

$$K_c=(0.082\ 2\times 2)^2/(0.028\ 8\times 0.017\ 3)=54.2$$

例4－3　在高温时，碘化氢按$2HI(g) \rightleftharpoons H_2(g)+I_2(g)$分解，若在一密闭容器中，有2 mol HI，在440℃时达到化学平衡，其$K_c=2\times 10^{-2}$，求HI的分解率。

解：　　　　　　　$2HI(g) \rightleftharpoons H_2(g)+I_2(g)$

初始浓度/$mol \cdot dm^{-3}$	2	0	0
平衡时浓度/$mol \cdot dm^{-3}$	$2-2x$	x	x

则有

$$\frac{x \cdot x}{(2-2x)^2}=K_c=2\times 10^{-2}$$

$$x=0.220\ 4\ mol \cdot dm^{-3}$$

∴

$$分解率=\frac{2\times 0.220\ 4}{2}\times 100\%=22.04\%$$

(2)利用实验数据求经验平衡常数及热力学平衡常数。

例4－4　由实验测定，合成氨反应在500℃时建立平衡时，$p(NH_3)=3.53\times 10^6$ Pa，$p(N_2)=4.13\times 10^6$ Pa，$p(H_2)=12.36\times 10^6$ Pa，试分别求该反应$N_2(g)+3H_2(g) \rightleftharpoons 2NH_3(g)$的热力学平衡常数$K_T^r$与经验平衡常数$K_p$，$K_c$。

解：　　　　　　　$N_2(g)+3H_2(g) \rightleftharpoons 2NH_3(g)$

平衡时压力/$\times 10^6$ Pa	4.13	12.36	3.57

∴

$$K_T^r=\frac{(p_{NH_3}/p^{\ominus})^2}{[(p_{N_2}/p^{\ominus})(p_{H_2}/p^{\ominus})^3]}$$

$$=\frac{\left(\frac{3.53\times 10^6}{1\times 10^5}\right)^2}{\frac{4.13\times 10^6}{1\times 10^5}\times\left(\frac{12.36\times 10^6}{1\times 10^5}\right)^3}$$

$$=1.63\times 10^{-5}$$

$$K_p = \frac{(3.53 \times 10^6)^2}{(4.13 \times 10^6)(12.36 \times 10^6)^3} = 1.598 \times 10^{-15}(\text{Pa})^{-2}$$

$\because$ $K_p = K_c \times (RT)^{\Delta n}$

$\Delta n = -2$

$\therefore$ $K_c = K_p/(RT)^{-2} = K_p \times (8.314 \times 773)^2$

$= 6.60 \times 10^{-8}\ \text{mol}^{-2} \cdot \text{L}^2$

例 4-5　计算 298 K 时，反应 $H_2(g) + CO_2(g) \rightleftharpoons H_2O(g) + CO(g)$① 在标准状态下；② 起始压力为 $p_{H_2} = 4 \times 10^5$ Pa，$p_{CO_2} = 5 \times 10^4$ Pa，$p_{H_2O} = 2 \times 10^2$ Pa，$p_{CO} = 5 \times 10^2$ Pa 时反应的方向及该反应的 K^r_T。

解：①　　$H_2(g) + CO_2(g) \rightleftharpoons H_2O(g) + CO(g)$

查表：$\Delta_f G^\ominus_m/\text{kJ}\cdot\text{mol}^{-1}$　　0　　-394.4　　-228.6　　-137.2

$\therefore$ $\Delta_r G^\ominus_m = (-228.6) + (-137.2) - (394.4)$

$= 28.6\ \text{kJ} \cdot \text{mol}^{-1}$

所以在 SS 态（即标准态）下，反应正向不自发，逆向自发。

②由 $\Delta_r G^\ominus_T = -RT\ln K^r_T$，得：

$$-28.6 \times 1\,000 = 8.314 \times 298 \ln K^r_T$$

$\therefore$ $K^r_{298} = 9.698 \times 10^{-6}$

③在 $p_{H_2} = 4 \times 10^5$ Pa，$p_{CO_2} = 5 \times 10^4$ Pa，$p_{H_2O} = 2 \times 10^2$ Pa，$p_{CO} = 5 \times 10^2$ Pa 时，

$$Q^r_T = \frac{\dfrac{5 \times 10^2}{1 \times 10^5} \times \dfrac{2 \times 10^2}{1 \times 10^5}}{\dfrac{4 \times 10^5}{1 \times 10^5} \times \dfrac{5 \times 10^4}{1 \times 10^5}}$$

$= 5 \times 10^{-6}$

所以 $Q^r_T < K^r_T$，反应将正向进行。

另解：　$\Delta_r G = \Delta_r G^\ominus + RT\ln Q^r_T$

$\therefore$ $\Delta_r G = 28.6 + (8.314 \times 298 \times \ln Q^r_T)/1\,000$

$= 28.6 - 30.24 = \ \ 1.64\ \text{kJ} \cdot \text{mol}^{-1} < 0$

所以反应将正向自发进行。

例 4-6　试由热力学数据表求算 $HF(aq) \rightleftharpoons H^+(aq) + F^-(aq)$ 反应的 K^r_{298}，讨论该电离平衡的方向性，并求出体系平衡时各物种的浓度。

解：　　$HF(aq) \rightleftharpoons H^+(aq) + F^-(aq)$

查表：$\Delta_f G^\ominus/\text{kJ}\cdot\text{mol}^{-1}$　　-296.9　　0　　-278.8

所以反应的 $\Delta_r G^\ominus$ 为：

$$\Delta_r G^\ominus = (-278.8) - (-296.9) = 18.1\ \text{kJ}\cdot\text{mol}^{-1} > 0$$

由于 $\Delta_r G^\ominus > 0$，所以在标准态下，即 $c_{H^+} = 1\ \text{mol} \cdot \text{dm}^{-3}$，$c_{F^-} = 1\ \text{mol} \cdot \text{dm}^{-3}$，$c_{HF} =$

1 mol·dm^{-3}时，该电离过程是非自发进行的。但由于$|\Delta_r G^{\ominus}| < 40$ kJ·mol^{-1}，因此该反应属于可逆反应范畴。在实际情况下，纯水中 $c_{H^+} = 10^{-7}$ mol·dm^{-3}，$c_{F^-} = 0$ mol·dm^{-3}，$c_{HF} = 1$ mol·dm^{-3}下，HF 必然会电离，因此反应应正向自发。

∵ $$\Delta G^{\ominus} = -RT\ln K_T^r$$

∴ $$K_T^r = 6.72 \times 10^{-4}$$

又因为：	$HF(aq) \rightleftharpoons H^+(aq)$ +		$F^-(aq)$
初始浓度/mol·dm^{-3}	1	10^{-7}	0
平衡时浓度/mol·dm^{-3}	$1-x$	$x + 10^{-7} \approx x$	x

∴ $$\frac{x^2}{1-x} = 6.72 \times 10^{-4}$$

$$x = 0.026 \text{ mol·dm}^{-3}$$

所以平衡时 $$[HF] = 1 - 0.026 = 0.974 \text{ mol·dm}^{-3}$$

$$[H^+] = [F^-] = 0.026 \text{ mol·dm}^{-3}$$

例 4-7　试根据热力学数据，①计算反应 C(石墨) + $CO_2(g)$ ══ 2CO(g)的 $\Delta_r G_{298}^{\ominus}$，$K_{298}^r$及$K_{p(298)}$(用 kPa 表示)；②计算 900℃下该反应的 K^r 及 $\Delta_r G^{\ominus}$。

解：①	C(石墨) +	$CO_2(g)$ ══	2CO(g)
查表：$\Delta_f G_{298}^{\ominus}$/kJ·mol^{-1}	0	−394.4	−137.3

∵ $\Delta_r G^{\ominus} = -137.3 \times 2 - (-394.4) = 119.8 \text{ kJ} \cdot \text{mol}^{-1}$

∴ $\lg K_T^r = -\Delta_r G^{\ominus}/2.303RT$

$= -119.9 \times 1\,000/(2.303 \times 8.314 \times 298) = -20.98$

∴ $K_T^r = 1.0 \times 10^{-21}$

∵ $K_T^r = (p_{CO}/p^{\ominus})^2(p_{CO_2}/p^{\ominus}) = (p_{CO}^2/p_{CO_2}) \cdot (p^{\ominus})^{-1} = K_p(p^{\ominus})^{-1}$

∴ $K_p = K_T^r \times p^{\ominus}$

$= 1.0 \times 10^{-21} \times 100 = 1.0 \times 10^{-19}$(kPa)

②	C(石墨)	$CO_2(g)$	CO(g)
查表：$\Delta H_{298}^{\ominus}$/kJ·mol^{-1}	0	−393.5	−110.5
$S_{298}^{\ominus}$/J·K^{-1}·mol^{-1}	5.69	213.6	197.9

∴ $\Delta_r H_{298}^{\ominus} = (-110.5 \times 2) - (-393.5) = 172.5 \text{ kJ} \cdot \text{mol}^{-1}$

$\Delta_r S_{298}^{\ominus} = (197.4) \times 2 - 213.6 - 5.69 = 176.5 \text{ J} \cdot \text{K}^{-1} \cdot \text{mol}^{-1}$

∴ $\Delta_r G_{1173}^{\ominus} = \Delta H_{298}^{\ominus} - T\Delta S_{298}^{\ominus} = 172.5 - (900 + 273) \times \dfrac{176.5}{1\,000} = -34.5 \text{ kJ·mol}^{-1}$

∴ $\lg K_{1173}^r = -\Delta G^{\ominus}/2.303\,RT = 1.536$，　$K_{1173}^r = 35$

请读者在练习中自行总结具体的平衡常数的计算方法与技巧。在这里有必要强调指出，在利用平衡常数解决有关平衡时物质浓度或分压、转化率一类问题时，可用经验平衡常数或相对平衡常数进行计算；但在利用平衡常数进行有关热力学计算时，只能应用相对平衡常数。

第四节　化学平衡的移动

我们说过，化学平衡是一种动态平衡，平衡状态并不意味着反应的停止；同时，平衡只是相对的、暂进的，一旦反应条件改变，平衡状态就遭到破坏，之后又建立起新的平衡。这种因平衡条件的改变导致旧平衡的破坏，使平衡体系各物质百分含量随之发生变化，从而建立起新平衡状态的过程叫化学平衡的移动。

我们研究化学平衡是为了学会利用改变条件以使平衡向有利于生产的方向转化，促使有利于生产的平衡的建立。本章将应用热力学原理讨论反应 $\Delta_r G$，K_T^r，Q_T^r 等参数，讨论浓度、压力、温度对平衡移动的影响。

一、浓度对化学平衡的影响

对于化学反应：

$$aA + bB \rightleftharpoons gG + dD$$

$$\Delta_r G = \Delta_r G^{\ominus} + RT\ln Q_T^r$$

$$\Delta_r G = -RT\ln K_T^r + RT\ln Q_T^r$$

$$\Delta_r G = RT\ln \frac{Q_T^r}{K_T^r}$$

可见，$Q_T^r > K_T^r$ 时，即增加产物浓度（或分压）或减少反应物浓度（或分压），都会使反应自由能变大于零，从而使平衡逆向移动；在 $Q_T^r < K_T^r$ 时，即减少产物浓度（或分压）或增大反应物浓度（或分压），都会使反应自由能变小于零，从而使平衡正向移动。

因此，在恒温条件下，增加反应物浓度（或分压）或减少生成物的浓度（或分压），平衡都将正向移动，相反将逆向移动。

例如，在硫酸工业中，常用到以下反应：

$$2SO_2(g) + O_2(g) \rightleftharpoons 2SO_3(g)$$

理论上，$p_{SO_2} : p_{O_2} = 1:0.5$；但实际生产中为了取得二氧化硫更大转化率，往往使 $p_{SO_2} : p_{O_2} = 1:1.6$。

应指出的是，Q_T^r 的改变不会引起 K_T^r 的变化，平衡常数 K_T^r 仅仅是温度的函数。

二、压力对化学平衡的影响

由于压力的变化对固相或液相的浓度几乎都没有影响，因此一般来说，压力对固相或液相反应的平衡位置也没有影响；对那些反应前后气体计量系数不变的反应，如 $H_2(g) + I_2(g) \rightleftharpoons 2HI(g)$等，压力对它们的平衡也没有影响，因为增大或减少压力对生成物和反应物的浓度（或分压）所产生的影响是等效的，所以平衡的位置不变。只有对那些反应前后气体计量系数有变化的反应，压力的变化才会影响它们的平衡状态，从而引起平衡的移动。

例 4－8　在 325 K 时，设反应 $N_2O_4(g) \rightleftharpoons 2NO_2(g)$平衡时总压为 1.00×10^5 Pa，

N_2O_4 的分解率为 50.2%，若保持反应温度不变，增大平衡压力至 10^6 Pa 时，N_2O_4 的分解率是多少？

解：设反应前 N_2O_4 压力为 p，分解率为 α，则

	$N_2O_4(g) \rightleftharpoons$	$2NO_2(g)$
平衡前分压	p	0
平衡时	$p - p\alpha$	$2p\alpha$

达到平衡时，体系气体总压力为 $p - p\alpha + 2p\alpha = p + p\alpha = p(1+\alpha) = 10^5$ Pa，即

$$p = 10^5/(1+0.502) = 6.66 \times 10^4 \text{ Pa}$$

$$p_{N_2O_4} = p_{总} \times \frac{p(1-\alpha)}{p(1+\alpha)} = p_{总} \times \frac{1-\alpha}{1+\alpha} = 3.316 \times 10^4 \text{ Pa}$$

$$p_{NO_2} = p_{总} \times \frac{2p\alpha}{p(1+\alpha)} = p_{总} \times \frac{2\alpha}{1+\alpha} = 6.68 \times 10^4 \text{ Pa}$$

$$\therefore \quad K_T^r = (p_{NO_2}/p^{\ominus})^2/(p_{N_2O_4}/p^{\ominus})$$

$$= (0.668)^2/(0.332) = 1.344$$

平衡总压力为 1.00×10^6 Pa 时，$p_{N_2O_4} + p_{NO_2} = p(1+\alpha) = 10^6$ Pa（p 为平衡前 N_2O_4 压力），

$$p_{N_2O_4} = 10^6 \times (1-\alpha)/(1+\alpha)$$

所以平衡时

$$p_{NO_2} = 10^6 \times 2\alpha/(1+\alpha)$$

$$\frac{([10^6 \times 2\alpha/(1+\alpha)]/10^5)^2}{([10^6 \times (1-\alpha)/(1+\alpha)]/10^5)} = 1.344$$

$$\frac{(10 \times 2\alpha)^2}{[10 \times (1+\alpha)(1-\alpha)]} = 1.344$$

$$\therefore \quad \alpha = 0.180$$

即在压力增大后，气体 N_2O_4 转化成 NO_2 的转化率减少，也就是压力增大时，平衡向气体摩尔量减少的方向移动。

再例如，合成氨生产中：

$$N_2 + 3H_2 \rightleftharpoons 2NH_3 \qquad \Delta n = -2$$

$$K_T^r = (p_{NH_3}/p^{\ominus})^2/(p_{N_2}/p^{\ominus}) \cdot (p_{H_2}/p^{\ominus})^3$$

$$= K_p \cdot (p^{\ominus})^{-2}$$

若增大体系总压力为原来 2 倍时，则各组分分压力为：

$$p'_{NH_3} = 2p_{NH_3}, p'_{N_2} = 2p_{N_2}, p'_{H_2} = 2p_{H_2}$$

此时反应商 Q_T^r 为：

$$Q_T^r = (p'_{NH_3}/p^{\ominus})^2/(p'_{N_2}/p^{\ominus})(p'_{H_2}/p^{\ominus})^3$$

$$= \frac{1}{4}K_p(p^{\ominus})^{-2}$$

$$\therefore \quad \Delta_r G = -RT\ln K_T^r + RT\ln Q_T^r < 0$$

所以增大压力，平衡体系被破坏，平衡右移，即向生成合成氨方向移动。因此，实际生产中合成塔压力往往高达 5×10^7 Pa，以获取更大的转化率。

不难理解，如果通过加入惰性气体(即不参与反应的气体)到平衡体系中时，即使总压发生改变，但只要反应商不变，也不会使平衡发生移动。

三、温度对化学平衡的影响

由(4－20)式 $\Delta_r G^\ominus = -RT\ln K_T^r$ 可见，由于 $\Delta_r G^\ominus$ 随温度变化而变化，因此，K_T^r 也会随温度的改变而改变。由 $\Delta_r G^\ominus = \Delta H^\ominus - T\Delta S^\ominus$

$$\therefore \quad -RT\ln K_T^r = \Delta H^\ominus - T\Delta S^\ominus \tag{4-22}$$

$$\lg K_T = -\frac{\Delta H^\ominus}{2.303RT} + \frac{\Delta S^\ominus}{2.303R} \tag{4-23}$$

在(4－23)式中，$\Delta H^\ominus$，$\Delta S^\ominus$ 在 ΔT 不大、无相变条件下被认为是不随温度而变化，可被认为是常数，因此(4－23)可以写成如下形式：

$$Y = -a\frac{1}{T} + B$$

这是一直线方程。以 $\lg K_T^r$ 为纵标，$1/T$ 为横标，可以绘出 $\lg K_T^r$ 随 $1/T$ 变化而变化的直线。显然，对于吸热反应，由于 $\Delta H^\ominus > 0$，直线斜率应小于零；对于放热反应，由于 $\Delta H^\ominus < 0$，直线斜率应大于零。见图 4－1。

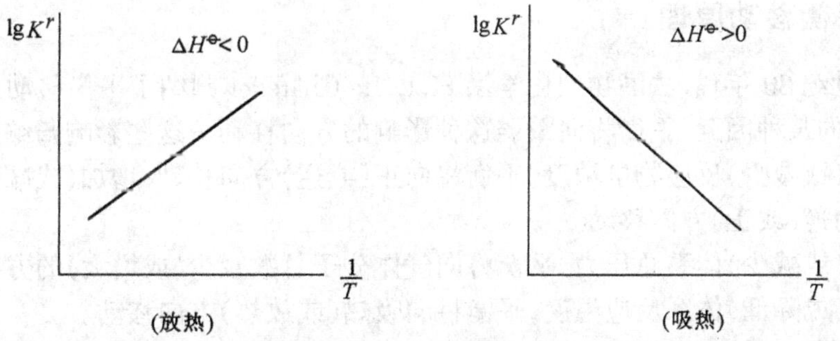

图 4－1 $\lg K_T^r - \frac{1}{T}$ 作图

由图 4 1 可见，对于吸热反应，T 升高，K^r 增大；对于放热反应，T 升高，则 K^r 减小。

由 van't Hoff 方程(4－23)式，在 T_1 时

$$\ln K_{T_1}^r = -\Delta H^\ominus/RT_1 + \Delta S^\ominus/R$$

在 T_2 时

$$\ln K_{T_2}^r = -\Delta H^\ominus/RT_2 + \Delta S^\ominus/R$$

两式相减得：

$$\ln\frac{K_{T_2}^r}{K_{T_1}^r} = \frac{\Delta H^\ominus}{R}\left(\frac{T_2 - T_1}{T_1 T_2}\right) \tag{4-24}$$

由(4－24)式可见，当 $\Delta H^\ominus > 0$ 时，$T_2 > T_1$(升高体系温度)，$K_{T_2}^r > K_{T_1}^r$；当 $\Delta H^\ominus < 0$ 时，$T_2 > T_1$，则 $K_{T_2}^r < K_{T_1}^r$。利用(4－24)式可进行一系列热力学计算。例如，当已知化学反应

的 $\Delta_r H_m^{\circ}$ 时，只要测定了某一温度 T_1 下的平衡常数 $K_{T_1}^r$，即可求出另一温度 T_2 下的 $K_{T_2}^r$；当已知在不同温度下的 K^r 值时，我们可以方便地求出反应的 $\Delta_r H_m^{\circ}$。

例 4－9　试讨论合成氨的生产中温度对水煤气及合成氨反应的影响。

① $$C(s) + H_2O(g) \rightleftharpoons CO(g) + H_2(g)$$

② $$N_2(g) + 3H_2(g) \rightleftharpoons 2NH_3(g)$$

解：对反应①　$C(s) + H_2O(g) \rightleftharpoons CO(g) + H_2(g)$

查表：$\Delta_f H^{\circ}/kJ\cdot mol^{-1}$　　0　　-241.83　　-110.5　　0

$$\Delta_r H_m^{\circ} = -110.5 - (-214.83) = 131.31\ kJ\cdot mol^{-1} > 0$$

因此是吸热反应，T 升高，K_T^r 增大，转化率增加。

对反应②　$N_2(g) + 3H_2(g) \rightleftharpoons 2NH_3(g)$

查表：$\Delta_f H^{\circ}/kJ\cdot mol^{-1}$　　0　　0　　-46.19

$$\Delta_r H_m^{\circ} = -46.19 \times 2 = -92.38\ kJ\cdot mol^{-1}$$

因此是放热反应，T 升高，K_T^r 减小，转化率降低。

在实际生产中，煤气发生器的反应必须间歇地吹入空气，以提高发生炉炉温，获得更大的转化率。而对于合成塔反应，虽低温对反应有利，但实际上反应是在高温下进行，这主要是考虑了反应速率的因素。

顺便提一下催化剂对化学平衡的移动无影响，它只能缩短或改变达到化学平衡的时间。

四、平衡移动原理

在 19 世纪 80 年代，法国物理化学家 H.L.Le Châtelier 归纳了平衡移动原理，即若改变影响平衡的某种因素，平衡将向减弱这种影响的方向移动。这些影响归纳为以下几点：

①增加(或减少)反应物的浓度，平衡将向正(或逆)方向移动；增加(或减少)产物的浓度，平衡将向逆(或正)方向移动。

②增加(或减少)体系总压力，平衡将向气体分子总数减少(或增大)的方向移动。

③升高(或降低)体系反应温度，平衡将向吸热(或放热)方向移动。

最后必须指出的是，平衡移动原理只适用于任何已建立动态平衡的体系，但它不适用于非平衡体系。它只能判别平衡移动的方向，而不涉及达到平衡所需时间问题。

本章教学要点

1．掌握实验平衡常数(经验平衡常数)与相对平衡常数(热力学平衡常数)间的区别。

2．掌握有关平衡常数的计算。

3．掌握化学反应等温式 $\Delta_r G = \Delta_r G^{\circ} + RT\ln Q_T^r$ 的意义与应用。其中，$\Delta_r G$ 是非标准态下的反应自由能变，$\Delta_r G^{\circ}$ 是标准态下的反应自由能变，Q_T^r 为相对反应商。

4．掌握 Q_T^r/K_T^r 作为过程判据的方法。

5．掌握平衡移动原理及其应用。

6．进一步理解平衡常数的热力学意义，明确化学平衡常数与热力学函数的关系：$\Delta_r G^{\circ} = -RT\ln K_T^r$。

7. 熟练应用多重平衡原理。

习　　题

1. 在一个平衡体系中，平衡浓度是否随时间变化而变化？是否随起始浓度不同而不同？是否随温度改变而变化？

2. 平衡常数是否随起始浓度不同而不同？转化率是否随起始浓度变化而变化？

3. 当一个反应的 $\Delta_r G_m^{\ominus} > 0$ 时，我们说该反应不能自发正向进行，请你评价这一结论。

4. 已知生产水煤气反应：

$$C(s) + H_2O(g) = CO(g) + H_2(g)$$

在 1 000 K 时 $K_T^r = 1.00$，若于密闭反应罐中通入 1×10^5 Pa 的水汽与足量的红热碳反应，试确定平衡时诸气体的分压力和水汽的转化率。

5. 试根据热力学函数的数据，确定 127℃ 及给定条件下，下列反应自发进行的方向及反应的相对平衡常数 K_T^r。

①$2NO(g, 50\ kPa) + O_2(g, 50\ kPa) \rightleftharpoons 2NO_2(g, 50\ kPa)$

②C(金刚石,50 kg) $+ CO_2(g, 50\ kPa) \rightleftharpoons 2CO(g, 50\ kPa)$

6. 合成氨反应 $N_2 + 3H_2 = 2NH_3$ 在某温度下建立平衡，达到平衡时，各组分浓度为 $[N_2] = 3.0\ mol \cdot dm^{-3}$，$[H_2] = 2.0\ mol \cdot dm^{-3}$，$[NH_3] = 4.0\ mol \cdot dm^{-3}$，①求该反应平衡常数 K_c；②N_2 及 H_2 的起始浓度及各自转化率是多少？（设起始时体系中只有氢气及氮气）

7. N_2O_4 在密闭容器中分解：$N_2O_4(g) \rightleftharpoons 2NO_2(g)$。在 52℃ 时，若 N_2O_4 的起始压力为 1.0×10^5 Pa 时，有 50% N_2O_4 分解，试确定 N_2O_4 起始压力为 2.0×10^5 Pa 时 N_2O_4 分解的百分率，并求 $\Delta_r G_m^{\ominus}$。

8. 在 250℃ 时，PCl_5 依下式分解建立平衡：

$$PCl_5(g) \rightleftharpoons PCl_3(g) + Cl_2(g)$$

①在 2.00 L 密闭容器中加入 0.700 mol PCl_5，平衡时分解了 0.5 mol，求此时的 K_c，K_p，$K_{T_1}^r$ 以及反应的 $\Delta_r G_m^{\ominus}$。

②若再往容器中加入 0.100 mol Cl_2，PCl_5 的分解率将是多少？

9. 实验测定 298 K 时，$2NO_2(g) \rightleftharpoons 2NO(g) + O_2(g)$ 的 $K_c = 0.50\ mol.dm^{-3}$，试确定以下情况中反应的方向。

① $c_{NO_2} = c_{NO} = c_{O_2} = 0.1\ mol.dm^{-3}$

② $p_{NO_2} = p_{NO} = p_{O_2} = 10^5$ Pa

③ 14.5 L 容器中有 1.23 mol NO_2 及 0.168 mol O_2。

④ 10 L 容器中有 2.0 mol NO_2，0.4 mol NO 和 0.1 mol O_2。

10. 工业上用乙烷裂解制乙烯，试说明在以下情况下通入水蒸气对乙烯产率有什么影响？

① 恒温恒压裂解。

② 恒温恒容裂解。

11. 反应 $CaCO_3(s) \xlongequal{} CaO(s) + CO_2(g)$ 在 973 K 时 $K_T^r = 2.92 \times 10^{-2}$，900℃时 $K_T^r = 1.04$，试由此计算该反应的 $\Delta_r G_{973}^{\ominus}$ 及 $\Delta_r G_{1\,173}^{\ominus}$，$\Delta_r H^{\ominus}$，$\Delta_r S^{\ominus}$。

12. 向下列各平衡体系加入一定量不参与反应的气体，并保持总体积不变，平衡将如何移动？为什么？

① $CO(g) + H_2O(g) \xlongequal{} CO_2(g) + H_2(g)$

② $4NH_3(g) + 7O_2(g) \xlongequal{} 4NO_2(g) + 6H_2O(g)$

③ $SbCl_5(g) \xlongequal{} SbCl_3(g) + Cl_2(g)$

13. 试用热力学数据表计算 823 K 下以下反应的 $\Delta_r G^{\ominus}$ 及 K_T^r。

① $CoO(s) + H_2(g) \xlongequal{} Co(s) + H_2O(g)$

② $CoO(s) + CO(g) \xlongequal{} Co(s) + CO_2(g)$

并讨论 H_2 和 CO 还原 CoO 为 Co 的可能性，你以为哪种方法更好一些，为什么？

14. Ag_2O 遇热分解：$2Ag_2O(s) \xlongequal{} 4Ag(s) + O_2(g)$。已知在 298 K 时，$Ag_2O(s)$ 的 $\Delta_f H^{\ominus} = -30.6\ kJ \cdot mol^{-1}$，$\Delta_f G^{\ominus} = -11.2\ kJ \cdot mol^{-1}$，试求在 298 K 时 p_{O_2} 的压力是多少(Pa)？$Ag_2O(s)$的热分解温度是多少？（10^5 Pa 下）

15. 工业生产 $SO_2Cl_2(l)$有以下两种方法：

$$SO_2(g) + Cl_2(g) \rightleftharpoons SO_2Cl_2(l)$$

$$SO_3(g) + 2HCl(g) \rightleftharpoons SO_2Cl_2(l) + H_2O(l)$$

① 请根据热力学数据计算说明，欲得到更大的转化率，应采用什么路线更好？

② 对于第 2 个反应，升高体系温度，对反应有什么影响？

③ 求第 1 个反应在 298 K 时的 K_T^r。

16. 对于合成氨反应 $N_2(g) + 3H_2(g) \rightleftharpoons 2NH_3(g)$，在恒温恒容下通入 Ar 气，对平衡有什么影响？在恒温恒压下通入 Ar 气时，对平衡又有什么影响，试分别加以说明。

17. 金属钙极易与空气中氧反应：

$$Ca(s) + \frac{1}{2}O_2(g) \xlongequal{} CaO(s) \qquad \Delta_r G^{\ominus} = -604\ kJ \cdot mol^{-1}$$

欲使 Ca 不被氧化，空气中氧气分压最大不能超过多少(Pa)？

18. 碳铵暴露于大气会自行分解，使肥效损失：

$$NH_4HCO_3(s) \xlongequal{} NH_3(g) + H_2O(g) + CO_2(g)$$

请根据热力学数据，计算说明在 298 K 时 NH_4HCO_3 是否会自行分解？为什么？

19. 试用热力学原理说明直接氯化法从 TiO_2 氯化制取 $TiCl_4$ 的可能性：

$$TiO_2(s) + 2Cl_2(g) \rightarrow TiCl_4(l) + O_2(g)$$

实际生产过程是在焦炭存在下高温氯化，请写出有关反应式，并说明反应的基本原理，计算反应的 $\Delta_r G_m^{\ominus}$。

20. 从平衡的移动原理及热力学原理解释以下实验事实。

① $CaCO_3$ 难溶于水,但可溶于 HCl 溶液中。

② NaAc 在水溶液中显碱性。

③ CuS 不溶于盐酸溶液,却可溶于 HNO_3 溶液中。

④ 热分解 $BaCO_3$ 时加入碳粉可使反应温度从 1 640 K 下降到 1 300 K。

21. 用热力学数据说明室温下 NH_4HCO_3 可分解,而 NH_4Cl 难分解,平衡体系中它们的 p_{NH_3} 各为多少(Pa)?

22. 欲使反应 $KCl(s)+\frac{3}{2}O_2(g)$══$KClO_3(s)$发生,氧气分压至少要达到多少(Pa)?

23. 试用计算说明能否通过改变浓度方法使反应正向进行?

$$Cu(s)+Zn^{2+}(aq)═══Cu^{2+}(aq)+Zn(s)$$

24. 据《日本工业新闻》1993 年 9 月 3 日报导,日本工业技术院物质工学工业研究所和三菱瓦斯化学公司利用铜、锌、铁制成催化剂,在 300 ℃,7×10^4 kPa,$CO_2:H_2=1:3$(体积比)的条件下,使二氧化碳与氢转化为乙醇,设发生的化学反应是:

$$2CO_2(g)+6H_2(g)═══CH_3CH_2OH(g)+3H_2O(g)$$

请利用你的热力学知识说明此反应。

已知	$2CO_2(g)$	+ $6H_2(g)$ ══	$CH_3CH_2OH(g)$	+ $3H_2O(g)$
$\Delta_fH_m^{\ominus}$/kJ·mol^{-1}	−393.5	0	−234.4	−241.8
$\Delta_fG_m^{\ominus}$/kJ·mol^{-1}	−394.4	0	−167.9	−228.6
$S_m^{\ominus}$/J·K^{-1}·mol^{-1}	213.6	130	282.58	188.7

你认为为了提高反应转化率,合成条件应有什么改变,试提出你的看法。

25. 稀释以下平衡体系,对平衡移动有何影响?请给予解释。

① $Ac^-+H_2O \rightleftharpoons HAc+OH^-$

② $NH_4^++Ac^-+H_2O \rightleftharpoons NH_3\cdot H_2O+HAc$

注:

题 13: CoO(s)的 $\Delta_fG_m^{\ominus}=-214.22$ kJ·mol^{-1},$\Delta_fH_m^{\ominus}=-237.94$ kJ·mol^{-1},
$S_m^{\ominus}=52.97$ J·K^{-1}·mol^{-1}。

题 18: $NH_4HCO_3(s)$的 $\Delta_fG_m^{\ominus}=-666.1$ kJ·mol^{-1},$\Delta_fH_m^{\ominus}=-849.4$ kJ·mol^{-1},
$S_m^{\ominus}=120.9$ J·K^{-1}·mol^{-1}。

题 19: $TiO_2(s)$的 $\Delta_fG_m^{\ominus}=-889.52$ kJ·mol^{-1},$\Delta_fH_m^{\ominus}=-941.82$ kJ·mol^{-1},
$S_m^{\ominus}=50.33$ J·K^{-1}·mol^{-1}。

第五章 溶液与电离平衡
Solution and Ionization Equilibrium

第一节 溶液

凡两种或两种以上的物质混和形成均匀稳定的分散体系，叫做溶液。按此定义，我们常将溶液分为三类，即气体溶液、固体溶液与液体溶液。所谓气体溶液，是气体混合而成的混合物，在溶液中，气体分子间作用力小，彼此互不干扰，行动自由，例如我们常见的空气。固体溶液如合金，它是固体状态的稳定均匀的分散体系。本章只讨论液态溶液的有关问题。通常，我们称溶解其他物质的化合物为溶剂(solvent)；称被溶解的物质为溶质(solute)。当气体或固体溶于液体时，液体称为溶剂，气体或固体称为溶质。当两种液体相互溶解时，一般把量多的称为溶剂，量少的称为溶质。

溶液的形成过程总伴随着能量、体积、颜色的变化。例如，无色的硫酸铜粉末溶于水变成蓝色的水溶液，这说明溶解过程并不是单纯的机械混合的物理过程，而是一种物理化学过程。溶解过程包括两部分：①溶质分子或离子的离散过程，这需要吸热来克服原有质点间的引力，同时这也是一个增大溶液体积的过程；②溶剂化过程，这是一个放热的使液体体积减少的过程。因此，总的溶解过程是吸热还是放热，体积是增大还是缩小，都受这两部分制约。颜色的变化本身是溶质质点溶剂化的一部分。例如，无水的 Cu^{2+} 是无色的，而 $Cu(H_2O)_6{}^{2+}$ 是蓝色的。

按溶质分子性质的不同，溶液可以分为电解质溶液及非电解质溶液。以下我们先讨论非电解质稀溶液的性质，再讨论电解质溶液的性质。

一、难挥发的非电解质稀溶液的依数性

非电解质稀溶液可以近似地看作是一种理想溶液。它的一些性质只与稀溶液的浓度有关，而与溶质的性质无关，这些性质包括蒸气压下降、沸点升高、凝固点下降及渗透压等。因此，Ostwald 把这类性质命名为依数性(colligative properties)。以下分别给予介绍。

1. 蒸气压下降

让我们按图 5-1 的装置进行有关的实验。在图 5-1(a)中，密闭的玻璃罩内有两杯等体积的纯水及糖水，数小时后可以看到盛放纯水的玻璃杯液面下降了，而盛放糖水的烧杯的液面上升了，在经过足够长时间后，纯水将全部转移到盛糖水的烧杯中。在图 5-1(b)的实验装置中，U 形管内盛有水银，U 形管两侧分别连接两个圆底烧瓶，放置数小时后，U 型管内水银柱高度发生了变化，说明烧瓶内压力的差异。以上两个实验说明溶液的蒸气压小于纯溶剂的蒸气压。

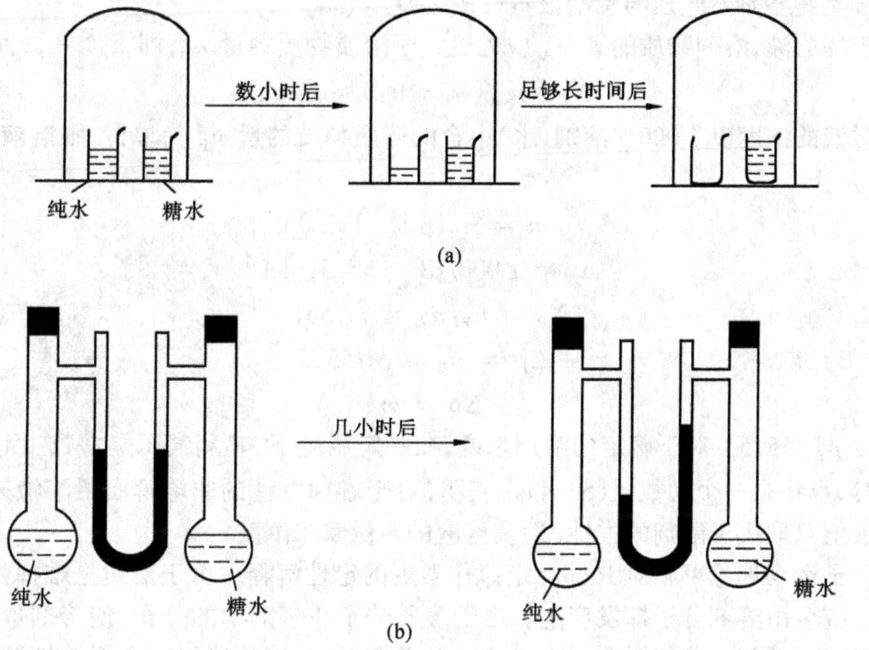

图 5-1 稀溶液蒸气压下降的实验

实验测定表明，在 25 ℃时，水的饱和蒸气压 $p_{H_2O}=3\,167.7$ Pa，而 0.5 mol·kg^{-1}糖水的蒸气压则为 $p_{H_2O}=3\,135.7$ Pa，1.0 mol·kg^{-1}糖水蒸气压为 $p_{H_2O}=3\,107.7$ Pa，即溶液的蒸气压比纯溶剂低，而且溶液浓度越大，蒸气压下降越多。纯溶剂蒸气压随温度升高而增加，溶液的蒸气压也随温度的升高而增加，但在任何温度下，溶液蒸气压总是低于纯溶剂的蒸气压，如图 5-2 所示。根据实验结果，1887 年，法国物理学家拉乌尔(Raoult)提出："在一定的温度下，稀溶液的蒸气压等于纯溶剂的蒸气压乘以溶剂的摩尔分数"，这就是拉乌尔定律：

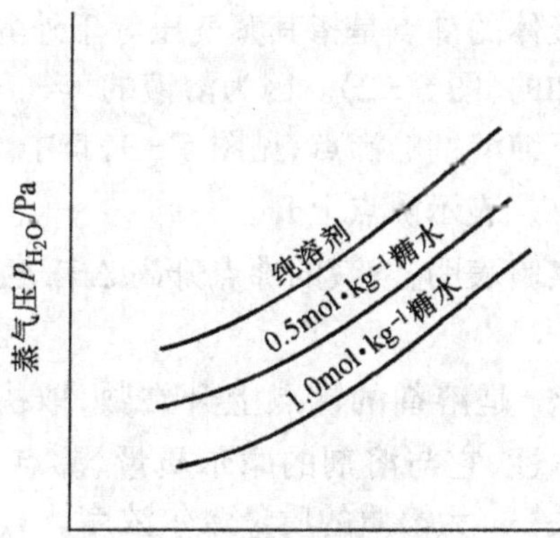

图 5-2 纯溶剂与溶液的蒸气压

$$p = p_A^* X_A \tag{5-1}$$

式中：p 为溶液的蒸气压；p_A^* 为纯溶剂蒸气压；X_A 为溶剂的摩尔分数。

设溶质摩尔分数为 X_B

则 $$X_A + X_B = 1$$

因此，(5-1)式可写为 $$p = p_A^*(1 - X_B) \tag{5-2}$$

即 $$p_A^* - p = p_A^* X_B$$

$$\Delta p = p_A^* X_B \tag{5-3}$$

式中：Δp 为纯溶剂蒸气压与稀溶液蒸气压之差。

对于稀溶液，溶剂物质的量 n_A 应远远大于溶质物质的量 n_B，即 $n_A \gg n_B$，而

$$X_B = n_B/(n_B + n_A) \approx n_B/n_A$$

设溶液的浓度以 1 000 g 溶剂(水)中含的溶质物质的量 n_B 为单位，则溶液的质量摩尔浓度 m 为

$$m = n_B(\text{mol} \cdot \text{kg}^{-1})$$

∵ $$n_A = 1\,000/18 = 55.5(\text{mol})$$

∴ $$X_B = n_B/n_A = m/55.5$$

代入(5－3)式 $$\Delta p = p_A^* \times m/55.5$$

∴ $$\Delta p = km \qquad (5-4)$$

显然，$k = p_A^*/55.5$。对于确定的溶剂来说，在一定温度下，其蒸气压是常数，因此 k 在一定温度时，也将是一个常数。(5－4)式表明，对于难挥发性的非电解质稀溶液来说，蒸气压下降数值只取决于溶剂的本性(k)及溶液的质量摩尔浓度 m。

用分子运动理论可以对 Raoult 定律作微观的定性解释。由于溶质是难挥发的，溶液的蒸气压应全由溶剂分子挥发产生。由于溶质分子在溶剂中的分布，使溶剂本身的自由分子浓度减少，因此，蒸气压会减少。这样在平衡时，溶液的蒸气压会低于纯溶剂的蒸气压。

2. 沸点上升

液体的沸点是指其蒸气压等于外界大气压力时的温度。溶液的蒸气压是随温度升高而增加的(图 5－2)。因为溶液的蒸气压总是低于纯溶剂的蒸气压，因此溶液的沸点一定会高于纯溶剂的沸点，见图 5－3，其中 T_b 为纯溶剂的沸点，T_b 为溶液的沸点，则 $\Delta T_b = T_b - T_b^*$ 表示沸点上升。

实验表明，溶液的沸点升高 ΔT_b 也只与溶液的质量摩尔浓度成正比：

$$\Delta T_b = k_b m \qquad (5-5)$$

式中：k_b 是溶剂的沸点上升常数，取决于溶剂的本性，它与溶剂的摩尔质量、沸点、汽化热有关；m 为溶质的质量摩尔浓度。k_b 值的物理意义可以看作是溶液的浓度 $m = 1\ \text{mol} \cdot \text{kg}^{-1}$ 时的溶液沸点升高值。显然，不同溶剂的 k_b 值不同，常见溶剂的 k_b 值见表 5－1。

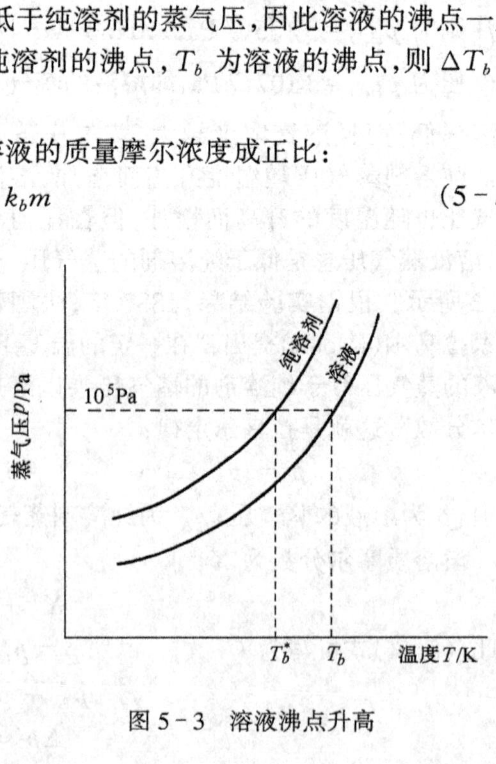

图 5－3　溶液沸点升高

表 5-1　常见溶剂的 k_b 及 k_f

溶剂	沸点/℃	k_b/℃·kg·mol^{-1}	凝固点/℃	k_f/℃·kg·mol^{-1}
水	100	0.51	0	1.855
乙醇	78.3	1.22	-117.3	—
丙酮	56.0	1.71	-95.35	—
苯	80.2	2.53	5.5	4.9
醋酸	118.1	2.93	16.6	3.9
氯仿	60.2	3.63	-63.5	—
萘	218	5.80	80.2	6.87

3. 凝固点下降

在 10^5 Pa 下，纯液体蒸气压和它的固相蒸气压相等时的温度为该液体的凝固点。图 5-4 表明，由于溶液蒸气压总是低于纯溶剂的蒸气压，因此溶液凝固点会下降。凝固点下降 ΔT_f 由(5-6)式给出：

$$\Delta T_f = k_f m \qquad (5-6)$$

式中：k_f 为溶剂的凝固点降低系数，它与溶剂的本性，如溶剂的凝固点、摩尔质量及熔化热有关。常见的溶剂凝固点系数 k_f 见表 5-1。

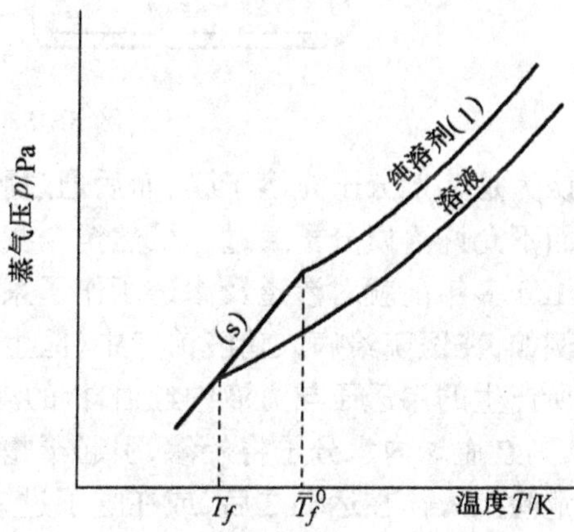

图 5-4　溶液凝固点下降

凝固点下降的原理在实际生活中有广泛的应用，如在冬天往汽车散热器的冷却水水箱里加入甘油或乙二醇，以防止水箱结冰损坏设备，冰机制冷的蒸发器中冰盐水的应用，等等。

4. 渗透压

动植物的膜组织，例如肠衣或萝卜皮，都是一种生物半透膜。半透膜的特征是可以允许溶剂分子自由通过而不允许溶质分子通过。因此，由于半透膜两边的溶液浓度的不同，稀溶液中的溶剂分子将会通过半透膜向浓溶液方向渗透，直至膜两边的溶液浓度相等而达到动态平衡。图 5-5 实验表明，由于溶剂水分子的渗透作用，引起玻璃管内液面上升，一直到管内液面上升到一定高度为止，此时水柱产生的压力抑制了水分子的渗透；而且，随糖水或高锰酸钾浓度增大，液面上升的高度增大。也就是说，溶剂透过半透膜进入溶液的趋向取决于溶液浓度的大小，溶液浓度大，渗透趋向大。这就是说，由于半透膜两边的溶液单位体积内水分子数目的不同而引起稀溶液溶剂分子渗透到浓溶液中的倾向，为了阻止这种渗透，就必须给溶液以一定压力，这种足以阻止发生渗透所需施加的压力，叫溶液的渗透压。

生物膜就是一种半透膜，对于生物膜的半透性的原因目前解释不同，有人认为是由于薄膜的多孔结构，使小分子(溶剂)可以通过，而大分子(溶剂化了的溶质分子)不能通过；

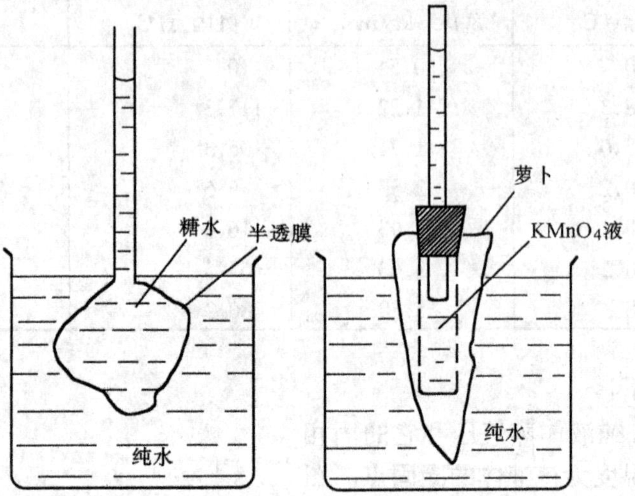

图 5-5　渗透现象实验

有人认为是溶剂分子先溶于膜,而后通过膜;有人认为是由于膜的电性,只允许溶剂分子通过而不允许溶质分子通过。虽然至今我们仍未能完全认识渗透的本质,但生物化学家早在100多年前就对渗透及渗透压作了系统研究,认识到渗透平衡与生命过程的密切关系。例如,在医院给病人输液治疗中,医生必须对各种输液浓度作仔细调节,使该浓度下溶液所产生的渗透压与血液中红血球 的渗透压一致(约 7.7×10^5 Pa)。若输进液体浓度过大,则红血球内水分子将外渗,引起干瘪;若浓度过稀,红血球将会被涨破,均导致病人生命危险。人体在运动之后,或在吃了过咸的食物就会有口渴的感觉,这是因为体内渗透压增大了;人体的营养循环、植物利用树根吸收水分也都是由于渗透压的原因。

Van't Hoff 根据一系列实验数据,于1886年指出:"稀溶液渗透压与浓度和温度的关系同理想气体方程式一致。"即:

$$\pi V = nRT$$

或

$$\pi = cRT \approx mRT$$

式中:π 是渗透压,V 是溶液体积,R 为气体常数,n 为溶质物质的量,c 为体积摩尔浓度,T 为温度。对于稀溶液,c 可用质量摩尔浓度 m 代替。应该指出,渗透压方程与理想气态方程形式上一致,而二者无任何本质联系;实验测得渗透压方程中 R 的精确值为 $R = 8.388\ \mathrm{J\cdot mol^{-1}\cdot K^{-1}}$。

总的来说,蒸气压下降、沸点上升、凝固点下降、渗透压都是难挥发的非电解质稀溶液的通性,它们只与溶剂的本性和溶液的浓度有关,而与溶质的本性无关。利用这些性质可通过实验测定溶质的摩尔质量、溶剂的一系列物理常数。以下通过例题加以说明。

例 5-1　已知 20 ℃时水的饱和蒸气压为 2 333 Pa,将 17.1 g 某易溶难挥发非电解质溶于 100 g 水中,溶液蒸气压为 2 312 Pa,试计算该物质摩尔质量。

解:设该物质的摩尔质量为 M

则溶质的质量摩尔浓度为 $\dfrac{17.1}{M}\times\dfrac{1\,000\ \mathrm{g}}{100\ \mathrm{g}} = 171/M\ \mathrm{mol\cdot kg^{-1}}$

∵ $\Delta p = p^* - p = 2\,333 - 2\,312 = 21$ Pa

∵ $\Delta p = p_A^* \times m/55.5$

∴ $$21 = 2\,333 \times \frac{171}{M \times 55.5}$$

∴ $M = 342$ g · mol^{-1}

例 5-2　已知烟草中的有害成分尼古丁的实验式是 C_5H_7N，今将 496 mg 尼古丁溶于 10.0 g 水中，所得溶液在 10^5 Pa 下沸点 100.17℃，求尼古丁分子式。

解： $\Delta T_b = 100.17 - 100 = 0.17$℃

$k_b = 0.51$

∴ $\Delta T_b = k_b \times m$

$m = 0.33$ mol · kg^{-1}

设尼古丁摩尔质量为 M

则 $$m = \frac{0.496}{M} \times \frac{1\,000}{10} = \frac{49.6}{M}$$

∴ $M = 150$ g·mol^{-1}（约为 C_5H_7N 摩尔质量的 2 倍）

∴ 分子式为 $C_{10}H_{14}N_2$

例 5-3　谷氨酸分子式为[COOHCH·NH_2·$(CH_2)_2$COOH]，取 0.749 g 谷氨酸溶于 50.0 g 水中，测得凝固点为 -0.188 ℃，试求水溶剂的凝固点下降常数 k_f。

解： $\Delta T_f = 0 - (-0.188) = 0.188$℃

$$\Delta T_f = k_f \cdot m = k_f \cdot \frac{0.749}{M} \times \frac{1\,000\text{ g}}{50\text{ g}}$$

$M = 147$ g · mol^{-1}

∴ $$0.188 = k_f \cdot \frac{0.749}{147} \times \frac{1\,000}{50}$$

∴ $k_f = 1.84$ ℃ · kg · mol^{-1}

例 5-4　有一种蛋白质，摩尔质量在 12 000 左右，试比较用沸点上升法及渗透压法测定它的分子量之误差。

解：用沸点上升法。设取 1.00 g 蛋白质样品，溶于 100 g 水中，并在 20 ℃ 下测定 ΔT_b，则

$$\Delta T_b = 0.51 \times \frac{1.00\text{ g}}{12\,000\text{ g} \cdot \text{mol}^{-1}} \times \frac{1\,000\text{ g } H_2O}{100\text{ g } H_2O}$$

$$= 4.3 \times 10^{-4}℃$$

用渗透压法。称取 1.00 g 蛋白质样品，溶于 100 g 水中，并在 20 ℃ 下测量定 π，则

$$\pi = c \cdot RT = mRT = \frac{1.00}{12\,000} \times \frac{1\,000}{100} \times 8.314 \times 293$$

$$\pi = 2.03\text{ kPa} = 2\,030\text{ Pa}$$

由计算结果可见，由于蛋白质摩尔质量太大，用沸点上升法测定分子量将会由于测定的数值过小而带来大的误差，用渗透压法测定误差将较小。

二、电解质溶液

难挥发的非电解质稀溶液在性质上近似于理想溶液，因此在性质上表现为依数性。通常，我们认为强电解质在理论上是100%电离的，因此它们的稀溶液也似乎应具有理想溶液的性质，但对一些强电解质的稀溶液，其实验值差别较大，这说明强电解质的水溶液并非是理想溶液，强电解质在水溶液中也并非100%电离。表5-2列举了某些强电解质稀溶液的凝固点下降的实验值及计算值(按5-6式)。

表5-2　某些电解质稀溶液凝固点下降 ΔT_f

溶液浓度 /mol·kg^{-1}	ΔT_f 实验值/℃			ΔT_f 计算值/℃
	KNO_3	NaCl	$MgSO_4$	
0.01	0.035 87	0.036 06	0.030 0	0.018 58
0.05	0.171 8	0.175 8	0.129 4	0.092 90
0.10	0.333 1	0.347 0	0.242 0	0.185 8
0.50	1.414	1.692	1.081	0.929 0

如果电解质在水溶液中是100%电离，而且其稀溶液是理想溶液，那么，ΔT_f(实验值)/ΔT_f(计算值)应等于电解质分子中阴阳离子数目之和。但表5-2数据表明：① 对于正负离子都是一价的电解质如 KNO_3，NaCl，其 ΔT_f(实)较为相近，而且近似为计算值 ΔT_f(计)的2倍；② 正负离子为二价的电解质溶液的实验值 ΔT_f(实)与计算值 ΔT_f(计)比值较一价的小；③ 电解质溶液越浓，实验值与计算值比值越小。这与强电解质在水溶液中100%电离是相矛盾的。针对电解质溶液的反常行为，1923年 Debye 及 Hückel 提出"离子氛"(ionic atmosphere)(图5-6)的概念，指出：强电解质在溶液中是完全电离的，但是由于离子间的相互作用，离子在溶液中不可能完全自由，每一个离子都受到相反电荷离子的束缚，这种离子间的相互作用使溶液中的离子并不完全自由，其表现是溶液导电能力下降，电离度下降，依数性异常。

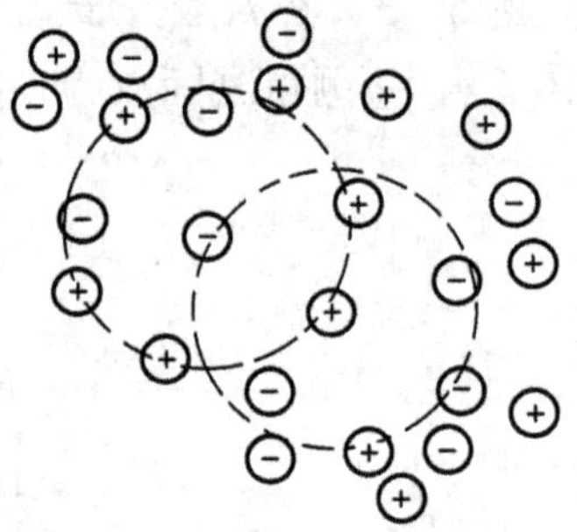

图5-6　离子氛示意图

为了进一步衡量溶液中正负离子间相互作用的强弱，他们提出了离子强度以及活度系数的概念。离子强度 μ 由以下关系式给出：

$$\mu = \frac{1}{2}\sum(c_i Z_i^2) \tag{5-8}$$

式中：c_i 是溶液中第 i 种离子的浓度；Z_i 是第 i 种离子的电荷；离子强度 μ 表示了离子在溶液中产生的电场强度的大小，离子强度越大，正负离子间作用力越大。

例5-5　试求0.01 mol·dm^{-3} $BaCl_2$ 溶液的离子强度。

解：$\mu=\frac{1}{2}([c_{Ba^{2+}}\times(Z_{Ba^{2+}})^2]+[c_{Cl^-}\times(Z_{Cl^-})^2])$

$=\frac{1}{2}[0.01\times(2)^2+0.02\times(1)^2]=\frac{1}{2}(0.01\times4+0.02\times1)=0.03$

例5-6 某溶液含有0.1 mol·dm^{-3}HCl及0.1 mol·dm^{-3} $CaCl_2$，试求该溶液的离子强度。

解：

$$\mu=\frac{1}{2}[c_{H^+}\cdot(Z_{H^+})^2+c_{Ca^{2+}}\cdot(Z_{Ca^{2+}})^2+c_{Cl^-}\cdot(Z_{Cl^-})^2]$$

$$=\frac{1}{2}[0.1\times1^2+0.1\times2^2+0.3\times1^2]$$

$$=\frac{1}{2}[0.1+0.4+0.3]=0.4$$

由于电解质溶液中离子氛的存在，溶液中正负离子相互作用使溶液不再表现为100%电离，因此用实验方法测出的电离度只是表示强电解质的表观电离度。

为了定量描述强电解质溶液中离子间的相互牵制作用，引入活度的概念。活度是指有效浓度，即单位体积电解质溶液中所表现出来的表观的离子有效浓度，也即扣除了离子间的相互作用的浓度，以 a(activity)表示：

$$a=f\cdot c \tag{5-9}$$

式中：f 称为活度系数，它反映了电解质溶液中离子相互作用，f 越小，离子间相互作用越大。在稀溶液中，$f<1$，而且当浓度增大时，由于正负离子间相互作用越大，f 越小；在极稀溶液中，f 接近于1。表5-3列出了离子的活度系数与溶液离子强度的关系。

表5-3 离子的活度系数 f 与离子强度的关系

离子强度	活度系数 f			
μ	离子电荷 $Z=1$	$Z=2$	$Z=3$	$Z=4$
1×10^{-4}	0.99	0.95	0.90	0.83
2×10^{-4}	0.98	0.94	0.87	0.77
1×10^{-3}	0.96	0.86	0.73	0.56
2×10^{-3}	0.95	0.81	0.64	0.45
1×10^{-2}	0.89	0.63	0.39	0.19
2×10^{-2}	0.87	0.57	0.28	0.12
0.1	0.78	0.33	0.08	0.01
0.2	0.70	0.24	0.04	0.003

从表5-3中可见：① 离子强度越大，离子间相互作用越显著，活度系数越小；② 离子强度越小，活度系数约为1，稀溶液接近理想溶液，活度近似等于浓度；③ 离子电荷越大，相互作用越强，活度系数越小。它们的关系可用(5-10)式表示：

$$\lg f=-0.509\,Z_1Z_2\sqrt{\mu} \tag{5-10}$$

式中：f 为活度系数；Z_1，Z_2 分别表示离子电荷；μ 为溶液离子强度。该计算公式仅适合于稀溶液(0.01 mol·kg^{-1}以下)。

因此，电解质溶液的浓度与活度之间一般是有差别的，严格地说，在计算时应使用活度。但对于稀溶液、弱电解质溶液以及难溶性强电解质溶液来说，可以用浓度近似计算，因为此时 μ 很小，f 接近 1。

第二节　酸碱理论

人类很早就发现并使用了酸和碱，但是人们对于酸碱的认识，经历了一个由浅入深、由低级到高级的过程。最初人们只是根据物质的性质及组成来区分酸和碱。例如，有酸味、能使蓝色石蕊变红的物质是酸；有涩味、能使红色石蕊变蓝的物质是碱。1887 年，Arrhenius 根据酸碱电离理论提出："凡是在水溶液中能够电离产生的阳离子全部是 H^+ 的化合物叫酸(acid)，电离时产生的阴离子全部是 OH^- 的化合物叫碱(base)。"这一理论从物质的化学组成上揭露了酸碱的本质，明确指出 H^+ 是酸的特征，OH^- 是碱的特征。它很好地解释了强酸、强碱的中和热都等于 57.99 $kJ \cdot mol^{-1}$ 的事实，揭示了中和反应的实质，同时还找到衡量酸、碱强度的定量标度，使人们对酸、碱的认识从现象深入到本质，因此该理论至今仍普遍使用。但是这一理论也是有缺陷的，例如它无法解释 Na_2CO_3，Na_3PO_4 呈碱性，NH_4Cl 显酸性的事实；而且它也无法解释非水溶液中的酸碱行为，例如在液氨中 NH_4Cl 和 $NaNH_2$ 的反应：

$$NH_4^+ + NH_2^- = 2NH_3$$

这些都说明 Arrhenius 理论有一定的局限性，需要进一步补充和发展。

近半个多世纪以来，随着科学的发展，人们对酸碱的概念提出了不同的认识，以下分别给予介绍。

一、Brønsted-Lowry 质子理论

1923 年，丹麦科学家 Brønsted 和英国科学家 Lowry 分别提出酸碱的质子理论。该理论认为："凡是能给出质子的分子或离子称为酸(Proton donor)、凡是能与质子结合的分子或离子称为碱(Proton acceptor)。例如，HCl，HAc，NH_4^+，H_2SO_3，HCO_3^-，$Al(H_2O)_6^{3+}$ 等都能给出质子，都是酸；而 OH^-，Ac^-，NH_3，HSO_3^-，CO_3^{2-} 等都能接受质子，都是碱。以反应式来表示，可以写成：

$$HCl \longrightarrow H^+ + Cl^-$$

$$HAc \rightleftharpoons H^+ + Ac^-$$

$$NH_4^+ \rightleftharpoons H^+ + NH_3$$

$$H_2SO_3 \rightleftharpoons H^+ + HSO_3^-$$

$$HCO_3^- \rightleftharpoons H^+ + CO_3^{2-}$$

$$Al(OH_2)_6^{3+} \rightleftharpoons H^+ + [Al(OH)(H_2O)_5]^{2+}$$

用一通式表示，就是

$$酸 \rightleftharpoons 质子 + 碱 \qquad (5-11)$$

根据(5-11)式，酸碱的关系不再是孤立的，而是统一在对质子的共轭关系上，即右边的碱是左边酸的共轭碱，左边的酸又是右边碱的共轭酸。因此，酸越强，其对应的共轭碱

越弱；酸越弱，其对应的共轭碱越强，体现了酸碱关系是有酸才有碱，有碱才有酸，酸中有碱，碱中有酸这一一对应的相互依存的关系。但(5-11)式表示的共轭酸碱对的半反应都是不能单独存在的。因为酸并不能自行放出质子，必须有另一物质同时作为碱接受质子；反过来，碱也必须从另一种酸中接受质子，才能变成共轭酸。这就是说，物质的酸性或碱性要通过给出质子或接受质子来体现。

表 5-4 给出了常见共轭酸碱对的对应关系。

表 5-4 常见共轭酸碱对及其在水溶液中 K_a 值

	共轭酸(HA)	共轭碱(A^-)		K_a
最强酸	$HClO_4$	ClO_4^-		
	HI	I^-		
	HBr	Br^-		
	HCl	Cl^-		
	HNO_3	NO_3^-		
	H_2SO_4	HSO_4^-		
↑	H_3O^+	H_2O	↓	
	$H_2C_2O_4$	$HC_2O_4^-$		$5.9\times10^{-2}(K_{a1})$
	H_2SO_3	HSO_3^-		$1.5\times10^{-2}(K_{a1})$
	HSO_4^-	SO_4^{2-}		$1.2\times10^{-2}(K_{a2})$
	H_3PO_4	$H_2PO_4^-$		$7.5\times10^{-3}(K_{a1})$
	HNO_2	NO_2^-		4.6×10^{-4}
	HF	F^-		3.5×10^{-4}
	HCOOH	$COOH^-$		1.7×10^{-4}
	$HC_2O_4^-$	$C_2O_4^{2-}$		6.4×10^{-5}
酸	HAc	Ac^-	碱	1.8×10^{-5}
	H_2CO_3	HCO_3^-		$4.3\times10^{-7}(K_{a1})$
性	HSO_3^-	SO_3^{2-}	性	$1.0\times10^{-7}(K_{a2})$
	$H_2PO_4^-$	HPO_4^{2-}		$6.2\times10^{-8}(K_{a2})$
增	H_2S	HS^-	增	$5.7\times10^{-8}(K_{a1})$
	HClO	ClO^-		3.0×10^{-8}
强	NH_4^+	NH_3	强	5.6×10^{-10}
	HCN	CN^-		4.9×10^{-10}
	H_2SiO_3	$HSiO_3^-$		2.2×10^{-10}
	HCO_3^-	CO_3^{2-}		5.6×10^{-11}
	H_2O_2	HO_2^-		2.2×10^{-12}
	$HSiO_3^-$	SiO_3^{2-}		2×10^{-12}
	HPO_4^{2-}	PO_4^{3-}		2.2×10^{-13}
	HS^-	S^{2-}		$1.2\times10^{-15}(K_{a2})$
	H_2O	OH^-		1.8×10^{-16}
	NH_3	NH_2^-		
	$\begin{matrix}OH^-\\H_2\end{matrix}+OH^-\longleftarrow H_2O+\begin{matrix}O^{2-}\\H^-\end{matrix}$			

由表 5-4 可见：① 酸和碱可以是分子，也可以是阳离子或阴离子；② 有的离子在某对共轭酸碱中是碱，但在另一对共轭酸碱对中是酸；③ 质子论中不再存在盐的概念，它们分别是离子酸或离子碱，如 NH_4Cl 中，NH_4^+ 是酸而 Cl^- 是碱。以下根据质子理论，我们分别来讨论电离学说中的强电解质的电离作用，弱酸、弱碱的电离作用，中和反应，水的自偶电离，盐类水解等作用。

对于强电解质的电离作用，如 HCl 在水溶液中的电离：

$$HCl + H_2O \xrightarrow{H^+} H_3O^+ + Cl^-$$

强酸 1　　强碱 2　　弱酸 2　　弱碱 1

据表 5-4，HCl 酸性 > H_3O^+ 酸性，H_2O 碱性 > Cl^- 碱性。因此，强电解质电离作用是强酸强碱作用生成弱酸弱碱过程，是不可逆过程，不存在平衡问题。

对于弱酸的电离过程，如 HAc 在水溶液中的电离过程及氨在水溶液中的电离作用：

$$HAc + H_2O \rightleftharpoons H_3O^+ + Ac^-$$

弱酸 1　　弱碱 2　　强酸 2　　强碱 1

$$NH_3 + H_2O \rightleftharpoons NH_4^+ + OH^-$$

弱碱 1　　弱酸 2　　强酸 1　　强碱 2

据表 5-4，HAc 酸性 < H_3O^+ 酸性，H_2O 碱性 < Ac^- 碱性，NH_3 碱性 < OH^- 碱性，H_2O 酸性 < NH_4^+ 酸性。因此，它们都是弱酸弱碱作用生成强酸强碱的反应，是可逆的过程。

对于水的自偶电离：

$$H_2O + H_2O \overset{H^+}{\rightleftharpoons} H_3O^+ + OH^-$$

弱酸 1　　弱碱 2　　强酸 2　　强碱 1

同样也是弱酸弱碱的相互作用生成强酸强碱的反应，是可逆的过程。

对于盐类的水解，也是质子的传递过程，例如：

$$Ac^- + H_2O \rightleftharpoons HAc + OH^-$$

弱碱 1　　弱酸 2　　强酸 1　　强碱 2

也是弱酸弱碱作用生成强酸强碱的反应，同样是可逆过程。

对于中和反应，实质上是两个共轭酸碱对之间的质子传递的反应，例如：

$$HCl + NH_3 \xrightarrow{H} NH_4^+ + Cl^-$$

强酸 1　　强碱 2　　弱酸 2　　弱碱 1

它是强碱夺取了强酸中的质子，生成更弱的酸及碱的反应。

由以上分析可见，酸碱的质子论扩大了酸碱的含义和酸碱反应的范围，解决了酸碱在水溶剂及非水溶剂中的反应问题，并把水溶液中的各种离子反应系统地归纳为质子传递的酸碱反应。这样就扩大了酸碱及酸碱反应的范围。

在质子酸碱论中，酸碱强弱不仅决定于酸碱本身释放质子与接受质子的能力，同时也决定于溶剂接受和释放质子的能力，因此，要比较各种酸碱的强度必须固定同一溶剂。在不同的溶剂中，同一物质的酸碱性会不同。通常我们以水作溶剂来比较各种酸、碱传递质子的能力，通过测定各种弱酸弱碱的电离平衡常数数值即可对比酸碱的强弱。

例如：
$$HAc + H_2O \rightleftharpoons H_3O^+ + Ac^-$$
$$K^r = ([H_3O^+]/c^{\ominus})([Ac^-]/c^{\ominus}/([HAc]/c^{\ominus})([H_2O]/c^{\ominus})$$

把$[H_2O]$看作常数，则有
$$K^r_{aHAc} = ([H_3O^+]/c^{\ominus})([Ac^-]/c^{\ominus}/([HAc]/c^{\ominus})$$

式中：K^r_a 称为酸常数。

例如：
$$NH_3 \quad + \quad H_2O \rightleftharpoons NH_4^+ \quad + \quad OH^-$$
$$K^r_{bNH_3} = ([NH_4^+]/c^{\ominus})([OH^-]/c^{\ominus})/([NH_3]/c^{\ominus})$$

式中：K^r_b 称为碱常数。

例如：
$$Ac^- \quad + \quad H_2O \rightleftharpoons HAc + OH^-$$
$$K^r_{b(Ac^-)} = ([OH^-]/c^{\ominus})([HAc]/c^{\ominus})/([Ac^-]/c^{\ominus})$$

例如：
$$NH_4^+ \quad + \quad H_2O \rightleftharpoons NH_3 \quad + \quad H_3O^+$$
$$K^r_{a(NH_4^+)} = ([NH_3]/c^{\ominus})([H_3O^+]/c^{\ominus})/([NH_4^+]/c^{\ominus})$$

通常，在教科书中列有大量的酸常数 K_a，而碱常数 K_b 不多，但是它们之间的关系可以由以下平衡看出，例如：
$$Ac^- + H_2O \rightleftharpoons OH^- + HAc$$
$$\begin{aligned} K^r_{b(Ac^-)} &= ([OH^-]/c^{\ominus})([HAc]/c^{\ominus})/([Ac^-]/c^{\ominus}) \\ &= [([OH^-]/c^{\ominus})([HAc]/c^{\ominus})/([Ac^-]/c^{\ominus})] \times ([H_3O^+]/c^{\ominus}/[H_3O^+]/c^{\ominus}) \\ &= K^r_w/K^r_{a(HAc)} \end{aligned}$$
$$\therefore \qquad K^r_a \cdot K^r_b = K^r_w \tag{5-12}$$

这就是说，弱酸与它对应的共轭碱的酸碱常数乘积等于水的离子积常数 K_w。酸常数越大，对应共轭碱的碱性越弱；碱常数越小，碱性越弱。表 5-4 中列出的常见共轭酸碱对给出了在水溶液中酸碱性强弱的顺序。

因此在同一溶剂中，酸碱的相对强弱取决于酸的本性。但同一酸碱在不同的溶剂中的相对强弱并非固定不变的，它取决于溶剂性质的差异。例如在比较 HCl 与 HAc 的酸性时，可以用 H_2O 作溶剂：

$$\underset{强酸_1}{HCl} + \underset{强碱_2}{H_2O} \longrightarrow \underset{弱酸_2}{H_3O^+} + \underset{弱碱_1}{Cl^-}$$

$$\underset{弱酸_1}{HAc} + \underset{弱碱_2}{H_2O} \rightleftharpoons \underset{强酸_2}{H_3O^+} + \underset{强碱_1}{Ac^-}$$

可见 HCl 的酸性在以水为溶剂时比 HAc 的酸性强，因此水是区分试剂。但是，若用液氨作溶剂来比较 HAc 与 HCl 的强弱时：

$$\underset{强酸_1}{HCl} + \underset{强碱_2}{NH_3} \longrightarrow \underset{弱酸_2}{NH_4^+} + \underset{弱碱_1}{Cl^-}$$

$$\underset{强酸_1}{HAc} + \underset{强碱_2}{NH_3} \longrightarrow \underset{弱酸_2}{NH_4^+} + \underset{弱碱_1}{Ac^-}$$

可见 HCl、HAc 在液氨中都是强酸，它们的相对强弱变得不能区分，因此液氨被称为“拉平试剂”。这种由于选用非水溶剂而使在水溶剂下酸性或碱性强弱可以被区分的酸或碱，其强弱变得不能区分出来的效应称为“拉平效应”。

因此物质的酸碱性在不同溶剂中可以变化，弱可变强，强可变弱。甚至在不同溶剂中，酸可以变碱，碱可以变酸。例如，在液氨中 HAc 为酸，而在液态 HF 中，HAc 成了弱碱：

$$\underset{弱碱_1}{HAc} + \underset{弱酸_2}{HF} \rightleftharpoons \underset{强酸_1}{H_2Ac^+} + \underset{强碱_2}{F^-}$$

根据以上所述，质子理论只限于应用在质子放出或接受的反应，因此只能解决含氢一类物质的酸碱性问题，对于一些不含氢的物质，如 $SnCl_4$，$AlCl_3$ 等的酸碱性行为，其解释就显得无能为力。为此，美国物理化学家 Lewis 于 1923 年提出酸碱的电子理论。

二、Lewis 的酸碱电子理论

G.N.Lewis 在 Arrhenius 及 Brønsted 理论的基础上，结合酸碱的电子结构，提出了酸碱电子理论。该理论认为：凡可以接受电子对的分子、原子团、离子为酸(electron pair acceptor)，凡可以给出电子对的物质为碱(electron pair donor)。根据这一概念，酸碱反应不再是质子的转移，而是作为碱的物质提供电子对与作为酸的物质形成配位键的反应。因此，酸碱反应的实质是形成配位键的反应，酸以空轨道接受碱提供的电子对形成配位键。例如以下反应都属于酸碱反应范畴：

$$H^+ + :OH^- \longrightarrow H\leftarrow OH$$

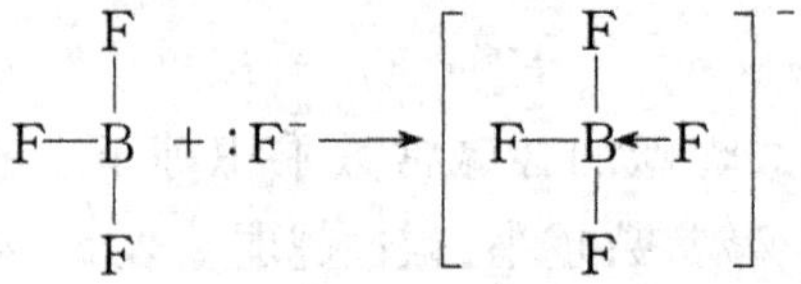

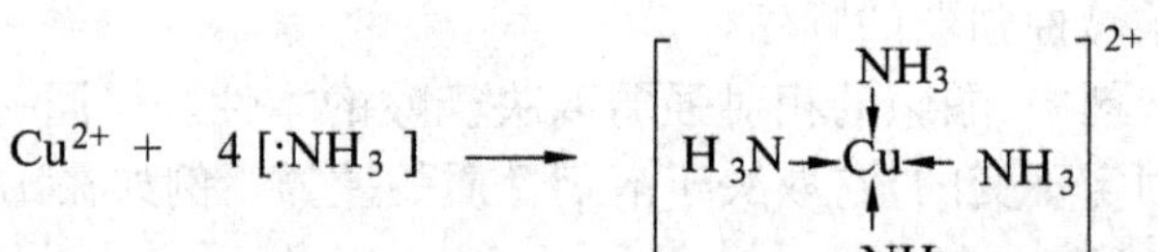

根据 Lewis 的电子理论，凡金属阳离子及缺电子的分子都是酸，凡与金属离子结合的阴离子或中性分子都是碱。由于配位键在化合物中是普遍存在的，因此酸碱范围大大扩大，几乎无所不包。这种以电子对的接受关系来描述物质的酸碱属性及反应，摆脱了旧体系必须有氢离子或氢原子的限制，也摆脱了溶剂的限制，因此范围更广泛。一切盐类(如 AgCl)、金属氧化物(如 CaO)及其他大多数无机化合物都是酸碱配合物。甚至有机化合物也是如此，例如，乙醇 C_2H_5OH 就可以看作是 $C_2H_5^+$(酸)和 OH^-(碱)以配位键形成的酸碱配合物 $C_2H_5\leftarrow OH$ 。

由此可见，Lewis 酸碱理论将一切化学反应都概括成酸碱反应，这使我们在认识客观世界中物质差异性的同时，也看到它们的统一性；但正因为这样，又使该理论太笼统，因而使人不易掌握酸碱的特性。至今为止，我们仍未能像质子论、经典电离学说一样找到一个判别 Lewis 酸碱相对强弱的次序，因此也就无法用该理论判断反应的方向，这也就限制了该理论的应用。

三、软硬酸碱理论

近年来，随着人们对酸碱的认识越来越深刻，酸碱理论还在不断发展，例如，近年来曾风行一时的“软硬酸碱理论”，就是在 Lewis 的酸碱电子理论的基础上提出的。该理论是根据金属离子对各种配位体的亲和性不同，把金属离子分为两类，一类为“硬”的金属离子，包括碱金属、碱土金属离子及一些离子半径较小、但具有较高电荷的离子（如 Ti^{4+}，Fe^{3+}，Co^{3+}，Al^{3+}），称为硬酸。另一类为“软”的金属离子，包括重过渡金属离子（如 Hg_2^{2+}，Hg^{2+}，Pt^{2+}，Pt^{4+}，Ag^{+}，Cu^{2+}）以及低价金属离子，称为软酸。“硬”的金属离子由于半径小，电荷大，在与半径小、变形性小的阴离子（硬碱）相互作用时，有较大的亲和力，这是以库仑吸引力为主的作用力。“软”的金属离子由于半径大，本身具有较大的变形性，在与半径大、变形性大的阴离子（软碱）相互作用时，发生相互间的极化作用（属软酸软碱的作用），这是一种以共价键力为主的相互作用力。因此，化合物的稳定性可以用“硬亲硬，软亲软”来描述。以软硬酸碱建立起来的这一理论，有着比电子论更为广泛的范围，几乎是无所不包，在解释一些化合物的稳定性上有特殊意义，读者可自行参阅有关参考文献。

第三节 溶液的酸碱性

水是我们最常用的重要溶剂，因此，水溶液中的平衡问题是最基本的问题，以下先讨论水的自偶电离平衡。

一、水的自偶电离

根据质子酸碱理论，水有自偶电离平衡：

$$H_2O + H_2O \longrightarrow H_3O^+ + OH^-$$

或简写为：

$$H_2O \rightleftharpoons H^+ + OH^-$$

其中一个水分子作为酸放出质子，另一个水分子作为碱接受质子，产生少量的 H_3O^+ 和 OH^- 离子。实验测得，在 298 K 时，纯水中的

$$[H_3O^+] = [OH^-] = 1.0 \times 10^{-7}\ mol\cdot dm^{-3}$$

因此

$$K_w^r = [H_3O^+]/c^{\ominus} \times [OH^-]/c^{\ominus} = 1.0 \times 10^{-14}$$

式中：K_w^r 称为水的离子积常数。我们也可以从热力学函数计算得到：

$$H_2O(l) \rightleftharpoons H^+(aq) + OH^-(aq)$$

查表计算，在 298 K 时，$\Delta_r G^{\ominus} = 79.89\ kJ\cdot mol^{-1}$

∵ $$\lg K_w^r = -\Delta_r G^{\ominus}/2.303RT = -13.99$$

∴ $$K_w^r = 1.0 \times 10^{-14}$$

由于水的离解过程 $\Delta_r H_m^{\ominus} = 55.90 kJ\cdot mol^{-1} > 0$，是吸热过程，故 K_w^r 将随温度增大而增大。

利用(5-13)式可以计算溶液中的[H^+]或[OH^-]。例如在纯水中加入一些酸,使其 $c_{H^+} > 10^{-7}$ mol·dm^{-3},水的平衡将向左移动,即水的电离受到抑制。即

$$c_{H^+}/c^{\ominus} \times c_{OH^-}/c^{\ominus} = 1.0 \times 10^{-14}$$

或
$$pK_w = pH + pOH = 14.00 \qquad (5-13)$$

式中:p 是由丹麦生物化学家 Sörensen 于 1909 年提出的一种运算符号,它是某一个无量纲纯数的负常用对数,即定义为

$$pK_w^r = -\lg K_w^r, pH = -\lg(c_{H^+}/c^0), pOH = -\lg(c_{OH^-}/c^0)$$

例如 0.1 mol·dm^{-3} HCl 溶液中,[H^+] = 0.1 mol·dm^{-3}, $pH = -\lg\left(\dfrac{0.1\ mol\cdot dm^{-3}}{1\ mol\cdot dm^{-3}}\right) = 1.0$*

$$\therefore \qquad pOH = 14.0 - 1.0 = 13.0$$

再如 0.1 mol·dm^{-3} NaOH 溶液中,[OH^-] = 0.1 mol·dm^{-3}, $pOH = -\lg\left(\dfrac{0.1\ mol\cdot dm^{-3}}{1\ mol\cdot dm^{-3}}\right) = 1.0$

$$\therefore \qquad pH = 14.0 - 1.0 = 13.0$$

由以上计算可以看到:① 在 0.10 mol·dm^{-3}的强酸溶液中,[H^+]应包括两部分,即由强酸完全电离得到的 0.1 mol·dm^{-3}及从水中电离作用得到的[H^+](它应等于自水电离的[OH^-]),所以[H^+] = 0.1 + [OH^-] = 0.1,显然,忽略由水电离得到的[OH^-]是合理的。一般来说,在计算时,若向纯水加入强酸或强碱的浓度大于 10^{-5} mol·dm^{-3}(即[H^+] > 10^{-5} mol·dm^{-3},或[OH^-] > 10^{-5} mol·dm^{-3})时,一般可以不考虑由水本身提供的 H^+ 或 OH^-。② 水溶液中[H^+]、[OH^-]永远不会为零。通过 K_w 可以十分方便地计算溶液中的酸度或碱度。当[H^+] = [OH^-] = $\sqrt{K_w^r} \times c^{\ominus} = 1.0 \times 10^{-7}$ mol·dm^{-3}时,溶液表现为中性;当[H^+] > [OH^-]时,溶液为酸性;当[H^+] < [OH^-]时,溶液为碱性。③ 因为 $pH = -\lg(c_{H^+}/c^{\ominus})$,所以 pH 改变 1 个单位时,$c_{H^+}$ 改变了 10 倍。我们也可以用 pOH 表示,$pOH = -\lg(c_{OH^-}/c^{\ominus})$。显然,pH + pOH = 14.0,pH 和 pOH 使用范围一般在 0～14.0 之间,超过这一范围,应该用摩尔浓度表示溶液的酸度或碱度。

二、酸碱指示剂

如何在实验室快速而又简便地判别溶液的酸碱性?在中学时我们就已经了解到可以应用指示剂去指示溶液的酸碱性。例如石蕊溶液,在酸性下呈红色,在碱性下呈蓝色,为什么指示剂在不同酸碱性溶液中会呈现出不同颜色?这是因为指示剂本身常常是有机弱酸或有机弱碱,当溶液 pH 值发生改变时,其本身的存在形式也发生了变化。例如,我们以 HIn 表示石蕊,在水溶液中它存在以下电离平衡:

$$\underset{(红)}{HIn} \rightleftharpoons H^+ + \underset{(蓝)}{In^-} \qquad K^r = ([H^+]/c^{\ominus})([In^-]/c^{\ominus})/([HIn]/c^{\ominus})$$

HIn 为酸性溶液中存在形式,In^- 为碱性溶液中存在形式。当 $c_{HIn} \gg c_{In^-}$ 时,溶液呈红色,

---

* pH 值的整数位不代表有效数字。例如 $-\lg(3.6\times10^{-3}) = 2.44$(二位有效数字),而 $-\lg(3.6\times10^{-4}) = 3.44$,显然,pH 整数位的数字是从 10^{-3}、10^{-4} 的幂次方数而来,不是从测量值 3.6 而来;而测量值 3.6 显示 pH 对应的有效数字应该是 2 位。一般教科书未能注意到这一问题。

是酸性溶液；当 $c_{HIn} \ll c_{In^-}$ 时，溶液呈蓝色，是碱性溶液。也就是说，溶液的[H^+]取决于[HIn]/[In^-]比值：

$$[H^+] = K^r \times \frac{[HIn]/c^{\ominus}}{[In^-]/c^{\ominus}} \times c^{\ominus}$$

通常，只有在[HIn]/[In^-]≥10 或[HIn]/[In^-]≤0.1 时，我们才能用肉眼观察到指示剂颜色的变化。因此，指示剂变色范围是[H^+]在 0.1～10 K 之间，即 $pH = pK \pm 1$ 之间。表 5－5 给出了实验室中常用指示剂的变色范围，我们可以利用表中的数据及弱酸、弱碱的 K_a 或 K_b 数值，选择合适的酸碱指示剂。

表 5－5　常用指示剂的变色范围

指示剂	变色范围	颜色		
		酸色	中间色	碱色
甲基橙	3.1～4.4	红	橙	黄
甲基红	4.4～6.2	红	橙	黄
石　蕊	5.0～8.0	红	紫	蓝
酚　酞	8.0～10.0	无	粉红	玫瑰红
溴百里酚蓝	6.2～7.6	黄	绿	蓝

但是，应用指示剂只能粗略地指示溶液的酸、碱性，并不能指示溶液的 pH 值。要快速并较准确地知道溶液的 pH 值，在实验室可以用 pH 试纸。pH 试纸是由含多种指示剂的混合溶液浸透过、晾干后制得的试低、它在不同的 pH 范围内会显示不同的颜色，因而可以用于粗略地测量溶液的 pH 值。至于更准确的测量，则需用各种类型的酸度计。

水溶液中的 pH 值测定在日常生活中及人的生理活动中有特殊的意义。例如，某些食品超过它应有的 pH 值范围，就意味着食物已变质；人的血液或尿液若超过其正常的 pH 范围时，就意味着人体中毒，严重时还会破坏正常的人体生理活动，甚至危及生命。表 5－6 列有常见水溶液的 pH 值，以供读者参考。

表 5－6　若干水溶液的 pH 值

名称	pH 值	名称	pH 值	名称	pH 值
柠檬汁	2.2～2.4	啤酒	4～5	人唾液	6.5～7.5
葡萄酒	2.8～3.8	乳酪	4.8～6.4	人血液	7.3～7.5
食用醋	3.0	牛奶	6.3～6.6	饮用水	6.5～8.0
蕃茄汁	3.5	人尿	4.8～8.4	海水	8.3

第四节　热力学与电解质的电离

根据在水溶液中的电离作用，电解质可以分为强电解质和弱电解质。常见的强酸(如 HCl, HBr, HI, HNO_3, H_2SO_4, $HClO_4$ 等)、强碱(如 NaOH, KOH, $Ba(OH)_2$ 等)以及大部分盐类，由于它们在水溶液中的电离作用是完全的，因此不存在平衡的问题。相比之下，弱酸(包括中强酸，如 H_2SO_3, HNO_2, $H_2C_2O_4$, HF, H_3PO_4 等)、弱碱以及某些盐类(如 $Pb(Ac)_2$, $HgCl_2$, Hg_2Cl_2 等)，由于在水溶液中仅部分电离，它们的电离过程是可逆的，存在着分子与水合离子间的电离平衡。从热力学分析，强电解质在水溶液中的电离过程 $\Delta_r G_m^{\ominus}$ 值应是很小的负值，而弱电解质在水溶液中的电离过程 $\Delta_r G_m^{\ominus}$ 值应是较大的正值。以下结合具体实例加以讨论。

一、一元弱酸、弱碱的电离平衡

以醋酸 CH_3COOH(HAc)为例说明一元弱酸的电离过程：

$$HAc \rightleftharpoons H^+ + Ac^-$$

$\Delta_f G^{\ominus}/kJ\cdot mol^{-1}$　　-399.61　　0　　-372.46

$$\Delta_r G_m^{\ominus} = -372.46 - (-399.61) = 27.15\ kJ\cdot mol^{-1}$$

$$\because \quad \Delta_r G_m^{\ominus} = -RT\ln K_a^r$$

$$K_a^r = 1.74\times 10^{-5}$$

式中：K_a^r 称为弱酸的电离平衡常数，简称为酸常数。对于指定的酸，酸常数在一定温度下是一常数。由于电离过程是吸热过程，故 K_a^r 随 T 升高而增大。但是 $\Delta_r H^{\ominus}$ 通常都不是太大，所以在一定的温度区间范围内温度改变对 K_a^r 数值影响不大，其数量级一般不变，因此一般以298 K的数据代替。

同样，对于一元弱碱氨水的电离过程：

$$NH_3\cdot H_2O(aq) \rightleftharpoons NH_4^+(aq) + OH^-(aq)$$

$\Delta_f G^{\ominus}/kJ\cdot mol^{-1}$　　-263.76　　-79.37　　-157.27

$$\Delta_r G_m^{\ominus} = (-79.37) + (-157.27) - (-263.76) = 27.12\ kJ\cdot mol^{-1}$$

$$\because \quad \Delta_r G_m^{\ominus} = -RT\ln K_b^r$$

$$K_b^r = 1.76\times 10^{-5}$$

式中：K_b^r 称为弱碱的电离平衡常数，又称为碱常数。

通常把 $K_a^r = 10^{-7} \sim 10^{-2}$ 的酸称为弱酸，$K_b^r = 10^{-7} \sim 10^{-2}$ 的碱称为弱碱；把 $K_a^r < 10^{-7}$ 的酸称为极弱酸，把 $K_b^r < 10^{-7}$ 的碱称为极弱碱。常见弱酸及弱碱的电离常数汇列于表 5-7。

表 5-7　弱酸弱碱的电离常数

酸	K_a	pK_a	碱	K_b	pK_b
HIO_3	1.69×10^{-1}	0.77	IO_3^-	5.1×10^{-14}	13.29
$H_2C_2O_4$	5.90×10^{-2}	1.23	$HC_2O_4^-$	1.69×10^{-13}	12.77
H_2SO_3	1.54×10^{-2}	1.81	HSO_3^-	6.49×10^{-13}	12.19
HSO_4^-	1.20×10^{-2}	1.92	SO_4^{2-}	8.33×10^{-13}	12.08
H_3PO_4	7.52×10^{-3}	2.12	$H_2PO_4^-$	1.33×10^{-12}	11.88
HNO_2	4.6×10^{-4}	3.37	NO_2^-	2.17×10^{-11}	10.66
HF	3.53×10^{-4}	3.45	F^-	2.83×10^{-11}	10.55
$HC_2O_4^-$	6.40×10^{-5}	4.19	$C_2O_4^{2-}$	1.56×10^{-10}	9.81
HAc	1.76×10^{-5}	4.76	Ac^-	5.68×10^{-10}	9.25
H_2CO_3	4.30×10^{-7}	6.37	HCO_3^-	2.32×10^{-8}	7.63
HSO_3^-	1.02×10^{-7}	6.91	SO_3^{2-}	9.8×10^{-8}	7.01
$H_2PO_4^-$	6.23×10^{-8}	7.21	HPO_4^{2-}	1.6×10^{-7}	6.8
H_2S	5.7×10^{-8}	7.24	HS^-	1.75×10^{-7}	6.76
HClO	2.95×10^{-8}	7.53	ClO^-	3.39×10^{-7}	6.47
NH_4^+	5.64×10^{-10}	9.25	NH_3	1.77×10^{-5}	4.75
HCN	4.93×10^{-10}	9.31	CN^-	2.03×10^{-5}	4.69
HCO_3^-	5.61×10^{-11}	10.25	CO_3^{2-}	1.78×10^{-4}	3.75
HPO_4^{2-}	2.2×10^{-13}	12.66	PO_4^{3-}	4.54×10^{-2}	1.34
HS^-	1.2×10^{-15}	14.92	S^{2-}	8.33	−0.92

为了定量地表示电解质在溶液中电离程度的大小，我们引入电离度的概念。电离度（又称离解度）α%是到达平衡时弱电解质的电离百分率：

$$\alpha\% = (\text{弱电解质已电离的浓度}/\text{弱电解质初始浓度})\times 100$$

电离常数 K^r 与电离度 α%都可以反映弱电解质的电离程度，但它们之间是有区别的。电离常数是平衡常数，它的数值不随电解质浓度而变化；电离度（又称“离解度”）是转化率的一种形式，它表示弱电解质在一定条件下的解离百分率，在电离常数允许的条件下可随弱电解质的浓度而变化。例如，对于反应：

$$HAc \rightleftharpoons H^+ + Ac^-$$

初始浓度　　c　　0　　0

平衡浓度　　$c - c\alpha$　　$c\alpha$　　$c\alpha$

$$\therefore \quad K_a^r = \frac{(c\alpha)^2/(c^\ominus)^2}{c\,(1-\alpha)/c^\ominus}$$

当 $\alpha<5\%$ 时　　$1-\alpha = 1$

$$\therefore \quad K_a = c\alpha^2$$

$$\alpha = \sqrt{K_a/c} \tag{5-14}$$

（5-14）式又称为稀释定律，它表明随着溶液浓度的降低，电离度增大。

例 5－7　计算 0.10 $mol \cdot dm^{-3}$ HAc 溶液的 pH 值及离解度 α。

$$HAc \rightleftharpoons H^+ + Ac^-$$

$$H_2O \rightleftharpoons H^+ + OH^-$$

两个平衡同时存在于溶液体系中，由于由水电离出的$[H^+]$总是小于由酸电离出的$[H^+]$，因此，可以忽略水的电离。

	$HAc \rightleftharpoons$	H^+	$+ Ac^-$
初始浓度 c^r	0.10	0	0
平衡浓度	$0.1-x$	x	x

$\therefore$

$$K_a^r = x^2/(0.10-x)$$

$$x^2 + K_a^r x - 0.10K_a = 0$$

需解二次方程，计算复杂。根据误差计算，在 $\alpha < 5\%$ 或 $c/K_a > 400$* 时，$c - x \approx c$，所以 $x^2 = K_a^r \cdot c$，解之

$$x = 1.33 \times 10^{-3}\ mol \cdot dm^{-3}$$

$$pH = 2.876$$

$$\alpha = [H^+]/c = (1.33 \times 10^{-3}/0.10) \times 100 = 1.33\%$$

因此，对于一元弱酸或弱碱，在 $c/K > 400$ 条件下，可以用以下公式进行计算：

$$[H^+] = \sqrt{K_a \cdot c_{酸}} \qquad (5-15)$$

$$[OH^-] = \sqrt{K_b \cdot c_{碱}} \qquad (5-16)$$

在 $\alpha > 5\%$ 或 $c/K < 400$ 时，必需通过解一元二次方程求解。

例 5－8　将 2.45 g 固体 NaCN 配制成 500 cm^3 水溶液，计算溶液的酸度是多少？（已知 HCN 的 $K_a^r = 4.9 \times 10^{-10}$）

解：在水溶液中，CN^- 作为质子碱，存在以下平衡：

	$CN^- + H_2O \rightleftharpoons$	OH^-	$+ HCN$
起始浓度 c^r	$\dfrac{2.45}{49 \times 0.5} = 0.10$	0	0
平衡时	$0.10 - x$	x	x

$\because \quad K_b^r = K_w^r/K_a^r = 1.0 \times 10^{-14}/4.9 \times 10^{-10} = 2.0 \times 10^{-5}$

$c/K_b^r = 5\,000 > 400$

$\therefore \quad 0.1 - x \approx 0.1$

$\therefore \quad \dfrac{x^2}{0.10} = K_b^r$

$x^2 = K_b^r \cdot c$

$x = 1.4 \times 10^{-3}\ mol \cdot dm^{-3}$

$\therefore \quad pOH = 2 \cdot 85$

---

* 判断式 $c_{酸}/K \geqslant 400$ 或 $\alpha < 5\%$ 是计算能否简化的依据，因此计算前必须先作出判别，否则会引起较大误差。在不同教材中，$c_{酸}/K$ 的数值不同，这主要是相对误差标准不同，本书要求相对误差 $< 2\%$。

$$pH = 14.00 - 2.85 = 11.15$$

由以上例题可见，这类反应实质上是阿仑尼乌斯经典电离学说中的水解作用平衡，在质子酸碱理论中它本质上属于酸碱平衡。因此，质子论更本质地反映了各类酸碱平衡的本质。

二、多元弱酸、弱碱的电离平衡

多元弱酸（如 H_2S，$H_2C_2O_4$，H_3PO_4 等）在水溶液中的电离是分步进行的。例如 H_2S：

$$H_2S \rightleftharpoons H^+ + HS^- \qquad K_1^r = ([H^+]/c^\ominus)([HS^-]/c^\ominus)/([H_2S]/c^\ominus)$$

$$K_1 = 5.7\times10^{-8}$$

$$HS^- \rightleftharpoons H^+ + S^{2-} \qquad K_2^r = ([H^+]/c^\ominus)([S^{2-}]/c^\ominus)/([HS^-]/c^\ominus)$$

$$K_2 = 1.2\times10^{-15}$$

$$\therefore \quad K_1\cdot K_2 = 6.8\times10^{-23}$$

由于体系中同时存在这两步电离平衡，而且第一级平衡常数远远大于第二级常数，因此溶液中氢离子浓度 $[H^+]$ 主要应来自第一级电离，而且第一级电离产生的 H^+ 将抑制第二级电离，因此溶液中 $[H^+]\neq2[S^{2-}]$。此外，溶液中应同时存在 H_2S，HS^-，H^+，S^{2-}，它们之间的关系符合：

$$([H^+]/c^\ominus)^2([S^{2-}]/c^\ominus)/([H_2S]/c^\ominus) = 6.8\times10^{-23}$$

对于饱和 H_2S 水溶液，$[H_2S] = 0.1\ mol\cdot dm^{-3}$，因此上式可写为：

$$[H^+]^2[S^{2-}] = 6.8\times10^{-24}$$

利用此关系式可以求出不同 pH 下的 $[S^{2-}]$。

同样地，三元弱酸的电离应是分三步进行的，相应的平衡常数* 是：

$$H_3PO_4 \rightleftharpoons H^+ + H_2PO_4^- \qquad K_{a_1}^r = [H^+][H_2PO_4^-]/[H_3PO_4] = 7.5\times10^{-3}$$

$$H_2PO_4^- \rightleftharpoons H^+ + HPO_4^{2-} \qquad K_{a_2}^r = [H^+][HPO_4^{2-}]/[H_2PO_4^-] = 6.2\times10^{-8}$$

$$HPO_4^{2-} \rightleftharpoons H^+ + PO_4^{3-} \qquad K_{a_3}^r = [H^+][PO_4^{3-}]/[HPO_4^{2-}] = 2.2\times10^{-13}$$

式中：[ ]表示平衡时各物种的相对浓度（下文同）。可见：$K_1\gg K_2\gg K_3$。由于第一级电离产生的 H^+ 将大大抑制第二、三级的电离，因此，第二、三级电离产生的 H^+ 可以忽略不计。

绝大多数多元酸氢离子的电离方式如上所述，但也有个别多元酸的第一个氢离子可以完全电离，是强酸，而第二、三级表现为弱酸，分级电离。例如 H_2SO_4：

$$H_2SO_4 \longrightarrow H^+ + HSO_4^- \qquad [H^+][SO_4^{2-}]/[HSO_4^-]$$

$$HSO_4^- \rightleftharpoons H^+ + SO_4^{2-} \qquad K_{a_2} = c_{H^+}^r\cdot c_{SO_4^{2-}}^r/c_{HSO_4^-}^r = 1.2\times10^{-2}$$

以下我们通过实例说明多元弱酸中各种离子浓度的计算。

例 5－9　试求室温下饱和 H_2S 溶液中 $[H^+]$、$[HS^-]$、$[S^{2-}]$ 及 pOH。

解：由　　$H_2S \rightleftharpoons H^+ + HS^-$　　确定 $[H^+]$

---

* 为表达方便，如无特别说明，[A]都表示平衡时物种 A 的相对浓度。

$$H_2S \rightleftharpoons HS^- + H^+ \qquad K_{a_1} = 5.7\times10^{-8}$$

起始浓度/ $mol\cdot dm^{-3}$　0.1　0　0

平衡时浓度/ $mol\cdot dm^{-3}$　$0.1-x$　x　x

$\because$ $c/K_c > 400$

$\therefore$ 可用近似式计算 $0.1-x\approx0.1$

$\therefore$ $x^2/0.1 = K_{a_1}$

$$x = [H^+] = [HS^-] = 7.5\times10^{-5}\ mol\cdot dm^{-3}$$

由二级平衡：　$HS^- \rightleftharpoons H^+ + S^{2-} \qquad K_{a_2} = 1.2\times10^{-15}$

平衡时浓度/$mol\cdot dm^{-3}$　7.5×10^{-5}　7.5×10^{-5}　y

$\therefore$ $y = K_{a_2}$

$\because$ $[OH^-][H^+] = K_w$

$\therefore$ $[OH^-] = 1.3\times10^{-10}\ mol\cdot dm^{-3}$

$$pOH = 10.11$$

可见在饱和 H_2S 水溶液中，$[H^+]\neq2[S^{2-}]$，$[H^+]$由一级电离常数确定，$[S^{2-}]$在数值上等于二级电离常数，pOH = 10.11。由此我们可以得出以下结论：① 多元弱酸中，若 $K_1\gg K_2\gg K_3$（通常 $K_1/K_2>10^2$），求$[H^+]$时，可当作一元弱酸处理；② 二元弱酸溶液中，酸根浓度近似地等于二级电离常数，与酸原始浓度关系不大；③ 在多元弱酸溶液中，酸根浓度极低，因此，在需要大量酸根离子参加的化学反应中，我们常常用相应的盐而不用酸。在多元弱酸溶液中，增大溶液酸度将大大抑制酸根浓度。

例 5-10　试求在 $c_{H^+} = 0.3\ mol\cdot dm^{-3}$ 水溶液中通 H_2S 至饱和时的$[HS^-]$和$[S^{2-}]$。

解：由　$H_2S \rightleftharpoons H^+ + HS^- \qquad K_1 = 5.7\times10^{-8}$

起始浓度/ $mol\cdot dm^{-3}$　0.1　0.3　0

平衡时浓度/ $mol\cdot dm^{-3}$　0.1　0.3　x

$\therefore$ $[HS^-] = K_1\times0.1/0.3 = 1.9\times10^{-8}\ mol\cdot dm^{-3}$

由　$HS^- \rightleftharpoons H^+ + S^{2-} \qquad K_2 = 1.2\times10^{-15}$

平衡时浓度/$mol\cdot dm^{-3}$　1.9×10^{-8}　0.3　y

$$[S^{2-}] = y = 1.2\times10^{-15}\times1.9\times10^{-8}/0.3 = 7.6\times10^{-23}\ mol\cdot dm^{-3}$$

可见在酸性溶液中，酸根离子浓度大大受到抑制，这一原理在分析化学中有广泛应用。

例 5-11　试计算 $0.1\ mol\cdot dm^{-3}\ Na_2S$ 溶液中$[S^{2-}]$，$[OH^-]$以及 S^{2-} 的电离度。

解：S^{2-} 在水溶液中的分步电离平衡式为：

$$S^{2-} + H_2O \rightleftharpoons OH^- + HS^- \qquad K_{b_1} = K_w/K_{a_2} = \frac{1.0\times10^{-14}}{1.2\times10^{-15}} = 8.3$$

$$HS^- + H_2O \rightleftharpoons OH^- + H_2S \qquad K_{b_2} = K_w/K_{a_1} = \frac{1.0\times10^{-14}}{5.7\times10^{-8}} = 1.8\times10^{-7}$$

同理，由于 $K_{b_1}\gg K_{b_2}$，因此，溶液$[OH^-]$取决于第一步电离平衡：

$$S^{2-} + H_2O \rightleftharpoons OH^- + HS^- \qquad K_{b_1} = 8.3$$

起始浓度/ $mol \cdot dm^{-3}$ 　0.1　　0　　0

平衡时浓度/ $mol \cdot dm^{-3}$ 　x　　$0.1-x$　　$0.1-x$

在平衡常数是较大的数值时,由于 S^{2-} 几乎全部转化为 OH^- 及 HS^-,因此设平衡时 $[HS^-] = [OH^-] = 0.1 - x$ 来计算更为方便(读者不妨设平衡时 $[S^{2-}] = 0.1 - x$, $[OH^-] = [HS^-] = x$ 自行计算,对比其不同):

$$[OH^-][HS^-]/[S^{2-}] = 8.3$$

$$(0.1 - x)^2 / x = 8.3$$

因 x 值很小,则 $$0.1 - x \approx 0.1$$

∴ $$(0.1)^2 / x = 8.3$$

$$x = 1.2 \times 10^{-3}\ mol \cdot dm^{-3} = [S^{2-}]$$

即 $$[OH^-] = 0.1 - 1.2 \times 10^{-3} = 9.9 \times 10^{-2}\ mol \cdot dm^{-3} = [HS^-]$$

S^{2-} 的电离度: $$\alpha\% = \frac{0.1 - 1.2 \times 10^{-3}}{0.1} \times 100 = 99\%$$

可见,多元弱酸盐中酸根浓度>弱酸中酸根浓度>酸性溶液中的酸根浓度。酸根浓度的变化是数量级的变化,例如上述几例中 $[S^{2-}]$ 在 $7.6 \times 10^{-23} \sim 1.2 \times 10^{-3}\ mol \cdot dm^{-3}$ 范围内变化。

高价金属水合阳离子也是一种多元离子酸(如 $[Al(H_2O)_6]^{3+}$, $[Fe(H_2O)_6]^{3+}$, $[Cu(H_2O)_4]^{2+}$, $[Zn(H_2O)_4]^{2+}$ 等),它们在水溶液中由于分步电离,使水溶液呈酸性,在质子论中称其为质子酸的电离作用,在 Arrhenius 理论中称其为盐的水解作用。例如在硫酸铝溶液中, ${SO_4}^{2-}$ 不参加酸碱电离, $[Al(H_2O)_6]^{3+}$ 发生下列分步电离:

$$[Al(H_2O)_6]^{3+} + H_2O \rightleftharpoons [Al(OH)(H_2O)_5]^{2+} + H_3O^+ \qquad K_{a_1}$$

$$[Al(OH)(H_2O)_5]^{2+} + H_2O \rightleftharpoons [Al(OH)_2(H_2O)_4]^+ + H_3O^+ \qquad K_{a_2}$$

$$[Al(OH)_2(H_2O)_4]^+ + H_2O \rightleftharpoons [Al(OH)_3(H_2O)_3] + H_3O^+ \qquad K_{a_3}$$

最后以 $[Al(OH)_3(H_2O)_3]$ 的形式沉淀出来。同样地,多价阳离子的第二、三级电离比第一级电离困难得多,它们都受第一级电离产生的 H^+ 的抑制。

一些酸式盐(如 NaH_2PO_4, $NaHCO_3$ 等)在溶液存在酸式电离及碱式电离,因此它们属于两性物。两性物的酸碱性取决于相应的酸常数或碱常数的大小。例如在 NaH_2PO_4 溶液中, ${H_2PO_4}^-$ 既是质子酸,又是质子碱,但 $K_a = 6.8 \times 10^{-8}$, $K_b = 1.3 \times 10^{-12}$,由于 $K_a > K_b$,因此溶液呈酸性。有关酸式盐 pH 值的计算可作近似处理。例如,可以证明 0.01 $mol \cdot dm^{-3}$ 及 0.1 $mol \cdot dm^{-3}$ $NaHCO_3$ 水溶液的 $[H^+]$ 可以用下式计算:

$$[H^+] = \sqrt{K_{a_1} \cdot K_{a_2}} \qquad (5-17)$$

可见,在一定浓度范围内,酸式盐的 $[H^+]$ 与酸式盐浓度无关,只决定酸式盐对应含氧酸的离解常数。例如 0.1 $mol \cdot dm^{-3}$ NaH_2PO_4 的 $[H^+]$ 为 $[H^+] = \sqrt{K_{a_1} \cdot K_{a_2}}$,有关该公式的推导,本课程不作要求。

当两种弱酸(或两种弱碱)相混合时,若两种酸(或碱)的浓度相近而 K_a(或 K_b)又相差很大,则$[H^+]$的计算比较简单,我们只需要考虑电离常数大的弱酸(或弱碱)的电离平衡,因为溶液的$[H^+]$或$[OH^-]$主要由它提供。若两种弱酸(弱碱)的 K_a(或 K_b)相差不大(如 $K_{a_1}/K_{a_2} < 10^2 \sim 10^3$ 时),则需同时考虑它们对$[H^+]$或$[OH^-]$的贡献,计算较为复杂,在此不作介绍。

对于弱酸弱碱盐(如 NH_4Ac)的水溶液,由于它们本身是弱酸(NH_4^+)和弱碱(Ac^-)的混合溶液,因此,在溶液中存在以下平衡:

$$\begin{array}{cccccc} NH_4^+ & + Ac^- & + H_2O \rightleftharpoons & NH_3 \cdot H_2O & + & HAc \\ c-x & c-x & & x & & x \end{array}$$

设 c 为 0.10 $mol \cdot dm^{-3}$,反应平衡常数为 K^r,则

$$K^r = \frac{x^2}{(0.1-x)^2} = \frac{[NH_3][HAc]}{[NH_4^+][Ac^-]} \times \frac{[H^+][OH^-]}{[H^+][OH^-]} = \frac{K_w}{K_a \cdot K_b} = 3.09 \times 10^{-5}$$

$$\because \quad c/K^r > 400$$

$$\therefore \quad c - x \approx c$$

$$\frac{x^2}{0.1^2} = 3.09 \times 10^{-5}$$

$$\therefore \quad x = 5.56 \times 10^{-4}\ mol \cdot dm^{-3}$$

所以在 0.10 $mol \cdot dm^{-3}$的 NH_4Ac 溶液中,$[NH_3 \cdot H_2O] = [HAc] = 5.56 \times 10^{-4}\ mol \cdot dm^{-3}$,再由 $HAc \rightleftharpoons H^+ + Ac^-$ 或 $NH_3 \cdot H_2O \rightleftharpoons NH_4^+ + OH^-$ 平衡计算溶液$[H^+]$=?

$$\begin{array}{lcccc} & HAc \rightleftharpoons & H^+ & + \ Ac^- & K^r = 1.8 \times 10^{-5} \\ \text{平衡时 } c^r/mol \cdot dm^{-3} & 5.56 \times 10^{-4} & x & 0.1 - 5.56 \times 10^{-4} & \end{array}$$

$$\therefore \quad \frac{x(0.1 - 5.56 \times 10^{-4})}{5.56 \times 10^{-4}} = 1.8 \times 10^{-5}$$

$$\therefore \quad x = 1.8 \times 10^{-5} \times \frac{5.56 \times 10^{-4}}{0.1} = 1.0 \times 10^{-7}\ mol \cdot dm^{-3} = [H^+]$$

第五节　电解质对酸碱平衡的影响,缓冲溶液

从化学平衡一章我们已经了解到,影响化学平衡的因素除了温度外,还有平衡组分的浓度。本节主要讨论离子浓度对酸碱平衡的影响。

一、稀释效应

由化学反应等温式可知:

$$\Delta G = \Delta G^{\ominus} + RT\ln Q^r = -RT\ln K^r + RT\ln Q^r$$

由于平衡常数及反应商的书写都不涉及溶液中的溶剂,故在改变溶剂量(水)而使总浓度改变时,若其他物种在反应前后总粒子数不变,则平衡不受稀释或浓缩的影响;若反应前后的其他物种粒子数改变,稀释将使平衡向生成其他物种总粒子数多的方向移动,浓缩将使平衡向生成其他物种总粒子数少的方向移动。根据这一原则,对以下两个电离平衡来说:

① $$Ac^- + H_2O \rightleftharpoons HAc + OH^-$$

② $$NH_4^+ + Ac^- + H_2O \rightleftharpoons NH_3 \cdot H_2O + HAc$$

稀释溶液时，反应①平衡向右移动，②不移动；浓缩溶液时，反应①平衡向左移动，②不移动。因此，稀释会使弱电解质的电离度增大。有关稀释对电离度 α 的影响，可由以下平衡导出：

$$\begin{matrix} HA & \rightleftharpoons & H^+ & + & A^- & \quad K_a \\ c-x & & x & & x & \end{matrix}$$

$$\frac{x^2}{c-x} = K_a$$

∴ $$x = (-K_a + \sqrt{K_a^2 + 4K_a c})/2$$

∴ $$\alpha = (-K_a + \sqrt{K_a^2 + 4K_a c})/2c \tag{5-18}$$

若 $$c/K_a > 400$$

则 $$\alpha \approx \frac{\sqrt{K_a \cdot c}}{c} = \sqrt{\frac{K_a}{c}} \tag{5-19}$$

公式(5－19)说明浓度与电离度的关系。

二、盐效应

对于弱电解质的电离平衡，例如：

$$HAc \rightleftharpoons H^+ + Ac^-$$

当加入与 Ac^- 无关的其他易溶盐(如 NaCl)时，由于溶液的离子强度增大，溶液中 H^+，Ac^- 离子受到其他相反离子的作用而降低了它们的活度，使反应商减少，弱电解质的电离平衡向离解的方向移动，从而增大了弱电解质的电离度。显然，不仅盐可以产生盐效应，任何电解质都会或大或小地引起盐效应。实验测定表明，若 0.1 $mol \cdot dm^{-3}$ 的 HAc 溶液中含有 0.1 $mol \cdot dm^{-3}$ 的 NaCl，则 HAc 的电离度将由 1.34% 提高到 1.7%。可见盐效应对电离度产生的影响。

三、同离子效应

向 HAc 溶液中加入强电解质 NaAc，由于 NaAc 在溶液中全部电离，溶液中 c_{Ac^-} 大大增加，从而使 HAc 的电离平衡向左移动，降低了 HAc 的电离度。这种由于向弱电解质溶液中加入具有共同离子的强电解质而使电离平衡向左移动，从而降低弱电解质电离度的现象，称为同离子效应(common ion effect)。

例 5－12　向 1.0 dm^3 0.10 $mol \cdot dm^{-3}$ HAc 溶液中加入一定量固体 NaAc，使溶液 $[Ac^-] = 1.0\ mol \cdot dm^{-3}$，试对比 HAc 溶液电离度的变化。

解：
$$\begin{matrix} HAc & \rightleftharpoons & H^+ & + & Ac^- & \quad K_a = 1.8 \times 10^{-5} \\ 0.10-x & & x & & x & \end{matrix}$$

$$\frac{x^2}{0.10-x} = K_a$$

∵ $c/K_a > 400$

∴ $x = \sqrt{K_a c} = 1.34 \times 10^{-3}$　　pH = 2.87

$\alpha\% = \sqrt{K_a/c} = 1.34$

加入 NaAc 后　$[Ac^-] = 1.0\ mol \cdot dm^{-3}$

∴ $$\frac{[H^+] \cdot [Ac^-]}{[HAc]} = 1.8 \times 10^{-5}$$

$$\frac{[H^+] \times 1.0}{0.1} = 1.8 \times 10^{-5}$$

∴ $[H^+] = 1.8 \times 10^{-6}\ mol \cdot dm^{-3}$　　pH = 5.74

$$\alpha\% = \frac{1.8 \times 10^{-6}}{0.1} \times 100 = 0.0018$$

计算表明,加入 NaAc 后,溶液电离度大大降低。同理,在调节弱酸或弱碱的酸碱度时,也会影响弱酸、弱碱的电离平衡,这本身也是同离子效应。例如 HF 水溶液的电离:

$$HF \rightleftharpoons H^+ + F^- \qquad K_a^r = 3.5 \times 10^{-4}$$

∴ $c^r_{F^-}/c^r_{HF} = K^r_a/c^r_{H^+}$

可见:在 $pH < pK_a$ 时,$c^r_{F^-}/c^r_{HF} < 1$,溶液以 HF 为主;

在 $pH = pK_a$ 时,$c^r_{F^-}/c^r_{HF} = 1$,溶液中 $c^r_{HF} = c^r_{F^-}$;

在 $pH > pK_a$ 时,$c^r_{F^-}/c^r_{HF} > 1$,溶液中以 F^- 为主。

显然,在产生同离子效应的同时,也会产生盐效应。但是同离子效应的影响远远超过盐效应。因此在计算时,可以只考虑同离子效应的影响,而不考虑盐效应的影响。

四、缓冲溶液

纯水的 pH 值为 7.0,但在向纯水中加入少量的酸或碱,pH 值会发生显著变化。例如,在向 1 dm^3 纯水中滴加 2 滴(约 0.1 cm^3) 1 $mol \cdot dm^{-3}$ HCl 后,水溶液的 $[H^+] = (1 \times 0.1)/1000 = 10^{-4}\ mol \cdot dm^{-3}$,pH 由 7.0 改变为 4.0,减少了 3 个 pH 单位。若向 1 dm^3 纯水中滴加 2 滴(约 0.1 cm^3)1 $mol \cdot dm^{-3}$ NaOH 后,水溶液中 $[OH^-] = 10^{-4}\ mol \cdot dm^{-3}$,pH 将由 7.0 改变为 10.0。可见,水的 pH 值随少量酸、碱的加入而急剧地变化。但是在向 HAc - NaAc混合溶液中加入少量 HCl 或 NaOH,溶液的 pH 值几乎不变。

例 5-13　向 1 dm^3 0.1 $mol \cdot dm^{-3}$ HAc 和 0.1 $mol \cdot dm^{-3}$ NaAc 混合液中分别滴加 0.1 cm^3 1 $mol \cdot dm^{-3}$ HCl 或 NaOH 溶液,pH 值改变多少?

解:0.1 $mol \cdot dm^{-3}$ HAc - NaAc 溶液的 pH 值:

$$HAc \rightleftharpoons H^+ + Ac^-$$
$$0.1 \qquad\qquad 0.1$$

∴ $$[H^+] = K_a \cdot \frac{c_{HAc}}{c_{Ac^-}} = K_a$$

∴ $$pH = pK_a = 4.75$$

滴加 0.1 cm^3 1 $mol \cdot dm^{-3}$ HCl 后:

$$HAc \rightleftharpoons H^+ + Ac^-$$

$$0.1+1\times10^{-4} \qquad 0.1-1\times10^{-4}$$

$$[H^+]=K_a\times\frac{0.1+1\times10^{-4}}{0.1-1\times10^{-4}}=K_a$$

$$\therefore \qquad pH=pK_a=4.75$$

滴加 0.1 cm^3 1 $mol\cdot dm^{-3}$ NaOH 后：

$$HAc \rightleftharpoons H^+ + Ac^-$$

$$0.1\times10^{-4} \qquad 0.1+1\times10^{-4}$$

$$[H^+]=K_a\times\frac{0.1-1\times10^{-4}}{0.1+1\times10^{-4}}=K_a$$

$$\therefore \qquad pH=pK_a=4.75$$

可见，滴加少量 HCl 或 NaOH 溶液并不能改变体系的 pH 值，像这种能够抵抗外加少量酸、碱或稀释，而本身 pH 值不发生显著变化的作用，称为缓冲作用，这一溶液称为缓冲溶液。弱酸及其盐（如 NaAc－HAc，$NaHCO_3-H_2CO_3$）、多元弱酸酸式盐及其次级盐（如 $NaH_2PO_4-Na_2HPO_4$，$NaHCO_3-Na_2CO_3$）、弱碱及其盐（$NH_3\cdot H_2O-NH_4Cl$）的水溶液都有缓冲作用。

为什么在 NaAc－HAc 体系溶液中会具有较大的缓冲能力？这可以从 NaAc 在溶液中的完全电离来说明。由于 NaAc 完全电离，在溶液中$[Ac^-]$相对地比较大，同时，由于 Ac^- 抑制了 HAc 的电离作用，因此，溶液中[HAc]也相对地比较大。在加入少量 H^+ 时，H^+ 将与溶液中 Ac^- 结合，生成 HAc，由于 c_{Ac^-}/c_{HAc} 变化不大，溶液 pH 值也变化不大；在加入少量 OH^- 时，HAc 将与 OH^- 作用，生成 Ac^-，但由于 c_{Ac^-}/c_{HAc} 变化仍不大，溶液 pH 值也变化不大。因此，少量外来酸碱的加入不会影响溶液的 pH 值，因而溶液具有一定的缓冲能力。显然，大量酸或碱的加入将消耗大量的 Ac^- 或 HAc，引起 c_{Ac^-}/c_{HAc} 比值的变化，而使 HAc－NaAc 体系的 pH 值改变。因此，缓冲溶液的缓冲能力是有一定限度的。

很容易证明，对于弱酸-弱酸强碱盐（即质子理论的共轭碱）缓冲液的$[H^+]$，其计算公式为：

$$[H^+]=K_a\cdot c_{酸}/c_{盐} \tag{5-20}$$

或

$$pH=pK_a-\lg c_{酸}/c_{盐}$$

对于弱碱及其强酸弱碱（即质子理论的共轭酸）盐缓冲体系：

$$[OH^-]=K_b\cdot c_{碱}/c_{盐} \tag{5-21}$$

或

$$pOH=pK_b-\lg c_{碱}/c_{盐}$$

(5－20)或(5－21)式称为缓冲公式。根据公式可以看到：① 缓冲溶液的 pH 取决于两个因素，即 K_a（或 K_b）及 $c_{酸}/c_{盐}$（或 $c_{碱}/c_{盐}$）值。② 适当地稀释缓冲溶液时，由于 $c_{酸}$ 和 $c_{盐}$ 同等程度地减少，pH 值基本保持不变；稀释过度，当弱酸电离度和盐的水解作用发生明显变化时，pH 值才发生明显的变化。

例 5－14　有两份缓冲溶液，第一份由 1 $mol\cdot dm^{-3}$ 弱酸与 1 $mol\cdot dm^{-3}$ 弱酸强碱盐组成，第二份由 0.02 $mol\cdot dm^{-3}$ 弱酸及 1.98 $mol\cdot dm^{-3}$ 弱酸强碱盐组成，若分别向 1 dm^3 的上述缓冲液加入 0.01 mol 的 H^+，问溶液的$[H^+]$各是多少？

解:第一份溶液　　$HA \rightleftharpoons H^+ + A^-$　　K_a

$$[H^+]=K_a\cdot\frac{c_{HA}}{c_{A^-}}$$

加入 0.01 mol H^+ 前　　$[H^+]=K_a\times 1/1=K_a$

加入 0.01 mol H^+ 后　　$[H^+]=K_a\times\frac{1+0.01}{1-0.01}=1.02\,K_a$

$[H^+]$增大了 2%

第二份溶液:

未加入 0.01 mol H^+ 前　　$[H^+]=K_a\,\frac{0.02}{1.98}=0.010\,1\,K_a$

加入 0.01 mol H^+ 后　　$[H^+]=K_a\,\frac{0.02+0.01}{1.98-0.01}=0.015\,2\,K_a$

$[H^+]$将增大 50%

可见,当缓冲液的组成为 $c_{酸}/c_{盐}=1$ 时(或 $c_{碱}/c_{盐}=1$ 时),且 $c_{酸}$ 和 $c_{盐}$(或 $c_{碱}$ 和 $c_{盐}$)又比较大时,缓冲溶液的缓冲量较大。例如对于 $c_{HA}=0.01\ mol\cdot dm^{-3}$ 和 $c_{A^-}=0.1\ mol\cdot dm^{-3}$ 的缓冲溶液,当加入 0.01 mol H^+ 到 1 dm^3 该缓冲溶液中时,$[H^+]$从 K_a 变化到 1.22 K_a,增大了 22%。

综上所述,在配制缓冲溶液时,首先应考虑配制溶液 pH 范围应与 pK_a 相近(或与 pK_b 相近)的体系。例如欲配制 pH=5.0 的缓冲溶液,选择 NaAc－HAc 体系是合适的,因为 $pK_a=4.74$;而欲配制 pH=9.0 的缓冲溶液,应选用 $NH_3\cdot H_2O-NH_4Cl$ 体系,因为 $pK_b=4.74$,pH=9.26。在此基础上,再准确地计算 $c_{酸}/c_{盐}$ 或 $c_{碱}/c_{盐}$ 比例。

例 5－15　如何准确地配制 pH=5.0 的缓冲溶液?

解:选择 $pK_a\approx5.0$ 的体系,以 HAc－NaAc 较合适,故选 HAc－NaAc 体系。

$$\because \qquad [H^+]=K_a\cdot\frac{c_{HAc}}{c_{Ac^-}}$$

$$pH=pK_a-\lg(c_{HAc}/c_{Ac^-})$$

$$5=4.75-\lg(c_{HAc}/c_{Ac^-})$$

$$\therefore \qquad \lg(c_{HAc}/c_{Ac^-})=0.25$$

$$\frac{c_{HAc}}{c_{Ac^-}}=1.78$$

最后,在配制缓冲体系时必须注意所配制的缓冲液不应与反应物或生成物发生作用。尤其是配制药用缓冲液时,还必须考虑溶液的毒性。例如,硼酸-硼酸盐缓冲液因为有毒,显然不能用作口服或注射用的缓冲液。缓冲溶液在工业、农业、生物学、医学、化学都有重要的应用。如许多化学反应必须在一定的 pH 范围内进行;人体血液必须维持 pH 在 7.4 左右,才能维持人体的正常生理活动;土壤必须保持在 pH=5.0～8.0 才适合农作物生长。

第六节　酸碱中和反应

酸碱中和反应是酸碱之间的质子传递反应，要研究这类反应进行的程度，必须求算反应的热力学函数或反应的平衡常数。

一、强酸与强碱的中和反应

从本质上来说，强酸与强碱的中和反应是 H^+ 与 OH^- 的反应：

$$H^+ + OH^- \rightleftharpoons H_2O \qquad K = 1/K_w = 1.0\times10^{14}$$

$$\Delta_r G_m^\ominus = -79.87\ \mathrm{kJ\cdot mol^{-1}} \qquad \Delta_r H_m^\ominus = -55.90\ \mathrm{kJ\cdot mol^{-1}}$$

因此该反应进行彻底，是不可逆的单向过程。

二、强酸与弱碱的中和反应

强酸与弱碱的反应其实是弱酸电离平衡的逆反应，因此其平衡常数是弱酸电离常数的倒数，例如：

$$Ac^- + H^+ \rightleftharpoons HAc \qquad K = 1/K_{HAc} = 5.6\times10^4$$

$$NH_3 + H^+ \rightleftharpoons NH_4^+ \qquad K = 1/K_{NH_4^+} = 1.8\times10^9$$

这两个反应的 $\Delta_r G_m^\ominus$ 分别为 $-27.00\ \mathrm{kJ\cdot mol^{-1}}$ 及 $-52.8\ \mathrm{kJ\cdot mol^{-1}}$，可见第二个反应比第一个反应更彻底，这是因为 NH_3 的碱性大于 Ac^- 的碱性。

由此可见，强酸可以与弱碱自发地发生中和反应，碱性越强，反应越彻底。

三、强碱与弱酸的中和反应

强碱与弱酸的反应实质上是弱酸共轭碱的电离平衡的逆反应，因此其平衡常数是共轭碱电离常数的倒数，例如：

$$NH_4^+ + OH^- \rightleftharpoons NH_3 + H_2O \qquad K = 1/K_{NH_3} = 5.6\times10^4$$

$$HAc + OH^- \rightleftharpoons Ac^- + H_2O \qquad K = 1/K_{Ac^-} = 1.8\times10^9$$

这两个反应的 $\Delta_r G_m^\ominus$ 分别为 $-27.09\ \mathrm{kJ\cdot mol^{-1}}$ 及 $-52.8\ \mathrm{kJ\cdot mol^{-1}}$，可见第二个反应比第一个反应更彻底，这是由于 HAc 的酸性大于 NH_4^+ 的酸性。弱酸酸性越强，反应越彻底。

表 5-4　列出了共轭酸碱的相对强弱，表左侧任何较强的共轭酸都能与位于其右下侧较强的共轭碱自发生成较弱的酸和较弱的碱。例如 CO_2 可与 Na_2SiO_3 溶液反应：

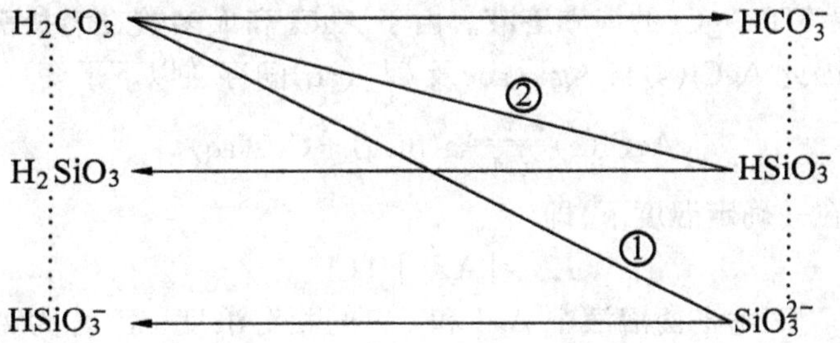

反应① $$H_2CO_3 + SiO_3^{2-} \rightleftharpoons HSiO_3^- + HCO_3^-$$

$$K^r = \frac{[HSiO_3^-][HCO_3^-]}{[H_2CO_3][SiO_3^{2-}]} \times \frac{[H^+]}{[H^+]} = \frac{K_{a_1(H_2CO_3)}}{K_{a_2(HSiO_3^-)}} = \frac{4.3\times10^{-7}}{2.0\times10^{-12}} = 2.2\times10^5$$

$$\Delta_r G_m^\ominus = -RT\ln K^r = -30.42\ \mathrm{kJ\cdot mol^{-1}}$$

反应② $$H_2CO_3 + HSiO_3^- \rightleftharpoons H_2SiO_3 + HCO_3^-$$

$$K^r = \frac{[H_2SiO_3][HCO_3^-]}{[H_2CO_3][HSiO_3^-]} \times \frac{[H^+]}{[H^+]} = \frac{K_{a_1(H_2CO_3)}}{K_{a_1(H_2SiO_3)}} = \frac{4.35\times10^{-7}}{2.2\times10^{-10}} = 1.95\times10^3$$

$$\Delta_r G_m^\ominus = -RT\ln K^r = -18.77\ \mathrm{kJ\cdot mol^{-1}}$$

显然,①反应进行倾向大于②。也就是说,共轭酸及共轭碱在表中相距越远,酸碱反应就越彻底。

第七节　沉淀溶解平衡

按其水溶液导电能力,电解质可分为强电解质和弱电解质。强电解质按其在水溶液中的溶解度,又可以分为易溶电解质和难溶电解质。对于易溶的强电解质在水溶液中的电离,我们已讨论过了,以下我们将研究难溶强电解质的电离平衡问题,即研究难溶电解质饱和溶液中存在的固体和水合离子间的沉淀溶解平衡问题。

一、溶度积

通常我们说,绝对不溶的物质是没有的,固体无机物尤其如此。因为固态无机物大多数是离子键或强极性键的化合物,它们在极性水分子的作用下,或多或少地会发生溶解。习惯上,在化学中认为溶解度小于0.01 g/(100 g H_2O)的物质为"难溶物",溶解度在0.01～0.1 g/(100 g H_2O)之间的物质为"微溶物",溶解度大于0.1 g/(100 g H_2O)的物质为"易溶物"。例如在298 K时,AgCl的溶解度为0.000 15 g/(100 g H_2O),$BaSO_4$ 的溶解度为0.000 24 g(100 g H_2O),HgS的溶解度 1.3×10^{-6} g/(100 g H_2O),它们都是我们十分熟悉的难溶物质。

将晶态AgCl放入水中,晶体表面上 Ag^+,Cl^- 受水分子偶极作用,部分地离开晶体表面而进入溶液,这是晶体的溶解过程。与此同时,溶液中 Ag^+ 及 Cl^- 由于浓度不断增加,受到晶体表面的正负离子吸引,重新返回晶体表面,这是晶体的形成过程,也是我们所说的沉淀。在一定温度下,当沉淀与溶解速度相等时,就达到了AgCl的沉淀溶解平衡,所得的溶液即为该温度下AgCl的饱和溶液。由于AgCl和大多数难溶盐都是强电解质,溶解部分完全电离,因此AgCl(s)与 Ag^+(aq)及 Cl^-(aq)间存在以下平衡:

$$AgCl(s) \underset{沉淀}{\overset{溶解}{\rightleftharpoons}} Ag^+(aq) + Cl^-(aq)$$

按平衡常数定义,在一确定温度下,即

$$K^r = [Ag^+]\cdot[Cl^-]$$

式中:$[Ag^+]$和$[Cl^-]$表示平衡溶液中 Ag^+ 和 Cl^- 的相对浓度;K^r 称为AgCl的溶度积常

数，表示为 K_{sp}，它是 AgCl 沉淀与溶解平衡的常数，简称为溶度积 $K_{sp(AgCl)}$。

根据该平衡过程的 $\Delta_r G_m^{\ominus}$，我们可以确定在某温度下的溶度积常数 $K_{sp(AgCl)}$，例如上述反应中 $\Delta_r G_m^{\ominus} = 55.68\ kJ \cdot mol^{-1}$，则由 $\Delta_r G_m^{\ominus} = -RT\ln K$，求得 $K_{sp} = 1.7 \times 10^{-10}$。

对于通式为 $A_m B_n$ 的难溶强电解质，有

$$A_m B_n(s) \rightleftharpoons mA^{n+}(aq) + nB^{m-}(aq)$$

$$K^r_{sp(A_m B_n)} = (c^r_{A^{n+}})^m \cdot (c^r_{B^{m-}})^n \tag{5-22}$$

(5-22)式表明，在一定温度下，难溶电解质的饱和溶液中各离子相对浓度幂的乘积是一个常数。由于电离过程通常是吸热过程，因此，一般来说，温度升高时，K_{sp} 增大，例如 298 K 时，$K_{sp(BaSO_4)} = 1.08 \times 10^{-10}$，323 K 时 $K_{sp(BaSO_4)} = 1.98 \times 10^{-10}$。表 5-8 给出了某些难溶电解质的 K^r_{sp} 值。

表 5-8　某些难溶电解质的 K^r_{sp} (298 K)

化学式	K_{sp}	化学式	K_{sp}	化学式	K_{sp}
AgCl	1.77×10^{-10}	CuS	1.27×10^{-36}	Li_2CO_3	1.7×10^{-3}
AgBr	5.35×10^{-13}	Cu_2S	2×10^{-47}	$MgCO_3$	2.6×10^{-5}
AgI	8.51×10^{-17}	CuCl	1.02×10^{-6}	$Mg(OH)_2$	3.6×10^{-12}
Ag_2CrO_4	1.12×10^{-12}	CuBr	4.15×10^{-8}	$Mn(OH)_2$	4×10^{-14}
$BaCO_3$	2.58×10^{-9}	CuI	1.27×10^{-12}	MnS	4.65×10^{-14}
$BaCrO_4$	1.17×10^{-10}	$Fe(OH)_2$	4.87×10^{-17}	$PbCO_3$	1.46×10^{-15}
$BaSO_4$	1.08×10^{-10}	$Fe(OH)_3$	1.47×10^{-39}	$PbCrO_4$	1.77×10^{-14}
$CaCO_3$	4.46×10^{-9}	FeS	1.59×10^{-19}	PbI_2	8.49×10^{-9}
CaC_2O_4	2.57×10^{-9}	Hg_2Cl_2	2×10^{-18}	$PbSO_4$	1.82×10^{-8}
CaF_2	1.46×10^{-10}	Hg_2Br_2	1.3×10^{-21}	PbS	9.04×10^{-29}
$CaSO_4$	7.16×10^{-5}	Hg_2I_2	1.2×10^{-28}	$Zn(OH)_2$	1.8×10^{-17}
CdS	1.4×10^{-29}	HgS(红) HgS(黑)	4×10^{-53} 6.4×10^{-53}	ZnS	2.93×10^{-25}

根据溶度积表数据，我们可以比较不同难溶电解质的溶解度。设某难溶电解质 $A_m B_n$ 的溶解度为 $s\ mol \cdot dm^{-3}$，在不产生其他副反应前提下，s mol $A_m B_n$ 将生成 ms mol 的 A^{n+} 及 ns mol 的 B^{m-}，因此：

$$c^r_{A^{n+}} = ms \qquad c^r_{B^{m-}} = ns$$

$$\therefore \quad K^r_{sp} = (ms)^m \cdot (ns)^n = m^m \cdot n^n \cdot s^{(m+n)} \tag{5-23}$$

(5-23)式表示了溶解度与溶度积的关系。

对于同类型的难溶电解质（如 AgCl，AgBr，AgI），可以用 K_{sp} 来直接比较它们的溶解度大小；对于不同类型的难溶电解质（如 AgCl 及 Ag_2CrO_4），我们就不能直接从比较 K_{sp} 大小来比较它们的溶解度大小，而应进行计算。

例 5-16　试利用 K^r_{sp} 数据比较 AgCl 及 Ag_2CrO_4 的溶解度大小。

解：
$$K_{sp(AgCl)}=1.56\times10^{-10}$$
$$K_{sp(Ag_2CrO_4)}=9\times10^{-12}$$
∵
$$c^r_{Ag^+}\cdot c^r_{Cl^-}=1.56\times10^{-10}$$
∴
$$c^r_{Ag^+}=\sqrt{K_{sp(AgCl)}}=1.25\times10^{-5}$$
$$c_{Ag^+}=1.25\times10^{-5}\ mol\cdot dm^{-3}$$

设 Ag_2CrO_4 溶解度为 s mol·dm⁻³，则

$$(2s)^2(s)=9\times10^{-12},\ s=1.31\times10^{-4}\ mol\cdot dm^{-3}$$

可见，虽然 $K_{sp(AgCl)}>K_{sp(Ag_2CrO_4)}$，但溶解度是 Ag_2CrO_4 较大。

显然，难溶电解质在水溶液中的离解同样受盐效应及同离子效应的影响。在与难溶电解质无关的易溶强电解质溶液中，难溶电解质溶解度增大(盐效应)；而在与难溶电解质有关的易溶强电解质溶液中，难溶电解质溶解度下降。

在知道了难溶电解质溶解度后，可以计算出难溶电解质的 K^r_{sp} 值。

例 5－17　实验测定在 298 K 时，CaF_2 在纯水中溶解度为 2.15×10^{-4} mol·dm^{-3}，试求 CaF_2 的 K^r_{sp}(设 CaF_2 离解过程不发生其他副反应)。

解：
$$CaF_2(s)\rightleftharpoons Ca^{2+}(aq)+2F^-(aq)$$
$$c_{Ca^{2+}}=2.15\times10^{-4}\ mol\cdot dm^{-3}$$
$$c_{F^-}=2\times2.15\times10^{-4}=4.30\times10^{-4}\ mol\cdot dm^{-3}$$
∴
$$K^r_{sp}=c^r_{Ca^{2+}}\times(c^r_{F^-})^2$$
$$=2.15\times10^{-4}\times(4.30\times10^{-4})^2=3.97\times10^{-11}$$

但是由溶解度 s 与溶度积之间的换算是有一定条件的，它包括：① 仅适合于溶解度很小的难溶电解质溶液。因为溶解度小，溶液的离子强度小，浓度才可以近似地等于活度。对于溶解度较大的强电解质，由于离子强度较大将会引致较大误差，例如 $CaSO_4$，$CaCrO_4$ 等。② 仅适用于离解出来的阴离子不发生其他副反应(水解、缔合等)的物质。对于难溶硫化物、碳酸盐和磷酸盐，由于阴离子的水解作用，不能利用上述方法计算。③ 仅适用于在水溶液中的溶解部分全部电离的场合。对于如 Hg_2Cl_2 和 Hg_2I_2 等共价性较强的物质，由于它们不能在水中完全电离，计算将会有误差。④ 只适合难溶电解质一步完全电离的场合。在分步电离场合，由于平衡的相互牵制，浓度关系复杂，不能作上述简单处理，例如：

$$Fe(OH)_3\rightleftharpoons Fe(OH)_2^++OH^-$$
$$Fe(OH)_2^+\rightleftharpoons Fe(OH)^{2+}+OH^-$$
$$Fe(OH)^{2+}\rightleftharpoons Fe^{3+}+OH^-$$

显然，$c_{Fe^{3+}}\neq c_{OH^-}\times\frac{1}{3}$，故 $K_{sp}\neq[s]\times[3s]^3$，但 $c^r_{Fe^{3+}}\times(c^r_{OH^-})3=K^r_{sp}$ 的关系仍是正确的。

二、溶度积规则

对于 $A_mB_n(s)\rightleftharpoons mA^{n+}(aq)+nB^{m-}(aq)$ 平衡，在任何条件下，反应方向由化学反应

等温式给出：

$$\Delta_r G_m = \Delta_r G_m^{\ominus} + RT\ln Q_i^r$$

即

$$\Delta_r G_m = RT\ln \frac{Q_i^r}{K_{sp}^r}$$

式中，Q_i^r 指溶液中离子相对浓度系数方次的乘积，叫反应商，在一些教材中又称为离子积。显然：

① 当 $Q_i^r = K_{sp}^r$ 时，$\Delta_r G_m = 0$，体系处平衡状态；

② 当 $Q_i^r > K_{sp}^r$ 时，$\Delta_r G_m > 0$，反应向沉淀生成的方向进行；

③ 当 $Q_i^r < K_{sp}^r$ 时，$\Delta_r G_m < 0$，反应向沉淀溶解的方向进行。

这一规则又称为溶度积规则，它是沉淀溶解平衡方向性的判据。但是实际上由于存在如下原因：① 肉眼观察到沉淀的极限是大于 $10^{-5}\ g\cdot cm^{-3}$，因此在 $Q_i^r > K_{sp}^r$ 时，我们不一定可以观察到沉淀的生成；② 由于过饱和溶液的形成；③ 由于副反应的发生，如离解了的阴阳离子发生了水解、络合、缔合等作用，会给实际情况带来一定偏差，因此，溶度积规则的使用应结合具体情况。

三、沉淀溶解平衡的移动

我们先来看以下例题：

例 5-18　请分别计算 Ag_2CrO_4 在纯水，0.1 $mol\cdot dm^{-3}$ $AgNO_3$ 及 0.1 $mol\cdot dm^{-3}$ Na_2CrO_4 溶液中的溶解度。

解：在纯水中　$Ag_2CrO_4(s) \rightleftharpoons 2Ag^+(aq) + CrO_4^{2-}(aq)$　$K_{sp}^r = 9.0\times10^{-12}$

设溶解度为 s，则

$$c_{Ag^+} = 2s,\ c_{CrO_4^{2-}} = s$$

$$\therefore \quad 4s^2\times s = 9.0\times10^{-12}$$

$$\therefore \quad s = 1.3\times10^{-4}\ mol\cdot dm^{-3}$$

在 0.1 $mol\cdot dm^{-3}$ $AgNO_3$ 中

$$Ag_2CrO_4(s) \rightleftharpoons 2Ag^+(aq) + CrO_4^{2-}(aq)$$

$$2s+0.1 \qquad s$$

$$\therefore \quad (2s+0.1)^2\times s - K_{sp}^r$$

$$\because \quad 2s+0.1\approx0.1$$

$$\therefore \quad s = K_{sp}^r/(0.1)^2 = 9.0\times10^{-10}\ mol\cdot dm^{-3}$$

在 0.1 $mol\cdot dm^{-3}$ Na_2CrO_4 中

$$Ag_2CrO_4(s) \rightleftharpoons 2Ag^+(aq) + CrO_4^{2-}(aq)$$

$$2s \qquad 0.1+s\approx0.1$$

$$\therefore \quad (2s)^2\times0.1 = K_{sp}^r$$

$$2s = 9.5\times10^{-6}\ mol\cdot dm^{-3}$$

$$s = 4.8\times10^{-6}\ mol\cdot dm^{-3}$$

可见，由于共同离子 Ag^+ 或 CrO_4^{2-} 的存在，使 Ag_2CrO_4 溶解度大大地低于在纯水中的溶解度，这是同离子效应对平衡的影响。但是必须注意到，由于强电解质的加入，溶液的离子强度增大，难溶电解质的溶解度也相应增大，即发生"盐效应"，但这种影响与同离子效应的影响是不能相比的。

从平衡的概念出发，没有一个沉淀反应是绝对完全的。因为溶液的沉淀溶解平衡总是存在的，因此，在一个确定的温度下，K_{sp} 是一个常数。因此，不管加入的沉淀剂如何过量，总会有极少的待沉淀的离子残留在溶液中。但是由于分析天平通常只能称准到 10^{-4} g，所以在定量分析中，只要溶液中剩余的离子浓度 $\leqslant 1\times10^{-6}$ $mol\cdot dm^{-3}$ 时，就可以认为沉淀已经"完全"了。诚然，由于同离子效应，过量的沉淀剂存在往往会大大降低待沉淀的离子浓度，但是这并不绝对，有时，在加入过量沉淀剂时，由于其他反应的发生，沉淀的溶解度反而增大。例如，AgCl 沉淀可由于过量 Cl^- 存在而发生络合反应，致使 AgCl 溶解度增大：

$$AgCl(s) + Cl^-(aq) \rightleftharpoons AgCl_2^-(aq)$$

综上所述，根据溶度积规则，要使沉淀溶解平衡向溶解的方向移动，就必须减少该难溶盐饱和溶液中某一离子的浓度，使 $Q_i^r < K_{sp}^r$，通常的途径包括：

(1) 生成弱电解质。

例如：
$$Mg(OH)_2(s) \rightleftharpoons Mg^{2+}(aq) + 2OH^-(aq) \quad ①$$
加入酸（H^+ 或 NH_4^+），都能使溶液中 c_{OH^-} 降低，使平衡向溶解的方向移动。这是因为生成 H_2O 或 $NH_3\cdot H_2O$ 这样的弱电解质：

$$Mg(OH)_2(s) + 2H^+(aq) \rightleftharpoons Mg^{2+}(aq) + 2H_2O \quad ②$$

$$Mg(OH)_2(s) + 2NH_4^+(aq) \rightleftharpoons Mg^{2+}(aq) + 2NH_3\cdot H_2O \quad ③$$

从热力学来看，反应①的

$$\begin{aligned}\Delta_r G_m^\ominus &= \Delta_f G_{OH^-}^\ominus \times 2 + \Delta_f G_{Mg^{2+}}^\ominus - \Delta_f G_{Mg(OH)_2}^\ominus \\ &= (-157.3\times2) + (-454.8) - (-833.58) \\ &= 64.18\ kJ\cdot mol^{-1} > 0\end{aligned}$$

反应②由于 H_2O 的生成，使反应②的

$$\begin{aligned}\Delta_r G_m^\ominus &= (\Delta_f G_{H_2O}^\ominus \times 2) + \Delta_f G_{Mg^{2+}}^\ominus - \Delta_f G_{Mg(OH)_2}^\ominus \\ &= (-237.2\times2) + (-454.8) - (-833.58) \\ &= -95.62\ kJ\cdot mol^{-1} < 0\end{aligned}$$

使反应可自发进行。反应③由于生成 $NH_3\cdot H_2O$，使反应③的

$$\begin{aligned}\Delta_f G_m^\ominus &= (\Delta_f G_{NH_3\cdot H_2O}^\ominus \times 2) + \Delta_f G_{Mg^{2+}}^\ominus - \Delta_f G_{Mg(OH)_2}^\ominus - (\Delta_f G_{NH_4^+}^\ominus \times 2) \\ &= (-263.76\times2) + (-454.8) - (-833.58) - (-79.37\times2) \\ &= 10\ kJ\cdot mol^{-1}\end{aligned}$$

因大大地减少了反应的 $\Delta_r G_m^\ominus$，使 $Mg(OH)_2$ 可溶于浓 NH_4Cl 溶液中。像②，③这一类反应，实质上是利用反应的耦合（利用生成 H_2O 及 $NH_3\cdot H_2O$ 这一类弱电解质时释放出大量的吉布斯自由能）来实现反应的转化。

再如 $CaCO_3$(s)在盐酸溶液中的溶解反应,都是利用同一热力学原理:

$$CaCO_3(s) \rightleftharpoons Ca^{2+}(aq) + CO_3^{2-}(aq)$$

$$+$$

$$2H^+ \longrightarrow CO_2(g) + H_2O(l)$$

(2)利用氧化还原降低溶液中某一离子的浓度,使平衡向沉淀溶解方向转化。

例如 CuS 不溶于 HCl,而溶于 HNO_3 中:

$$3CuS(s) \rightleftharpoons 3Cu^{2+}(aq) + 3S^{2-}(aq)$$

$$+$$

$$2NO_3^-(aq) + 8H^+(aq) \longrightarrow 3S\downarrow + 2NO(g) + 4H_2O(l)$$

以上这些反应都是利用加入与溶液中阳离子或阴离了发生化学反应的试剂,而这些反应进行时会释放大量的吉布斯自由能,使沉淀溶解平衡向沉淀溶解的方向移动。这种把一个不能自发进行的反应和另一个易自发进行的反应耦合,从而构成一个可以自发进行的反应,称为反应的耦合或耦合反应。在无机化学中,这样的例子还有很多,我们在后续各章中将陆续介绍。

难溶盐在酸中的溶解可以通过酸溶平衡常数来说明。例如硫化物在 HCl 溶液中的溶解:

$$MS + 2H^+ \rightleftharpoons M^{2+} + H_2S$$

$$K^r = \frac{[M^{2+}][H_2S]}{[H^+]^2} \times \frac{[S^{2-}]}{[S^{2-}]} = \frac{K_{sp}^r}{K_{a_1}^r \cdot K_{a_2}^r}$$

这些反应的平衡常数叫酸溶平衡常数,它取决于沉淀的 K_{sp} 及弱酸盐的离解常数。在 $K^r > 10^7$ 时($\Delta_r G_m^\ominus < -40\ \mathrm{kJ \cdot mol^{-1}}$),反应被认为是相当彻底的;当 $K^r < 10^{-7}$ 时,认为反应基本上不能进行;K^r 在 $10^{-7} \sim 10^7$ 范围内时,沉淀在一定条件下可以溶解。

四、沉淀的转化

当我们向盛有黄色 $PbCrO_4$ 沉淀的试管中滴加 $(NH_4)_2S$ 溶液并搅拌之,可以观察到沉淀变成黑色,上层清液转变为淡黄色,这是由于产生了 PbS 沉淀:

$$PbCrO_4(s) \rightleftharpoons Pb^{2+}(aq) + CrO_4^{2-}(aq)$$

$$+$$

$$S^{2-}(aq) \rightleftharpoons PbS\downarrow(s)$$

该反应的平衡常数 K^r 为

$$K^r = \frac{[CrO_4^{2-}]}{[S^{2-}]} \times \frac{[Pb^{2+}]}{[Pb^{2+}]} = \frac{K_{sp(PbCrO_4)}}{K_{sp(PbS)}} = 5.2 \times 10^{13}$$

表明该反应可以自发进行,并且进行十分彻底。该反应之所以可以进行,是由于沉淀转化为溶度积更小的沉淀;PbS 沉淀的生成,使溶液中 $c_{Pb^{2+}}$ 进一步降低,促进了 $PbCrO_4$ 的转化。

在分析化学中,常常要将难溶强酸盐转化为难溶弱酸盐,再用酸溶反应使阳离子进入溶液,以达到分离检出的目的。例如 $BaSO_4$ 沉淀不溶于酸,能否用 Na_2CO_3 转化为

$BaCO_3$？让我们研究以下转化：

$$BaSO_4(g) + CO_3^{2-}(aq) \rightleftharpoons BaSO_3(s) + SO_4^{2-}(aq)$$

$$K^r = [SO_4^{2-}]/[CO_3^{2-}] = K_{sp(BaSO_4)}/K_{sp(BaCO_3)} = 1.1\times10^{-10}/8.0\times10^{-9} = 1/73$$

这表明，转化反应不会彻底，必需设法让 $c_{CO_3{}^{2-}}$ 比 $c_{SO_4{}^{2-}}$ 大 73 倍以上，才有可能实现转化。在实际操作中，可以用饱和 Na_2CO_3 溶液（约 2 $mol\cdot dm^{-3}$）处理 $BaSO_4$ 沉淀，待搅拌平衡后，取出上层清液，然后再加入新制饱和 Na_2CO_3 溶液，重复处理三、四次，最终 $BaSO_4$ 会全部转化为 $BaCO_3$，再用酸溶反应，Ba^{2+} 即可转入溶液中。

五、分步沉淀

当溶液中有多种离子共存时，如何控制一定的反应条件，使一种或几种离子与其他离子分离，这是我们在化工生产或化学实验中常常碰到的问题。这种在一定条件下，使一种离子先沉淀，而其他离子在另一条件下沉淀的现象叫分步沉淀或选择性沉淀。

例 5－19　某溶液中含有 Cl^-，I^- 均为 0.010 $mol\cdot dm^{-3}$，向溶液中逐滴滴入 $AgNO_3$ 溶液，哪一种离子先沉淀？第一种离子沉淀到什么程度时，第二种离子才开始沉淀？（已知 $K^r_{sp(AgI)} = 1.5\times10^{-16}$，$K^r_{sp(AgCl)} = 1.6\times10^{-10}$）。

解：先求 AgCl 及 AgI 开始产生沉淀时的 c_{Ag^+}：

$$c^r_{Ag^+}\cdot c^r_{I^-} = K^r_{sp(AgI)} \qquad \therefore \quad c^r_{Ag^+} = 1.5\times10^{-14}$$

$$c^r_{Ag^+}\cdot c^r_{Cl^-} = K^r_{sp(AgCl)} \qquad \therefore \quad c^r_{Ag^+} = 1.6\times10^{-8}$$

显然，AgI 先沉淀。

再求当 AgCl 开始沉淀时的 $c^r_{I^-}$：

$$\because \qquad c^r_{I^-}\cdot 1.6\times10^{-8} = K^r_{sp(AgI)}$$

$$\therefore \qquad c^r_{I^-} = 9.4\times10^{-9}$$

即 $c_{I^-} < 9.4\times10^{-9}$ $mol\cdot dm^{-3}$时，AgCl 才开始沉淀，此时 I^- 早已沉淀完全。

可见对于同一组成类型沉淀来说，K_{sp} 越小的越先沉淀，且溶度积差别越大，后沉淀离子浓度越小，分离效果越好。但对于不同组成类型的沉淀物来说，我们不能简单地根据 K_{sp} 值的不同来判断沉淀的先后次序及分离效果，而应通过具体的计算。例如向浓度均为 0.010 $mol\cdot dm^{-3}$的 Cl^- 及 $CrO_4{}^{2-}$ 混合液中滴加 $AgNO_3$ 时，虽然 $K_{sp(Ag_2CrO_4)} < K_{sp(AgCl)}$，但却是 AgCl 先沉淀。读者可以自行计算来加以说明。自然，它们的分离效果是与溶液中被沉淀离子的最初浓度有关的。

例 5－20　今有含 Zn^{2+} 和 Mn^{2+} 均为 0.1 $mol\cdot dm^{-3}$的混合液，若通 H_2S 于混合液中至饱和，哪种离子先沉淀？若要完全分离它们，问溶液 pH 应控制在什么范围？（已知 $K_{sp(ZnS)} = 1.2\times10^{-23}$，$K_{sp(MnS)} = 1.4\times10^{-15}$）

解：ZnS 及 MnS 是同一组成类型沉淀，因此可以根据 K_{sp} 大小判断，显然 ZnS 应先沉淀：

$$Zn^{2+} + H_2S \rightleftharpoons ZnS + 2H^+ \qquad ①$$

$$Mn^{2+} + H_2S \rightleftharpoons MnS + 2H^+ \qquad ②$$

$$K_1=\frac{[H^+]^2}{[Zn^{2+}][H_2S]}\times\frac{[S^{2-}]}{[S^{2-}]}=\frac{K_{a_1}K_{a_2}}{K_{sp(ZnS)}}=\frac{6.8\times10^{-23}}{1.2\times10^{-23}}=5.67 \quad ③$$

$$K_2=\frac{K_{a_1}\cdot K_{a_2}}{K_{sp(MnS)}}=\frac{6.8\times10^{-23}}{1.4\times10^{-15}}=4.86\times10^{-8} \quad ④$$

$\frac{④}{③}$得 $$\frac{[Zn^{2+}]}{[Mn^{2+}]}=\frac{4.86\times10^{-8}}{5.67}=8.57\times10^{-9}$$

所以：当 Mn^{2+} 开始沉淀时，$[Zn^{2+}]=8.57\times10^{-9}\times0.1=8.57\times10^{-10}\ mol\cdot dm^{-3}$，可见分离是十分完全的。

在 ZnS 沉淀开始出现时：

$$\frac{[H^+]^2}{[H_2S][Zn^{2+}]}=5.67 \qquad [H^+]=\sqrt{5.67\times0.1\times0.1}=0.238\,1\ mol\cdot dm^{-3}$$

此时 $[S^{2-}]=1.19\times10^{-22}$

∵ $$Q^r_{i(MnS)}=0.1\times1.19\times10^{-22}<K^r_{sp(MnS)}$$

∴ MnS 不会沉淀

在 MnS 产生沉淀时：

$$[S^{2-}]=K_{sp(MnS)}/0.1=1.4\times10^{-14}\ mol\cdot dm^{-3}$$

此时溶液的 $[H^+]$ 可由 $\frac{[H^+]^2[S^{2-}]}{[H_2S]}=6.8\times10^{-23}$ 计算：

$$[H^+]=\sqrt{6.8\times10^{-23}\times0.1/1.4\times10^{-14}}=2.2\times10^{-5}\ mol\cdot dm^{-3}$$

∴ $$pH=4.66$$

所以要完全分离 Zn^{2+} 和 Mn^{2+}，即是求 $[Zn^{2+}]<1\times10^{-6}\ mol\cdot dm^{-3}$ 时的 pH：

$$[S^{2-}]=K_{sp(ZnS)}/1\times10^{-6}=1.2\times10^{-17}\ mol\cdot dm^{-3}$$

∴ $$[H^+]=\sqrt{6.8\times10^{-23}\times0.1/1.2\times10^{-17}}=7.53\times10^{-4}$$

$$pH=3.12$$

或者，由 $\frac{[H^+]^2}{[Zn^{2+}][H_2S]}=5.67$ 关系式计算：

$$[H^+]=\sqrt{5.67\times1\times10^{-6}\times0.1}=7.53\times10^{-4}$$

∴ $$pH=3.12$$

所以控制 pH 在 3.12～4.66 范围内通入 H_2S 可以使 Mn^{2+} 和 Zn^{2+} 分离完全。

例 5-21 在 $0.10\ mol\cdot dm^{-3}$ $CdSO_4$ 溶液中通入 H_2S 到饱和，计算残留 $[Cd^{2+}]$ = ?（已知 $K_{sp(CdS)}=3.6\times10^{-29}$，$K_{a_1(H_2S)}\cdot K_{a_2(H_2S)}=6.8\times10^{-23}$）

解： $$Cd^{2+}+H_2S = CdS\downarrow+2H^+$$

$$K=\frac{[H^+]^2}{[Cd^{2+}][H_2S]}\times\frac{[S^{2-}]}{[S^{2-}]}=\frac{K_{a_1}K_{a_2}}{K_{sp(CdS)}}=\frac{6.8\times10^{-23}}{3.6\times10^{-29}}=1.89\times10^6$$

平衡常数很大，所以反应将十分彻底。达平衡时

$$[H_2S]=0.1\ mol\cdot dm^{-3} \qquad [H^+]=0.2\ mol\cdot dm^{-3}$$

∴ $[Cd^{2+}]=[H^+]^2/([H_2S]K)=(0.2)^2/(1.89\times10^6\times0.1)=2.12\times10^{-7}\ mol\cdot dm^{-3}$

有关分步沉淀原理的应用在无机离子分离及分析化学中有广泛应用，尤其对于硫化物或氢氧化物分离的问题，请读者通过习题进一步熟练。

本章教学要求

1．重点掌握酸碱质子理论及由此产生的弱电解质的电离平衡问题，熟悉有关计算。

2．掌握溶液酸度及 pH 值的意义，熟悉 pH 与氢离子浓度的相互换算。

3．了解 Lewis 酸碱理论。

4．了解拉平效应及区分效应。

5．掌握酸碱平衡移动的原理和沉淀转化、分步沉淀的原理及这些原理的应用。

6．掌握稀释效应、同离子效应和盐效应对弱电解质电离的影响，掌握缓冲原理及缓冲溶液的选择与配制。

7．掌握用热力学原理与弱电解质的电离平衡、沉淀溶解平衡的关系，掌握反应的耦联的原理及其应用，掌握多重平衡原理及热力学原理在计算化学反应平衡常数中应用的技巧。

8．掌握难挥发性非电解质稀溶液的通性及其有关应用与计算。

习　题

1．实验室某些常用的试剂百分浓度及密度分别是：

① 浓盐酸：含 HCl 37%，密度 1.19 $g\cdot cm^{-3}$。

② 浓硫酸：含 H_2SO_4 98%，密度 1.98 $g\cdot cm^{-3}$。

③ 浓硝酸：含 HNO_3 70%，密度 1.42 $g\cdot cm^{-3}$。

④ 浓氨水：含 NH_3 28%，密度 0.90 $g\cdot cm^{-3}$。

试分别计算它们的物质的量浓度。

2．实验测定，烟草中尼古丁由 C，H，N 元素组成，其原子数目比为 C∶H∶N＝5∶7∶1，为了确定尼古丁的分子式，将 496 mg 尼古丁溶于 10.0 g 水中，在 101.3 kPa 下测出其沸点为 100.17℃，试根据实验写出尼古丁的分子式。

3．在 26.6 g 氯仿中溶解 0.402 g 萘（$C_{10}H_8$），沸点比纯溶剂高 0.455 K，求氯仿沸点上升常数 K_b。

4．等重的葡萄糖及甘油分别溶于 100 g 水中，所得溶液的凝固点、沸点、渗透压是否相同？为什么？

5．10 kg 水中溶解多少甲醇，才能保证水在 −10℃ 不结冰？

6．101 mg 的胰岛素溶于 10.0 cm^3 水中，实验测定该溶液在 25 ℃时渗透压为 4.34 kPa，试求：① 胰岛素分子量；② 该溶液的蒸气压下降量 Δp（298 K 时饱和水蒸气压为 3.17 kPa）。

7．解释以下事实。

① 海水鱼不能生活在淡水中。

② 医院给病人输液时，要仔细调节输液的浓度。

③ 用盐腌制菜干时，会出水。

④ 真空铸造冶炼金属时，“砂眼”会较常压下少。

8. 医院给病人输液上用葡萄糖液，其冰点降低值为0.543℃，试求此葡萄糖液的百分浓度及人体血液的渗透压（葡萄糖的摩尔质量为180 g/mol，水的 K_f 为1.88）。

9. 试根据酸碱的质子理论，写出下列分子式离子的共轭酸或共轭碱的化学式：

$SO_4{}^{2-}$，S^{2-}，$PO_4{}^{3-}$，NH_3，CN^-，ClO^-，OH^-，$H_2PO_3{}^-$，$H_2PO_4{}^-$，$NH_4{}^+$，H_2CO_3，$[Zn(H_2O)_6]^{2+}$

10. 已知0.01 $mol·dm^{-3}$ HAc溶液的解离度为4.2%，试求HAc的电离常数，并计算溶液中的$[H^+]$，pH及0.1 $mol·dm^{-3}$ HAc的电离度。

11. 在25℃，10^5 Pa压力下，CO_2 饱和水溶液中 CO_2 浓度为0.034 $mol·dm^{-3}$，试求算溶液中$[H^+]$，pH及$[CO_3^{2-}]$。

12. 根据酸碱质子理论的观点，质子酸与质子碱反应的实质是什么？为什么说酸碱反应的主要方向是强酸与强碱反应生成其共轭弱酸和弱碱的方向，试从热力学观点举例说明。

13. 试根据酸碱质子理论判断 NaH_2PO_4 与 $NaHSO_4$ 能否反应？反应的产物是什么？试应用热力学数据验证你的判断。

14. 试计算0.1 $mol·dm^{-3}$ 的 H_2SO_4 溶液中，各物种的浓度及溶液的pH值（HSO_4^- 的 $K_a=1.2\times10^{-2}$）。

15. 在298 K下，用pH计测定某有机酸HA的1.00×10^{-3} $mol·dm^{-3}$溶液的pH为3.92，求算该有机酸的电离常数 K_a。

16. 试求0.10 $mol·dm^{-3}$ HCN溶液的 K_a 值及该溶液的pH值（已知该溶液的离解度为0.006 3%）。

17. 0.1 $mol·dm^{-3}$ HAc溶液50 ml和0.1 $mol·dm^{-3}$ NaOH溶液25 ml混合后，溶液的$[H^+]$有什么变化？

18. 计算298 K下饱和 CO_2 水溶液（0.04 $mol·dm^{-3}$）中的各种离子浓度。

19. 在10^5 Pa下，20℃时，H_2S在水中溶解度是每体积水溶解2.61体积H_2S。

① 求饱和H_2S水溶液中H_2S的摩尔浓度。

② 计算饱和H_2S水溶液中的$[H^+]$，$[HS^-]$和$[S^{2-}]$。

③ 若调节pH=2.00时，$[S^{2-}]$为多少。

④ 计算0.1 $mol·dm^{-3}$ Na_2S中$[S^{2-}]$和pH值。

20. 请计算0.2 $mol·dm^{-3}$ Na_2CO_3 水溶液中的$[CO_3{}^{2-}]$及溶液的pH值。

21. 20 cm^3 0.30 $mol·dm^{-3}$ HAc与20 cm^3 0.15 $mol·dm^{-3}$ HCN相混合，试求溶液中$[H_3O^+]$，$[Ac^-]$，$[CN^-]$各为多少？

22. 已知某温度下 Ag_2CrO_4 的溶解度为1.31×10^{-4} $mol·dm^{-3}$，求 Ag_2CrO_4 的 K_{sp}。

23. 298 K时，某混合溶液含 Cd^{2+} 和 Zn^{2+} 各0.10 $mol·dm^{-3}$，欲通入$H_2S(g)$，使Cd^{2+}成为CdS(s)定性沉淀完全，而Zn^{2+}不沉淀，应如何控制溶液的pH值？

24. 某混合溶液中含有0.1 mol·dm^{-3} Zn^{2+}及0.1 mol·dm^{-3} Fe^{2+},能否利用通入H_2S气体使Zn^{2+},Fe^{2+}定量分离？试讨论分离的条件。

25. 能否将$BaSO_4$转化成$BaCO_3$,将AgI转化成Ag_2CO_3？试用计算说明。

26. 醋酸和氢氟酸是弱酸,它们是否可以将$CaCO_3$溶解？试通过计算说明。

27. 混合溶液中含有0.1 mol·dm^{-3} Cl^-和I^-,往其中滴加$AgNO_3$溶液,哪种离子先沉淀？当另一离子开始沉淀时,第一种离子的浓度是多少？如果混合离子是0.1 mol·dm^{-3}的Cl^-和Br^-,情况又如何？(体积保持不变)

28. Ag_2CO_3和$CuCO_3$,Ag_2S和CuS,AgI和Ag_2CrO_4,试利用溶度积常数比较溶解度大小。

29. 计算说明$Fe(OH)_2$,$Mg(OH)_2$,$Zn(OH)_2$,$Al(OH)_3$,$Cu(OH)_2$和$Cr(OH)_3$能否溶解于NH_4Cl溶液中？

30. 民间盛传豆腐与菠菜不能同时食用,因为菠菜中含有草酸,两者会产生CaC_2O_4沉淀,形成"结石",试给予具体说明与评论。

31. 当H_2S气体通入0.1 mol·dm^{-3} HAc和0.1 mol·dm^{-3} $CuSO_4$混合溶液达到饱和时,是否有CuS沉淀生成？

32. 当$SrCO_3$固体在pH = 8.60的缓冲溶液中达到平衡后,溶液中$[Sr^{2+}] = 2.2\times10^{-4}$ mol·dm^{-3},试计算$SrCO_3$的溶度积常数。

33. 往含有浓度为0.10 mol·dm^{-3}的$MnSO_4$溶液中滴加Na_2S溶液,试问是先生成MnS沉淀,还是先生成$Mn(OH)_2$沉淀？

34. 分别计算下列反应的平衡常数,并讨论其方向。

① $2Ag(S_2O_3)_2^{3-} + H_2S \longrightarrow Ag_2S + 2HS_2O_3^- + 2S_2O_3^{2-}$

② $PbS + 2HAc \longrightarrow Pb^{2+} + H_2S + 2Ac^-$

③ $CuS + 2H^+ \longrightarrow Cu^{2+} + H_2S$

④ $Fe^{2+} + H_2S \longrightarrow FeS + 2H^+$

⑤ $2AgI + CO_3^{2-} \longrightarrow Ag_2CO_3 + 2I^-$

35. 分别用Na_2CO_3和$(NH_4)_2S$溶液处理AgI,沉淀能不能转化？为什么？

36. 计算AgCl在纯水中的溶解度？若在1.0 mol·dm^{-3}的盐酸中,其溶解度又是多少？

37. 298 K时,其溶液中含有Mn^{2+},Fe^{2+},Ni^{2+},Cu^{2+},Zn^{2+},Cd^{2+},Pb^{2+}各0.1 mol·dm^{-3},如果调节c_{H^+}在0.2～0.4 mol·dm^{-3}之间,然后通入H_2S气体至饱和,请判断各金属硫化物的沉淀情况。

38. 试解释下列事实。

① $BaSO_4$不溶于盐酸,$BaCO_3$却可溶于盐酸。

② CaC_2O_4溶于盐酸,而不溶于醋酸。

39. 利用软锰矿(MnO_2)制备硫酸锰时,常常存在Cu^{2+},Pb^{2+},Cd^{2+}等杂质离子,试用计算说明如何除去。

第六章 反应动力学初步

Introduction to Chemical Dynamics

在化学热力学一章中，我们已经知道，反应自由能变 $\Delta_r G_m^\circ$ 可以用以衡量 SS(热力学标准态)下反应所能进行的程度，而 $\Delta_r G_m$ 则可以用以判别某一反应自发进行的方向。但是化学热力学不能解决并回答某一反应究竟需要多长时间才能到达平衡状态，而化学反应速率问题本身也是化学工作者所要研究的重要课题之一。研究化学反应的机理，研究化学反应的速率，从而达到人为地控制反应的进行，这在化工实际生产过程及人们的实际生活中都具有极其重要的意义。

第一节 化学反应速率

一、化学反应速率的定义

化学反应速率可以直观地用单位时间内反应物浓度的减少或生成物浓度的增加来描述。例如，过氧化氢水溶液的分解反应：

$$H_2O_2(aq) \xrightarrow{I^-} H_2O(l) + \frac{1}{2}O_2(g)$$

为了表示该反应的反应速率，对不同时间内 H_2O_2 及 O_2 浓度进行测定，其数值如表 6－1 所示。

表 6－1 H_2O_2 水溶液的分解(298 K)及平均速率 $\bar{v}$

时间 t/min	$c_{H_2O_2}$ /mol·dm^{-3}	c_{O_2} /mol·dm^{-3}	$-\frac{\Delta c_{H_2O_2}}{\Delta t}$ /mol·dm^{-3}·min^{-1}	$\frac{\Delta c_{O_2}}{\Delta t}$ /mol·dm^{-3}·min^{-1}	$\bar{v}=\frac{1}{\nu_B}(\Delta c_B/\Delta t)$ /mol·dm^{-3}·min^{-1}
0	0.80				
20	0.40	0.20	0.02	0.01	0.02
40	0.20	0.30	0.01	0.005	0.01
60	0.10	0.35	0.005 0	0.002 5	0.005 0
80	0.050	0.375	0.002 5	0.001 25	0.002 5

在一些教材中化学反应速率定义为单位时间内生成物浓度的增加或反应物浓度的减少。显然，由于反应式的计量系数 ν 数值不同，同一反应在同一时刻，不同物质的浓度变

化速率是不同的。例如在表 6-1 中，$-\Delta c_{H_2O_2}/\Delta t$ 与 $\Delta c_{O_2}/\Delta t$ 在数值上就完全不同，因此这样定义化学反应速率是不妥当的。

根据国标 GB3102.8—86，化学反应速率的定义是反应进度 ξ 随时间的变化率，即对于 $aA + bB = gG + dD$ 反应，反应速率 J 为：

$$J = d\xi/dt$$

式中：ξ 为反应进度，t 为时间。由于反应进度的改变 $d\xi$ 与物质 B 的物质的量的改变 dn_B 有如下关系：

$$d\xi = \frac{1}{\nu_B} dn_B \tag{6-1}$$

式中：ν_B 为物质 B 在反应式中的计量系数，对于反应物而言，它取负值，表示减少；对生成物而言，它取正值，表示增加。这样，化学反应速率被定义为：

$$J = \frac{1}{\nu_B} \cdot \frac{dn_B}{dt} \tag{6-2}$$

因此反应速率的 SI 单位是$[J]_{SI} = mol/s$。

若反应系统的体积为 V，且 V 不随时间而变，则可以以下式定义反应 $aA + bB = gG + dD$ 的反应速率 v：

$$v = J/V = \nu_B^{-1} V^{-1} (dn_B/dt)$$

即

$$v = \nu_B^{-1}(dc_B/dt) = -\frac{1}{a}(dc_A/dt) = -\frac{1}{b}(dc_B/dt)$$

$$= \frac{1}{g}(dc_G/dt) = \frac{1}{d}(dc_D/dt) \tag{6-3}$$

式中：c_B 为反应体系中物质 B 的量的浓度。

显然，这种定义的反应速率的 SI 单位为 $[v]_{SI} = mol \cdot dm^{-3} \cdot min^{-1}$ 或 $mol \cdot dm^{-3} \cdot s^{-1}$。

在此需要指出的是：①在化学反应过程中，反应物逐渐被消耗，生成物逐渐增加，因此，它们的物质的量(或浓度)是时刻在变化着的，所以在这时定义的反应速率是指某一时刻的反应速率，是瞬时速率，而不是平均速率。对于有限量的变化来说，平均速率的定义是：

$$\overline{v} = \nu_B^{-1}(\Delta c_B/\Delta t) \tag{6-4}$$

②这样定义反应速率后，我们无论选择反应中的任何物质 B 来表示反应速率，其数值上都是一样的。③瞬时速率的测定可以由作图法得到。对于表 6-1 数据，可以以反应进度 ξ 对时间作图得到图 6-1。例如求 A 点的瞬时速率只需作 A 点切线，其直线斜率在数

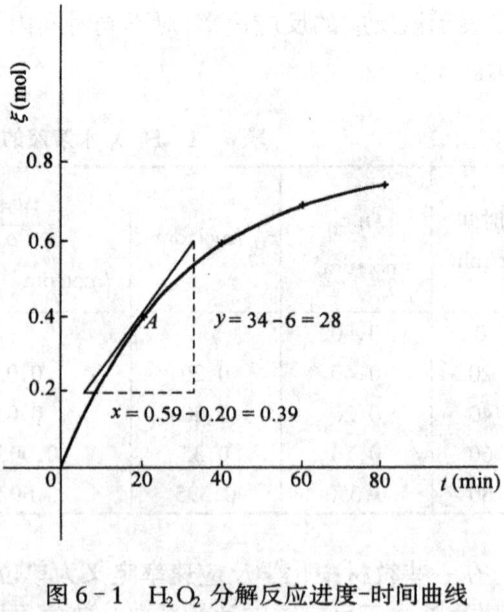

图 6-1 H_2O_2 分解反应进度-时间曲线

值上就表示了 A 时刻的瞬时速率，如 A 点切线斜率：

$$S = (0.59 - 0.20)/(34 - 6) = 0.014\ \text{mol}\cdot\text{dm}^{-3}\cdot\text{min}^{-1}$$

代表了第 20 min 时，该反应在 $c_{H_2O_2} = 0.40\ \text{mol}\cdot\text{dm}^{-3}$时的反应速率。

二、反应速率的基本理论

我们都知道化学反应的本质是旧键的破坏和新键的生成。要实现化学反应，先决条件是反应物分子间的相互接触。实际上，并非每次分子间的接触都能发生化学反应，因为如果每一次碰撞都能发生反应的话，气体反应的速率便应该是相同的，因为在相同条件下(同温、同压、同浓度条件下)，任何气体在单位时间内的碰撞次数都是相同的。例如常温下，在 A，B 气体混合物中，当 A，B 的分压达 10^5 Pa 时，A，B 间的碰撞频率将达 10^{38} 次$\cdot\text{s}^{-1}\cdot\text{dm}^{-3}$，如果每一次碰撞都会发生反应，那么气体 A，B 间的“反应速率”(初速度)将会达到 $10^{14}\ \text{mol}\cdot\text{dm}^{-3}\cdot\text{s}^{-1}$，而事实上，不同的气体反应其速率差异相当大。如何解释这些差异性，这就需要进一步了解反应速率的理论。目前较普遍使用的有碰撞理论(collision theory)(1918 年 Lewis)及过渡状态理论(transition state theory)(1935 年后 Eyring 和 Polanyi)。

1. 碰撞理论

我们可以想象，气体 A，B 的反应中，如果两个分子以极大的速度相碰，使其深入到对方分子的内部，克服电场斥力，才有可能实现旧键的破坏及新键的形成，即实现化学反应。显然，一般的分子间碰撞，由于不具有极大的速度与能量，它们的碰撞是不会导致化学反应，是无效的碰撞。根据分子运动论学说，在一定温度下，气体分子的能量应符合不对称峰形分布曲线(图 6-2)，由图可以看出，一定温度下具有较高能量的气体分子是极少的。在图 6-2 中，横坐标是分子动能，纵坐标表示分了动能处于 $E \sim (E+\Delta E)$ 区间内的分子数 ΔN 占总体分子数(N)的分数。因此$\frac{\Delta N}{N}\cdot\frac{1}{\Delta E}$表示了能量为 E 的分子占总体分子 N 的百分数。

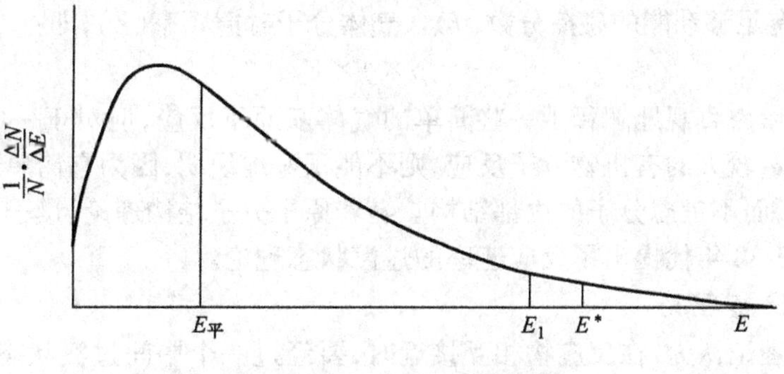

图 6-2　气体分子能量分布曲线 E

图 6-2 表明，在一定温度下，气体体系中有不同动能的分子。分子的能量可以以平均动能 $E_平$ 表示。如果我们把可以发生反应的分子间碰撞称为“有效碰撞”，那末，这种分子称为“活化分子”，具有最低能量的活化分子与具有气体分子平均能量的分子间的能量

差称为活化能 E_a(energy of activation)。如图中,$E_平$ 代替气体分子平均动能,E_1 表示活化分子最低能量,它们之间的差 $E_a = E_1 - E_平$ 即为活化能*。

根据碰撞理论,气体反应的反应速率应与碰撞频率 Z,分子有效碰撞分数 f 以及方位因子 p 有关,我们以 $NO_2(g) + F_2(g) \longrightarrow 2NO_2F(g)$ 反应加以说明。该反应机理是① $NO_2 + F_2 = NO_2F + F$(慢反应);② $F + NO_2 = NO_2F$(快反应),因此反应速率由第①步反应决定。讨论以下三种情况:

ⓐ 

ⓐ是非反应性碰撞,由于分子具有的动能小于活化分子的最低能量。

ⓑ 

ⓑ是反应性碰撞,由于碰撞分子具有足够大的动能(活化分子),而且碰撞的相对方向正确。

ⓒ 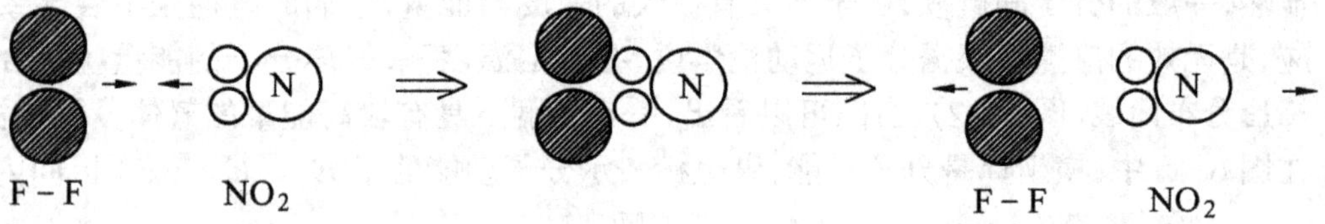

ⓒ是非反应性碰撞,虽然分子具有足够大的能量,但由于碰撞的方位不对,不会发生反应。

可见,在碰撞理论中,气体反应的速率取决于三种因素:反应速率 = 正确取向的碰撞分数(p)× 具有足够动能的碰撞分数(f)× 气体分子碰撞频率(Z),即:

$$v = p \times f \times Z_{AB} \tag{6-4}$$

碰撞理论形象直观地解释了一些简单的气体双原子反应,但对于一些较复杂的反应以及某些分子量较大的有机物分子反应,则不能很好地说明,因为它简单地将反应分子看作为刚性球体,而不考虑分子的内部结构。随着原子分子结构理论、量子化学及统计力学的发展,本世纪 30 年代提出了反应速率的过渡状态理论。

2. 过渡状态理论

过渡状态理论认为,在反应物相互接近时,要经过一个中间过渡状态,即形成所谓的活化络合物,这时,由于分子的化学键要重排,分子的能量也要重新分配。中间状态的活化络合物的位能既高于始态,也高于终态,因此它是不稳定的,本身既可以分解为反应物

* 也有教材定义活化能为活化分子具有的平均能量 E^* 与整个反应物分子平均能量之差,即 $E_a = E^* - E_平$。

分子,也可以分解为产物分子。图 6-3 表示了反应历程的变化。由图可见,活化络合物和反应物(或生成物)存在能垒,这一能垒被称为正反应(或逆反应)的活化能。显然,在活化络合物理论中,活化能的概念与碰撞理论中活化能的定义有本质的区别,它将活化能与键能联系起来,被赋于更明确的意义,揭示了活化能的本质。

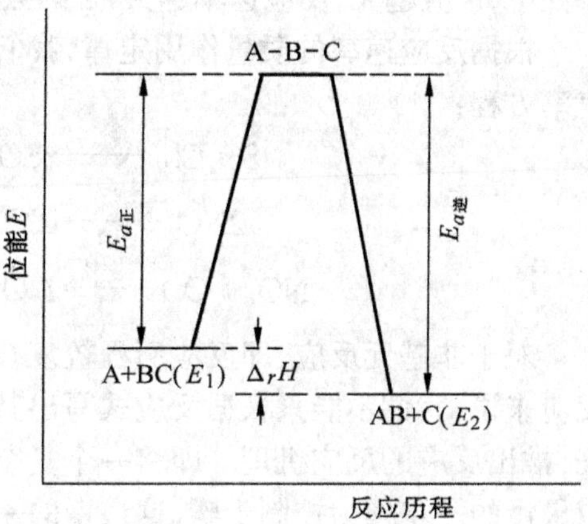

图 6-3 过渡态位能示意图

由图 6-3 可见,正反应活化能与逆反应活化能之差就是反应热:

$$E_{a正} - E_{a逆} = \Delta_r H$$

由于不同分子的化学键不同,键能也不同,因此在反应中要改组这些键需消耗的能量也不同(活化能不同)。因此,不同物质的反应有不同的反应速率,这就是说,活化能是决定反应速率的内在因素。

通常,一般的化学反应活化能在 60~250 kJ·mol^{-1}之间;活化能小于 40 kJ·mol^{-1}时,反应速度极快,以致反应速率无法用实验测定;活化能大于 400 kJ·mol^{-1}时,反应速率就太慢了。

第二节 影响反应速率的因素

不言而喻,影响化学反应速率的内因是反应的活化能大小,外因则包括浓度、温度、催化剂因素,以下分别给以讨论。

一、浓度对化学反应速率的影响

由图 6-1 可以看到,随着反应进度的增大,反应物浓度不断减少,曲线斜率变小,反应速率变小,可见,反应速率随反应物浓度减小而变小。例如,在 $c_{H_2O_2} = 0.40$ mol·dm^{-3}时反应速率为 0.014 mol·min^{-1},而浓度为 $c_{H_2O_2} = 0.20$ mol·dm^{-3}时反应速率为 0.007 5 mol·min^{-1},表明该反应的反应速率与反应物的浓度成正比。

实验测定表明,对于简单反应而言,即反应物分子在有效碰撞中经过一次化学变化就转变为产物的反应(又称基元反应,elementary reaction),化学反应速率方程式可以由质量作用定律描述,即对于

$$a\mathrm{A} + b\mathrm{B} = g\mathrm{G}$$

$$v = -\frac{1}{a}\frac{\mathrm{d}c_\mathrm{A}}{\mathrm{d}t} = -\frac{1}{b}\frac{\mathrm{d}c_\mathrm{B}}{\mathrm{d}t} = \frac{1}{g}\frac{\mathrm{d}c_\mathrm{G}}{\mathrm{d}t} = k(c_\mathrm{A})^a \cdot (c_\mathrm{B})^b \qquad (6-5)$$

式中:k 称为该反应的速率常数,显然,它可以被理解为当反应物浓度都为单位浓度时的反应速率。k 是由化学反应本身决定的,是化学反应在一定温度时的特征常数。在相同

条件下，k 值越大，反应速率越大，k 的数值与反应物浓度无关。

根据反应速率的质量作用定律，我们可以十分容易地写出以下几个基元反应的反应速率方程：

$$SO_2Cl_2 \longrightarrow SO_2 + Cl_2 \qquad v = k_1 c_{SO_2Cl_2}$$

$$2NO_2 \longrightarrow 2NO + O_2 \qquad v = k_2 (c_{NO_2})^2$$

$$NO_2 + CO \longrightarrow NO + CO_2 \qquad v = k_3 c_{NO_2} \cdot c_{CO}$$

对于非基元反应，即反应历程较复杂、反应物分子需经几步反应才能转化为生成物的反应来说，我们不能只根据反应式写出其反应速率方程，而必须根据实验测定的结果及验证，推出反应的反应机理。即将一个复杂的非基元反应分解成若干个基元反应，以其中反应最慢的一步作为控制步骤，这最慢的一个反应就控制了该复杂反应的反应速率。关于复杂反应的速率方程表达式推导将在下面进一步讨论。

因此，对于一个基元反应：

$$a\mathrm{A} + b\mathrm{B} = g\mathrm{G} + d\mathrm{D}$$

$$v = k(c_{\mathrm{A}})^a \cdot (c_{\mathrm{B}})^b$$

$a + b$ 在数值上表示该反应的级数，它可以是整数，分数或零。对于以上反应是 $a + b$ 级反应，对于物质 A 是 a 级反应，对于物质 B 是 b 级反应。显而易见，反应级数表示了反应速率与物质的量浓度的关系，零级反应就表示了反应速率与反应物浓度无关的反应。由速率常数的单位我们可以轻易地判断反应级数。例如，在零级反应中，$v = k(c_{\mathrm{A}})^0$，k 的量纲为 $\mathrm{mol \cdot dm^{-3} \cdot s^{-1}}$；在一级反应中，$v = kc_{\mathrm{A}}$，$k$ 的量纲为 $\mathrm{s^{-1}}$；在二级反应中，$v = k(c_{\mathrm{A}})^2$，k 的量纲为 $\mathrm{dm^3 \cdot mol^{-1} \cdot s^{-1}}$；在 3/2 级反应中，$v = k(c_{\mathrm{A}})^{3/2}$，$k$ 的量纲为 $\mathrm{dm^{3/2} \cdot mol^{-1/2} \cdot s^{-1}}$，等等。由以上讨论可见浓度对反应速率的影响，对此的直观解释是由于浓度的增大，单位体积内活化分子数目增大，单位时间内有效碰撞次数增加，反应速率加大。

对于气体反应来说，除了可以用浓度表示速率方程外，还可以用气体分压表示。例如：

$$2NO_2 \longrightarrow 2NO + O_2$$

$$v = k_c (c_{NO_2})^2$$

或

$$v = k_p (p_{NO_2})^2$$

显然

$$k_c \neq k_p$$

二、温度对化学反应速率的影响

实验表明，一般来说，在固定浓度不变时，反应体系温度每升高 10 K，反应速率增大 2～3 倍。对此的直观解释是由于温度升高时，分子的运动速度增大，活化分子数目增大，有效碰撞次数随之增大，反应速率增大。

Arrhenius 于 1889 年根据实验提出，在一定的温度范围内，反应速率常数 k 与反应温度 T 存在以下关系：

$$k = A \cdot e^{-E_a/RT} \tag{6-6}$$

式中：A 为反应的频率因子，对一确定的化学反应是一常数，显然 A 与 k 是同一量纲；E_a 为反应活化能；R 为 $8.314\ J \cdot mol^{-1} \cdot k^{-1}$；$T$ 为热力学温度。由(6-6)式可得：

$$\ln k = -\frac{E_a}{RT} + \ln A \tag{6-7}$$

可见，温度上升时，速率常数 k 将增大，反应速率加大。(6-7)式可写为：

$$\lg k = -\frac{E_a}{2.303\,RT} + \lg A \tag{6-8}$$

这是一个 $y = ax + b$ 类型的直线方程，利用这一方程可以求出反应的实验活化能 E_a 及 k 值。例如表 6-2，列出了 $2N_2O_5(g) \rightleftharpoons 4NO_2 + O_2$ 在不同温度下的反应速率常数，图 6-4 是根据数据作的 $\lg k - \frac{1}{T}$ 图，利用图 6-4 可求出任一温度下该反应的 k 及 E_a 值。

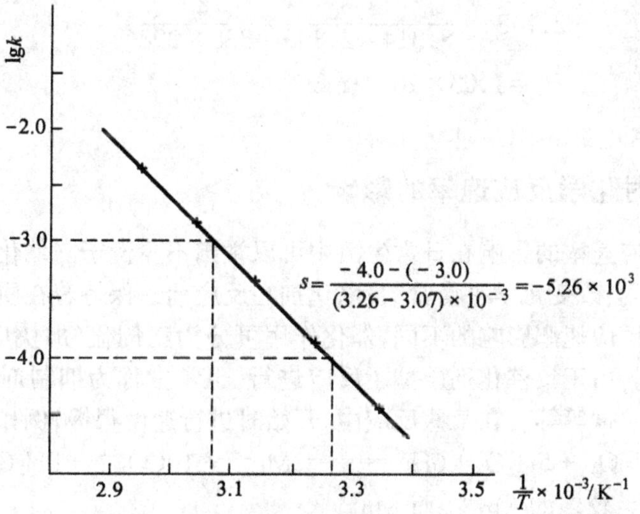

图 6-4　N_2O_5 分解反应的 $\lg k - \frac{1}{T}$ 图

表 6-2　在不同温度下 $2N_2O_5 \rightleftharpoons 4NO_2 + O_2$ 的 k

T/K	$\frac{1}{T}/K^{-1}$	k/S^{-1}	$\lg k$
338	2.96×10^{-3}	487×10^{-5}	-2.31
328	3.05×10^{-3}	150×10^{-5}	-2.82
318	3.15×10^{-3}	49.8×10^{-5}	-3.30
308	3.25×10^{-3}	13.5×10^{-5}	-3.87
298	3.36×10^{-3}	3.46×10^{-5}	-4.46

显然，直线的斜率 $s = -\frac{E_a}{2.303\,R}$，其中 E_a 称为实验活化能或表观活化能。对于基元反应而言，它代表了该基元反应的活化能；对于复杂反应，它只是各基元反应活化能的代数和。

由 Arrhenius 反应速率公式可以推得以下两点式方程：

$$\ln\frac{k_2}{k_1}=\frac{E_a}{R}\left(\frac{T_2-T_1}{T_1\times T_2}\right) \tag{6-9}$$

或

$$\lg\frac{k_2}{k_1}=\frac{E_a}{2.303R}\left(\frac{T_2-T_1}{T_1\times T_2}\right) \tag{6-10}$$

从(6-9)或(6-10)式可清楚地看到：$T_2>T_1$ 时，则 $k_2>k_1$(因为 E_a 永远是正值)。例如，在 N_2O_5 的分解反应中，由 $\lg k-\frac{1}{T}$图计算，$E_a=-2.303R\cdot s=-2\cdot 303\times 8.314\times s=1\times 10^5\ J\cdot mol^{-1}(s=-5.26\times 10^3)$。当然，也可以利用(6-9)或(6-10)式计算：

$$\lg\frac{487\times 10^{-5}}{3.46\times 10^{-5}}=\frac{E_a}{8.314\times 2.303}\left(\frac{338-298}{338\times 298}\right)$$

$$2.1484=\frac{E_a}{8.314\times 2.303}\times\frac{40}{338\times 298}$$

$$E_a=1.03\times 10^5\ J\cdot mol^{-1}$$

其结果是相接近的。

三、催化剂对化学反应速率的影响

催化剂对于反应速率的影响在日常生活中可以举出不少例子。催化剂可以显著地改变反应的速率，但不会改变化学平衡常数；催化剂在反应前后保持着在质量与组成上的不变。根据催化剂对反应速率影响的不同，催化作用可分为正催化(加快反应速率)和负催化(减慢反应速率)。由于负催化剂压抑了反应进行，也常常称为抑制剂，如橡胶、塑料工业中采用的抗老(化)剂等等。在某些反应中，开始时进行速度很慢，例如：

$$2MnO_4^- + 5H_2O_2 + 6H^+ \xlongequal{\quad} 2Mn^{2+} + 10CO_2\uparrow + 8H_2O$$

随着反应进行而产生较多的 Mn^{2+}，而 Mn^{2+} 产物对该反应有催化作用，从而使反应速率大大加快，这种作用称为自动催化作用。

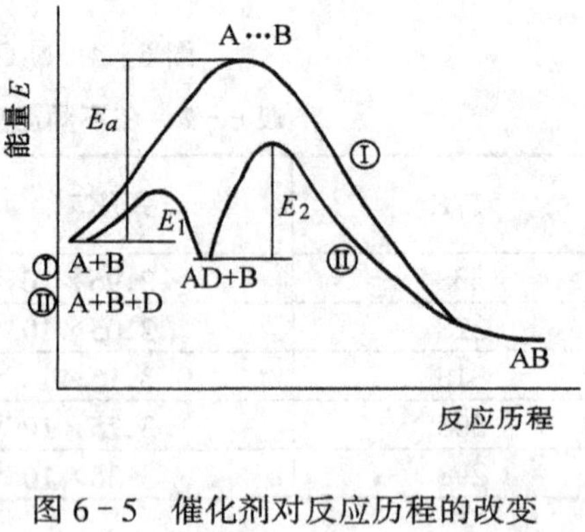

图 6-5　催化剂对反应历程的改变

催化剂为什么能改变化学反应的速率？目前的解释多数认为由于催化剂参加了反应，改变了反应历程，降低了反应活化能。用图 6-5 可以对催化作用加以说明。由图可见，催化剂 D 的加入，改变了反应的历程(机理)，使反应沿一条活化能低的捷径进行，反应速率大大地加快。但是催化剂的加入并不可以改变反应体系的始终态，因此反应的自由能变 $\Delta_r G_m^{\circ}$ 不会因为催化剂的加入而发生改变。根据 $-\Delta_r G_m^{\circ}=RT\ln K^r$，$K^r$ 也不会因催化剂的加入而发生变化。这就是说，催化剂只能解决反应的途径的动力学问题，而完全不涉及反应进行的程度与方向性这一热力学问题。因此，对那些热力学已证明不能自发进行的过程，使用任何催化剂都是徒劳的。

显然，催化剂的加入对正反应起到加速的作用，对同一反应的逆反应也起到加速的作用，它起到的作用只是缩短平衡到达的时间，加快平衡的到来。

根据催化机理的不同，催化可以分为化学催化、生物催化及物理催化。物理催化包括光电催化、电催化；生命体中各种酶的催化作用是生物催化；化学催化又可以根据相的差异分为均相催化及非均相催化等。通常，对于均相催化多采用中间活化配合物来解释，它多是气相或液相反应。例如乙醛的热分解反应：

$$CH_3CHO \longrightarrow CH_4 + CO \qquad E_a = 190\ kJ \cdot mol^{-1}$$

在以 I_2 作催化剂时：

$$CH_3CHO \xrightarrow{I_2} CH_4 + CO \qquad E_a = 136\ kJ \cdot mol^{-1}$$

因为后者形成 CH_3I 中间化合物：

$$CH_3CHO + I_2 \longrightarrow CH_3I + HI + CO$$

$$CH_3I + HI \longrightarrow CH_4 + I_2$$

使反应活化能大大降低。

非均相催化或多相催化在有机化学、石油化工生产、无机化工中有广泛应用。这类催化之所以可以降低活化能，常常用“吸附作用”来说明，例如 N_2O 的分解反应：

$$2N_2O = 2N_2 + O_2 \qquad E_a = 250\ kJ \cdot mol^{-1}$$

在用金粉作催化剂时，由于金粉的吸附作用而形成 N≡N—O⋯Au 中间产物，削弱了 N_2O 中 N—O 键，使反应活化能降到 $120\ kJ \cdot mol^{-1}$：

$$2N_2O \stackrel{Au}{=\!=} \underset{\vdots \atop Au}{N \equiv N—O} \longrightarrow 2N_2 + O_2 \qquad E_a = 120\ kJ \cdot mol^{-1}$$

目前多相催化的研究集中在过渡金属族的各种化合物上，包括有机金属络合物、金属氧化物和含氧酸盐几大类型，它们正构成无机化学学科一个非常活跃的领域。

催化剂有四大特征，即催化活性、催化剂选择性、催化剂稳定性及催化剂再生性，通常以这四大特性对催化剂性能进行评估。催化剂的选择性有着十分重要的现实意义，例如乙醇脱氢生成乙醛或乙醇脱水变成乙烯的反应，在热力学上都是可以自发进行的，但选用不同的催化剂，可以选择不同的反应方向：

$$C_2H_5OH \xrightarrow{Cu} CH_3CHO + H_2$$

$$C_2H_5OH \xrightarrow{Al_2O_3} C_2H_4 + H_2O$$

再如乙烯的氧化反应，以下三种都是可以自发进行的：

$$C_2H_4 + \frac{1}{2}O_2 \longrightarrow \underset{\diagdown\ O\ \diagup}{CH_2—CH_2} \quad \text{（用 Ag 作催化剂）}$$

$$C_2H_4 + \frac{1}{2}O_2 \longrightarrow CH_3CHO \quad \text{（用 } CuCl_2 - PdCl_2 - HCl \text{ 溶液催化）}$$

$$C_2H_4 + \frac{1}{2}O_2 \longrightarrow 2CO_2 + 2H_2O$$

环氧乙烷、乙醛都是重要有机化工原料，选用合适催化剂，可以定向地生产专一的产品。烯烃经这一转化生成重要的有机原料，这是石油化学在60年代的重要成就之一。

催化剂的选择性通常用“锁钥模型”加以说明。由于催化剂表面的活性中心是具有一定的特殊几何构型和尺寸的空穴，会对形状与尺寸大小适宜的反应物粒子进行吸附，形成活化的中间络合物。图6-6只是一个简单的图示，实际上活化中心的结构是相当复杂的，其理论仍在探索中。

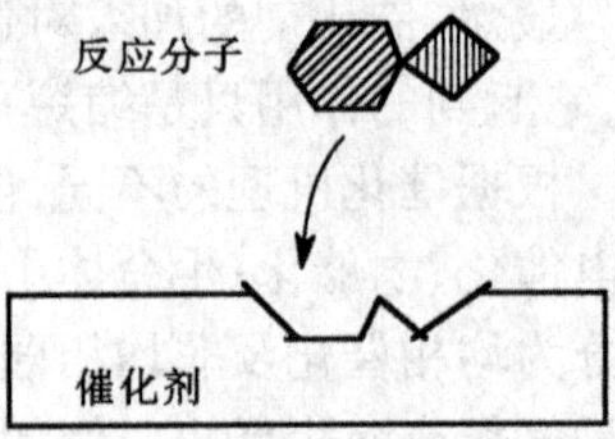

图6-6 锁钥模型

催化剂的稳定性包括对热的稳定性以及对非反应物的杂质成分的稳定性。由于杂质成分的存在，会使催化剂活性显著下降，甚至失活，这就是工厂中常说的触媒中毒。触媒中毒后，有时可通过适当处理，如清洗、烧碳或其他化学物理方法，使催化剂恢复催化活性，这叫催化剂的再生。一个具有良好性能的催化剂的研制及应用，必须从这几方面来加以考虑 。

第三节 反应的级数及反应机理的测定

前面我们已经提到反应级数的概念。反应级数如何确定？各级反应中速率与浓度对应着什么关系？现在分别给予讨论。

一、零级反应

设反应 A→B 是零级反应，则由(6-3)式有：

$$v=-\frac{dc_A}{dt}=k(c_A)^0$$

即 $$\frac{dc_A}{1}=-k\,dt$$

等式两边积分，积分区间为 $c: c_{A_0}\rightarrow c_A$，$t: 0\rightarrow t$，则：

$$\int_{c_{A_0}}^{c_A}dc_A=-k\int_0^t dt$$

$$(c_A-c_{A_0})=-k(t-0)$$

$$c_A=-kt+c_0$$

这是 $y=ax+b$ 型的直线方程，作图，纵坐标为浓度 c，横坐标是反应时间 t，直线斜率的负值是速率常数 k。例如反应：

$$N_2O\xrightarrow{Au}N_2+\frac{1}{2}O_2$$

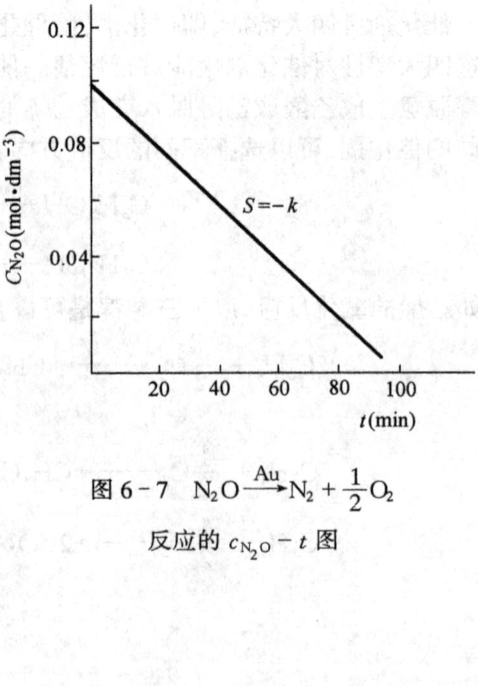

图6-7 $N_2O\xrightarrow{Au}N_2+\frac{1}{2}O_2$ 反应的 $c_{N_2O}-t$ 图

是零级反应，其 $c-t$ 图见图6-7所示。零级反应实际上是匀速反应，酶的催化反应、光敏反应往往是零级反应。

二、一级反应

设反应 A→B 是一级反应，则由(6-3)式有：

$$v = -\frac{dc_A}{dt} = kc_A$$

即

$$\frac{dc_A}{c_A} = -k\,dt$$

等式两边积分，积分区间为 $c: c_{A_0} \to c_A, t: 0 \to t$，则

$$\int_{c_{A_0}}^{c_A} \frac{dc_A}{c_A} = -k\int_0^t dt$$

$$\ln c_A - \ln c_{A_0} = -kt$$

$$\ln c_A = -kt + \ln c_{A_0}$$

或

$$\lg c_A = -\frac{k}{2.303}t + \lg c_{A_0}$$

这是一个 $y = ax + b$ 型的直线方程，以 $\lg c_A$ 为纵坐标，反应时间 t 为横坐标作图，应得到一条直线，直线斜率 $s = -\frac{k}{2.303}$，截距为 $\lg c_{A_0}$，图 6-8 是反应

$$N_2O_5 \longrightarrow 2NO_2 + \frac{1}{2}O_2$$

的 $\lg c_{N_2O_5} - t$ 图。

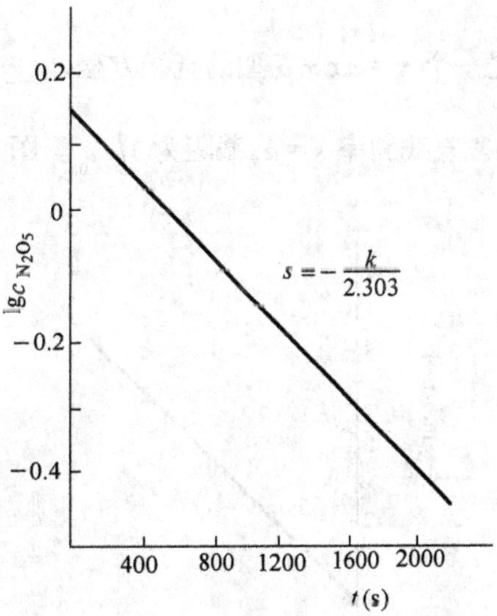

图 6-8　$N_2O_5 \longrightarrow 2NO_2 + \frac{1}{2}O_2$ 的 $\lg c_{N_2O_5} - t$ 图

可见，$\lg c_A - t$ 图呈线性关系的反应是一级反应的特征。

当 $c_A = \frac{1}{2}c_{A_0}$ 时，此时反应所需时间 $t = t_{1/2}$，是反应物消耗了一半的时间，这称为反应的半衰期。

$$\because \quad \lg\frac{c_A}{c_{A_0}} = \lg\frac{c_{A_0}/2}{c_{A_0}} = \lg\frac{1}{2} = -\frac{k}{2.303}t_{1/2}$$

$$\therefore \quad t_{1/2} = \frac{2.303\ \lg 2}{k} = \frac{0.693}{k} \qquad (6-9)$$

这就是说，在一级反应中，反应进行一半的时间 $t_{1/2}$ 与原始浓度无关。

放射性核衰变反应都是一级反应，常用半衰期表示核衰变速率的快慢。

三、二级反应

设反应 A→B 是二级反应，则由(6－3)式有：

$$v=-\frac{\mathrm{d}c_{\mathrm{A}}}{\mathrm{d}t}=k(c_{\mathrm{A}})^2$$

$$\frac{\mathrm{d}c_{\mathrm{A}}}{(c_{\mathrm{A}})^2}=-k\mathrm{d}t$$

对等式两边积分，积分区间为 $c:c_{\mathrm{A}_0}\to c_{\mathrm{A}}$，$t:0\to t$，则

$$\int_{c_{\mathrm{A}_0}}^{c_A}\frac{\mathrm{d}c_{\mathrm{A}}}{(c_{\mathrm{A}})^2}=\int_0^t-k\mathrm{d}t$$

$$\frac{1}{c_{\mathrm{A}}}\Bigg|_{c_{\mathrm{A}_0}}^{c_{\mathrm{A}}}=kt\Big|_0^t$$

$$\frac{1}{c_{\mathrm{A}}}-\frac{1}{c_{\mathrm{A}_0}}=kt$$

即
$$\frac{1}{c_{\mathrm{A}}}=kt+\frac{1}{c_{\mathrm{A}_0}}$$

这是一个 $y=ax+b$ 型的直线方程，以$\frac{1}{c}$为纵坐标，t 为横坐标，作$\frac{1}{c}-t$ 图，应得一直线(图 6－9)。直线斜率 $s=k$，截距为 $1/c_{\mathrm{A}_0}$。图 6－9 是 $2HI\longrightarrow H_2+I_2$ 反应的$\frac{1}{c_{\mathrm{HI}}}-t$ 图。

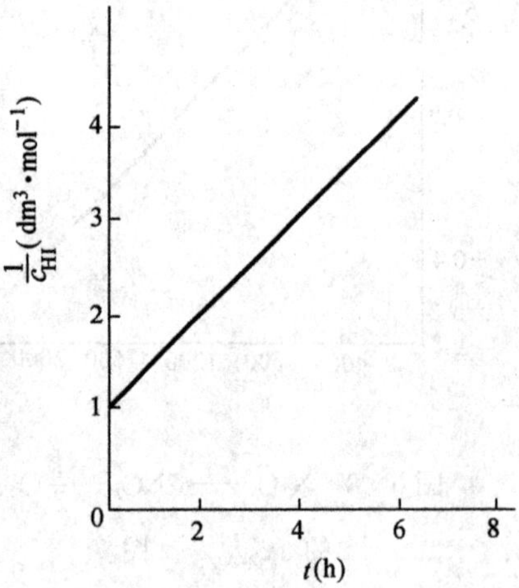

图 6－9　$2HI\longrightarrow H_2+I_2$ 分解反应的$\frac{1}{c_{\mathrm{HI}}}-t$ 图

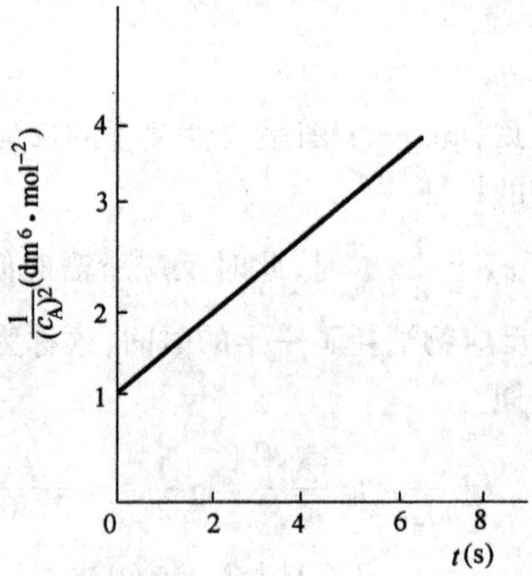

图 6－10　三级反应$\frac{1}{(c_{\mathrm{A}})^2}-t$ 图

四、三级反应

设反应 A→D 是三级反应，则由(6－3)式有：

$$v = -\frac{dc_A}{dt} = k(c_A)^3$$

$$\frac{dc_A}{(c_A)^3} = -k\,dt$$

等式两边积分，积分区间分别为 $c: c_{A_0} \to c_A, t: 0 \to t$，则

$$\int_{c_{A_0}}^{c_A} \frac{dc_A}{(c_A)^3} = -\int_0^t k\,dt$$

$$\frac{1}{(c_A)^2} - \frac{1}{(c_{A_0})^2} = 2kt$$

即

$$\frac{1}{(c_A)^2} = 2kt + \frac{1}{(c_{A_0})^2}$$

同样，这也是 $y = ax + b$ 型的直线方程，以 $\frac{1}{(c_A)^2}$ 为纵标，t 为横标，作图，应得一直线，如图 6-10 所示，直线斜率 $s = 2k$。

由以上讨论可知，欲确定某一反应的级数，必须依靠实验测定。例如我们可以测定反应不同时刻的浓度，再分别以 $c-t$，$\ln c-t$，$\frac{1}{c}-t$ 或 $\frac{1}{c^2}-t$ 作图，当图形显示是直线时分别表示反应是零、一、二、三级反应。

五、反应机理的确定

对于大多数化学反应来说，它们都不是基元反应，因此，我们不能简单地根据反应式写出化学反应速率方程表达式，我们只有通过实验去找出速率方程表达式，再推出这个反应的反应机理(reaction mechanism)。

例如，N_2O_5 的分解反应 $2N_2O_5 = 4NO_2 + O_2$ 是复杂反应。实验表明，它在 318 K 时，在 CCl_4 溶剂中分解的数据如表 6-3 中所示：

表 6-3　$2N_2O_5 = 4NO_2 + O_2$ 分解反应的实验数据(318 K)

t/s	0	400	800	1 200	1 600	2 000
$c_{N_2O_5}$/mol·dm^{-3}	1.4	1.10	0.87	0.68	0.53	0.42
$\lg c_{N_2O_5}$	0.146	0.041	−0.060	−0.17	−0.28	−0.38

它是一级反应，因此速率方程表达式为 $v = k \cdot c_{N_2O_5}$，为此，人们提出以下的反应机理：

$$N_2O_5 \xrightarrow{\text{慢}} N_2O_3 + O_2 \quad \text{(速度控制步骤)}$$

$$N_2O_3 \xrightleftharpoons{\text{快}} NO + NO_2$$

$$2NO + O_2 \xrightleftharpoons{\text{快}} 2NO_2$$

再如，$2NO_2(g) + F_2(g) = 2NO_2F$ 也是一个复杂反应，据实验测定，其反应机理为：

$$NO_2 + F_2 \xrightarrow{k_1} NO_2F + F \qquad \text{（慢步骤）}$$

$$F + NO_2 \rightleftharpoons NO_2F \qquad \text{（快步骤）}$$

因此速率方程表达式为

$$v = k_1 c_{NO_2} \cdot c_{F_2}$$

有时，某些反应的速率表达式似乎与按反应方程式的质量作用定律写出的速率方程表达式在形式上是一致的，但这不能说明该反应就是简单反应，例如：

$$2NO(g) + O_2(g) = 2NO_2(g)$$

反应的速率方程表达式为 $v = kc_{NO_2} \cdot c_{O_2}$，在形式上与由简单反应得到的表达式是一致的，但这只是一个巧合而已，事实上，反应机理是：

$$2NO \rightleftharpoons N_2O_2 \qquad \text{快步骤}$$

$$N_2O_2 + O_2 \xrightarrow{\text{慢}} 2NO_2 \qquad \text{（速度控制步骤）}$$

$$\therefore \quad v = kc_{N_2O_2} \cdot c_{O_2}$$

$$\because \quad \frac{c_{N_2O_2}}{c_{NO}^2} = K$$

$$\therefore \quad c_{N_2O_2} = K \cdot c_{NO}^2$$

代入上式，有

$$v = k \cdot Kc_{NO}^2 \cdot c_{O_2} = k' c_{NO}^2 \cdot c_{O_2}$$

综上所述，为了确定 $A + B \longrightarrow$ 产物反应的级数，可以做一系列实验来确定 c_A 随时间的变化。先使 $c_B \gg c_A$，使 c_B 在实际上保持不变，以实验结果作图，确定反应对 A 的级数；同样地在 $c_A \gg c_B$ 条件下，再确定反应对 B 的级数，从而得到总体反应的级数。但实际测定并非这样简单，往往需用到一些特殊方法，在此不再进一步讨论了。

本章教学要求

1. 掌握反应速率的意义及速率方程表达式。
2. 掌握碰撞理论、过渡态活化络合物理论及其应用。
3. 掌握活化能概念及其有关计算。
4. 了解一、二、三级反应及半衰期的意义及计算。

习　题

1. 简述碰撞理论和过渡状态理论的要点。
2. 什么是化学反应的平均速率、瞬时速率？它们有何联系与区别？
3. 化学反应的级数和反应分子数的区别是什么？
4. 写出反应 $aA + bB = cC + dD$ 的反应速率表达式。
5. 什么是基元反应？假设 $aA + bB = gG$ 是基元反应，试用质量作用定律描述该反应的化学反应速率。
6. 画出零级、一级、二级、三级反应浓度-时间的关系图，并写出各自的反应速率表达式。

7. 下表列出 HI 分解反应($2HI \xlongequal{} H_2(g) + I_2(g)$)在不同温度下的反应速率，试用两种方法确定该反应的活化能。

温度/℃	k
283	3.52×10^{-7}
302	1.22×10^{-6}
356	3.02×10^{-5}
374	8.59×10^{-5}
393	2.20×10^{-4}
410	5.12×10^{-4}
427	1.16×10^{-3}
443	2.50×10^{-3}
508	3.95×10^{-2}

8. 温度升高，反应速率加快。一般情况下，温度每升高 10 ℃(假设反应温度从 20 ℃升高到 30 ℃)，反应速率约增加 1 倍，如果某反应服从这一规律，试求该反应的活化能。

9. 什么是半衰期？试根据质量作用定律分别推导零级反应、一级反应的半衰期。

10. 反应 $2X + Y \xlongequal{} 2Z$ 的试验数据列表如下：

X 的起始浓度/$mol\cdot dm^{-3}$	Y 的起始浓度/$mol\cdot dm^{-3}$	起始速率/$mol\cdot dm^{-3}\cdot min^{-1}$
0.05	0.05	4.2×10^{-2}
0.10	0.05	8.4×10^{-2}
0.10	0.10	6.7×10^{-1}

请确定反应物 X 的反应级数。

11. 在 300 K 时，反应 $2NOCl(g) \xlongequal{} 2NO + Cl_2$ 的 NOCl 浓度和反应速率的数据如下：

NOCl 的起始浓度/$mol\cdot dm^{-3}$	起始速率/$mol\cdot dm^{-3}\cdot s^{-1}$
0.30	3.60×10^{-9}
0.60	1.44×10^{-8}
0.90	3.24×10^{-8}

① 写出反应速率方程式。

② 求出反应速率常数。

③ 如果 NOCl 的起始浓度从 0.30 $mol\cdot dm^{-3}$ 增大到 0.45 $mol\cdot dm^{-3}$，反应速率将增大多少倍？

12．根据实验测定，在一定温度范围内，$2NO + Cl_2 = 2NOCl$ 为基元反应。

① 写出该反应的速率方程式。

② 其他条件不变时，如果将反应容器的体积增大到原来的 2 倍，反应速率将如何变化？

③ 如果体积不变，将 NO 的浓度增大到原来的 3 倍，反应速率将如何变化？

13．实验测定，HI 的分解反应 $2HI(g) = H_2(g) + I_2(g)$ 在 $c_{HI} = 1.0\times10^{-3} mol\cdot dm^{-3}$ 时，500℃下，每升气体会产生 3.5×10^{29} 次$\cdot s^{-1}$ 的碰撞，如果每次碰撞都会发生化学反应，试计算 HI 的分解反应的速率？实验测定，该反应实际反应速率是 1.2×10^{-8} $mol\cdot dm^{-3}\cdot s^{-1}$，试求 HI 气体中活化分子的百分数（设每次活化分子的相互碰撞都产生反应）。

14．臭氧的热分解反应机理是：

$$O_3 = O_2 + O \qquad 快$$

$$O + O_3 \longrightarrow 2O_2 \qquad 慢$$

试推导反应速率方程式。

15．反应 $2NO_2 + F_2 = 2NO_2F$ 的反应机理是：

$$NO_2 + F_2 \longrightarrow NO_2F + F \qquad 慢$$

$$F + NO_2 = NO_2F \qquad 快$$

试推导反应速率方程式。

16．N_2O_5 的分解反应 $2N_2O_5 = 4NO_2 + O_2$ 是复杂反应。实验测定：318 K 时，它在 CCl_4 溶剂中分解的数据如下：

t/s	0	400	800	1 200	1 600	2 000
N_2O_5 的浓度/$mol\cdot dm^{-3}$	1.4	1.10	0.87	0.68	0.53	0.42

试确定反应的速率方程式，并据此提出合理的反应机理（假设 $N_2O_5 \longrightarrow N_2O_3 + O_2$ 反应为控制步骤）。

17．某抗菌素在人体血液中呈现一级反应，给病人在上午 8 点注射一针抗菌素，然后在不同时刻 t 测定抗菌素在血液中的浓度 c（以 0.01 $mg\cdot cm^{-3}$ 表示），得到以下数据：

t/h	4	8	12	16
c/0.01 $mg\cdot cm^{-3}$	0.480	0.326	0.222	0.151

① 求反应的速率常数和半衰期。

② 若抗菌素在血液中浓度不低于 3.7×10^{-3} $mg\cdot cm^{-3}$ 才有效，问约何时再注射第二针？

18. 在“碘钟”实验中，I_3^-离子形成的起始速率用淀粉-碘络合物显蓝色所需的时间 t 来度量。反应 $3I^- + S_2O_8^{2-} \longrightarrow I_3^- + 2SO_4^{2-}$ 的速率用碘钟技术来研究得到下列数据：

实验编号	$c_{I_0^-}$ /mol·dm^{-3}	$c_{S_2O_8^{2-}}$ /mol·dm^{-3}	t/s
1	0.080 0	0.040 0	44.0
2	0.080 0	0.080 0	22.1
3	0.160 0	0.020 0	43.9
4	0.040 0	0.040 0	88.0

若编号 5 用 $c_{I_0^-} = 0.120$ mol·dm^{-3}，$c_{S_2O_8^{2-}} = 0.040\ 0$ mol·dm^{-3}，溶液显蓝色的时间应是多少？

19. 反应 $2NO + O_2 = 2NO_2$ 的反应速率方程式是：$v = k(c_{NO})^2 \cdot c_{O_2}$。能否据此断言该反应为基元反应？

20. 在 800 K 时，某反应的活化能为 182 kJ·mol^{-1}，当有某种催化剂存在时，该反应的活化能降为 151 kJ·mol^{-1}，问加入催化剂后，该反应的速率增大了多少倍(假定加入催化剂后频率因子不变)？

21. 3 价钒离子被催化氧化为 +4 价状态的反应机制被认为是：

$$V^{3+} + Cu^{2+} \longrightarrow V^{4+} + Cu^{+}\ (慢)$$

$$Cu^{+} + Fe^{3+} \longrightarrow Cu^{2+} + Fe^{2+}\ (快)$$

问：① 总的反应式是什么？

② 哪种离子为催化剂？

第七章　原子结构与周期表

Atomic Structure and Periodic Table

化学运动的实质是由于原子核外电子运动状态发生变化。为了了解和掌握化学运动的变化规律，化学工作者必须掌握如何从微观的角度研究物质的结构及性质的关系的理论及方法，必须了解原子的结构及原子是如何构成性质迥异的不同物质。本章主要讨论原子的基本结构及原子结构与元素基本性质的递变规律。

第一节　原子结构理论的发展简史

我们都知道，原子是由一个原子核和若干个核外电子组成的体系。原子核是由带正电的质子和不带电的中子组成，核外有若干个带负电的电子，它们所带的负电荷总数可以大于、等于或小于原子核所带的正电荷。人类对电子结构的认识，大体可以归纳为以下几个阶段。

1. 古代希腊的原子论

该理论产生于公元前400年，代表人物是希腊哲学家德模克利特(Democritus)，他提出万物由“原子”产生的思想。

2. 道尔顿的原子论

随着资本主义的发展，生产关系及生产力的发展促进了科学技术的发展。较先进的实验手段及设备使化学学科对物质变化的研究从定性逐步地走向定量研究，陆续地发现了一些有关元素在互相化合时质量关系的基本定律，如质量守恒定律、定组成定律、倍比定律。19世纪初，英国中学教师 J. Dolton 创立了他的原子学说，其基本要点包括：①一切物质都是由不可见的、不可再分的原子组成，原子不能自生自灭。②同种类的原子在质量、形状和性质上都完全相同，不同种类的原子则不同。③每一种物质都是由它自已的原子组成。单质是由简单原子组成的，化合物是由复杂原子组成的，而复杂原子又是由为数不多的简单原子所组成。复杂原子的质量等于组成它的简单原子的质量的总和。道尔顿创立的原子学说，使化学事实及一些基本定律可以利用原子学说加以解释。原子学说成为19世纪初化学理论的基础，它推动了19世纪化学的迅速发展。

3. 卢瑟福(Rutherford)的行星式原子模型

19世纪末物理学的发展，人们可以用实验证实电子的存在，这动摇了原子是构成物质的最小微粒的概念。人们发展，最轻的氢原子，其质量也将近是电子质量的2 000倍。实验事实证明，任何物质都可以通过一定的方法放出电子，因此，这说明电子应该是各种原子的组成部分。19世纪末放射现象的发现进一步揭示了原子结构的复杂性。原子蜕变现象彻底否认了原子是不可分割的观点。1911 年,英国物理学家 E. Rutherford 的 α 粒子散射实验,证实了原子中带正电的原子核只是一个体积极小、质量大的核,核外电子受原子核的作用而在核外围空间运动,就像太阳系中行星绕太阳旋转运动一样,称为行星式原子模型。

之后,人们相继发现了作为原子核组成部分的质子及中子,并确定了原子核的质量数等于质子数与中子数之和。在原子中,质子数等于核外电子数。由于电子质量非常小,因此原子的质量几乎全集中于原子核上。原子直径约为 10^{-10}m。电子直径约为 10^{-15}m,原子核的直径为 10^{-16}~10^{-14}m。有关原子中的三种基本粒子(质子、中子、电子)的一些基本性质汇列于表 7-1 中。

表 7-1 原子基本组成及其性质

	原子(直径 10^{-10}m)		
	原子核(直径 10^{-16}~10^{-14}m)		电子 e^-(直径约 10^{-15}m)
	质子 p	中子 n	
质子量 $m/10^{-27}$kg	1.672 52	1.674 82	$9.109\,1\times10^{-4}$
电量 $Q/10^{-19}$C	1.602 10	0	1.602 10
相对于电子的质量	1 836	1 839	1
相对于电子的电量	+1	0	−1

第二节 核外电子的运动状态

按照 Rutherford 的行星式原子结构理论及经典的电磁学理论,绕核高速运动的电子,由于在作圆周运动时具有很大的向心力及向心加速度,将会不断地向原子核靠近,最后坠于原子核上(即原子的毁灭)。同时,电子在绕核运动时将连续不断地以电磁波的形式辐射能量,且辐射的电磁波的频率应是连续不断地改变的,由此可以得到的原子光谱也应该是连续的。但是实际情况是原子是稳定的,原子并不会自行毁灭,各种原子的发射光谱是不连续的线状光谱。这些都说明,按 Rutherford 的行星式原子结构模型及经典的电磁理论来描述核外电子的运动是不符合事实的。如何描述核外电子的运动规律?氢原子是最简单的原子,我们先从氢原子入手,研究氢原子的核外电子运动规律。

一、氢光谱

一束白光通过三棱镜折射后,可以分解成赤橙黄绿青蓝紫等不同波长的光谱,这些光谱是连续的,我们称之为连续光谱(continuous spectrum)。

以火焰、电弧、电火花或其他方法灼烧化合物时,化合物能发出不同波长或频率的光线,这些光线通过三棱镜折射,由于折射率的不同,在屏幕上得到一系列不连续的谱线,称为线状光谱(line spectrum)。如在图 7-1 的实验装置中,在抽成真空的放电管中充入少量氢气,通过高压放电,氢气可以产生玫瑰红色的可见光、紫外光和红外光,利用三棱镜可将这些光线分成一系列按波长大小排列的线状光谱。

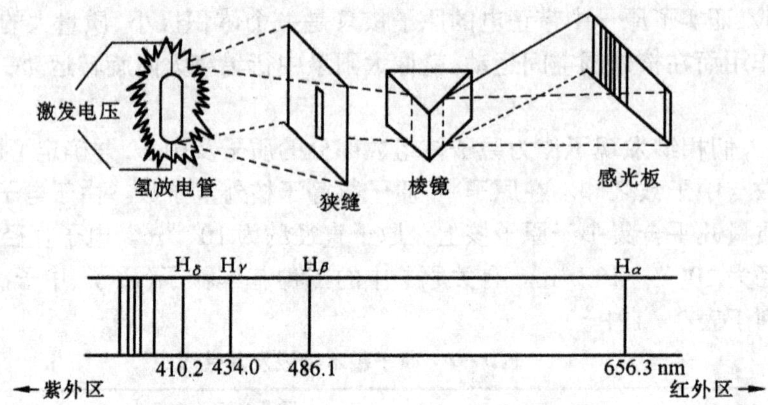

图 7-1　氢光谱仪及氢原子可见光光谱图

对于同一化学元素，实验得到的发射光谱的谱线图形总是相同的，不同的元素其谱线图形不同，这就说明线状光谱与元素的原子结构有关，因此线状光谱又叫做原子光谱。

氢原子可见光光谱中有四根明显的谱线，它们分别是 H_α、H_β、H_γ 及 H_δ，以后在紫外区及红外区人们还可以发现其他波长的谱线。氢光谱的另一特征是，从长波到短波，H_α 至 H_δ 谱线间距离越来越小，表明其谱线的能量越来越接近。

1885 年，瑞士的一位中学教师 Balmer 在观察氢原子的可见光谱线的波长时，提出以下经验公式：

$$\bar{\nu}=\frac{1}{\lambda}=R_{\mathrm{H}}\left(\frac{1}{2^2}-\frac{1}{n^2}\right) \tag{7-1}$$

(7-1)式中：$\bar{\nu}$ 为谱线的波长的倒数，称为波数；n 为大于 2 的正整数；R_{H} 为常数，取 $1.096\,775\,76\times10^{7}\,\mathrm{m^{-1}}$，当 $n=3,4,5,6$，分别对应氢光谱中 H_α、H_β、H_γ、H_δ 谱线，处于可见光范围，称为 Balmer 系。

Balmer 提出的经验公式与 1913 年瑞典物理学家 Rydberg 测定氢光谱后提出的公式

$$\nu=R\left(\frac{1}{n_1^2}-\frac{1}{n_2^{\,2}}\right) \tag{7-2}$$

是一致的。(7-2)式中：$n_1=2$，n_2 为大于 2 的正整数；ν 为谱线频率($\mathrm{s^{-1}}$)；R 称为里德堡常数，为 $3.289\times10^{15}\,\mathrm{s^{-1}}$。

∵　$$\nu = c/\lambda$$

∴　$$\frac{1}{\lambda} = \frac{\nu}{c}$$

即　$$\bar{\nu} = \nu/c$$

代入 7-2 式　$$c\bar{\nu}=R\left(\frac{1}{n_1^{\,2}}-\frac{1}{n_2^{\,2}}\right)$$

$$\bar{\nu}=\frac{R}{c}\left(\frac{1}{n_1^{\,2}}-\frac{1}{n_2^{\,2}}\right) \tag{7-3}$$

$$R/c=\frac{3.289\times10^{-5}\,\mathrm{s}^{-1}}{2.998\times10^{10}\,\mathrm{cm\cdot s^{-1}}}=109\,737.309\ \mathrm{cm}^{-1}=1.097\times10^{7}\,\mathrm{m}^{-1}$$

因此，$R_H=1.097\times10^7\,\mathrm{m}^{-1}$或 $R=3.289\times10^{15}\,\mathrm{s}^{-1}$都被称为氢原子的Rydberg常数。

继 Balmer 之后，Luman 及 Paschen，Bracket，Pfund 等人又相继地发现氢光谱在紫外及红外区域的谱线，它们的波数可以用公式(7－3)式计算得到。其中，$n_1=1$，谱线处于紫外区为 Luman 系；$n_1=3$ 时，谱线处于红外区为 Paschen 系；$n_1=4$，$n_1=5$，分别代表处于红外区的 Bracket，Pfund 的谱系。

显然，如前所述，用经典的电磁学理论，我们无法解释氢光谱的实验事实。1913 年，年仅 28 岁的丹麦物理学家Bohr(1885～1962)在Rutherford行星式原子结构模型基础上，根据德国科学家、量子理论之父 Planck(1858～1947)的“振子能量量子化”假说及Einstein的光子学说(1905 年)，提出了原子结构的玻尔模型理论，从理论上解释了氢光谱的实验事实。

二、玻尔理论要点

玻尔理论主要包括以下要点：

(1)核外电子必须在符合一定条件的轨道(orbit)上运动，这些轨道的角动量是量子化的，它在数值上是 $h/2\pi$ 的整数倍，即轨道角动量(L)为

$$L=n\cdot\frac{h}{2\pi}\qquad(n=1,2,3\cdots)$$

式中：L 为轨道角动量；h 为 Planck 常数，等于 $6.626\times10^{-34}\,\mathrm{J\cdot s}$；$\pi$ 为圆周率；n 为正整数。电子在这些轨道上运动时，不幅射出能量。

设 m 为电子质量，v 为电子运动速度，r 为电子运动轨道的半径，Ze 为原子核电荷数，则有

$$\frac{mv^2}{r}=\frac{Ze^2}{4\pi\varepsilon_0 r^2}\tag{7-4}$$

电子绕核圆周运动的角动量(P)：　$P=mvr=n\cdot\dfrac{h}{2\pi}\quad(n=1,2,3\cdots\cdots)$

则

$$\frac{Pv}{r^2}=\frac{Ze^2}{4\pi\varepsilon_0 r^2}$$

$$v=Ze^2/2\varepsilon_0 n\cdot h$$

可求得电子运动速度 v 及轨道半径 r：

$$r=\varepsilon_0 n^2\cdot h^2/\pi me^2$$

式中：ε_0 为真空电容率，为 $8.854\times10^{-12}\,\mathrm{C^2\cdot J^{-1}\cdot m^{-1}}$；$m$ 为电子质量，取$9.110\times10^{-31}\,\mathrm{kg}$；$e$ 为电子电量，取 $1.602\times10^{-19}\,\mathrm{C}$。因此

$$\begin{aligned}r&=\frac{(8.854\times10^{-12})(6.626\times10^{-34})^2\cdot n^2}{3.1416(9.110\times10^{-31})(1.602\times10^{-19})^2}\\&=52.92\cdot n^2\ \mathrm{pm}\end{aligned}\tag{7-5}$$

由计算可知，$n=1$，$n=2$，$n=3\cdots$都是氢原子的特许轨道

(2)电子在核外的特许轨道上运动时，并不释放出能量，电子在每一特许轨道中运动

的总能量等于其动能与位能之和。即

$$E = E_{动} + E_{位}$$

$$E_{动} = \frac{1}{2}mv^2 = \frac{Ze^2}{8\pi\varepsilon_0 r}$$

$$E_{位} = -\frac{Ze^2}{4\pi\varepsilon_o r}$$

对于氢原子，$Z=1$，则

$$E = \frac{1}{4\pi\varepsilon_0}\left(\frac{e^2}{2r} - \frac{e^2}{r}\right) = -\frac{1}{4\pi\varepsilon_0}\cdot\frac{e^2}{2r} \tag{7-6}$$

(7-5)式代入(7-6)中，$E = \left(-\frac{me^4}{8\varepsilon_0^2 h^2}\right)\cdot\frac{1}{n^2} = -B\frac{1}{n^2} \quad (n=1,2,3\cdots)$ (7-7)

$$B = \frac{me^4}{8\varepsilon_o{}^2 h^2} = 2.179\times10^{-18}\,\mathrm{J\cdot e^{-1}} = 13.6\,\mathrm{eV\cdot e^{-1}}$$

$$= 1\,312\ \mathrm{kJ\cdot mol^{-1}}$$

显然，当$n=1$，$E_1 = -13.6$ eV，基态能量；

$n=2$，$E = -13.6$ eV/4，第一激发态；

$n=3$，$E = -13.6$ eV/9，第二激发态。

当 $n\to\infty$时，电子处于无穷远处，能量为零。由以上讨论可以得出，基态氢原子电离能为 13.6 eV。

(3)原子在稳定状态下(基态，ground state)各电子应尽可能处于离核最近的轨道上，使总体能量处于最低状态。当原子获得外界提供能量时，电子将会跃迁到较高能量的轨道上。处于激发态(excited state)的电子从一个能级跳到另一能级时，要吸收或放出能量，吸收和辐射出光子能量的多少决定于跃迁前后两个轨道能量之差，即：

$$\Delta E = E_2 - E_1 = E_{光子} = hv = hc/\lambda \tag{7-8}$$

(7-8)式表明，吸收或辐射的能量是一份一份的，量子化的，而不是连续的。

根据 Bohr 的原子结构模型，我们可以对氢原子光谱给予很好的解释。基态氢原子从外界获得能量时，电子将由基态跃迁到激发态。由于原子中两个不同的能级间的能量差是确定的，电子由不稳定的激发态的电子自发地回到较低能级时，就以光能形式释放，因而具有一定的特征频率的谱线。对于 Balmer 系谱线，相应的是电子从 $n=3,4,5,6$ 等轨道跃迁到 $n=2$ 轨道时所放出的辐射，分别对应为 H_α、H_β、H_γ 及 H_δ 这四根不连续的谱线。

由于

$$\Delta E = E_2 - E_1 = B\left(\frac{1}{n_1{}^2} - \frac{1}{n_2{}^2}\right) = \frac{hc}{\lambda}$$

所以

$$\frac{1}{\lambda} = \frac{B}{hc}\left(\frac{1}{n_1{}^2} - \frac{1}{n_2{}^2}\right) = \frac{me^4}{8\varepsilon_0^2 h^3 c}\left(\frac{1}{n_1{}^2} - \frac{1}{n_2{}^2}\right)$$

$$= 1.097\,373\times10^7\left(\frac{1}{n_1{}^2} - \frac{1}{n_2{}^2}\right)m^{-1} \tag{7-9}$$

这与由光谱实验确定的里德堡常数几乎是精确地相等($R_H = 1.096\,775\,76\times10^7\,\mathrm{m^{-1}}$)。

从(7-9)式可以计算出氢光谱的 Lyman，Balmer 等谱系的频率 ν，例如：

Lyman 系 $\bar{\upsilon}=\dfrac{B}{hc}\left(\dfrac{1}{1^2}-\dfrac{1}{n^2}\right)$ （紫外区）（$n\to1$）

Balmer 系 $\bar{\upsilon}=\dfrac{B}{hc}\left(\dfrac{1}{2^2}-\dfrac{1}{n^2}\right)$ （可见区）（$n\to2$）

Paschen 系 $\bar{\upsilon}=\dfrac{B}{hc}\left(\dfrac{1}{3^2}-\dfrac{1}{n^2}\right)$ （红外区）（$n\to3$）

Bracket 系 $\bar{\upsilon}=\dfrac{B}{hc}\left(\dfrac{1}{4^2}-\dfrac{1}{n^2}\right)$ （红外区）（$n\to4$）

Pfund 系 $\bar{\upsilon}=\dfrac{B}{hc}\left(\dfrac{1}{5^2}-\dfrac{1}{n^2}\right)$ （红外区）（$n\to5$）

根据 Bohr 理论，氢原子光谱的形成可以用图 7－2 表示。

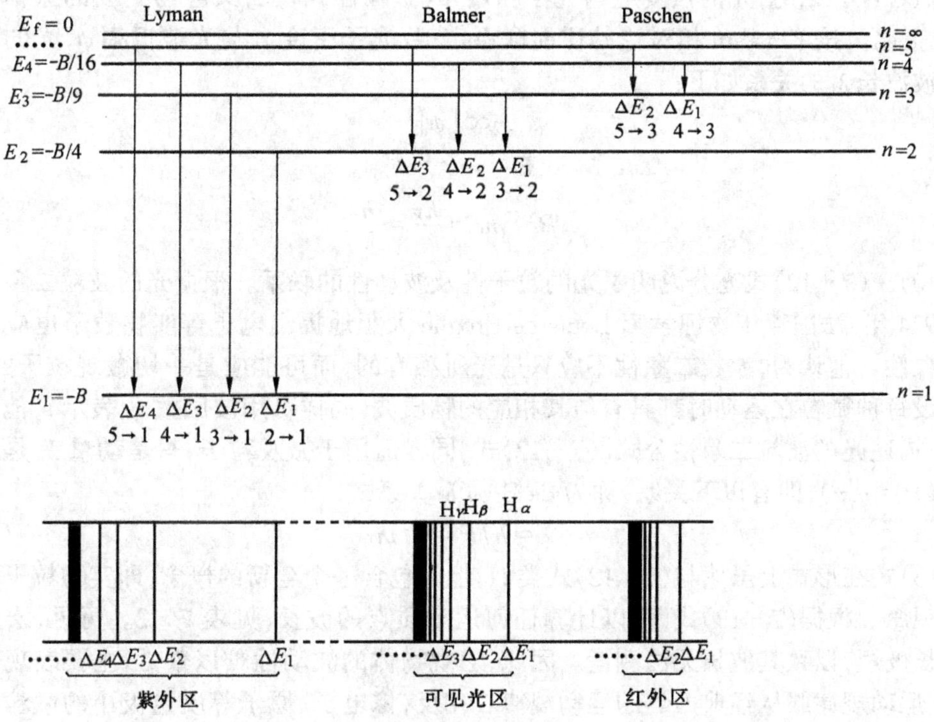

图 7－2 氢原子光谱产生示意图

Bohr 理论冲破了经典物理学及电磁学理论的束缚，用量子理论解释了氢光谱的形成及氢原子结构，指出了原子结构量子化的特征，计算出氢原子中各稳定轨道的半径及能量，这是原子结构理论发展中的一次重大突破。但是，玻尔理论本身并未彻底地冲破经典物理学的束缚，只是人为地加入了一些量子化条件，而在讨论电子的运动时仍采取宏观物体运动时的固定轨道的概念，因此在解释多电子原子的光谱及单电子体系光谱的精细结构中都无能为力，有较大的误差。这些事实说明，要建立更符合微观粒子的运动规律的理论，必须彻底地抛弃旧的经典力学体系。在这一方面，量子力学在揭示宇宙间物质运动规律比经典力学更为深刻，更具有普遍的意义。用量子力学的观点来处理微观粒子的运动，可以得到更符合实验事实的结论。

三、微观粒子的运动特征

经典物理学认为，粒子是具有一定形状大小及质量的实物体，而波（光波、声波）才具有波长和频率，只有波才能发生衍射和干涉。例如光的传播是以波的形式传播，会发生光的衍射及光的干涉现象。随着科学的发展，人们发现光除了具有波动性一面外，还存在微粒性一面，例如光可以产生光压及光电效应，也就是说，光具有波（动性）粒（微粒、实物粒子）二象性，这是经典物理学及早期的量子论所无法解释的。现代物理学认为，光是由一定能量和动量（mc）的光子所组成。一些与光的传播有关的现象，如光的干涉和衍射表现为光的波动性；而涉及光与实物相互作用的现象，如光的发射、吸收及光电效应则表现出光的微粒性。因此，光的强度应与光子密度 ρ（微粒性）有关，又应与光波的振幅的平方 ψ^2 成正比。按 Einstein 相对论的质能联系定律，光子密度 ρ 与光波振幅 ψ，光的动量 P 与光波波长 λ 的关系如下：

$$\rho \propto |\psi|^2 \tag{7-10}$$

$$E = mc^2 = h\nu \tag{7-11}$$

$$P = mc = \frac{h\nu}{c} = \frac{h}{\lambda} \tag{7-12}$$

（7-10）～（7-12）式充分说明了光的粒子性及波动性的联系。根据光的波粒二象性的事实，1924 年，法国青年物理学家 Louis de Broglie 大胆地提出电子等实物粒子也应具有波粒二象性。他认为，波粒二象性不应只是光所独有的，而可能应是一切微观粒子的特征，他假设每种微粒在运动时都具有与其相应的物质波（同样可用波函数 ψ 表示），他大胆地推论：描述光的波粒二象性公式［（7-12）式］同样适用于微观粒子，只是动量 P 是微粒的动量（$P = mv$），即有以下关系，称为 de Broglie 关系式：

$$\lambda = h/P = h/mv \tag{7-13}$$

（7-13）式在形式上虽然与（7-12）式类似，但它包含一个全新的概念，即实物粒子是物质波的观念。根据（7-13）式，可以计算任何运动质点的波长，见表 7-2。可见，宏观物体的波长极短，以致其波长无法测量。因此，宏观物体的波动性难以察觉，主要表现为粒子性，其运动规律服从经典力学的运动规律。相反，像电子、原子等质量极小的微粒子才具有明显的波动性。

表 7-2　物质粒子的波长

粒子	质量 m/kg	速度 v/($m\cdot s^{-1}$)	波长 λ/pm
1 V 电子	9.1×10^{-31}	5.9×10^{5}	1 200
100 V 电子	9.1×10^{-31}	5.9×10^{6}	120
1 000 V 电子	9.1×10^{-31}	1.9×10^{7}	37
10 000 V 电子	9.1×10^{-31}	5.9×10^{7}	12
He 原子（300 K）	6.6×10^{-27}	1.4×10^{3}	72
Xe 原子（300 K）	2.3×10^{-25}	2.4×10^{2}	12
垒球	2.0×10^{-1}	30	1.1×10^{-22}
枪弹	1.0×10^{-2}	1.0×10^{3}	6.6×10^{-23}

de Broglie 的有关物质波的假设很快地就被实验所证实。1927 年,美国物理学家 C.J.Davisson 及 L.H.Germer 发现,让一束电子流加速并通过金属箔或晶体粉末时(晶体中质点是按一定方式排列的,因此相当于一个光栅),能够像光波一样地发生衍射和干涉,在投射屏幕上出现明暗相间的衍射环纹(图 7-3),而且电子波长服从(7-13)式。此后,又发现质子射线、中子射线和原子射线这些实物粒子也可以发生衍射,从而证实了微观粒子的确具有波动性,表明了一个具有动量为 $P(P=mv)$、能量为 E 的微观粒子,在运动时表现为一个波长为 λ、沿微粒运动方向传播的波(ψ)。

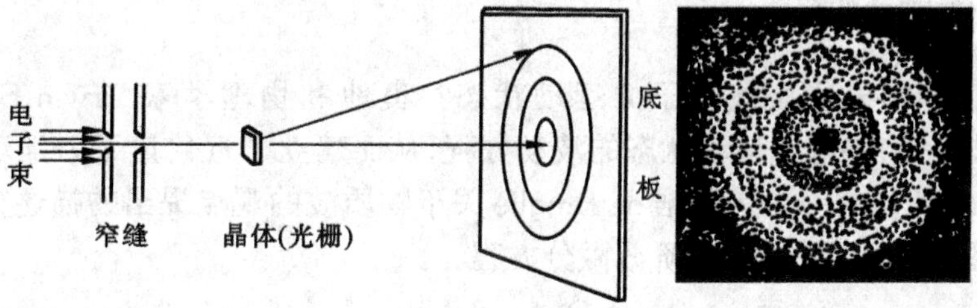

图 7-3　电子衍射及电子衍射图

显然,由于电子具有波粒二象性,因此,用经典力学的方法,即同时用位置和速度(或动量)来描述微观粒子的运动规律是不合适的。那么微观粒子运动又应遵循什么规律?如果我们用光学显微镜去观察原子中电子的位置,由于光遇到大小与其波长相近的物体时会产生光的衍射,因此电子位置测量的准确性将受入射光波长的限制,即用光去测量物体位置的准确度 Δx 不能超过光的波长。如果被测物体本身大小小于光的波长,由于光会发生衍射,物体将不能成像。因此,要测定电子的准确位置(使 Δx 越小),就必须使用波长极短的光。但光的波长越短,光子的动量越大($P=h/\lambda$),在以这种高能光子测量电子的位置时(虽然 Δx 可以在数值上测得较为准确一些),由于光子与电子相碰时产生的能量上传递,引起电子动量的改变量(ΔP)变化较大。相反,在使用波长较长的光时,电子动量改变量 ΔP 不大,但位置测不准量 Δx 将增大。这就是说,我们不能同时准确地测量电子的位置和动量,位置的不准量 Δx 与动量不准量 ΔP 之间有以下关系:

$$\Delta x \cdot \Delta P \geqslant h/4\pi \tag{7-14}$$

这是由德国科学家 Werner Heisenberg(1901～1976)于 1926 年提出的测不准原理。它表明微粒子的运动与宏观物体运动有完全不同的特点。这就是我们不能同时地确定它们的位置及动量。根据(7-14)式讨论,由于原子大小是 1×10^{-10} m,要较清楚地说明(看到)电子的轮廓,电子定位在 1×10^{-12} m 范围内是合理的,因此 $\Delta x=1\times10^{-12}$ m,则

$$\Delta P = h/(4\pi\cdot\Delta x) = m\Delta v$$

将电子质量 $m=9.1\times10^{-31}$ kg 代入,解出 $\Delta v=10^{8}\ \mathrm{m\cdot s^{-1}}$。计算表明,电子运动速度的不确定程度 Δv 是如此之大,这意味着用宏观的经典力学方法来描述微粒子运动规律是没有什么实际意义的,即电子运动不存在具体的运动轨道及轨迹的意义。

电子衍射实验还表明,一束高速运动的电子束经过晶体衍射时,衍射图是由多个同心圆所组成,在底片上衍射强度大的地方表明电子出现的几率大,衍射强度小的地方,则表

明电子出现的几率小。然而在改用很弱的电子流进行实验时，让一个一个电子分别到达底片时，这些电子在某一时刻将出现在底片上什么位置，这是我们无法预测的，底片上只能留下一个又一个斑点，还不能显示出其规律性。只有大量的电子束发射后，才能得到明暗相间的同心环，这一实验事实表明，电子运动的规律性是大量电子的统计行为。在这一意义上，实物微粒波是一种几率波。

综上所述，核外电子的运动特征表现为它不再服从经典力学的运动规律，具有波动性与微粒性，它们的运动没有明确的轨迹或轨道，而应符合测不准原理并用统计的方法去描述。

四、薛定谔方程

如何用数学来描述核外电子的运动状态？奥地利物理学家 Erwin Schrödinger 于 1926 年提出描写核外电子运动状态的波动方程，从而建立了近代量子力学理论。薛定谔方程(schrödinger equation)是根据 de Broglie 关于物质波的观点提出的描述核外电子运动状态的数学表达式，它是一个二阶偏微分方程：

$$\frac{\partial^2 \psi}{\partial x^2}+\frac{\partial^2 \psi}{\partial y^2}+\frac{\partial^2 \psi}{\partial z^2}-\frac{8\pi^2 m}{h^2}(E-V)\psi=0$$

式中：h 为 Planck 常数；m 为微粒子质量；E 是粒子总能量(动能与势能总和)；V 是电子在该势能场下运动的势能；x,y,z 为微粒子的空间坐标；$\psi(x,y,z)$是描述电子运动的数学表达式，称为波函数(wave functions)或轨函(orbitals)。

解这个二阶偏微分方程，就是解出方程的 $\psi(x,y,z)$及 E；但是这些解不一定都是合理的解，应加以一定的条件限制。在量子力学中，我们引入三个量子数 n,l,m 来限制它们，表示为 $\psi_{(n,l,m)}(x,y,z)$。量子数 n,l,m 分别称为主量子数、角量子数、磁量子数，它们的取值范围分别是：

n　取自然数，$n=1,2,3,4,5\cdots$；

l　取 $0\sim(n-1)$数值，$l=0,1,2,\cdots(n-1)$；

m　取$|m|\leqslant l$ 数值，$m=0,\pm1,\pm2\cdots\pm l$。

每一组轨道量子数 n,l,m 可以确定一个波函数 $\psi_{(n,l,m)}(x,y,z)$，每一个波函数 $\psi_{(n,l,m)}(x,y,z)$就表示了原子核外轨道的一种运动状态。

对于 $l=0,1,2,3,4\cdots$相应地用光谱符号来表示为 $s,p,d,f,g\cdots$态。由于历史的原因，人们将 $s,p,d,f\cdots$态各波函数 ψ 分别称之为s,p,d,f 原子轨道，分别以 $\psi_s,\psi_p,\psi_d,\psi_f$ 表示。例如：

$n=1,l=0,m=0$ 时，轨道运动状态为 $\psi_{(1,0,0)}=\psi_{1s}$

$n=2,l=0,m=0$ 时，轨道运动状态为 $\psi_{(2,0,0)}=\psi_{2s}$

$n=2,l=1,m=0$ 时，轨道运动状态为 $\psi_{(2,1,0)}=\psi_{2pz}$

$n=2,l=1,m=\pm1$ 时，轨道运动状态为 $\psi_{(2,1,\pm1)}=\psi_{2px}$或$\psi_{2py}$

$n=3,l=2,m=0$ 时，轨道运动状态为 $\psi_{(3,2,0)}=\psi_{3dz^2}$

$n=4,l=3,m=0$ 时，轨道运动状态为 $\psi_{(4,3,0)}=\psi_{4f}$

对于 $\psi_{(n,l,m)}(x,y,z)$的物理意义，可以从以下三点加以理解：①$\psi_{(n,l,m)}(x,y,z)$是

原子轨道的数学表达式,它全面地规定了体系的各种性质。②每一个波函数 $\psi_{(n,l,m)}(x,y,z)$都对应有一个确定的 $E_{(n,l)}$,称为轨道能量。在这里,能量的量子化不再是人为的结果,而是解薛定谔方程的自然结果。例如,对于氢原子及类氢离子轨道能量是 $E_n = -\frac{Z^2}{n^2}\times 13.6\ \text{eV}$。③三个量子数 n,l,m 只规定了核外轨道的运动状态,为了描述核外电子的运动状态,还应考虑电子运动的自旋量子数 m_s,因此,四个量子数才确定核外电子的状态。

显然,量子数 n,l,m,m_s 在描述核外电子所在轨道及电子运动状态有特殊意义,现总结如下:

(1)主量子数 n:它在确定电子运动的能量时起决定性的作用,它表示了轨道离核的远近,有"层"的意义。当主量子数增加时,电子的能量随着增加,电子离核平均距离也相应增大。在一个原子内,主量子数 n 相同的电子都近似地在同一空间范围内运动。因此 n 相同的原子轨道被认为是同一电子层内的轨道。习惯上当 n 为1,2,3,4,5,6,7时,电子层符号分别为K,L,M,N,O,P,Q电子层。

(2)角量子数 l:它确定了轨道运动的角动量,因此确定了轨道的形状,同时由于轨道角动量的不同,对轨道的能量也产生一定的影响。习惯上,不同的 l 值表示不同的轨道。例如 l 可取0,1,2,3,4…$(n-1)$的数值,相应地分别以符号 s,p,d,f,g……对应的能级(又称为亚层)表示。

对于单电子体系,电子的能量只与主量子数 n 有关,且 $E_n=(Z^2/n^2)\times(-13.6)$ eV,因此 $E_{ns}=E_{np}=E_{nd}=E_{nf}$。即单电子体系能量与 l 无关。

对于多电子体系,由精密的分光镜可以发现,多电子原子光谱中每条谱线还分裂成若干条细谱线,这说明同一电子层(n)中因角量子数 l 的不同又分成若干电子亚层(能级)。因此,l 对多电子体系能级产生影响,当 n 相同时,l 越大,轨道能级越高,例如,$E_{4s}<E_{4p}<E_{4d}<E_{4f}$。

(3)磁量子数 m:实验表明,原子光谱在外加磁场作用下会发生能量的分裂,这说明电子绕核运动的轨道的角动量在磁场方向上分量大小的差异,即原子轨道在空间有不同的取向,每一个取向就相当于一个轨道。例如 s 亚层,$l=0,m=0$,说明 s 亚层在空间只有一种运动状态;对于 p 亚层,$l=1,m$ 可取0,±1,说明 p 轨道在空间有三种取向,三种运动状态,轨道数目是三个,它们分别是 p_x,p_y,p_z;对于 d 亚层,$l=2,m$ 可取0,±1,±2有五种取向,五个轨道;对于 f 亚层,$l=3,m$ 可取0,±1,±2,±3,共七种取向,七个轨道。

研究表明,磁量子数的不同并不影响电子的能量,只影响轨道在空间的伸展方向。例如,三个 p 轨道的能量是相同的,是三重简并的,五个 d 轨道的能量也是相同的,是五重简并的,七个 f 轨道的能量也是相同的,是七重简并的。它们在空间有不同的取向,也是量子化的。虽然,在没有外加磁场时,这些简并态的轨道在能量上是相等的。但是,在外加磁场作用下,由于原子轨道的分布方向的不同,在能量上仍会显示出微小的差别,这就是线状光谱在磁场中会发生分裂的原因。

由以上讨论可知，波函数 $\psi_{(n,l,m)}(x,y,z)$ 是由 n,l,m 确定的数学函数表达式，是薛定谔方程的合理解。因此，$\psi_{(n,l,m)}(x,y,z)$ 又称为原子轨道（orbital），但就其意义来说，它与玻尔理论中的轨道（orbit）含义是完全不同的。$\psi_{(n,l,m)}(x,y,z)$ 绝非一个具体的数值，它是一个函数表达式，用于表征微观粒子的运动状态；微观粒子运动的各种物理量都与这一波函数有关。

（4）自旋量子数 m_s：由薛定谔方程求解，只能得到三个量子数。而自旋量子数 m_s 则是根据实验事实提出的。根据在强磁场下精密测定的原子光谱实验，发现大多数谱线其实都是由靠得很近的两根谱线所组成，这表明，n、l、m 相同的电子在核外运动时，具有方向相反的两种运动状态，这两种状态有不同的"自旋"角动量，其值可取 $+\frac{1}{2}$ 或 $-\frac{1}{2}$，这个数字称为自旋量子数 m_s，常用正反箭头↑↓来表示。应指出的是，"电子自旋"并非真的像地球绕轴自旋一样，它只是讲明处于同一轨道中电子可以采取的两种不同的状态。电子的这两种不同状态是可以用实验证实的。在图 7－4 的实验中，让一束 Ag 原子流通过窄缝后再通过磁场，Ag 原子束在磁场中发生分裂，Ag 电子结构为 $4d^{10}5s^1$，在 Ag 原子束通过磁场时，有一部分向上偏转，另一部分向下偏转，这说明 $5s^1$ 电子的"自旋"有两种取向，磁矩方向相反的事实。

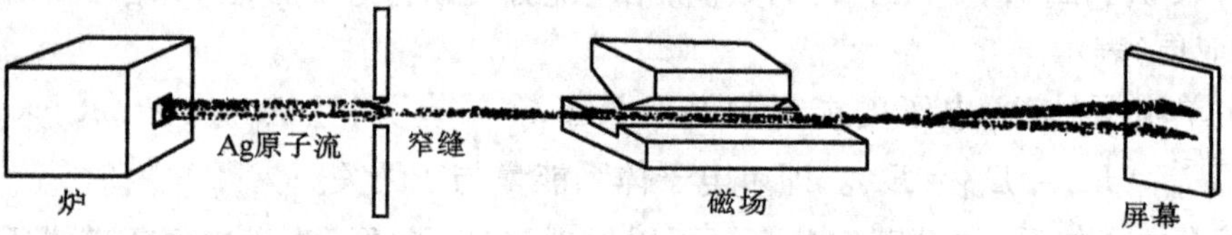

图 7－4　电子自旋运动实验示意图

综上所述，有了四个量子数：n,l,m,m_s，就可以完全确定电子在原子核外的运动状态。根据四个量子数间取值关系，我们可以归纳出原子核外各电子层可能的电子运动状态数（表 7－3）。

表 7－3　核外电子运动的可能状态

主量子数	电子层符号	角量子数	能级符号	磁量子数	各层原子轨道总数	电子运动状态总数
1	K	0	1*s*	0	1	2
2	L	0	2*s*	0	4	8
		1	2*p*	−1, 0, +1		
3	M	0	3*s*	0	9	18
		1	3*p*	−1, 0, +1		
		2	3*d*	−2, −1, 0, +1, +2		
4	N	0	4*s*	0	16	32
		1	4*p*	−1, 0, +1		
		2	4*d*	−2, −1, 0, +1, +2		
		3	4*f*	−3, −2, −1, 0, +1, +2, +3		

由表 7-3 可见，主量子数 n 决定了电子层的层数；主量子数 n 及角量子数 l 就可以确定了能级或亚层；主量子数 n 及角量子数 l，磁量子数 m 才确定具体的原子轨道；四个量子数才可以确定核外电子的运动状态。各种类型原子轨道的数目有 $2l+1$ 个，例如 p 轨道数目有 3 个，分别为 p_x, p_y, p_z；d 轨道数目有 5 个，分别为 $d_{z^2}, d_{x^2-y^2}, d_{xy}, d_{yz}, d_{xz}$。各层可容纳电子总数为 $2n^2$ 个，例如 K，L，M，N 层分别可以容纳 2，8，18，32 个电子。以上知识对于我们讨论原子结构及周期表是十分有用的。

用量子力学方法描述核外电子运动状态可归纳为以下几点：

(1)电子在原子中运动服从薛定谔方程。$\psi_{(n,l,m)}(x,y,z)$是薛定谔方程的合理解。它是核外原子轨道的数学表达式，它全面地规定了体系的各种性质，如能量、角动量等，反映了微粒的波动性。

(2)相应于某一状态 ψ_i 都有其确定的能量 E_i，这些能量是分立的数值，不是连续分布的，是量子化的。

(3)不论体系处于什么状态，都始终存在体系能量最低的数值，称为零点能。

(4)粒子的运动不存在经典的轨道，而只呈现几率分布。

(5)粒子分布呈波动性，ψ 可以为正值、负值或零。$\psi=0$ 的点称为节点，在多电子原子中，同一 n 值而 l 值不同的轨道中，节点多的状态能量也较高。

(6)由于空间某点波的强度与波函数绝对值的平方成正比，即在该点附近找到粒子的几率正比于 $\psi^*\psi$，因此 $\psi^*\psi$ 又称为几率密度。即在以波函数 ψ 描述电子运动时，其电子密度(又称电子云)也就以 $|\psi|^2$ 表示，而 $|\psi|^2\mathrm{d}\tau$ 则表示了在微体积元 $\mathrm{d}\tau$ 内电子出现的几率(probability)(或然率、可能性)。显然，

$$\int_0^\infty \psi^*\psi\mathrm{d}\tau = 1$$

因此 $|\psi|^2$ 有十分明确的物理意义，它代表了核外电子的几率密度。

(7)在同一原子轨道或分子轨道中，至多只能容纳两个电子，且这两个电子的自旋状态必须相反，即两个自旋状态相同的电子不可能占据同一轨道。也即在同一原子中，不可能存在四个量子数都完全相同的电子，这就是 Pauli 不相容原理(Pauli exclusion principle)。

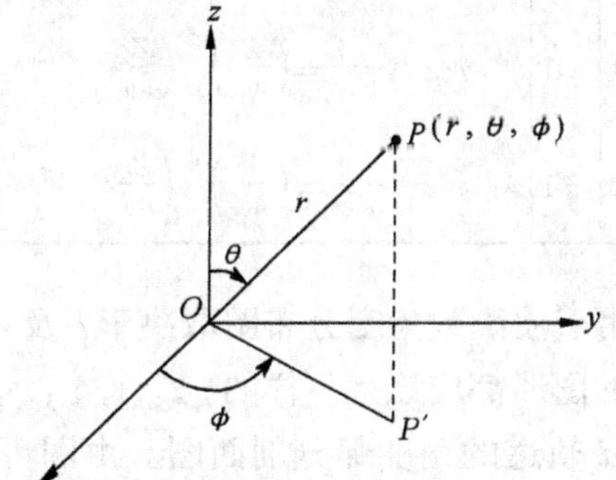

图 7-5 球坐标与直角坐标关系

五、原子轨道的图形

我们已经提到 $\psi_{(n,l,m)}(x,y,z)$是薛定谔方程的合理解，是原子轨道的数学表达式。但是由于 $\psi_{(n,l,m)}(x,y,z)$是一个三维空间的函数，我们难以用适当的、简单的图形表示清楚，因此在数学上我们可以借助球坐标，作相应的坐标变换，使 $\psi_{(n,l,m)}(x,y,z)$变换为 $\psi(\gamma,\theta,\varphi)$，它们的关系见图 7-5，由图可见：

$$x = r \cdot \sin\theta \cdot \cos\varphi$$
$$y = r \cdot \sin\theta \cdot \sin\varphi$$
$$z = r \cdot \cos\theta$$
$$r = \sqrt{x^2 + y^2 + z^2}$$

$\psi_{(n,l,m)}(x,y,z)$经坐标变换后，可以分解为径向部分 $R(r)$及角度部分 $Y(\theta,\varphi)$的相乘积，即

$$\psi_{(n,l,m)}(x,y,z) = R_{(n,l)}(r) \cdot Y_{(l,m)}(\theta,\varphi)$$

可见，$R(r)$只是 r 的函数，称之为原子轨道的径向部分函数，它只与 n,l 有关；$Y(\theta,\varphi)$是 θ,φ 的函数，称为原子轨道的角度部分，它只与 l,m 有关。根据这一特点，我们可以分别作出相应的原子轨道图形。表 7-4 列出了氢原子及类氢离子得到的波涵数 $\psi_{(n,l,m)}(r,\theta,\varphi)$值及由此分解得到的径向部分 $R_{(n,l)}(r)$及角度部分 $Y_{(l,m)}(\theta,\varphi)$的函数表达式。

根据表 7-4，$R_{(n,l)}(r)$及 $Y_{(l,m)}(\theta,\varphi)$可以方便地绘制有关的原子轨道波函数图形。

1. 波函数角度分布图（$Y(\theta,\varphi)$- θ,φ 图）

波函数角度部分分布图又称原子轨道的角度部分分布图。其作法是借助于球坐标，选原子核为原点，引出方向为 θ,φ 的直线，使其长度等于 $Y(\theta,\varphi)$的绝对值大小，所有这些直线的端点在空间构成一个立体曲面，这个曲面就是波函数角度分布图。显然，曲面上每一点到原点的距离代表了在该方向上(θ,φ)的 Y 数值的相对大小。

表 7-4　氢原子及类氢原子的几个波函数（α_0 = Bohr 半径）

n	l	m	$\psi_{(n,l,m)}(r,\theta,\varphi)$	$R_{(n,l)}(r)$	$Y_{(l,m)}(\theta,\varphi)$
1	0	0	$\psi_{1s} = \frac{1}{\sqrt{\pi}}\left(\frac{Z}{\alpha_0}\right)^{\frac{3}{2}} e^{-Zr/\alpha_0}$	$2\sqrt{\frac{1}{{\alpha_0}^3}} \cdot e^{-Zr/\alpha_0}$	$\sqrt{\frac{1}{4\pi}}$
2	0	0	$\psi_{2s} = \frac{1}{4\sqrt{2\pi}}\left(\frac{Z}{\alpha_0}\right)^{\frac{3}{2}}\left(2 - \frac{Zr}{\alpha_0}\right)e^{-zr/2\alpha_0}$	$\sqrt{\frac{1}{8a_o^3}}\left(2\frac{Zr}{a_o}\right)e^{-Zr/2\alpha_0}$	$\sqrt{\frac{1}{4\pi}}$
2	1	0	$\psi_{2pz} = \frac{1}{4\sqrt{2\pi}}\left(\frac{Z}{\alpha_0}\right)^{\frac{3}{2}}\left(\frac{Zr}{\alpha_0}e^{-Zr/2\alpha_0}\right)\cos\theta$		$\sqrt{\frac{3}{4\pi}}\cos\theta$
2	1	+1	$\psi_{2px} = \frac{1}{4\sqrt{2\pi}}\left(\frac{Z}{\alpha_0}\right)^{\frac{3}{2}}\left(\frac{Zr}{\alpha_0}e^{-Zr/2\alpha_0}\right)\sin\theta\cos\varphi$	$\sqrt{\frac{1}{24\alpha^3}}\left(\frac{Zr}{\alpha_0}\right)e^{-Zr/2\alpha_0}$	$\sqrt{\frac{3}{4\pi}}\sin\theta\cos\varphi$
2	1	−1	$\psi_{2py} = \frac{1}{4\sqrt{2\pi}}\left(\frac{Z}{\alpha_0}\right)^{\frac{3}{2}}\left(\frac{Zr}{\alpha_0}e^{-Zr/2\alpha_0}\right)\sin\theta\sin\varphi$		$\sqrt{\frac{3}{4\pi}}\sin\theta\sin\varphi$

由于波函数角度分布图取决于 l 及 m 量子数，而与主量子数无关。因此，Y_{1s}，Y_{2s}，Y_{3s} …的图形都应该是一样的；Y_{2px}，Y_{3px}，Y_{4px}…的图形也应该是一样的。图 7-6 给出了 s，p，d 轨道的角度部分剖面图。由图可见，s 态是一个球面；p 态都是纺锤形双球面；d 态中有 4 个轨道，d_{xy}，d_{yz}，d_{xz}，$d_{x^2-y^2}$都是“叶瓣形曲面”，其中 d_{xy}，d_{yz}，d_{xz}的曲面位于对应两个主轴之间，而 $d_{x^2-y^2}$的曲面则落在主轴上；d_{z^2}态有两个叶瓣是在 z 轴方向上，而另一个小环在 xy 平面上。注意到图上标出的“+”“-”号，这是代表角度分布函数 Y 值在不同区域内其函数值的正负号不同，并非正负电荷。

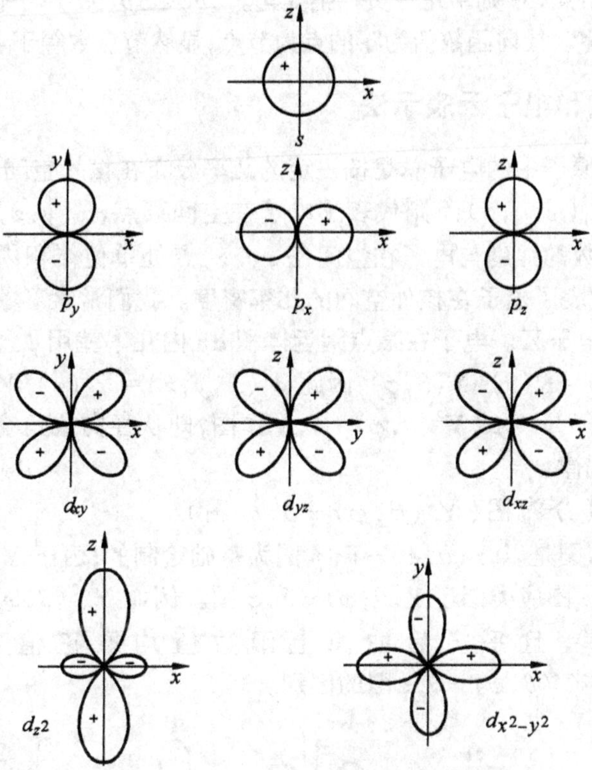

图 7-6　s,p,d 轨道角度部分剖面图

波函数角度部分 $Y(\theta,\varphi)$的图形突出表示了原子轨道在空间伸展的极大值方向及原子轨道的正负号(对称性),这些在讨论到化学键形成时的轨道重叠最大方向,即成键方向及能否成键时有极其重要作用,这将在分子结构一章中集中讨论到。

2. 波函数的径向分布图

波函数径向部分 $R(r)$在任意方向角度上随 r 变化所作的图为波函数径向分布图。图 7-7 分别给出了 $1s,2s,3s,2p,3p,3d$ 的径向波函数 $R(r)$的图形。由图可见,s 轨道的径向分布与 p,d 有明显不同,s 轨道径向分布离核越近时,正值越大,$1s$ 只取正值,$2s$ 图形由

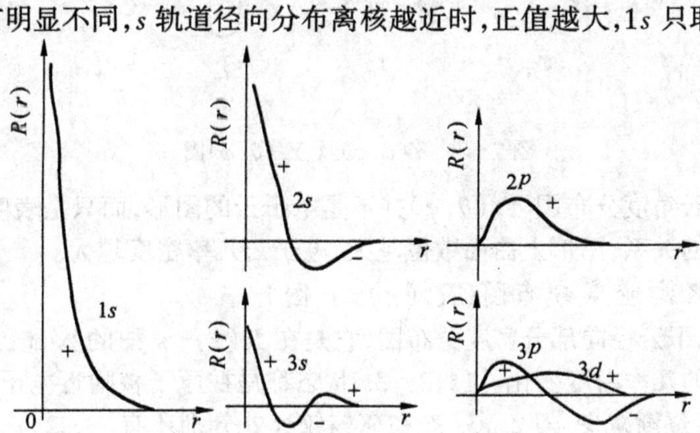

图 7-7　氢原子的 $R(r)-r$ 图

正变到负值,中间有节点,3s 则由正→负→正变化。2p 及 3p,3d 原子轨道的径向部分离核较近,径向函数值为零。径向函数值为零的点为节点,显然节点数等于 $n-l-1$。

六、几率密度和电子云表示法

我们已经提到,原子中的电子总是按一定的几率分布在核外空间各处,相应的波函数绝对值平方,$|\psi_{(n,l,m)}(x,y,z)|^2$ 则代表了电子在空间某点(x,y,z)波的强度。从电子衍射实验可知,波函数的强度与电子在空间(x,y,z)点处单位体积内出现的几率密度成正比,因此$|\psi|^2$ 就代表了电子在核外空间的几率密度。我们常常形象地将电子在空间的几率分布$|\psi|^2$ 称为电子云。电子在某点附近体积 $d\tau$ 内几率就用$\psi^2 \cdot d\tau$ 表示。

因为 $\psi(x,y,z)=R(r)\cdot Y(\theta,\varphi)$,因此 $\psi^2(x,y,z)=R^2(r)\cdot Y^2(\theta,\varphi)$,这就是说,我们可以分别用 $R^2(r)-r$ 或 $Y^2(\theta,\varphi)-\theta,\varphi$ 作图,即从径向或角度两个侧面来表示电子云在空间的分布规律。

1. 电子云角度分布图($Y^2(\theta,\varphi)-\theta,\varphi$ 图)

电子云角度分布图是以 $Y(\theta,\varphi)-\theta,\varphi$ 图为基础绘制的,由于 $Y^2(\theta,\varphi)\leqslant Y(\theta,\varphi)$,因此 $Y^2(\theta,\varphi)-\theta,\varphi$ 图应类似于 $Y(\theta,\varphi)-\theta,\varphi$ 图。例如 ${Y_p}^2(\theta,\varphi)$与 $Y_p(\theta,\varphi)$相似,只是略显"瘦"些,且平方后曲面上函数值均取正值。图 7-8 表示 $Y^2(\theta,\varphi)-\theta,\varphi$ 图与 $Y(\theta,\varphi)-\theta,\varphi$图的区别。

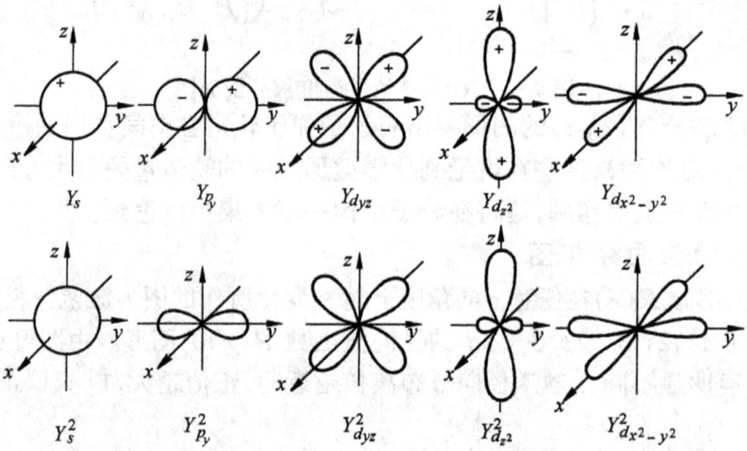

图 7-8 $Y(\theta,\varphi)$及 $Y^2(\theta,\varphi)$图

应指出电子云角度分布图 $Y^2(\theta,\varphi)$并不是电子云的图形,而只是表明电子云几率密度与方向(角度)的关系,图形上曲面数值越大,电子云几率密度越大。

2. 电子云径向密度分布图($R^2(r)-r$ 图)

图 7-9 是电子云径向部分密度分布图,它是在 $R(r)-r$ 图的基础上绘制的,表明电子云沿半径方向的几率密度变化。1s,2s,3s 状态都是在原子核附近电子云密度最大,随半径 r 增大,密度逐渐减少,但 2s,3s 态在离核较远处分别还有一、二……处密度较大的区域;p,d 电子云离核最近处电子密度接近于零。

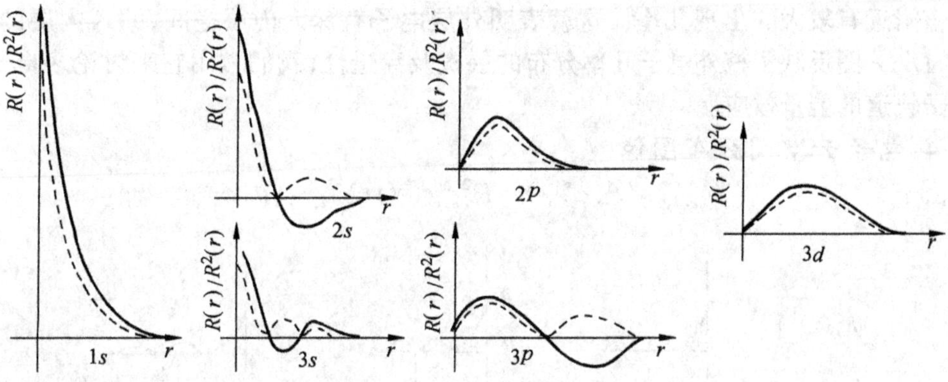

图 7－9　氢原子的 $R(r)-r$ 与 $R^2(r)-r$ 图（$R(r)-r$ 实线，$R^2(r)-r$ 虚线）

3. 电子云径向分布函数图（$D-r$ 图）

所谓电子云径向分布函数，是指空间半径为 r 与 $r+\mathrm{d}r$ 形成的球壳层内电子出现的径向几率与半径 r 的关系。由于 $|R(r)|^2$ 表示了空间电子云的径向分布，在半径为 $r\sim(r+\mathrm{d}r)$ 的球壳内电子云几率应是 $|R(r)|^2\times\Delta V$，而 $\Delta V=4\pi r^2\times\mathrm{d}r$，则球壳内电子云的几率为 $|R(r)|^2\times4\pi r^2\times\mathrm{d}r$，我们以 D 为电子云径向分布函数，且定义 $D=|R(r)|^2\times4\pi r^2$，这样 D 就表示了半径为 r 的球面上电子云的几率，$D\times\mathrm{d}r$ 则表示了半径为 $r\sim(r+\mathrm{d}r)$ 球壳内电子云的几率。以 $D-r$ 所作的图则称为电子云径向分布函数图，其意义是表示了半径为 r 的球面上电子云出现的几率。图 7－10 给出了氢原子电子云径向分布函数示意图，由图可见，$D-r$ 图都有极大值。例如，对于 $1s$ 电子在图 7－9 中是离核最近处有极大值，但在相应的 $D-r$ 图中，由于 $D=4\pi r^2\cdot|R^2(r)|$，离核最近处，$4\pi r^2\rightarrow0$，因此 D 值几乎为零，当 r 增大时，$4\pi r^2$ 增大，但 $|R^2(r)|$ 在迅速地减少，这两种因素的作用就产生极大值。对于氢原子的基态，$1s$ 态的 D 极大值处于 Bohr 半径 $r-53$ pm 处。对于 s 态，D 的最大值的峰数正好与主量子数 n 相等；对于 p,d,f 态，峰数的数目为 $n-l$，但主峰离核随 n 增大而远离核。l 越大，峰数越少，主峰离核越近。由 $D-r$ 图我们也可以看到，不管是什么电子云，离核附近都有一定的几率分布，但是 s 态比 p 态和 d 态更多地

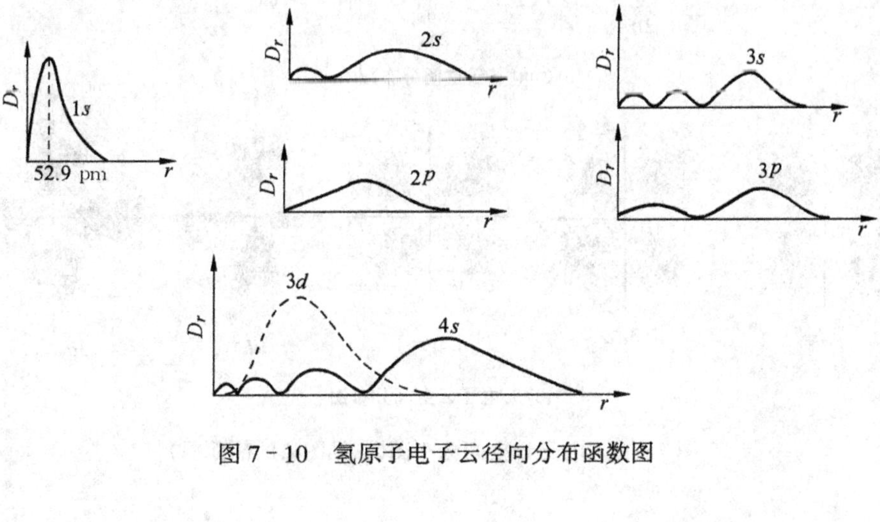

图 7－10　氢原子电子云径向分布函数图

在离核附近有较大的出现几率。这就表明外层电子有深入内层空间、钻入内层的倾向。因此，$D-r$ 图反映了核外电子几率分布的层次及穿透性，我们常用它来讨论多电子原子中原子轨道的能量效应。

4. 电子云空间分布图像

由于 $$\psi^2_{(n,l,m)}(\theta,\varphi,\gamma)=R^2_{(n,l)}(\gamma)\cdot Y^2_{(l,m)}(\theta,\varphi)$$

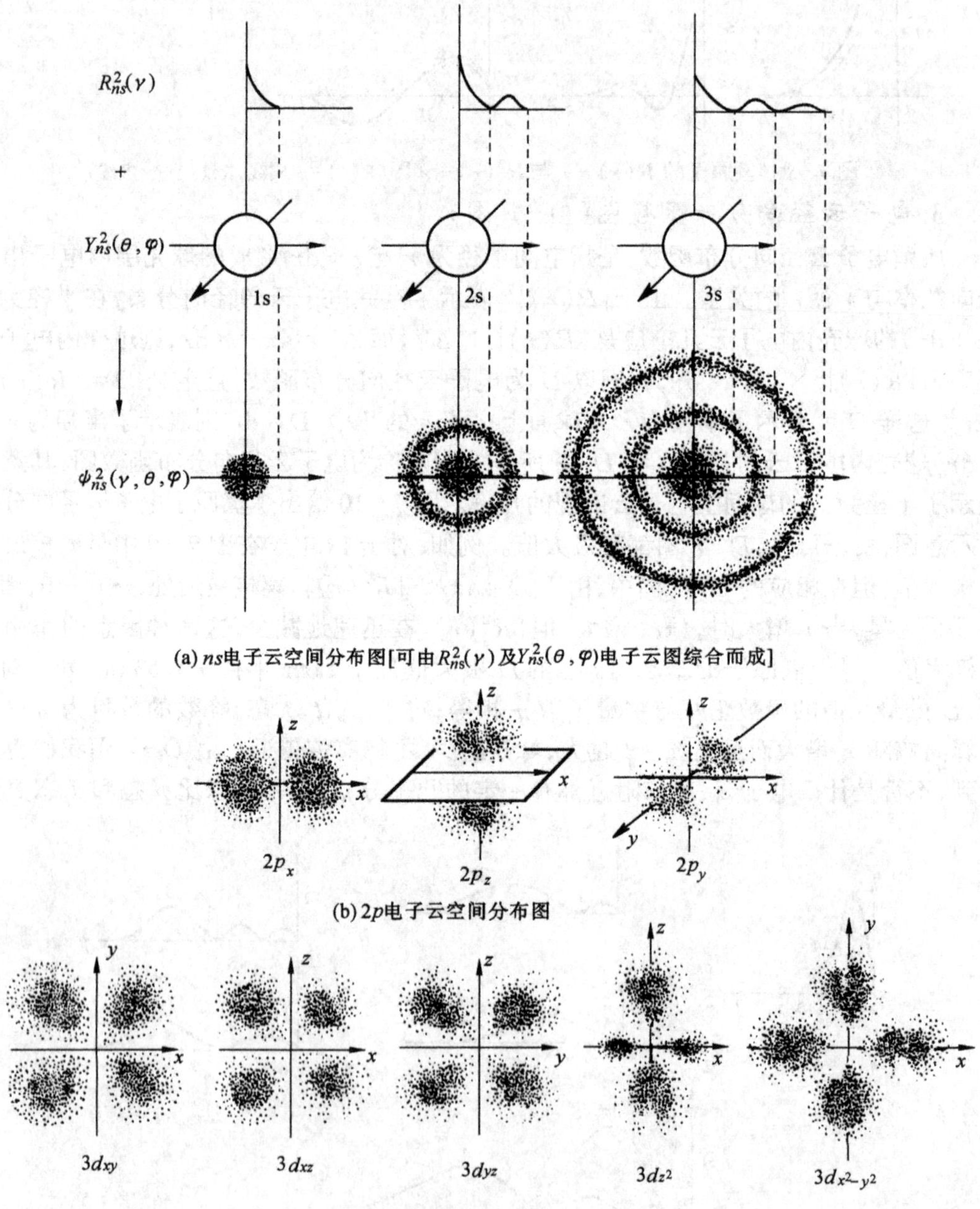

(a) ns电子云空间分布图[可由$R^2_{ns}(\gamma)$及$Y^2_{ns}(\theta,\varphi)$电子云图综合而成]

(b) $2p$电子云空间分布图

(c) $3d$电子云空间分布图

图 7-11　电子云空间分布图(三维图象的剖面图)

因此，电子云空间分布图可以由电子云径向分布图 $R^2(r)-r$ 及电子云角度分布图 $Y^2(\theta,\varphi)-\theta,\varphi$组合得到。$\psi^2$ 的大小可以形象地用小黑点在空间的疏密程度来表示，因此这类图称为电子云空间分布图或黑点图，它是一种近似的图像。图 7－11 给出氢原子电子云空间分布图。由图可见，虽然 $1s$，$2s$，$3s$ 电子云都是球形对称的，他们在靠近核附近电子都有较多的出现机会，但随着 n 的增大，电子出现的空间区域也随之增大，而且 n 越大，几率密度大的区域越多，例如，$2s$ 有两个区域，$3s$ 有三个区域，每两个密集区域中间有一个电子密集很小的区域。对于 p 态，例如 $2p$ 的几率密度是沿一个坐标轴(x，y 或 z 轴)呈柱形对称分布的，在几率密度较高的两个“叶瓣”中间被一个垂直于它且密度等于零的节面分开。对于 $3p$ 和 $4p$，图应复杂些，因为电子云总体形状除了受角度分布影响外，还要反映径向分布特点，如 $3p$ 电子的径向分布函数有两个峰，故其电子云实际形状有两个密度集中的区域。d 态比 s，p 态更为复杂。由图 7－11 可见，$3d$ 态电子云几率密度最大的地方是在各“叶瓣”的中心，将各图像分别绕相应轴旋转一周，可以得到电子云空间分布图。

5. 电子云界面图

由图 7－11 可见，电子在空间的分布并没有明确的边界，在离核较远处，电子出现几率仍不为零，但实际上，在离核几百 pm 以外的地方，电子出现几率已经是很小了。为了表示电子出现的主要区域分布，可将几率密度相同的点联成一个曲面，构成电子云等密度面图。例如图 7－12 就是氢原子 $1s$ 态电子云等密度面图，它以离核最近处的电子云密度为 1.0，其他各处几率密度是相对值。

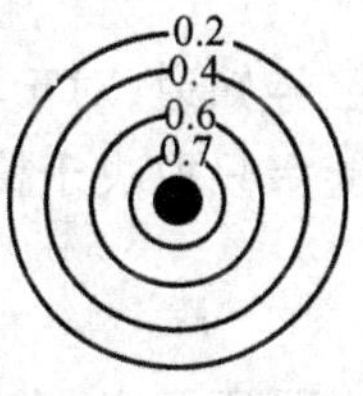

图 7－12　氢原子 $1s$ 态电子云等密度面图

实际上，用能包含 95％电子云的那一个等密度面来表示电子云的形状，叫做电子云界面图，图 7－13 给出了电子云界面图。

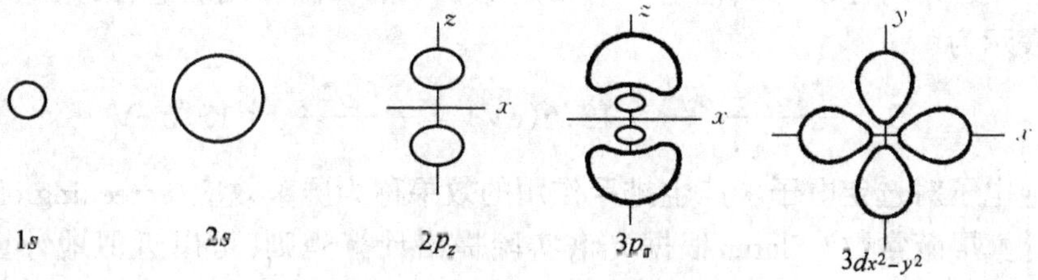

图 7－13　电子云界面图

以上我们分别介绍了原子轨道及电子云的图形表示法，在实际应用中，它们有不同的物理意义。读者应注意轨道运动状态及电子运动状态的区别，注意原子轨道及核外电子运动几率密度分布的区别，以及各种图形在讨论轨道能量效应、成键效应、成键方向及键的性质等问题中的实际应用。

第三节　多电子原子核外电子排布及元素周期表

前面一节我们讨论了氢原子和类氢离子的原子结构。由于氢原子和类氢离子核外只有一个电子，它只受到核的作用力。因此，对于单电子体系：$E_{ns}=E_{np}=E_{nd}=E_{nf}=-\frac{Z^2}{n^2}\times 13.6\ \text{eV}$。但在多电子原子中，对某一指定的电子来说，它除了受到核的吸引力之外，还受到其他电子的排斥作用，情况将变得比单电子体系复杂得多，以致于多电子原子的 Schrödinger 方程无法精确求解。作为近似方法，我们可以采用中心力场模型，也就是把多电子体系简化为单电子体系，将其他电子对指定电子的作用看作是抵消了部分核电荷的作用，这样对 Schrödinger 方程可以求得近似解，得到相应的波函数及轨道能级。本节着重讨论多电子原子的轨道能级问题。

一、屏蔽效应

我们已经知道，对于氢原子或类氢离子这一类核外只有一个电子的单电子体系，其电子运动的能级只取决于核对电子的作用力：

$$E=-\frac{Z^2}{n^2}\times 13.6\ \text{eV}$$

在多电子原子中，由于存在电子间的排斥作用，需对以上公式进行修正。我们把其他电子对指定电子的排斥力作用视作为部分地抵消(或削弱)核电荷对该电子的吸引力，即其他电子起到了部分地屏蔽核电荷对某电子的作用力，而该电子只受到“有效核电荷”Z^*的作用，即

$$Z^*=Z-\sigma$$

式中：σ 为屏蔽常数，体现了其他电子对指定电子 i 的屏蔽作用。这样，某电子 i 运动的能级可以表示为

$$E=-\frac{(Z-\sigma)^2}{n^2}\times 13.6(\text{eV})=-\frac{(Z^*)^2}{n^2}\times 13.6\ \text{eV} \qquad (7-15)$$

这种由其他电子对选定电子 i 产生排斥作用的效果称为屏蔽效应(screening effect)。

如何计算屏蔽常数？Slater 根据光谱实验提出计算规则，可以近似地计算屏蔽常数 σ。该规则如下：

(1)分组。将核外电子层按以下顺序分组：

$(1s)$，$(2s,2p)$，$(3s,3p)$，$(3d)$，$(4s,4p)$，$(4d)$，$(4f)$，$(5s,5p)$，$(5d)$，$(5f)\cdots$

(2)在每一小组右边各组的电子对该组电子不产生屏蔽作用，即 $\sigma=0$。

(3)在(ns,np)同组中，每一个电子屏蔽同组电子为 0.35/e，而$(1s)$组内的电子相互屏蔽 0.30/e。

(4)内层$(n-1)$层中每一个电子对外层(ns,np)上电子屏蔽为 0.85/e。

(5)更内层$(n-2)$层每一个电子对外层(ns,np)上电子屏蔽为 1.00/e。

(6)当被屏蔽电子是(nd)组或(nf)组电子时，同组电子屏蔽为 0.35/e，左边各组电子

屏蔽为 1.00/e。

根据 Slater 规则可以较粗略地估算电子在不同轨道上的能量，但通常这种计算也只是粗略的近似而已，对于 $n>4$ 的原子，误差较大。利用 Slater 的计算规则可以讨论多电子原子的电子排布。例如，K 是 19 号元素，电子排布式为什么是 $1s^2,2s^22p^6,3s^23p^6,4s^1$，而不是 $1s^2,2s^22p^6,3s^23p^63d^1$？因为在按第一种排布时，$4s^1$ 电子感受到的有效核电荷为 $Z^*=19-(0.85\times8+1\times10)=+2.2$，电子具有能量为 -4.114 eV；而按第二种排布时，$3d^1$ 电子感受到的有效核电荷为 $Z^*=19-18\times1=+1$，电子具有能量为 -1.51 eV。可见，电子排在 $4s$ 轨道比排在 $3d$ 轨道时能量更低，更稳定。因此，K 原子的基态电子排布式应为 $1s^2,2s^22p^6,3s^23p^6,4s^1$，而不是 $1s^2,2s^22p^6,3s^23p^63d^1$。利用 Slater 的计算规则，还可以近似地计算元素的电离能。

例 7-1　试应用 Slater 计算方法求算氧原子的第一电离能。

解：氧原子 O 结构为 $1s^2,2s^22p^4$，

氧离子 O^+ 结构为 $1s^2,2s^22p^3$，

氧原子电离能 $I=E_{O^+}-E_O$

$$E_{O^+}=E_{2s^22p^3}+E_{1s^2},\qquad E_O=E_{2s^22p^4}+E_{1s^2}$$

$$\therefore\qquad E_{O^+}-E_0=E_{2s^22p^3}-E_{2s^22p^4}$$

$$\therefore\qquad E_{O^+}=E_{2s^22p^3}=5\times\left(-\frac{(Z_{O^+}^*)^2}{n^2}\times13.6\right)\text{eV}$$

$$Z_{O^+}^*=8-(4\times0.35+2\times0.85)=4.9$$

$$-\frac{(Z_{O^+}^*)^2}{n^2}\times13.6=-81.63\text{ eV}$$

$$\therefore\qquad E_{O^+}=5\times(-81.63)=-408.17\text{ eV}$$

$$E_O=E_{2s^22p^4}=6\times\left(-\frac{(Z_O^*)^2}{n^2}\times13.6\right)\text{eV}$$

$$Z_O^*=8-(5\times0.35+2\times0.85)=4.55$$

$$-\frac{(Z_O^*)^2}{n^2}\times13.6=-70.39\text{ eV}$$

$$\therefore\qquad E_O=6\times(-70.39)=-422.34\text{ eV}$$

$$\therefore\qquad E_{O+}-E_O=-408.17-(-422.34)=14.17\text{ eV}$$

实际上，实验测定值为 13.618 eV，这是由于计算采用近似的方法。

(7-15)式表明，多电子原子中原子轨道的能量取决于核电荷对核外电子的吸引力及核外电子的排斥力，具体地是由 Z,n 及 σ 等因素确定。σ 又取决于电子 i 所处的状态和其余电子的数目及状态，即与电子所处的量子数 n,l 有关。显然，内层电子由于 n 小，受其他电子屏蔽少，受核的作用力大，电子能量较低；处于外层的电子由于离核远（n 大），受内层电子屏蔽多，因此受核的作用力小，电子能量较高。当 l 相同、n 不同时，n 越大，则能量越高，例如：

$$E_{(1s)}<E_{(2s)}<E_{(3s)}<E_{(4s)}$$

对于多电子体系，电子能量不仅与 n 有关，与 l 也有关，例如，当 n 相同时，l 越大，电子

能量越高：

$$E_{(ns)} < E_{(np)} < E_{(nd)} < E_{(nf)}$$

在一些场合下，甚至有能级交错的关系，例如，对 $Z=14\sim20$ 的元素的原子：

$$E_{4s} < E_{3d}$$

对于这些现象，则只能从钻穿效应来理解。

二、钻穿效应

由电子云的径向分布函数图 $D-r$ 图可知，电子云的核外空间沿径向分布有明显的不同。例如 4s 电子，$D-r$ 图上有 4 个峰，说明电子云在离核附近有较大的出现几率；而 4f 只有一个峰，电子云在离核附近出现的几率较小。这就是说，n 相同、l 不同的轨道，由于电子云径向分布不同，电子穿过内层到达核附近以回避其他电子屏蔽的能力不同，这就使电子具有不同的能量。这种由于 s,p,d,f 轨道径向分布不同而引起的能量效应即为钻穿效应(penetrating effect)。显然，主量子数 n 相同、而角量子数 l 不同的电子的钻穿作用是不同的。ns 电子钻得最深，被内层电子屏蔽得最少，能量最低；np 电子能量稍高；nd 电子能量更高……。显然，对于单电子体系及多电子体系，其 $D-r$ 图应有所区别，例如 3s,3p,3d 轨道的 $D-r$ 图(图 7-14)。由图可见，对于单电子体系，有

$$E_{3s} = E_{3p} = Z_{3d}$$

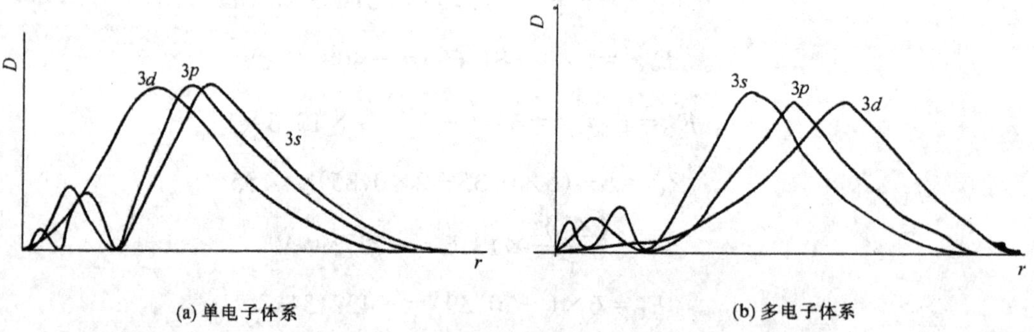

图 7-14　单电子体系及多电子体系 $D-r$ 图

的关系，对于多电子体系，则有以下关系：

$$E_{3s} < E_{3p} < Z_{3d}$$

钻穿越深的电子对其他电子的屏蔽越大，使不同轨道上的电子能级发生变化，ns 电子能量变得更低，nd，nf 电子能量变得更高，从而引起能级上的交错，例如，我们可以看到钾原子的 $E_{4s}<E_{3d}$。

根据以上讨论的钻穿作用及屏蔽效应，可以帮助我们理解核外电子排布的轨道顺序。

三、多电子原子能级

美国当代最伟大的化学家之一 Linus Pauling 根据光谱实验的结果,提出了原子轨道近似能级图。人们习惯将能量相近的能级划成一个组,称为能级组。因此,多电子原子核外轨道能级组可分为七个能级组(图 7-15),相应于周期表中七个周期。该填充顺序与由光谱实验得到的各元素原子核外电子填充顺序基本上是一致的。

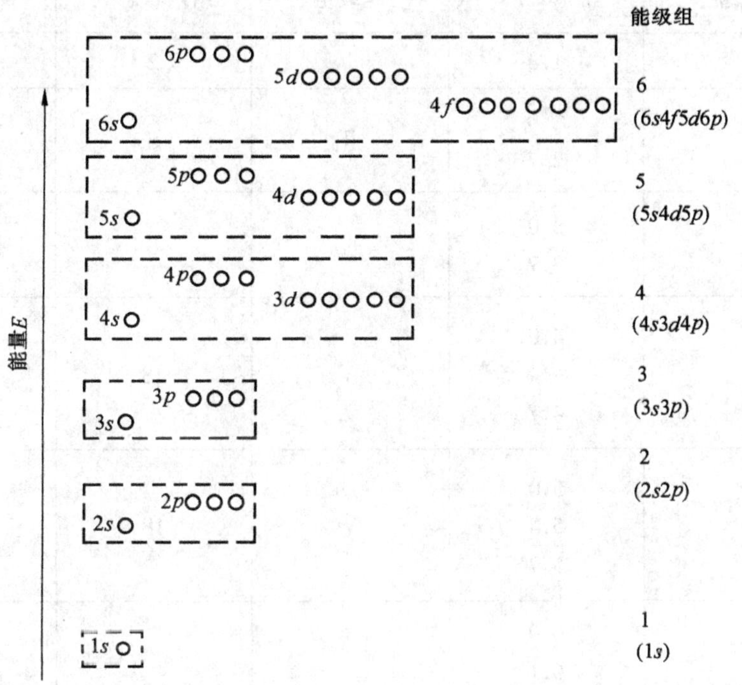

图 7-15　多电子体系核外电子能级图

我国化学家徐光宪先生也总结了以下规律:

①多电子原子体系外层电子的能级与$(n+0.7l)$有关,$(n+0.7l)$值越大,能级越高;

②对于离子的外层电子,$(n+0.4l)$值越大,其能级越高;

③对十原子或离子的内层电子来说,能级高低基本上由主量了数 n 确定。

根据这一规律,可以得出多电子原子核外电子填充次序及在化学反应中失去电子成为离子时的规律。

把按$(n+0.7l)$公式计算得到的第一位数字相同的各能级合为一组,称为“能级组”,并按第一位数字,称为第某能级组,电子能级组分组及多电子原子在化学反应中失去外层电子形成离子时失电子的顺序见表 7-5。由表可见,多电子原子核外电子填入顺序与失去顺序并非一一对应的。例如,Sc 及 Sc 后元素的电子排布是 $3d^{1\sim9}4s^2$,按 $n+0.7l$ 排列,总是可以得到 $E_{3d}>E_{4s}$ 的结论,但在化学反应中,Sc 及 Sc 后元素一般常见氧化态是 +2,失去的电子并不是 $3d$ 轨道上的电子,而是 $4s$ 轨道上的电子,这说明 Sc 及 Sc 后元素的原子轨道中 $E_{4s}>E_{3d}$ 的事实。

Pauling 的核外电子轨道近似能级图解释了为什么 K,Ca 的外层电子是先填入 $4s$ 轨道,而不是先填入 $3d$ 轨道,也解释了为什么会有 La 系,Ac 系元素以及过渡元素不在第三周期,而在第四周期后出现的事实;但它不能解释为什么过渡元素的原子在形成离子时总是先失去 ns 轨道上的电子,而不是先失去$(n-1)d$ 上的电子。

表 7-5 核外电子能级分组表

原子轨道	$n+0.7l$	能级组	组内状态数	$n+0.4l$
1s	1.0	Ⅰ	2	1.0
2s 2p	2.0 2.7	Ⅱ	8	2.0 2.4
3s 3p	3.0 3.7	Ⅲ	8	3.0 3.4
4s 3d 4p	4.0 4.4 4.7	Ⅳ	18	4.0 3.8 4.4
5s 4d 5p	5.0 5.4 5.7	Ⅴ	18	5.0 4.8 5.4
6s 4f 5d 6p	6.0 6.1 6.4 6.7	Ⅵ	32	6.0 5.2 5.8 6.4
7s 5f 6d	7.0 7.1 7.4	Ⅶ	未完	7.0 6.2 6.8

实际上,原子轨道能级不是一成不变的,由于电子间的相互作用以及在不同轨道上电子钻穿作用的不同,原子轨道的能级会随原子序数的增大(即核电荷的增大,有效核电荷的增大)而降低。尤其是处于内层轨道的电子,受核电荷的吸引作用明显增强,因此 s,p,d,f 轨道能量都会下降,但它们下降的趋势不同,而且显然地与这些轨道的钻穿作用有关,钻穿作用越大的原子轨道处于内层时,能量下降越大。

美国当代无机结构化学家 F.A.Cotton 根据光谱实验结果简单明确地表示了这一规律(图 7-16)。由图可见:

①在 $Z=1$ 时(即氢原子),$E_{ns}=E_{np}=E_{nd}=E_{nf}$,$n$ 相同的轨道能量处于简并状态。

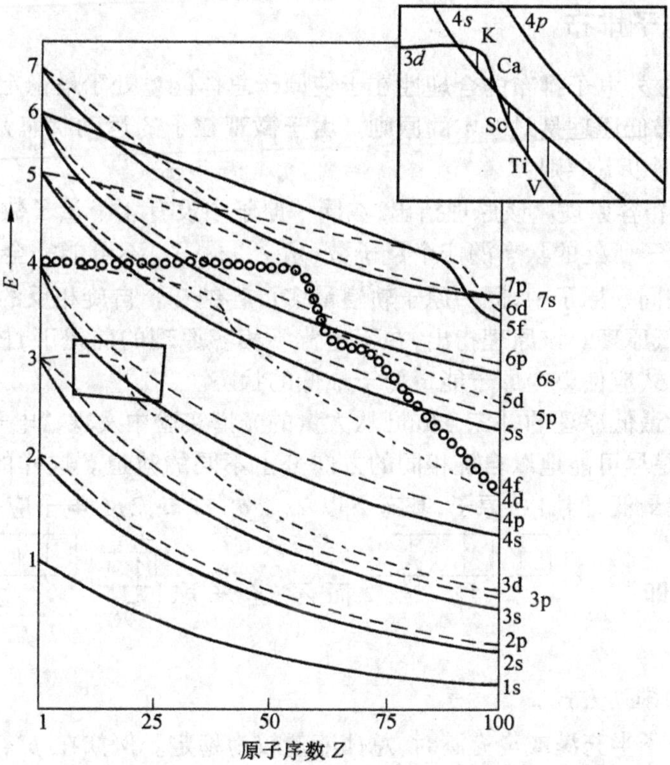

图 7-16　中性原子的原子轨道能量随原子序数的变化

②随着核电荷数增加，s，p 轨道能级由于轨道钻穿作用较大，轨道能量较急剧地下降，且下降趋势较为一致。d，f 轨道由于钻穿作用较差，受核电荷影响变化有特殊性，呈先平坦后急剧下降趋势，这是由于处于内层$(n-1)d$ 或$(n-2)f$ 轨道在核电荷 Z 明显增大后，电子受核的吸引力大大地加强，使轨道能级急剧下降。由于这一变化趋势，形成了能级交错的局面。例如，计算表明在 $Z=14\sim20$ 时，$E_{3d}>E_{4s}$，表明为能级交错；而在 $Z\geqslant21$之后，$E_{4s}>E_{3d}$，能级大小以 n 为主。

③由图可以清楚看到，处于内层的原子轨道不再存在能级的交错，因此轨道的排列可以按主量子数 n 排列。

例如，Sc 是 21 号元素，其电子排布为 Sc(21)：$1s^2$，$2s^2 2p^6$，$3s^2 3p^6 3d^1$，$4s^2$，这是按核外电子轨道能量从低至高排列的。由图 7-16 可见，在 $Z>20$ 时，$E_{4s}>E_{3d}$，人们会问，Sc 的核外电子排布为什么不是 $3d^3 4s^0$ 或 $3d^2 4s^1$，而是 $3d^1 4s^2$ 呢？这是由于影响原子轨道能量是综合各方面因素的结果。实际上，Sc 后元素（第一过渡系）的 E_{4s} 比E_{3d} 也高不了多少，电子排在 4s 轨道上引起的排斥作用比全部或部分地排在 3d 轨道上要少些，而且由于 4s 轨道的钻穿作用使原子总体能量会更低些，因此 Sc(21)采取[Ar]$3d^1 4s^2$ 的排布是合理的，而 Cr(24)采取[Ar]$3d^5 4s^1$ 排布则是由于半充满可使体系总体能量更低。可见，决定原子或离子的核外电子排布形式要考虑在什么状态下可使体系总体能量达到最低，而不应只考虑单一的因素。

四、核外电子排布

上面提到，核外电子排布的合理性在于使原子总体能量处于最稳定的、能量最低的状态。因此，能量最低原理是最基本的原则。由于微观粒子的运动状态是受量子化条件限制的，它们应遵循以下原则：

(1)Pauli 不相容原理。该原理指出，在同一原子中没有 4 个量子数完全相同的电子，即原子中两个电子所处的状态的四个量子数(n,l,m,m_s)不可能完全相同。或者，该原理可以表达为在同一原子中，同一原子轨道最多可容纳 2 个自旋相反的电子。

(2)能量最低原理。该原理指出，在不违背不相容原理的前提下，核外电子在各原子轨道上的排布方式应使整个原子能量处于最低的状态。

作为对能量最低原理的补充，Hund 从大量的光谱实验中发现，“电子在能量相同的轨道上分布时，总是尽可能地以自旋相同的方向分占不同的轨道。”这样的电子填入方式可使原子能量保持最低，例如 C 原子，基态下以 $2s^2 2p^2$ 排布，$2p^2$ 电子应是分占 p 轨道，保持自旋平行，即 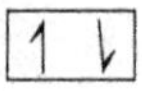 $2s$  $2p$ ，而不应采取  $2s$  $2p$ 或 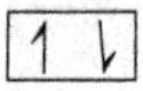 $2s$  $2p$ 的排列方式。

在轨道被电子半充满或全充满时，总体能量较为稳定。例如在 p^3,d^5,f^7 或 p^6,d^{10},f^{14} 状态下较为稳定。量子力学可以证明，这样的电子排布符合能量最低原理。

综上所述，核外电子的排布方法及原则是：

(1)根据 Pauli 原理及 Pauling 电子填充顺序图，按能量最低原理将电子依次填入到相应的原子轨道中($1s;2s,2p;3s,3p;4s,3d,4p;5s,4d,5p;6s,4f,5d,6p;7s,5f,6d,\cdots$)。

(2)填入过程中考虑 Hund 规则。

(3)将电子排列方式按主量子数变化顺序调整排列。

这样，我们即可得到基态的各原子的电子构型排布式(表 7－6)。由表可见，各元素原子结构的改变呈现周期性的变化，一个周期就相当于一个能级组。因此，元素周期表中包括有七个能级组(周期)。每一个周期内的元素数目分别是 2,8,8,18,18,32,第七周期属未完成周期。

由表 7－6 可以看到：

(1)第四周期元素中，铬(Cr)不是[Ar]$3d^4 4s^2$，而是[Ar]$3d^5 4s^1$；铜不是[Ar]$3d^9 4s^2$，而是[Ar]$3d^{10} 4s^1$。第五周期元素中类似这种“反常”的元素更多，例如 Nb([Kr]$4d^4 5s^1$)，Mo([Kr]$4d^5 5s^1$)，Ru([Kr]$4d^7 5s^1$)，Rh([Kr]$4d^8 5s^1$)，Pd([Kr]$4d^{10} 5s^0$)，Ag([Kr]$4d^{10} 5s^1$)。第六周期元素中类似这种“反常”的元素又少些，只有 Ce([Xe]$4f^1 5d^1 6s^2$)，Gd([Xe]$4f^7 5d^1 6s^2$)，Pt([Xe]$4f^{14} 5d^9 6s^1$)，Au([Xe]$4f^{14} 5d^{10} 6s^1$)。这些电子排布的“反常”正是 Hund 规则的特例，即半充满、全充满、全空排布较为稳定。至于第五周期反常的例子较多，这是由于轨道能量 $E_{5s} \approx E_{4d}$；而第六周期元素由于 $E_{4f} \approx E_{5d}$，但 E_{5d} 与 E_{6s} 相差

较大，因此反常的较少(请参阅图 7 - 15)。

表 7 - 6　元素基态的电子排布式

原子序数	元素	电子排布	原子序数	元素	电子排布	原子序数	元素	电子排布	原子序数	元素	电子排布
1	H	$1s^1$	29	Cu	$[Ar]3d^{10}4s^1$	57	La	$[Xe]5d^16s^2$	85	At	$[Xe]4f^{14}5d^{10}6s^26p^5$
2	He	$1s^2$	30	Zn	$[Ar]3d^{10}4s^2$	58	Ce	$[Xe]4f^15d^16s^2$	86	Rn	$[Xe]4f^{14}5d^{10}6s^26p^6$
3	Li	$[He]2s^1$	31	Ga	$[Ar]3d^{10}4s^24p^1$	59	Pr	$[Xe]4f^36s^2$	87	Fr	$[Rn]7s^1$
4	Be	$[He]2s^2$	32	Ge	$[Ar]3d^{10}4s^24p^2$	60	Nd	$[Xe]4f^46s^2$	88	Ra	$[Rn]7s^2$
5	B	$[He]2s^22p^1$	33	As	$[Ar]3d^{10}4s^24p^3$	61	Pm	$[Xe]4f^56s^2$	89	Ac	$[Rn]6d^17s^2$
6	C	$[He]2s^22p^2$	34	Se	$[Ar]3d^{10}4s^24p^4$	62	Sm	$[Xe]4f^66s^2$	90	Th	$[Rn]6d^27s^2$
7	N	$[He]2s^22p^3$	35	Br	$[Ar]3d^{10}4s^24p^5$	63	Eu	$[Xe]4f^76s^2$	91	Pa	$[Rn]5f^26d^17s^2$
8	O	$[He]2s^22p^4$	36	Kr	$[Ar]3d^{10}4s^24p^6$	64	Gd	$[Xe]4f^75d^16s^2$	92	U	$[Rn]5f^36d^17s^2$
9	F	$[He]2s^22p^5$	37	Rb	$[Kr]5s^1$	65	Tb	$[Xe]4f^96s^2$	93	Np	$[Rn]5f^46d^17s^2$
10	Ne	$[He]2s^22p^6$	38	Sr	$[Kr]5s^2$	66	Dy	$[Xe]4f^{10}6s^2$	94	Pu	$[Rn]5f^67s^2$
11	Na	$[Ne]3s^1$	39	Y	$[Kr]4d^15s^2$	67	Ho	$[Xe]4f^{11}6s^2$	95	Am	$[Rn]5f^77s^2$
12	Mg	$[Ne]3s^2$	40	Zr	$[Kr]4d^25s^2$	68	Er	$[Xe]4f^{12}6s^2$	96	Cm	$[Rn]5f^76d^17s^2$
13	Al	$[Ne]3s^23p^1$	41	Nb	$[Kr]4d^45s^1$	69	Tm	$[Xe]4f^{13}6s^2$	97	Bk	$[Rn]5f^97s^2$
14	Si	$[Ne]3s^23p^2$	42	Mo	$[Kr]4d^55s^1$	70	Yb	$[Xe]4f^{14}6s^2$	98	Cf	$[Rn]5f^{10}7s^2$
15	P	$[Ne]3s^23p^3$	43	Tc	$[Kr]4d^55s^2$	71	Lu	$[Xe]4f^{14}5d^16s^2$	99	Es	$[Rn]5f^{11}7s^2$
16	S	$[Ne]3s^23p^4$	44	Ru	$[Kr]4d^75s^1$	72	Hf	$[Xe]4f^{14}5d^26s^2$	100	Fm	$[Rn]5f^{12}7s^2$
17	Cl	$[Ne]3s^23p^5$	45	Rh	$[Kr]4d^85s^1$	73	Ta	$[Xe]4f^{14}5d^36s^2$	101	Md	$[Rn]5f^{13}7s^2$
18	Ar	$[Ne]3s^23p^6$	46	Pd	$[Kr]4d^{10}$	74	W	$[Xe]4f^{14}5d^46s^2$	102	No	$[Rn]5f^{14}7s^2$
19	K	$[Ar]4s^1$	47	Ag	$[Kr]4d^{10}5s^1$	75	Re	$[Xe]4f^{14}5d^56s^2$	103	Lr	$[Rn]5f^{14}6d^17s^2$
20	Ca	$[Ar]4s^2$	48	Cd	$[Kr]4d^{10}5s^2$	76	Os	$[Xe]4f^{14}5d^66s^2$	104	Rf	$[Rn]5f^{14}6d^27s^2$
21	Sc	$[Ar]3d^14s^2$	49	In	$[Kr]4d^{10}5s^25p^1$	77	Ir	$[Xe]4f^{14}5d^76s^2$	105	Db	$[Rn]5f^{14}6d^37s^2$
22	Ti	$[Ar]3d^24s^2$	50	Sn	$[Kr]4d^{10}5s^25p^2$	78	Pt	$[Xe]4f^{14}5d^96s^1$	106	Sg	$[Rn]5f^{14}6d^47s^2$
23	V	$[Ar]3d^34s^2$	51	Sb	$[Kr]4d^{10}5s^25p^3$	79	Au	$[Xe]4f^{14}5d^{10}6s^1$	107	Bh	$[Rn]5f^{14}6d^57s^2$
24	Cr	$[Ar]3d^54s^1$	52	Te	$[Kr]4d^{10}5s^25p^4$	80	Hg	$[Xe]4f^{14}5d^{10}5s^2$	108	Hs	$[Rn]5f^{14}6d^67s^2$
25	Mn	$[Ar]3d^54s^2$	53	I	$[Kr]4d^{10}5s^25p^5$	81	Tl	$[Xe]4f^{14}5d^{10}6s^26p^1$	109	Mt	$[Rn]5f^{14}6d^77s^2$
26	Fe	$[Ar]3d^64s^2$	54	Xe	$[Kr]4d^{10}5s^25p^6$	82	Pb	$[Xe]4f^{14}5d^{10}6s^26p^2$			
27	Co	$[Ar]3d^74s^2$	55	Cs	$[Xe]6s^1$	83	Bi	$[Xe]4f^{14}5d^{10}6s^26p^3$			
28	Ni	$[Ar]3d^84s^2$	56	Ba	$[Xe]6s^2$	84	Po	$[Xe]4f^{14}5d^{10}6s^26p^4$			

(2)某些元素的电子排布，如$_{74}$W($[Xe]5d^46s^2$)，$_{78}$Pt($[Xe]5d^96s^1$)的“反常”现象，至今还难以找出令人满意的解释。这些元素的电子排布式是从光谱实验得到的，用我们学过的一些原理去加以解释，似乎仍有些不够全面，有些牵强。我们在学习过程中，应该首先承认实验事实，不要拿事实去套用原理，使事实适合于原理；因为我们学习过的原理也只具有相对的近似的意义，有一定的片面性，还有待于发展。但是核外电子排布仍然服从

能量最低原理,这是毋需置疑的。

五、元素周期表

前面已提及,当元素按核电荷递增顺序依次排列时,原子最外层上电子数目总是由1到8发生周期性的变化,即电子构型重复 s^1 到 s^2p^6 的变化。因此,周期表中元素总是从碱金属开始(第一周期例外),以稀有气体结束。而每一次这样的重复,都是一个新周期的开始,一个旧周期的结束。同时,原子最外层电子数目的每一次重复出现,元素的性质就重复地表现出某些相似性,因为元素的化学性质主要取决于元素本身的电子层结构,尤其是最外层电子的构型。因此,元素最外层电子构型的周期性变化,决定了元素性质的周期性变化。

1. 能级组与元素周期的划分

在元素周期表中,周期的划分就是核外电子能级组的划分。各能级组容纳的电子数就等于相应周期的元素的数目。其关系见表7-7。

表7-7 能级分组与元素周期表周期划分

原子结构			元素周期系		
能级组	能级	可填电子数	周期数	元素	元素数目
1	$1s$	2	1	$_{1}H \sim _{2}He$	2
2	$2s2p$	8	2	$_{3}Li \sim _{10}Ne$	8
3	$3s3p$	8	3	$_{11}Na \sim _{18}Ar$	8
4	$4s3d4p$	18	4	$_{19}K \sim _{36}Kr$	18
5	$5s4d5p$	18	5	$_{37}Rb \sim _{54}Xe$	18
6	$6s4f5d6p$	32	6	$_{55}Cs \sim _{86}Rn$	32
7	$7s5f6d$	32	7	$_{87}Fr \sim$	32

2. 原子的电子构型及周期表中族的划分

在周期表中,主族元素的族数等于原子核外电子最外层电子数($ns + np$)的总和。主族元素的最高氧化态就等于原子最外层电子数的数目。例如,碱金属电子结构都是 ns^1,卤素都是 ns^2np^5。由于电子构型的相似性,同一主族元素性质非常相似。

副族元素的电子结构变化发生在内层 d 轨道上,其次外层上电子数目多于8而少于18。因此在化学反应中,这些元素除了可以失去最外层电子外(一般是 $ns^1 \sim ns^2$ 电子),还能失去次外层上的一部分 d 电子。例如 Sc 的电子排布式为 Sc([Ar]$3d^14s^2$),在化学反应中总共可以失去3个电子,属ⅢB族。因此副族元素的族数等于在化学反应中所能失去的电子总数,即$(n-1)d$ 电子数与 ns 电子数总和(第Ⅷ族元素除外)。

3. 电子构型与周期表的分区

根据元素周期表中原子的电子排布特点,可以把元素周期表分为五个区,即 s 区、p 区、d 区、ds 区及 f 区,见图7-17。

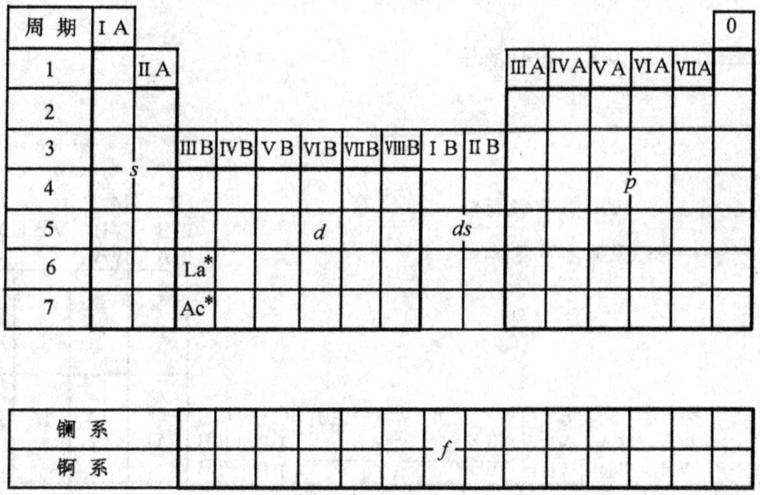

图 7－17 元素周期表的分区

(1)s 区,该区元素最外层电子构型是 ns^1 或 ns^2,它包括ⅠA族及ⅡA族元素,这些元素的原子在化学反应中易失去一个或两个电子,形成 +1 或 +2 价离子。

(2)p 区元素,该区元素的原子最外层电子构型是 $ns^2np^{1\sim6}$,它包括周期表ⅢA～ⅦA族及零族元素。零族元素除 He 原子外层电子结构为 $1s^2$ 以外,其余皆是 ns^2np^6 构型,由于这一结构有一定的稳定性,过去称之为惰性气体。1962 年以后,实验制备了一系列的惰性气体化合物,如 XeF_2,XeF_4,XeO_3 等,因此,惰性气体改称为稀有气体,并且将零族改为ⅧA族。

(3)d 区元素,该区元素的原子的电子构型为 $ns^{1,2}(n-1)d^{1\sim9}$,包括ⅢB族到ⅧB族之间的元素。d 区元素又称为过渡元素。这些元素的族数等于它们的最高能级组中的电子总数,因此被称为副族元素。由于它们的最外层电子数均为 1 个或 2 个,它们的差别集中反映在次外层 d 电子的数目上,因此,它们都是金属元素,性质比较相似。d 区元素中,自左到右,元素的化学性质变化缓慢。

(4)ds 区元素,该区元素电子构型为 $ns^{1,2}(n-1)d^{10}$,包括铜分族及锌分族。虽然它们的电子层最外层电子结构为 $ns^{1,2}$,但它们又与 s 区元素不同,其次外层有充满电子的 d^{10} 电子。

(5)f 区元素,该区元素电子构型为 $(n-2)f^{1\sim14}(n-1)d^{0\sim1}ns^2$,其主要差别在于倒数第三层$(n-2)$轨道上电子数的不同。由于最外两层电子数基本上相同,它们的化学性质非常相似,常称为内过渡元素或镧系及锕系元素。

4. 元素周期表中族序数的新标法

自 1869 年门捷列夫元素周期表公布以后,至今已有多种形式的元素周期表,表 7－8 是我们常用的元素周期表。

表 7-8　元素周期表的标法

1 —— 1986 IUPAC标法

ⅡA —— 1970 IUPAC标法

ⅡA —— 美国化学会标法

Group 1 ⅠA	2 ⅡA ⅡA	3 ⅢA ⅢB	4 ⅣA ⅣB	5 ⅤA ⅤB	6 ⅥA ⅥB	7 ⅦA ⅦB	8 ⅧA Ⅷ	9 ⅧA Ⅷ	10 ⅧA Ⅷ	11 ⅠB ⅠB	12 ⅡB ⅡB	13 ⅢB ⅢA	14 ⅣB ⅣA	15 ⅤB ⅤA	16 ⅥB ⅥA	17 ⅦB ⅦA	18 ⅧB 0
1 H																	2 He
3 Li	4 Be											5 B	6 C	7 N	8 O	9 F	10 Ne
11 Na	12 Mg											13 Al	14 Si	15 P	16 S	17 Cl	18 Ar
19 K	20 Ca	21 Sc	22 Ti	23 V	24 Cr	25 Mn	26 Fe	27 Co	28 Ni	29 Cu	30 Zn	31 Ga	32 Ge	33 As	34 Se	35 Br	36 Kr
37 Rb	38 Sr	39 Y	40 Zr	41 Nb	42 Mo	43 Tc	44 Ru	45 Rh	46 Pd	47 Ag	48 Cd	49 In	50 Sn	51 Sb	52 Te	53 I	54 Xe
55 Cs	56 Ba	57 La★	72 Hf	73 Ta	74 W	75 Re	76 Os	77 Ir	78 Pt	79 Au	80 Hg	81 Tl	82 Pb	83 Bi	84 Po	85 At	86 Rn
87 Fr	88 Ra	89 Ac▲	104 Rf	105 Db	106 Sg	107 Bh	108 Hs	109 Mt	110 Uun	111 Uuu	112 Uub						

58 Ce	59 Pr	60 Nd	61 Pm	62 Sm	63 Eu	64 Gd	65 Tb	66 Dy	67 Ho	68 Er	69 Tm	70 Yb	71 Lu
90 Th	91 Pa	92 U	93 Np	94 Pu	95 Am	96 Cm	97 Bk	98 Cf	99 Es	100 Fm	101 Md	102 No	103 Lr

IUPAC(国际理论和应用化学联合会)1970 年推荐的长表族序数的标法是ⅠA～ⅧA,然后是ⅠB～ⅧB,见表 7-8。1986 年 IUPAC 无机化学命名委员会正式将 18-族命名的周期表列入了《无机化学命名指导》书中,并发行到世界各地征求意见(表 7-8)。元素周期表 18-族序的新标法,避免了各国由于使用符号不同而产生的混乱,改变原有用罗马数字作族序数为用阿拉伯数字标记的方法,而且还分别用★标识镧系,以▲标识锕系。有关这些标记方法的优缺点在此不多赘述。

第四节　元素的基本性质及其周期性的变化规律

元素的基本性质包括原子半径、电离能、电子亲合能及电负性等,它们又称为原子参数。这些基本性质都与原子结构有密切关系。由于元素的原子结构呈现周期性的变化,这些基本性质也呈现周期性的变化,以下作具体讨论。

一、原子半径

可以想像,要精确地测定原子半径是有困难的,因为原子核的周围是电子云,它们没有确定的半径。使用不同的测量方法,可以得到数值不同的半径。常常使用到的有共价半径、金属半径、范德瓦尔(van der Waals)半径:

(1)共价半径。由同种元素的两个原子以共价单键相连接时(例 H_2,Cl_2)其核间距的一半为原子的共价半径。显然,共价半径适合于非金属双原子分子。

(2)金属半径。将金属晶体视为由球状金属原子堆积而成,则相邻金属原子核间距的一半称为原子的金属半径。

(3)范德瓦尔半径。对于稀有气体,其原子彼此间不形成化学键,原子的核间距是从分子之间的距离测得的,其一半称为范德瓦尔半径。

一般说来,同种元素的原子的金属半径要比其共价单键半径大 10%～15%,而范德瓦尔半径更大。由于原子半径是按照上述设想得到的,不同的书刊作者,由于采用不同的测量方法,原子半径数据可能不同。在本书附录中,采用原子半径数据均选自 J. A. Dean 的 *Lange's Handbook of Chemistry*(13th ed.,1985)数据。图 7－18 给出了原子半径(pm)与原子序数 Z 对画图,可以使我们清楚地看到同一周期或同一族元素原了半径的变化规律。

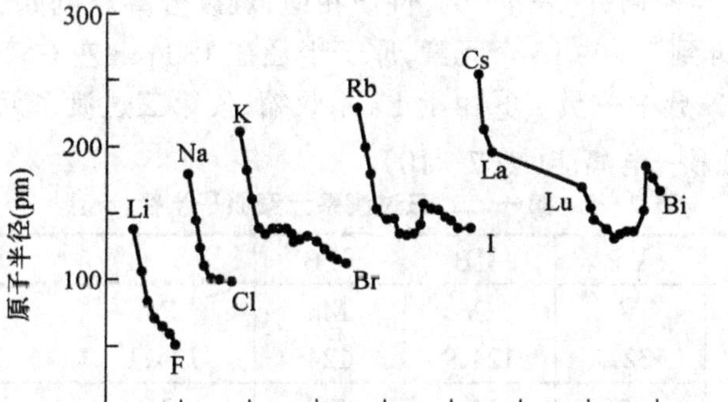

图 7－18　元素原子半径与原子序数关系

(1)同一主族元素原子半径变化规律。同一主族元素自上而下由于主量子数的增大,原子半径增大,如图中 Li,Na K,Rb,Cs 等碱金属原子的半径变化规律。从理论上说,同一主族元素自上而下,随核电荷的增加,由于内层电子屏蔽不完全,有效核电荷依次增大(虽然按 Slater 规则计算第一主族有效核电荷 H 1.0,Li,1.3,Na,2.2,K,2.2,Rb,2.2,

Cs,2.2),而会使原子半径相应地缩小,但这种作用显然不及由于电子层的增大而使半径增大的作用更大,因此总的效果是原子半径自上而下逐渐增大。

(2)对于同一副族元素,自上而下,随着核电荷增大,有效核电荷也相应地增大,其增大幅度较主族大,加上由于 La 系收缩的原因,使第六周期元素原子半径反而小于或接近第五周期元素原子半径。因此,副族元素半径变化规律是自上而下变化幅度小,第五、六周期元素原子半径非常接近。

(3)在同一周期元素中原子半径变化规律。

对于短周期元素,自左至右,核电荷增大时,有效核电荷也随之增大,$\Delta Z^* \approx 0.65$,将使原子半径减少;另一方面,核外电子数增多,使电子间排斥作用加强,从而使原子半径增大。从总的效果来说,原子半径还是逐渐减小,变化幅度也较大,相邻元素间原子半径平均收缩 10 pm。

对于长周期过渡元素,随着核电荷数的增大,核外电子填入内层$(n-1)d$ 轨道上,由于$(n-1)d$ 电子属于内层各组,对核外电子屏蔽作用较大。同一过渡系相邻元素的原子的有效核电荷增量较小,仅约为0.15,因此,长周期过渡元素原子间半径自左至右下降幅度较小,Δr 约为 5 pm。对于长周期第一过渡金属后的主族元素,Ga 由于"钪系收缩"等原因,使 $r_{Ga} < r_{Al}$,而不是预期中的 $r_{Ga} > r_{Al}$,也使 Ga 后的 p 区元素性质表现出"次周期性"。

对于内过渡元素,电子填入$(n-2)f$ 轨道上,属于更内层轨道上,对外层电子的屏蔽是"完全"的,$\sigma = 1.00$。La 系,Ac 系元素相邻原子间的有效核电荷增量 $\Delta Z^* \approx 0$,因此 La 系,Ac 系元素的相邻原子半径相差更少,$\Delta r \approx 1$ pm。但在周期表中,从 La 至 Lu 共 15 个元素,只占有第三、四过渡系,ⅢB 族一小格位置,然而累积的半径收缩了 13 pm,作为总的效果,收缩的数值是比较大的,这种现象对 La 系及 Ac 系后元素性质产生较大影响,称为 La 系收缩。La 系收缩带来三个后果:①使第三过渡系元素的原子半径与同族相应的第二过渡系元素原子半径相近(表 7-9),性质相似,难以分离。例如 Zr 与 Hf,Nb 与 Ta,Mo 与 W 等。②从 La 到 Lu 共 15 个元素,原子半径在 180 pm 左右,Y 的半径为 181 pm,因而使 Y 成为 La 系家族中一员。③由于 La 系收缩,使第三过渡系元素第一电离能大于第二过渡系对应元素第一电离能(表 7-10)。

表 7-9 第一、二、三过渡系元素原子半径(pm)

ⅢB	ⅣB	ⅤB	ⅥB	ⅦB	Ⅷ		
Sc 166.6	Ti 144.0	V 132.1	Cr 124.9	Mn 124	Fe 124.1	Co 125.3	Ni 124.6
Y 181	Zr 160	Nb 142.9	Mo 136.2	Tc 135.8	Ru 132.5	Rh 134.5	Pd 137.6
La 187.7	Hf 156.4	Ta 143	W 137.0	Re 137.0	Os 134	Ir 135.7	Pt 138
Ce 182.5	Pr 182.8	Nd 182.1	Pm 181.0	Sm 180.2	Eu 204.2	Gd 180.2	Tb 178.2
Dy 177.3	Ho 176.6	Er 175.7	Tm 174.6	Yb 194.0	Lu 173.4		

表 7-10　第一、二、三过渡系元素的第一电离能　　$kJ \cdot mol^{-1}$

Sc	Ti	V	Cr	Mn	Fe	Co	Ni	Ca	Zn
631	658	650.4	652.8	717.4	759.4	757.7	736.7	745.5	906.4
Y	Zr	Nb	Mo	Tc	Ru	Rh	Pd	Ag	Cd
615.6	660	663.9	685	702.5	711.3	719.7	804.7	731	867.7
La	Hf	Ta	W	Re	Os	Ir	Pt	Au	Hg
538.1	675.1	761.3	770	760.3	837.2	879.3	867.3	890.1	1007

实际上，La 系收缩应该是 La 系元素原子半径收缩的总的结果，其产生的原因是在于 $4f$ 亚层电子的屏蔽的不完全。La 系元素原子每增加一个 $4f$ 电子时，每个 $4f$ 电子受到的有效核电荷也在逐渐增加，从而导致 $4f$ 亚层体积缩小，这种连续的收缩的总的结果就是 La 系收缩。

二、电离能

基态的气体原子失去最外层的第一个电子成为气态 +1 价离子所需的能量，叫第一电离能(I_1)：

$$A(g) \longrightarrow A^{+}(g) + e \qquad I_1$$

从理论上来说，它等于气态正离子和气态原子的能量差。如前所述，其数值可由 Slater 的近似计算中得到。

由气态 +1 价离子再移去一个电子成为气态 +2 价离子所需的能量，称为第二电离能(I_2)。第三、四电离能依此类推。显然，

$$I_1 < I_2 < I_3 < I_4$$

电离能单位常用 eV 或 $kJ \cdot mol^{-1}$ 表示。1 eV 相当于 96.484 $kJ \cdot mol^{-1}$。表 7-11 给出了各元素的第一电离能。图 7-19 给出了元素第一电离能与原子序数 Z 的关系。

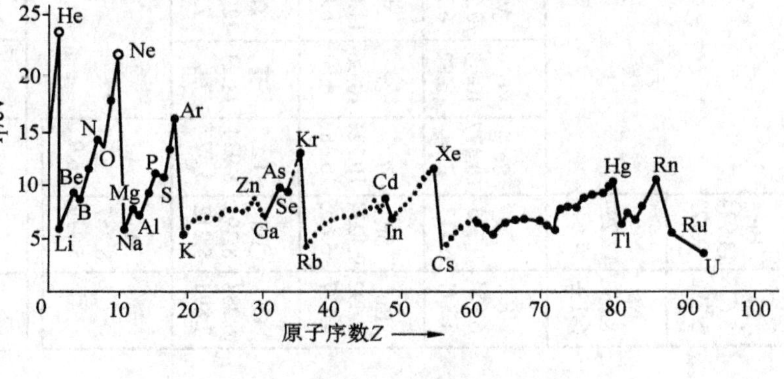

图 7-19　元素第一电离能 I_1-Z 图

表7－11　元素的第一电离能

H 21.784 13.598																	He 39.388 21.587
Li 8.638 5.392	Be 14.934 9.322											B 13.293 8.298	C 18.039 11.260	N 23.284 14.534	O 21.816 13.618	F 27.910 17.422	Ne 34.546 21.564
Na 8.233 5.139	Mg 12.294 7.646											Al 9.590 5.986	Si 13.058 8.151	P 16.799 10.486	S 16.597 10.360	Cl 20.773 12.967	Ar 25.246 15.759
K 6.954 4.341	Ca 9.793 6.113	Sc 10.477 6.54	Ti 10.93 6.82	V 10.798 6.74	Cr 10.839 6.766	Mn 11.911 7.435	Fe 12.608 7.870	Co 12.59 7.86	Ni 12.231 7.635	Cu 12.377 7.726	Zn 15.049 9.394	Ga 9.610 5.999	Ge 12.654 7.899	As 15.716 8.91	Se 15.623 9.752	Br 18.926 11.814	Kr 22.426 13.999
Rb 6.692 4.177	Sr 9.1234 5.695	Y 10.221 16.38	Zr 10.96 6.84	Nb 11.022 6.88	Mo 11.373 7.099	Tc 11.663 7.28	Ru 11.81 7.37	Rh 11.95 7.36	Pd 13.16 8.34	Ag 12.137 7.576	Cd 14.407 8.993	In 9.269 5.786	Sn 11.765 7.344	Sb 13.343 8.641	Te 14.432 9.009	I 16.743 10.451	Xe 19.432 12.136
Cs 6.238 3.894	Ba 8.395 5.212	La 8.934 5.577	Hf 11.21 7.0	Ta 12.64 7.89	W 12.784 7.98	Re 12.624 7.88	Os 13.9 8.7	Ir 14.6 9.1	Pt 14.4 9.0	Au 14.779 9.225	Hg 16.720 10.937	Tl 9.786 6.108	Pb 11.880 7.416	Bi 11.677 7.289	Po 13.585 8.42	At	Rn 17.218 10.748
Fr	Ra 8.457 5.279	Ac 11.05 6.9															

La 8.934 5.577	Ce 7.763 5.47	Pr 8.683 5.42	Nd 8.795 5.49	Pm 8.89 5.55	Sm 9.02 5.63	Eu 9.08 5.67	Gd 9.84 6.14	Tb 9.37 5.85	Dy 9.50 5.93	Ho 9.64 6.02	Er 9.77 6.10	Tm 9.90 6.18	Yb 10.019 6.254	Lu 8.693 5.426

注：表内上行数据的单位是 $\times 10^{-19}$ J·e^{-1}，下行数据的单位是eV。1 eV=1.602 189 2 × 10^{-19} J·e^{-1} =96.484 kJ·mol^{-1}。

由图可以清楚看出以下几点：

(1)电离势数值越小，表示该元素的原子在气态时越易失去电子，即该元素在气态时金属性越强。在周期表中，常见元素中电离能最大的元素是 He，电离能最小的元素是 Cs。

(2)元素的电离势随 Z 的变化而呈现周期性的变化。其变化规律是：对于同一周期元素来说。自左至右，I 基本上是依次增大，但也有个别是“反常”的，例如 Be 与 B，N 与 O，Mg 与 Al，P 与 S，Zn 与 Ga，As 与 Se，Cd 与 In，Hg 与 Tl 等，都表现出不同的规律。这是由于电离能不仅与元素原子的有效核电荷有关，也与元素的电子层结构有关。显然，有效核电荷越大，电离能越大。因此，同一周期自左至右 Z^* 逐渐增大，电离能也应逐渐增大。“反常”元素反常的原因是由于受电子层结构影响，例如 $I_B < I_{Be}$，是因为：

$B(2s^2 2p^1) \longrightarrow B^+(2s^2 2p^0)$　　　B^+ 具有较稳定结构

$Be(2s^2) \longrightarrow Be^+(2s^1)$　　　$Be(2s^2)$全充满，稳定

再如 $I_N > I_O$，是因为：

$N(2s^2 2p^3) \longrightarrow N^+(2s^2 2p^2)$　　　N 更稳定

$O(2s^2 2p^4) \longrightarrow O^+(2s^2 2p^3)$　　　O^+ 是半充满

因此，一般来说，具有 p^3，d^5，f^7 半充满电子构型或 s^2，p^6，d^{10}，f^{14} 全充满电子构型的电子结构，都有较大的电离能，比其前后元素电离能都大。例如：$I_p > I_{si}$，$I_p > I_s$；$I_{Ar} > I_{cl}$；$I_{Zn} > I_{Cu}$，$I_{Zn} > I_{Ga}$，等等。

(3)同一周期过渡元素及内过渡元素自左至右电离能变化不大，规律性也较差。

(4)主族元素中自上而下由于 n 增大，原子半径随之增大，因此电离能应减少；但这一规律在 Sc 系收缩影响下，使 $I_{Ga} > I_{Al}$；在 La 系收缩影响下，使 $I_{Tl} > I_{In}$，$I_{Pb} > I_{Sn}$(读者可根据学过的理论进行讨论分析)。因此，通常主族元素金属性自上而下依次增大。

(5)副族元素电离能变化规律不太规则，这与副族元素原子半径变化规律及 La 系收缩有关。通常，第一过渡系金属性较显著，第三过渡系金属性较弱。

对比元素的第一、第二、第三……电离能，可以看到 $I_1 < I_2 < I_3 \cdots$ 的规律。例如表 7－12给出了 Na，Mg，Al 的各级电离能，由各级电离能的变化数值，我们可以十分容易地推测该元素的常见氧化态。例如，Al 的 $I_4 >> I_3$，因此 Al 的常见氧化态是＋3。

表 7－12　Na，Mg，Al 各级电离能　　kJ·mol^{-1}

级别 / 电离能 / 元素	I_1	I_2	I_3	I_4
$Na(3s^1)$	496	4562	6912	9540
$Mg(3s^2)$	738	1451	7733	10540
$Al(3s^2 3p^1)$	578	1817	2745	11578

作为规律，金属元素的电离能一般都低于非金属元素。氢的电离能虽然比较大，但 H^+ 的水合能也较大，故 $H^+(aq)$在溶液中仍是相当稳定存在的。

电离能的实验测定可以用原子发射光谱和电子脉冲的实验方法得到相当准确的数据。

三、电子亲合能

电子亲合能(electron affinity)是指元素的一个气态原子在基态得到一个电子形成基态、气态负离子所放出的能量，常用符号 E_{ea} 表示，数值上习惯上用元素的电子亲合反应焓变的负值($-\Delta H^{\ominus}$)表示。因此 E_{ea} 为正值时表示放热过程，E_{ea} 为负值时表示吸热过程，这与热力学中吸热为正、放热为负的表示刚好相反。

例如：　$O(g) + e \rightleftharpoons O^{-}(g)$　　$\Delta H^{\ominus} = -141\ kJ \cdot mol^{-1}$

　　　　$O^{-}(g) + e \rightleftharpoons O^{2-}(g)$　　$\Delta H^{\ominus} = 780\ kJ \cdot mol^{-1}$

则　　　$E_{ea_1} = 141\ kJ \cdot mol^{-1}$　　$E_{ea_2} = -780\ kJ \cdot mol^{-1}$

表 7－13 汇列了主族元素电子亲合能的数值。

表 7－13　主族元素电子亲合能 E_{ea}

H 72.9							He (−21)
Li 59.8	Be (−240)	B 23	C 122	N (−58) (−800)* (−1290)**	O 141 −780*	F 322	Ne (−29)
Na 52.9	Mg (−230)	Al 44	Si 120	P 74	S 200.4 −590*	Cl 348.7	Ar (−35)
K 48.4	Ca (−156)	Ga 36	Ge 116	As 77	Se 195 −420*	Br 324.5	Kr (−30)
Rb 46.9	Sr —	In 34	Sn 121	Sb 101	Te 190.1*	I 295	Xe (−40)
Cs 45.5	Ba (−52)	Tl 50	Pb 100	Bi 100			

资料来源：James E. Huheey, Inorganic Chemistry-Principles of Structure and Reactivity, 2nd ed, p46

注：括号内数据为理论计算值，“＊”表示第二电子亲合能，“＊＊”表示第三电子亲合能，单位为 $kJ \cdot mol^{-1}$。

由表可见：

(1)一般来说，元素的第一电子亲合能是放热的，而第二、第三电子亲合能则是吸热的，例如 O,S 元素。这说明在由 －1 价气态阴离子获得电子形成 －2 价气态阴离子时，由于核外电子密度增大，使电子间排斥力明显增大，从而电子亲合能表现为负值，这也说明 $O^{2-}(g)$,$S^{2-}(g)$应是极不稳定的。但是常见的氧化物和硫化物都是以 －2 价状态稳定存在于晶体或溶液中的，这是由于氧化物或硫化物晶体形成时释放的晶格能或在溶液中形成水合离子时释放的水合能弥补了吸热的电子亲合能的需要，从而 O^{2-},S^{2-} 可以稳定存在于水溶液或晶体之中。

(2)周期表中，第一电子亲合能最大的不是氟元素，而是氯元素。这是由于 $r_F < r_{Cl}$，在形成 －1 价离子过程中，半径小的原子电子间排斥力较大的原因造成的。同样地，我们可以看到 $E_{ea_1}(O) < E_{ea_1}(S)$,$E_{ea_2}(O) < E_{ea_2}(S)$。虽然氟的电子亲合能比氯的还要小，但是相应单质进行化学反应时，氟的活泼性仍是非金属单质中最活泼的，这说明单质在化学

反应中反应趋势大小要由过程 ΔG 来衡量，不能只考虑单个原子电离能或电子亲合能大小这一单个因素的影响，还必须考虑反应过程的综合能量因素（如离解能、原子化能、晶格能（键能）、溶剂化能等因素）的影响，反应性是由综合因素决定的。

(3)电子亲合能的数值越大，表示该元素原子生成气态负离子的倾向性越大。同一周期元素中，自左而右，第一电子亲合能呈现逐渐增大的趋势，只是ⅡA、ⅤA 族有一些特殊性。这说明元素的原子结构对电子亲合能的影响。

(4)如果元素具有较高的电离能，则它也倾向于具有较高的电子亲合能，这说明非金属元素倾向于形成阴离子。

(5)一般来说，第二周期元素的电子亲合能比第三周期元素的要小，这是由第二周期元素原子半径小、轨道数目少、电子间排斥力大等因素造成的。

四、电负性

当两个不同的原子相互作用形成分子时，原子外层的电子结构发生了变化，不同原子对共用电子对的吸引力是不相同的。元素的电负性(electronegativity)就是分子中原子对成键电子对吸引能力相对大小的量度。由于电负性的定义及计算方法的不同，各种电负性的数值不同，常用的有三种标度，即 Pauling 电负性，Mulliken 电负性和 Allred-Rochow 电负性。

1. Pauling 电负性

Pauling 于 1932 年提出电负性是元素的原子在分子中吸引电子的能力。当 A 和 B 两种原子结合成双原子分子 AB 时，若 A 的电负性较大，则 AB 分子的极性是 $A^{\delta-}B^{\delta+}$，即 A 原子带有较多的负电荷，B 原子带有较多的正电荷。分子的极性越大，键的离子键成分越高。因此，电负性差表征共价健中公用电子对的偏向程度，也是原子形成负离子倾向相对大小的量度。Pauling 从两种元素形成化合物时生成焓出发建立电负性标度，并指定 $x_F = 4.0$，$x_H = 2.1$，由键焓计算出各元素电负性相对值(表 7-14)。

表 7-14　元素的电负性(Pauling)

H 2.1																
Li 1.0	Be 1.5											B 2.0	C 2.5	N 3.0	O 3.5	F 4.0
Na 1.0	Mg 1.2											Al 1.5	Si 1.8	P 2.1	S 2.5	Cl 3.0
K 0.8	Ca 1.0	Sc 1.3	Ti 1.5	V 1.6	Cr 1.6	Mn 1.5	Fe 1.8	Co 1.9	Ni 1.9	Cu 1.9	Zn 1.6	Ga 1.6	Ge 1.8	As 2.0	Se 2.4	Br 2.8
Rb 0.8	Sr 1.0	Y 1.2	Zr 1.4	Nb 1.6	Mo 1.8	Tc 1.9	Ru 2.2	Rh 2.2	Pd 2.2	Ag 1.9	Cd 1.7	In 1.7	Sn 1.8	Sb 1.9	Te 2.1	I 2.5
Cs 0.7	Ba 0.9	La—Lu 1.0—1.2	Hf 1.3	Ta 1.5	W 1.7	Re 1.9	Os 2.2	Ir 2.2	Pt 2.2	Au 2.4	Hg 1.9	Tl 1.8	Pb 1.9	Bi 1.9	Po 2.0	At 2.2
Fr 0.7	Ra 0.9	Ac 1.1														

资料来源：L. Pauling and P. Pauling, Chemistry, 1975, p175

2. Mulliken 电负性

1934 年，R. S. Mulliken 用电离能 I_1 和电子亲合能 E_{ea} 求出电负性标度，其计算公式为（I_1，E_{ea} 均用 $kJ\cdot mol^{-1}$ 表示）：

$$x_A = 1.866 \times 10^{-3}(I_1 + E_{ea})$$

这样计算得到的电负性数值是绝对数值。但是，由于电子亲合能数据不全，其电负性数值不多，使其应用受到限制。

3. Allred-Rochow 电负性

1957 年，由 Allred 及 Rochow 提出计算电负性的方法。根据库仑引力，核对外层价电子的吸引力是：

$$f = \frac{Z^* e^2}{r^2}$$

式中：Z^* 是作用于价电子上的有效核电荷，可由 Slater 法计算；e 代表一个电子的电荷（用库仑表示）；r 是原子的共价半径（用 pm 表示）。为了使计算得到的电负性与 Pauling 的电负性数据尽可能相符，引入以下计算公式：

$$x = (0.359Z^*/r^2) + 0.744$$

由计算公式可见，以 Z^*/r^2 对 x 作图，应得一条直线，直线斜率为 0.359，截距为 0.744。

根据电负性数值与原子序数关系作图，得到图 7－20。

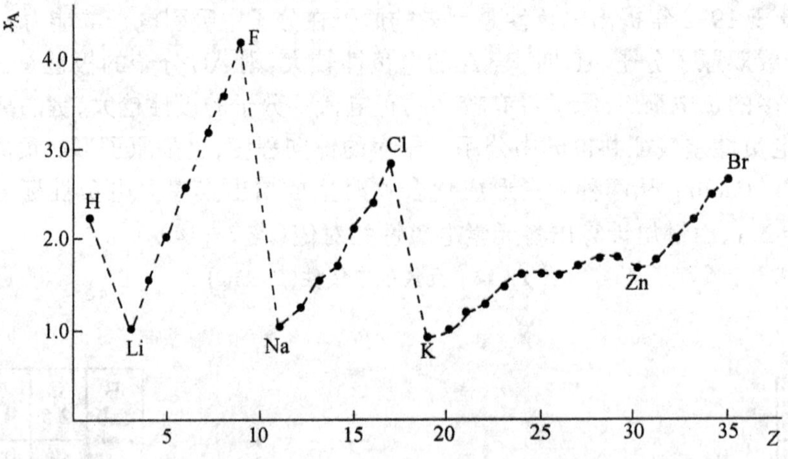

图 7－20　$x_A - Z$ 关系图

由图 7－20 可以看出以下规律：

(1)金属元素的电负性较小，非金属元素电负性较大。一般以 $x = 2.0$ 作为金属与非金属的分界点。

(2)通常，同一周期的元素，自左至右，随 Z 增加，电负性数值增大。同一主族元素随周期数增加，电负性减小，副族元素规律性较差。因此，周期表中氟(F)是电负性最大的元素，铯(Cs)的电负性最小。

(3)周期表中介于表 7－14 中粗线两侧的元素的电负性约在 2.0 左右，称为半金属。

他们在性质上兼有金属性和非金属性。

(4)电负性相差大的元素化合生成离子键的倾向较强。电负性相同或相近的非金属元素相互间以共价键结合;电负性相同或相近的金属元素相互可以以金属键结合,形成金属和合金。离子键、共价键和金属键是三个极限键型,在它们之间,有一系列过渡性的键。因此,电负性是研究化合物键型的重要参数。

最后应指出的是,电负性是表示原子在分子中吸引电子的能力,并非是单独原子的性质。因此,电负性的数值大小与原子在分子中的化学环境,如价态、成健时采用的杂化态及其他原子的状态有关。例如同一元素在不同氧化态下有不同的电负性数值,如 $x_{Fe^{2+}}=1.8$,$x_{Fe^{3+}}=1.9$;$x_{Cu^{+}}=1.9$,$x_{Cu^{2+}}=2.0$。

本章教学要求

1. 了解玻尔理论的要点

2. 了解核外电子运动的特征,掌握描述核外电子运动的四个量子数及其物理意义。

3. 了解波函数及电子云的物理意义。掌握各种波函数图形及其物理意义,如 $Y(\theta,\varphi)-\theta,\varphi$;$R(r)-r$;$Y^2(\theta,\varphi)-\theta,\varphi$;$R^2(r)-r$;$D-r$ 图的物理意义。

4. 熟练地应用轨道电子能级图,写出原子的电子构型。

5. 掌握屏蔽效应及钻穿效应,并能利用 Slater 计算公式计算屏蔽常数及有效核电荷。

6. 掌握原子半径、电离能、电子亲合能、元素电负性的周期性变化规律,并用有关理论给予解释。

习　题

1. 画出下列波函数的角度分布图,并说明它们的物理意义。

$$s, p_x, p_y, p_z, d_{xy}, d_{yz}, d_{xz}, d_{x^2-y^2}$$

2. 画出下列电子云角度分布图,并说明它们的物理意义。

$$s, p_x, p_y, p_z, d_{xy}, d_{yz}, d_{xz}, d_{x^2-y^2}$$

3. 画出下列电子云径向分布图,并说明它们的物理意义。

$$1s, 2s, 2p, 3s, 3p, 3d$$

4. 用 Slater 规则计算 ^{21}Sc 的 $4s$ 电子和 $3d$ 电子的能量,并与 ^{19}K 的情况比较,从中可得出什么结论?

5. 解释 H 原子的 $3s$ 和 $3p$ 轨道能量相同,而 Cl 中的 3s 轨道能量比相应的 3p 轨道能量低。

6. 什么是"La 系收缩"?它对元素的性质产生哪些影响?

7. 在周期表中,元素分成几个周期?几个族?几个区?各周期有多少种元素?

8. 主族、副族、镧系、锕系元素原子的电子层结构各有何特点?

9. 什么叫屏蔽效应和钻穿效应?试用钻穿效应来说明原子轨道能级的交错现象。

10. 什么叫原子半径、原子电离能、电子亲合能和元素电负性?它们在周期表中的变化规律如何？请予以解释。

11. 绘制第二、三周期元素的原子半径、第一电离能随原子序数的变化关系图，并对图的形状进行解释。

12. 描述多电子原子核外电子的运动状态的四个量子数各是什么？各有什么物理意义？

13. 写出 Al, Cr, Cu, Ag, Nb, Mo, Ru, Rh, Pd, Pt, Au, Ce, Gd, Pb 的核外电子构型，它们各属于哪一周期、哪一族？其中哪些原子构型遵循了 Hund 规则？

14. 试区别：电子云和原子轨道；几率密度和电子云密度；波函数与原子轨道。

15. 已知 M^{2+} 离子 $3d$ 轨道中有 5 个电子，试推出：

① M 原子的核外电子排布。

② M 原子的最外层和最高能级组中电子数。

③ M 元素在周期表中的位置。

16. 解释下列现象：

① Na 的第一电离能小于 Mg，而 Na 的第二电离能却大大超过 Mg。

② Na^+ 和 Ne 是等电子体，为什么它们的第一电离能的数值差别较大？

③ Be 原子的第一、二、三、四各级电离能分别为 899, 1 757, 1.484×10^4 和 2.100×10^4 $kJ \cdot mol^{-1}$，解释各级电离能逐渐增大并有突跃的原因。

17. 同族的主族元素自上而下第一电离能应减少，但是ⅢA 族中，镓的第一电离能大于铝，铊大于铟；ⅣA 族中，铅的第一电离能大于锡。请用学过的理论进行解释。

18. 比较下列各组原子第一电离能的大小：Be 和 B；N 和 O；Mg 和 Al；P 和 S；Zn 和 Ga；As 和 Se；Cd 和 In；Hg 和 Tl；P 和 Si；Ar 和 Cl；Zn 和 Cu。

19. 在周期表中，第一电子亲合能最大的是氯，但氟是最活泼的单质，请用有关理论进行解释。

20. 试比较氮和氧原子的第一电子亲合能，并加以解释。

21. 为什么铼原子的第一电离能比锰原子的大？

22. 根据下列数据，计算 F 的电子亲合能。

已知：① $Al(s) = Al(g)$　　$\Delta_r H_m^\circ = 326\ kJ \cdot mol^{-1}$

② $Al(g) = Al^{3+}(g) + 3e^-$　　$\Delta_r H_m^\circ = 5\ 138\ kJ \cdot mol^{-1}$

③ $F_2(g) = 2F(g)$　　$\Delta_r H_m^\circ = 160\ kJ \cdot mol^{-1}$

④ $Al(s) + \frac{3}{2}F_2(g) = AlF_3(s)$　　$\Delta_r H_m^\circ = -1\ 310\ kJ \cdot mol^{-1}$

⑤ $Al^{3+}(g) + 3F^-(g) \longrightarrow AlF_3(s)$　　$\Delta_r H_m^\circ = -5\ 964\ kJ \cdot mol^{-1}$

第八章　分子结构

Molecular Structure

分子是参与化学反应的基本单元，物质的性质主要取决于组成物质的分子的性质，而分子的性质又是由分子的结构所决定的。因此，研究分子内部的结构并探索分子结构与物质的性质的关系有特别重要的意义，这本身也是结构化学的重要组成部分。

物质是由分子组成的，分子又是由原子所组成，这说明分子中原子与原子间存在着一定的相互作用力。由于原子间的相互作用力，形成相对稳定的聚合体（分子）。当聚合体的能量低于原来原子或离子大约 $40\ kJ\cdot mol^{-1}$ 以上时，我们就认为形成了化学键。

根据分子或晶体中，原子（或离子）之间直接的、主要的和强烈的相互作用力的不同，我们把化学键分为离子键、共价键和金属键三大类型。

本章将在原子结构理论基础上，重点讨论分子的形成过程及有关的化学键理论，如离子键理论、共价键理论及金属键理论以及有关分子间作用力等问题，并讨论化学键、分子间力与物质性质间关系。

第一节　离子键理论

活泼金属和活泼非金属的原子反应时，生成的化合物如 NaCl 等都是离子型化合物，它们具有一些固有的特征，如它们都以晶体的形式存在，具有较高的熔沸点，在熔融态或在水溶液中可导电等等。

1916 年，德国化学家科塞尔（Kossel）根据稀有气体具有稳定结构的事实提出了离子键理论。该理论认为，不同的原子间在相互化合时，它们都有可能通过得失电子形成具有稀有气体稳定结构的正负离子，正负离子通过静电吸引作用力结合形成离子型化合物。Kossel 的观点与离子化合物在熔融状态或在水溶液中溶解后具有导电性的实验事实相符合。同时 X 射线衍射实验也可以证实，NaCl 晶体确实是由具有 10 个电子的钠离子（Na^+）和具有 18 个电子的氯离子（Cl^-），并按一定的排列方式排列而成。这些实验事实都证明晶体中存在正负离子以及离子键的本质是静电库仑力的事实。

这种由于原子间发生电子的转移，生成正负离子，并通过静电库仑作用力作用而形成的化学键称为离子键。通常，生成离子键的条件是两原子的电负性差大于 1.7 以上，由离子键形成的化合物叫做离子型化合物。

一、离子键的特点

离子键的特点包括以下各方面：

1. 离子键的本质是库仑静电作用力

在离子键模型中，我们可以近似地将正负离子的电荷分布看作为球形对称的，这样，我们可以根据库仑定律处理正负离子间静电引力 f：

$$f = \frac{q^+ q^-}{R^2} \tag{8-1}$$

式中：q^+，q^- 分别表示正负离子所带电荷；R 为离子间距离。在离子键理论中，离子键强度是用晶格能来描述的。

2. 离子键的特点是既无方向性也无饱和性

由于在离子晶体中，正负离子被视为带电的小球，因此这些小球在空间各个方向上吸引异号电荷离子的能力都应是相同的，所以离子键没有方向性。例如在 NaCl 晶格中，每个 Cl^- 和 6 个相邻的 Na^+ 接触，每个 Na^+ 也和 6 个相邻的 Cl^- 相接触。在 CsCl 晶格中，每个 Cl^- 和 8 个 Cs^+ 相接触，每个 Cs^+ 和 8 个 Cl^- 相接触。正负离子周围邻接的异号电荷离子数目主要取决于正负离子相对大小的比例（半径比），而与离子所带电荷多少无直接关系。只要周围空间许可，一个负（正）离子总是希望可以尽可能多地吸引正（负）离子，因此，离子键无饱和性。此外，在离子晶体中，如 NaCl 晶体，中心离子如 Na^+，除了和最邻近的 6 个 Cl^- 相互吸引外，还可以与更远的若干个 Na^+ 和 Cl^- 离子产生相互排斥作用或吸引作用，这更说明离子键无饱和性的事实。

在通常情况下，离子化合物是由正负离子通过离子键相互交替连结而成的晶体物质。因此，我们无法从晶体中划分出各个孤立的 NaCl 分子，而只能将 NaCl 晶体视为一个巨型分子。因此化学式 NaCl 并不是氯化钠的分子式，它只是表明了在氯化钠晶体中 Na^+ 与 Cl^- 的摩尔比为 1∶1。

3. 离子键的离子性与元素的电负性差有关

离子键的形成与元素的电负性差有密切关系。显然，电负性差越大，离子键的离子性成分越大。通常，键的离子性不可能是 100％的，任何化学键都不可能是 100％的纯粹的静电作用力，还应有一定的原子轨道的重叠（共价键成分存在）。例如，电负性差最大的氟与铯形成的离子型化合物 CsF 中，实验确定 CsF 中只有 92％的离子性，8％为共价性。通常当 Δx（两元素电负性差）为 1.7 时，单键约为 50％的离子性，因此，我们常常用 Δx 判断键的性质（表 8-1）。

表 8-1　单键离子性百分数与 Δx 关系

Δx	单键离子性％	Δx	单键离子性％	Δx	单键离子性％
0.2	1	1.4	39	2.4	76
0.4	4	1.6	47	2.6	82
0.6	9	1.7	50	2.8	86
0.8	15	1.8	55	3.0	89
1.0	22	2.0	63	3.2	92
1.2	30	2.2	70		

二、离子键的强度与 Born-Haber 循环

离子键的强度常常可以用晶格能(lattice energy),也称点阵能的大小来衡量。所谓晶格能(U)是指相互远离的气态正离子和负离子结合成 1 mol 离子晶体时所释放的能量的绝对值,或 1 mol 离子晶体解离成自由气态离子时所吸收的能量的绝对值。严格地说,晶格能的数据是指在 0 K 或 101 325 Pa 条件下的能量变化,而在 298 K,101 325 Pa 条件下的能量变化则称为某物质的晶格焓。通常,晶格能和晶格焓仅差几个 $kJ \cdot mol^{-1}$。例如 NaCl 的晶格能为 786 $kJ \cdot mol^{-1}$,而 NaCl 的晶格焓为 788 $kJ \cdot mol^{-1}$。因此,作为近似计算,这种差异可以忽略不计。这样,对于以下晶体生成的反应过程,反应焓变 $\Delta H^\ominus$ 的负值就是 M_mX_x 晶体的晶格能(U):

$$mM^{x+}(g) + xX^{m-}(g) = M_mX_x(s) \qquad U = -\Delta_r H_m^\ominus \qquad (8-2)$$

因此,利用晶格能数据,我们可以比较离子键的强度和晶体的稳定性。

Born 与 Haber 设计了一个热化学循环,利用这一循环,我们可以根据实验数据求算晶体的晶格能。图 8-1 是 NaCl(s)生成的热化学循环:

$$Na(s) + \frac{1}{2}Cl_2(g) = NaCl(s) \qquad \Delta_r H_m^\ominus = -410.9\ kJ \cdot mol^{-1}$$

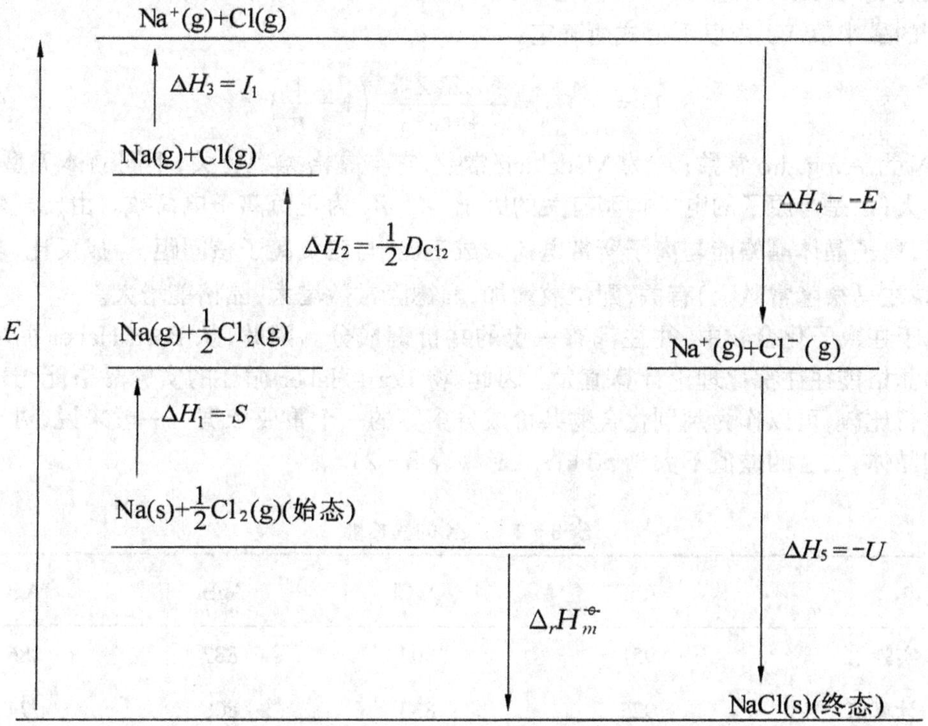

图 8-1 NaCl(s)生成的 Born-Haber 循环

图中:ΔH_1 是固态金属钠升华为气态钠原子所吸收的能量,$\Delta H_1 = 109\ kJ \cdot mol^{-1}$(升华热

S)；ΔH_2 是气态氯分子离解为 1mol 气态氯原子所吸收的能量，$\Delta H_2=\frac{1}{2}D=121\ \text{kJ}\cdot\text{mol}^{-1}$（离解热 D）；ΔH_3 是气态钠原子失去电子成为气态钠离子所吸收的能量，即 Na 原子的第一电离能，$\Delta H_3=I_1=496\ \text{kJ}\cdot\text{mol}^{-1}$；$\Delta H_4$ 为气态氯原子得到电子形成气态氯离子所放出的能量，$\Delta H_4=-E=-349\ \text{kJ}\cdot\text{mol}^{-1}$；$\Delta H_5$ 表示气态钠离子和气态氯离子结合为固态 NaCl 所释放的能量，其绝对值为晶格能 U，$\Delta H_5=-U$。这样，根据能量守恒定律：

$$\Delta_r H_m^{\circ}=\Delta H_1+\Delta H_2+\Delta H_3+\Delta H_4+\Delta H_5$$

即

$$\Delta_r H_m^{\circ}=S+\frac{1}{2}D+I+(-E)+(-U)$$

因此

$$U=-\Delta_r H_m^{\circ}+S+\frac{1}{2}D+I-E \tag{8-3}$$

将有关数据代入，可计算 NaCl 晶格能：

$$U=410.9+109+121-496-349=787.9\ \text{kJ}\cdot\text{mol}^{-1}$$

注意到(8－3)式中所有数据都可以由实验或手册中得到，因此，利用该式可以方便地求得某离子化合物的晶格能。

晶格能也可以从理论上进行计算得到。根据库仑定律，电荷分别为 $+Z_1e$ 和 $-Z_2e$ 的正负离子间的吸引力和负离子间电子排斥力达平衡时，相邻正负离子核间距为 r_0，体系位能的最小值 V_{r_0} 由以下公式所确定：

$$U=-V_{r_0}=\frac{NAZ_1Z_2e^2}{4\pi\varepsilon_0 r_0}\left(1-\frac{1}{n}\right) \tag{8-4}$$

式中：N 为 Avogadro 常数；A 为 Madelung 常数，它与晶格类型有关，不同晶体类型，A 值相差不大；n 是与原子的电子构型有关的因子，Z_1，Z_2 为正负离子电荷数。由(8－4)式可以看出，离子晶体晶格能与离子所带电荷数成正比，与正负离子核间距 r_0 成反比，与配位数(反映在马德隆常数上)有关，配位数增加，马德隆常数增大，晶格能增大。

由于在离子化合物中，往往都有一定的共价键成分。因此，从 Born-Haber 循环得到的实验晶格能往往都比理论计算值大。因此，将 Born-Haber 循环的实验晶格能与理论计算值进行比较，可以作为判别化合物共价成分多寡的一个重要依据。一般来说，对于典型离子型晶体，二者的差值不大于 50 $\text{kJ}\cdot\text{mol}^{-1}$（表 8－2）。

表 8－2　AgX 的晶格能

	AgF	AgCl	AgBr	AgI
实验值	951	902	887	886
计算值	925	833	808	774

晶格能的大小对离子化合物的物理化学性质有很大的影响，表 8－3 列举了一些 NaCl 型的离子型化合物的离子电荷及核间距 r_0 对熔点、硬度的影响。

表 8-3　NaCl 型离子晶体的晶格能及对晶体熔点、硬度影响

化合物	Z	r_0/pm	U/kJ·mol^{-1}	熔点/℃	Mohs 硬度
NaF	1	231	923	993	3.2
NaCl	1	282	786	801	2.5
NaBr	1	298	747	747	<2.5
NaI	1	323	704	661	<2.5
MgO	2	210	3 791	2 852	6.5
CaO	2	240	3 401	2 614	4.5
SrO	2	257	3 223	2 430	3.5
BaO	2	256	3 054	1 918	3.3

由表可见，晶格能越大，正负离子间结合力越大，破坏晶格时需要能量也越大，因此晶体的熔点越高、硬度越大、热膨胀系数越小、压缩系数也越小。

晶格能与离子化合物在水中溶解度也有密切关系，因为晶体溶解过程热效应与晶格被破坏（晶格能）及水合离子生成（水合能）等过程有关。此外还与离子的极化因素有关。通常，我们可以看到卤化物溶解度一般都大于硫化物、氧化物的溶解度；碱金属化合物的溶解度一般都大于碱土金属化合物的溶解度。这些都说明晶格能与离子化合物在水中的溶解度有密切的关系。

三、离子的特征

离子键的强度与正负离子的性质有关。离子的特征是指离子的电子结构、离子电荷及离子的半径等等性质。

1. 离子的电荷

离子的电荷是指原子在形成离子化合物过程中失去或获得的电子数。显然，离子电荷与各元素原子的电子构型密切相关。正离子的电荷通常是 +1，+2，+3 或 +4；负离子的电荷通常为 −1，−2，而 −3，−4 的负离子一般都是含氧酸根离子或配阴离子。

2. 离子的电子构型

一般简单的负离子最外层都具有稳定的 8 电子构型（如 F^-，O^{2-} 等离子）。正离子的电子构型较复杂，有以下几种：

2 电子构型：如 Li^+，Be^{2+}；

8 电子构型：如 Na^+，K^+，Ca^{2+} 等；

18 电子构型：如 Cu^+，Ag^+，Zn^{2+}，Cd^{2+}，Hg^{2+} 等；

18+2 电子构型：如 Pb^{2+}，Sn^{2+}，Bi^{3+} 等；

9～17 电子构型：如 Fe^{2+}，Fe^{3+}，Cr^{3+}，Mn^{2+} 等。

3. 离子半径

严格地说，离子半径应与原子半径的概念一样，并无确定的含义，因为它们的电子云在核外空间是连续分布的，并无明确的边界。但是在离子型晶体中，正负离子间的静电作用力使正负离子间保持着一定的平衡核间距（r_0），结晶学上常以符号 d 表示。核间距 d

可以用 X 射线衍射法得到。显然，由于 $d = r_{+} + r_{-}$，若知道了负离子的半径，就可以轻易地计算出正离子的半径。但实际上，由于在晶体中正负离子间并非是直接相互接触的，而是保持着一定的距离，因此这样测出的半径被称为有效的离子半径，简称为离子半径。

1926 年，Goldschmidt 用光学法测出 r_{F^-} 为 133 pm，$r_{O^{2-}}$ 为 132 pm，他以此为基础，根据实验测出各种离子晶体核间距数据 d，计算出 80 多种离子的半径，我们称之为 Goldschmidt 离子半径。

目前常用的离子半径是 Pauling 于 1927 年从核电荷数及屏蔽常数推算出的一套离子半径数据。Pauling 综合了离子的外层电子结构，作用于外层电子的有效核电荷大小，以及离子晶体配位数、晶格类型等有关因素的影响，得到了 Pauling 半径，其数据与 Goldschmidt 半径略有不同，例如他认为配位数为 6 的 $r_{O^{2-}}$ 应为 140 pm 更合适些。表 8-4 给出了 Goldschmidt 及 Pauling 半径有关数据。

表 8-4　Goldschmidt 离子半径和 Pauling 离子半径

离　子	r_G/pm	r_p/pm	离　子	r_G/pm	r_p/pm	离　子	r_G/pm	r_p/pm
H^-	154	208	Be^{2+}	34	31	Ga^{3+}	60	62
F^-	133	136	Mg^{2+}	78	65	In^{3+}	81	81
Cl^-	181	181	Ca^{2+}	106	99	Tl^{3+}	91	95
Br^-	196	195	Sr^{2+}	127	113	Fe^{3+}	53	—
I^-	220	216	Ba^{2+}	143	135	Cr^{3+}	53	—
			Ra^{2+}	—	140			
O^{2-}	132	140	Zn^{2+}	69	74	C^{4+}	15	15
S^{2-}	174	184	Cd^{2+}	103	97	Si^{4+}	38	41
Se^{2-}	191	198	Hg^{2+}	93	110	Ti^{4+}	60	68
Te^{2-}	211	221	Pb^{2+}	117	121	Zr^{4+}	77	80
			Mn^{2+}	91	80	Ce^{4+}	87	101
Li^+	78	60	Fe^{2+}	83	76	Ge^{4+}	54	53
Na^+	98	95	Co^{2+}	82	74	Sn^{4+}	71	71
K^+	133	133	Ni^{2+}	68	69	Pb^{4+}	81	84
Rb^+	149	148	Cu^{2+}	72	—			
CS^+	165	169						
Cu^+	95	96	B^{3+}	20	20			
Ag^+	113	126	Al^{3+}	45	50			
Au^+	—	137	Sc^{3+}	68	81			
Tl^+	149	140	Y^{3+}	90	93			
NH_4^+	—	148	La^{3+}	104	115			

离子半径大小主要取决于离子的电子构型，即由核对核外电子的吸引力大小所确定，有以下规律：

(1)具有同一电子结构的正、负离子中，负离子半径一般比正离子半径大。例如 r_{Na^+}

$=98\ pm, r_{F^-}=133\ pm$。

(2)对同一元素不同价态的正离子而言，离子电荷数越少的离子半径越大。例如 $r_{Fe^{2+}} > r_{Fe^{3+}}$。

(3)同一主族元素自上而下的电子层数增大，具有相同电荷数的离子半径依次增大，例如：

$$r_{Li^+} < r_{Na^+} < r_{K^+} < r_{Rb^+} < r_{Cs^+}$$

$$r_{F^-} < r_{Cl^-} < r_{Br^-} < r_{I^-}$$

(4)同一周期主族元素正离子半径随离子电荷数增大而依次减小，例如：

$$r_{Na^+} > r_{Mg^{2+}} > r_{Al^{3+}}$$

(5)周期表中每个元素与其近邻的右下角或左上角元素离子半径相接近，此即"对角线规则"。例如：

$$r_{Li^+} \approx r_{Mg^{2+}},\ r_{Sc^{3+}} \approx r_{Zr^{4+}},\ r_{Na^+} \approx r_{Ca^{2+}}$$

总的来说，离子键理论可以很好地说明离子型化合物的形成过程、离子键的本质及离子晶体的特征 。但是离子键理论不能说明相同原子是如何结合成分子(如 O_2，P_4 等)的，也不能说明电负性差较小的元素的原子是如何结合成分子的，即共价化合物的形成过程及键的本质。这些问题将由共价键理论解决。

第二节　化学键的键参数及分子的性质

所谓化学键的键参数，是指描述共价键性质的某些物理量，如键能、键级、键长、键角、键的极性等。以下分别给予讨论。

一、键参数

1.键能

在 101.3 kPa 下，298 K 时，将 1 mol 理想气体分子 AB 拆开为理想气态下的 A，B 原子的过程的焓变，称为 AB 键的键能(bond energy)(严格地应称为 AB 键的离解能，记作 $D_{A\text{-}B}$)，常用 $E_{A\text{-}B}$ 表示。

显然，对于气态双原子分子，离解能就是键能。例如 $D_{H_2}=435\ kJ\cdot mol^{-1}$，即氢分子键能为 $435\ kJ\cdot mol^{-1}$。对于多原子分子来说，键能及键的离解能在概念上是有区别的。例如 NH_3 分子中有三个等价的 N—H 键，但每一个键的离解能是不同的：

$$NH_3(g) = NH_2(g) + H(g) \qquad D_1 = 427\ kJ\cdot mol^{-1}$$

$$NH_2(g) = NH(g) + H(g) \qquad D_2 = 375\ kJ\cdot mol^{-1}$$

$$NH(g) = N(g) + H(g) \qquad D_3 = 356\ kJ\cdot mol^{-1}$$

因此，在 NH_3 分子中，N—H 键的的键能应是取其平均离解能：

$$E_{N\text{-}H} = \frac{1}{3}(D_1 + D_2 + D_3) = 1\ 158/3 = 386\ kJ\cdot mol^{-1}$$

实际上，多原子分子中两原子间的键能除主要取决于成键原子本身的性质外，还应与分子中其他原子有关。例如 H_2O，OH 及 HCOO－H 中 $D_{H\text{-}O}$ 的数值都不一样，$D_{H\text{-}OH}=500.8\ kJ\cdot mol^{-1}$，$D_{H\text{-}O}=424.7\ kJ\cdot mol^{-1}$，$D_{HCOO\text{-}H}=431.0\ kJ\cdot mol^{-1}$，但通常这种差别不会太大，同样可取平均值作 O－H 键的键能。

表 8－5 给出了一些常见化学键的键能数值。一般来说，键能越大，化学键越牢固，含有该键的分子就越稳定。通常键能的数据是由热化学(或光谱法)测定得到的。

表 8－5　某些键的键能数据　　$kJ\cdot mol^{-1}$

键	键能	键	键能	键	键能	键	键能
H—H	432.0	C—C	345.6	As—H	≈247	As—Cl	321.7
F—F	154.8	C═C	602	C—H	411	C—Cl	327.2
Cl—Cl	239.7	C≡C	835.1	Si—H	318	Si—Cl	381
Br—Br	190.16	Si—Si	222	C—F	485	Ge—Cl	348.9
I—I	148.95	B—B	293	Si—F	318	N—O	201
O—O	≈142	F—H	565	B—F	613.1	N═O	607
O═O	493.59	Cl—H	428	O—F	189.5	C—O	357.7
S—S	268	Br—H	362.3	N—F	301	C═O	798.9
Se—Se	172	I—H	294.6	P—F	490	Si—O	452
Te—Te	126	O—H	458.8	As—F	406	C═N	615
N—N	167	S—H	363.5	Sb—F	402	C≡N	887
N═N	418	Se—H	276	O—Cl	218	C═S	573
N≡N	941.69	Te—H	238	S—Cl	255		
P—P	201	N—H	386	N—Cl	259.4		
As—As	146	P—H	≈322	P—Cl	326		

2. 键长

分子中两个键合原子核间的平均距离叫键长(bond length)(或核间距)。显然，键长与键能或键的强度密切相关。一般来说，相同原子间形成的化学键，键长越短，键强(能)越大。表 8－6 列出一些化学键的键长数据。

分子的键长可以通过光谱或衍射的方法进行测定。

表 8－6　单键、双键、叁键的键长与键能

化 学 键	键能/$kJ\cdot mol^{-1}$	键长/pm
C—C	346	154
C═C	610	134
C≡C	835	120
N—N	167	146
N═N	418	125
N≡N	945.6	110

3. 键角

键角(bond angle)是指分子中键与键之间的夹角,它是反映分子空间结构的重要参数之一。例如,水分子是V型结构,因为水分子中2个O—H键的夹角是104.5°。分子的键角可以通过光谱、衍射等结构实验来测定得到。表8-7给出了一些分子的键长及键角的实验数据,我们可以从这些数据中推测分子的空间构型,进而讨论物质的基本性质。

表8-7 一些分子的键长及键角(实验值)

分子式	键长/pm	键 角	分子式	键长/pm	键 角
CO_2	116.2	180°	NH_3	101.9	107°18′
H_2O	98	104°30′	CH_4	109.3	109°28′

4. 键的极性

在单质分子中,两个原子之间形成的化学键,由于原子核正电荷重心和负电荷重心重合而形成非极性共价键。例如H_2,O_2,N_2和Cl_2等双原子分子及金刚石、晶体硅和晶体硼中的共价键都是非极性的。

在不同原子间形成共价键时,由于原子电负性的不同,成键原子的电荷分布将是不对称的。显然,电负性较大的原子带负电荷,电负性较小的原子带正电,原子核的正负电荷重心不再重合,形成极性共价键。例如HCl,H_2O等分子中的键都是极性共价键。显然,极端极性键就是我们提到过的离子键。

5. 键级

所谓键级(bond order),是指在价键理论中形成共价键的数目。例如H_2键级为1,N_2键级为3,O_2键级为2。在分子轨道理论中,键级由以下公式计算:

$$键级=\frac{成键电子数-反键电子数}{2}$$

键级的大小反映了两个相邻成键原子间键的强度,键级越大,键长越短,键越牢固。

二、分子的性质

分子的性质是指分了的极性及分子的磁性。

1. 分子的极性

分子的极性取决于键是否具有极性及分子是否对称两个因素。如果组成分子的化学键都是非极性共价键,分子当然不会有极性;但若组成分子的化学键是极性键,分子的极性取决于分子的几何构型是否对称。对于双原子分子,键有极性,分子就有极性;对于多原子分子,如果分子的空间构型不完全对称,则键的极性不能抵销,因此由极性键组成的多原子分子也仍有极性。例如SO_2,NH_3等都是极性分子。

分子电偶极矩是衡量分子极性大小的物理量。在物理学中,把大小相等、符号相反、彼此相距为d的两个电荷($+q$和$-q$)组成的体系称为偶极子,其电量与距离之乘积就是分子的电偶极矩(μ)。

$$\mu = q \cdot d$$

如果把极性分子中的正负电荷设想为分别集中于不同的点上，并分别叫做正电荷中心和负电荷中心，或叫做分子的极(正极和负极)，那么分子的电偶极矩则等于正负电荷中心间的距离乘以正电中心(或负电中心)上的电量。显然，分子电偶极矩是一个矢量，其方向是从正极指向负极。因为电子的电量单位为 1.6×10^{-19} C(库仑)，电性中心间距离为 10^{-10} m 数量级(与分子的直径处于相同数量级)，因此，分子电偶极矩的大小数量级为 10^{-30} C·m(库·米)。表 8-8 给出了一些物质的分子的电偶极矩的数值。

表 8-8　一些物质的分子电偶极矩　　$\times10^{-30}$ C·m

分子	μ	分子	μ	分子	μ
CCl_4	0	CH_4	0	H_2O	6.17
$BeCl_2$	0	$CHCl_3$	3.50	NH_3	4.90
CO_2	0	CO	0.40	HF	6.37
BCl_3	0	H_2S	3.67	HCl	3.57
CS_2	0	SO_2	5.33	HBr	2.67

分子电偶极矩的数值大小可以由实验测定。利用分子电偶极矩的数值可以预测分子的几何构型。其方法是：首先确定每个键的极性，并计算每个键的电偶极矩，分子的总偶极矩应是各单个键的电偶极矩的矢量和。

利用分子偶极矩的数值还可以计算化合物中原子的电荷分布。例如实验测出 HCl 分子电偶极矩的数值等于 3.57×10^{-30} C·m，H—Cl 的核间距为 1.27×10^{-10} m，则 H—Cl 键正(负)电电量 q 为

$$q = \frac{\mu}{d} = \frac{3.57\times10^{-30}}{1.27\times10^{-10}} = 2.81\times10^{-20}\text{C}$$

电子电量是 1.60×10^{-19} C，说明 H—Cl 键中电子并非完全转移至氯原子，即该键不是离子键，该键的离子性为

$$2.81\times10^{-20}/1.6\times10^{-19}\times100 = 17.57\%$$

因此，在 HCl 分子中，原子的电荷分布为 $\delta_{H^+} = +0.176$，$\delta_{Cl^-} = -0.176$。

顺便指出，偶极矩过去使用 Debye 作单位，1 Debye $=10^{-18}$ 静电单位 $\times$ 1 cm $=3.336\times10^{-30}$ C·m 。

2. 分子的磁性

不同物质的分子在磁场中表现出不同的磁性质。当物质的分子中含有未成对电子时，由于成单电子本身自旋运动所产生的自旋磁矩和电子绕核运动所产生的轨道磁矩产生耦合(这种磁矩耦合成分子的永久磁矩)，因此具有永久磁矩的分子就像一个个微观的磁子，当把这些物质置于外磁场作用下，这些磁矩的取向将会与外磁场磁力线一致，使磁场强度增加，在磁场中这种物质会被 吸引而趋向磁场强度大的地方，导致样品在磁天平上产生增重，这种物质被称为顺磁性物质，分子表现为顺磁性。当物质的分子中不含有未成对电子时，由于电子自旋相反，这种物质不具备永久磁矩，但运动着的电子在外磁场作

用下产生诱导磁矩，其方向与外加磁场方向相反，这种物质将被外磁场所排斥，在磁天平中表现为减重(图 8-2)。我们根据磁天平增重 Δg 或减重 $-\Delta g$ 可以确定物质的磁性性质，并由此计算出分子的磁矩 μ(以 Bohr 磁子 μ_B 为单位)，并由公式(8-5)计算出分子中成单电子的数目：

$$\mu = \sqrt{n(n+2)}\,\mu_B \tag{8-5}$$

顺便指出，物质的抗磁性是普遍地存在的现象。顺磁性物质在磁场中也会产生诱导磁矩，反抗外磁场，只是其作用大大低于顺磁性而已。

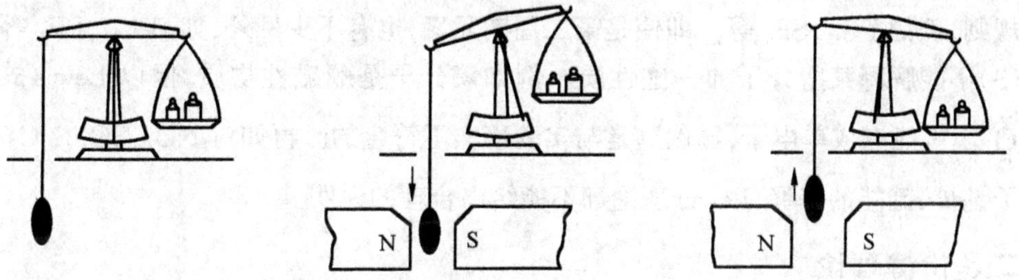

(a) 无外磁场时的样品　(b) 顺磁样品受磁场吸引，磁力天平增重达到平衡　(c) 反磁样品受磁场排斥，磁力天平减重达到平衡

图 8-2　用磁力天平测量物质磁性的装置示意图

第三节　共价键理论

一、经典的 Lewis 学说

离子键理论可以很好地说明离子化合物(晶体)的形成过程、离子键的本质及离子的特性；但是，它不能说明由相同原子组成单质分子(如 H_2，Cl_2，N_2 等)的形成过程，也不能说明由电负性差不大的元素形成化合物(例 HCl，H_2O，PCl_3 等)的形成过程。1916 年，美国化学家 G.N.Lewis 提出了共价键理论，建立了经典的 Lewis 学说。该学说认为，分子中原子之间可以通过共享电子对而使每一个原子具有稳定的稀有气体的电子结构，这样形成的分子为共价分子，原子通过共用电子对而形成的化学键称为共价键(Covalent bond)。Lewis 的经典共价键学说提出了共价分子的概念，并提出了共价键的形成过程及共价键与离子键的本质区别。

习惯上常用“点画”图表示共价分子的形成和结构：“—”表示共享一对电子形成共价单键，“ ═ ”表示共享两对电子形成共价双健，“≡”表示共享三对电子形成共价叁键。例如，H_2：[H—H]，O_2：$[\ddot{\underset{..}{O}}=\ddot{\underset{..}{O}}]$，$N_2$：[:N≡N:]，$OH^-$：$[:\ddot{\underset{..}{O}}—H]^-$。

Lewis 结构式的书写是以“八隅体规则”(Octet rule)为法则的。其规则可以归纳为：

(1)先按分子式或离子式计算总的价电子数目。注意应加上原子团带有的负电荷或减去原子团带有的正电荷。

(2)画出分子或离子的骨架结构,每一个单键扣除 2 个价电子,尽可能满足每个原子达到八电子结构,并且在结构式中要注意每个原子提供的电子数应与它的价电子数相一致。

这一原则可以初步地解释一些简单的非金属原子间的共价分子的形成及结构。但是,Lewis 共价概念有很大的局限性,这表现在以下三方面:

(1)Lewis 结构未能阐明共价键的本质及特性,它不能说明为什么共用电子对就能使两个原子牢固地结合。

(2)八隅体规则只能较好地说明第二周期某些化合物的形成,其他周期元素多数不遵守此规则,例如 PCl_5,SF_6 等。即使是第二周期元素,也有不少例外,如 $BeCl_2$,BF_3 等。

(3)不能解释某些分子的一些性质。例如氧分子是顺磁性物质,但以 Lewis 式表示 $\ddot{\underset{..}{O}}=\ddot{\underset{..}{O}}$ 不可能有成单电子,显然这是与实验事实不符合的。再如对 NO_2,SO_2,NO_3^-,SO_3 等分子键长、键能的解释,Lewis 理论都不能给出合理的说明。

二、价键理论

1927 年,德国化学家 Heitler 和 London 首先把量子力学应用到分子结构中,后又经 Pauling 等人加以发展,建立了现代价键理论,简称 VB 法(又称电子配对理论)。该理论认为分子是由原子组成的,原子在未化合前含有未成对的电子,这些未成对电子如果自旋是相反的话,可以双双耦合构成“电子对”,每一对电子的耦合就形成一个共价键。该理论对阐明共价键的本质及共价键的形成过程有特殊的意义。

1. 共价键的本质

我们以 H_2 分子的形成过程来说明共价键的本质。Heitler 及 London 用量子力学处理氢原子形成氢分子的过程,得到 H_2 分子的能量(E)与核间距离(R)的关系曲线,如图 8-3 所示。当两个氢原子的成单电子自旋方向相反时,随着它们相互接近,两个原子的原子轨道发生重叠,核间电子云密度增大,体系能量将比两个单独存在的氢原子要低,在核间距达平衡距离 $R_0=74$ pm 时,体系能量达到最低点。如果两个原子进一步靠近,由于核间斥力逐渐增大,又将使体系能量升高。这说明两个氢原子在平衡距离 R_0 处形成了稳定的化学键,这种状态称为 H_2 分子的基态。H_2 分子在平衡距离时,能量降低数值近似等于 H_2 分子的键能($De\approx$ 458 $kJ\cdot ml^{-1}$)。如果两个氢原子的电子自旋平行,它们相互靠近时,将会产生相互排斥作用,使体系能量升高,不可能形成稳定的 H_2 分子。这种不稳定的状态称为氢分子的排斥态。

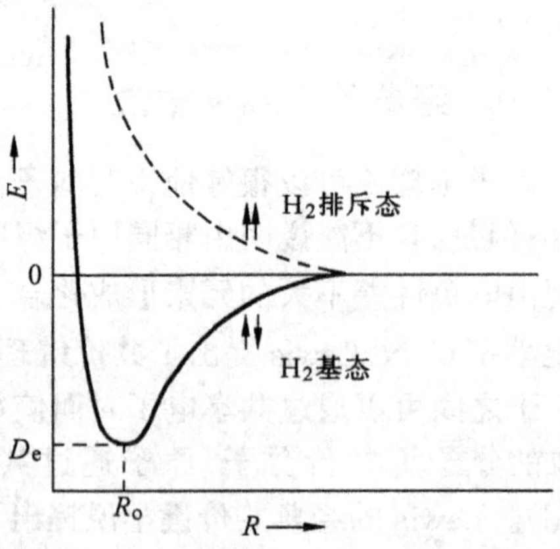

图 8-3 H_2 分子形成过程能量随核间距离变化示意图

这就是说,价键理论认为共价键的本质是由于原子相互接近时由于原子轨道的重叠,原子间通过共用自旋方向相反的电子对使体系能量降低而成键。这与 Lewis 共享电子对的概念是有本质区别的，因为它强调了成键电子对必须自旋相反，而且共价键是原子轨道的重叠，电子不是静止的，而是运动着的，并在成键核间有较大的几率分布，这都是 Lewis 理论中未曾涉及到的。氢分子排斥态之所以不能成键，是因为自旋相同的两个电子的电子云不能在两核间空间有较大的分布，而相反是更稀疏，电子云几率密度几乎为零，因此体系能量升高。以上讨论说明共价键的本质也是电性的。

2. 共价键形成的原理

共价键的形成必须符合以下原理：

(1)电了配对原理。指出 A,B 两个原子各有一个自旋相反的未成对电子时，它们可以互相配对生成共价单键；各有两个未成对电子时，可形成双键，如 O_2；各有三个未成对电子时，则可以形成叁键，如 N_2。如果 A 原子有两个成单电子，B 原子有一个成单电子，那末 A,B 原子可以形成 AB_2 型分子，如 H_2O；如果 A,B 原子都没有成单电子，则它们不可能形成共价键，如 He 原子不能形成 He_2 分子。

(2)能量最低原理。指成键过程中，自旋相反的成单电子配对后，体系能量将会降至最低，形成稳定的化学键。

(3)原子轨道最大重叠原理。指形成共价键时原子轨道一定要发生重叠，从而使电子云可以密集出现在两核之间。原子轨道重叠越大，电子几率密度越大，形成的共价键也越牢固，分子也越稳定。因此共价键在形成时，有一定的方向使重叠可按最大方式进行。根据量子力学原理，成键的原子轨道重叠部分波函数 ψ 的符号必须相同。

3. 共价键的特点

共价键的形成以共用电子对为基础，因此与离子键有本质的区别，其特点有：

(1)共价键结合力的本质是电性的，但不能认为纯粹是静电作用力。因为共价键的形成是核对共用电子对的吸引力，而不是正负离子间的库仑作用力。共价键的强度取决于原子轨道成键时重叠的多少、共用电子对的数目和原子轨道重叠的方式等因素。共价键的强度一般用键能来表示。

(2)共价键的形成是由于原子轨道的重叠，两核间电子云几率密度增大。但这不意味着电子对仅存在于两核之间，电子对应该在两核周围的空间运动，但在两核间空间出现的几率最大。

(3)共价键具有饱和性。由于共价键形成条件是成键原子间必须有自旋方向相反的成单电子，而一个原子的一个成单电子只能与另一个原子的一个成单电子配对成键，因此有多少个成单电子的原子就可以与多少个自旋相反的电子配对成键，这就是说，共价键的形成具有饱和性。在元素周期表中，第二周期元素只有四个价轨道，因此最多可以形成四个共价键；第三周期元素由于有九个价轨道，$3s$，$3p$ 轨道上的电子可以被激发到空的 $3d$ 轨道上，因此在成键过程中往往表现出多价性，但由于空间效应因素，一般形成六个共价键的可能性为最大；第四周期后的元素成键更复杂，不再受八隅体的限制。

(4)共价键具有方向性。根据原子轨道最大重叠原理，在形成共价键时，原子间的化学键只有沿一定的方向才能实现最大重叠。由于原子轨道中除 s 轨道呈球对称外(可在任何一个方向上达到最大重叠),其他的原子轨道,如 p,d,f 轨道在空间都有一定的伸展方向,因此它们在成键时必须沿一定的方向才能发生最大重叠。因此,共价键具有方向性。例如在生成 HCl 分子的反应中,可以发生如图 8-4 的重叠,很明显,只有在 s 电子沿键轴 x 轴方向(a)成键时,才能取得最大重叠,有效成键。(b),(c),(d)三种情况都不能有效地形成共价键。

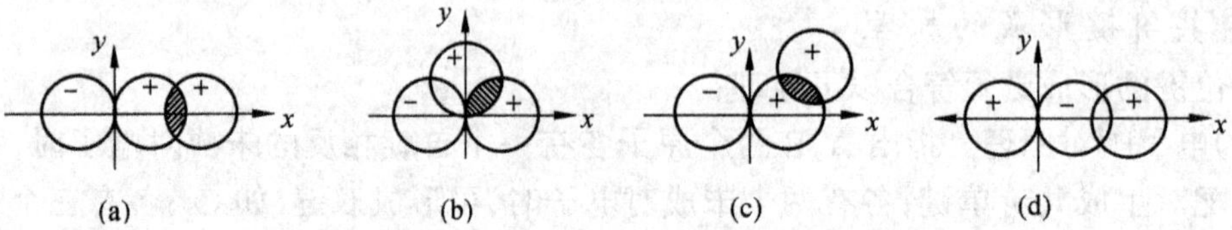

图 8-4　HCl 分子成键示意图

共价键的方向性使共价型分子有特征的键角和特征的空间构型,共价键的空间构型与分子的性质有密切的关系(如极性、溶解度等)。

(5)共价键的键型。根据原子轨道成键时轨道重叠的方式不同,共价键可以分为以下几个类型:

①σ 键:指原子轨道沿键轴方向以"头碰头"方式重叠。如 H_2 分子中 $s-s$ 轨道重叠形成的 H—H 键;HCl 分子中 $s-p_x$ 轨道沿 x 轴方向重叠形成的 H—Cl 键;Cl_2 分子中 p_x-p_x 轨道沿 x 轴方向重叠形成的 Cl—Cl 键等(图 8-5)。这些键的原子轨道的重叠部分是沿键轴方向呈圆柱型对称分布的,称为 σ 键。

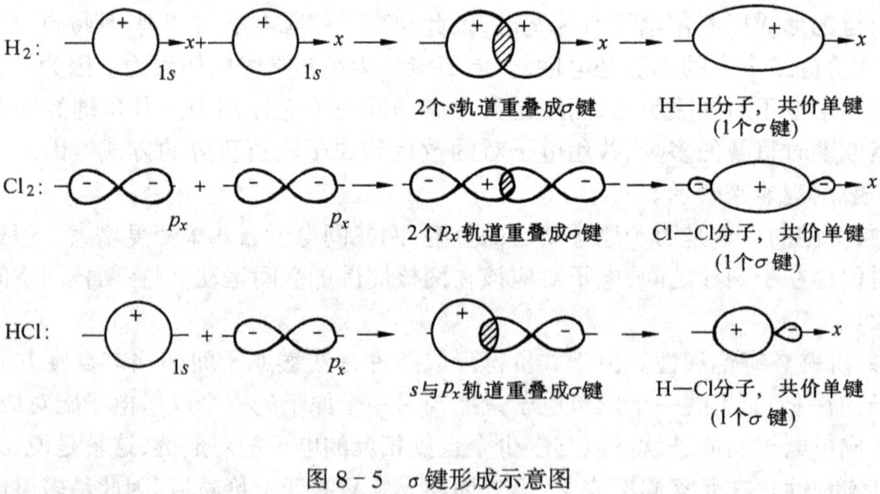

图 8-5　σ 键形成示意图

②π 键:指当原子轨道垂直于键轴,并以"肩并肩"的方式发生的轨道重叠。例如 N_2 分子的形成。氮原子结构为 $2s^2 2p_x{}^1 2p_y{}^1 2p_z{}^1$,当两个氮原子沿 x 轴方向形成一个 p_x-p_x 重叠的 σ 键时,p_y-p_y,p_z-p_z 轨道由于垂直于键轴(x 轴),将以"肩并肩"方式重叠成键。键的特点是电子云对一个通过键轴的密度为零的平面呈反对称分布,这种键为 π 键。例如 p_y-p_y 形成 $\pi_{p_y-p_y}$ 是以 xz 平面呈反对称;p_z-p_z 形成 π_{pz-pz} 则是以 xy 平面呈

反对称(图 8-6)。因此 N_2 分子有一个 σ 键,两个 π 键。

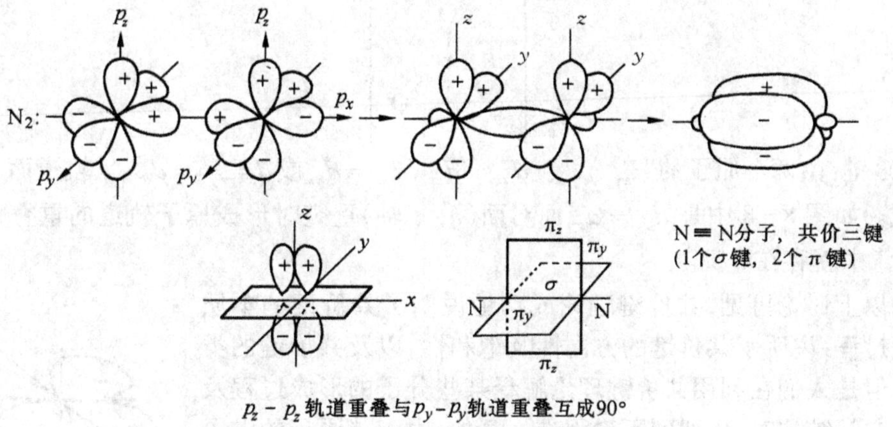

图 8-6 N_2 分子形成及 $p_\pi-p_\pi$ 键形成

显然,当 p 轨道与 d 轨道成键时,在对称性相同条件下也会形成 $p-d\pi$ 键;当 d 轨道与 d 轨道成键时,在对称性相同的条件下也能形成 $d-d\pi$ 键,如图 8-7 所示。

由于 π 键重叠部分面积较小,核对电子束缚力较小,因此 π 键的键能要小于 σ 键的键能,π 键的稳定性要低于 σ 键。同时,π 键流动性较大,故 π 电子活动性较高,易于参加化学反应。

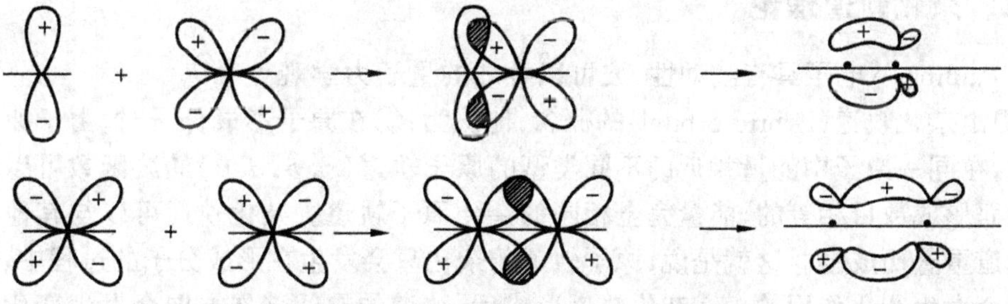

图 8-7 $p-d\pi$ 键及 $d-d\pi$ 键形成

③配位键,当两个成键的原子形成化学键时,若共用电子对不是分别由成键原子双方提供,而只由某一方面单独提供时,形成的化学键为配位键。显然,配位键的形成条件是其中一个原子的价电子层有孤电子对,而另一个原子有可接受电子对的空轨道。

配位键有配位 σ 键和配位 π 键两种。在很多的配合物或配离子(如 NH_4^+,$Cu(NH_3)_4^{2+}$,$Fe(CO)_5$,SO_4^{2-} 等分子或离子)中都有配位 σ 键;但在 CO 分子中,C 原子与 O 原子间除了形成一个正常 σ 键及一个正常 π 键外,O 原子上一对 $2p$ 电子还将与 C 原子上一个空 $2p$ 轨道形成一个配位 π 键:C⇐O。

应该指出的是,正常共价键与配位共价键只是在形成过程上存在不同,一旦形成后,所有的键都应是完全等价的,例如 PO_4^{3-} 中的化学键是等同的:

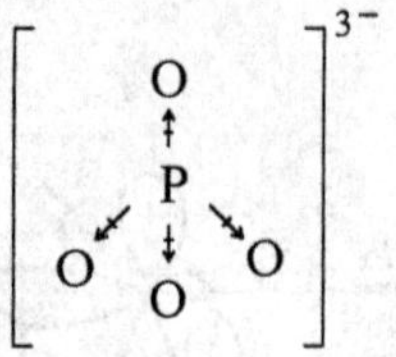

④δ键：由两个原子的 $d_{xy}-d_{xy}$，$d_{xz}-d_{xz}$，$d_{yz}-d_{yz}$ 或 $d_{x^2-y^2}-d_{x^2-y^2}$ 轨道面对面的重叠而成。如图 8-8 中是 $d_{xy}-d_{xy}$ 面对面（沿 z 轴）重叠时形成原子轨道的重叠，例如，在 $Re_2Cl_8^{2-}$ 中就存在δ键。

由以上讨论可见，共价键理论成功地说明了共价键的本质及形成过程，说明了共价键的方向性及饱和性，以及共价键的类型等。但是人们在利用共价键理论解释某些分子的形成过程及它们的空间结构时，仍遇到不少困难。例如，由于碳原子的电子层结构为 $1s^22s^22p_x^12p_y^1$，只有两个未成对电子，因此预期应能形成 CH_2 的化合物，但实际上 CH_2 从未发现过，C 与 H 的最简单化合物是 CH_4，而且在 CH_4 分子中四个 C—H 键的键长是完全等同的，键角为 109°28′，是正四面体结构，这些都是价键法不能解释的。为了解释多原子分子的空间结构及形成过程，1931 年，L. Pauling 在 VB 法的基础上提出了杂化轨道理论。

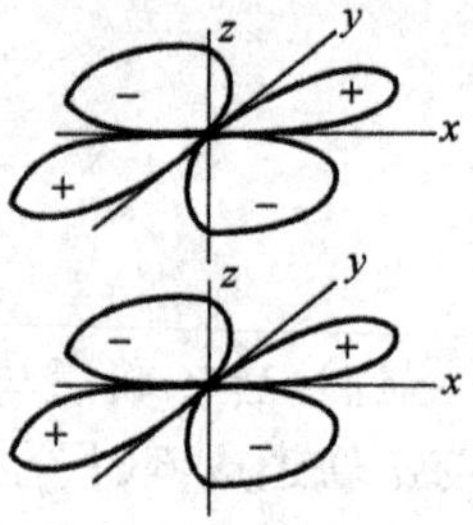

图 8-8　δ键的形成

三、杂化轨道理论

L. Pauling 从电子具有波动性、波可以叠加的量子力学观点出发，提出杂化轨道（hybrid orbital）的概念，他认为：①在原子形成分子时，由于原子的相互影响，在同一原子中能量相近的不同类型的原子轨道（s，p，d…）的波函数可以相互混杂叠加而形成数目相等的、能量完全相同的杂化原子轨道。杂化轨道可以与其他原子的原子轨道重叠而成键。这就是说，原子轨道的杂化只会发生在形成分子的过程中，孤立原子是不会发生杂化作用的。②杂化轨道形成后，轨道的空间伸展方向会发生变化。杂化轨道有更强的方向性，成键时轨道能达到更大的重叠，使成键能力增强。

根据这一原则，我们可以很好地说明 CH_4，H_2O，NH_3 的形成过程：在形成 CH_4 分子时，C 原子上一个 $2s$ 电子先激发到 $2p$ 轨道上，形成 $2s^12p_x^12p_y^12p_z^1$ 激发态结构，然后 1 个 $1s$ 轨道与三个 $2p$ 轨道杂化，形成四个 sp^3 杂化轨道，形成 $(sp^3)^1(sp^3)^1(sp^3)^1(sp^3)^1$ 结构，四个 sp^3 杂化轨道分别与 H 原子 $1s^1$ 轨道成键，形成 CH_4 分子，四个 C—H 键的键长应完全相同，键角应为正四面体键角（109°28′），如图 8-9 所示，四个 C—H 键键能均为 411 $kJ\cdot mol^{-1}$。

根据参与杂化的原子轨道的种类及数目的不同，杂化轨道分为以下不同类型：

（1）sp 杂化。由 1 个 s 轨道和 1 个 p 轨道杂化而产生 2 个等同的 sp 杂化轨道，显然，每一个 sp 杂化轨道中含有 1/2 个 s 轨道成分及 1/2 个 p 轨道成分。sp 杂化轨道间夹角为 180°，呈直线型，图 8-10 是 $BeCl_2$ sp 杂化轨道形成示意图。

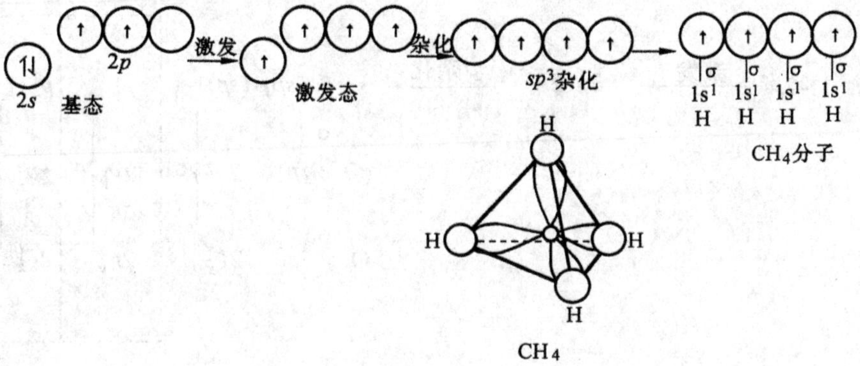

图 8－9　CH_4 分子形成过程

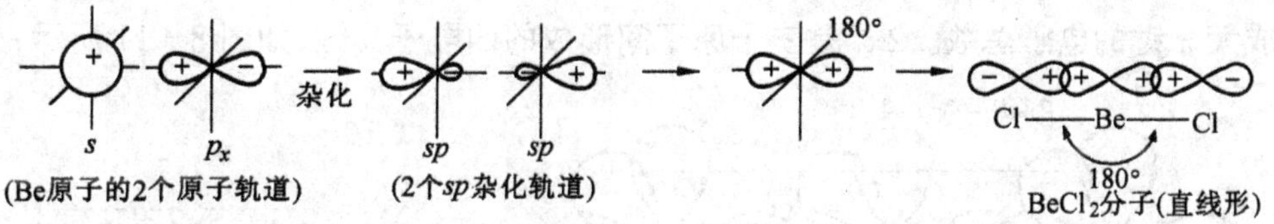

图 8－10　$BeCl_2$ 共价分子 sp 杂化轨道形成示意图

实验测定气态的 $BeCl_2$ 分子键角为 180°，$BeCl_2$ 的成键过程可以表示为：

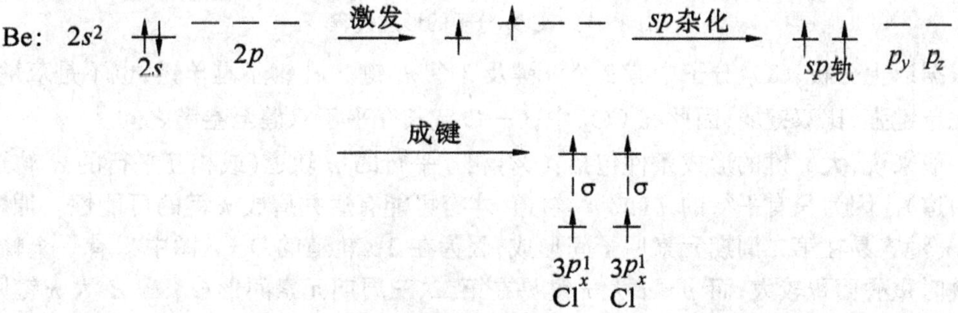

可见，$BeCl_2$ 的形成是由两个 sp 杂化轨道分别与氯原子的 $3p_x$ 轨道重叠形成 2 个 $sp-p$ σ 键。键角为 180°，具有直线型空间结构。

现在，让我们研究一下 CO_2 的结构。根据 Lewis 电子式，我们可以认为 CO_2 具有 $\ddot{\underset{..}{O}}=C=\ddot{\underset{..}{O}}$ 结构。碳氧间是双键结构，符合八隅体规则。但实验告诉我们，在 CO_2 分子中，C—O 键长为 116 pm。但对 C—O 键长研究表明，理论上 C—O 单键键长为 148 pm，C═O 双键键长为 124 pm，C≡0 叁键键长为 112.8 pm，这表明 CO_2 中 C—O 键键长介于双键至叁键之间。杂化轨道理论如何去解释这一事实？以下让我们分析 CO_2 的成键过程：

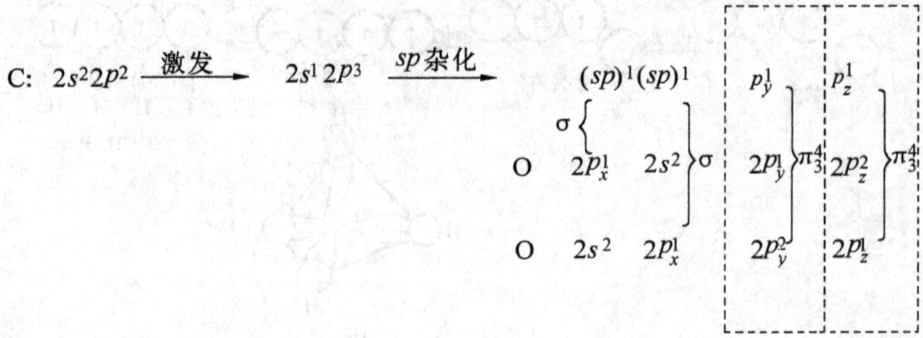

可见，在 CO_2 分子中形成了两个 σ 键，另外还有两组平行的 p_z 及 p_y 轨道，它们分别形成二个大 π 键，记作 $2\pi_3^4$。$2\pi_3^4$ 中脚标 3 表示参与形成大 π 键的原子轨道数目，上角标 4 表示形成大 π 键的电子总数。$2\pi_3^4$ 是三个原子间形成的四电子 π 键，如图 8－11 所示：

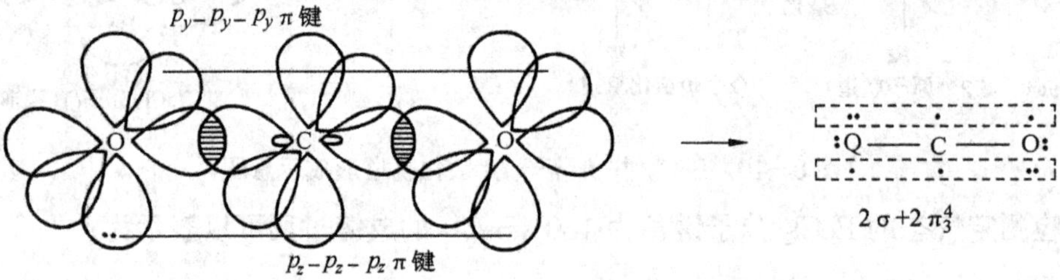

图 8－11　CO_2 分子的形成过程

根据以上分析，CO_2 分子中有 2 个 σ 键及 2 个 π_4^3 键。π_3^4 键不是单键，也不是双键，其键级比单键强，比双键弱，因此在 CO_2 中，C—O 键长介乎于双健至叁键之间。

一般来说，大 π 键的形成条件包括：①有相互平行的 p 轨道（或相互平行的 d 轨道或 p，d 轨道）。因为只有平行的 p（或 d）轨道，才有可能有肩并肩成 π 键的可能性。通常 $p-p$ 大 π 键容易在第二周期元素原子间形成，因为在 $2p$ 轨道的 $D-r$ 图中只有一个峰，轨道重叠时重叠面积较大；而 $p-d$ 大 π 键易在第二、三周期元素间形成，$d-d$ 大 π 键则容易在第三周期元素间形成。②参与成键的电子数目应小于参与成键原子轨道数目的两倍，因为参与成键电子数目等于参与成键原子轨道数目两倍时，每个原子轨道已有两个电子，不可能再成键。③形成大 π 键的原子轨道能量应相近。

根据这些原则，我们来分析 $HgCl_2$ 分子的成键过程。实验测定，$HgCl_2$ 是线型分子，键角 180°，其成键过程可写作：

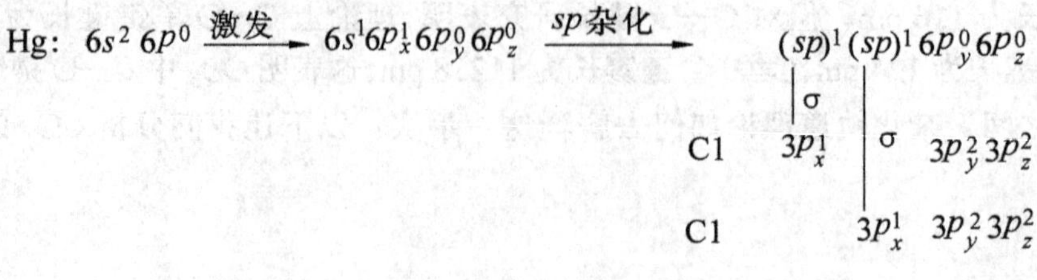

可见，$HgCl_2$ 分子中有两个 σ 键（$sp-p_x$），由于 $6p_y$ 或 $6p_z$ 轨道与 $3p_y$（或 $3p_z$）轨道能量相差太大，因此认为在 $HgCl_2$ 中不存在 π_3^4 大 π 键。

化合物由于形成大 π 键，因而会产生离域效应，它对分子的性质将会带来一定的影响，主要表现在以下几个方面：

①分子的稳定性增加。例如苯分子中由于存在 π_6^6 大 π 键，有特殊稳定性。再如 BF_3，由于存在 π_4^6 大 π 键（见 sp^2 杂化一节），使 BF_3 有特殊稳定性。

②酸碱性的改变。例如 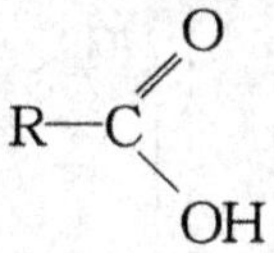 酸性大于 R—OH，其原因在于在 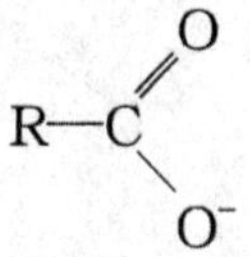 中存在 π_3^4 大 π 键的稳定性，使 H^+ 易作为质子酸电 离，酸性增大。再如 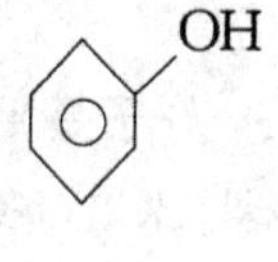 （苯酚）的酸性大于 R—OH 的酸性是由于 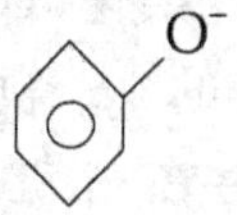 存在 π_7^8 大 π 键的稳定性；如 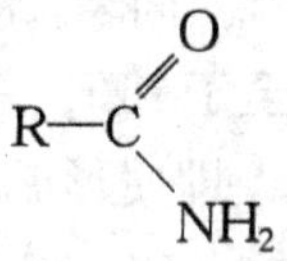 碱性小于 $R—NH_2$，是由于氮原子上孤对电子参与了 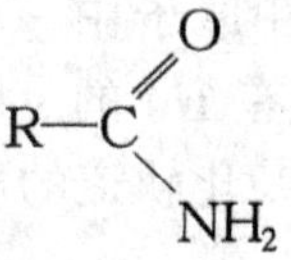 的 π_3^4 大 π 键，碱性就明显减少。

③化学反应性的变化。例如 $CH_2═CH—Cl$ 中 Cl 的反应性不及 $CH_3—CH_2—Cl$ 中 Cl 的反应性活泼，是因为前者中 Cl 参与了大 π 键的形成。而在 $CH_2═CH—CH_2—Cl$ 中 Cl 的反应性比 $CH_3—CH_2—CH_2—Cl$ 中的 Cl 更活泼。

④其他性质的差异。例如 $CH_2═CHCl$ 的极性小于 $CH_3—CH_2Cl$ 的极性，可以由 $CH_2═CH—Cl$ 形成大 π 键来解释。其他的一些物理性质，如导电性、颜色等也可以用大 π 键的存在来解释。例如由于 π 电子在离域 π 键中从一个量子能级跃迁到另一能级时的能量较小，因此吸收光谱从紫外区红移，而使有大 π 键物质往往都是有色物质。

（2）sp^2 杂化。由原子中一个 s 轨道及两个 p 轨道杂化而产生三个等同的 sp^2 杂化轨道，每一个 sp^2 杂化轨道中含有 1/3 个 s 轨道及 2/3 个 p 轨道成分。sp^2 杂化轨道间夹角为 120°，呈平面三角型。BF_3 sp^2 杂化轨道的形成过程见图 8－12。

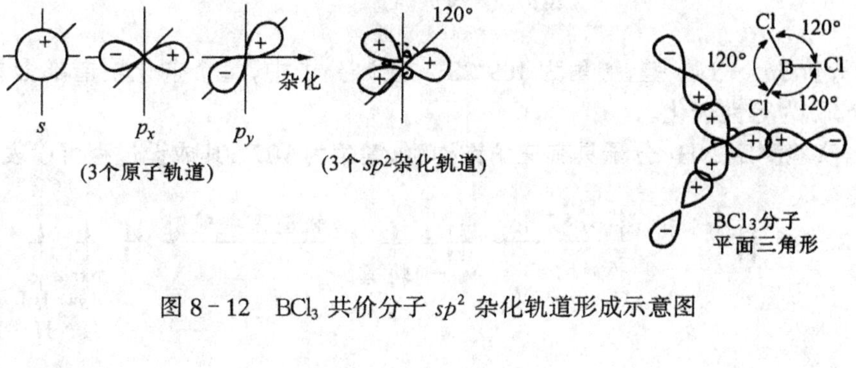

图 8－12　BCl_3 共价分子 sp^2 杂化轨道形成示意图

实验测定 BF_3 分子是平面三角形，键角为 120°，其成键过程可以表示为：

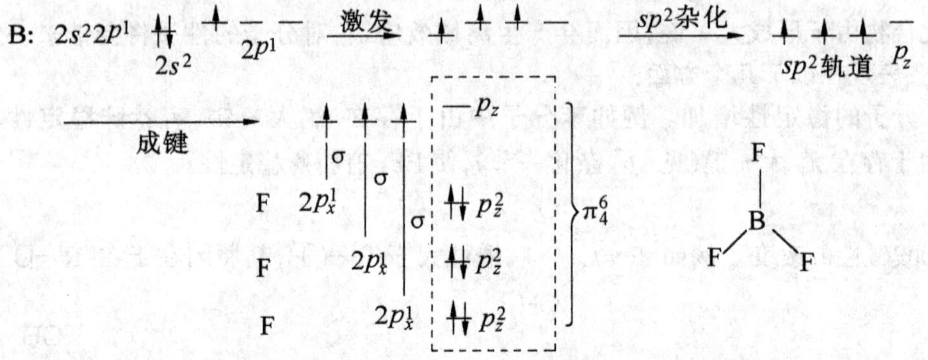

因此 BF_3 分子是平面三角形，键角为 120°，有 3 个 σ 键及 1 个 π_4^6 键。

同理，BCl_3，NO_3^-，CO_3^{2-}，SO_3 都是 sp^2 杂化，都具有 120°键角及包含 $3\sigma+1\pi_4^6$ 键。至于 BBr_3，一般认为由于硼的 $2p_z$ 轨道与溴的 $4p_z$ 轨道能量相差太远，π_4^6 不够稳定，因此 π_4^6 即使形成的话，也相当弱，可以认为不再存在 π_4^6 键。

(3) sp^3 杂化。指由原子中一个 s 轨道及三个 p 轨道杂化而产生的四个 sp^3 杂化轨道，每一个 sp^3 轨道应有 1/4 的 s 成分及 3/4 p 成分。sp^3 杂化轨道间夹角为 109°28′，呈四面体结构，CH_4 sp^3 杂化轨道的形成过程见图 8－13。

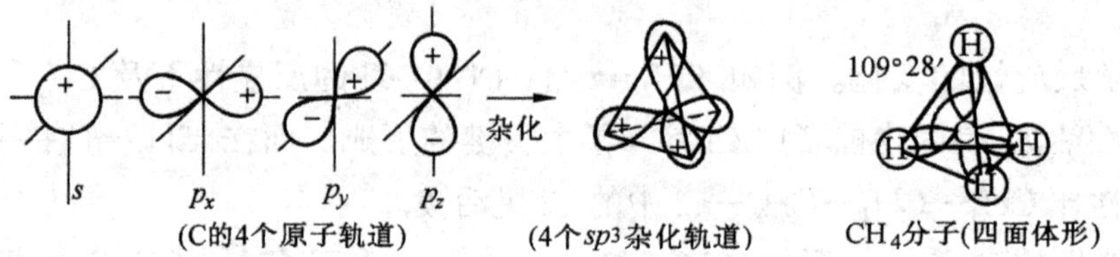

图 8－13　CH_4 共价分子 sp^3 杂化轨道形成示意图

实验测定 CH_4 分子是正四面体空间构型，键角 109°28′，其成键过程可以表示为：

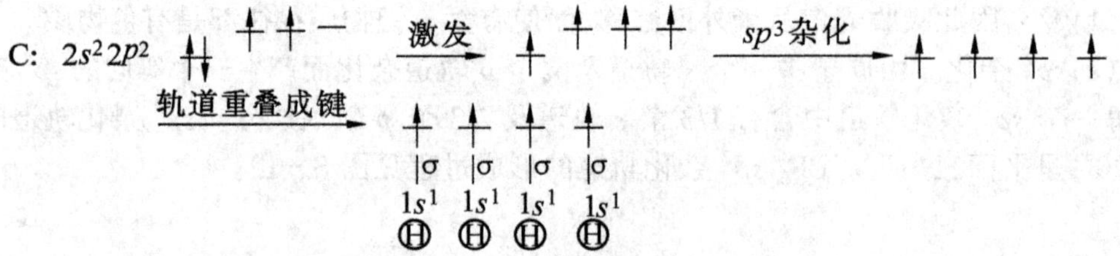

形成四个等价 $sp^3-1s\,\sigma$ 键，键角为 109°28′。在该分子中，每个杂化轨道都含有 1/4s 及 3/4p 成分，称为等性杂化。

再如，实验测定 NH_3 分子具有三角锥构型，键角为 107°，其成键过程可以表示为：

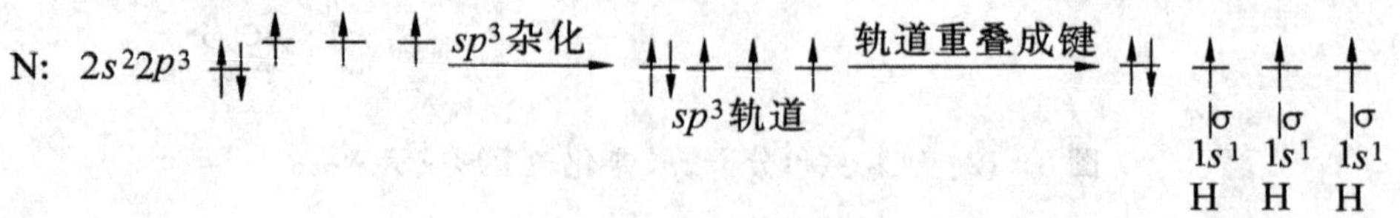

显然，在 NH_3 分子中，分子的电子构型是四面体，但分子的几何构型是三角锥，如图 8－14 所示。在 NH_3 分子的形成过程中，我们注意到电子没有激发的过程，而由原子轨道直接地杂化，因为氮原子的每个 $2p$ 轨道都已占有一个电子，电子的激发显然是不必要的。同时在形成的四个 sp^3 轨道中，由于填入的电子数目不同，如孤对电子由于填入了 2 个电子，它所含有的 s 成分显然与其他三个 sp^3 轨道会有所不同，我们称这种杂化为不等性杂化。进一步的计算表明，在 NH_3 分子中，孤对电子的 s 成分不再是 25%，而是 79% 的 s 成分和 21% 的 p 成份；其余三个 sp^3 轨道 s 成分仅为 7%，p 成分为 93%。由于孤对电子 s 成分较大，轨道应接近于球对称，因此对 N—H 键的排斥作用使 HNH 不再是 109°28′，而是受到压缩，键角变小，成为 107°。

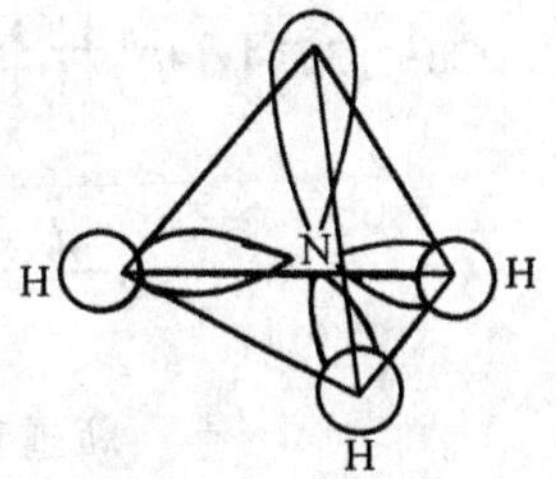

图 8－14　NH_3 分子的结构

对于 H_2O 分子，实验测定 H_2O 是 V 型分子，键角为 104°30′，其成键过程可以表示为：

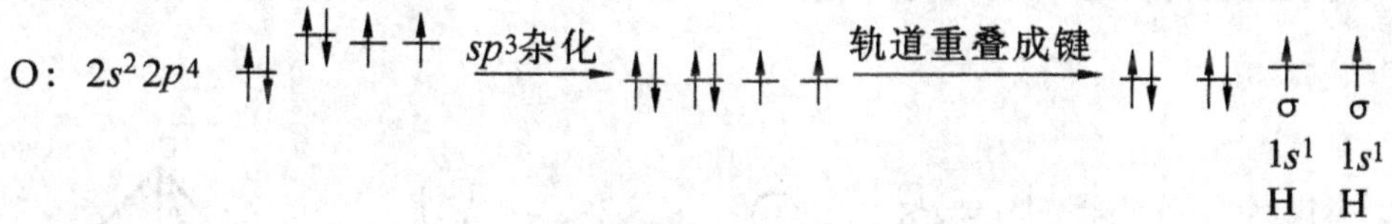

由于氧原子是不等性杂化，两个含孤对电子的 sp^3 轨道 s 成分较大，对成键的 sp^3-1s 键排斥力较大，使键角∠HOH 不再是 109°28′，也不是 NH_3 分子中的 107°，而被压缩到更小，仅 104°30′。水的结构如图 8－15 所示。

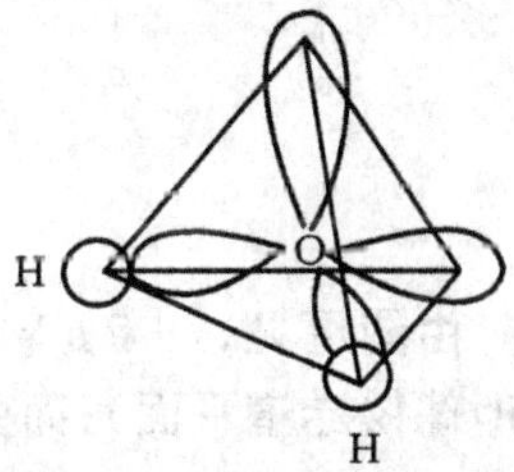

图 8－15　H_2O 分子结构

（4）dsp^2 杂化。指由原子中一个 s 轨道、两个 p 轨道及一个 $d_{x^2-y^2}$ 轨道杂化而产生的四个 dsp^2 杂化轨道。由于动用到 d 轨道，因此只有第三周期后元素才会有 dsp^2 杂化。dsp^2 杂化轨道呈平面正方形结构，键角为 90° 及 180°。其形成过程见图 8－16。

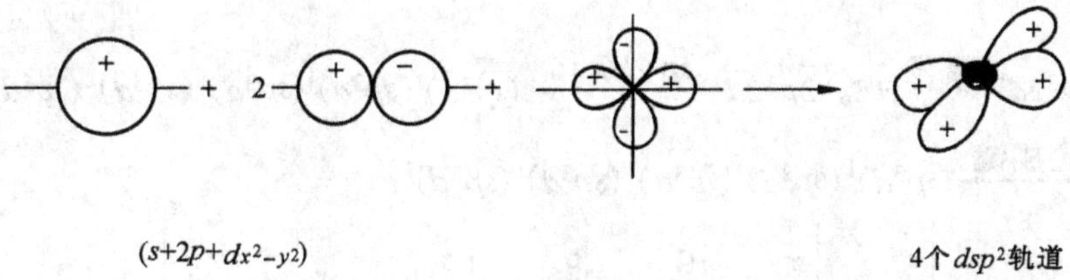

图 8－16　dsp^2 杂化轨道形成过程

例如，实验测定 $CuCl_4^{2-}$ 具有平面正方形结构，根据杂化轨道理论提出的成键过程可以表示为以下形式：

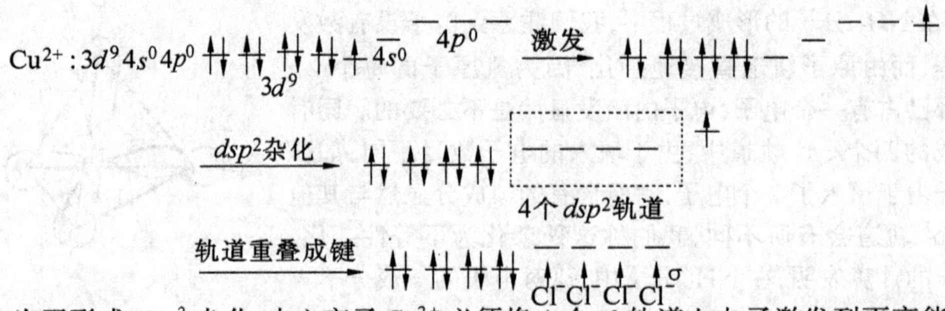

可见，为了形成 dsp^2 杂化，中心离子 Cu^{2+} 必须将 1 个 d 轨道上电子激发到更高能级，例如 $4p$ 能级或 $5s$ 能级，才能形成四个空的 dsp^2 杂化轨道，接受四个 Cl^- 分别提供的电子对，形成配位 σ 键。$CuCl_4^{2-}$ 具有平面正方形结构。

(5) sp^3d 杂化。指由一个 s 轨道、三个 p 轨道及一个 dz^2 轨道杂化而产生的五个 sp^3d 杂化轨道，由于动用到 d 轨道，显然，只有第三周期后元素才会产生 sp^3d 杂化。sp^3d 杂化轨道呈三角双锥形结构，键角为 120°，90°，180°三种角度。其形成过程见图 8－17。

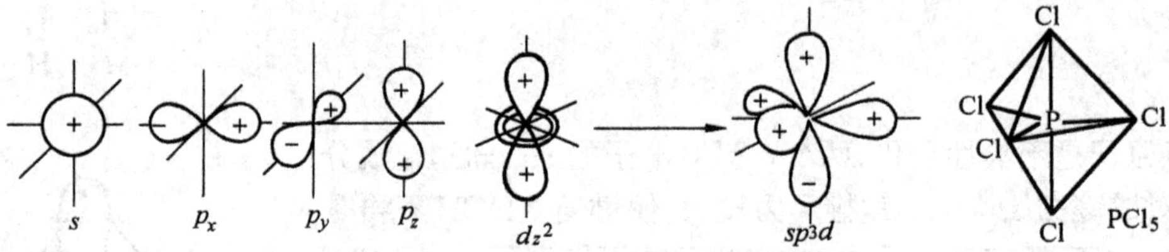

图 8－17　dsp^3 杂化轨道形成过程

由图可见，$s+2p$ 轨道构成了三角双锥体的平面三角形部分，称为赤道面(因为类似于地球仪赤道平面)；而由 p_z 及 d_{z^2} 轨道参与的杂化，形成与赤道面相互垂直的轴向键(类似于地球仪上南北极取向)。显然，在成键时，这五个化学键并不是完全相同的，稍后我们将讨论到它们之间的差别(见价层电子对互斥理论)。

根据 sp^3d 杂化轨道的形成过程，我们讨论 PCl_5 分子的形成。实验测定 PCl_5 是三角双锥体结构，键角有 90°，120°，180°，根据价键理论提出过程如下：

$$P:\ 3s^2 3p^3 3d^0 \xrightarrow{\text{激发}} 3s^1 3p^3 3d^1 \xrightarrow{sp^3d\text{杂化}} (sp^3d)^1(sp^3d)^1(sp^3d)^1(sp^3d)^1(sp^3d)^1$$

$$\xrightarrow{\text{轨道重叠成键}} (sp^3d)^1(sp^3d)^1(sp^3d)^1(sp^3d)^1(sp^3d)^1$$

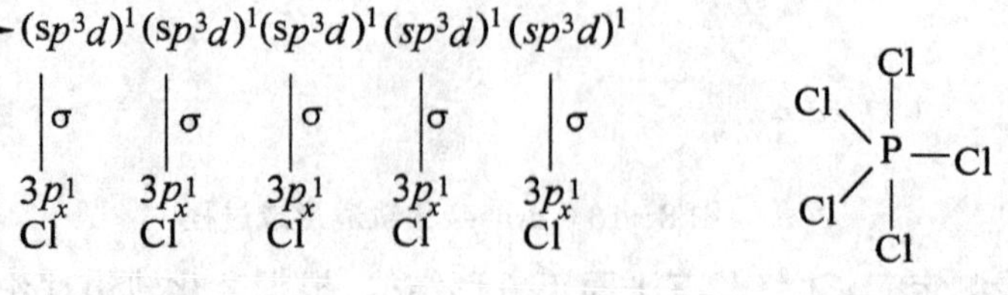

(6) sp^3d^2 杂化。指由一个 s 轨道、三个 p 轨道及二个 d 轨道(d_{z^2} 及 $d_{x^2-y^2}$)形成的

杂化轨道。同样，这种杂化也只发生在第三周期后元素的原子上，具有八面体构型，键角是 90°，180°。其形成过程见图 8－18 所示。

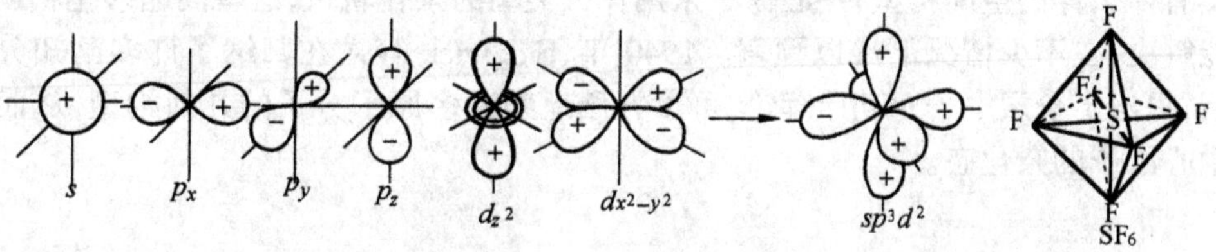

图 8－18　sp^3d^2 杂化轨道的形成过程

根据这一过程，我们提出 SF_6 的形成过程如下：

$$S:\ 3s^2 3p^4 3d^0 \xrightarrow{\text{激发}} 3s^1 3p^3 3d^2$$

$$\xrightarrow{sp^3d^2\text{杂化}} (sp^3d^2)^1(sp^3d^2)^1(sp^3d^2)^1(sp^3d^2)^1(sp^3d^2)^1(sp^3d^2)^1$$

$$\xrightarrow{\text{轨道重叠成键}} (sp^3d^2)^1(sp^3d^2)^1(sp^3d^2)^1(sp^3d^2)^1(sp^3d^2)^1(sp^3d^2)^1$$

σ	σ	σ	σ	σ	σ
$2p_x^1$ F	$2p_x^1$ F	$2p_x^1$ F	$2p_x^1$ F	$2p_x^1$ F	$2p_x^1$ F

因此，SF_6 具有八面体构型，键角为 90° 和 180°。

以下对杂化轨道理论作一简单总结：

(1)原子在形成多原子分子时，由于原了间的相互作用，中心原子的能量相近的原子轨道会发生杂化作用，重新组成一组能量相同的杂化轨道。

(2)杂化轨道数目上与参与杂化的原子轨道数目守恒，但同一类型的杂化轨道有确定的伸展方向。

(3)根据在杂化原子轨道中填入的电子数目的不同，杂化分为等性杂化及不等性杂化。

(4)由于杂化轨道在杂化后都带有一定的 s 成分，因此与 p 轨道相比，各种杂化轨道的成键能力都有所加强，且 s 成分越大，成键能力越强(表 8－9)，有以下顺序：

$$p < sp^3 < sp^2 < sp$$

表 8－9　杂化轨道成键能力与 s 成分的影响

分　子	杂化轨道	C—H 键长/pm	C—H 键能/$kJ\cdot mol^{-1}$
CH 基	$\approx p$	112	≈335
CH_4	sp^3	109	410
C_2H_4	sp^2	107	444
C_2H_2	sp	106	≈506

(5)应指出的是,杂化轨道理论是没有实验基础的,但它可以较完满地解释共价型多原子分子的形成过程,键的性质及化合物的空间构型,键长、键角等键参数的特征。一个分子具有什么样的空间构型,中心原子采用什么类型的杂化轨道,这些问题杂化轨道理论都不能解决,在不少情况下难以预言。1940 年,Sidgwick 等人在归纳了许多已知分子的构型后,提出了价层电子对互斥理论,可以方便地判断多原子分子的几何构型,从而判断推测中心原子的杂化态。

四、价层电子对互斥理论

价层电子对互斥理论(VSEPR, valence shell electron-pair repulsion theory)的基础在于排斥力最小及对称结构的原则,即在多原子分子中,分子的共价键(单键、双键或叁键)中的电子对以及孤对电子由于相互排斥力作用而趋向尽可能彼此远离,分子尽可能采取对称的结构。该理论的要点包括:

(1)在 AX_m 型共价分子中,中心原子 A 周围配置的原子 X(或原子团)的几何构型,主要取决于 A 的价电子层的电子对(成键电子对及未成键电子对)的排斥作用,分子的几何构型总是采用电子对相互排斥力最小的构型。关于中心原子 A 价层电子对的几何排斥与电子对数目关系见表 8-10。

表 8-10　AX_m 型分子中中心原子 A 价层电子对的几何分布

A 的价层电子总数	电子对数目	A 的电子对的几何分布
4	2	线型 —A— linear
6	3	三角形 A trigonal planar
8	4	四面体 A tetrahedral
10	5	三角双锥 —A trigonal bipyramidal
12	6	八面体 A octahedral

(2)中心原子 A 的价电子层电子总数 N 等于中心原子 A 本身的价电子与配位原子 X(或原子团)提供的电子数的总和。在一般情况下,当氢或卤素原子作配位体时,各原子提供一个电子(如 CH_4, CCl_4);当氧族原子作配位体时,被认为不提供电子(如 PO_4^{3-} 等);当氧族原子作中心原子时,被认为提供六个价电子(如 SO_2 中的 S 原子);当讨论的物种是一个离子

时，价电子总数应加上或减去与电荷相应的电荷数。也就是：

$$N = \text{中心原子价电子数} + \text{配位体提供电子数} \pm AX_m \text{ 的电荷数}$$

例如：PO_4^{3-}　中心原子 P 的价层电子总数为 5+3=8

NH_4^+　中心原子 N 的价层电子总数为 5+4−1=8

CCl_4　中心原子 C 的价层电子总数为 4+4=8

NO_2　中心原子 N 的价层电子总数为 5

ICl_2^-　中心原子 I 的价层电子总数为 7+2+1=10

OCl_2　中心原子 O 的价层电子总数为 6+2=8

(3)在 AX_m 型分子中，分子的几何构型取决于中心原子 A 的价层电子对数目及电子对的类型(指成键电子对〈Bond pair〉或孤对电子对〈Lone pair〉)，通常的原则是：

①孤对-孤对的排斥力(L. p. − L. p.)＞＞孤对-成键电子对的排斥力(L. p − B. p.)＞成键-成键电子对排斥力(B. p. − B. p.)，也就是说，孤对电子应占据较大空间。

②在包括有多重键的分子中，多重键作单键处理，但多重键对成键电子对的排斥力大小次序为：

叁键＞双键＞单键

也就是说，含有多重键的分子，其 π 电子键不能改变分子的基本构型，但会影响分子的键角，多重键将占据较多的空间。例如 HCHO 及 $COCl_2$ 都是三角形分子，但包含双键的键角都大于 120°：

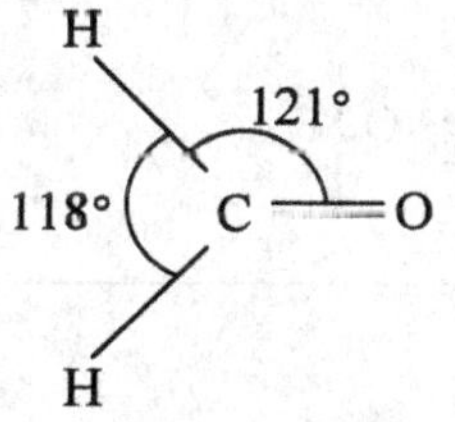

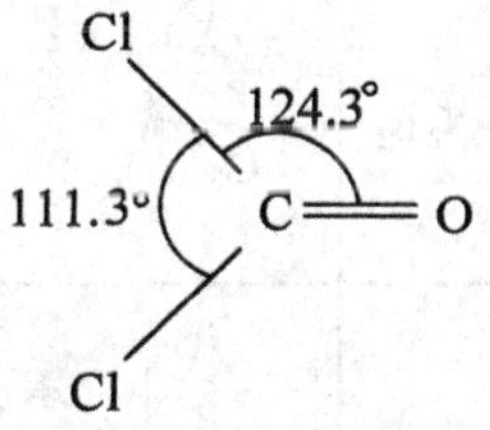

③电负性大的配体，由于对成键电子对吸引力较大，使共用电子对离中心原子较远，占据空间角度相对较小。例如 NF_3 及 NH_3 都是三角锥形，但键角∠FNF(102.1°)＜∠HNH(107.3°)。同理，当配位原子相同、中心原子 A 不同时，随中心原子电负性变小，键角也在减少。例如 NH_3 107.3°，PH_3 93.3°，AsH_3 91.8°，SbH_3 91.3°；又如 OH_2 104.5°，SH_2 92.2°，SeH_2 91.0°，TeH_2 89.5°，等等。

根据以上原则，常见的 AX_m 化合物(或原子团)的空间构型总结在表 8－11 中。

表 8-11　常见 AX_m 化合物的空间构型

中心原子价电子数	化合物	几何构型	实例	中心原子杂化态*
4	AX_2	X—A—X(linear,线型)	BeH_2,$HgCl_2$,CO_2	sp
6	AX_3	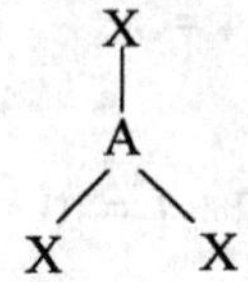 (trigonal planar,平面三角形)	BX_3,SO_3,NO_3^-,CO_3^{2-}	sp^2
	AX_2E	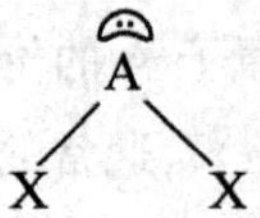 (V-shaped,V 型)	SO_2,O_3,$SnBr_2$,$PbCl_2$	
8	AX_4	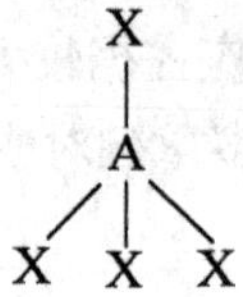 (tetrahedral,四面体)	CH_4,CCl_4,NH_4^+,SO_4^{2-},XeO_4	
	AX_3E	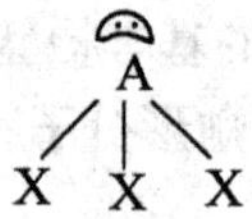 (trigonal pyramidal,三角锥)	NH_3,PH_3,$AsCl_3$,XeO_3	sp^3
	AX_2E_2	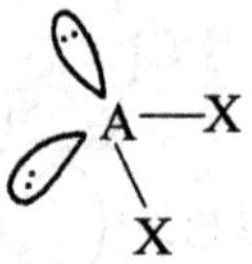 (V-shaped,V 型)	H_2O,SF_2	
10	AX_5	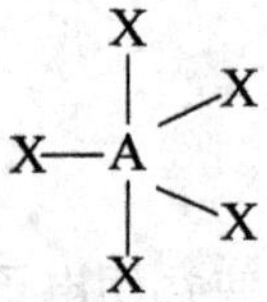 (trigonal bipyramidal,三角双锥)	PCl_5,PF_5,AsF_5	
	AX_4E	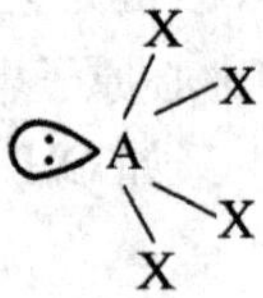 (seesaw,变形四面体)	SF_4,$TeCl_4$	
	AX_3E_2	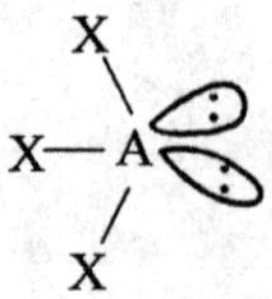 (T-shaped,T 型)	ClF_3	sp^3d

续表 8 - 11

中心原子价电子数	化合物	几何构型	实例	中心原子杂化态 *
10	AX_2E_3	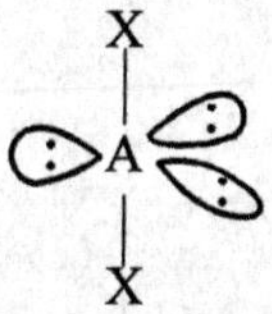 (linear,线型)	I_3^-, ICl_2^-, XeF_2	sp^3d
12	AX_6	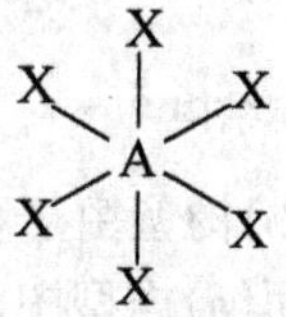 (octahedral,八面体)	SF_6, PF_6^-, SiF_6^{2-}	
	AX_5E	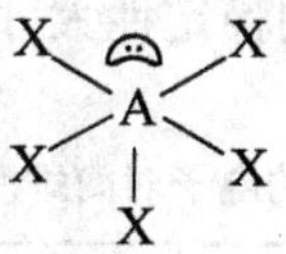 (square pyramidal,四方锥)	IF_5, BrF_5, $XeOF_4$	sp^3d^2
	AX_4E_2	 (square planar,平面正方形)	XeF_4	
14	AX_7	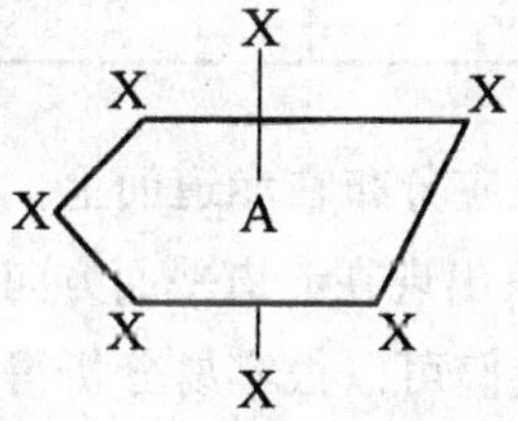 (pentagonal bipyramidal,五角双锥)	IF_7	sp^3d^3

* 杂化轨道理论。

在这里有必要讨论一下 AX_4E, AX_3E_2, AX_2E_3 三种分子的几何构型。在 AX_4E 中,孤对电子可能出现在轴向或赤道面上,如图 8 - 19 所示。

(a) (b)

图 8 - 19 AX_4F 的可能结构

(a)三角锥; (b)变形四面体

在(a)情况下,90°的孤对-成键排斥力有三组;在(b)情况下,90°的孤对-成键排斥力只有二组。根据角度越小排斥力越大的原则,采用(a)的结构由于排斥力较大,因此 AX_4E 应采取(b)的构型,孤对电子是在赤道面上。

在 AX_3E_2 中,孤对电子可能处于如图 8-20 所示位置上。

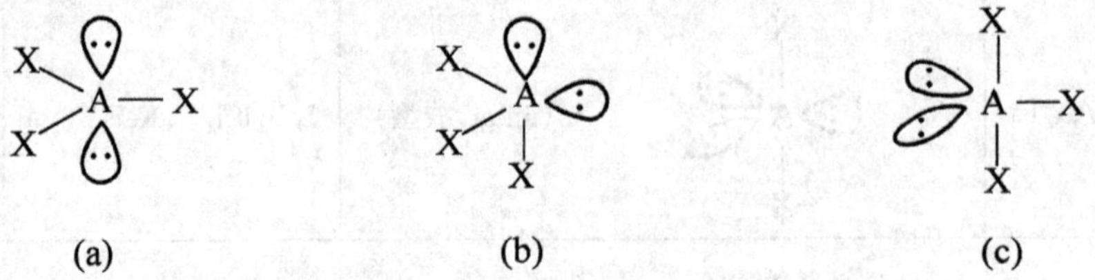

图 8-20　AX_3E_2 的可能结构

根据这三种结构的各种类型排斥力(表 8-12),(b)构型由于存在 90°的孤对-孤对排斥力,排斥作用大,不稳定,所以不可能以(b)构型存在;而(a)构型中由于存在 90°的孤对-成键电子对排斥力数目较多,也不稳定。因此只有(c)结构稳定性大,即孤对电子出现在赤道面上。

表 8-12　AX_4E_2 三种可能结构中的电子对间排斥力

各种类型的电子对排斥力	a	b	c
90°孤对-孤对排斥力数目	0	1	0
90°孤对-成键电子排斥力数目	6	3	4
90°成键-成键电子对排斥力数目	0	2	2

同理,分析 AX_2E_3 结构表明,三对孤对电子也应分布在赤道面上。这就是说,对于价层电子数为 10 的 AX_m 化合物来说,孤对电子永远只出现在赤道平面方向上。

对于价层电子数为 12 的 AX_4E_2 分子而言,我们可以很容易分析得到,只有孤对电子处于相对的位置时,排斥力才是最小的结构。

总的来说,用价层电子对互斥理论来讨论判断第一、二、三周期元素所组成的一些共价型分子(或原子团)的空间几何构型是比较简单与方便的,但用于讨论判断少数含单电子的分子(如 ClO_2)(或原子团)的结构时,就往往有些困难;在用于讨论由第Ⅴ,Ⅵ族元素所组成的化合物的结构时,与实验事实出入较大。同时,VSEPR 理论不能应用于过渡金属化合物,除非过渡金属在半充满、全充满及全空的 *d* 层结构下。再者,VSEPR 理论不涉及成键过程,包括不能说明分子中键形成的原因、键的相对稳定性以及键的本质。因此,VSEPR 理论只能是对价键理论的补充,它可以帮助我们方便地判断分子的空间几何构型,从而可推测中心原子的可能杂化态,并根据价键理论写出分子的成键过程,分析化学键的性质,进而讨论键稳定性、键角大小这一系列键参数。

五、分子轨道理论

以上介绍的价键理论在解释分子的空间构型、键角、键的方向性和饱和性等问题上是相当成功的,但是对一些化学事实的解释,它显得无能为力。例如:①不能解释单电子分子或离子(如 H_2^+ 和 He_2^+)稳定存在的原因;②不能解释 B_2,O_2 分子为什么有磁性;③对一些配合物的成键过程及配合物稳定性(如 $CuCl_4^{2-}$ 稳定性)的解释存在一定困难;④理论应用有一定的局限性。对这些问题的解释可以借助于分子轨道理论。

分子轨道理论是由美国 R.S.Mulliken 及 F.Hund 于 1932 年前后提出来的。它的特点是强调了分子中电子运动的整体性、非定域性,认为分子中的电子在分子轨道中运动,因此,分子的稳定性就与电子在分子中的运动状态相联系。其要点包括:

(1)分子是一个整体,分子中的电子不从属于某一个原子,而是在整个分子构成的势能场范围运动。因此分子中电子的运动状态可以用分子轨道波函数(或称分子轨道)来描述。

(2)分子轨道由原子轨道线性组合而成,而且分子轨道在数目上与组成的原子轨道总数目守恒。例如,H_2 分子中的分子轨道由两个氢原子轨道 ψ_{1s} 组合而成,因此 H_2 分子轨道也有两个。

(3)分子中每一个电子的运动状态都由分子轨道波函数 Ψ 来描述,每一个分子轨道 Ψ_i 对应有相应的轨道能量 E_i,因此分子总能量为这些电子所具有能量之和,即

$$E=\sum_{i=n} E_i$$

(4)分子中的原子先按一定的空间位置排列后,电子再逐个地加入到由这些原子核及已加入的电子所构成的自洽势能场中,构成整体分子。

(5)电子在分子轨道中的排布遵循三原理,即能量最低原理,保里原理和洪特规则。

(6)原子轨道线性组合应符合三原则,即能量相近原则,轨道最大重叠原则和对称性相同原则。也就是说,参加线性组合的原子轨道能量应相近,通常轨道能量差大于 15 eV 就不能有效组合成分子轨道;参与组合的原子轨道应使重叠部分尽可能地大,成键效应才显著,化学键才牢固;同时,参与成键的原子轨道对称性必须相同。当两个原子轨道 ψ_1 和 ψ_2 组合成两个分子轨道 ψ_a 及 ψ_b 时,由于波函数 ψ_1,ψ_2 有正负之分,因此波函数 ψ_1,ψ_2 有两种可能的组合方式:两个波函数的符号相同或符号相反。同号波函数(都为+或都为-号)可以认为它们的波函数相位相同,叠加时可得到振幅更大的波,形成的分子轨道 Ψ,由于在核间几率密度增大,其能量比原子轨道能量低,为成键分子轨道(bonding molecular orbital),记作 Ψ_b;异号波函数的叠加,由于波的干涉,相互抵消或削弱,核间几率密度减少,其能量高于原子轨道能量,为反键分子轨道(antibonding molecular orbital),记作 Ψ_a;对称性不匹配的原子轨道,波函数不会叠加及干涉,不会成键,轨道能量不变,为非键轨道(non-bonding orbital),记作 Ψ_n。因此,原子轨道的线性组合有两种结果:生成成键分子轨道及反键分子轨道。如图 8-21 所示,ΔE_1 为稳定化能,ΔE_2 为不稳定化能。根据能量守恒原理,$\Delta E_1 \approx \Delta E_2$。

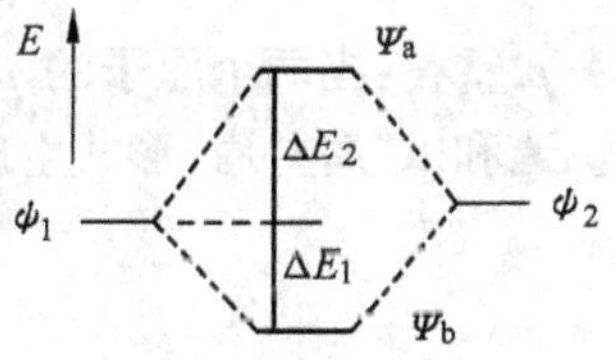

图 8-21 原子轨道的线性组合

(7)由于组合后生成的分子轨道的对称性不同,分子轨道有 σ 轨道及 π 轨道。

根据以上原则,我们分别讨论不同原子轨道的线性组合:

(1)$s-s$ 重叠:两个原子的 ψ_s 轨道的重叠(线性组合)过程如图 8-22 所示。重叠后生

成一个成键轨道,记作 σ_{s-s},一个反键轨道,记作 σ_{s-s}^*。

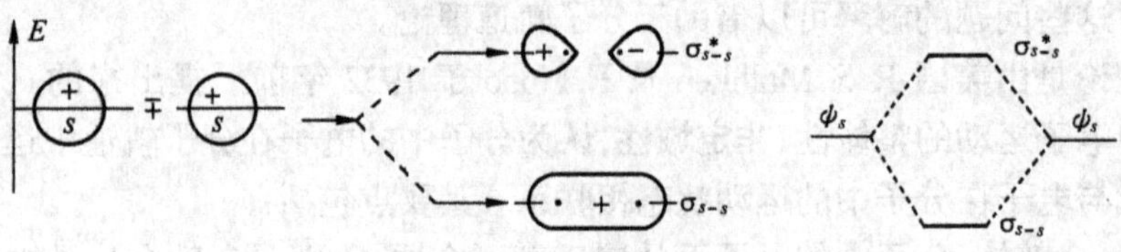

图 8-22　$s-s$ 重叠

(2)$s-p$ 重叠:当一个原子的 ψ_s 原子轨道与另一个原子的 ψ_p 轨道沿两核联成方向重叠时,其组合过程如图 8-23 所示。重叠后生成一个成键轨道,记作 σ_{s-p},一个反键轨道,记作 σ_{s-p}^*。

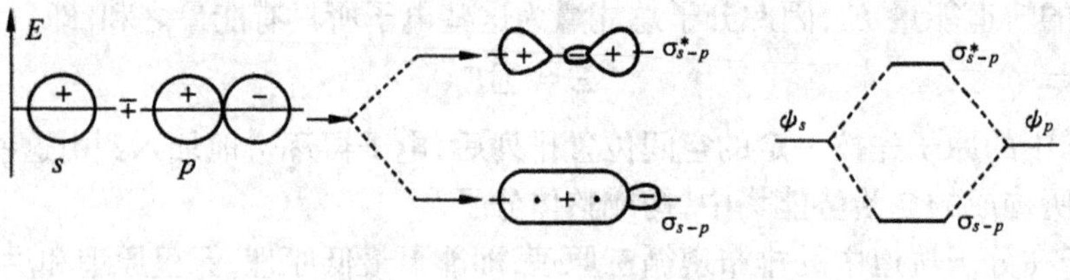

图 8-23　$s-p$ 重叠

(3)$p-p$ 重叠:当两个原子的 p 轨道线性组合时,可以有两种方式:"头碰头"形成 σ 性质的分子轨道和以"肩并肩"形式生成 π 性质的分子轨道。分别记作 σ_{p-p},σ_{p-p}^*,π_{p-p},π_{p-p}^*。见图 8-24。

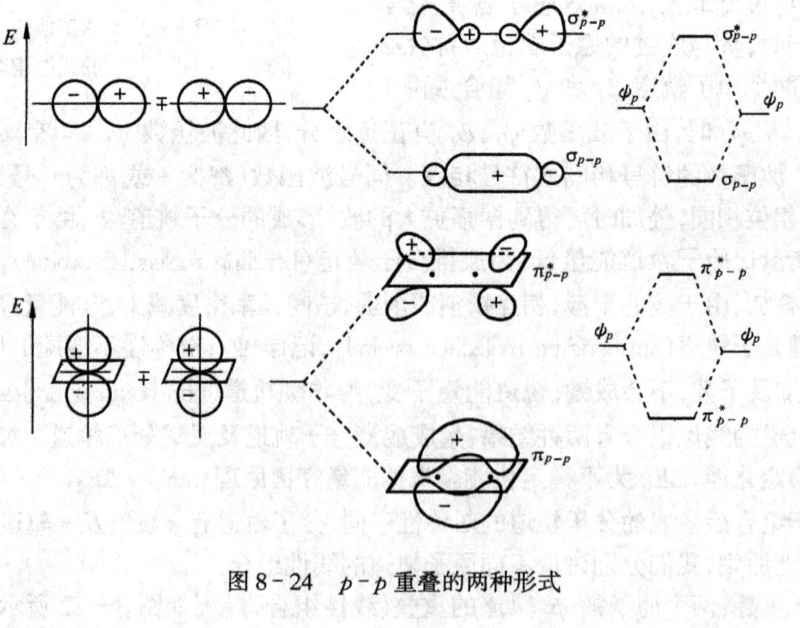

图 8-24　$p-p$ 重叠的两种形式

(4)$p-d$ 重叠：当一个原子的 p 轨道与另一个原子的 d 轨道（例如 p_y 与 d_{xy} 沿 xz 平面方向）重叠时，可以形成 π 轨道。如图 8－25 所示。

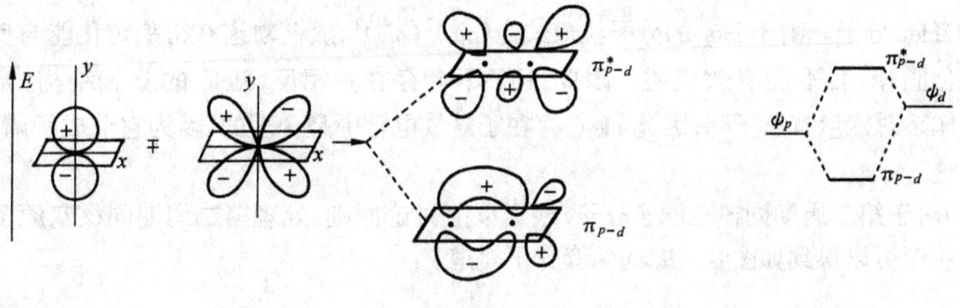

图 8－25　$p-d$ 重叠

(5)$d-d$ 重叠：当两个原子的 d 轨道（如 d_{xy} 与 d_{xy} 轨道）沿 xz 平面方向重叠时，可以组合成成键 $\pi_{d\text{-}d}$ 及反键 $\pi_{d\text{-}d}^*$ 轨道（图 8－26）。

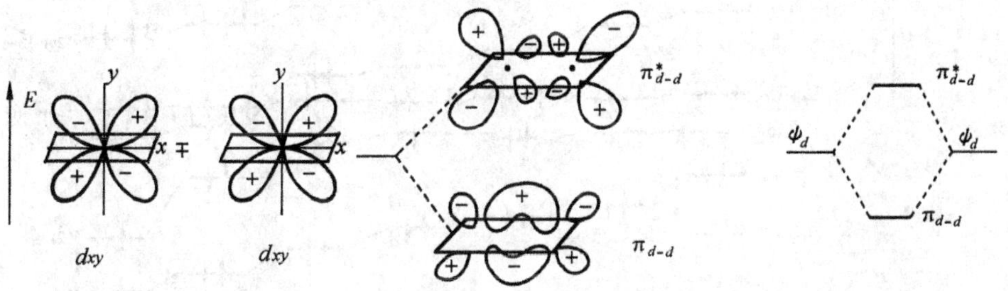

图 8－26　$d-d$ 重叠

由以上讨论可以清楚地看到 σ 分子轨道与 π 轨道的区别，σ 分子轨道的主要特征是它沿键轴呈圆柱型对称分布，即在沿键轴方向旋转时，轨道形状及符号不变；π 分子轨道的特征是以通过键轴的一个平面呈反对称，在这个平面上，电子云出现几率为零，称为节面。也就是说，π 分子轨道有一个通过键轴的节面。

在价键理论中不能解释的分子中存在的单电子键、三电子键及 O_2 与 B_2 分子的磁性，应用分子轨道理论可以给予较好的说明，以下举例说明分子轨道理论的实际应用。

(1)H_2 分子的形成。由两个氢原子的 $1s$ 轨道线性组合，形成 σ_{1s} 及 $\sigma_{1s}{}^*$ 分子轨道（图 8－27），由于两个电子填入成键 σ_{1s} 轨道，因此，体系能量降低为 $2\times\Delta E_1$，这应该是氢分子基态的键能*。电子排布为 $(\sigma_{1s})^2$。

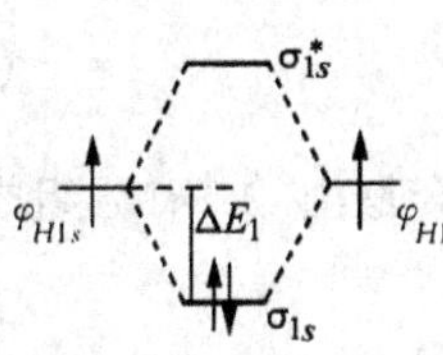

图 8－27　氢分子形成

(2)H_2^+ 离子。从 H_2 分子中电离出一个电子可得到 H_2^+ 离子，电子排布为 $(\sigma_{1s})^1$，体系能量下降为 ΔE_1，可以稳定存

* 氢分子的激发态应该是指 $(\sigma_{1s})^1(\sigma_{1s}{}^*)^1$ 结构，由于稳定化能量为零，不可能有效成键，因此是氢分子的不稳定态，相当于图 8－3 的排斥态。

在，在氢放电管中证实了 H_2^+ 的存在。因为只有一个未配对电子填在成键轨道上，所以称为单电子键。H_2^+ 的存在是 Lewis 电子配对法及 VB 法不能解释的，但从 MO 法可以很容易理解。

(3)He_2 分子。由于 He_2 的分子轨道式为$(\sigma_{1s})^2(\sigma_{1s}^*)^2$，成键轨道获得稳定化能与反键上不稳定化能相消，不能有效成键。因此，He_2 不会存在。相反，He_2^+ 的分子结构为$(\sigma_{1s})^2(\sigma_{1s}^*)^1$，体系总能量有所下降，因此 He_2^+ 存在于氦放电管中是合理的，因为它形成所谓的"三电子 σ 键"。

(4)对于第二周期同核双原子分子，根据以上讨论原则，处理第二周期同核双原子分子的分子轨道可以得到如图 8-28 的两套分子轨道。

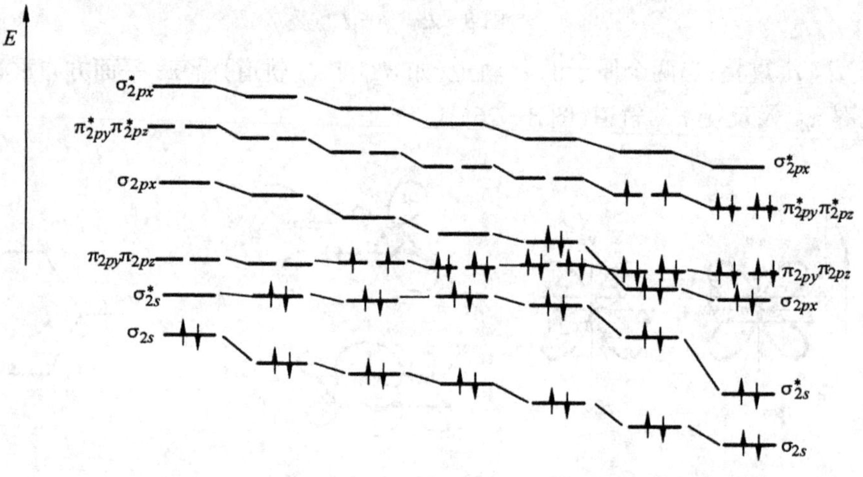

	Li_2	$(Be)_2$	B_2	C_2	N_2	O_2	F_2
ΔE_{2s-2p}/(kJ·mol^{-1})	—	—	569.3	826.9	1118	1449	1816
键长(pm)	267	—	159	134	110	121	142
键能(kJ·mol^{-1})	110	—	292	602	941	492	159
未成对电子数	0	0	2	0	0	2	0
键级	1	0	1	2	3	2	1

图 8-28　第二周期 Li_2 到 F_2 双原子分子轨道能级示意图及有关数据

其中，一套是 N_2 以前的分子轨道，包括 Li，Be，B，C，N 元素，其分子轨道表达式为：

$$(\sigma_{1s})(\sigma_{1s}^*)(\sigma_{2s})(\sigma_{2s}^*)\begin{pmatrix}\pi_{2py}\\ \pi_{2pz}\end{pmatrix}(\sigma_{2px})\begin{pmatrix}\pi_{2py}^*\\ \pi_{2pz}^*\end{pmatrix}(\sigma_{2px}^*)$$

另一套是由 O，F，Ne 组成的双原子分子，其分子轨道表达式为：

$$(\sigma_{1s})(\sigma_{1s}^*)(\sigma_{2s})(\sigma_{2s}^*)(\sigma_{2px})\begin{pmatrix}\pi_{2py}\\ \pi_{2pz}\end{pmatrix}\begin{pmatrix}\pi_{2py}^*\\ \pi_{2pz}^*\end{pmatrix}(\sigma_{2px}^*)$$

至于为什么会出现两套分子轨道，可以从钻穿作用加以解释。对于同一周期主族元素，自左至右，随着原子序数的增大，核对 $2s$ 及 $2p$ 能级作用不同，$2s$ 钻穿作用较大，因此 $2s$ 与 $2p$ 能级差将随 Z(原子序数)增大而增大，ΔE_{2s-2p} 数值列于表 8-13 中。

表 8-13　第二周期元素 $2s$，$2p$ 轨道能级差 ΔE_{2s-2p}　$kJ \cdot mol^{-1}$

	Li	Be	B	C	N	O	F
ΔE_{2s-2p}	—	—	569.3	826.9	1 118	1 449	1 816

根据分子轨道形成的能量近似原则，氮原子之前的原子轨道 $2s-2p$ 间能量差小于 13eV，因此在形成分子轨道前，同一原子的 $2s$ 轨道与 $2p_x$ 轨道由于对称性相同，可先组合一次，组合的结果使 $2p_x$ 轨道能量升高了，$2s$ 轨道能量下降了，因此两原子的 $2p_x$ 轨道间形成的分子轨道（σ_{2p_x}）会比 π_{2p_y} 或 π_{2p_z} 能量高，而出现氮之前为一套轨道，氧之后为另一套轨道。图 8-29 表明了这两套分子轨道形成的差异。

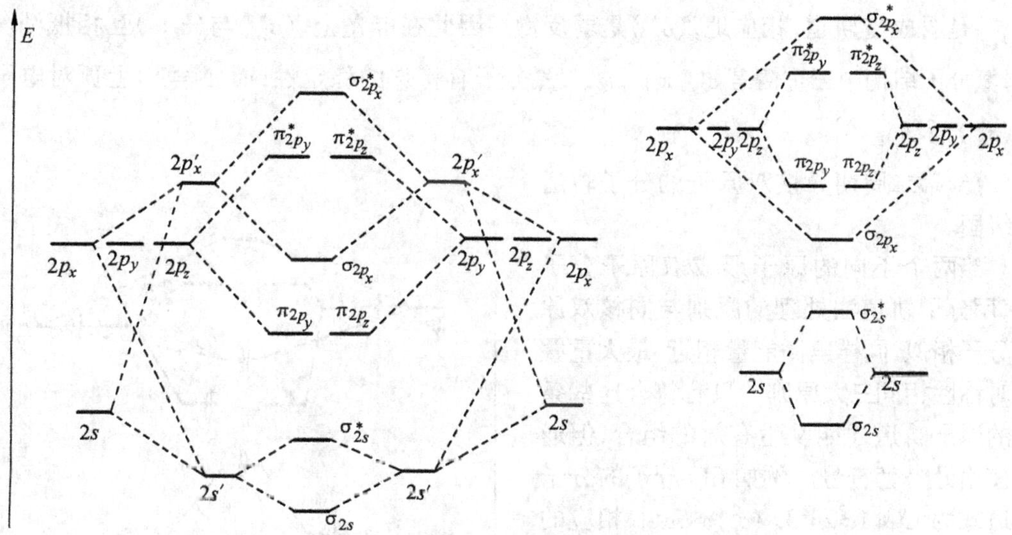

图 8-29　第二周期元素两套分子轨道的形成

根据这两套分子轨道表达式，我们可以容易地写出第二周期同核双原子分子的分子轨道表达式。

Li_2：$1s^2, 2s^1$（6e）$[K, K(\sigma_{2s})^2]$ 只有一个 σ 键，键级为 1。K, K 表示内层电子不成键。

Be_2：$1s^2, 2s^2$（8e）$[K, K(\sigma_{2s})^2(\sigma^*_{2s})^2]$，键级为 0，因此 Be_2 双原子分子不存在。

B_2：$1s^2, 2s^2 2p^1$（10e）$\left[K, K(\sigma_{2s})^2(\sigma^*_{2s})^2 \begin{pmatrix} \pi^1_{2p_y} \\ \pi^1_{2p_z} \end{pmatrix}\right]$，键级为 1，有 2 个单电子 π 键；因为分子有成单电子，有顺磁性。

C_2：$1s^2, 2s^2 2p^2$（12e）$\left[K, K(\sigma_{2s})^2(\sigma^*_{2s})^2 \begin{pmatrix} \pi_{2p_y} \\ \pi_{2p_z} \end{pmatrix}^4\right]$，键级为 2，逆磁性。

N_2：$1s^2, 2s^2 2p^3$（14e）$\left[K, K(\sigma_{2s})^2(\sigma^*_{2s})^2 \begin{pmatrix} \pi_{2p_y} \\ \pi_{2p_z} \end{pmatrix}^4 (\sigma_{2p_x})^2\right]$，键级为 3。

$O_2:1s^2,2s^22p^4(16e)\left[K,K(\sigma_{2s})^2(\sigma_{2s}^*)^2(\sigma_{2p_x})^2\begin{pmatrix}\pi_{2p_y}\\ \pi_{2p_z}\end{pmatrix}^4\right]\begin{pmatrix}\pi_{2p_y}^{*1}\\ \pi_{2p_z}^{*1}\end{pmatrix}$，键级为2，有2个3电子$\pi$键，有顺磁性。

$F_2:1s^2,2s^22p^5(18e)\left[K,K(\sigma_{2s})^2(\sigma_{2s}^*)^2(\sigma_{2p_x})^2\begin{pmatrix}\pi_{2p_y}\\ \pi_{2p_z}\end{pmatrix}^4\begin{pmatrix}\pi_{2p_y}^*\\ \pi_{2p_z}^*\end{pmatrix}^4\right]$，键级为1。

$Ne_2:1s^2,2s^22p^6(20e)\left[K,K(\sigma_{2s})^2(\sigma_{2s}^*)^2(\sigma_{2p_x})^2\begin{pmatrix}\pi_{2p_y}\\ \pi_{2p_z}\end{pmatrix}^4\begin{pmatrix}\pi_{2p_y}^*\\ \pi_{2p_z}^*\end{pmatrix}^4(\sigma_{2p_x}^*)^2\right]$，键级为0，表明氖分子以单原子分子存在。

由图8－29研究N_2的结构，由于σ_{2s}键能量大大地降低了，因此σ_{2s}是强成键轨道，而(σ_{2p_x})是弱成键轨道，相应地，(σ_{2s}^*)是弱反键。因此在能量上，(σ_{2s}^*)与(σ_{2p_x})互相抵消。因此，氮分子结构中三重键是σ_{2s}，π_{2p_y}，π_{2p_z}，氮分子有特殊的稳定性；而:N≡N:上孤对电子将是$(\sigma_{2s}^*)^2$及$(\sigma_{2p_x})^2$。

(5)第二周期异核双原子的分子轨道能级图。

当两个不同的原子形成双原子分子时，用分子轨道法处理的原则与同核双原子分子相似，同样遵循能量相近、最大重叠及对称性相同三大原则。只有符合这些条件的原子轨道才能发生有效的组合，但通常使用另一套符号。例如CO分子的分子轨道式为$CO[1\sigma^22\sigma^23\sigma^24\sigma^21\pi^45\sigma^2]$，相应的分子轨道形成过程见图。由图可见，碳、氧原子的原子轨道能量是不相同的，原子序数较大的氧原子由于轨道钻穿更深，其$2s$及$2p$轨道能量较低。因此，对于异核分子，我们不再使用$2s$，$2p$等作为分子轨道符号的下标，而是使用另一套分子轨道符号。在CO分子中有三重键，它们是二个π键，一个σ键。

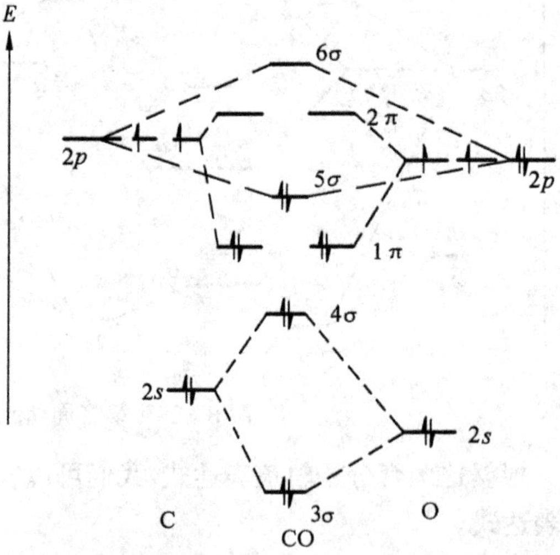

图8－30　CO分子形成过程

CO与N_2的电子数目相同，结构相似，互为“等电子体”。等电子体结构相似，性质也往往会有一定的相似性。

总的来说，分子轨道理论比较全面，因为它着眼于分子的整体性，比较成功地说明了第二周期双原子分子的结构及性质，对多原子分子的结构也能较好地给出解释，因此近年来发展较快，应用较广，在共价键理论中占有重要的地位。但我们不能说分子轨道理论是完美无缺的，并可以完全代替价键理论。实际上，价键理论将共价键定域于原子之间，强调了原子间的相互作用，十分形象直观，并易于与分子的空间几何构型相联系，同样是十分重要的理论之一。

第四节　金属键理论

元素周期表的112个元素中，有80%为金属(90种)，非金属占20%。除金属汞在室温下为液态外，其他金属在常温下都是晶体，其共同特征是：普遍具有光泽，能导电传热，有延展性。金属的这些特性都是由金属内部特有的化学键的性质所决定。关于金属键理论，主要有自由电子理论及能带理论，以下分别予以介绍。

一、自由电子理论

自由电子理论又称为金属键的改性共价理论。该理论认为，在固态或液态金属中，价电子可以自由地从一个原子流向另一个原子，价电子为许多金属原子(或离子)所共有，而金属键就是由这些共用的能够自由流动的自由电子把许多原子(或离子)粘合在一起组成的“改性共价键”，形象地说，金属原子或离子是被浸沉于电子的“海洋中”。这种“少电子多中心”的键即为金属键，它是一种离域的共价键，因此它既无方向性，又无饱和性(图8-31)。

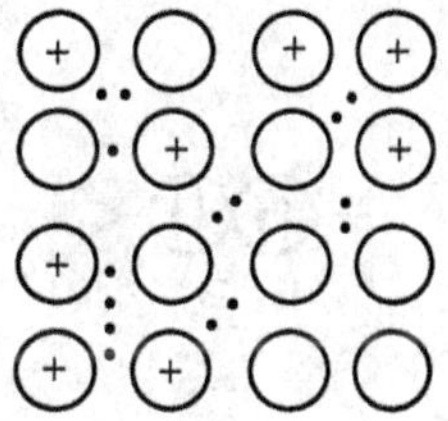

图8-31　金属晶体示意图

金属的特性可以用自由电子理论来解释。由于自由电子并不受某种具有特征能量和方向的键的束缚，因此它们能够吸收并重新发射波长范围很宽的光线，使金属不透明，并具有金属光泽；由于自由电子在外加电场作用下可以定向流动而形成电流，因而金属具有导电性；由于自由电子在运动中不断地和金属阳离子发生碰撞而产生能量交换，因此金属具有导热性；由于在结构上自由电子具有胶合作用，当金属晶体受外力作用时，金属阳离子及原子间易产生滑动而不易断裂，因此金属经机械加工可加工成薄片或拉成金属细丝，表现出良好的延展性。但是，金属键的自由电子理论只能定性地说明金属的某些特性，而难以定量解释。对于金属的光电效应、导体、绝缘体和半导体的解释，对于某些金属导电性的解释(例如对金属锗导电性随温度升高而增大这一特殊性的解释)都存在一些困难。因此，关于金属键本质的更加确切的阐述则需借助于量子力学为基础的能带理论。

二、能带理论

用分子轨道理论处理金属键就得到了金属键的能带理论，其理论要点包括：

(1)将金属晶体中所有的价电子认为是属于整个金属原子晶格所有。

(2)金属晶格中原子的价轨道线性组合成一系列相应的分子轨道，其数目与形成分子轨道的原子轨道数目守恒。

(3)形成的分子轨道间能量差很小，它们在能量上基本上是连续的，称为能带(energy band)。

例如，两个Li原子组合成一个$Li_2(g)$分子时，两个Li原子上共六个电子在形成的分子轨道上排布 为$Li_2[(\sigma_{1s})^2(\sigma_{1s}^*)^2(\sigma_{2s})^2]$(图8-32)。

当 n 个 Li 原子聚积为金属晶体大分子时，各原子轨道将组合成 n 个分子轨道，其中 $n/2$ 为成键分子轨道，$n/2$ 为反键分子轨道，其电子分布如图 8－33 所示。由已充满电子的原子轨道所形成的低能量能带，称为满带；由未填充电子的能带组成的轨道称为空带；由未充满电子的能带组成的分子轨道称为导带；导带与满带间能级差为禁带。

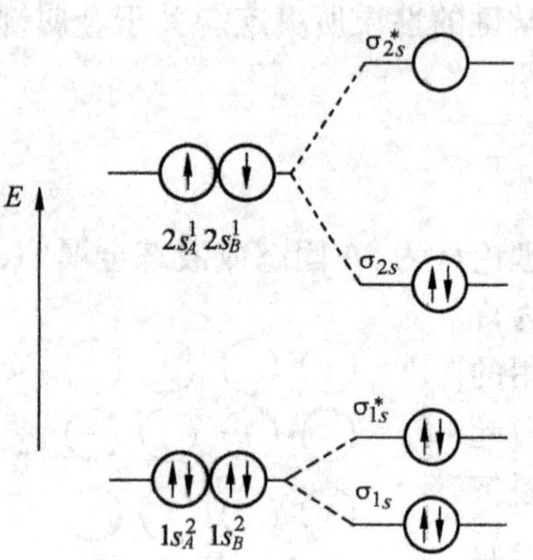

图 8－32　Li_2 分子轨道

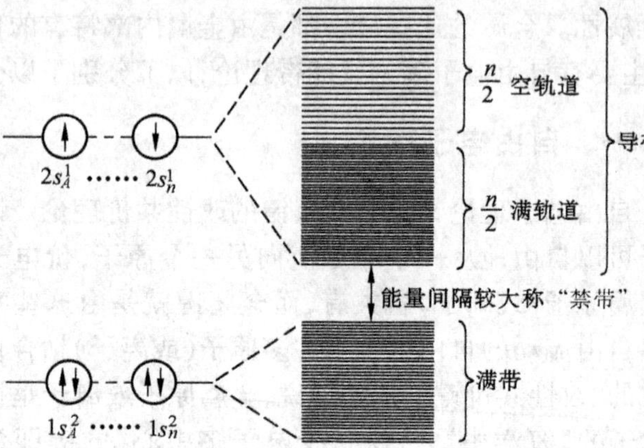

图 8－33　Li_n 金属分子轨道

（4）能带属于整个“分子”（金属晶体），每个能带可以包括许多相近的能级。电子在同一能带中跃迁，如在 Li_n 金属中，电子由 $n/2$ $2s$ 轨道组成的满带跃迁到由 $n/2$ $2s$ 轨道组成的空带上时，在外电场作用下就可以自由运动，而具有导电性。对于 Be_n 金属晶体，我们可以看到 n 个 Be $2s$ 轨道组成的 n 个 Be $2s$ 分子轨道中，$2s$ 带将是满带，但是事实上金属铍可以导电，这是由于在金属 Be 中的 $2p$ 带是空带，它与满带 $2s$ 相互重叠。因此，电子的跃迁不是一件困难的事情，电子可在导带中运动，见图 8－34。过渡金属的能带特征是：$(n-1)d$ 部分充满，并与 ns，np 能带重叠。因此，过渡金属普遍具有良好的导电性能。

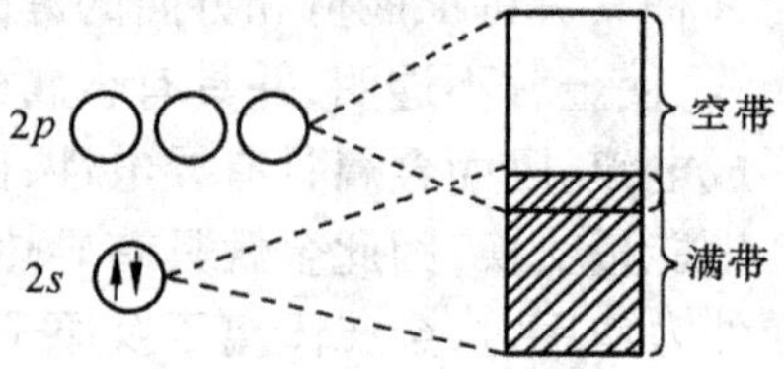

图 8－34　Be_n 的能带

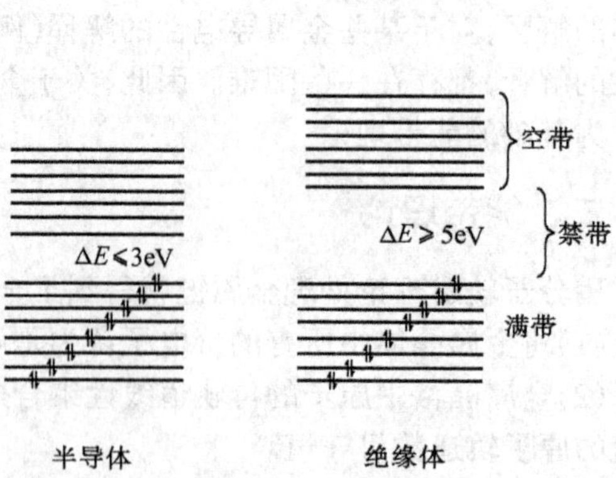

图 8－35　半导体与绝缘体

绝缘体不导电，是因为空带与满带之间能量差太大，即禁带能差大，一般在能级差大于 5 eV 时，在外电场或其他因素作用下，满带电子都不可能跃迁至空带形成导带，因此不可能导电。对于半导体，如 Si，

Ge 等，它们的能带差（禁带）宽度较小（通常 $\Delta E \leqslant 3$ eV），在光照或加热条件下，满带上电子可以激发到空带上形成导带，因而空带及原来的满带（由于形成空位）也变成导带而可以导电，因此半导体可以导电，而且温度升高，导电性能增大，见图 8－35。

金属键的强弱与各金属原子的大小、电子层结构等因素有关。通常，金属键的强弱可以用金属原子化热来衡量。金属原子化热是指由 1 mol 的金属在 298 K 时转变为气态原子所吸收的能量（即气化热），即 M(s)⟶M(g)过程的 $\Delta_r^{\circ}H_m$。

一般来说，金属原子化热数值较小时，这种金属质地较软，熔点较低；反之，金属质地较硬，熔点较高。表 8－14 列出了常见金属原子化热与熔点。

表 8－14　常见金属原子化热与熔点　　　kJ·mol⁻¹，℃

Li 161.5 180°	Be 324.3 1283°										
Na 108.4 97.5°	Mg 146.4 650°	Al 326.4 660°									
K 90.0 63.4°	Ca 177.8 850°	Sc 376.6 1539°	Ti 468.6 1725°	V 514.6 1730°	Cr 397.5 1900°	Mn 284.5 1247°	Fe 415.5 1535°	Co 428.4 1493°	Ni 430.1 1455°	Cu 339.3 1083°	Zn 130.5 420°
Rb 81.6 38.8°	Sr 163.2 770°	Y 424.7 1509°	Zr 608 1825°	Nb 719.6 2487°	Mo 656.9 2610°	Tc 661.1 —	Ru 640.2 2400°	Rh 556.5 1960°	Pd 380.7 1550°	Ag 284.5 961°	Cd 111.7 321°
Cs 78.2 28.70°	Ba 177.8 704°	La 431.0 920°	Hf 619.2 2300°	Ta 782.4 2997°	W 849.4 3380°	Re 782.4 3150°	Os 786.6 2700°	Ir 669.4 2454°	Pt 564.8 1769°	Au 368.2 1063°	Hg 64.0 －38.9°

数据引自：W.L.Jolly，“The Principles of Inorganic Chemistry”，McGraw Hill(1976)，原子化热单位为 kJ·mol⁻¹，熔点单位为℃。

纯晶体 Si 或 Ge 由于禁带较宽，低温下不导电，但在 Si，Ge 晶体中掺入某些杂原子，如缺电子原子 B($2s^22p^1$)或多电子原子 P($3s^23p^4$)，由于轨道的重叠，晶体中价电子可以激发到空轨道上，形成空穴导电为 p 型半导体（Positive）；或者在晶体中有过剩电子在晶体中流动，形成 n 型半导体（Negative）。

第五节　分子间力及氢键

由于共价键的方向性及饱和性，使得有些共价键结合的物质以小分子的形式存在，例如 HX，H_2O，H_2S，NH_3 分子。小分子物质在常温常压下多为气体（如 H_2，O_2，N_2 等），或为易气化的液体（如 Br_2），或固体（如 I_2）。当它们受压或冷却时，可以形成以小分子为单元的规则排列的晶体，称为分子晶体。图 8－36 为 CO_2 晶体。在该结晶中，CO_2 分子晶体呈简单立方晶格排列。

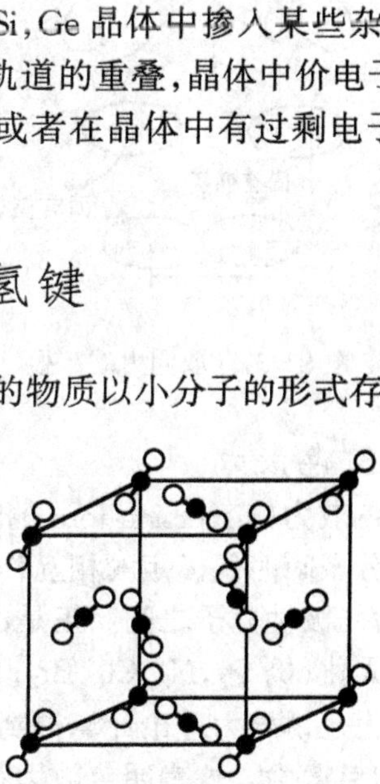

图 8－36　CO_2 分子晶体

小分子能聚集，在一定条件下又能规则地排列成分子晶体，各种分子晶体形成过程又是放热过程，且各种分子晶体的熔点、硬度都不同,这充分说明了分子之间存在吸引力,这种吸引力最先为荷兰物理学家 van der Waals 所注意到,因此分子间力又称为 van der Waals 力。理论证明,分子间力也是一种电性作用力,它取决于分子的极性、变形性及分子间距离大小等因素。分子间力的大小又决定着物质的熔点、沸点、溶解度、硬度等物理化学性质。以下分别予以讨论。

一、分子间力

1. 取向力

取向力(oriented force)指极性分子间的作用力。由于极性分子是一种偶极子,它们具有正负两极。在偶极子相互接近时,会取得一致的取向排列,从而使体系处于一种稳定状态,如图 8-37 所示。这种由固有偶极子之间产生的静电力即为取向力。取向力是一种短程力,作用范围仅几百个 pm,其大小与分子的偶极矩 μ 的平方(μ^2)成正比,与分子间距离 R^6 成反比,与体系温度成反比。

2. 诱导力

诱导力(induced force)指存在于极性分子和非极性分子间的作用力,以及在极性分子间由于偶极子的相互诱导作用而存在的作用力。其产生原因是由于极性分子的固有偶极对非极性分子(或极性分子)产生诱导作用,使非极性分子电子云变形,正负电荷中心不再重合,从而形成诱导偶极子(或使极性分子偶极增大),其结果是相互作用力增大,如图 8-38 所示。同样,诱导力也是一种短程力,与分子间距离 R^6 成反比,与极性分子偶极矩 μ^2 成正比,与分子的变形性(分子半径)成正比。

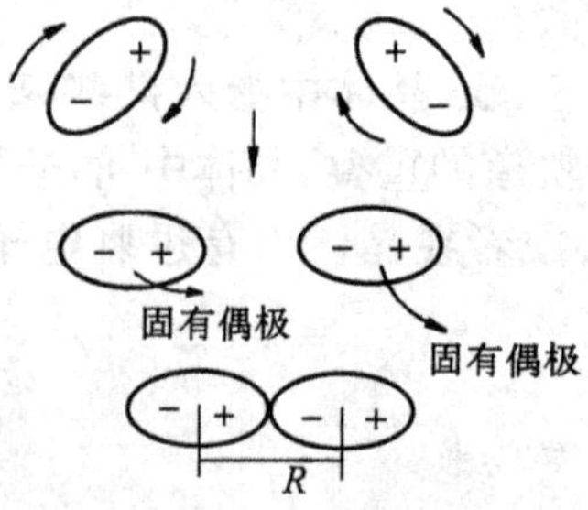

图 8-37　取向力的产生

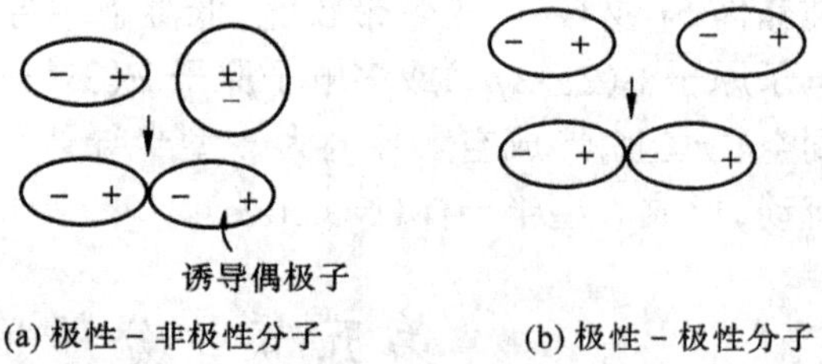

图 8-38　诱导力产生

3. 色散力

色散力(dispersion force)指分子中的电子在不断运动及原子核的不断振动过程中产生的分子瞬时偶极矩的相互作用力。它存在于非极性-非极性分子、极性-非极性分子以及极性-极性分子之间。正是由于分子间存在色散力,非极性分子在一定条件下才可以液化或固化(例 O_2, N_2, Cl_2, Br_2, I_2)。此外,对于极性-极性分子间或极性-非极性分子间,由取向力及诱导力理论计算得到的分子间力远远小于实验值,说明它们之间还存在第三种力,即色散力。这表明色散力存在于一切分子之中。

由于从量子力学导出的这种力的理论计算公式与光色散公式相似,因此这种力称为色散力。量子力学计算表明,色散力也是一种短程力,它与分子间距离 R^6 成反比,与分子的变形性成正比。因此,分子的分子量越大,越易变形,色散力越大。图 8-39 表示的是非极性分子间瞬时诱导偶极及色散力的产生过程。实验证明,色散力存在于一切分子中,在一般情况下色散力所占比例是三种分子间力中最大的一种,只有在极性特别强的分子间才以取向力为主。表 8-15 列出某些分子中这三种力的分配情况。由表可见色散力在分子间力中所占的比重。

总结起来,分子间作用力有以下特点:

(1)一般它只有几个至几十个 $kJ \cdot mol^{-1}$,比化学键小 1～2 个数量级。

(2)分子间力都是静电短程力,因此不具方向性和饱和性。

(3)除了取向力与温度有关外(温度越高,取向力越弱),诱导力、色散力受温度的影响不大。

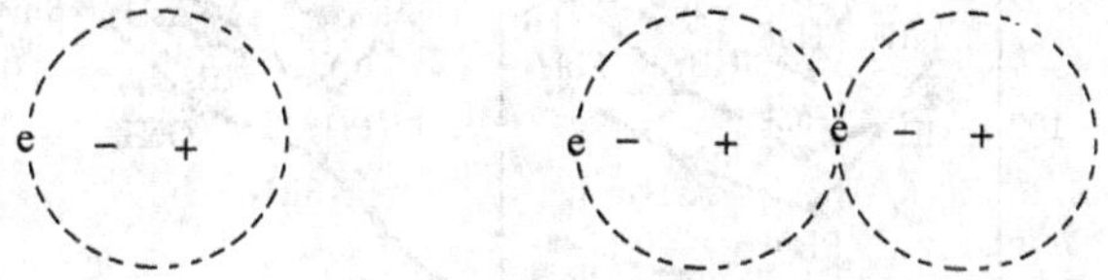

图 8-39　瞬时偶极及色散力产生

表 8-15　某些分子的分子间作用力分配情况　　$kJ \cdot mol^{-1}$

分 子	取向力	诱导力	色散力	总和	偶极矩 μ $10^{-30}C \cdot m$
Ar	0.000	0.000	8.5	8.5	0
CO	0.003	0.008	8.75	8.76	0.39
HI	0.025	0.113	25.87	26.00	1.40
HBr	0.69	0.502	21.94	23.11	2.67
HCl	3.31	1.00	16.83	21.14	3.60
NH_3	13.31	1.55	14.95	29.81	4.90
H_2O	36.39	1.93	9.00	47.31	6.17

资料来源:潘道皑等编:《物质结构》,人民教育出版社,1982,第 599 页

二、氢键

氢键是一种存在于分子之间或分子内部的作用力。例如,当氢原子和 F,O,N 原子以共价键形成共价键分子(如 HF、H_2O 及 NH_3 等)时,由于成键电子对强烈地偏向电负性大的 F,O,N 原子一边,将使氢原子几乎成为“裸离子”。由于质子半径特别小(仅 30 pm),它可以把另一分子中的 F,O 或 N 原子上的孤电子对吸引到它的附近而成为氢键,其结果产生分子的缔合。例如 X,Y 都是电负性大的原子,则 H-X 中的氢原子将与另一分子中的高电负性原子 Y 之间形成氢键,或与 H-X 中 X 原子形成氢键:

$$X—H\cdots Y \quad 或 X—H\cdots X$$

例如，研究卤素氢化物HF，HCl，HBr，HI；氧族元素氢化物H_2O，H_2S，H_2Se，H_2Te；氮族元素氢化物NH_3，PH_3，AsH_3，SbH_3及碳族元素氢化物CH_4，SiH_4，GeH_4，SnH_4的熔沸点变化规律时，可以清楚看到，在分子间没有形成氢键的情况下（如第四主族元素氢化物），化合物的沸点随分子量的增加而升高（图8-40）；但在分子间有较强的氢键时（如HF，H_2O，NH_3），化合物的沸点和熔点与同族同类化合物相比则显著地升高。

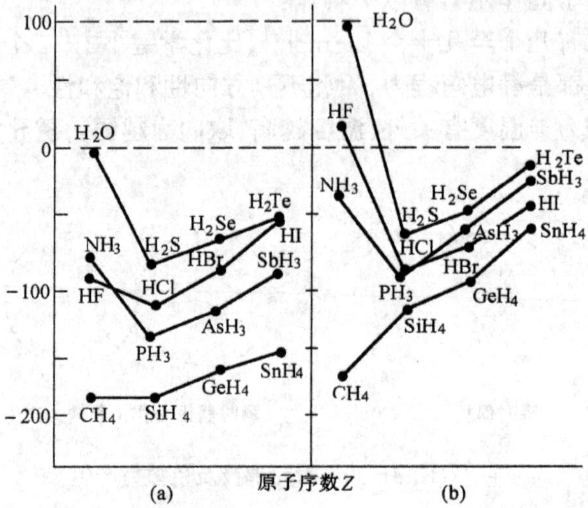

图8-40 Ⅳ，Ⅴ，Ⅵ，Ⅶ族元素氢化物熔点(a)与沸点(b)变化

氟化氢性质上的“反常”说明了HF分子之间有很大的作用力，以致使简单分子成为缔合分子$(HF)_n$。

氢键的强度可以用键能来表示，表8-16列出一些常见氢键的键能和键长。

表8-16 氢键的键能与键长

氢　键	键能/$kJ\cdot mol^{-1}$	键长/pm	化合物
F—H···F	28.0	255	$(HF)_n$
O—H···O	18.8	276	冰
N—H···F	20.9	266	NH_4F
N—H···O	20.9	286	CH_3CONH_2
N—H···N	5.4	358	NH_3

除了分子间的氢键外，某些物质的分子可以形成分子内氢键，如邻硝基苯酚分子中可以形成分子内氢键（图8-41）。显然，由于分子内氢键的形成，使分子间氢键难以形成，因此邻硝基苯酚熔沸点比不形成分子内氢键的间位或对位硝基苯酚熔沸点都低。

一般分子形成氢键必须具备两个基本条件：

①分子中必须有一个与电负性很强的元素形成强极性键的氢原子。

②分子中电负性大的元素原子必须带有孤对电子，而且半径要小。

氢键基本上还是属于静电吸引作用力，但是氢键比化学键弱，仅为10～40 $kJ\cdot mol^{-1}$，比 van der Waals 力强一些。由于氢原子是第一周期元素，只有一个价轨道，因此氢原子在与一个原子形成一个共价键后，就不可能与其他原子形成新的共价键，因此在 X—H…Y 中，H…Y 形成的氢键不可能是化学键。很显然，在 X—H…Y 中，考虑到 X 和 Y 原子电子云的排斥力，氢键的方向应尽可能与 X—H 键轴在同一直线上，这时体系才会稳定，因此氢键有方向性，也具有饱和性。因此，一般认为氢键是具有方向性的静电引力。

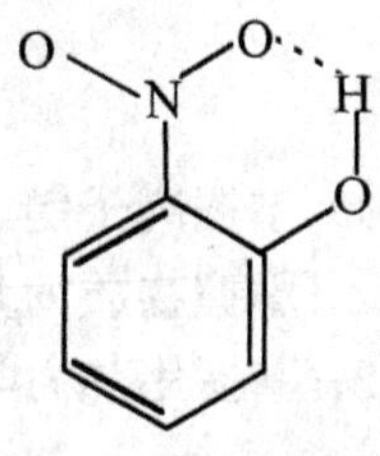

图 8-41　邻硝基苯酚分子内氢键

能形成氢键的物质十分广泛，如水、醇、胺、羧酸、无机酸、水合物、氨合物等都可以形成氢键。例如在冰的结构中，由于许多水分子互相以氢键联结，形成巨大的缔合分子，因此，冰具有很多与水不同的性质。在冰的结构中，氧原子配位数为 4，每一个氧原子周围有 4 个 H 原子，其中 2 个 H 是共价结合，另外 2 个 H 离氧稍远，是氢键结合。由此形成了一个有很多“空洞”的结构，因此冰的密度小于水，而可以浮于水面。冰的这一重要性质使江湖中一切生命得以生存，免于在冬天被冻死的灾难。此外，在生命过程中，氢键起着重要的作用，例如生物体内蛋白质及 DNA(脱氧核糖核酸)的分子内或分子间都存在大量氢键，形成一些特殊而又稳定的大分结构，维持了生命体的特殊生理功能，如营养贮存、信息传递等，因此，研究生命体中的化学有极其重的要意义。

第六节　键型过渡

我们讨论了离子键、共价键及金属键这三种典型的化学键。但是，在实际的化合物和晶体中，原子间相互作用的性质只有少数是这三种键型的极端情况，大多数是三种键型的过渡型。图 8-42 表示某些元素形成的一些化合物的键型变化图。由图我们可以见到，除了三角形的顶点化合物外，其余化合物的键型都处于过渡的键型中。

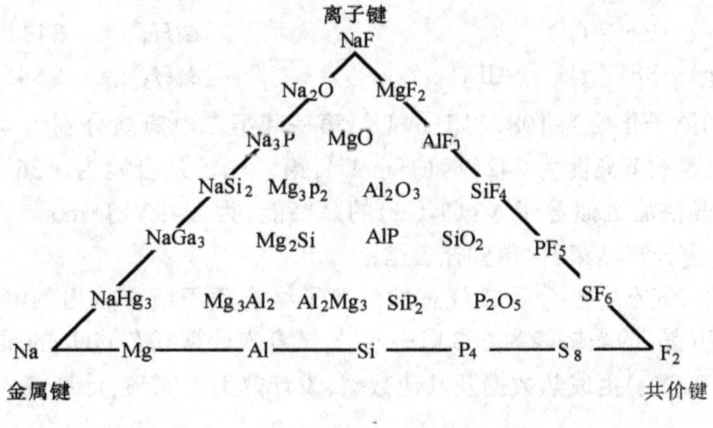

图 8-42　键型的变异与过渡

本章教学要求

1. 掌握离子键、共价键和金属键三种键型的基本特点、本质以及它们的形成过程。

2. 掌握物质的基本性质与分子结构和键参数的关系。

3. 掌握用热力学循环原理分析离子键化合物的形成，并熟练地进行有关热力学计算。

4. 初步掌握晶格能的意义及应用。

5. 重点掌握共价键理论，尤其是价键理论、杂化轨道理论。

6. 熟练应用价层电子对互斥理论判别分子的空间几何构型，并且由此推测中心原子的杂化态，写出化合物的成键过程，分析化合物键的性质、键角、键参数等。

7. 掌握各种类型的键的区别与性质。

8. 掌握分子轨道理论及其应用于第二周期同核异核双原子分子的分子轨道表达式。

9. 了解金属键理论与金属性质的关系。

10. 了解分子间作用力及氢键对物质物理性质的影响。

习　题

1. 试举例说明以下概念。

离子键、共价键、键能、离解能、原子化能、晶格能、离子键的键能、极性键、极性分子。

2. 试比较 σ 键与 π 键的区别。

3. 试以 O_2 和 N_2 分子为例，说明 VB 法与 MO 法的区别。

4. 根据以下反应，计算 AlF_3(Crystal)的生成热。

$$Al(cr) \longrightarrow Al(g) \qquad \Delta_r H_1^{\ominus} = 314\ kJ \cdot mol^{-1}$$
$$Al(g) \longrightarrow Al^{3+}(g) + 3e \qquad \Delta_r H_2^{\ominus} = 5\,137\ kJ \cdot mol^{-1}$$
$$F_2(g) \longrightarrow 2F(g) \qquad \Delta_r H_3^{\ominus} = 158\ kJ \cdot mol^{-1}$$
$$F(g) + e \longrightarrow F^-(g) \qquad \Delta_r H_4^{\ominus} = -348\ kJ \cdot mol^{-1}$$
$$Al^{3+}(g) + 3F^-(g) \longrightarrow AlF_3(cr) \qquad \Delta_r H_5^{\ominus} = -5\,945\ kJ \cdot mol^{-1}$$

5. 已知钠的原子化焓为 108.7 $kJ \cdot mol^{-1}$，第一和第二电离能分别为 494 $kJ \cdot mol^{-1}$ 和 4 560 $kJ \cdot mol^{-1}$；氯的解离能为 242.78 $kJ \cdot mol^{-1}$，第一电子亲合能为 −364 $kJ \cdot mol^{-1}$。假设 $NaCl_2$(cr)的晶格能近似等于 $MgCl_2$(cr)的晶格能，为 2 493 $kJ \cdot mol^{-1}$。试估算 $NaCl_2$(cr)的生成焓。由计算结果，你得到什么结论？

6. 在恒压下，气态中性分子或气态的负离子结合质子所释放出的能量为质子亲和能。已知 NH_4Cl(晶)的晶格能为 663 $kJ \cdot mol^{-1}$，试查表计算气态 NH_3 的质子亲合能。

7. 试根据 BaO(s)生成热数据及其他数据，设计热力学循环，计算氧的第二电子亲合能。

8. 写出下列离子的外层电子构型。

Mg^{2+}，Cr^{3+}，Co^{2+}，Sc^{3+}，Pb^{2+}，Cu^{2+}，Au^{3+}，Mn^{2+}，Cd^{2+}

9. 下列说法是否正确？为什么？

① 电离能永远是正值，电子亲合能总是负值。

② 越难失电子的原子越易获得电子。

③ 电负性越大的元素非金属性越活泼。

④ 过渡元素离子的最外层都没有 s 电子。

⑤ 阴离子总比阳离子大。

10. 请画出下列分子或离子的 Lewis 结构。

Br_2，PCl_3，CO_2，O_3，H_2O，CCl_4，CN^-，OF_2，PH_4^+

11. 试用杂化轨道理论说明以下分子的形成过程。

SCl_2（$\angle ClSCl = 100°$）　　BBr_3（$\angle BrBBr = 120°$）

NF_3（$\angle FNF = 102.2°$）　　SO_3（$\angle OSO = 120°$）

12. 试用 VSEPR 理论预测 $COCl_2$ 的几何构型，用 VB 法说明分子的成键过程，并讨论分子中键的性质。预测并说明$\angle ClCO$ 及$\angle ClCCl$ 大小。

13. 根据 VSEPR 理论预测以下化合物的空间构型，讨论化合物键的性质。

SiF_4，PCl_3，PCl_5，SF_4

14. 试用 VSEPR 理论预测下列分子或离子的几何构型，并用杂化轨道理论加以说明。

$BeCl_2$，$SnCl_2$，NCl_3，XeF_4，SF_6，CO_3^{2-}，SO_4^{2-}，NO_2^+，NO_2^-，SO_3^{2-}，NO_3^-

15. 在下列各组分子中，哪一种化合物的键角大？为什么？

① CH_4 和 NH_3；　　②OF_2 和 Cl_2O；

③ NH_3 和 NF_3；　　④PH_3 和 NH_3

16. 已知 NO_2 的键角为 132°，NO_2 分子中 N－O 键长为 119 pm；NO_2^+ 键角为 180°，N—O 键长为 110 pm；NO_2^- 键角 115°，N—O 键长为 124 pm，试用有关理论给予解释。

17. 已知 OCl_2 分子中，$\angle ClOCl = 111°$，Cl—O 键长为 170 pm；而在 ClO_2 分子中，$\angle OClO = 116.5°$，Cl—O 键长为 149 pm。已知单键 Cl—O 键长为 169 pm，试用有关理论予以解释。

18. 写出 O_2，O_2^+，O_2^-，O_2^{2-} 的分子轨道排列式，并说明键级、键能、键长的大小变化顺序及分子的磁性。

19. C_2 基态为反磁性分子，试写出其电子排布。实验确定 C_2 分子键长为 124 pm，比 C 原子半径和(2×67)pm 还短，试说明其原因。

20. 判断分子几何构型及价电子构型：

XeF_2，XeF_4，XeF_6，XeO_4，$XeOF_4$

21. 对以下分子$\angle OSO$ 进行排序（从大到小）：SO_2，SO_3，SO_3^{2-}，SO_4^{2-}，SO_2Cl_2，SO_2F_2

22. 用分子轨道理论对比 Cl_2 及 Cl_2^+ 键长大小，说明理由。

23. 用分子轨道理论写出 CN^- 的分子轨道排列式，计算键级及未成对电子数。

24. CF 和 CF^+ 的键能分别是 548，753 $kJ \cdot mol^{-1}$，试给予合理解释。

25. 什么是单电子 σ 键和三电子 σ 键？什么是三电子 π 键？

26. 试判断下列酸分子的几何构型，并指出它属于几元酸。

HNO_2, HNO_3, H_2SO_3, H_3AsO_4, H_3PO_3, H_5IO_6

27. 蛋白质多由肽链组成,多肽链的基本单元如下图,试说明各原子间是什么类型的键,并由此推测6个原子为什么可以共平面。

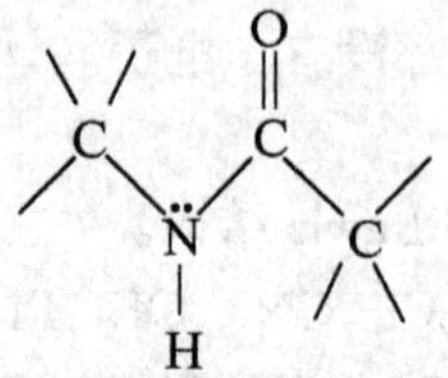

28. 决定分子极性的结构因素有哪些？下列分子中哪些是极性分子。

$CHCl_3$, BCl_3, NCl_3, CS_2, SCl_2, $COCl_2$

29. 指出以下各对分子间的分子间力的类型:

① 乙醇和水;② 氨和水;③ 苯与四氯化碳;④ 溴化氢和碘化氢;⑤ H_2S 气体分子

30. 下列化合物中是否存在氢键？存在什么类型的氢键？

NH_3, 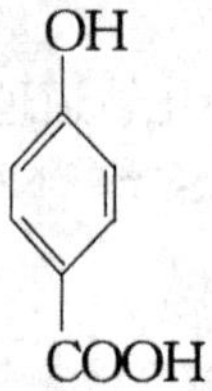, 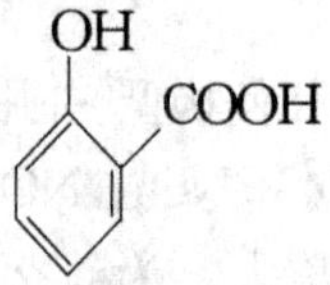, HNO_3, H_3BO_3(s), CF_3H, , C_2H_6

31. 试指出下列物质的晶体类型以及晶体中粒子间作用力。

① 石英(SiO_2);② 金刚砂(SiC);③ 氨(NH_3);④ 石灰石($CaCO_3$);⑤ 氯仿(CH_3Cl);⑥ 白石墨$(BN)_n$

32. 试判断下列各组物质的熔点高低。

① 金刚石、单质硅、硅甲烷(SiH_4)

② 单质碘、单质硅、五氯化碘

③ 生石灰、膦(PH_3)、萤石(CaF_2)

33. 按沸点由低至高的顺序依次排列,试说明理由。

① H_2, CO, Ne, HF

② CI_4, CF_4, CBr_4, CCl_4

34. 光化烟雾是在大气污染中产生的对人体有害的物质,主要成分有过氧化乙酰基硝酸酯和丙烯醛,其分子骨架为:

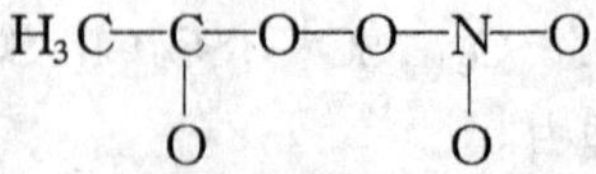 及 $H_2C—CH—CH—O$

试指出骨架原子杂化态,画出正确的几何构型,并指出有关键角大小。

35. 下列说法是否正确？为什么？举例说明。

① 两个单键就组成一个双键。

② 非极性分子中只有非极性键。

③ 极性分子中的化学键都有极性。

④ 有共价键的化合物都不可能形成离子晶体。

⑤ 全由共价键结合的物质只能形成分子晶体。

⑥ 分子量越大,分子间力越大。

⑦ 极性分子之间的作用力就是取向力。

⑧ 色散力仅存在于非极性分子之间。

⑨ 碘化氢的分子间力比溴化氢大,故碘化氢没有溴化氢稳定。

⑩ 氢键是一种特殊的分子间力,仅存在于分子之间。

36. 解释下列事实。

① 同属碳单质的石墨比金刚石软得多。

② HBr 的沸点比 HCl 的高,但又比 HF 的低。

③ BeO 的熔点比 NaF 的熔点高。

④ CS_2 的熔点比 CO_2 的熔点高,但比 SiO_2 熔点低很多。

⑤ NH_3 的沸点比 PH_3 的高,但又比 BiH_3 的低。

37. 试用价键理论讨论臭氧分子的结构,并说明臭氧分子的性质,分析其分子有无极性。

38. 从 Lewis 酸碱学说出发,BX_3 是 Lewis 酸,试从结构上分析 BF_3,BCl_3,BBr_3 酸性的强弱。

39. 已知 O_2^- 的键长为 121pm,O_2^+ 的键长为 112 pm,N_2 的键长为 109 pm,N_2^+ 键长为 112 pm,试予以解释,并预测 O_2^-,O_2^+,O_2 键长的顺序及 N_2,N_2^+,N_2^- 键长的顺序。

第九章　晶体结构

Crystal Structure

在不同温度和压力下，根据质点间能量大小不同和质点排列的有序或无序，物质可以分为三种聚集状态：气态、液态和固态*。固态物质又可以分为晶体和无定形体。

第一节　晶体的基本概念

一、晶体与非晶体

根据晶体的特征，人们可以从以下三个方面来区分晶体和非晶体。

(1)晶体具有规则的几何外形。例如食盐(NaCl)就具有立方体的外形。虽然有时由于生成条件的不同，形成的晶体在外形上可能有所差异，但是每一种晶体晶面间的夹角总是保持相等。这就是晶体学第一定律，也称为晶面夹角守恒定律。如图9-1所示，*ab* 面夹角 α，*bc* 面夹角 β，*ca* 面夹角 γ 守恒，它们都是90°。

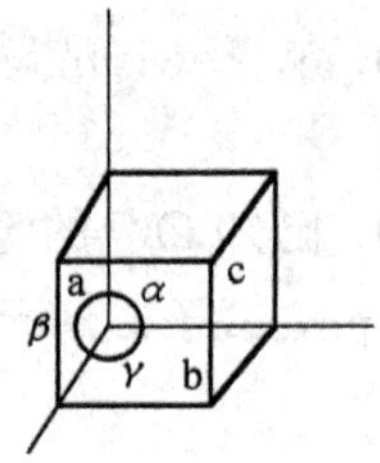

图9-1　晶面夹角

(2)晶体有固定的熔点。由于晶体内部质点是作有规律的空间排列，因此在加热晶体到达熔点时，晶体将开始熔化。在未完全熔化之前，必须继续加热，以破坏晶体内部的作用力，使之继续熔化。待晶体完全熔化后，体系温度才会上升，这说明晶体有固定的熔点。非晶体受热时只是慢慢地软化而成为液体，它没有固定的熔点。

(3)晶体的有向性。晶体的物理性质(如导电性、膨胀系数、折光率、导热性)有各向异性。非晶体对这些物理性质是各向同性的。例如，在石英玻璃表面上涂上一薄层石蜡，用热的针尖接触石蜡表面，石蜡因受热而熔化呈椭圆形；在用玻璃片做同样的实验时，熔化的石蜡将呈圆形。这说明石英晶体各个方向的导热性是不同的。这是由于晶体内各个方向排列的质点的距离不同，导致晶体各个方向的性质有差异。但是应注意的是，当晶体具有高度对称性时，某些有向性质在晶体中也会表现出各向同性。

因此，判断某一固体是否属于晶体要从上述三个方面来综合考虑。

---

* 目前认为，物质还有第四态存在，即所谓等离子态。即在加热、放电条件下，使气体分子产生电离，当电离气体带电粒子密度达到一定值时，就形成一种新的物质聚集态，由于聚集态中正电荷总数总是与负电荷总数相等，故称等离子体。

二、晶体的外形及七大晶系

晶体的外表特征是一定的、整齐的、有规则的几何外形。图 9-2 分别是食盐、明矾、硝石的外形。

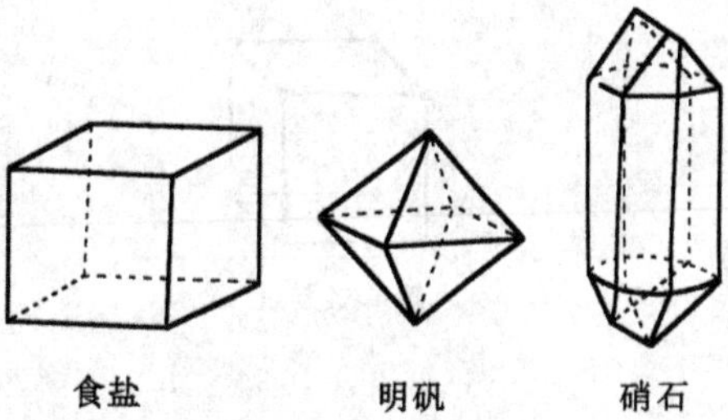

图 9-2　晶体外形

在结晶学中，根据结晶多面体的对称特征，将晶体分为七类，称为七大晶系（图 9-3）。表 9-1 列出了这七大晶系的晶轴及晶面夹角。

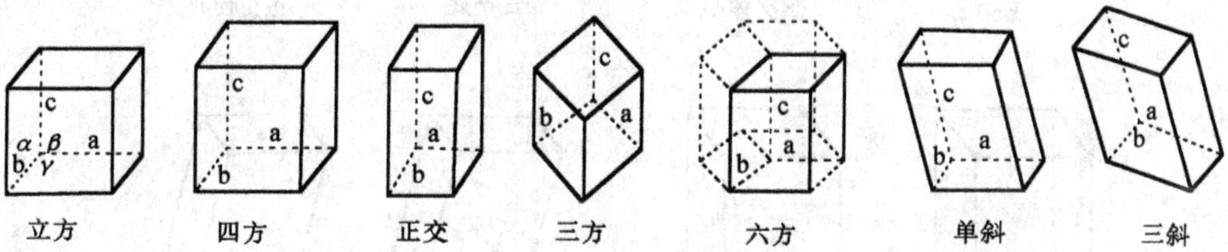

图 9-3　七大晶系

表 9-1　七大晶系的晶轴及晶面夹角

晶系	晶轴长度关系	晶面夹角	实例	点阵形式种类
立方	$a=b=c$	$\alpha=\beta=\gamma=90°$	Cu, NaCl	3 种
四方	$a=b\neq c$	$\alpha=\beta=\gamma=90°$	Sn, SnO_2	2 种
正交	$a\neq b\neq c$	$\alpha=\beta=\gamma=90°$	I_2, $HgCl_2$	4 种
单斜	$a\neq b\neq c$	$\alpha=\gamma=90°, \beta\neq 90°$	S, $KClO_3$	2 种
三斜	$a\neq b\neq c$	$\alpha\neq\beta\neq\gamma\neq 90°$	$CuSO_4\cdot 5H_2O$	1 种
六方	$a=b\neq c$	$\alpha=\beta=90°, \gamma=120°$	Mg, AgI	1 种
三方	$a=b=c$	$\alpha=\beta=\gamma\neq 90°$	Bi, Al_2O_3	1 种

每一种晶系可以分为不同的点阵形式，七大晶系共有 14 种点阵型式（图 9-4）。这 14 种点阵型式最早是由 Bravias（1866 年）由点阵对称性推论的，因此称为 Bravias 点阵型式。

三、晶体的内部结构

晶体的外形是晶体内部结构的反映。在 19 世纪，Bravias 等人提出在晶体内部，构成晶体的质点（离子、分子或原子）（又称结构单元）在空间作有规则的周期性排列。这些规律性的点称为空间点阵，空间点阵中的每一个点都叫做结点。把这些点联结在一起即为晶格，也叫空间格子。空间点阵是晶体结构最基本的特征（图 9-5）。

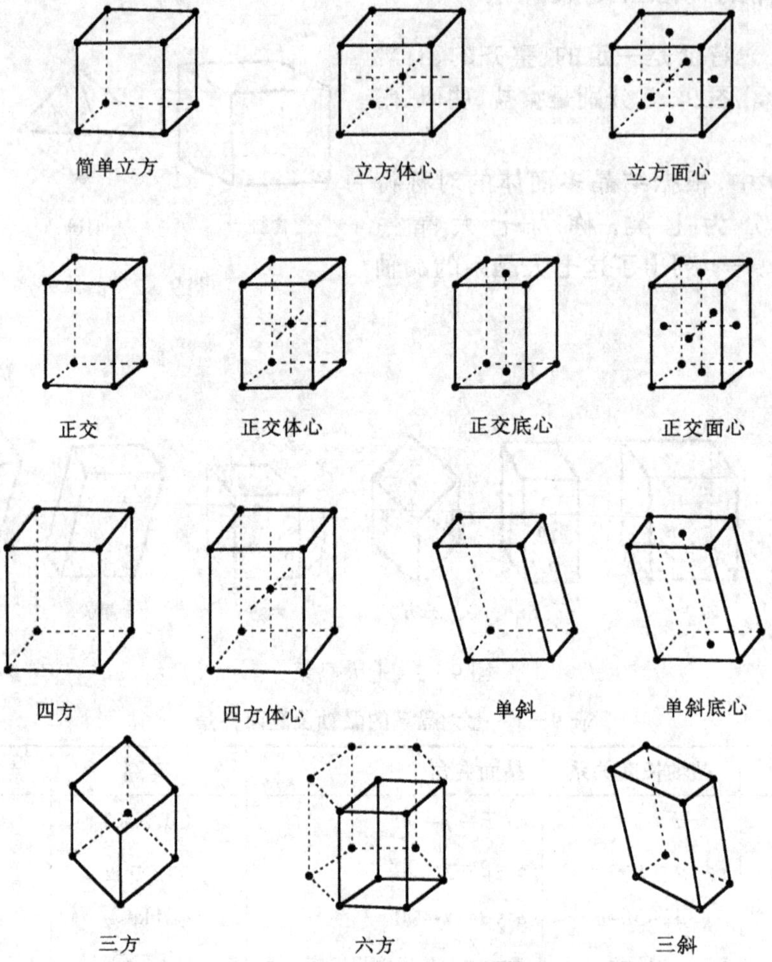

图 9-4　14 种 Bravias 点阵型式

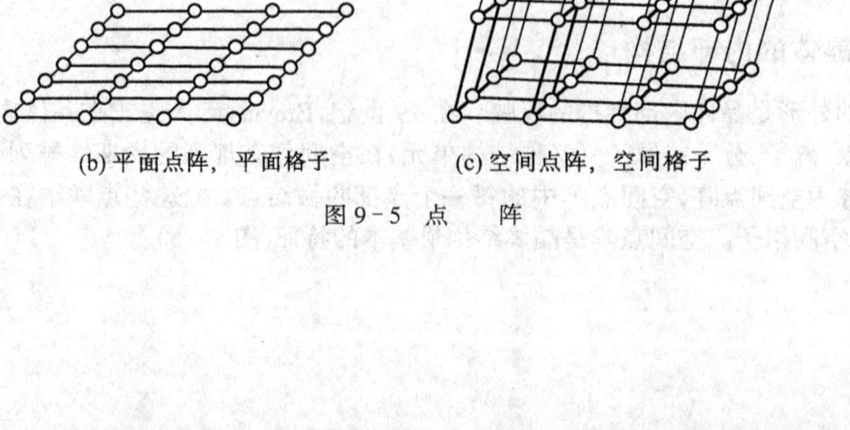

图 9-5　点　　阵

组成晶体的结构单元在空间格子上作周期性的排列，因此可以从中划出一个大小形状完全相同的平行六面体，它就代表了晶体的基本重复单位，叫做晶胞(Unit cell)。

因此，晶胞应是在晶格内可以表达出晶格结构特征的最小重复单位，晶胞在空间平移无隙地堆砌就成为晶体。因此，每个晶胞中各质点的比应与晶体一致，而且晶胞在结构上的对称性也要与晶体相一致。

因此我们说，晶体是由组成晶体结构单元在晶格的结点上作有规则的周期性的排列，晶格中最小的、具有代表性的重复单位为单元晶胞。

四、晶体结构的实验测定

Bravias 等人的关于晶体内部结构的假说在 20 世纪初为 Laue，Bragg 等物理学家用 X 射线衍射实验所证实。

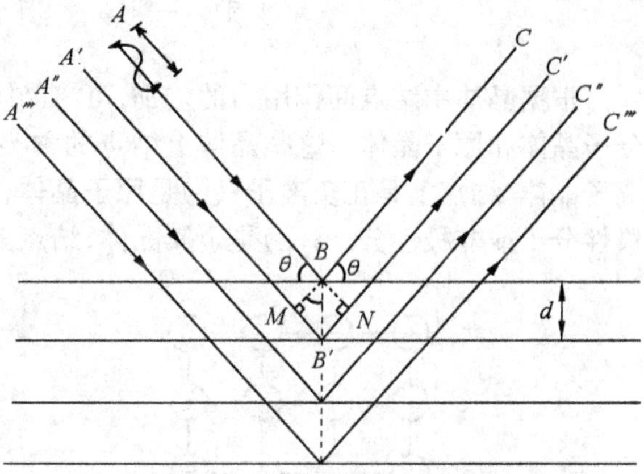

图 9-6　推导 Bragg 方程示意图

设晶体是由结构单元(离子、分子、原子或原子团)一层一层的有规律地排列组成。层间距离为 d，当波长为 λ 的 X 射线沿 AB 方向射向晶面上时，有一部分射线反射到 C，另外一部分顺着 $A'B'$ 透过第一层而射到第二层，再反射到 C'，显然，还将会有部分射线从第三、四……层依次反射，如图 9-6 所示。一束 X 射线原来的光程是相等的，但每一层的反射路程是不同的，例如第一层反射路程为 ABC，第二层反射路程为 $A'B'C'$，两者之差为 $MB'+B'N$。如果路程差在数值上与 $n\lambda$ 相同，则在反射方向上由于光波的叠加出现亮线；若路程差为 $n\lambda/2$，则反射光由于波相位不同相互抵消而出现暗线。显然，路程差与 λ 射角 θ 有关，当波长为 λ 的 X 射线射到晶面距离为 d 的晶体上时，随入射角 θ 的不同，可以得到强弱相间的衍射谱图。图 9-7 就是几种化合物的 X 射线衍射谱图。其中横坐标代表衍射角度，纵坐标代表衍射强度，显然，各种化合物都有自己的特征 X 射线衍射图。

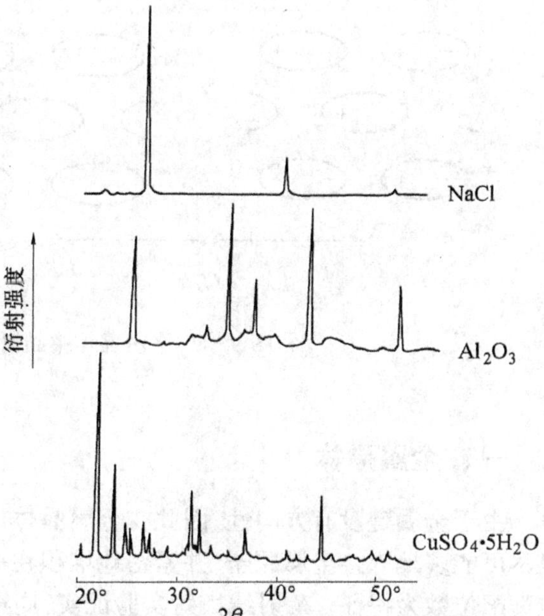

图 9-7　几种化合物的 X 射线衍射谱

由图 9-6 可见，路程差为 $MB'+NB'$，

$\because\quad \angle MBB'=NBB'=\theta$

$\therefore\quad MB'+NB'=d\cdot\sin\theta+d\cdot\sin\theta$

因此,出现强线(亮线)的衍射条件是

$$2d\sin\theta = n\lambda$$

由此可以计算晶格的层间距离 d。

这就是 Bragg 方程。式中:θ 及衍射强吸收峰由实验给出;X 射线波长 λ 为已知;d 可以容易得到。各种晶体的原子、分子种类不同,排列方式不同,衍射规律也不同,因此可以由此确定晶体结构。X 射线衍射法是目前晶体学中研究应用最广泛的方法之一,此外还有中子衍射、电子衍射、电子显微镜等多种手段,这些都将在后续课程中有所介绍,在此不作介绍。

第二节　晶格的分类

根据晶体中结点间作用力的差别,可将晶体分成四大基本类型:金属晶体、离子晶体、分子晶体和原子晶体。这些晶体上结点的种类及质点间作用力见图 9-8。图中:(a)是离子晶体,结点上是正负离子;(b)是原子晶体,结点上是原子;(c)是分子晶体,结点上是极性分子或非极性分子;(d)是金属晶体,结点上是金属原子或正离子。

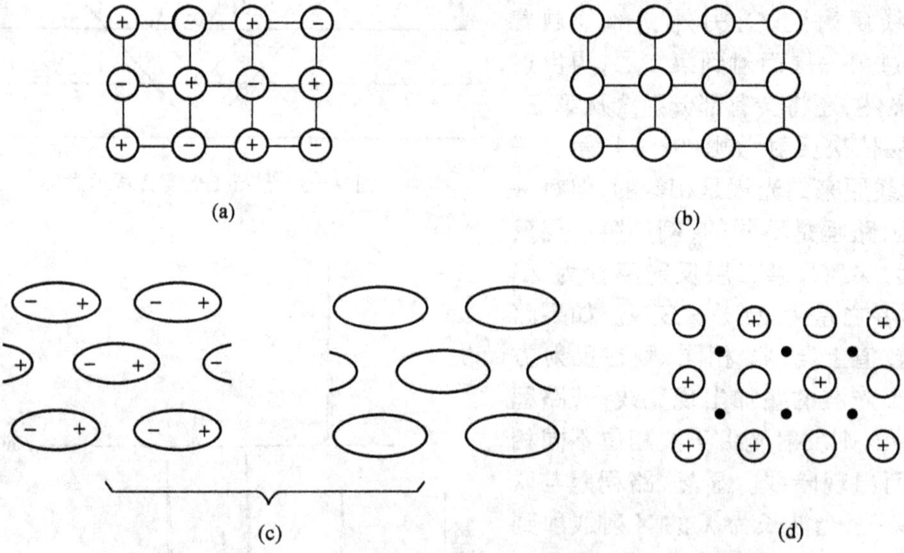

图 9-8　各种晶体中晶格结点上质点的示意图

一、金属晶体

由于金属键没有方向性,因此在金属晶体(metallic crystals)中,每个金属原子周围总是尽可能多地邻接金属原子,并紧密地堆积在一起,也就是说,金属晶体内原子都以具有较高配位数为特征。X 射线衍射实验证实,周期表中约有 2/3 的金属原子是配位数为 12 的六方紧密堆积晶格,或面心立方紧密堆积晶格;部分为配位数为 8 的体心立方晶格;只有极少数是配位数为 6 的简单立方晶格。以下,我们以球体内堆积来描述金属原子的堆积方式,它主要包括简单立方、体心立方、面心立方及六方密堆积四种形式。

1. 简单立方堆积

图 9-9(a)是一种常见的非密置层,如果金属原子各个非密置层之间以球对球方式垂直地相互堆积在一起,即可以得到图 9-9 所示的简单立方堆积晶体(simple cubic packing)。这种晶胞的立方体由 8 个相互接触的金属原子组成,其中每一个原子占据立方体一个顶点,而且每个原子都为八个相邻的立方晶胞所共用,所以每一个单元晶胞中只有 $8\times\frac{1}{8}=1$ 个原子,在简单立方晶体中,每一个金属原子都有上下、左右、前后共六个金属原子直接相接触,故其配位数为 6。

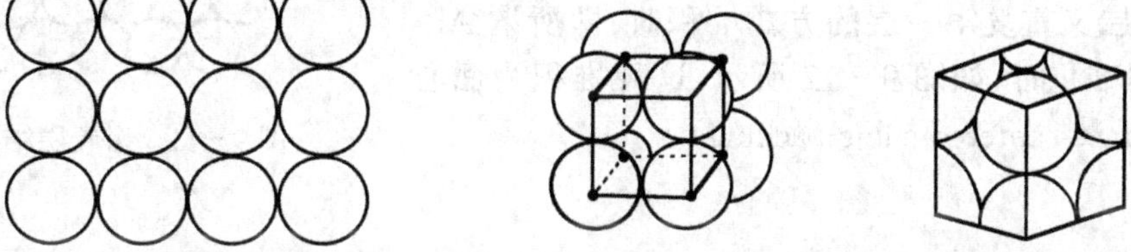

(a) 简单立方堆积(二、三…层正对重叠在第一层上)　(b) 简单立方晶胞　(c) 简单立方晶胞(共包含1个原子)

图 9-9　简单立方堆积

简单立方堆积的空间利用率为

$$\alpha\% = \frac{\frac{4}{3}\pi\cdot r^3}{a^3}\times 100 = \frac{\frac{4}{3}\pi\cdot\left(\frac{a}{2}\right)^3}{a^3}\times 100 = 52\%$$

式中:r 为金属原子半径;a 为晶胞边长。

2. 体心立方堆积

如果金属原子各个非密置层相互错位堆积在一起时,可以得到图 9-10 的体心立方堆积(body-centered cubic packing)。显然,在该晶胞中每一个金属原子的配位数为 8。体心立方晶胞中有 $\frac{1}{8}\times 8+1=2$ 个原子。

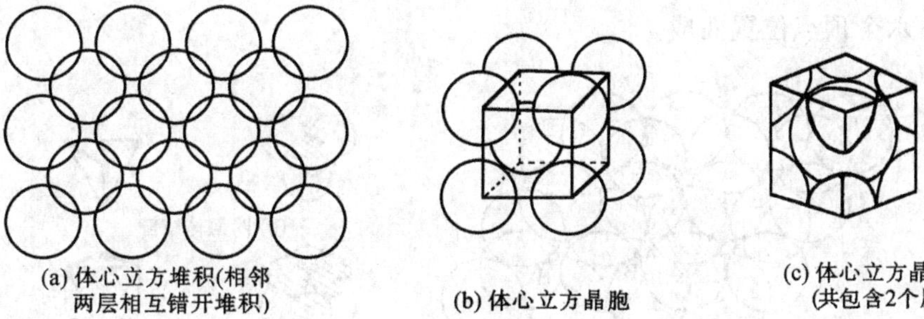

(a) 体心立方堆积(相邻两层相互错开堆积)　(b) 体心立方晶胞　(c) 体心立方晶胞(共包含2个原子)

图 9-10　体心立方堆积

利用几何学原理，可以计算体心立方晶胞中空间利用率 α：

$$\alpha\% = \frac{2\times\frac{4}{3}\pi\cdot\left(\frac{\sqrt{3}}{4}a\right)^3}{a^3}\times 100 = \frac{8\pi(\sqrt{3})^3\times a^3}{3a^3}\times 100 = 68\%$$

计算表明，体心立方空间利用率比简单立方大，表明体心立方是较稳定的结构形式。在周期表金属晶格中，Li，Na，K，Rb，Cs 及 V，Nb，Ta，Cr，Mn，Fe 等属于体心立方晶格，只有极少数金属属于简单立方晶格，如 α－Po。

3. 面心立方密堆积

当金属等半径圆球处于图 9－11 的密置层结构时，原子间的排列是最紧密的形式之一，每个原子在同层中有六个原子与之相连。当密置层按三层一组，相互错开，第四层又重复第一层的方式堆积时，即所谓 ABCABC 排列堆积时，如图 9－12 所示，这种堆积为面心立方堆积（face-centered cubic packing）。

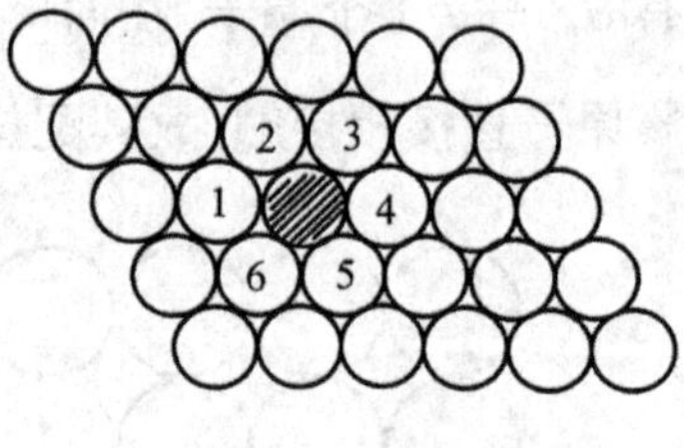

图 9－11　密置层结构

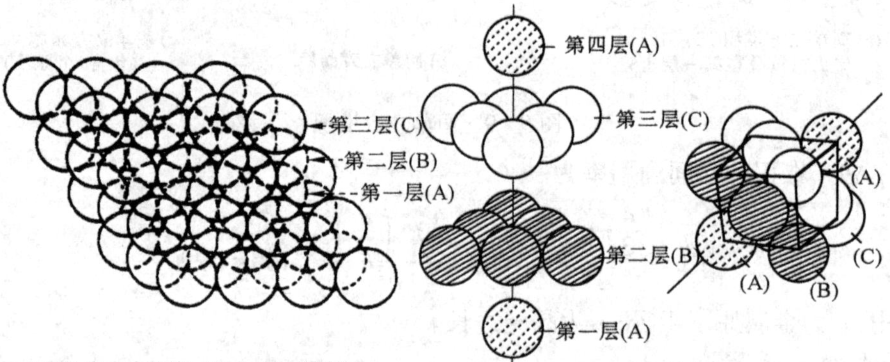

(a) 面心立方密堆积 (ABC·ABC堆积)　　(b) 面心立方晶胞

图 9－12　面心立方 ABCABC 堆积

在面心立方堆积中，A 层与 B 层之间存在两种类型的空隙，即“四面体空隙”及“八面体空隙”（图 9－13），也即图中的空隙 A 与空隙 B。A 空隙是四面体空隙，B 空隙是八面体空隙。四面体空隙由 4 个圆球按四面体顶点位置放置而成；八面体空隙由 6 个圆球分别占据八面体六个顶点位置而成。

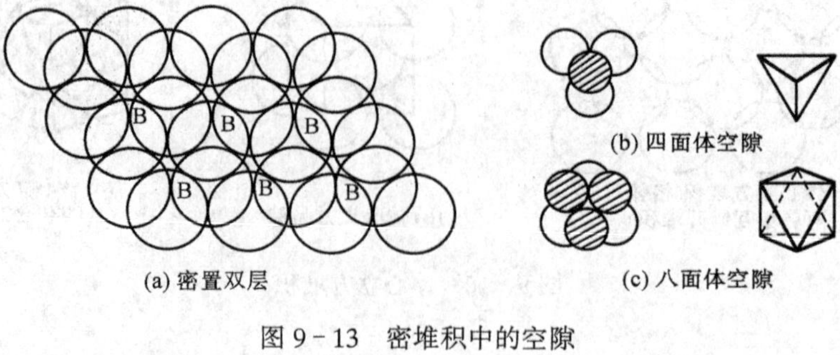

(a) 密置双层　　(b) 四面体空隙　　(c) 八面体空隙

图 9－13　密堆积中的空隙

若将第三密置层放入八面体空隙处，即以 ABC ABC…方式重叠下去，就得到面心立方密堆积型式(face-centered cubic close packing)结构。根据几何学关系，当半径为 r 的圆球构成面心立方晶胞时，晶胞边长 $a=2\sqrt{2}r$，每个晶胞含有圆球数目为 $8\times\frac{1}{8}+6\times\frac{1}{2}=$ 4(个)，因此在面心立方密堆积中，空间利用率为：

$$\alpha\%=\frac{4\times\frac{4}{3}\pi r^3}{(2\sqrt{2}r)^3}\times 100=74.04\%$$

可见，在这种晶体中，每个原子的配位数为 12，因此紧密堆积程度是相当高的。周期表中，Ca，Sr，Ba，Pt，Pd，Cu，Ag 等 50 多种金属都属于这一类型的堆积。

4. *六方密堆积*

当密置层按 ABAB…方式堆积，即第一、二层相互错开，第三层又正对第一层重复排列时，我们将可以得到六方紧密堆积(图 9－14)(hexagonal close packing)。在六方密堆积中，每个原子的配位数是 12，空间利用率也是 74%。Be，Mg，Sc，Ti，Zn，Cd 等金属原子都是这一类型的堆积。

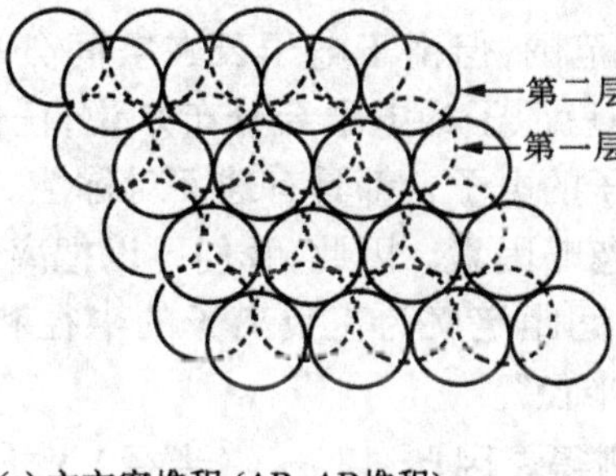

(a) 六方密堆积 (AB·AB堆积)

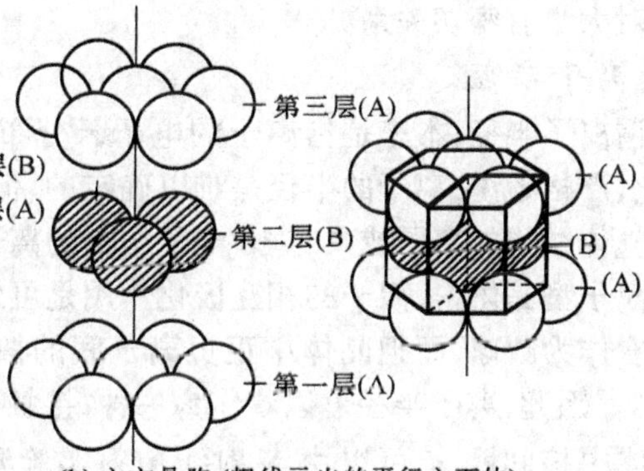

(b) 六方晶胞 (粗线示出的平行六面体)

图 9－14　六方密堆积(ABAB……)

表 9－2 归纳了周期表中各金属元素的晶体结构。

表 9－2　金属元素的晶体结构

Li(Ⅰ)	Be(Ⅲ)										
Na(Ⅰ)	Mg(Ⅲ)	Al(Ⅱ)									
K(Ⅰ)	Ca(Ⅱ)	Sc(Ⅲ)	Ti(Ⅲ)	V(Ⅰ)	Cr(Ⅰ)	Mn(Ⅲ)	Fe(Ⅰ)	Co(Ⅲ)	Ni(Ⅱ)	Cu(Ⅱ)	Zn(Ⅲ)
Rb(Ⅰ)	Sr(Ⅱ)	Y(Ⅲ)	Zr(Ⅲ)	Nb(Ⅰ)	Mo(Ⅰ)	Tc(Ⅲ)	Ru(Ⅲ)	Rh(Ⅱ)	Pd(Ⅱ)	Ag(Ⅱ)	Cd(Ⅲ)
Cs(Ⅰ)	Ba(Ⅰ)	La(Ⅲ)	Hf(Ⅲ)	Ta(Ⅰ)	W(Ⅰ)	Re(Ⅲ)	Os(Ⅲ)	Ir(Ⅱ)	Pt(Ⅱ)	Au(Ⅱ)	Hg

注：“Ⅰ”表示体心立方；“Ⅱ”表示面心立方；“Ⅲ”表示六方。

研究金属的晶体结构，有助于我们理解它们的物理化学性质。例如理解有关硬度、比重、熔点等性质；解释某些合金的形成为什么往往与金属的结构、原子半径、原子电子层结构及电负性等有关；同时可以解释某些金属的催化活性等。

二、离子晶体

在离子晶体(ionic crystals)中，离子的堆积形式大体上与金属晶格相类似。但是由于离子键本身具有以下特点：①质点间作用力是静电引力；②结点上质点应为正负离子相互交替；③离子键既无方向性，也无饱和性，因此在堆积时应尽可能达到最大配位数，尽可能紧密堆积。但由于负离子的半径一般都比正离子大得多，故负离子的堆积形式对离子晶体的空间结构起了决定作用。在晶体中，正离子由于半径较小，往往处在负离子堆积的空隙中。常见的负离子堆积有面心立方、简单立方及六方等形式，相应的负离子空隙形状有立方体空隙、八面体空隙及四面体空隙类型。显然，这些空隙的相对大小是不相同的。

离子晶体在形成过程中，为了尽量地降低晶体体系的能量，正离子所选择的负离子空隙一般要求要有尽可能高的负离子配位数(对同一负离子而言，空隙大，配位数也大)；同时要求正负离子核间距尽可能的小(要相互接触)。因此，离子型晶体的堆积方式与正负离子相对大小有密切关系。

1. 离子半径

所谓离子半径，本来是指离子的电子云分布范围，但由于电子云在空间分布极其之广，因此，严格地说，离子的半径是难以确定的，但就原子的电子云分布来说，任何一个具有稀有气体结构的离子或具有 18 电子结构的离子的电子云都具有球面对称性。同时，在典型的离子型晶体中，离子的相互极化作用是可忽略因素。因此，我们可以把离子晶体中的离子看作为圆球，而把晶体中正负离子间的核间距定义为正负离子的半径和，即 $d = r_+ + r_-$。因此，离子半径可以看作为一种“接触半径”。

晶体中核间距 d 可以由 X 射线衍射实验测得。因此，以 r_{F^-} (半径)为 133 pm 或 $r_{O^{2-}} = 132$ pm 为标准，就可以求出一系列离子的半径。例如，实验测得 NaF 的核间距 d 为 230 pm，则 $r_{Na^+} = 230 - 133 = 97$ pm。这样，离子半径就可以确定，并可反映出离子的大小。

由于晶体的结构型式不同，正负离子的核间距在不同晶体中会不同，所以在提到某一离子的半径时，还要说明是什么构型的离子半径。一般是以配位数为 6 的 NaCl 构型的半径为标准，当离子晶体处于其他构型时，半径需作一定的修正。有关离子半径与晶体中配位数的关系列于表 9－3 中。

表 9－3　离子半径与晶体中的配位数关系

配位数	12	8	6	4
离子半径校正系数	1.12	1.03	1.00	0.94

表 9-4列有周期表中元素的原子及离子半径，其中离子半径数值是指配位数为6的

表9-4 周期表中原子和离子的相对大小

ⅠA	ⅡA	ⅢB	ⅣB	ⅤB	ⅥB	ⅦB	ⅧB			ⅠB	ⅡB	ⅢA	ⅣA	ⅤA	ⅥA	ⅦA	ⅧA
● H 37.1 +1																H −1 ● 154	◉ He 122
○ Li 152 +1 68 ○	○ Be 111.3 +2 35 ○											● B 88 +3 23	● C 77 +4 16	● N 70 −3 171 ●	● O 66 −2 132 ●	● F 64 −1 133 ●	◉ Ne 160
○ Na 153.7 +1 97 ○	○ Mg 160 +2 66 ○											○ Al 143.1 +3 51 ○	● Si 117 +4 42	● P 110 −3 212 ●	● S 104 −2 184 ●	● Cl 99 −1 181 ●	◉ Ar 191
○ K 7.2 +1 133 ○	○ Ca 197.3 +2 99 ○	○ Se 160.6 +3 73.2 ○	○ Ti 144.0 +4 68 ○	○ V 132.1 +5 59 ○	○ Cr 124.9 +6 52 ○	○ Mn 124 +2 80 ○	○ Fe 124.1 +2 74 ○	○ Co 125.3 +2 72 ○	○ Ni 124.6 +2 69 ○	○ Cu 127.8 +1 96 ○	○ Zn 133.2 +2 74 ○	○ Gn 122.1 +3 62 ○	○ Ge 122.5 +4 53 ○	● As 121 −3 222 ●	● Se 117 −2 191 ●	● Br 114.2 −1 196 ●	◉ Kr 198
○ Rb 247.5 +1 147 ○	○ Sr 215.1 +2 112 ○	○ Y 181 +3 89.3 ○	○ Zr 160 +4 79 ○	○ Nb 142.9 +5 69 ○	○ Mo 136.2 +6 62 ○	○ Tc 135.8	○ Ru 132.5	○ Rh 134.5	○ Pd 137.6 +2 80 ○	○ Ag 144.4 +1 126 ○	○ Cd 148.1 +2 97 ○	○ In 162.6 +3 81 ○	○ Sn 140.5 +4 71 ○	○ Sb 141 +5 62 ○	● Te 137 −2 211 ●	● I 133.3 −1 220 ●	Xe
○ Cs 265.4 +1 167 ○	○ Ba 217.3 +2 134 ○	○ La 187.7 +3 101.6 ○	○ Hf 156.4 +4 78 ○	○ Ta 143 +5 68 ○	○ W 137.0 +6 62 ○	○ Re 137.0	○ Os 134	○ Ir 135.7	○ Pt 138 +2 80 ○	○ Au 144.2 +1 137 ○	○ Hg 160 +2 110 ○	○ Ti 170.4 +3 95 ○	○ Pb 175.0 +4 84 ○	○ Bi 154.7 +5 74 ○	○ Po 167	At	Rn
○ Fr 270	○ Ra 220 +2 143 ○	○ Ac 187.8 +3 118 ○															

●表示共价半径或其离子半径；◉表示范德华半径；○表示金属半径或离子半径（单位为pm）

NaCl 构型半径。当晶体不是 NaCl 型构型时，离子半径应作一定的修正。例如 CsI 是 CsCl 型配位数为 8 的离子晶体，利用表 9－4 计算 d 值时应加以修正：

$$d=(r_{Cs^+}+r_{I^-})\times 1.03=(167+220)\times 1.03=398.6\ \text{pm}$$

这与由 X 射线衍射实验得到的数据 $d=396$ pm 基本相一致。

2. 离子晶体的空间结构类型

在离子晶体中，由于各种正负离子的大小不同，离子半径比不同，配位数不同，因此有不同类型的离子晶体。离子晶体的堆积方式与正负离子半径比有关。常见的离子型晶体有 CsCl 型，NaCl 型，立方 ZnS 型，CaF_2 型及 TiO_2(金红石型)。图 9－15 是这五种离子晶体的空间结构。

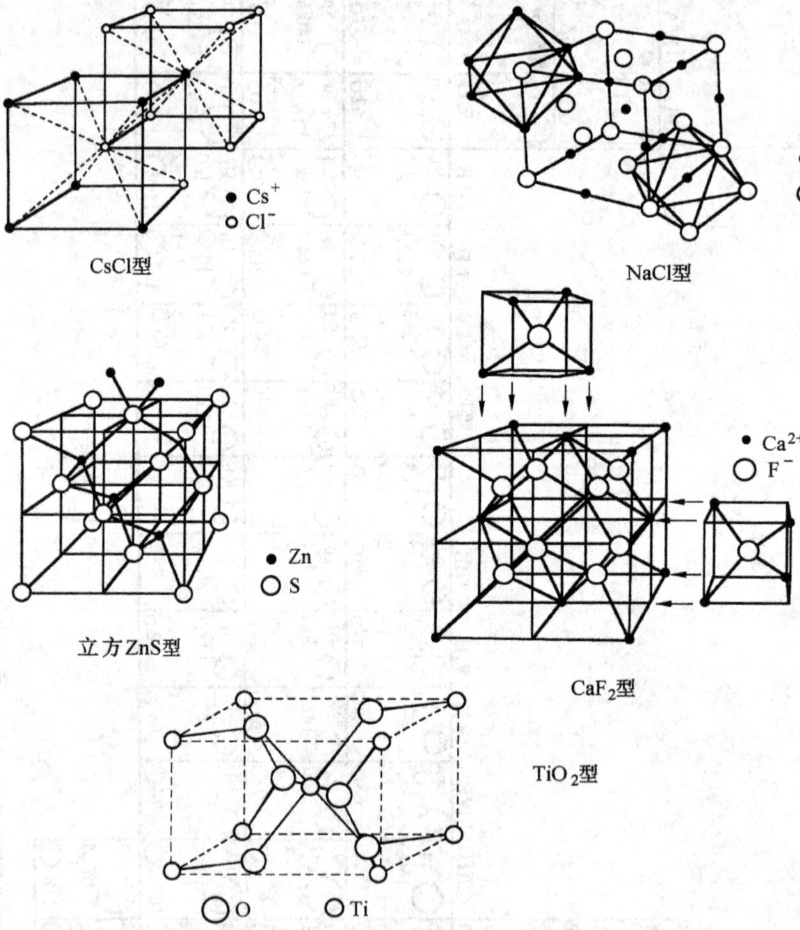

图 9－15　离子晶体的五种空间构型

(1)负离子按简单立方堆积排列，CsCl 型晶胞。在 CsCl 晶体中，负离子 Cl^- 以简单立方堆积排列，正离子 Cs^+ 正好占据由负离子所构成的立方晶体空隙，正负离子配位数都是 8，单元晶胞中正负离子比为 $Cl^-:Cs^+=1:1$。

(2)负离子按面心立方密堆积排列，NaCl 型晶胞。在 NaCl 晶体中，负离子 Cl^- 以面心立方堆积排列，而正离子位于由负离子所构成的八面体空隙，正负离子的配位数都为6，单元晶胞中正负离子数目比为 $Na^+:Cl^-=4:4$。

(3)负离子按面心立方堆积排列，立方 ZnS 型晶胞。在立方 ZnS 晶体中，负离子 S^{2-} 是以面心立方堆积排列，而正离子只占据单元晶胞内半数的 S^{2-} 构成的四面体空隙，正负离子的配位数都为 4，单元晶胞内正离子与负离子数目比为 $Zn^{2+}:S^{2-}=4:4$。

(4)负离子按简单立方堆积排列，CaF_2 晶胞。在 CaF_2 晶胞中，负离子 F^- 以简单立方堆积排列，而正离子 Ca^{2+} 占据立方体空隙，由于 Ca^{2+} 数目比 F^- 少一倍，因此有一半空隙是空的，另一半填 Ca^{2+}，Ca^{2+} 与空位交替地间隔排列着。阳离子 Ca^{2+} 的配位数为 8，阴离子 F^- 配位数为 4，单元晶胞中 $Ca^{2+}:F^-=4:8$。

(5)负离子近似地具有六方密堆积排列，TiO_2 晶胞。在 TiO_2 晶胞中，负离子 O^{2-} 近似地以六方密堆积排列，又称为假六方堆积，阳离子 Ti^{4+} 占据其中一半的八面体空隙。每个阳离子的配位数为 6，每个阴离子配位数为 3，单元晶胞内 $Ti^{4+}:O^{2-}=2:4$。

为什么离子晶体会有不同的空间构型？因为在形成离子晶体时只有正负离子紧靠在一起，能量才会降低，而同号离子由于相互排斥又应尽量远离，这就是说正负离子半径比会影响离子晶体的空间构型。

3. 半径比规则

以下讨论正负离子半径比与配位数和离子晶体结构的关系。由图 9-16 给出 6:6 配位离子晶体构型的一层结构。

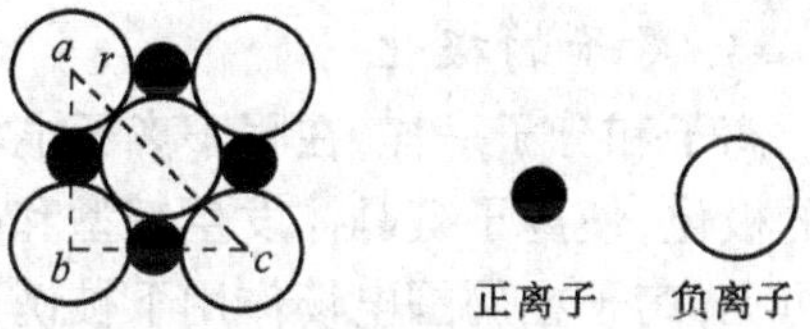

图 9-16　配位数为 6 的晶体中正、负离子半径比

若令 $r_-=1$，阳离子半径为 r_+，则

$$ac=4r_-=4$$

$$ab=bc=2r_-+2r_+=2+2r_+$$

$$\because \quad (ac)^2=2(ab)^2$$

$$\therefore \quad 16=2(2+2r_+)^2$$

$$r_+=0.414$$

这就是说，在 $r_+/r_-=0.414$ 时，正负离子是直接地接触的，负离子也是相互接触的。

当 $r_+/r_-<0.414$ 时，由于负离子互相接触产生排斥作用，而正负离子相互不能接触，这样的结构能量较高(图 9-17(a))，迫使晶体转入低配位数，例如 4:4。

当 $r_+/r_->0.414$ 时，由于负离子不会互相接触，而正负离子却可以紧紧地靠在一起，这样的结构将是稳定的，晶体采取配位数 6:6 的结构(图 9-17(b))。

当 r_+/r_- 进一步增大时(例如计算值 $r_+/r_->0.732$)，正离子表面就有可能接触更多的负离子，配位数增大到 8。

表 9-4 归纳总结了 AB 离子晶体 r_+/r_- 与配位数关系。

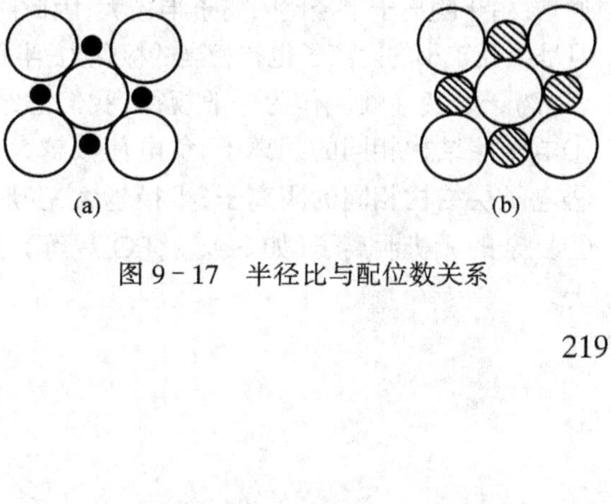

图 9-17　半径比与配位数关系

表 9-4　AB 型化合物离子半径比 r_+/r_- 与配位数关系

r_+/r_-	配位数	离子晶体构型
0.225～0.414	4	立方 ZnS
0.414～0.732	6	NaCl
0.732～1.00	8	CsCl

表 9-4 总结的规则称为离子型化合物的半径比规则。在应用半径比规则判别离子型化合物的结构时应注意:①该规则只能严格地应用于离子型晶体,在共价键占主导地位的化合物中,该规则不太适用。②在 r_+/r_- 处于极限值时(转变值附近时),该物质可以有两种晶形同时存在。例如对于 GeO_2,$r_+/r_- = 53/132 \approx 0.40$,接近于 0.414,因此 GeO_2 可有 NaCl 及 ZnS 构型,事实也的确如此。③由于金属离子不是刚性球,因此,在应用半径比规则时往往有误差。例如 RbCl 的 $r_+/r_- = 147/184 = 0.80$,应为 CsCl 构型,配位数为 8;但实际上是 NaCl 构型,配位数为 6。④离子空间构型还应与离子的电子构型、正负离子的相互极化作用以及离子晶体所处的外界环境有关。例如,CsCl 在常温下配位数为 8,但在高温下会转型为 NaCl 型,配位数为 6。

3. 离子的极化

离子和分子一样,在阴阳离子电场作用下,会对异号离子产生诱导偶极,从而导致离子的极化,使离子键晶体发生键型和晶型的变化。图 9-18 表示了离子极化示意图。由图可见,离子在周围电场作用下被诱导极化,发生电子云变形而改变了原有的球形分布,即发生了极化。离子极化后,电子云将较多地分布于正负离子之间,增加了键的共价键成分,离子键随极化加强逐渐地向共价键地渡。实际上理想的离子键是不存在的,我们所说的离子化合物只不过是化学键基本上属于离子键而已。

离子极化程度大小取决于离子的变形性(指离子被极化的能力)及离子的极化力大小。

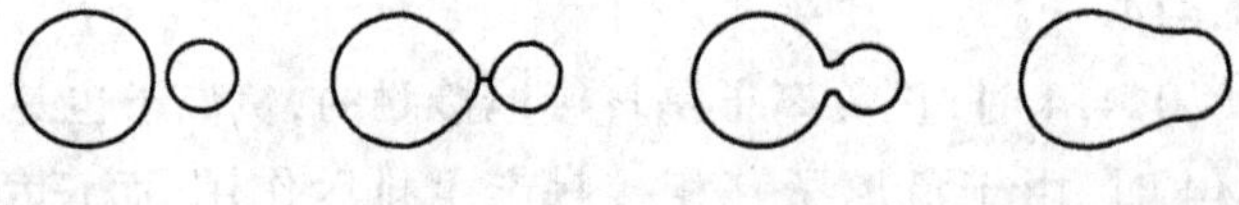

图 9-18　离子的极化示意图

通常,由于阴离子半径比阳离子半径大,因此阴离子以变形性为主,阳离子以极化力较显著。但是半径较小的阴离子也有相当的极化力,半径较大的阳离子也有一定的变形性。

(1)离子的变形性。作为一般规律,我们总结如下:

①电子层结构相同的阴离子,负电荷数越大,变形性越大,如 $O^{2-} > F^-$。

②电子层结构相同的阴离子,半径越大,变形性越大,如 $I^- > Br^- > Cl^- > F^-$。

③复杂的无机阴离子(如 SO_4^{2-},PO_4^{2-} 等),虽然半径大,但结构紧密,对称性高,变形性不大。

④18 e结构外壳或不规则外壳的低价阳离子(如 Ag^+,Pb^{2+},Hg^{2+} 等)变形性相当显著。半径小、电荷高的稀有气体型电子结构阳离子,变形性差(如 Be^{2+},Al^{3+})。

(2)离子的极化力。表示离子对周围离子所施加的电场强度。通常可以以 Φ(离子势)或 Φ^*(有效离子势)大小来衡量。$\Phi = Z/r^2$(Z 为离子电荷数,r 是离子半径)或 $\Phi^* = \frac{Z^*}{r^2}$(Z^* 为有效核电荷)。作为一般规律,我们总结如下:

①阳离子带正电荷数越大,半径越小,离子极化力越大。

②阳离子极化力大小次序为:

8 电子构型<9～17 电子构型<18 电子及 18+2 电子构型。

③阳离子半径越大,极化力越小,例如极化力:

$$Li^+ > Na^+ > K^+ > Rb^+ > Cs^+$$

实际上,每一个离子一方面作为带电体,会使其他异号离子发生变形;另一方面,在周围离子作用下,本身也会产生变形。这种阴阳离子相互极化作用的结果,使产生的诱导偶极矩加大,从而进一步加强了它们的相互作用,这就是附加极化作用。每个离子的总极化作用应是它原有极化作用与附加极化作用之和。显然,离子的电子层结构对附加极化作用的大小有重要影响。这尤其在含 d 电子较多的不规则构型的阳离子化合物中,极化或附加极化作用都十分显著。

离子的极化作用显著地影响着晶体的结构、键的性质及化合物的性质(如颜色、溶解度、无机物稳定性和酸碱性等基本性质)。例如,第三周期元素氧化物晶体 Na_2O,MgO,Al_2O_3,SiO_2,P_2O_5,SO_3,Cl_2O_7,随着价数的增加,离子极化作用依次加强,从典型离子型晶体 Na_2O 过渡到共价键型的原子晶体 SiO_2,再过渡到典型共价键小分子(如 P_2O_5,SO_3,Cl_2O_7 等)。其熔、沸点变化也说明了化合物化学键变化及晶格作用力变化的事实。

再如,对于卤化银 AgX 系列,从 $F^- \to I^-$,半径增大,阴离子比变形性依次增大,附加极化作用也依次增大,因此键共价性依次增大,实测键长与离子半径之和相差也越来越大(表 9－5)。同时,由于键型的变化,化合物的溶解度依次降低,溶解度依次为 AgF:1.4×10^{-1} $mol\cdot dm^{-3}$,AgCl:1.5×10^{-4} $mol\cdot dm^{-3}$,AgBr:8.4×10^{-6} $mol\cdot dm^{-3}$,AgI:2.7×10^{-7} $mol\cdot dm^{-3}$,此外颜色也依次加深。

总之,离子极化理论是十分重要的理论,是对离子键理论的重要补充。掌握并正确运用这一理论去解释无机化合物的性质,对帮助我们进一步掌握化合物的性质是很有帮助的。当然,这个理论并不十分完善,我们使用它解释某些性质时要注意它的局限性。

表 9－5　离子极化作用对 AgX 晶体结构影响

	$r_+ + r_-$/pm	实测键长/pm	$\lvert\Delta d\rvert$	键型	结构
AgF	259	246	13	离子键	NaCl 型
AgCl	307	277	30	过渡键	NaCl 型
AgBr	322	288	34	过渡键	NaCl 型
AgI	346	299	47	共价键	ZnS 型

三、分子晶体

不少非金属单质(如 H_2,O_2,Cl_2,I_2)和化合物(如 H_2O,NH_3,CH_4,CO_2 等小分子及大量有机分子)在常温下是气体、易挥发的液体或易熔化易升华的固体。处于气相和液相的共价分子在降温时,可通过分子间力而聚集在一起,形成分子晶体。

分子晶体的特点是共价分子排列在晶格结点上,分子间通过较弱的分子间力或氢键聚集在一起,分子内部是较强的价键作用力。由于分子间作用力没有方向性和饱和性,所以对于那些球形和近似球形的分子,通常也采用配位数高达 12 的最紧密堆积方式来组成分子晶体,使体系能量降低。例如所有单原子稀有气体分子晶体都是面心立方或六方密堆积结构。像氢分子晶体,由于氢分子是可以自由转动的近似球形分子,因此其晶体也采用最紧密的堆积方式,是六方密堆积结构。

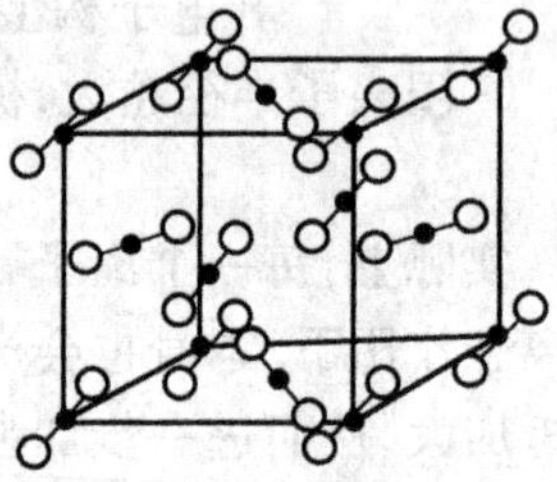

图 9-19　CO_2 晶体

直线型的共价分子在堆积为分子晶体时,由于分子取向其堆积不如球形分子紧密。干冰(CO_2 分子晶体)结构如图 9-19 所示。虽然 CO_2 占据了面心及立方体顶角位置,但只有顶角结点上 CO_2 分子取向是一致的,因此干冰是简单立方晶胞,但每个晶胞上含 4 个 CO_2 分子。

有机化合物晶体大多是分子晶体,它们的堆积取决于分子形状及大小。

四、共价晶体(原子晶体)

共价晶体与金属晶体、离子晶体、分子晶体作用力不同,后三种晶体由于质点间作用力是既无方向性,又无饱和性,因此在形成晶体时为了使体系稳定,都趋向于紧密堆积结构。而共价晶体的键的方向性、饱和性、原子间的堆积不可能以紧密堆积为特征。例如金刚石就是共价晶体,其结构见图 9-20。单元晶胞结构表明,金刚石属面心立方晶胞。晶体中每一个 C 原子通过 C 原子四个 sp^3 杂化轨道与邻近 4 个 C 原子形成共价键,无数个 C 原子就这样相互连结,构成一个三度空间的骨架型结构,组成一个完整晶体。因此,在

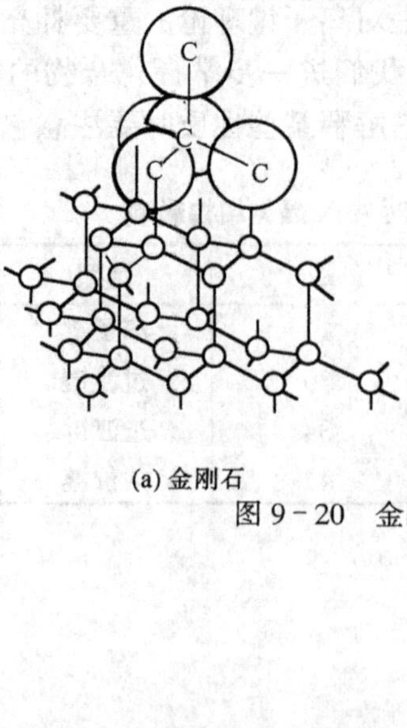

(a) 金刚石

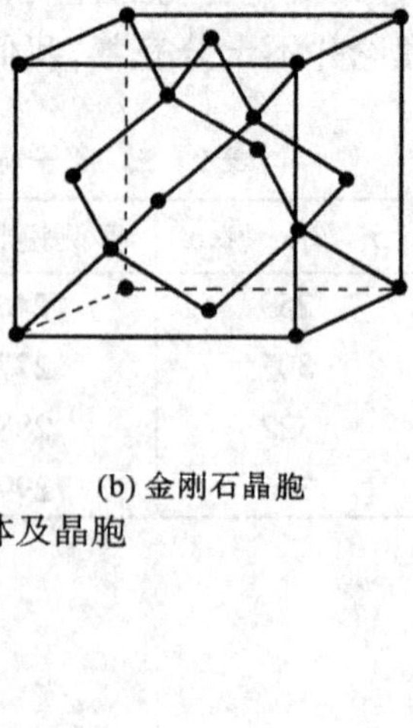
(b) 金刚石晶胞

图 9-20　金刚石晶体及晶胞

原子晶体中不存在单个的小分子。

周期表第Ⅳ族主族元素碳、硅、锗及灰锡等单质的晶体都是原子晶体；周期表中第Ⅲ，Ⅳ，Ⅴ主族元素彼此形成的某些化合物，如 SiC，AlN，SiO_2，也是原子晶体。SiO_2 晶体与单元晶胞如图 9－21 所示。

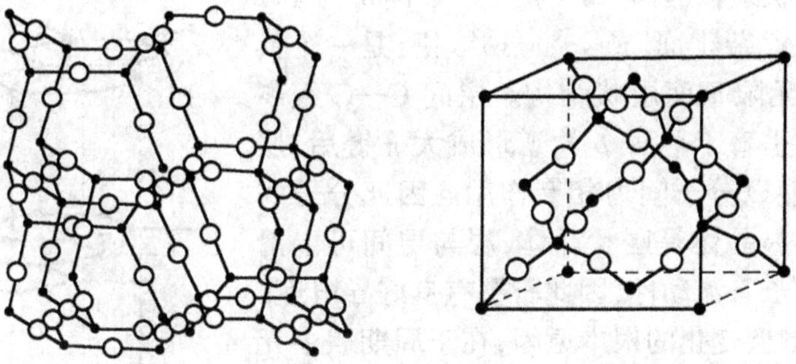

(a) 石英 ●表示Si原子 ○表示O原子　　(b) 石英晶胞

图 9－21　SiO_2 晶体与单元晶胞

由以上讨论可见，共价晶体的主要特点是：

(1)原子间不以紧密堆积为特征，因此空间利用率低，例如金刚石中仅为 34%，配位数低，仅为 4。

(2)结点上质点间作用力强，是原子键(共价键)。因此键能大，一般在 400 $kJ \cdot mol^{-1}$ 以上，熔、沸点极高，硬度大，延展性差，在大多数溶剂下不溶解。

(3)不可能存在单个分子。

(4)由于晶体中不含离子或自由电子，因此不导电。

五、混合型晶体

以上介绍了四种典型的晶体。实际上在多数晶体中，结点间作用力常常不是一种，原子间化学键也会有过渡型键型，因此会存在一系列过渡型的晶型。例如表 9－6 列出周期表中单质的晶体结构，由表可见，阴影区单质的晶型比较复杂，处于过渡型晶体状态。

表 9－6　金属和非金属单质的晶体结构

H																	He
Li	Be											B	C	N	O	F	Ne
Na	Mg											Al	Si	P	S	Cl	Ar
K	Ca	Sc	Ti	V	Cr	Mn	Fe	Co	Ni	Cu	Zn	Ga	Ge	As	Se	Br	Kr
Rb	Sr	Y	Zr	Nb	Mo	Tc	Ru	Rh	Pd	Ag	Cd	In	Sn	Sb	Te	I	Xe
Cs	Ba	La－Lu	Hf	Ta	W	Re	Os	Ir	Pt	Au	Hg	Tl	Pb	Bi	Po	At	Rn
Fr	Ra	Ac－Lr															

□ 表示金属晶体；▨ 表示过渡型晶体；▨ 表示分子晶体

例如，在天然硅酸盐石棉（$CaMg_3(SiO_3)_4$）中存在不同的质点间作用力，晶体呈链状 Si—O 四面体结构，链内是原子间形成共价键，作用力强，链链间是 SiO_3^{2-} 与 Ca^{2+}，Mg^{2+} 离子间的静电作用力，相对地讲作用力较小，因此石棉呈纤维状结构。

再例如碳的同素异型体——石墨，其结构如图 9-22 所示，是层状结构晶体，每一层 C—C 键长为 142 pm，C 原子以 sp^2 杂化，形成 $sp^2-sp^2\sigma$ 键，是一个具有六角对称的无限平面层状结构。层间 C—C 距离 340 pm，这是由垂直于平面 p 轨道形成大 π 键后，层间碳原子间只能以分子间力相互作用。因此分子间力较弱，因此石墨晶体是层状晶体，层与层间可以滑动；又由于 π 电子有流动性，因此石墨有良好导电性。

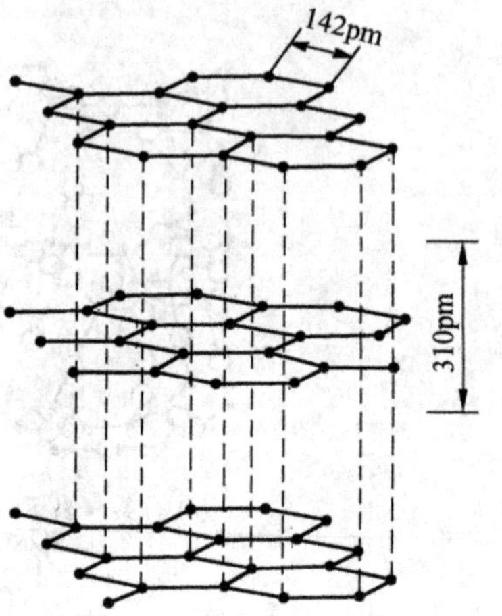

图 9-22　石墨晶体结构

单质晶体键型变化的根本原因，在于周期表中元素的原子结构及性质上的差异。金属原子电离能较小，电子易离域，因此可以形成金属键；随着元素电负性增大，电子受核束缚力也随之增大，电子定域形成共价键，形成共价型晶体；最后由共价大分子过渡到共价小分子结构，形成分子型晶体。

第三节　晶体的缺陷

以上讨论的晶体都是完美无缺的理想晶体。实际上的晶体不可能如此完美无缺，也就是说，晶体总是有缺陷的。因此，从这一点出发，对有缺陷晶体的性质的认识，恐怕更有实际应用价值。

在整比化合物中，即在正负离子的数目恰好同化学式指明的比例数目一致的化合物中，可发生化学配比上的缺陷。常见有离子双离位缺陷及正离子单离位缺陷。

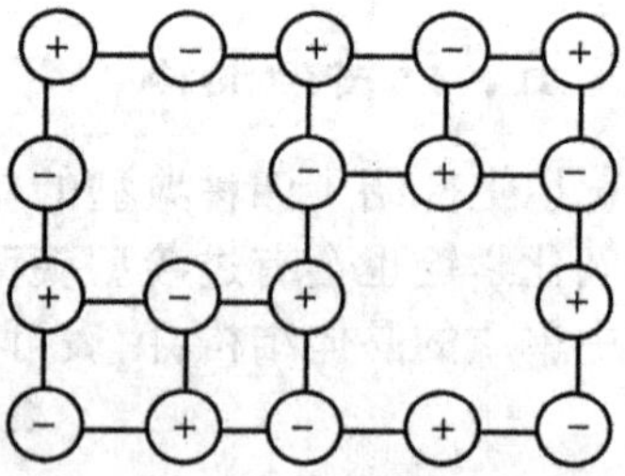

图 9-23　双离位缺陷

当晶格中同时有一个正离子及一个负离子脱离结点，而出现一对“空穴”，就形成离子双离位缺陷。一般来说，具有高配位数的、正负离子半径相近的离子型化合物（如 NaCl，CsCl 等）易形成这种缺陷（图9-23）（又称 Schottky 缺陷）。

当晶格中较小半径的阳离子脱离了其正确的位置而进入晶体的间充位置时，在晶格中将出现一个“空穴”，形成正离子的缺陷（图 9-24）。显然，正离子和负离子半径有很大差别时易形成这种正离子单离位缺陷。一般来说，低配位数化合物间隙大，阳离子半径小，容易形成这一类正离子离位缺陷（又称 Frenkel 缺陷）。例如 ZnS，AgCl，AgBr，AgI 等。

这两种缺陷表明，在离子晶体中，由于正负离子的运动而使离子晶体具有可观的导电性。显然，空位的形成是由于离子的迁移，而这种迁移通常是随温度升高而增大。例如，AgCl 晶体在接近熔点时，空位大约有 1%。

当将微量杂质元素掺入晶体时，就可能形成杂质原子置换缺陷。例如 ZnS 晶体中掺入约 10^{-4}%（原子）的 AgCl 时，Ag^+ 和 Cl^- 分别占据 Zn^{2+} 和 S^{2-} 的位置，形成杂质缺陷。由于晶体中缺陷的存在，破坏了点阵结构，使缺陷周围的电子能级不同于正常排列原子周围的能级，因此将使晶体有特殊的光学、电学、磁学性质而具有特殊的用途。例如 Ag^+，Cl^- 部分地取代了 Zn^{2+}，S^{2-} 位置后，在阴极射线激发下，发射波长为 450 nm 的荧光，是彩电荧光屏中的蓝色荧光粉。

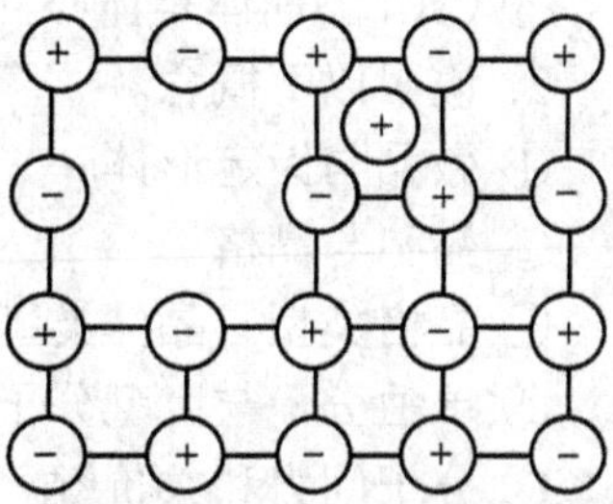

图 9-24　正离子离位缺陷

当晶体中出现空位或填隙原子时，化合物的组成将偏离整比性，称为非整比化合物。例如 $Fe_{1-x}O$，$Ni_{1-x}O$，$Ti_{1-x}O$ 等中的许多过渡金属原子，由于本身有可变氧化态，可以形成非整比化合物。这类晶体具有特异颜色的光学性质，或具有半导体性质或具有特殊磁学性质和特殊反应活性等等。因此，在固体材料化学中有广泛应用。例如在 1 000 K 左右将氧化锌晶体放在锌蒸气中加热，晶体将转变为红色的 $Zn_{1+x}O$，这是一种 n 型半导体材料，它在室温下有比 ZnO 大很多的电导。再例如，将 TiS_2 置于锂蒸气中，或浸入正丁基锂的非极性溶液中，Li^+ 都可进入层状分子 TiS_2 的层间空隙中，生成 $Li_\delta TiS_2$（$0<\delta<1$），其具有优良的导电性，可以作为锂电池的电解质。

总之，晶体的缺陷对晶体的生长、晶体的性质（力学、电学、磁学、光学等性质）都产生极大的影响。因此，研究晶体及其缺陷是固体物理、材料化学、固体化学的重要课题，并有着它日益重要的特殊地位。

本章教学要求

1．了解晶体的特征以及晶体与非晶体的区别。

2．掌握四大基本类型晶体的特征，特别应注意其结点上质点间作用力的区别及对晶体性质的影响。

3．了解晶体结构的实验测定方法。

4．掌握简单立方、面心立方、体心立方晶格的特征及有关计算。

5．掌握半径比规则，并应用半径比规则解释离子化合物的晶体结构。

6．掌握极化理论，并应用该理论解释一些无机化合物的基本性质。

7．了解晶体缺陷及其实际应用。

习　　题

1．下列几种说法是否正确？为什么？

① 凡有规则外形的固体都是晶体。

② 晶体的光学性质一定是各向异性。

③ 晶胞就是晶格。

④ 体心立方晶胞中有 9 个原子。

⑤ CsCl 型晶体是体心立方晶格。

2. 说明以下概念。

① 微晶与无定形体

② 晶胞与晶格

③ 晶格类型与晶体类型

④ 单独分子与巨型分子

⑤ 分子间力和共价键

3. 试判断下列晶体的熔点高低顺序，并说明理由。

① CsCl，Au，CO_2，HCl

② NaCl，N_2，NH_3，Si(原子晶体)

③ NaF，NH_3，PH_3，SiO_2

④ NaF，MgO，PH_3，SO_2

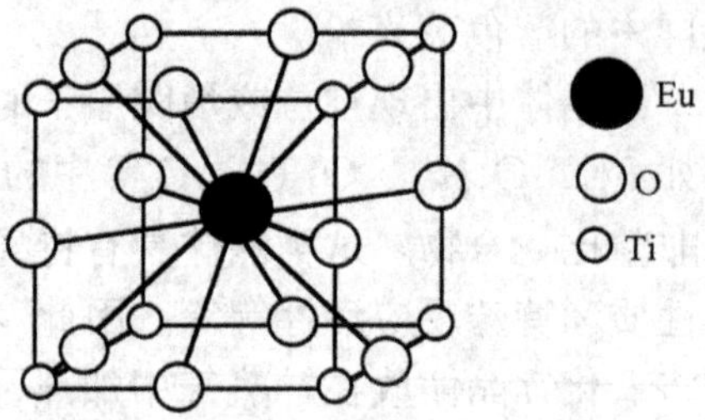

4. Eu，Ti 及 O 形成一种有超导性能的功能材料，其化合物单元晶胞如右图所示。试写出该化合物的化学式以及各类原子在点阵中的配位数。

5. 根据以下物质在单元晶胞中配位数，写出有关化合物的化学式。

① 硫化锑：Sb(6)，S(4)

② 氧化铼：Re(6)，O(2)

③ 氧化钍：Th(8)，O(4)

6. 已知在 RbCl 中正负离子间核间距为 328.5 pm，在 KCl 中为 313.9 pm，在 NaBr 中为 298.1 pm，在 KBr 中是 329.3 pm，计算在 RbBr 中正负离子核间距。

7. 试解释下列现象。

① 碳与硅为同族元素，但其氧化物 CO_2，SiO_2 性质上相差极大。

② 为什么 NaCl 与 AgCl 化合物中阳离子都为 +1 价阳离子，但 AgCl 难溶于水，NaCl 易溶于水？

③ 第三周期元素氟化物熔点从 SiF_4 开始突然下降：NaF(980℃)，MgF_2(1 400℃)，AlF_3(1 040℃)，SiF_4(−77℃)，PF_5(−83℃)，SF_6(−55℃)。

④ BeO 熔点高于 LiF，而 $FeCl_3$ 熔点又低于 $FeCl_2$。

⑤ HgS，CdS，ZnS 颜色差异。

8. 已知 AlF_3 为离子型，$AlCl_3$ 和 $AlBr_3$ 为过渡型，AlI_3 为共价型，试说明它们键型的差别。

9. 试根据半径比规则，预测以下化合物的晶体类型。

AgCl，RbI，CsBr，BeO，CaS，BaO

10. NaCl 密度为 2.165 $g\cdot cm^{-3}$，Cl^- 离子半径为 181 pm，求 Na^+ 半径。

11. 铜的密度为 8.96 $g\cdot cm^{-3}$，Cu 属面心立方晶格，试求晶胞边长及铜原子半径 r (Cu 原子量 63.5)。

12. 已知 NaCl 的离子距离为 281 pm,试求 NaCl 的密度。

13. 金刚石晶胞是面心立方晶胞,为什么一个金刚石晶胞中含有 8 个碳原子。

14. 试计算下列晶体的空间利用率。

① Cu(属面心立方密堆积)

② W(属体心立方晶格)

③ 金刚石

15. 金属 Fe 的晶格型式是体心立方,晶胞边长为 286 pm,试求:①铁原子半径;②晶胞体积;③一个晶胞中铁原子数目;④铁的密度。

16. 金属 Ni 的晶格型式是面心立方,密度为 $8.90\ g\cdot cm^{-3}$,试计算:

① Ni 晶体中最邻近原子之间的距离。

② 能放入到 Ni 晶体空隙中的最大原子半径是多少?

17. Mg^{2+} 与 Mn^{2+} 半径分别为 66 pm 及 80 pm,但 MgSe 与 MnSe 化合物核间距都是 273 pm。试加以说明。

18. 黄铜是 Cu,Zn 合金。纯金属 Cu 及纯金属 Zn 的金属晶格都是 ABCABC…密堆积结构。当 Zn 的含量低于 33%时,X 射线衍射证明黄铜结构仍然与纯金属相同。当 Zn 取代了 Cu 晶胞中所有顶点的 Cu 原子时,黄铜晶胞的重量是多少? Zn 在黄铜中的质量百分比是多少?

19. CsI 晶体结构类型与 CsCl 相同,若相邻的 Cs^+ 和 I^- 彼此接触,已知 $r_{Cs^+}=188$ pm,$r_{I^-}=210$ pm,计算 CsI 晶胞边长 a 及晶体密度。

20. 比较下列各组化合物熔点大小,并说明理由。

① NaF 与 MgO

② MgO 与 BaO

③ BeO,MgO,CaO,SrO,BaO

④ NaF,NaCl,AgCl

⑤ $CaCl_2$ 与 $ZnCl_2$

21. 已知无水的亚铜及铜的卤化物颜色为:

CuF(红色),CuCl(无色),CuBr(无色),CuI(无色);

CuF_2(无色),$CuCl_2$(黄棕),$CuBr_2$(棕黑),CuI_2(不存在)

试解释以上颜色的变化,并说明为什么不存在 CuI_2?

22. 理论上认为,高温下 NaCl 晶体导电是由于 Na^+ 迁移到另一空位而造成(如右图)。其中 Na^+ 要经过一个由三个 Cl^- 组成的最小三角形窗孔(Cl^- 离子相互不接触)。已知 NaCl 单元晶胞参数 $a=564$ pm,$r_{Cl^-}=167$ pm,$r_{Na^+}=116$ pm,试计算三角形窗口半径。

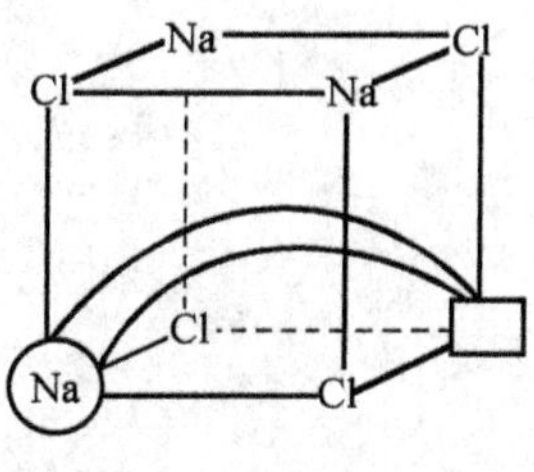

23. 据报导,1986 年发现的有高温超导性的 Y,Ba,Cu 氧化物具有与钙钛矿构型相关的一种晶体结构。钙钛矿型的结构属立方晶系,其立方晶胞中的离子位置可按方式(Ⅰ)描述为:较大的阳离子 A 处

于晶胞的中心(体心位置),较小的阳离子 B 处于晶胞的顶角,而晶胞中所有棱边的中心则为阴离子所占据。回答以下问题:

① 画出钙钛矿晶胞结构:$r_{Ca^{2+}}=99$ pm, $r_{Ti^{4+}}=68$ pm, X:O^{2-}。

② 写出钙钛矿化学式。

③ 若将同一结构用方式(Ⅱ)描述,阳离子 A 置于晶胞顶角,阳离子 B 置于晶胞中心。那末阴离子 X 应处于晶胞中什么位置?晶胞Ⅰ及晶胞Ⅱ的相互关系是什么?

④ A,B,X 的配位数各是多少?

第十章　配位化合物及配位平衡

Coordination Compounds and Coordination Equilibrium

自从 1893 年维也纳(A. Werner,1866—1916)创立他的配位理论以来,配位化学一直是化学学科中最活跃的领域之一。近百年来,配位化学在各学科得到极其广泛的应用,诸如螯合物化学、金属有机配合物化学,生命体中的金属配合物化学正在有力地推动着各学科的发展,配位化学已成为沟通无机化学与有机化学、无机化学与生命化学的重要渠道。

因此,配位化学是化学领域中具有综合性的一个分支,具有边缘学科的性质。学习配位化学需要一定的无机化学、有机化学、分析化学、物理化学、结构化学的理论及实验基础。反过来说,具备一定的配位化学知识对学习化学各学科及冶金学、生命科学、医药化学等都有极其重要的帮助作用。对于一名科学工作者来说,学习配位化学是十分重要的。

第一节　配位化合物的基本概念

一、配位化合物的发现

从有记载的资料来看,最早发现并制得配位化合物(简称配合物)的是德国人 Diesbach,他本人是一个美术颜色制造家、涂料工人。1704 年,他用牛血草木灰一起焙烧,经浸取、结晶后制得一种黄色晶体,俗称黄血盐($K_4[Fe(CN)_6]$)。他还发现黄血盐与 Fe^{3+} 作用生成可作颜料的鲜艳的蓝色沉淀($K[Fe(\mathrm{II})(CN)_6Fe(\mathrm{III})]\cdot H_2O$),但他的这一成果被其老板窃取,并被作为普鲁士蓝商品出售,至 1725 年才将其制备公布于世。但是,通常公认配位化合物的化学是从 1798 年 Tassaert 发现钴氨配合物开始的。Tassaert 是一位分析化学家,他在用氨水沉淀二氯化钴时发现,随着过量氨水的加入,钴的氢氧化物沉淀不能得到,将溶液放置过夜,得到一种橙黄色晶体,分析其组成,证实为 $CoCl_3\cdot 6NH_3$。Tassaert 注意到它的性质与 $CoCl_3$ 及 NH_3 的性质截然不同,他立即敏锐地意识到,这是一种新的化合物。显然,Tassaert 的发现是从一个偶然的实验现象开始的,然而他的敏锐的研究与分析观察能力又使这一偶然发现变为必然。

二、配位化合物的定义

配位化合物(coordination compounds)的定义是很难用几句简短的话确切地表达的,随着历史的发展,人们对于配位化合物的认识不断地加深,因此在不同的时期有着不同的定义。

当向 $CuSO_4$ 溶液中分别加入 NaOH 溶液或 $BaCl_2$ 溶液时,可以分别看见 $Cu(OH)_2$ 的

蓝色沉淀及白色的 $BaSO_4$ 沉淀生成，这说明在 $CuSO_4$ 溶液中存在着大量的 Cu^{2+} 及 SO_4^{2-}。当向 $CuSO_4$ 溶液中加入氨水时，将看到蓝色 $Cu(OH)_2$ 沉淀生成，随后沉淀又溶于过量的氨水中，成为深蓝色溶液，溶液经处理后可以制得深蓝色晶体，经分析证实为 $[Cu(NH_3)_4]SO_4$。应用对 $CuSO_4$ 溶液同样的实验方法对 $[Cu(NH_3)_4]SO_4$ 进行试验，既不能检查出 Cu^{2+} 的存在，也不能检验出 NH_3 分子的存在。实验证实，在 $[Cu(NH_3)_4]SO_4$ 晶体或溶液中主要存在着 $[Cu(NH_3)_4]^{2+}$ 离子及 SO_4^{2-} 离子。像其他类似的化合物（如 $[Ag(NH_3)_2]Cl$，$Na_3[AlF_6]$）一样，它们都含有“复杂离子”，如 $[Cu(NH_3)_4]^{2+}$，$[Ag(NH_3)_2]^+$，$[AlF_6]^{3-}$，这一类复杂离子并不能用经典的原子价理论去解释，因此被称为“分子化合物”。历史上有人根据这一特点对配合物下定义为“含有复杂离子的化合物”，显然，这一定义是不够全面也不够本质的。某些配合物在水溶液中并不会离解得到复杂离子，例如三氯三氨合钴（Ⅲ）（$[Co(NH_3)_3]Cl_3$）的水溶液中主要以 $[Co(NH_3)_3]Cl_3$ 这一整体分子存在。

根据配合物形成的本质，我们可以给予以下定义：配合物是由可以给出孤对电子或多个不定域电子的一定数目的离子或分子（配位体）与具有接受孤对电子或多个不定域电子的空轨道的原子或离子（中心体）以配位键结合、按一定的组成和空间构型所形成的结构单元，该结构单元不论在晶体和溶液中都有相当的稳定性，并具有与它的组分离子或分子显著不同的物理和化学性质。配合物也称为“络合物”（complexes）。

像明矾（$[KAl(SO_4)_2 \cdot 12H_2O]$）虽然也是一种分子间化合物，但在明矾晶体中仅含有 K^+，Al^{3+}，SO_4^{2-} 等简单离子，不存在配合离子，它在水溶液中完全解离为简单离子，性质如同 K_2SO_4 及 $Al_2(SO_4)_3$ 的混合水溶液一般，明矾这类化合物不是配合物，称之为复盐。

复盐和配合物都是由简单化合物结合而成的较复杂的分子间化合物，但在性质上有差异。我们可以视复盐为稳定性极差的配合物，因为在它们之间存在大量的处于中间状态的复杂化合物。

三、配位化合物的组成

根据配合物的组成，可以把它划分为内界和外界两个部分。内界包括中心体（原子或离子）与配位体组成，他们之间以配位键成键；外界则是指与内界电荷平衡的相反离子。例如在 $[Co(NH_3)_6]Cl_3$ 中，内界是配离子六氨合钴（Ⅲ），即 $[Co(NH_3)_6]^{3+}$，中心体是 Co^{3+}，配体是 NH_3，配位原子是 N，配位数为 6，外界是 Cl^-。同理，黄血盐（$K_4[Fe(CN)_6]$）中，内界是配离子六氰合铁（Ⅱ），即 $[Fe(CN)_6]^{4-}$，中心体是 Fe^{2+}，配位体是 CN^-，配位原子是 C，配位数为 6，外界是 K^+。内界部分通常要用方括号括起来表示。

中心离子或中心原子称为配合物形成体，又称中心体。通常是带正电金属阳离子或过渡金属原子（如 $Ni(CO)_4$ 中的 Ni），有时也可以是一些具有高氧化态的非金属元素，例如 SiF_6^{2-} 中的 Si（Ⅳ）及 PF_6^- 中的 P（Ⅴ）等。

配位体（Ligand）是指在配离子中与中心体结合的部分（离子或分子）。在配位体中直接与中心离子相连结的原子叫配位原子，通常配位原子应该是具有孤对电子的非金属原子（如 N，O，S，C，X^- 等）。根据配位体中和中心原子（离子）键合的原子数目，配位体又可以分为单齿(单基)配位体及多齿(多基)配位体。例如 NH_3,H_2O、F^- 都属于单齿配体,CO_3^{2-},$C_2O_4^{2-}$ en(乙二胺,$H_2N—CH_2—CH_2—NH_2$)属多齿配体。某些配位体,如 SCN^-(或 NCS^-)和 NO_2^-(或 ONO^-),虽然有两个配位原子可以配位,但在一个配体分子(或离子)中两个配位原子不可能同时与一个中心原子结合,因此仍属于单齿配体,但由于它们有两个不同的配位原子,故又称为“两可配位体”。一些双齿配位体如 CO_3^{2-},$C_2O_4^{2-}$ 等,在一些配合物中,仅以一个配位原子配位,属单齿配体;但在另一些化合物中,可同时以两个原子与中心体配位,属双齿配体。常见单齿配体及双齿配体见表 10-1 及表 10-2。

表 10-1 常见的单基配位体

分子式	名称	化学式	名称	化学式	名称
H_2O	水(aqua)	F^-	氟(fluoro)	NH_2^-	氨基(amide)
NH_3	氨(amine)	Cl^-	氯(chloro)	NO_2^-	硝基(nitro)
CO	羰基(carbonyl)	Br^-	溴(bromo)	ONO^-	亚硝酸根(nitrito)
NO	亚硝酰基(nitrosyl)	I^-	碘(iodo)	SCN^-	硫氰酸根(thiocyano)
CH_3NH_2	甲胺(methylamine)	OH^-	羟基(hydroxo)	NCS^-	异硫氰酸根(isothiocyano)
C_5H_5N	吡啶(pyridine)	CN^-	氰(cyano)	$S_2O_3^{2-}$	硫代硫酸根(thiosulfate)
$(NH_2)_2CO$	尿素(urea)	O^{2-}	氧(oxo)	CH_3COO^-	乙酸根(acetate)

表 10-2 常见的多齿配位体

分子式	结构	名称
$C_2O_4^{2-}$	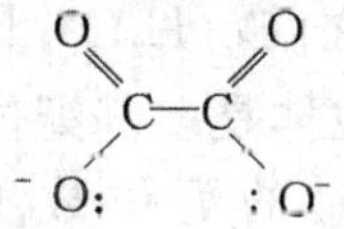	草酸根(ox)oxalato
$NH_2—CH_2—CH_2—NH_2$	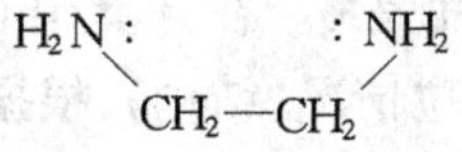	乙二胺(en) ethylenediamine
$[(CH_3CO)_2CH]^-$	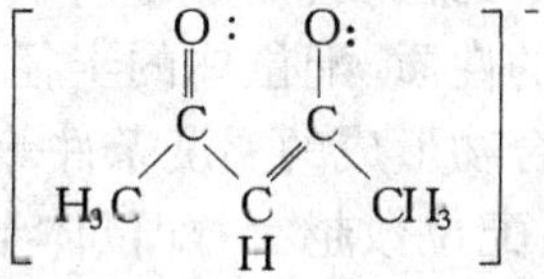	乙酰丙酮(acac) (acetylacctone)
$C_{12}H_8N_2$	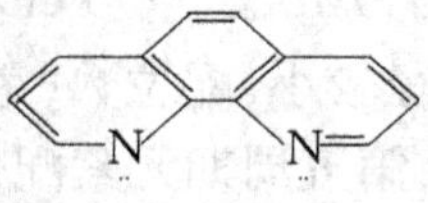	1,10-菲绕啉(phen) o-phenanthroline
$C_{10}H_{12}O_8N_2^{4-}$	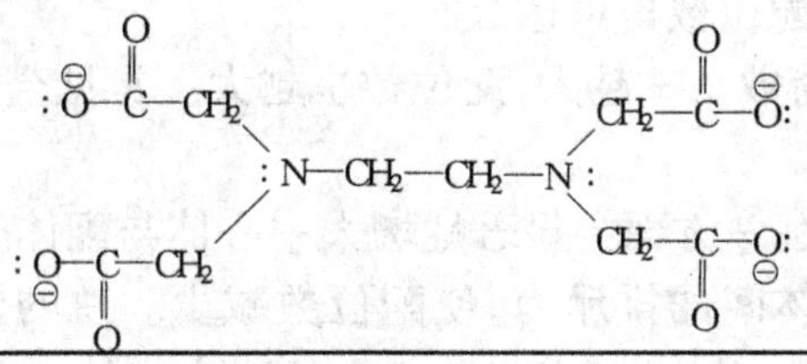	乙二胺四乙酸(EDTA) ethylenediaminetetroacetic acid

根据配位体的结构组成可以看到，配位体必须具有可以提供电子对或非定域电子的离子、原子或原子团。通常在周期表中 p 区元素中的多电子原子(如 VA，VIA 族元素的原子)常常可作配位原子。碳虽然是等电子原子，但由于在 CO 分子或 CN^- 离子中，碳原子上的孤对电子也常常可以作 Lewis 碱配出，也有较强的配位能力。一些含 π 键的化合物(如环戊二烯 ，乙烯 $CH_2{=}CH_2$)中，π 键上的电子也可以配出形成 π 配合物(图 10-1)。

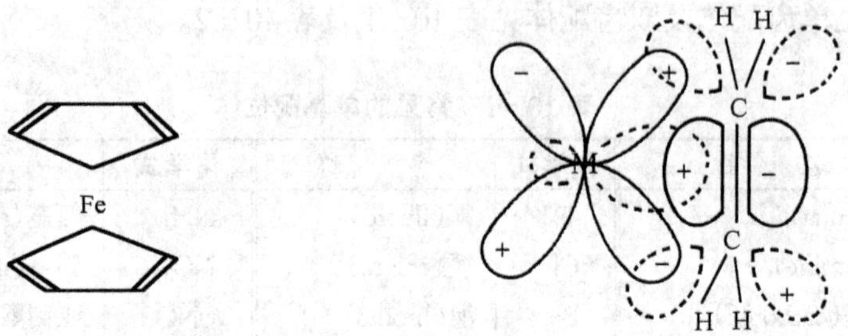

图 10-1　二茂铁及$[Pt(C_2H_4)Cl_3]^-$ 中 Pt—C_2H_4 间化学键

图 10-1 中的 $K[Pt(C_2H_4)Cl_3]$是 π 络合物的例子，它是 1852 年发现的蔡斯盐。配体 C_2H_4 没有孤电子对，但具有可配位的 π 电子，它与中心体 Pt(Ⅱ)的 dsp^2 轨道形成 σ 配键，由于中心原子 Pt(Ⅱ)有过多负电荷，可以反馈到乙烯分子反键 π^* 轨道上，形成反馈 $d-\pi^*$ π 键，从而使配位健得到加强，形成所谓的 $\sigma-\pi$ 配键。

配位数(Coordination number)是指直接同中心体配合的原子的数目。当配位体是单基配位体时，配位数与配位体数目相等，例如在$[Cu(H_2O)_4]^{2+}$，$[Co(NH_3)_6]^{3+}$，$[AlF_6]^{3-}$配合物中，中心体配位数分别是 4,6,6；若配位体是多基配位体，配位数显然不会与配位体数目相同，例如$[Pt(en)_2]Cl_2$ 中，Pt(Ⅱ)的配位数不是 2 而是 4。同样地，在$[Co(en)_3]Cl_3$中，Co(Ⅲ)的配位数不是 3 而是 6。在计算中心离子的配位数时，不能只看配合物的组成(分子式)，而应分析实际配位情况(结构)，根据结构事实来确定配位数。

中心离子配位数通常既与中心离子的性质(如中心离子的电荷、电子层结构和半径)有关，又与配位体的性质(如配位原子的性质、配位体的半径)有关，也与配合物形成的条件(如配体的浓度及配体物质的量、配合物形成的温度条件等因素)有关。

通常中心体原子(离子)半径越大，配位数越大；配位体半径越大，配位数越少。例如$[BF_4]^-$与$[AlF_6]^{3-}$；$[AlF_6]^{3-}$，$[AlCl_4]^-$与$[AlBr_4]^-$；$[FeF_6]^{3-}$与$[FeCl_4]^-$等。一般来说，第二周期元素由于轨道数只有 4 个，半径较小，配位数(最大)为 4；第三、四周期元素，由于有空轨道(d)可利用，配位数常常是 6；第五周期元素配位数可以达到 8；La 系元素由于有 f 轨道可以利用，配位数也可达 8。

中心离子 M^{n+} 电荷数 $n+$ 越大，配位数也越大。常见金属离子的配位数汇列于表 10-3 中。

配位体电荷数增大，一方面会显著地增大中心体与配体间的库仑静电力，使配位数增加，但同时也增大了配体间的排斥力，使配位数减少。总的效应似乎还是倾向于低配位数。例如$[Zn(NH_3)_6]^{2+}$与$[Zn(CN)_4]^{2-}$；$[Co(H_2O)_6]^{2+}$与$[CoCl_4]^{2-}$等等。

中心离子的电子层结构对配位数也有影响。空轨道数目多的中心离子，配位数相应多些；空轨道数目少的中心离子，配位数相应少些。例如 d^0，d^1 结构阳离子，配位数多为6；$d^6 \sim d^9$ 结构阳离子，由于空轨道较少，配位数偏低，例如 Cu^{2+}，Ni^{2+}，Co^{2+} 等离子。

表 10－3　常见金属离子的配位数

$n+$	配　位　数	实　　例
+1	2	Cu^{+}(2,4)，Ag^{+}(2)，Au^{+}(2,4)
+2	4 或 6	Ca^{2+}(6)，Fe^{2+}(6)，Co^{2+}(4,6)，Ni^{2+}(4,6)，Cu^{2+} 4,6)，Zn^{2+}(4,6)
+3	6 或 4	Al^{3+}(4,6)，Sc^{3+}(6)，Cr^{3+}(6)，Fe^{3+}(6)，Co^{3+}(6)，Au^{3+}(4)
+4	6 或 8	Mo^{4+}(8)，Th^{4+}(8)

配合物的形成与浓度、温度等条件有密切关系。例如向 Fe^{3+} 离子溶液中滴加 KSCN 溶液时，发生的变化是：$Fe^{3+} + SCN^- \longrightarrow Fe(NCS)^{2+} \longrightarrow Fe(NCS)_2^+ \longrightarrow Fe(NCS)_3 \longrightarrow Fe(NCS)_4^- \longrightarrow [Fe(NCS)_5]^{2-} \longrightarrow [Fe(NCS)_6]^{3-}$，随着 SCN^- 浓度的增大，配位数增大。由于配合物的解离过程是吸热过程，不言而喻，温度升高，配位数将降低。

配合物的电荷数等于中心离子和配位体电荷的代数和。

四、配位化合物的类型

配合物的类型一般可以分为以下几类：

1. 简单配位化合物

这是指由单齿配位体与单个中心离子(原子)所形成的配合物。为了纪念配合物理论的创始人，这类化合物又称为维尔纳型配合物。例如 $K_2[PtCl_6]$，$[Fe(H_2O)_6]Cl_3$，$[Cr(H_2O)_6]Cl_3$，$Na_3[AlF_6]$等。

2. 螯合物

这是指具有环状结构的配合物，它是一类由中心离子和多齿配位体结合而成的环状配合物。这种多齿配位体又称为螯合剂(chelating agents)。在这一类化合物中，由于配位体与金属离子结合时犹如螃蟹双螯紧紧地钳住中心体，从而形成环状结构配合物，因此被称为螯合物(或内配合物)。例如乙二胺(en)与 Cu^{2+} 形成的配合物$[Cu(en)_2]^{2+}$，它具有 2 个五原子环(—Cu—N—C—C—N—)，其结构式如下：

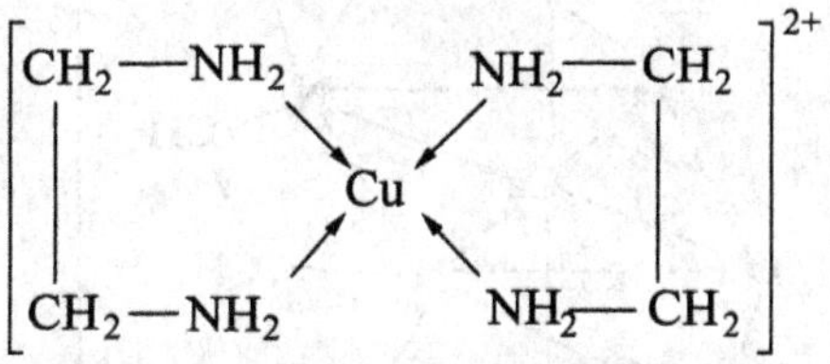

这种具有环状，特别是具有五原子或六原子环的螯合物，由于环张力小，具有特殊的稳定性，它们在水溶液中表现出特殊的性质，如溶解度及颜色的变化等，常常应用于萃取分离化学过程及分析化学中。例如 o－phen 与 Fe^{2+} 生成橙红色螯合物，被称为亚铁试剂，用于定性分析中检出 Fe^{2+}。

中性的螯合物称为内配盐,如[$Cu(acac)_2$],[$Al(acac)_3$]($acac^-$为乙酰丙酮基)等。[$Cu(acac)_2$]结构为:

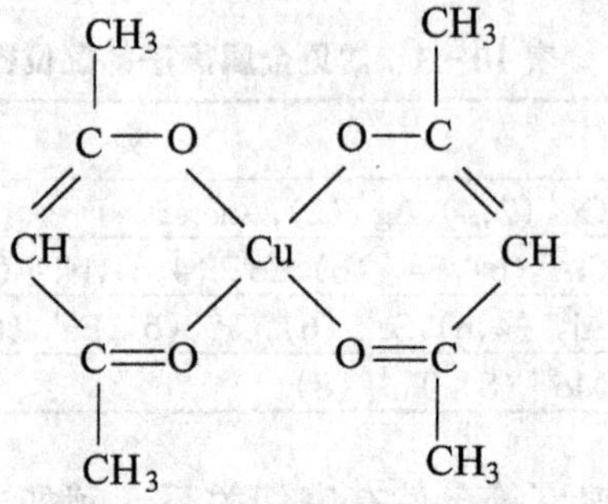

中心离子形成配合物时,生成的螯环越多,化合物越稳定。EDTA(H_4Y,乙二胺四乙酸)是在分析化学领域中广泛应用的氨羧螯合剂,它具有4个可被置换的H^+离子和6个可配位原子(图10-2)。大多数金属离子都能与EDTA形成稳定的、组成为1∶1的有特征颜色的螯合物。图10-2给出了CaY_4^{2-}的立体结构,在CaY_4^{2-}中有5个五圆环,因此有特殊的稳定性。在工业中常用EDTA软化硬水,水中的Ca^{2+},Mg^{2+}离子浓度可降低到10^{-7}~10^{-6} $mol\cdot dm^{-3}$以下,使锅炉免于结成水垢。这种由于螯环的形成而使螯合物具有特殊稳定性的效应称为螯合效应。

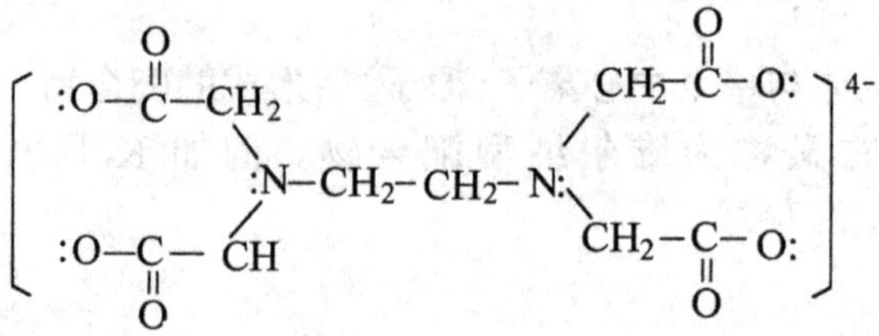

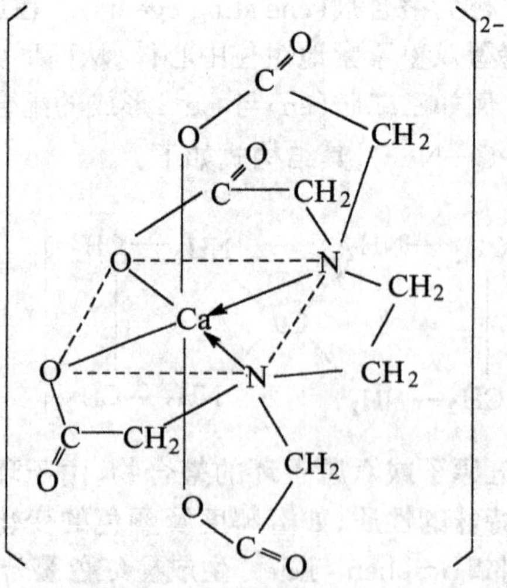

图10-2　EDTA酸根及CaY^{2-}螯合物构型

通常，由于螯合剂多数都是有机化合物，因此很多螯合物都可以溶于有机溶剂，而不溶于水。也有极少无机物可以用作螯合剂，如三聚磷酸钠由于与 Ca^{2+} 生成络合物，用作锅炉除垢剂。

从热力学及结构的角度可以进一步理解为什么形成螯合物后络合物稳定性会增大的原因。以 $Ni(NH_3)_6^{2+}(aq)$ 转化为 $Ni(en)_3^{2+}$ 的反应来说明：

$$Ni(NH_3)_6^{2+}(aq) + 3en(aq) \rightleftharpoons Ni(en)_3^{2+}(aq) + 6NH_3(aq)$$

该反应前后 Ni←N 键数目都是 6 个，因此键能变化数值应不会太大，预测 $\Delta_r H_m^{\ominus} \approx 0$。但由于反应 $\sum_B \nu_B = 3$，说明该反应是熵增反应，$\Delta_r S_m^{\ominus} > 0$，由 $\Delta G^{\ominus} = \Delta H^{\ominus} - T\Delta S^{\ominus}$ 可以预测 $\Delta G^{\ominus}$ 将为负值，即螯合效应使螯合物稳定的原因在于熵驱动的因素。

3. 多核配合物

这类配合物是指那些在一个配合物中有 2 个或 2 个以上中心离子的配合物。它们通常由桥基连接，如 OH^-，NH_2^-，O^{2-}，O_2^{2-}，Cl^-，NO_2^- 这一类多电子原子都可以“成桥”。

例如 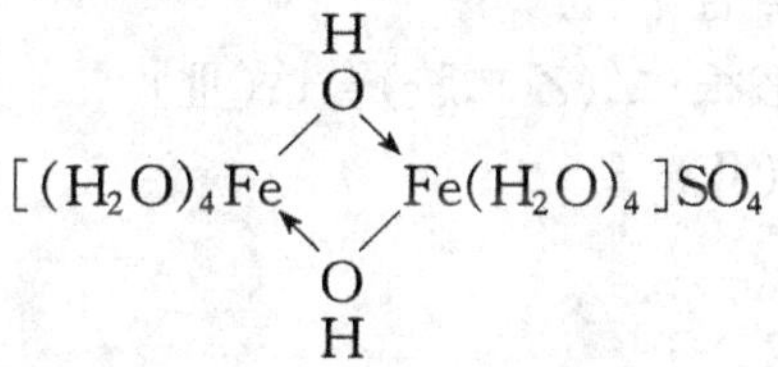 ，就是以羟桥将 2 个中心原子(Fe(Ⅱ))连接起来，命名时在每一桥式基团前加“μ-”词头，因此该化合物称为硫酸二(μ-羟基)·二[四水合铁(Ⅱ)]。

4. 其他配合物

其他配合物有羰基配合物(如 $Fe(CO)_5$)、不饱和烃配合物(如 $(C_5H_5)_2M$)、原子簇状配合物(如 $Fe_2(CO)_9$，$[Re_2Cl_8]^{2-}$ 等，其中的金属原子彼此直接相连)、金属大环多醚(冠醚)配合物、同多酸和杂多酸型配合物，等等。总之，配合物品种还在不断增加，它们的分类并无严格界限，在此不再赘述。

五、配位化合物的命名

1979 年中国化学会无机专业委员会制定的中文命名原则是配位化合物的命名原则，通常的原则是“先阴离子后阳离子”及“先简单后复杂”的原则。配离子命名顺序为：(配位体数)配体合中心离子或原子(氧化数)。

若配离子内界含有两个以上的配体，则命名顺序是：

(1)先无机配体，后有机配体(的名称)。例如Cis-$[PtCl_2(Ph_3P)_2]$命名为顺-二氯·二(三苯基膦)合铂(Ⅱ)。

(2)先列出阴离子，后列出阳离子、中性分子(的名称)。例如 $K[PtCl_3NH_3]$ 命名为三氯·氨合铂(Ⅱ)酸钾。

(3)同类配体(指有机或无机类)按配位原子元素符号的英文字母顺序排列。例如 $[Co(NH_3)_5H_2O]Cl_3$ 命名为三氯化五氨·一水合钴(Ⅲ)。

(4)同类配体同一种配位原子时，将含较少原子数的配体排在前面。例如

$[Pt(NO_2)(NH_3)(NH_2OH)(Py)]Cl$命名为氯化硝基·氨·羟氨·吡啶合铂(Ⅱ)。

(5)配位原子相同,配位体中所含原子数目也相同时,按结构式中与配位原子相连的原子的元素符号的英文顺序排列。例如$[Pt(NH_2)(NO_2)(NH_3)_2]$应命名为氨基·硝基·二氨合铂(Ⅱ),

(6)配体化学式相同但配位原子不同(如—SCN,—NCS)时,则按配位原子元素符号的字母顺序排列。若配位原子尚不清楚,则以配体个体的化学式中所列的顺序为准。某些化学式相同但配体原子不同的配体,有不同的命名,使用时应严格区分。例如:NO_2^-硝基;$:ONO^-$亚硝酸根;$:SCN^-$硫氰酸根;$:NCS^-$异硫氰酸根。

根据以上原则,一些配合物的命名如下:

$K_3[Fe(CN)_6]$六氰合铁(Ⅲ)酸钾。

$H_2[PtCl_6]$六氯合铂(Ⅳ)酸。

$K[Co(NO_2)_4(NH_3)_2]$四硝基·二氨合钴(Ⅲ)酸钾

$[Co(NCS)(NH_3)_6]Cl_2$ 二氯化异硫氰酸根·五氨合钴(Ⅲ)

$[CoCl(SCN)(en)_2]NO_2$ 亚硝酸·一氯·一硫氰酸根·二(乙二胺)合钴(Ⅲ)

$[Pt(Py)_4][PtCl_4]$四氯合铂(Ⅱ)酸四吡啶合铂(Ⅱ)

$[Co(NO_2)_3(NH_3)_3]$三硝基·三氨合钴(Ⅲ)

$K_4[Ni(CN)_4]$四氰合镍(0)酸钾。

六、配位化合物的异构现象

两种或两种以上的化合物,具有相同的化学式(原子的种类及数目均相同),但结构和性质不相同,它们互称为异构体(isomer)。通常可以将异构现象分为结构异构及空间立体异构两大类。

1.结构异构

结构异构大体上还可以分为以下不同类型:

(1)键合异构。指同一配位体中,由于有不同的可配位原子,在形成配合物时,可以通过不同的配位原子进行键合而形成不同的配合物。例如$[Co(NO_2)(NH_3)_5]Cl_2$ 与$[Co(ONO)(NH_3)_5]Cl_2$,前者呈黄褐色,在酸中稳定,后者呈红褐色,在酸中不稳定。通常,这一类异构体中配体必须是两可配位体,如 SCN^- 与 NCS^-,一般情况下,第一过渡系金属离子倾向于与 NCS^- 键合,第二、三过渡系金属离子倾向于与 SCN^- 键合。

(2)电离异构。例如$[Co(SO_4)(NH_3)_5]Br$与$[CoBr(NH_3)_5]SO_4$ 在水溶液中电离的方式完全不同,它们的物理性质也各异,前者呈红色,后者呈紫色。

(3)水合异构。例如$[Cr(H_2O)_6]Cl_3$,$[CrCl(H_2O)_5]Cl_2\cdot H_2O$及$[CrCl_2(H_2O)_4]Cl\cdot 2H_2O$,三者化学式相同,但外界水合配位数目不同而成为三种异构体。它们分别是紫色、亮绿色、暗绿色晶体。

(4)配位异构。例如$[Co(en)_3][Cr(ox)_3]$与$[Cr(en)_3][Co(ox)_3]$中 en 及 ox^- 分别与不同的中心体形成不同的配合单元,形成不同的化合物。

(5)配位位置异构。例如:

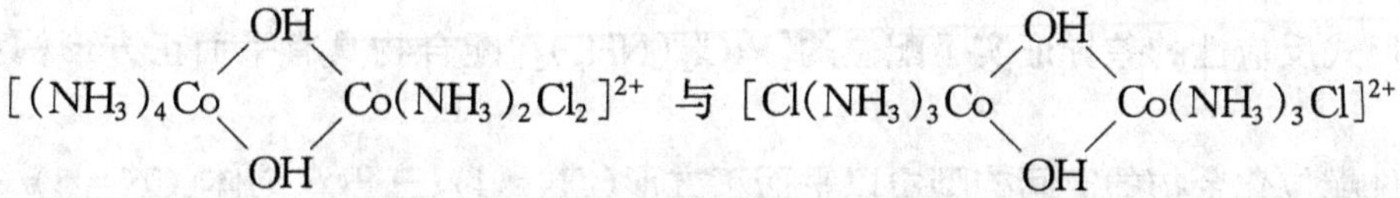

这类在多核配合物中,是由于配位体在配位中心之间分布不同而造成的异构现象。

(6)配位体异构。这是由于配位体本身存在异构体,导致配合单元互为异构。例如1,3-二氨基丙烷与1,2-二氨基丙烷(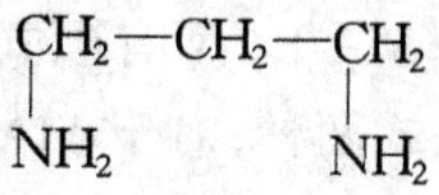 及 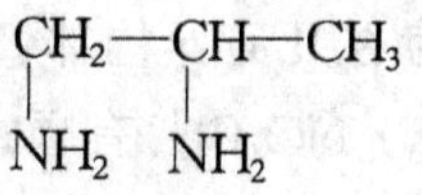)是异体的配位体,它们形成的配合物[Co(NH_2—CH_2—CH_2—CH_2—NH_2)Cl_2]及[Co(NH_2—CH_2—CH(NH_2)—CH_3)Cl_2]互为异构体。

2.立体异构

这是由于配合物中,配体在空间排列的方式不同而导致的异构现象。可分为空间几何异构及旋光异构两类。

(1)空间几何异构。例如[Pt$(NH_3)_2Cl_2$]具有两种不同的几何异构体,它们的性质汇列于表10-4中。

表10-4　顺式、反式[$PtCl_2(NH_3)_2$]的性质

	顺　　式	反　　式
制备方法	$K_2[PtCl_4]\xrightarrow{氨水处理}K[PtCl_3(NH_3)]\xrightarrow{氨水}$Cis-[$PtCl_2(NH_3)_2$]	[$Pt(NH_3)_4$]Cl_2 $\xrightarrow[或用HCl处理]{250℃}$ trans-[$PtCl_2(NH_3)_2$]
颜色	棕黄色	淡黄色
极性	$\mu\neq0$	$\mu=0$
溶解度	0.257 7 g/(100 gH_2O)	0.036 6 g/(100 gH_2O)
化学反应性	Cis + Ag_2O + H_2O 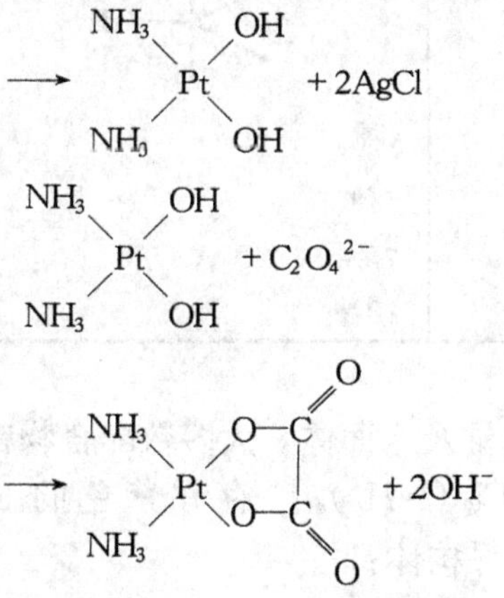	不能转变为草酸的配位化合物,因草酸中两个氧原子不能取代两个处于对位的OH^-离子,因此不发生一分子取代反应
生化功能	有抗癌活性	无抗癌活性

顺式及反式反应性的差异证实了配位的[$PtCl_2(NH_3)_2$]配合物具有平面正方形构型的事实。

常见配位化合物的空间构型中以平面正方形(CN=4)、三角双锥体(CN=5)、八面体(CN=6)为较多,以下分别讨论它们的空间几何异构。

对于四配位的配合物,四面体构型配合物不可能存在几何异构。平面正方形配合物才可能存在几何异构体:对于 MA_2B_2 型有顺式、反式两种异构体;对于 MA_2BC 型(如[$Pt(NH_3)_2NO_2Cl$])有顺式、反式两种;对于 MABCD 型(如[$Pt(NH_3)(Py)BrCl$])应有三种。

对于 CN=5 的配合物,可取构型分别是四角锥及三角双锥体,它们常见的形式及可能异构体见表 10-5。

表 10-5　CN=5 的配合物的空间几何异构

通式	四角锥		三角双锥	
MA_5	1种	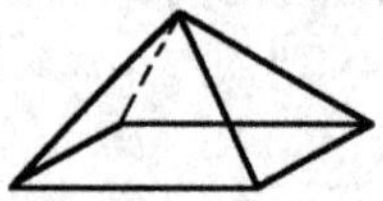	1种	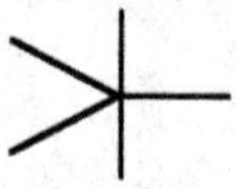
MA_4B	2种	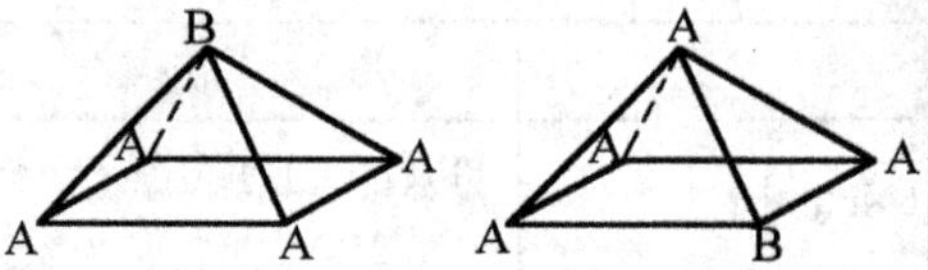	2种	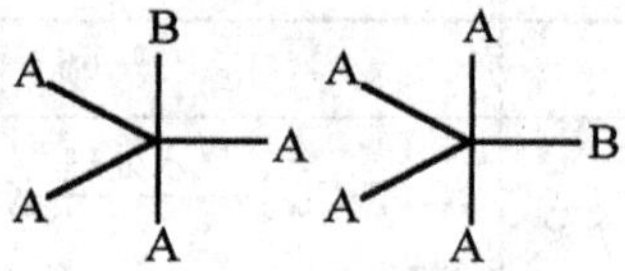
MA_3B_2	3种	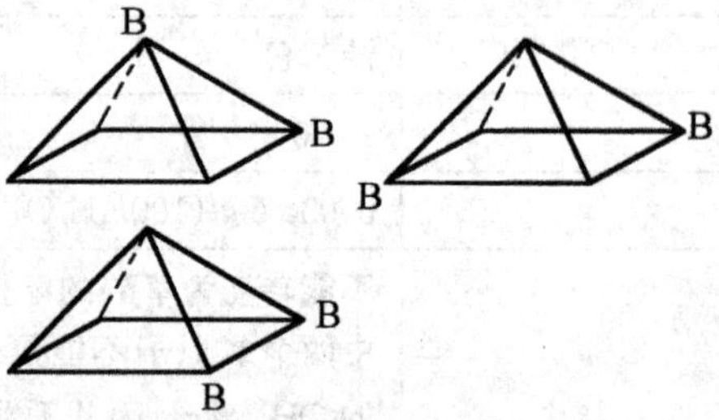	3种	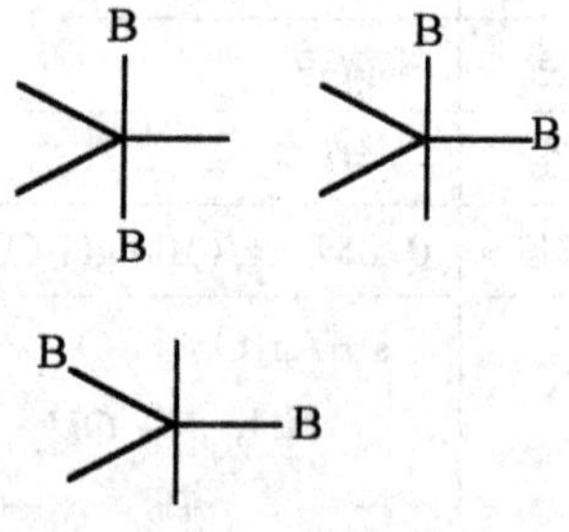
MA_3BC	4种		4种	
MA_2B_2C	6种		5种	
MA_2BCD	9种		7种	
MABCDE	15种		10种	

对于 CN=6 的配合物,可取的构型应有五角锥及八面体。大多数配合物都采取八面体空间构型,它们的异构体更为复杂,如[$CrCl_2(NH_3)_4$]$^+$ 存在紫色的 cis-[$CrCl_2(NH_3)_4$]$^+$ 及绿色的 trans-[$CrCl_2(NH_3)_4$]$^+$ 两种异构体:

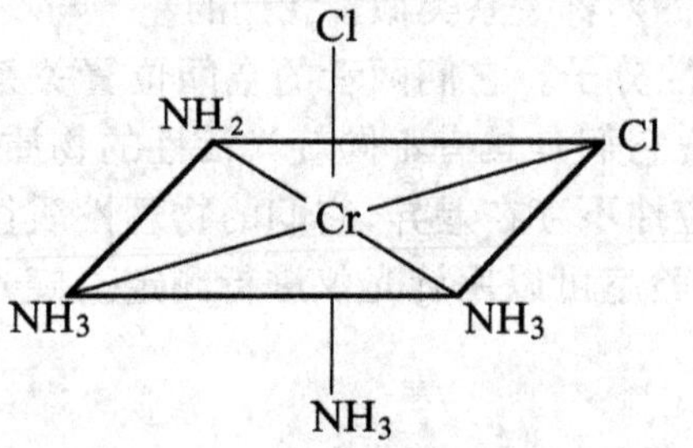

(cis)

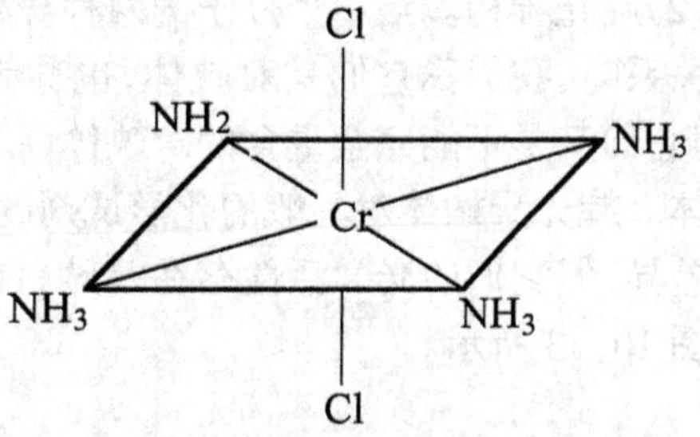

(trans)

具有 MX_3A_3 型式的配离子，如$[PtCl_3(NH_3)_3]$也只有两种异构，分别称为经式和面式异构体：

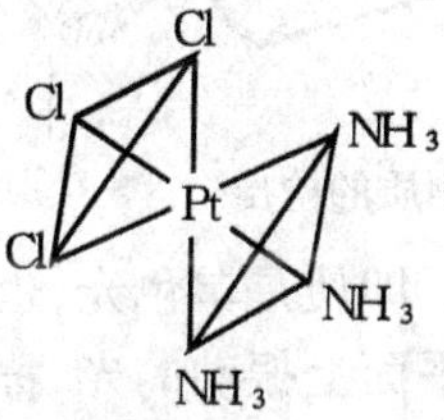

面式(fac)

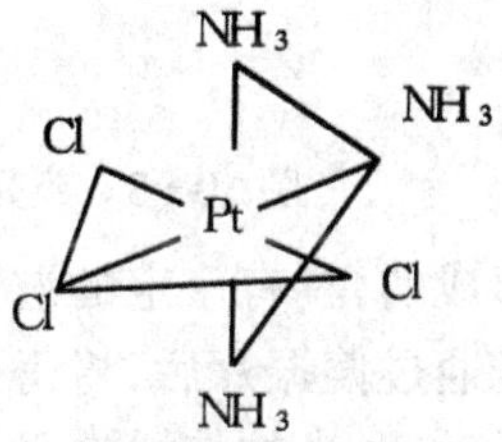

经式(mer)

具有 $MX_2Y_2A_2$ 型式的配离子，如$[PtCl_2(OH)_2(NH_3)]$存在五种异构体：

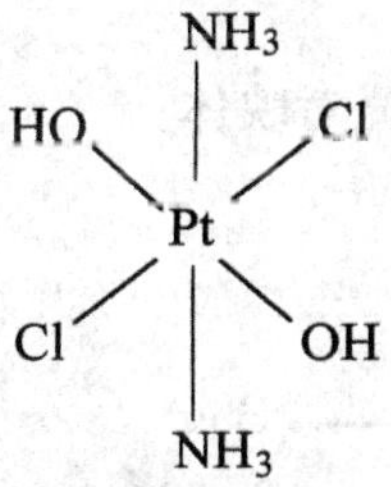

(全反)

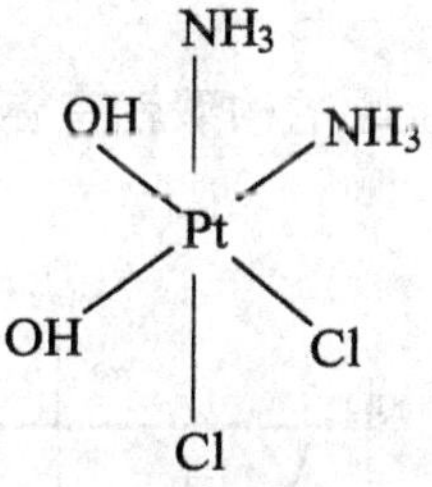

(全顺)

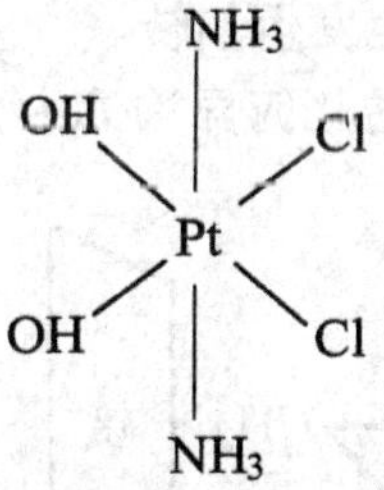

(NH_3反)

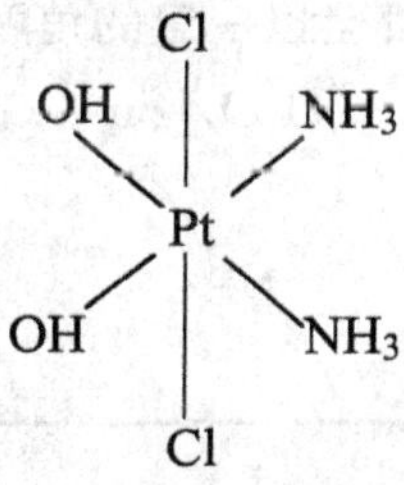

(Cl反)

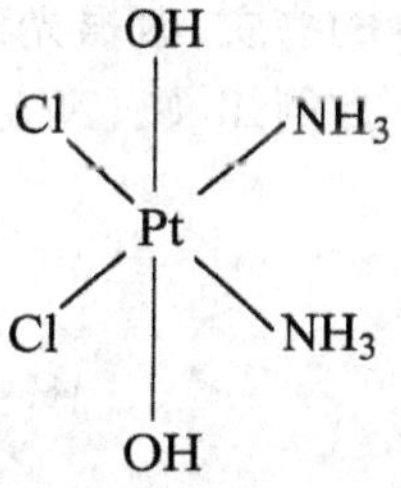

(OH反)

读者可根据配位体的空间位置不同确定其他形式配离子异构体数目。表 10－6 汇列了一些六配位的化合物(八面体构型)及其异构体数目。

表 10－6　CN＝6 的八面体构型配合单元的几何异构体数目

配离子类型	异构体数目	配离子类型	异构体数目	配离子类型	异构体数目
$M(AA)_2B_2$	2	MA_2BCED	9	$M(AB)_3$	2
$M(AB)_2C_2$	5	MABCDEF	15	M(ABA)DEF	6
$M(AB)_2CD$	6	MA_2B_2CD	6	M(ABBA)EF	4
MA_4BC	2	M(AA)(BC)EF	5	M(ABCBA)F	4
MA_3BCD	4	M(AB)(CD)EF	10		

(2)旋光异构。当一个分子的两种异构体的对称关系类似于我们的左手与右手、互成镜像关系时,我们称它们是对映体,也称为手性分子。它们两者的空间位置关系是一样的,但它们又是不能完全重合的对映体,我们说它们是具有不同旋光活性的物质,是旋光异构体。旋光异构体对一般的化学试剂的反应性不存在差异,它们的物理性质往往也无什么差异,但它们的光学活性存在差异。在实验室可以用旋光仪进行测定。旋光仪的原理如图 10 - 3 所示。

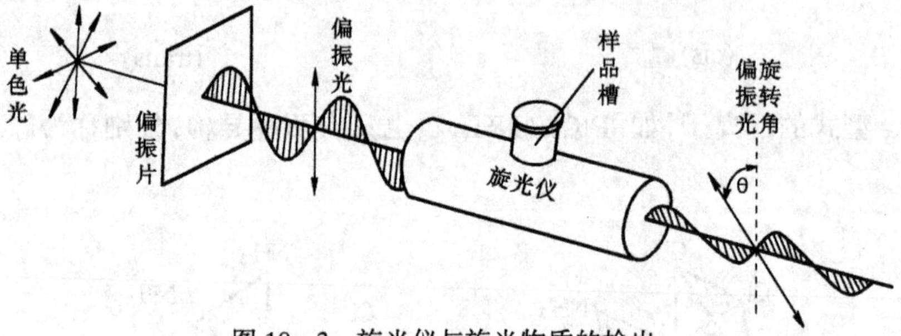

图 10 - 3　旋光仪与旋光物质的检出

光是由电磁波组成的,具有一定的波长与振幅。即使是单色光,也仍然在许多不同平面上振动。让单色光通过偏振片后,将得到在单一平面上振动的光,称为平面偏振光。当偏振光通过旋光物质时,对光的传播的平面会偏转一定的角度 θ,发生顺时针方向偏转的物质为右旋,发生逆时针方向偏转的物质为左旋,分别记以(+)d(dextrorotation)及(-)l(laevorotation)符号。显然,只要试样是左旋物质或右旋物质或不是1∶1的左右旋物质混合的物质,偏振光都会以一定的角度发生偏转。

例如$[Cr(NH_3)_2(H_2O)_2Br_2]^+$的几何异构体中,全顺的构型就有旋光对映体:

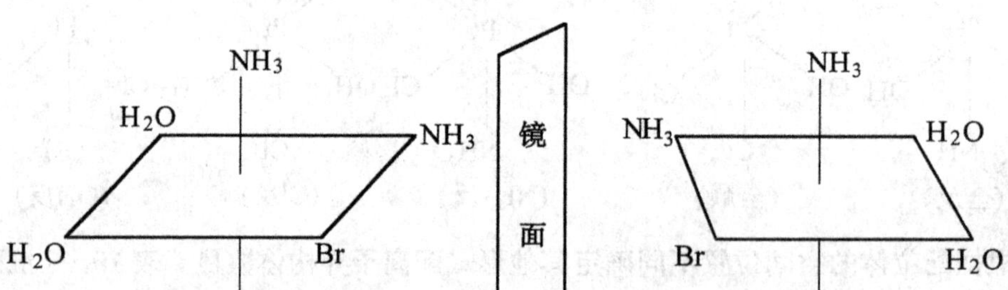

确定某一结构有无旋光异构体,可以利用分析结构中有无对称元素。凡分子中不存在对称元素(指对称中心或对称面)的分子都是手性分子。例如cis-$[Co(en)_2(NH_3)Cl]^{2+}$是手性分子,而 trans-$[Co(en)_2(NH_3)Cl]^{2+}$ 则不存在对映异构体。

一些双核配合物若存在对称中心或对称面时,是内消旋化合物,如

,就有二种几何异构体,其中一种由于不存在对称元素,是

具有旋光活性的对映体：

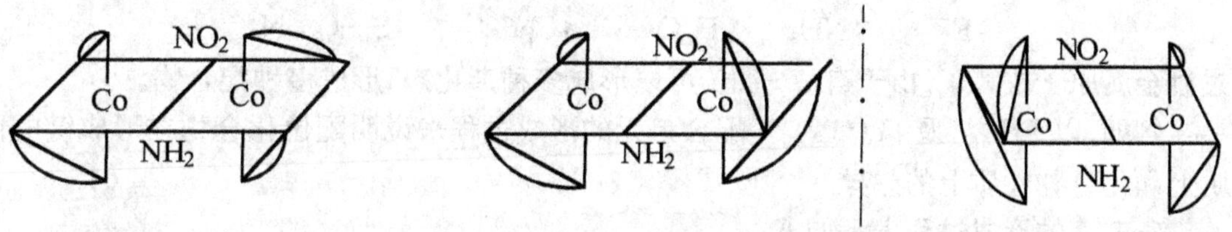

内消旋　　　　　　　　　　　　d 及 l 对映体

旋光异构现象及旋光异构体在生物体内大量存在。因为构成生命体的重要物质(如蛋白质和核酸等)都是由手性分子缩合而成的,生物体中进行的化学反应也受到这些分子构型的影响。他们在生物体内的生化功能十分复杂,也许还会完全不同。因此,研究与分离旋光异构体(称“拆分”)的工作对于生命科学、新药研究工作具有特殊的重要意义。

第二节　配位化合物的结构理论

如前所述,配位化合物是由中心离子和配位体组成,那么,它们之间的作用力是什么?我们又应如何解释配合物中存在的大量异构现象?如何解释配合物的稳定性?1891 年,年仅 25 岁的瑞士化学家 A. Werner 发表了他的关于配位化合物结构的第一篇论文,之后,1893 年又发表了《关于无机化合物的结构问题》一文,首先对配位化合物的化学键理论进行了阐述,成为配位化学中价键概念的一项指导原则 。为此,Werner 在 1913 年荣获诺贝尔奖。为了纪念 Werner 对配合物结构理论的伟大贡献,常常称简单配合物为 Wern-er 型配合物。

Werner 理论要点包括:①元素表现有主价(指氧化态)及副价(指配位数);②每一元素有满足其主价及副价的倾向;③副价有　定的空间指向。这一理论显然是不够完善的,它不能阐明配合物的价键本质,也不能解释配合物的空间结构。直到本世纪中,由于近代原子和分子结构理论的建立,并发展成为现代价键理论、晶体场理论和配位场理论,才使配合物的化学键理论日臻完善。

一、价键理论

价键理论主要是由 L. Pauling 在三四十年代提出并发展起来的,它以杂化轨道理论为基础,充分考虑到过渡元素的价 d 轨道参与杂化成键的可能性,从而发展为近代配合物的价键理论,该理论要点包括:

1. 配位化合物中键的本质和配合物分类

由于配位化合物的形成是由配位体中配位原子提供孤对电子,中心体提供空轨道接受孤对电子而达到轨道的重叠形成共享电子对,因此,配位键在本质上是具有共价性质的。当孤对电子填入中心离子外层空轨道时,形成的配合物称为电价配键或外轨形配合物(outer orbital coordination compound);当孤对电子填入中心离子内层价轨道时,形成的配合物称为共价配键或内轨形配合物(inner orbital coordination compound)。根据这一原则,配位键形成的条件是配体含有可供配出的孤对电子,中心体必须具有可接受电子对的空轨道。例如以下基团常常可用作配位体：

:F^-　　:NH_3　　H_2O:　　:CN^-:　　:S—C≡N:$^-$

过渡金属原子或离子，由于有 d 轨道，可以形成多种杂化态，形成多种配合物。

例如，以 $FeF_6{}^{3-}$ 及 $Fe(CN)_6{}^{3-}$ 配合单元的形成过程来说明配位化合物在形成键的性质上和化合物性质上的差异。

$FeF_6{}^{3-}$ 的形成过程表示如下：

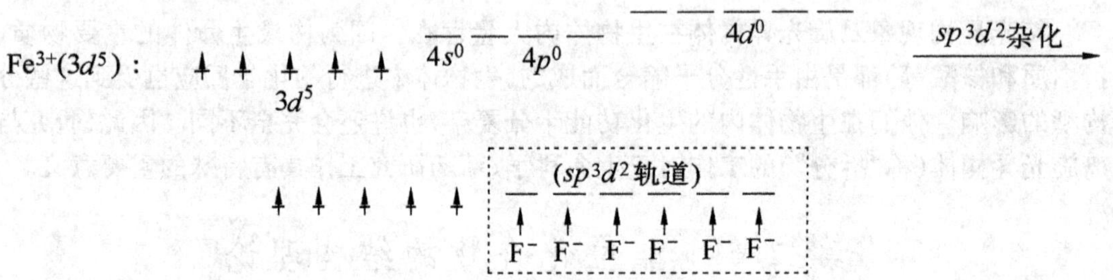

中心离子 Fe^{3+} 的电子构型不因配位键的形成而发生改变，键合过程中只动用了外层价轨道成键，键的性质是 σ 性质的。一些电负性大的配位原子(如 F^-，X^-，O^{2-})，由于电负性大，不轻易给出电子，因此在形成配合物时倾向于使用能量稍高的空轨道，因此又称电价配位。相应地，电价配位稳定性应差些，在水溶液中易离解，络合物形成的平衡常数数值不大($K_{稳}$ 较小)。由于中心体电子构型不变，配合物磁性不变，一般是高自旋(high spin)型配合物。

对于 $Fe(CN)_6{}^{3-}$ 的形成，可以表示为如下过程：

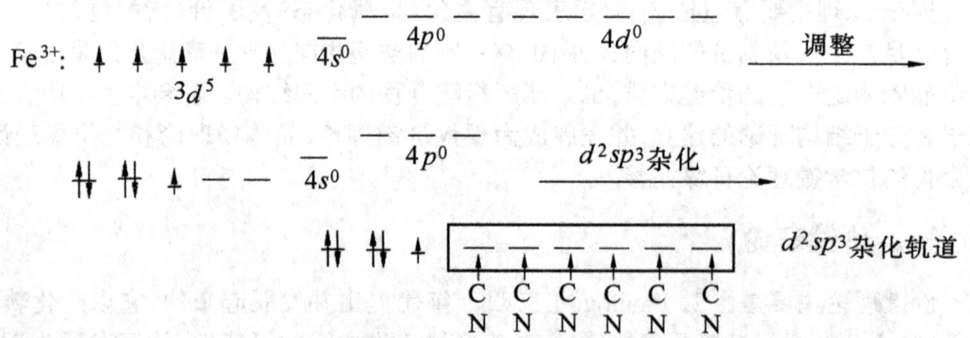

显然，中心离子 Fe^{3+} 的电子构型因 CN^- 配体的作用而发生了改变，动用了内层(3d)轨道杂化成键，键的性质仍是 σ 性质，像 C，N 这一类电负性不太大的配位原子，在形成配位键时容易给出电子对，因而"逼使"中心离子价电子发生重排，"腾"出空轨道后杂化成键，形成"内轨"型配合物，从而获得较大的稳定性。通常，配合物的生成平衡常数数值较大，在水中不易离解。由于自旋平行电子数目减少，表现为低自旋(low spin)。

对于蔡斯盐$[Pt(C_2H_4)Cl_3]^-$一类化合物，配体 C_2H_4 提供的不是孤电子对，而是 π 电子(定域或非定域的如二茂铁)；中心体 Pt(Ⅱ)以 dsp^2 轨道接受 π 电子，形成的键仍是 σ 性质的，但中心体反配给乙烯基反键 π^* 轨道的 $d-\pi^*$ 反馈 π 键，则是属 π 性质的，因此称

为 $\sigma-\pi$ 配键。

表 10－7 列举了一系列配合物的电子结构及磁性，请读者根据他们的形成过程对比其性质上的差异。

表 10－7　某些配合物的结构与性质

配离子	中心体电子构型	杂化轨道类型	磁矩		$K_{稳}$
			理论值	实验值	
FeF_6^{3-}	$3d^5$ ↑ ↑ ↑ ↑ ↑	sp^3d^2	5.92	5.88	1.0×10^{16}
$Fe(CN)_6^{3-}$	$3d^5$ ↑↓ ↑↓ ↑ — —	d^2sp^3	1.73	2.3	1.0×10^{42}
CoF_6^{3-}	$3d^6$ ↑↓ ↑ ↑ ↑ ↑	sp^3d^2	4.90	—	
$Co(NH_3)_6^{3+}$	$3d^6$ ↑↓ ↑↓ ↑↓ — —	d^2sp^3	0	0	2×10^{35}
$Co(NH_3)_6^{2+}$	$3d^7$ ↑↓ ↑↓ ↑ ↑ ↑	sp^3d^2	3.87	—	1.3×10^5
$Ni(NH_3)_6^{2-}$	$3d^8$ ↑↓ ↑↓ ↑↓ ↑ ↑	sp^3d^2	2.82	—	9.1×10^7
$Ni(CN)_4^{2-}$	$3d^8$ ↑↓ ↑↓ ↑↓ ↑↓ —	dsp^2	0	0	2.0×10^7

根据中心离子电子构型及配位体配位原子的性质，可以对配合物作初步判断。对于 $d^1\sim d^3$ 电子构型的中心离子，由于有现成的空 $(n-1)d$ 轨道，因此在八面体配合物中是以 $(n-1)d^2nsnp^3$ 杂化；对于中心离子电子构型为 $d^8\sim d^{10}$ 构型时，由于不可能调整出空轨道，因此总是形成 $nsnp^3nd^2$ 的杂化轨道成键；对于中心离子为 $d^4\sim d^7$ 构型的中心体，则应具体问题具体分析，视配位体配位原子的电负性大小而定，通常卤素离子 X^- 和 H_2O 多为外轨型，:CN^- 和 NO_2^- 多为内轨型，NH_3 则介于两者之间。

总之，配合物是内轨型还是外轨型，可以根据磁天平实验进一步证实，磁矩的测定结果大致与由公式 $\mu=\sqrt{n(n+2)}\mu_0$（μ_0 即 B. M.，玻尔磁子）计算值相接近，在实际工作中，往往应先根据磁矩测定的实验事实写出配合物的形成过程。

2. 配离子或配合单元的空间构型

价键理论根据中心离子成键时使用的不同的杂化轨道类型，较成功的说明了配离子的空间构型及配位数。常见的中心离子杂化态及配位数与空间构型关系见表 10－8。

表 10－8　常见配离子的杂化态及空间构型

配位数	中心体杂化态	几何构型	实例
2	sp	线型(linear)	$Ag(NH_3)_2^+$，$Ag(CN)_2^-$，$Cu(NH_3)_2^+$
3	sp^2	平面三角形(planar triangle)	$Cu(CN)_3^{2-}$，HgI_3^-
4	sp^3	正四面体(tetrahedral)	$Zn(NH_3)_4^{2+}$，$[Cd(CN)_4]^{2-}$
	dsp^2	四方形(square planar)	$Ni(CN)_4^{2-}$
5	dsp^3	三角双锥形(trigonal bipyramid)	$Ni(CN)_5^{3-}$，$Fe(CO)_5$，$CuCl_5^{3-}$
	d^4s	四角锥(tetragonal pyramid)	TiF_5^{2-}
6	sp^3d^2	八面体(octahedral)	FeF_6^{3-}，AlF_6^{3-}，SiF_6^{2-}，$PtCl_6^{4-}$
	d^2sp^3		$Fe(CN)_6^{3-}$，$Cr(NH_3)_6^{3+}$，$[Co(NH_3)_6]^{3+}$
7	d^3sp^3	五角双锥(pentagonal bipyramid)	ZrF_7^{3-}

总的来说,价键理论根据配离子所采取的杂化轨道类型,较成功地说明了许多配离子的空间构型和配位数,以及配位化合物之间稳定性的差别;叙述了配合物的成键过程,从而说明其具有磁性的原因是采用不同的高低自旋形式。但是,该理论的应用仍有较大的局限性,有时会引致不符合事实的结论。例如在解释八面体构型的$[Co(CN)_6]^{4-}$易被氧化成$[Co(CN)_6]^{3-}$这一事实时,价键理论认为是由于$[Co(CN)_6]^{4-}$是内轨型配合物,其中一个电子"被激发"到更高能级而易失去被氧化的原因:

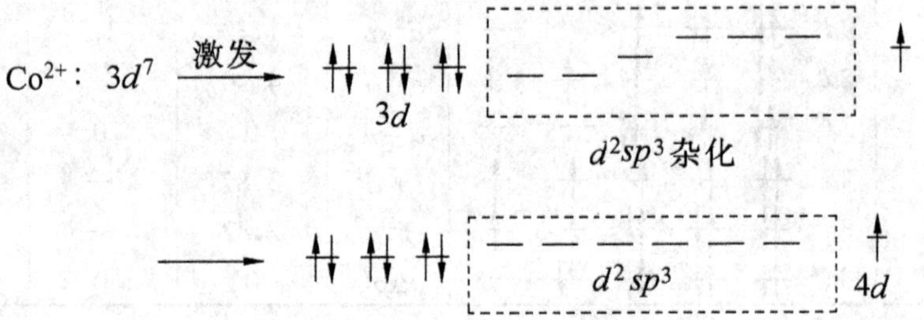

这一解释较好地说明了$[Co(CN)_6]^{4-}$的还原性。但在用同一方法解释$[Cu(NH_3)_4]^{2+}$的形成过程时,将会得到$Cu(NH_3)_4{}^{2+}$同样不稳定,会形成$[Cu(NH_3)_4]^{3+}$的错误结论:

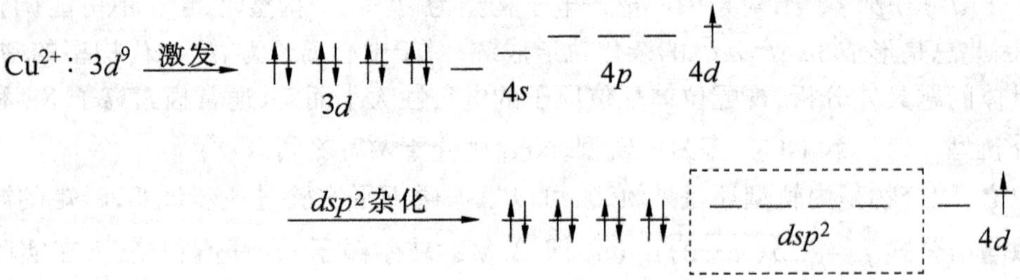

这显然是与实验事实相违背的,这也说明价健理论有局限性。此外,价健理论对配合物为什么会产生高低自旋的解释还过于牵强,也无法解释配合物的可见及紫外吸收光谱及过渡金属配合物普遍有特征颜色的原因;对于配离子稳定性与中心离子电子构型之间的关系,如在一些配体中(如 X^-)是以下关系:

$$d^0<d^1<d^2<d^3>d^4>d^5<d^6<d^7<d^8>d^9>d^{10}$$

在另一些配体(如 CN^-,CO,en…)又是另一关系:

$$d^0<d^1<d^2<d^3<d^4<d^5<d^6>d^7>d^8>d^9>d^{10}$$

对此的解释,价健理论都无能为力。这些都说明价键理论是不够全面的,需要进一步从理论上研究配合物的形成过程。

二、晶体场理论

晶体场理论(crystal field theory)创立于 1928 年,由物理学家 H. Bethe 及 J. H. Van Vleck 根据静电场作用理论提出,但该理论真正受到重视是在 1953 年,因为它成功地解释了$[Ti(H_2O)_6]^{2+}$的光谱特征及其他一系列过渡金属配合物具有特殊性质的原因。其基本要点如下:

(1)中心离子 M 与配位体 L 之间的作用力(化学键)本质上是纯粹的静电作用力。由于 M—L 间的静电作用力使体系能量降低,从而使配合物有一定的稳定性。

(2)过渡金属的中心离子的 5 个 d 轨道在假想的球形场(均匀电场)中能量是简并的。当它们受到外界非球形对称的配位体负电场(负离子或配体偶极分子的负端)的作用时,由于配体负电荷与中心体 d 轨道的电性作用(相互排斥作用),不仅使得各 d 轨道电子能量普遍升高,而且不同 d 轨道能量变化不同,从而发生了 d 轨道的能级分裂。

在八面体配合物中,6 个配位体从 $\pm x$, $\pm y$, $\pm z$ 六个方向逼近中心离子,其中 d_{z^2} 及 $d_{x^2-y^2}$ 轨道将与配体"迎头相碰",电性排斥力较大,轨道能量升高较多;相应地 d_{xy}, d_{yz}, d_{xz} 轨道与配体逼近方向错开,因此能量上升较少,较球形场时能量低,但仍比自由离子的 d 轨道能量高。这样,简并的 5 个 d 轨道将分裂为两组,一组为 e_g 轨道(群论中使用的符号)或 dr 轨道(晶体场中的符号),另一组为 t_{2g} 轨道(或 dε 轨道)。两组轨道间能级差称为分裂能 Δ_o(o:octahedral),见图 10-4。

在四面体场中,情况刚好与八面体场相反,4 个配位体逼近中心体时的方向刚好与坐标轴 x, y, z 方向错开,避开了 d_{z^2} 及 $d_{x^2-y^2}$ 的轨道伸展方向,而正好与 d_{xy}, d_{yz}, d_{xz} 轨道伸展方向迎头相碰,引起轨道能级分裂,得到两组轨道,即 t_2 及 e 轨道。它们之间的能级差为 Δ_t(t:tetrahedral),见图 10-4。

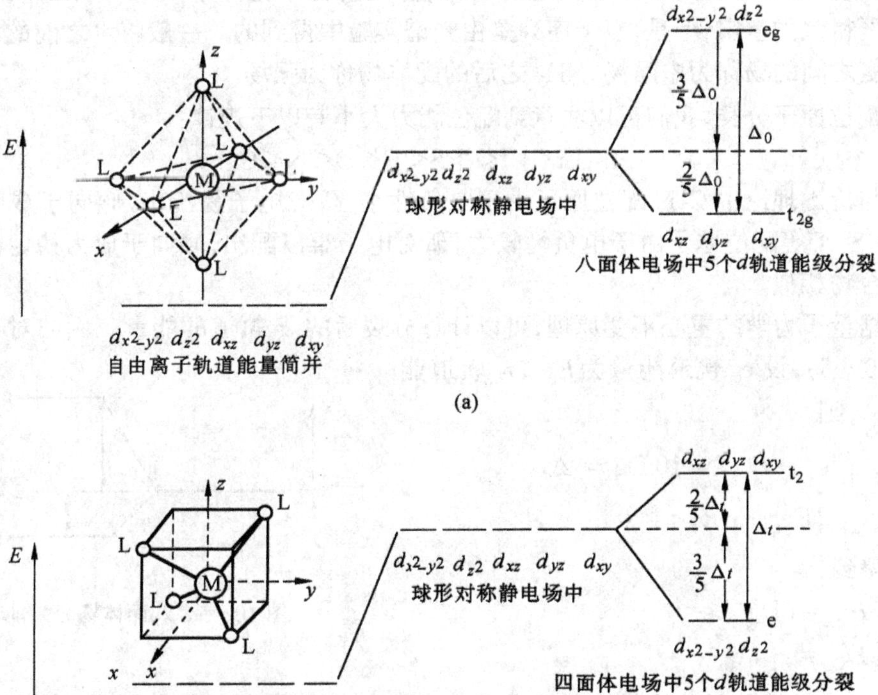

图 10-4　过渡金属 5 个 d 轨道和它们在八面体(α)及四面体(b)配合物中能级分裂情况

Δ_o 及 Δ_t 分别被称为八面体场及四面体场中中心电子 d 轨道的能级分裂的分裂级(splitting energy),显然 $\Delta_o \neq \Delta_t$,而且不同配体 L,即使是同属八面体构型,Δ_o 值(常以 cm^{-1}表示)也不会相同。通常将 Δ_o 分为十等份,每份为 1 Dq,因此 $\Delta_o = 10$ Dq。

Δ_o 及 Δ_t 的数值大小可以由晶体或溶液的吸收光谱实验中直接求得,由于它是配体与中心离子"电性"作用力下产生的分裂,因此 Δ_o 或 Δ_t 的数值显然与以下因素有关:

①在 L 相同的条件下,中心离子 M^{n+} 的电荷数值越大,Δ 应越大。

②中心离子 d 轨道的主量子数越大,分裂能越大。显然,这是由于 $5d$ 轨道伸展空间范围大于 $4d$,也大于 $3d$ 轨道。因此可以预言,在三个过渡系中,当第三过渡系过渡金属元素作中心体时分裂能最大。作为规律,第二过渡系比第一过渡系的 Δ_o 值大 40%~50%,第三过渡系比第二过渡系的 Δ_o 值大 20%~25%。

③对于同一中心离子,不同的配体引致的能级分裂数值不同,这就是说,Δ 与配体性质密切相关。根据光谱实验结果,将配体引起能级分裂的顺序从弱到强列出,称为光谱化学序列:

$$I^- < Br^- < S^{2-} < SCN^- < Cl^- < NO_3^- < F^- < OH^- < C_2O_4^{2-} < H_2O$$
$$< NCS^- < NH_3 < en < SO_3^{2-} < o-phen < NO_2^- < CO, CN^-$$

直观的感觉是分裂能应与配体的电荷或偶极矩密切地相关,因为从晶场的静电作用力观点出发,我们难以理解为什么带负电的 X^- 的静电场比中性分子 en,o - phen,CO 产生的静电场弱得多的事实,但是,以上序列是由光谱实验中得到的。一般将水之前的场称为弱场,水-氨之间的场称为中间场,NH_3 之后的配体场称为强场。

以配位原子分类,我们可以注意到配位能力大小有以下规律:

$$I < Br < Cl < \approx S < F < O < N < C$$

这似乎与价键理论中 C,N 配位原子由于电负性小,孤对电子易给出,倾向于成为共价配合物;O,S,X 等配位原子由于电负性较大,孤对电子难以配出,倾向于成为稳定性较差的电价配合物相似。

根据量子力学的重心不变原理,可以计算分裂后的 d 轨道的能量。例如对于八面体场(图 10-5),设 e_g 轨道能量为 Ee_g,t_{2g} 轨道能量为 $E_{t_{2g}}$,则

$$E \begin{cases} e_g - E_{t_{2g}} = 10\ Dq = \Delta_o \\ 2Ee_g + 3E_{t_{2g}} = 0 \end{cases}$$

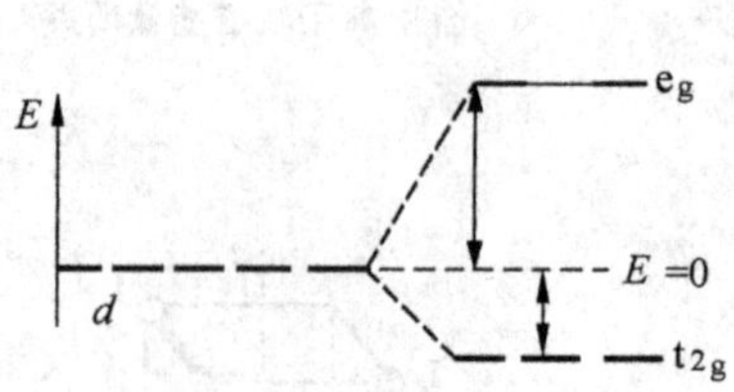

图 10-5 八面体场分裂能

解方程得到:

$$\begin{cases} Ee_g = 6Dq \\ E_{t_{2g}} = -4\ q \end{cases}$$

这就是说,e_g 轨道能量比均匀球形场升高了 6 Dq,t_{2g} 轨道能量比均匀球形场降低了 4 Dq。

对于四面体场分裂,根据图 10-6 计算,由于 $\Delta_t = \frac{4}{9}\Delta_o$(实验测定数值),因此:

$$\begin{cases} E_{t_2} - E_e = \frac{4}{9}\Delta_o = \Delta_t \\ 3E_{t_2} + 2E_e = 0 \end{cases}$$

解方程得：

$$\begin{cases} E_{t_2} = 1.78\,\text{Dq} \\ E_{dr} = 2.67\,\text{Dq} \\ \Delta_t = 4.45\,\text{Dq} \end{cases}$$

说明四面体场引起能级分裂比八面体场能级分裂小。

对于正方形场，轨道分裂如图 10-7 所示，其 $\Delta_s = 17.42$ Dq。

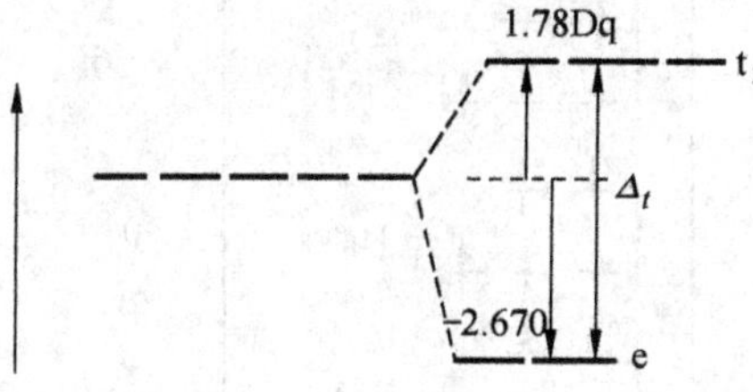

图 10-6　四面体场能级分裂

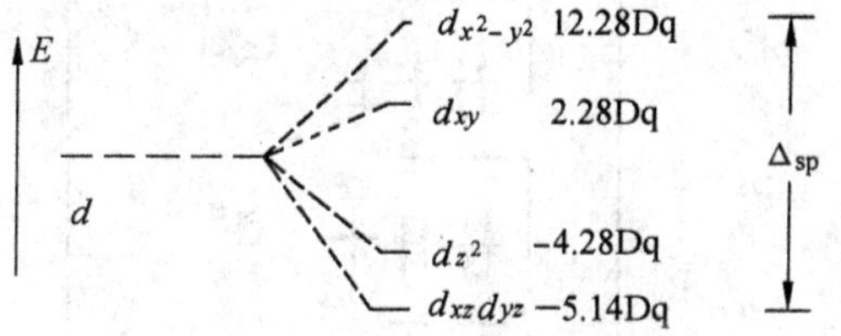

图 10-7　正方形场轨道分裂

(3) d 轨道能级分裂后，d 电子在轨道上的排布将遵循以下原则：①能量最低原理。②在电子成对能 p 大于分裂能 Δ 时，电子将不成对地排布，而采用高自旋的排布方式，即保持自旋平行方式排布，成单电子数目多；在成对能 p 小于分裂能 Δ 时，电子排布将不遵循洪特规则，而以成对形式排布，即低自旋排布方式。显然，在高自旋排布时，由于电子部分地占有能级高的轨道，配合物稳定性较差；在低自旋排布时，由于处于低能级轨道电子数目增大，稳定性将增大。

(4)由于中心体电子排布形式可以采取高自旋排列或低自旋排列，使配合离子获得额外的稳定化能，称为晶体场稳定化能（CFSE, crystal field stabilization energy）。显然，CFSE 与 Δ 数值有关，也与中心体 d 电子排布有关。例如对于八面体场 $d^1 \sim d^9$ 电子构型的配合物在强弱场的电子排布情况见表 10-9。由表可见，对于 $d^1, d^2, d^3, d^8, d^9, d^{10}$ 的中心离子而言，强场下电子排布与弱场下电子排布是相同的；而 $d^4 \sim d^7$ 构型中心离子 d 电子排布才有强弱场的区别，它们的 CFSE 是不同的。

表 10-10 列举了一些 $d^4 \sim d^7$ 的过渡金属阳离子八面体络合物的实例，电子排布显然是与分裂能 Δ_o 及成对能 p 的数值密切相关的。

应用晶体场理论，可以讨论并解释配合物的一系列性质。如有关配合物的磁性，配合物的稳定性，配离子的空间构型，配离子的颜色等性质，以下分别给予讨论。

(1)讨论配合物的稳定性。例如，弱场下同一配体的高自旋配合物稳定性顺序大体符合：$d^0 < d^1 < d^2 < d^3 > d^4 > d^5 < d^6 < d^7 < d^8 > d^9 > d^{10}$；强场下同一配体的低自旋配合物稳定性顺序大体符合：$d^0 < d^1 < d^2 < d^3 < d^4 < d^5 < d^6 > d^7 > d^8 > d^9 > d^{10}$。这些都是价键理论无法解释的事实，根据晶体场理论都可以给予定量的解释。

表 10-9　八面体配合物中心离子的 d^n 电子在强弱场中排布情况

d^n	强　场	CFSE/Dq	弱　场	CFSE/Dq
d^1	$t_{2g}^1e_g^0$	−4	t_{2g}^1	−4
d^2	$t_{2g}^2e_g^0$	−8	t_{2g}^2	−8
d^3	$t_{2g}^3e_g^0$	−12	t_{2g}^3	−12
d^4	$t_{2g}^4e_g^0$	−16	$t_{2g}^3e_g^1$	−6
d^5	$t_{2g}^5e_g^0$	−20	$t_{2g}^3e_g^2$	0
d^6	$t_{2g}^6e_g^0$	−24	$t_{2g}^4e_g^2$	−4
d^7	$t_{2g}^6e_g^1$	−18	$t_{2g}^5e_g^2$	−8
d^8	$t_{2g}^6e_g^2$	−12	$t_{2g}^6e_g^2$	−12
d^9	$t_{2g}^6e_g^3$	−6	$t_{2g}^6e_g^3$	−6
d^{10}	$t_{2g}^6e_g^4$	0	$t_{2g}^6e_g^4$	0

表 10-10　某些八面体配合物 Δ_o, p 数值及 CFSE

电子构型	离子	Δ_o/kJ·mol^{-1}	p/kJ·mol^{-1}	电子排布	未成对电子	磁性	CFSE/Dq
d^4	$[Cr(H_2O)_6]^{2+}$	166	281	$t_{2g}^3e_g^1$	4	高自旋	6
	$[Mn(H_2O)_6]^{3+}$	251	335	$t_{2g}^3e_g^1$	4	高自旋	6
d^5	$[Mn(H_2O)_6]^{2+}$	93	305	$t_{2g}^3e_g^2$	5	高自旋	0
	$[Fe(H_2O)_6]^{3+}$	164	358	$t_{2g}^3e_g^2$	5	高自旋	0
d^6	$[Fe(H_2O)_6]^{2+}$	124	210	$t_{2g}^4e_g^2$	4	高自旋	4
	$[Fe(CN)_6]^{4-}$	395	210	$t_{2g}^6e_g^0$	0	低自旋	24
	$[Co(F)_6]^{3-}$	155	251	$t_{2g}^4e_g^2$	4	高自旋	4
	$[Co(NH_3)_6]^{3+}$	275	251	$t_{2g}^6e_g^0$	0	低自旋	24
d^7	$[Co(H_2O)_6]^{2+}$	111	269	$t_{2g}^5e_g^2$	3	高自旋	8

又如，Co^{3+} 为 $3d^6$ 离子，Fe^{3+} 为 $3d^5$ 离子，它们的离子半径相当接近，$r_{Co^{3+}}=63$ pm，$r_{Fe^{3+}}=64$ pm，但是在同一配体的配合物中，Co^{3+} 配合物一般都比 Fe^{3+} 配合物稳定，如 $[Co(EDTA)]^-$ $K_{稳}=10^{36}$，$[Fe(EDTA)]^-$ $K_{稳}=1.7\times10^{24}$；$[Co(CN)_6]^{3-}$ $K_{稳}=1\times10^{64}$，$[Fe(CN)_6]^{3-}$ $K_{稳}=1\times10^{42}$。这些事实读者可以容易地运用晶体场理论加以理解。

但是应该指出，在配合物中，配位键键能与 CFSE 相比，CFSE 只占极少一部分，键能应占主要地位。因此，在讨论配合物稳定性时，应首先考虑中心体与配位体间的键的强度，其次再考虑 CFSE 的影响。对于同一配位体形成配合物，CFSE 对配合物性质的影响必须考虑到。例如图 10－8 给出了从 Ca^{2+}—Zn^{2+} 一系列元素形成水合离子 $[M(H_2O)_6]^{2+}$ 的水合热图，虚线部分是考虑到从 Ca^{2+}—Zn^{2+} 中有效核电荷的增加而引起水合热的变化，而实线呈现的双峰变化正是实验数值，它表明在水这一弱场作用下产生的 CFSE 对水合能的影响，显然，实测水合能和除去 CFSE 后将得到理论水合能的数值。

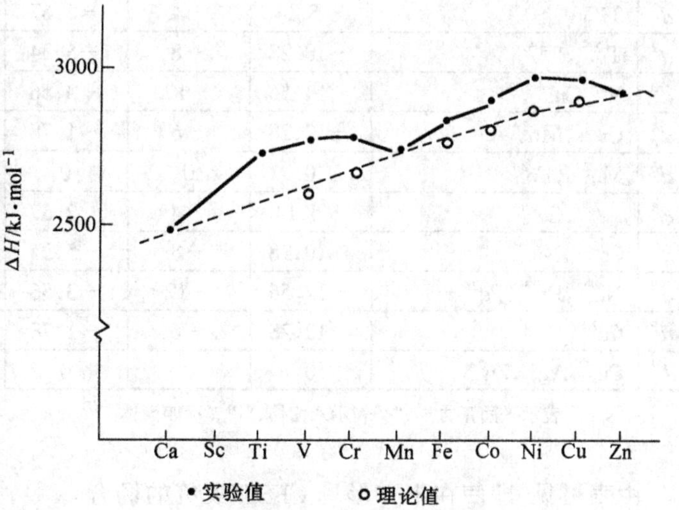

图 10－8　第一过渡系 M^{2+} 的水合热

(2)对于配合物磁性的解释。晶体场理论对配合物磁性的解释是比较令人满意的。由成单电子数目 n 代入 $\sqrt{n(n+2)}\mu_0$ 公式计算，可得到与实验值较为接近的结果(表 10－11)。

表 10－11　某些配合物的磁矩

配合物	中心离子电子排布	成单电子数	$\sqrt{n(n+2)}$/B.M.	实测磁矩/B.M.
$[FeF_6{}^{3-}]$	$t_{2g}{}^3e_g{}^2$	5	5.91	5.9
$[Fe(CN)_6]^{3-}$	$t_{2g}{}^5e_g{}^0$	1	1.73	2.3
$[Fe(H_2O)_6]^{2+}$	$t_{2g}{}^4e_g{}^2$	4	4.89	5.3
$[Co(NH_3)_6]^{3+}$	$t_{2g}{}^6e_g{}^0$	0	0	0
$[Co(NH_3)_6]^{2+}$	$t_{2g}{}^5e_g{}^2$	3	3.87	5.0

(3)常见的四面体构型、八面体构型及平面正方形场下过渡金属配离子的晶体场稳定化能汇列于表 10－12。

表 10-12　不同空间构型过渡金属配离子的 CFSE　　Dq

d^n	离子	弱场			强场		
		s.p.	o	t	s.p.	o	t
d^0	Ca^{2+}, Sc^{3+}	0	0	0	0	0	0
d^1	Ti^{3+}	−5.14	−4	−2.67	−5.14	−4	−2.67
d^2	Ti^{2+}, V^{3+}	−10.28	−8	−5.34	−10.28	−8	−5.34
d^3	V^{2+} Cr^{3+}	−14.56	−12	−3.56	−14.56	−12	−8.01
d^4	Cr^{2+}, Mn^{3+}	−12.28	−6	−1.78	−19.70	−16	−10.68
d^5	Mn^{2+}, Fe^{3+}	0	0	0	−24.84	−20	−8.90
d^6	Fe^{2+}, Co^{3+}	−5.14	−4	−2.67	−29.12	−24	−6.12
d^7	Co^{2+}, Ni^{3+}	−10.28	−8	−5.34	−26.84	−18	−5.34
d^8	Ni^{2+}, Pt^{2+}, Pd^{2+}	−14.56	−12	−3.56	−24.56	−12	−3.56
d^9	Cu^{2+}	−12.28	−6	−1.78	−12.28	−6	−1.78
d^{10}	Cu^{+}, Ag^{+}, Zn^{2+}	0	0	0	0	0	0

注："s.p."表示平面正方形；"o"表示八面体，"t"表示四面体。

由表可见，即使在正方形场 CFSE 较负的场合下，常见配合物还是以八面体为常见。这是由于 CFSE 与键能相比，键能对配合物的稳定性更为重要，CFSE 只占配位化合物形成的总体能量的一小部分，正因为如此，多数的配合物以八面体为主。只有在电子构型有利于形成正方形的配合物时，配合物才有可能形成平面正方形的构型，而四面体构型由于键能少，CFSE 也小，因此在配位化合物中较为少见。

(4)对某些配合物空间构型的解释。例如，实验测定铜氨水合配离子[$Cu(NH_3)_4(H_2O)_2$)]$^{2+}$ 中 4 个氨分子位于平面正方形四角顶角上，Cu—N 键长为 207 pm，而轴向部分两端是两个水分子，Cu—OH_2 键键长为 262 pm，(图 10-9)是一个"被拉长了的八面体"。这可以从该配离子结构分析得到理解：

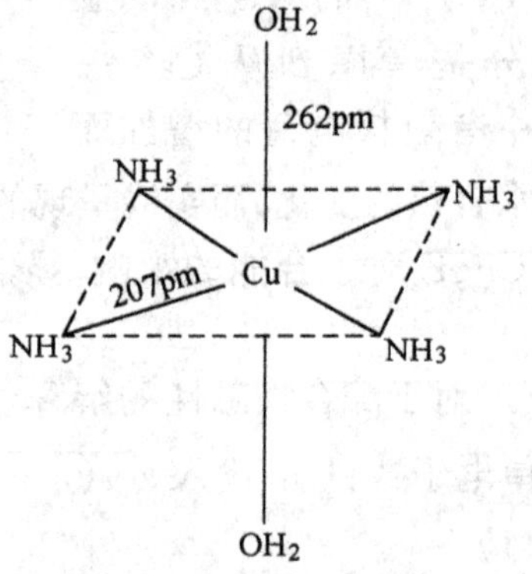

图 10-9　[$Cu(NH_3)_4 \cdot (H_2O)_2$]$^{2+}$ 结构

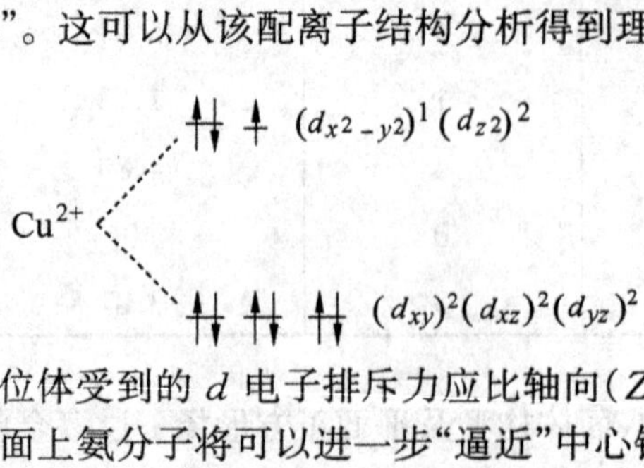

显然，在平面上四个配位体受到的 d 电子排斥力应比轴向(Z 轴)两个配位体受到的 d 电子排斥力小些，因此平面上氨分子将可以进一步"逼近"中心铜离子，而轴向水分子将离中

心体较远，形成了一个被拉长了的八面体，发生八面体畸变。

(5)对配离子颜色的解释。晶体场理论对于大多数配合物为什么有颜色的解释是令人满意的。我们知道，凡能吸收某种波长的可见光、并能将未被吸收的那部分光反射(或透射)出来的物质都能呈现颜色。通常被物质吸收的光的颜色与被反射出的(被观察到的)光的颜色呈互补关系，两者关系列于表 10－13。

表 10－13　可见光波长互补关系及物质颜色关系

吸收波长/$\times 10^2$ pm	波数/cm^{-1}	被吸收光颜色	观察到物质的颜色
4 000～43 50	25 000～23 000	紫	绿黄
4 350～4 800	23 000～20 800	蓝	黄
4 800～4 900	20 800～20 400	绿蓝	橙
4 900～5 000	20 400～20 000	蓝绿	红
5 000～5 600	20 000～17 000	绿	红紫
5 600～5 800	17 000～17 200	黄绿	紫
5 800～5 950	17 200～16 800	黄	蓝
5 950～6 050	16 800～16 500	橙	绿蓝
6 050～7 500	16 500～13 333	红	蓝绿

对于过渡金属配合物或过渡金属离子水溶液(实质上是 $M(H_2O)_6{}^{n+}$)，往往具有特殊的颜色的事实可以根据中心离子轨道分裂后电子的排布以及表 10－13 的关系给予解释。由于中心离子 d 轨道分裂能Δ_o(或 Δ_{sp}，Δ_t)都在可见光波长范围内，因此，在白光照射下，处于低能级的 d 电子吸收了相应于Δ_o 的光波波长的能量后将可以跃迁到较高能级的轨道上，这就是所谓的 d－d 跃迁。而我们观察到的颜色，正是被吸收部分的互补色。正因为 d－d 跃迁，不同配体的同一离子配合物有不同的颜色，同一配体的不同中心体配合物颜色也相异。例如，Ti^{3+} 水溶液呈紫色，实验测定$[Ti(H_2O)_6]^{3+}$ 的 Δ_o 为 20 000 cm^{-1}，d－d 跃迁将吸收蓝绿色波长的光，因此 Ti^{3+} 水溶液为紫红色。

在元素周期表中，ⅠA、ⅡA、ⅢA 族元素离子结构是 d^0 结构，不可能产生 d－d 跃迁，都是无色离子，例如 Na^+，K^+，Ca^{2+}，Al^{3+} 等；ⅠB，ⅡB 族元素(如 Cu^+，Ag^+，Zn^{2+}，Cd^{2+}，Hg^{2+})及ⅢA 族元素(如 Ga^{3+})都是 d^{10}结构阳离子，也不能产生 d－d 跃迁，也是无色离子；$d^{1\sim9}$的过渡金属离子由于有可能产生 d－d 跃迁，因此大多数过渡金属配离子都有特征颜色。在弱场下，d^5 离子(如 Mn^{2+} ($3d^5$))由于电子排布为 $t_{2g}{}^3e_g{}^2$，在产生 d－d 跃迁时，电子自旋方向必须相应地改变，而在可见光区不太可能实现这种自旋禁阻的 d－d 跃迁，因此 d^5 结构弱场条件下的水合离子颜色都很浅，近乎于无色，如 Mn^{2+} 是肉色，Fe^{3+} 也近乎于无色。

一些化合物中，当单个阳离子及阴离了都是无色离子(阳离子不能产生 d－d 跃迁)，但他们之间的化合物往往又有色时，可以由离子双互极化作用产生的电荷移动跃迁给予解释，例如 AgI 显黄色，CdI_2 显棕色等。

(6)应用晶体场理论，还可以解释一些无机配合物的氧化还原稳定性。例如，我们都知道，Co^{3+} 离子在酸性溶液中是极强氧化剂，不稳定地存在于水溶液中：

$$Co^{3+} + Cl^- \longrightarrow Co^{2+} + \frac{1}{2}Cl_2\uparrow$$

但$[Co(NH_3)_6]^{2+}$在空气中极易被氧化成$[Co(NH_3)_6]^{3+}$，这说明在氨配体作用下$[Co(NH_3)_6]^{2+}$的还原性。对于这一事实，VB 法是从 Co^{2+} ($3d^7$)电子跃迁到高能级轨道后的不稳定性来解释的，显然同一解释是绝对不适用于$[Cu(NH_3)_4]^{2+}$的，因为$[Cu(NH_3)_4]^{2+}$在水溶液极之稳定，不会氧化为$[Cu(NH_3)_6]^{3+}$。对此，晶体场理论解释是较为合理的。实验表明，$[Cu(NH_3)_6]^{2+}$有 3 个未成对电子，$[Co(NH_3)_6]^{3+}$无成单电子。因此在反应：

$$[Co(NH_3)_6]^{2+} \longrightarrow [Co(NH_3)_6]^{3+} + e$$

中，CFSE 从 - 8 Dq 到 - 24 Dq，这一额外的能量补充，也许是促进平衡右移的原因。由此可以预测$[Co(NH_3)_6]^{3+}$将应比$[Co(NH_3)_6]^{2+}$稳定。实际上，它们的 $K_{稳}$ 清楚地表现出这点：$[Co(NH_3)_6]^{3+}$ $K_{稳} = 3.2\times10^{32}$，$[Co(NH_3)_6]^{2+}$ $K_{稳} = 1.09\times10^{3}$。

由以上讨论可见，晶体场理论在解释配合物的一系列性质上比价键理论更优，更广泛，更定量。但是，由于晶体场理论只是建立在单纯静电作用力基础之上，忽略了配位化合物的本质——配位键的存在，因此难以解释为什么配体分为强场、弱场，而一些中性分子产生的场强又远远大于带电的阴离子这一事实。实际上，顺磁共振及核磁共振等现代实验手段已证实，在中心体及配位体分子间轨道存在某种程度的重叠，即有化学键(共价键)成分存在。1952 年，L. E. Orgel 将晶体场理论与分子轨道理论结合起来，发展为今天的配位场理论，更合理地解释了配合物性质及结构的关系，这些有关的理论与应用将在有关后续课程中介绍。

第三节　热力学与配位平衡

从热力学的角度来看，由于配位反应：

$$M + 6L \longrightarrow ML_6$$

是配位键生成的过程，应是放热过程，$\Delta_r H_m^{\ominus} < 0$，同时由于$\sum_B \nu_B < 0$，因此是 $\Delta_r S^{\ominus} < 0$ 的热力学过程。因此可以预测，配位反应的发生是焓推动的反应，升高体系温度，不利于配合物的生成，只会加速配合物离解过程。因此，有关热力学与化学平衡的讨论全部适用于配位平衡的讨论。

一、配离子及配合物在水溶液中的平衡

由于溶剂分子的作用，配合物(或配离子)在溶剂中存在生成-离解平衡，其生成离解作用分别用 $K_{稳}$ (stability constant)及 $K_{不稳}$ (unstability constant)表示，显然它们的生成-离解过程应是分步的。例如，$[Cu(NH_3)_4]^{2+}$的解离：

$$Cu(NH_3)_4^{2+} \rightleftharpoons Cu(NH_3)_3^{2+} + NH_3 \qquad K_{不稳_1} = \frac{[Cu(NH_3)_3^{2+}][NH_3]}{[Cu(NH_3)_4^{2+}]} = 5.0\times10^{-3}$$

$Cu(NH_3)_3^{2+} \rightleftharpoons Cu(NH_3)_2^{2+} + NH_3 \qquad K_{不稳_2} = \dfrac{[Cu(NH_3)_2^{2+}][NH_3]}{[Cu(NH_3)_3^{2+}]} = 9.1 \times 10^{-4}$

$Cu(NH_3)_2^{2+} \rightleftharpoons Cu(NH_3)^{2+} + NH_3 \qquad K_{不稳_3} = \dfrac{[Cu(NH_3)^{2+}][NH_3]}{[Cu(NH_3)_2^{2+}]} = 2.1 \times 10^{-4}$

$Cu(NH_3)^{+} \rightleftharpoons Cu^{2+} + NH_3 \qquad K_{不稳_4} = \dfrac{[Cu^{2+}][NH_3]}{[Cu(NH_3)^{+}]} = 5.0 \times 10^{-5}$

而$[Cu(NH_3)_4]^{2+}$的形成则是：

$Cu^{2+} + NH_3 = Cu(NH_3)^{2+} \qquad K_{稳_1} = 1/K_{不稳_4} = 2.0 \times 10^4$

$Cu(NH_3)^{2+} + NH_3 \rightleftharpoons Cu(NH_3)_2^{2+} \qquad K_{稳_2} = 1/K_{不稳_3} = 4.7 \times 10^3$

$Cu(NH_3)_2^{2+} + NH_3 \rightleftharpoons Cu(NH_3)_3^{2+} \qquad K_{稳_3} = 1/K_{不稳_2} = 1.1 \times 10^3$

$Cu(NH_3)_3^{2+} + NH_3 \rightleftharpoons Cu(NH_3)_4^{2+} \qquad K_{稳_4} = 1/K_{不稳_1} = 2.0 \times 10^2$

显然，$[Cu(NH_3)_4]^{2+} \rightleftharpoons Cu^{2+} + 4NH_3$ 的 $K_{不稳}$应为：

$$K_{不稳} = K_{不_1} \times K_{不_2} \times K_{不_3} \times K_{不_4} = 4.8 \times 10^{-14}$$

而 $Cu^{2+} + 4NH_3 \rightleftharpoons [Cu(NH_3)_4]^{2+}$ 的 $K_{稳}$ 应为：

$$K_{稳} = K_{稳_1} \times K_{稳_2} \times K_{稳_3} \times K_{稳_4} = 2.1 \times 10^{13}$$

注意到以上离解或生成常数各级间相差不大，并不似酸碱电离平衡中 $K_1 : K_2 : K_3 = 1 : 10^{-5} : 10^{-10}$这一递变顺序，因此在计算平衡时有一定的困难，不能作简化处理，而必须考虑各级配离子的存在。如同多元酸电离（如 $H_3PO_4 \rightleftharpoons H^+ + H_2PO_4^- \cdots$）一样，我们不能简单地认为$[H^+] = 3[PO_4^{3-}]$；在$[Cu(NH_3)_4]^{2+} \rightleftharpoons Cu^{2+} + 4NH_3$ 中，同样 $4[Cu^{2+}] \neq [NH_3]$，但是作为平衡时的关系：

$$\frac{[H^+][PO_4^{3-}]}{[H_3PO_4]} = K_1 K_2 K_3$$

及

$$\frac{[Cu^{2+}][NH_3]^4}{[Cu(NH_3)_4{}^{2+}]} = K_{不}$$

的关系是永远成立的。

实际上，由于在配合物的制备过程中，配位体的量总是大大超过理论需要量，因此配离子或配合物总是以最高形式（最高配位数）存在于配合物中，较低级配位数的配离子可以忽略不计，从而使溶液中的关系简单化，只存在简单金属离子，配位体及配合物（离子）。本教材附表列有一些常见配离子的稳定常数，读者可以根据 $K_{稳}$ 常数计算配合物体系中各物种浓度以及讨论它们的相对稳定性，并计算各配合物的生成自由能等热力学函数。

必须指出，用 $K_{稳}$ 数值大小对比配离子的稳定性时，必须是相同类型的配合物才有意义，这正如用 K_{sp} 对比难溶性电解质的溶解度一样，也必须是同一类型化合物，否则，都应该经过具体计算才能得出结论。

二、配位平衡的移动

对于平衡：

$$M^{n+} + xL^- \rightleftharpoons ML_x^{(n-x)}$$

根据平衡原理,在改变平衡条件时,平衡将向消除这一变化的方向移动。首先,平衡常数是温度的函数,由于配合作用是放热过程,升高温度,将使平衡常数减少,平衡向配合物解离的方向移动。其次,改变平衡体系条件,例如加入各种试剂(如酸碱试剂、沉淀剂、氧化还原试剂及其他配位剂),如果这些试剂会改变配体或金属离子或配合物的浓度,也会使配合物平衡发生移动。因此配位平衡常常与其他平衡一起构成多重平衡。以下分别给予讨论。

1. 配位平衡与酸碱平衡

先看以下平衡:

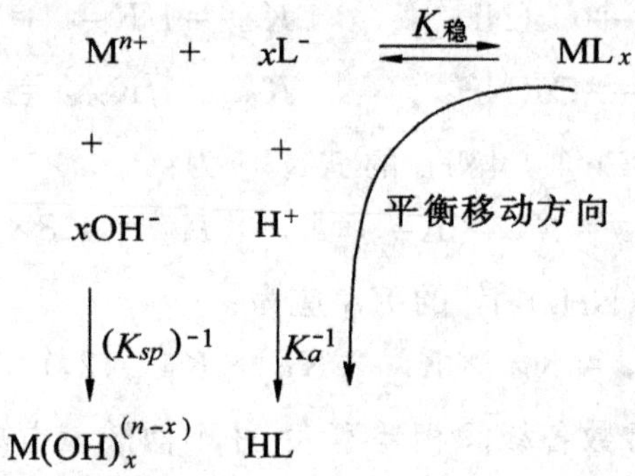

由于过渡金属离子的氢氧化物往往是难溶物,配位体又往往是碱性物质(如 NH_3、NH_2^- 等)或弱酸根离子(如 CO_3^{2-},$C_2O_4^{2-}$,CN^-,F^-,SCN^- 等)这一类 Lewis 碱,因此随着酸碱性的变化,配合平衡往往发生向离解方向的移动。其多重平衡常数 K 为:

$$ML_x + nOH^- \rightleftharpoons M(OH)_n\downarrow + xL^- \qquad K = K_{不稳}/K_{sp}$$

$$ML_x + xH^+ \rightleftharpoons M^{n+} + xHL^- \qquad K = K_{不稳}/K_a^x$$

说明 K_{sp} 越小,K_a 越小,平衡移动倾向越大。

例如: $Cd(NH_3)_4^{2+} + 2OH^- \rightleftharpoons Cd(OH)_2\downarrow + 4NH_3$

$$K = K_{不}/K_{sp(Cd(OH)_2)} = 6.4\times10^8$$

说明向$[Cd(NH_3)_4]^{2+}$ 配离子中加入碱液时,将使$[Cd(NH_3)_4]^{2+}$ 离解平衡向离解的方向移动。

再如: $Cu(NH_3)_4{}^{2+} + 4H^+ = Cu^{2+} + 4NH_4{}^+$

$$K = K_{不}/K_a^4 = \frac{1}{5\times10^{12}\times(5.64\times10^{-10})^4} = 1.97\times10^{24}$$

因此,$[Cu(NH_3)_4]^{2-}$ 在酸性条件下极其不稳定,彻底解离。

由以上分析可见,配合物的稳定常数越小,越易受酸碱性变化影响,在酸碱性溶液中越不稳定。

某些阳离子,由于在不同的 pH 下与某些配体生成不同颜色的螯合物,因此我们可以利用缓冲溶液,控制配位平衡反应在一定的 pH 范围内进行,从而只得到一种颜色的配合物,再根据这种有色螯合物的颜色深浅,利用比色分析的方法可以确定金属阳离子的浓度。例如，Fe^{3+} 与水杨酸在不同 pH 范围内可以形成紫红色、红褐色、黄色的配合物：在 pH＝2～3 生成紫红色的 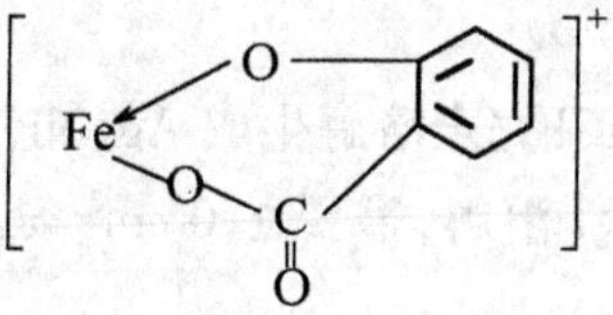，$[Fe(Sal)]^+$；在 pH＝4～8 时生成红褐色的 $[Fe(Sal)_2]^-$；pH≥9 时生成黄色的 $[Fe(Sal)_3]^{3-}$ 螯合物。

2.配位平衡与沉淀溶解平衡

在配位平衡体系中，加入使阳离子沉淀的沉淀剂，使平衡向解离方向移动，例如：

$$ML_n \rightleftharpoons M^{n+} + nL^-$$

$$\downarrow +X^{n-}$$

$$MX\downarrow$$

（平衡移动方向）

显然，该反应的平衡常数 $K = K^a_{不} \times 1/K^b_{sp} = 1/K^a_{稳} \times K^b_{sp}$（$a$，$b$ 依具体反应式而定）。

例如在向 $AgNO_3$ 溶液中依次滴加 Cl^-，$NH_3 \cdot H_2O$，Br^-，$Na_2S_2O_3$，I^-，CN^-，$(NH_4)_2S$ 试剂，将有可能发生以下平衡的转化反应：

$$Ag^+ + Cl^- \rightleftharpoons AgCl\downarrow \quad K = 1/K_{sp(AgCl)} = 5.56 \times 10^{11}$$

$$\xrightarrow{+2NH_3} Ag(NH_3)_2^+ \quad K = K_{稳Ag(NH_3)_2^+} \times K_{sp(AgCl)} = 2.0 \times 10^{-3}$$

$$\xrightarrow{+Br^-} AgBr\downarrow \quad K = 1/(K_{稳Ag(NH_3)_2^+} \times K_{sp(AgBr)}) = 1.68 \times 10^5$$

$$\xrightarrow{+S_2O_3^{2-}} Ag(S_2O_3)_2^{3-} \quad K = (K_{稳Ag(S_2O_3)_2^{3-}} \times K_{sp(AgBr)}) = 15.7$$

$$\xrightarrow{+I^-} AgI\downarrow \quad K = 1/(K_{稳Ag(S_2O_3)_2^{3-}} \times K_{sp(AgI)}) = 4.06 \times 10^2$$

$$\xrightarrow{+CN^-} Ag(CN)_2^- \quad K = K_{稳Ag(CN)_2^-} \times K_{sp(AgI)} = 1.1 \times 10^5$$

$$\xrightarrow{+S^{2-}} Ag_2S\downarrow \quad K = 1/(K^2_{稳Ag(CN)_2^-} \times K_{sp(Ag_2S)}) = 8.8 \times 10^5$$

由以上转化可见，平衡总是向生成沉淀的 K_{sp} 更小的方向或生成配合物 $K_{稳}$ 更大的方向转化，因此适当地控制沉淀剂或配合剂的量及浓度，可以使沉淀或配离子完全转化。以上的例子在实际生活中有广泛的应用。例如在照相工业中我们用海波（$Na_2S_2O_3$ 溶液）作定影剂，洗去底片或相纸上未感光的 AgBr 成 $Ag(S_2O_3)_2^{3-}$，我们又以 H_2S 沉淀定影废液中的 $Ag(S_2O_3)_2{}^{3-}$ 为 Ag_2S 以回收银。

例 10－1　欲使 0.10 mmol 的 AgCl 完全溶解生成 $Ag(NH_3)_2{}^+$，最少需要 1.0 cm^3 氨水的浓度是多少？欲使 0.10 mmol AgI 溶解，需要 1.0 cm^3 氨水的浓度又是多少？改用 1.0 cm^3KCN 溶液时，浓度为多少？

解：①
$$AgCl + 2NH_3 \rightleftharpoons Ag(NH_3)_2{}^+ + Cl^-$$

平衡时浓度/$mol\cdot dm^{-3}$　　x　　0.10　　0.10

$$\frac{0.1\times0.1}{x^2} = K = K_{稳\,Ag(NH_3)_2^+}\times K_{sp(AgCl)} = 2.0\times10^{-3}$$

$$x = 2.2\ mol\cdot dm^{-3}$$

因此溶解 0.01 mmol AgCl 需 1 $cm^3NH_3\cdot H_2O$ 的浓度为：

$$2.2 + 0.1\times2 = 2.4\ mol\cdot dm^{-3}$$

②
$$AgI + 2NH_3 \rightleftharpoons Ag(NH_3)_2^+ + I^-$$

平衡时浓度/$mol\cdot dm^{-3}$　　x　　0.10　　0.10

$$\frac{0.1\times0.1}{x^2} = K_{稳Ag(NH_3)_2^+}\times K_{sp(AgI)} = 1.1\times10^7\times8.5\times10^{-17} = 9.35\times10^{-10}$$

$$x = [NH_3] = \sqrt{\frac{1.0\times10^{-2}}{9.35\times10^{-10}}} = 3.2\times10^3\ mol\cdot dm^{-3}$$

这是不可能达到的。相反，使用 KCN 时，其溶液最低浓度为：

$$AgI + 2CN^- \rightleftharpoons Ag(CN)_2{}^- + I^- \qquad K = 1.1\times10^5$$

平衡时浓度/$mol\cdot dm^{-3}$　　x　　0.1　　0.1

$$x = \sqrt{\frac{1.0\times10^{-2}}{1.1\times10^5}} = 3.01\times10^{-4}mol\cdot dm^{-3}$$

实际需 CN^- 的浓度为 $0.20 + 3.0\times10^{-4}(mol\cdot dm^{-3}) = 0.20\ mol\cdot dm^{-3}$，显然，AgI 溶于 KCN 溶液中。

3.配位化合物间平衡移动(配位体取代反应)

当向一配位化合物平衡体系中加入另一配合剂时，配位平衡可能发生移动：

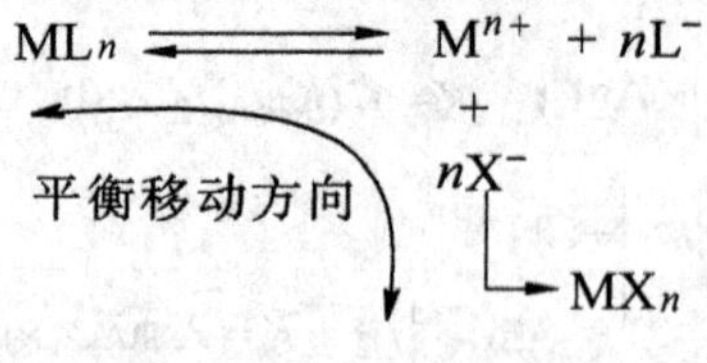

显然，平衡移动方向取决于 $K_{稳ML_n}$ 及 $K_{稳MX_n}$ 的大小，平衡应向 $K_{稳}$ 更大的配合物方向移动。例如，向 $HgCl_4^{2-}$ 溶液中加入 I^-，则：

$$HgCl_4^{2-} + 4I^- = HgI_4^{2-} + 4Cl^-$$

$$K = K_{稳HgI_4^{2-}}/K_{稳HgCl_4^{2-}} = 6.8\times10^{29}/1.2\times10^{13} = 5.7\times10^{15}$$

$HgCl_4^{2-}$ 将转化为 HgI_4^{2-}。

这一原理将广泛应用于分析化学中离子的掩蔽。例如 Co^{2+} 的检出可以用 KSCN 试剂：

$$Co^{2+} + 4SCN^{-} = Co(NCS)_4{}^{2-} \quad (蓝紫色)$$

当溶液中有少量 Fe^{3+} 存在时，将对 Co^{2+} 检出产生干扰，生成血红色 $[Fe(NCS)_6]^{3-}$。若在体系中加入与铁（Fe^{3+}）配合极其稳定的 F^-，则生成无色的 $FeF_6{}^{3-}$，而使 Fe^{3+} 不再对 Co^{2+} 产生干扰，$K_{稳FeF_6^{3+}}/K_{稳Fe(NCS)_6^{3-}} = 2\times10^{15}/1.2\times10^{9} = 1.67\times10^{6}$，$Fe^{3+}$ 受到掩蔽。

4.配位平衡与氧化还原反应

具体有关讨论见氧化还原电化学一章。

第四节 配位化合物的应用

由于自然界中大多数化合物都以配合物形式存在，因此，配位化合物所涉及的范围及应用是十分广泛的。可以说，配位化学已渗透到各个学科及各行各业。以下只作简单介绍。

1.鉴别离子

例如我们常用黄血盐检定 Fe^{3+}，而又以赤血盐检定 Fe^{2+}；以丁二酮肟检出 Ni^{2+}，以 EDTA 作滴定剂。此外分析化学中常用指示剂、掩蔽剂、显色剂等都离不开利用配合物的性质。利用配位化合物进行离子鉴别在分析化学中的应用十分广泛。

2.湿法冶炼

例如从矿砂中提取 Au，Ag 往往采用氰化法：

$$4Ag + 8CN^- + 2H_2O + O_2 = 4Ag(CN)_2^- + 4OH^-$$

$$4Au + 8CN^- + 2H_2O + O_2 = 4Au(CN)_2^- + 4OH^-$$

$$2[Ag(CN)_2]^- + Zn = 2Ag + Zn(CN)_4^{2-}$$

$$2[Au(CN)_2]^- + Zn = 2Au + Zn(CN)_4^{2-}$$

3.金属的分离与提纯

例如 Fe，Co，Ni 金属常常混合成合金，利用它们形成羰基配合物的条件不同及性质上的差异可以进行分离。

$$Fe + 5CO \longrightarrow Fe(CO)_5 \quad (200℃\ 2MPa)$$

$$Co + CO \longrightarrow \quad 不发生反应$$

$$Ni + 4CO \longrightarrow Ni(CO)_4(g) \quad (60\sim70℃)$$

$Ni(CO)_4(g)$ 在 200℃ 下又分解为金属 Ni 单质，利用这些反应及性质上的差异进行金属提纯分离。

4.在催化剂使用中的应用

例如在乙烯催化制乙醛反应中，以 $PdCl_2$ 为催化剂，由于乙烯分子以 $\sigma-\pi$ 配键与 Pd^{2+} 形成配合物，使乙烯分子双键键能降低，键长增长从而使双键在反应中易打开被氧化为乙醛：

$$C_2H_4 + PdCl_2 + H_2O = CH_3CHO + Pd + 2HCl$$

反应机制是:

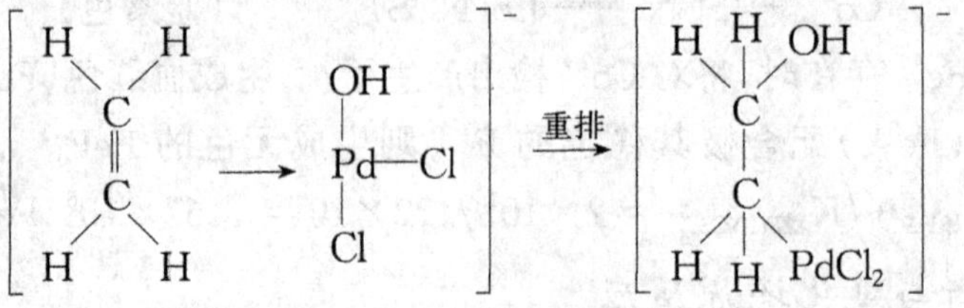

$$\xrightarrow{\text{分解}} CH_3CHO + HCl + Pd + Cl^-$$

这一类反应被称为配合催化反应,在有机合成反应中十分重要。

5. 在电镀工业中的应用

在电镀工业中,常常需要控制金属离子浓度,使金属离子放电速度适当降低,使镀层紧密、光滑、细腻、牢固。为了有效控制金属离子浓度,常常加入配合剂,例如在电镀铜时加入焦磷酸钠可获得良好的效果。

6. 污水处理

在污水处理方面,配合物化学应用也相当广泛。例如电镀厂含氰污水常用氧化剂处理成无毒的 CNO^- 离子:

$$CN^- + ClO^- + OH^- = CNO^- + Cl^- + H_2O$$
$$\quad\quad\quad\quad\quad\quad\quad\quad\quad\quad \hookrightarrow CO_2 + N_2\uparrow$$

但这种处理成本较大,若向废液中加入铁屑,使 CN^- 生成毒性小的 $[Fe(CN)_6]^{4-}$,可以大大地降低 CN^- 浓度。

7. 生物体中的配位化学

配合物在生命化学中是不胜枚举的。在已知的1 000多种生物酶中,约有1/3是复杂金属离子配合物,这些金属离子的配合物在生命体内起着极其重要的作用。例如血红蛋白就是 Fe^{2+} 的卟啉配合物,叶绿素是含 Mg 的卟吩配合物,维生素 B_{12} 是 Co^{3+} 的咕啉环配合物,在人体中起凝血作用的是含 Ca^{2+} 配合物,生物固氮酶是含 Fe 和 Mo 的蛋白等等。目前已证明,对人体有特殊功能的必需微量元素有 Mn, Fe, Co, Mo, I, Zn,此外,还有 V, Cr, F, Si, Ni, Se, Sn, Ge 等元素,它们多是以配合物形式存在于人体不同的组织内,有极其重要的生理功能。因此,研究生命体内的配合物及其作用是有极其重要意义的。

本章教学要求

1. 掌握配位化学基本概念及命名法。

2. 掌握配合物空间几何异构及旋光异构现象。

3. 熟练地应用价键理论讨论配合物形成过程,分析其空间构型及配合物稳定性、磁性等性质。

4. 熟练地应用晶体场理论解释八面体配合物的磁性、颜色及其对配合物稳定性的影响,掌握晶体场稳定化能的计算。

5．进一步应用热力学原理处理多重平衡问题，熟练有关配合物的计算。

6．了解配合物的某些实际应用。

习　题

1．试举例说明下列术语的概念及区别。

① 内界与外界

② 配体与配位原子

③ 配位数与配位比

④ 二齿配体与双基配体

⑤ 配合物与螯合物

⑥ 配盐与复盐

⑦ 配合剂与螯合剂

2．假设以下配合物浓度都是 0.001 $mol \cdot dm^{-3}$，试将下列溶液电导由大至小排列：
$[CrCl_2(NH_3)_4]Cl$，$[Pt(NH_3)_6]Cl_4$，$K_2[PtCl_6]$，$[Co(NH_3)_6]Cl_3$

3．已知在 $K_2[PtCl_6]$ 及 $K_2[PtCl_4]$ 两种晶体中，配离子是分别以面心立方晶格和简单立方晶格排列的，试画出它们的晶胞。

4．试指出配位数从 2 到 9 的每种配合物的主要空间排布形式。

5．① 向浅蓝色 $CuSO_4$ 溶液中滴加氨水，出现蓝色沉淀，继而沉淀溶解，得一深蓝色溶液，用水稀释时又出现蓝色沉淀。② 向 $AgNO_3$ 溶液中滴加氨水，出现白色沉淀，很快转为棕色沉淀，继续滴加氨水，沉淀消失，得一无色溶液。

请解释上述现象，写出反应方程式。

6．无水 $CrCl_3$ 和氨作用能形成两种配合物，组成相当于 $CrCl_3 \cdot 6NH_3$ 及 $CrCl_3 \cdot 5NH_3$。加入 $AgNO_3$ 溶液能从第一种配合物的水溶液中将几乎所有的氯全部沉淀为 AgCl，而从第二种配合物的水溶液中仅能沉淀出相当于组成中含氯量 2/3 的 AgCl。加入 NaOH 并加热时，两种溶液都无氨味产生。试从配合物的形式推算出它们的内界和外界，并指出配离子的电荷数、中心离子的价数和配合物的名称。

7．下列配体中哪些是单齿、双齿或多齿配位体？

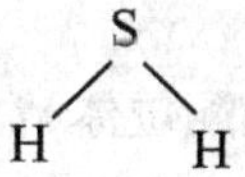

，
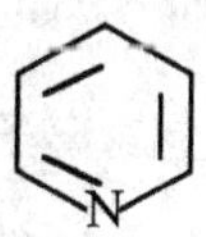

，　F^-，
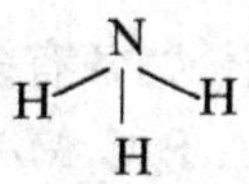

，　$C \equiv N^-$，

NH_2—CH_2—CH_2—H_2N，　EDTA，
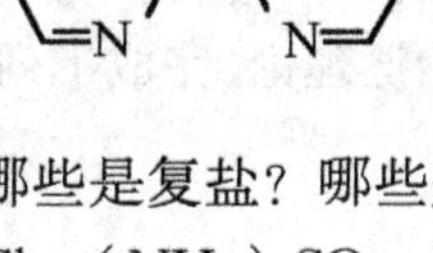

8．下列化合物中哪些是配合物？哪些是螯合物？哪些是复盐？哪些是简单盐？

$CuSO_4 \cdot 5H_2O$，K_2PtCl_6，$Co(NH_3)_6Cl_3$，$Ni(en)_2Cl_2$，$(NH_4)_2SO_4 \cdot FeSO_4 \cdot 6H_2O$，$Cu(NH_2CH_2COO)_2$，$Cu(OOCCH_3)_2$，$KCl \cdot MgCl_2 \cdot 6H_2O$

9. 下列配位体各是几齿配位体？

$(CH_3)_3P$, $N(CH_2COO)_3^{3-}$, H_2O, $NH_2—(CH_2)_2—NH—(CH_2)_2—H_2N$

10. 命名以下配合物，并指出配离子的电荷数和中心离子的氧化态。

$[Co(NH_3)_6]Cl_3$, $K_2[Co(NCS)_4]$, $Na_2[SiF_6]$, $[Co(NH_3)_5Cl]Cl_2$, $K_2[Zn(OH)_4]$, $[Pt(NH_3)_2]Cl_2$, $[Co(N_3)(NH_3)_3]SO_4$, $[Co(ONO)(NH_3)_3(H_2O)_2]Cl_2$

11. 如何从热力学原理及结构原理理解配合物的形成过程？又如何理解螯环效应？

12. 命名以下配合物。

$K[Ag(CN)_2]$, $H_3[AlF_6]$, $Ni(CO)_4$, $Na[Co(CO)_4]$, $K_3[Co(C_2O_4)_3]$, $K_2[Co(NCS)_4]$, $[Cr(NH_3)_6]$, $[Co(CN)_6]$, $[Cu(NH_3)_4](OH)_2$, $(NH_4)_3[SbCl_6]$, $[Co(H_2O)_4Cl_2]Cl$, $[Co(NH_3)_4(NH_2)Cl]^+$

13. 试写出以下配合物的化学式。

硝酸二氨合银(Ⅰ)，二氯·二氨·一(乙二胺)合钴(Ⅲ)离子，四氯合铂(Ⅱ)酸四氨合铜(Ⅱ)，氯化二氯·一水·三氨合钴(Ⅲ)，硫酸二水·四氨合钴(Ⅲ)，四(异硫氰酸根)·二氨合铬(Ⅲ)酸铵。

14. 试写出以下配合物的几何异构体及旋光异构体(假设他们分别是平面正方形或八面体构型)。

$[Cr(H_2O)_4Br_2]Br \cdot 2H_2O$, $[Co(NH_3)_3(NO_2)_3]$, $[PtPyNH_3ClBr]$, $[Pt(NH_3)_2(OH)_2Cl_2]$, $[Pt(en)(NH_3)NO_2Cl_2]Cl$, $[FeCl_4(en)]^-$, $[FeCl_2(ox)(en)]^-$, $[Fe(EDTA)]^{2-}$, $Cu(HO—CH_2—CH_2—NH_2)_2BrCl$

15. 试解释以下事实。

① 氰化物对人体有强毒性。

② $(NH_4)_3ZnCl_5$ 中并不存在 $ZnCl_5^{3-}$ 配离子。

③ 在$(NH_4)_2CuCl_3$ 晶体中含有四面体构型 $CuCl_4^{3-}$ 配离子无限长链结构。

④ $Mo(CN)_8^{3-}$ 离子不稳定，易被氧化成 Mo(Ⅵ)。

⑤ $CuSO_4 \cdot 5H_2O$ 晶体中 Cu^{2+} 离子配位了 4 个水分子。

16. 试画出下列物质的几何图形。

$[CuCl(H_2O)_3]^+$(平面正方形)，cis-$[CoBrCl(NH_3)_4]^+$，trans-$NiCl_2(H_2O)_2$，trans-$[CrCl_2(en)_2]^+$，$Pt(en)_2^{2+}$

17. 下列配合物各有多少种几何异构体(M 为金属离子，A，B，C 代表配位体)？

MA_4BC, MA_3B_2C, $MA_2B_2C_2$, MA_2BC

18. 下列各物质有无异构现象？如有异构现象，分别属于哪一类的异构？

$[Zn(NH_3)_4][CuCl_4]$, $[Fe(CN)_3SCN]^{4-}$, $[PtCl_3(Py)]^-$, $[Cr(OH)_2(NH_3)_3]^+$

19. 根据价键理论，完成下列表格。

化学式	轨型	中心原子成键过程	中心原子杂化态	几何构型	磁距
$[PtCl_6]^{2-}$	内轨				
$[TiF_5]^{2-}$					
$Ni(CO)_4$					
$[Co(NH_3)_6]^{2+}$	外轨				
$Ag(NH_3)_2^+$					
CoF_6^{3-}	外轨				
$Mn(NH_3)_2^{2+}$	外轨				

20. 根据下列配离子的磁矩实验值，应用价键理论讨论配离子的形成过程及空间几何构型。

① $[Mn(NCS)_6]^{4-}$　　6.1 B.M.

② $[Co(NO_2)_6]^{4-}$　　1.8 B.M.

③ $[Ni(NH_3)_4]^{2+}$　　3.2 B.M.

④ $[CuCl_4]^{2-}$　　2.0 B.M.

21. 某一铬的配位化合物，由元素分析得知其质量百分比为：Cr 19.5%，Cl 40.0%，H 4.5%及 O 36%。取此化合物样品 0.533 g，溶解在 100 cm^3 水中，再加入硝酸（浓度为 2 $mol \cdot dm^{-3}$）10 cm^{-3}，然后加入过量的硝酸银溶液，有沉淀生成。沉淀经分离、洗涤、干燥后称量，质量为 0.287 g。另取 1.06 g 样品在干燥的气流中慢慢地加热到 100℃时，有 0.144 g的水被驱出。再取该化合物 1.33 g 溶于 100 cm^3 水中的溶液，其凝固点为 −0.18 ℃，已知水的质量摩尔凝固点降低常数为 1.82 $K \cdot kg \cdot mol^{-1}$。请利用以上数据，① 求出该化合物的实验式。② 推断该化合物的化学式，并利用以上实验事实证明你的推论。

22. 试解释以下化学事实。

① 过渡元素的水合离子多数有颜色，而 Sc^{3+}，Ti^{4+}，Cu^+ 及 Zn^{2+} 等水合离子都是无色的。

② 大多数 Cu^{2+} 的配离子的空间构型为平面正方形。

③ HgS 可溶于 Na_2S 和 NaOH 的混合液中，而不溶于$(NH_4)_2S$ 和 $NH_3 \cdot H_2O$ 的混合液中。

④ 红色的 Cu_2O 溶于浓氨水中得到的溶液是无色的，该溶液在空气中又迅速成为深蓝色溶液。

⑤ AgI 在浓氨水中不溶，在 KCN 溶液中立即溶解，滴加 Na_2S 溶液时，又产生黑色沉淀。

⑥ 黄色 CdS 不能溶于 KI 溶液中。

⑦ 硼酸(H_3BO_3)分子中有三个羟基氢，但硼酸是一元酸。

⑧ 向硼酸溶液中加入甘油等多羟基化合物后，硼酸就可以用 NaOH 直接滴定至终点。

⑨ 化合物 K_2SiF_6, K_2SnF_6 存在, K_2SnCl_6 也存在,但 K_2SiCl_6 却不存在。

23. 为什么大部分像 $AlCl_3$, $[CuCl_3]^-$, $[Pt(NH_3)_2Cl]^+$ 一类的化合物不是三配位的单体,而往往是三聚体?

24. 已知配离子 $[Co(NH_3)_6]^{3+}$ 是反磁性的。①试根据价键理论讨论 $[Co(NH_3)_6]^{3+}$ 的形成过程。②根据晶体场理论解释 $[Co(NH_3)_6]^{3+}$ 的中心离子电子排布式。③当 $[Co(NH_3)_6]^{3+}$ 被还原生成 $[Co(NH_3)_6]^{2+}$ 时,试用晶体场理论讨论 $[Co(NH_3)_6]^{2+}$ 的中心离子电子排布式及配离子的磁性。参考 $[Co(NH_3)_6]^{3+}$ 及 $[Co(NH_3)_6]^{2+}$ 的 $K_{稳}$ 数值,你认为哪种形式较为合理?

25. 试分别讨论在强场及弱场下下列离子的八面体配合物中心离子的电子排布:

Cr^{3+}, Mn^{2+}, Fe^{2+}, Ni^{2+}。

26. 根据光谱实验测得下列配离子中 Cr(Ⅲ)的分裂能(Δ_o/kJ·mol^{-1}),试排出各配位体场强的大小次序: $[Cr(H_2O)_6]^{3-}$ (208), $[Cr(NCS)_6]^{3-}$ (213), $[Cr(NH_3)_6]^{3+}$ (258), $[CrCl_6]^{3-}$ (158), $[Cr(CN)_6]^{3-}$ (314)。

27. 由以下数据写出各配离子里中心离子的 d 电子在 t_{2g} 及 e_g 轨道上的分布,并计算各配离子的磁矩。

	$[Fe(H_2O)_6]^{2+}$	$[Fe(CN)_6]^{4-}$	$[Co(NH_3)_6]^{3+}$
Δ_o/kJ·mol^{-1}	124	395	275
p/kJ·mol^{-1}	210	210	251
	$[Co(NH_3)_6]^{2+}$	$[Cr(H_2O)_6]^{3+}$	$[Cr(H_2O)_6]^{2+}$
Δ_o/kJ·mol^{-1}	121	208	166
p/kJ·mol^{-1}	269	—	281

28. 实验测定, $[NiCl_4]^{2-}$ 是顺磁性物质, $[Ni(CN)_4]^{2-}$ 为抗磁性物质,试用晶体场理论判别它们的分裂能与成对能的相对大小,并指出它们的几何构型。

29. 已知 Fe^{3+} 的 d 电子成对能为 358 kJ·mol^{-1},由 F^- 或 CN^- 的八面体场形成配合物的分裂能分别经实验测出是: $\Delta_o(F^-)$ = 13 961 cm^{-1}, $\Delta_o(CN^-)$ = 34 850 cm^{-1}。试由此判断或计算:① $Fe(CN)_6^{3-}$ 及 $FeF_6{}^{3-}$ 的相对稳定性大小;② $Fe(CN)_6^{3-}$ 及 FeF_6^{3-} 的自旋状态及磁距;③它们的晶体场稳定化能(不考虑电子之间的相互作用)。

30. 0.01 mol·dm^{-3} $AgNO_3$ 溶液 50 cm^3,加入密度为 0.932 g·cm^{-3} 含 NH_3 18.24%的氨水 30 cm^3 后,加水冲稀到 100 cm^3,求算溶液中 Ag^+, $[Ag(NH_3)_2]^+$ 及 NH_3 的浓度。

31. 解释以下事实。

① $K_{稳[Co(CN)_6]^{4-}}$ 小于 $K_{稳[Fe(CN)_6]^{4-}}$。

② 弱场下同一配体高自旋配合物稳定化能顺序为: $d^0 < d^1 < d^2 < d^3 > d^4 > d^5 < d^6 > d^7 < d^8 > d^9 > d^{10}$;而强场下同一配体低自旋配合物稳定化能顺序为: $d^0 < d^1 < d^2 < d^3 < d^4 < d^5 < d^6 > d^7 > d^8 > d^9 > d^{10}$。

③ 大多数配合物都是六配位八面体络合物。

④ 在 $CsCuCl_3$ 晶体中，配离子 $CuCl_6^{3-}$ 中两个 Cu—Cl 键长为 264 pm，其余 4 个 Cu—Cl 键长为 203 pm。

⑤ Cd^{2+} 及 Hg^{2+} 都是 d^{10}结构阳离子，S^{2-} 也是无色离子，但 CdS，HgS 都有特征颜色。

⑥ Cu^{2+} 溶液为浅蓝色，而 $Cu(NH_3)_4{}^{2+}$ 为深蓝色。

32. 电镀废液中含有 $Ag(CN)_2^-$，对环境造成污染，如何处理废液并回收其中的 Ag？

33. 已知 Ni^{2+} 水溶液为绿色，你预测 $[Ni(en)_3]^{2+}$ 是什么颜色？为什么？

34. 在含有 2.5 $mol.dm^{-3}$ $AgNO_3$ 和 0.41 $mol·dm^{-3}$ NaCl 溶液中，如果不使 AgCl 沉淀产生，溶液中最低的自由 CN^- 离子浓度应是多少？

35. 向 1 L 原始浓度为 0.10 $mol.dm^{-3}$的 $[Ag(NO_2)_2]^+$ 离子溶液中加入 0.20 mol 的晶体 KCN，求溶液中 $[Ag(NO_2)_2]^-$，$[Ag(CN)_2]^-$，NO_2^- 及 CN^- 等各种离子的平衡浓度（忽略体积变化，已知 $K_{Ag(CN_2)^-}=1.0\times10^{21}$，$K_{Ag(NO_2)_2^-}=6.7\times10^{2}$）。

36. 固体 $Pb(OH)_2$ 溶于 250 ml 1 $mol.dm^{-3}$ NaOH 溶液中，计算有多少克 $Pb(OH)_2$ 可以溶解（已知 $K_{sp(Pb(OH)_2)}=2.5\times10^{-10}$，$\beta_{Pb(OH)_3^-}=2\times10^{13}$）。

37. 计算下列反应的平衡常数，并说明反应进行的方向及计算 $\Delta_r G_m^\circ$。

① $[HgCl_4]^{2-}+4I^- \rightleftharpoons [HgI_4]^{2-}+4Cl^-$

② $[Cu(CN)_2]^-+2NH_3 \rightleftharpoons [Cu(NH_3)_2]^++2CN^-$

③ $[Cu(NH_3)_4]^{2+}+Zn^{2+} \rightleftharpoons [Zn(NH_3)_4]^{2+}+Cu^{2+}$

④ $CuS(s)+4NH_3(aq) \rightleftharpoons [Cu(NH_3)_4]^{2+}(aq)+S^{2-}(aq)$

⑤ $[Zn(NH_3)_4]^{2+}+4OH^- \rightleftharpoons [Zn(OH)_4]^{2-}+4NH_3$

38. 在 $HgCl_2 \rightleftharpoons HgCl^+ + Cl^-$ 体系中，已知 $\lg K_{稳HgCl_2}=6.49$，试计算在 0.01 $mol.dm^{-3}$升汞溶液中的电离度及 $[HgCl^+]/[HgCl_2]=$？

39. 某阳离子 M^{2+} 可形成 MCl_4^{2-} 配离子，其 $K_{不MCl_4^{2-}}$ 为 1.0×10^{-21}，MI_2 的 K_{sp} 为 1.0×10^{-15}，试计算在 1 L 溶液中，欲使 0.010 mol MI_2 溶解，需要 Cl^- 离子的摩尔量。

40. 在一些无机化学教材中提到 $Cu(OH)_2$ 易溶于 $NH_3·H_2O$ 中，生成 $[Cu(NH_3)_4]^{2+}$，但也有教材认为这一结论是错误的。请你根据 $K_{sp(Cu(OH)_2)}=2.6\times10^{-19}$，$K_{稳Cu(NH_3)_4^{2+}}=4.7\times10^{12}$ 及 $K_{b(NH_3)}=1.8\times10^{-5}$ 等数据加以讨论说明。试计算：①在平衡体系为 6 $mol.dm^{-3}$ $NH_3·H_2O$ 溶液中 $Cu(OH)_2$ 的溶解度；②在平衡体系为 6 $mol.dm^{-3}$ $NH_3·H_2O$ 及 0.01 $mol.dm^{-3}$ NH_4^+ 溶液中的溶解度。由以上计算你得到什么结论？试从热力学原理加以说明。

41. 计算 AgBr 在 1.00 $mol.dm^{-3}$ $Na_2S_2O_3$ 中的溶解度。500 cm^3 浓度为 1.00 $mol.dm^{-3}$的 $Na_2S_2O_3$ 溶液中可溶解 AgBr 多少克？

42. 分别计算 $Zn(OH)_2(s)$溶于氨水生成 $Zn(OH)_4{}^{2-}$ 及 $Zn(NH_3)_4{}^{2+}$ 时的平衡常数。若控制平衡体系浓度 $[NH_3·H_2O]=[NH_4^+]=1.00$ $mol.dm^{-3}$，则 $Zn(OH)_2$ 溶于该体系中应发生什么反应？此时的 $[Zn(NH_3)_4{}^{2+}]/[Zn(OH)_4{}^{2-}]$ 是多少？试从热力学原理加以说明。

第十一章　氧化还原电化学
Oxidation-Reduction Reactions and Electrochemistry

第一节　氧化还原的基本概念

所有的化学反应都可以分为两大类，一类是在反应过程中，元素的氧化数不变，如我们学过的酸碱反应、沉淀反应、配合反应、复分解反应等，统称为非氧化还原反应；另一类反应是在反应过程中，反应物和生成物中有的元素的氧化数发生变化，我们称之为氧化还原反应。

一、氧化数的概念

1970年，IUPAC对氧化数作了以下定义：氧化数是某元素一个原子的荷电数，这种荷电数由假设把每个键中的电子指定给电负性更大的原子而求得。因此，在计算化合物中元素的氧化数时作了以下规定：① 单质中，元素的氧化数为零，例如 O_2，P_4，S_8 等；② 在正常氧化物中氧的氧化数为 -2，在过氧化物中氧的氧化数为 -1，在超氧化物中（KO_2）氧的氧化数为 -0.5，在臭氧化物中（KO_3）氧的氧化数为 $-1/3$。，氟化氧中（OF_2）氧的氧化数为 $+2$；③ 氢除了在活泼金属氢化物中（NaH）氧化数为 -1 外，在一般化合物中的氧化数皆为 $+1$，如在 PH_3 中；④ 在离子型化合物中，某元素的氧化数等于该原子的离子电荷数；⑤ 在共价化合物中，将属于两原子共享的电子对指定给两原子中电负性更大的原子后，在两原子间形成的电荷数即为它们的氧化数，这样，共价化合物中元素的氧化数是原子在化合状态时的一种"形式电荷数"；⑥ 分子或离子的总电荷数等于各元素氧化数的代数和，分子的总电荷数为零。

根据以上规定，我们可以方便地求算出化合物中不同元素的氧化数。例如 $K_2Cr_2O_7$ 中 Cr 氧化数为 $+6$，Fe_3O_4 中 Fe 的氧化数为 $+2\frac{2}{3}$。又如在硫代硫酸钠（$Na_2S_2O_3$）中，每个 S 原子的平均氧化数为 $+2$；在连四硫酸钠（$Na_2S_4O_6$）中，每一个硫原子氧化数不同，在

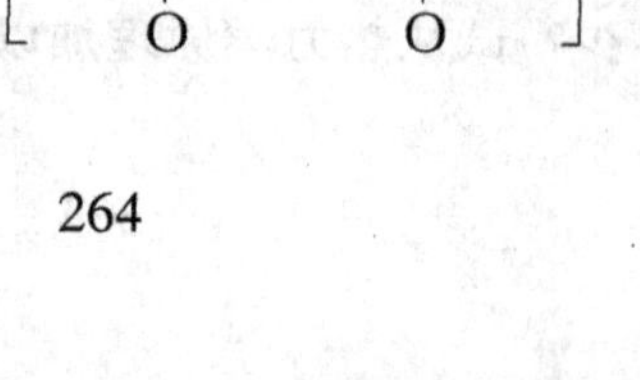

中，中间两个 S 氧化数为零，其余两个 S 原子氧化数为 $+5$，因

此 S 的平均氧化数为(5+5+0+0)/4=2.5。*

因此,氧化数是按一定规则指定的形式电荷的数值,它可以是负数、正数,也可以是分数或零。在化合物中,某一元素的氧化数是该元素的平均氧化数。

需要指出的是,氧化数的概念并非人为的形式规定,它是有实验事实为依据的。例如实验证实,使 1 mol MnO_4^- 还原为 MnO_2 时,需得到 3 mol 电子;而还原为 Mn^{2+} 时,需 5 mol电子,它们相应的氧化数变化分别是(+7)-(+4)=3 及(+7)-(+2)=5。这样,氧化数反映了元素在化合物中的氧化态,因此氧化数又往往被称为“氧化态”。在氧化还原反应中,元素氧化态的变化表明了氧化剂与还原剂之间电子转移的关系。

各元素可能存在的氧化态与它们在元素周期表中的位置是密切相关的,大多数元素的最高氧化态都等于它们的族数。因此,掌握元素周期表及各元素所在位置,了解各元素氧化态稳定性的变化规律,对于学习元素及其化合物的性质是有帮助的。

二、氧化还原作用

在化学反应中,根据氧化态的概念,将氧化还原反应定义为使某些元素的氧化态发生改变的反应。其中氧化态升高的过程称为氧化(oxidation),氧化态降低的过程称为还原(reduction)。不难理解,氧化和还原是相互依存的两个过程,他们在同一个反应中同时发生。我们常将发生氧化的反应物称为还原剂,而发生还原的反应物称为氧化剂。同样地,氧化剂及还原剂在同一反应中也是相互依存的。例如以下几个反应就是典型的氧化还原反应:

$$CuO + H_2 \xlongequal{\triangle} Cu + H_2O$$

$$2KI + Cl_2 \xlongequal{} I_2 + 2KCl$$

$$2KMnO_4 + 16HCl \xlongequal{} 2MnCl_2 + 2KCl + 5Cl_2\uparrow + 8H_2O$$

我们都可以通过反应过程中某元素氧化态的升高或降低来确定氧化剂及还原剂。

物质在氧化还原反应中氧化态发生了改变,同一元素低氧化态物质称为还原型,高氧化态的物质称为氧化型,氧化型与还原型之间的关系呈共轭关系,这与酸碱共轭关系类似:

$$还原型 = 氧化型 + ne$$

$$酸 = 碱 + nH^+$$

可见,氧化型与还原型是建立在得失电子的关系上:在反应过程中得电子的物质氧化态降低,是氧化剂,本身被还原;在反应过程中失电子的物质氧化态升高,是还原剂,本身被氧化。因此,氧化还原反应是涉及电子转移的反应。

一般来说,处于高氧化态元素的化合物倾向于得电子,是氧化剂;处于低氧化态元素的化合物容易失电子,在反应中作还原剂;而处于中间氧化态元素的化合物在反应中既可以失电子也可以得电子,因此可以作氧化剂或还原剂。例如 $KMnO_4$,Mn(Ⅶ)作氧化剂:

$$2MnO_4^- + 10Cl^- + 16H^+ \xlongequal{} 2Mn^{2+} + 5Cl_2\uparrow + 8H_2O$$

---

* 在 $Na_2S_4O_6$ 中,两侧的两个 S 原子各有 3 个 S—O 键,每个 S 原子周围有 6 个电子偏离 S 原子,氧化数为+6,但其中一个电子来自 Na 原子,所以实际氧化数为+6+(-1)=5,即 S 氧化数应是+5。

低氧化态的 $Mn(OH)_2$，Mn(Ⅱ)作还原剂：

$$Mn(OH)_2 + H_2O_2 = H_2O + H_2MnO_3$$

中间氧化态的 MnO_2，Mn(Ⅳ)作氧化剂：

$$MnO_2 + 4HCl = Mn^{2+} + 2Cl_2\uparrow + 2H_2O$$

或作还原剂：

$$MnO_2 + K_2CO_3 + KNO_3 = K_2MnO_4 + KNO_2 + CO_2\uparrow$$

氧化还原反应往往还需要在一定的介质存在下才能进行，反应介质中元素的氧化态在反应前后保持不变。水溶液中一般的介质是酸性、碱性、中性介质，例如：

$$2KMnO_4 + 10FeSO_4 + 8H_2SO_4 \longrightarrow 2MnSO_4 + 5Fe_2(SO_4)_3 + 8H_2O + K_2SO_4$$

是在酸性介质下进行的反应。而反应：

$$2CrO_2^- + 3H_2O_2 + 2OH^- = 2CrO_4^{2-} + 4H_2O$$

则是在碱性介质下进行的反应。

当氧化态的升高或降低都同时发生在同一单质或化合物的同一元素上时，该反应称为歧化反应，例如：

$$Cl_2 + 2OH^- = Cl^- + ClO^- + H_2O$$

三、氧化还原反应方程式的配平

在中学化学中，我们已经训练过氧化还原方程式的配平方法，以下再作简单介绍。

1.氧化数法

用氧化数法配平氧化还原反应方程式不仅适用于水溶液中的氧化还原反应，也适用于非水溶液中的反应、高温反应、非离子的氧化还原反应。其原则是氧化数总的升高数值与总的下降数值相等，具体步骤如下：

(1) 确定反应产物及反应条件，写出反应物和生成物的化学式。

(2) 确定有关元素氧化态升高及降低的数值。

(3) 确定氧化数升高与降低的数值的最小公倍数后，找出氧化剂、还原剂的系数。

(4) 核对反应式两边氢氧元素及其他元素的原子数目，根据实际反应条件用 H^+，OH^- 或 H_2O 配平。

例 11-1　$HClO_3$ 与 P_4 反应生成 HCl 及 H_3PO_4，写出反应方程式，并配平。

解：$$H\overset{+5}{Cl}O_3 + P_4 \longrightarrow H\overset{-1}{Cl} + H_3PO_4$$

氧化数下降 $\overset{+5}{Cl} \longrightarrow \overset{-1}{Cl}$，为 6

氧化数上升 $\overset{0}{P_4} \longrightarrow \overset{+5}{P}O_4^{3-}$，为 20

最小公倍数为 60，因此 $HClO_3$ 与 P_4 系数分别为 10 与 3

∴ $$10HClO_3 + 3P_4 \longrightarrow 10HCl + 12H_3PO_4$$

核对反应两边元素，左边缺 36 个 H，18 个 O，因此反应物中应加 $18H_2O$

∴ $$10HClO_3 + 3P_4 + 18H_2O = 10HCl + 12H_3PO_4$$

例 11-2　配平用硝酸氧化三硫化二砷得到砷酸及一氧化氮气体的反应式。

解：　$$As_2S_3 + HNO_3 \longrightarrow H_3AsO_4 + H_2SO_4 + NO$$

氧化数升高元素有 As(从 $+3 \rightarrow +5$)及 S(从 $-2 \rightarrow +6$)

氧化数升高总数：$(+5-3)\times 2[+6-(-2)]\times 3 = 28$

氧化数降低元素有 N(从 $+5 \rightarrow +2$)

降低总数：$(2-5) = -3$

最小公倍数：　$28 \times 3 = 84$

$$\therefore \quad 3As_2S_3 + 28HNO_3 \longrightarrow 6H_3AsO_4 + 9H_2SO_4 + 28NO$$

显然方程两边氢氧不等，右边多 8 个 H，4 个 O

$$\therefore \quad 3As_2S_3 + 28HNO_3 + 4H_2O = 6H_3AsO_4 + 9H_2SO_4 + 28NO$$

在掌握配平方法及原则后，步骤可以更简单些。

例 11－3　配平 $KClO_3$ 加热分解为 $KClO_4$ 及 KCl 的反应。

解：　$$K\overset{+5}{Cl}O_3 \longrightarrow K\overset{-1}{Cl} + K\overset{+7}{Cl}O_4$$

$$7-5=2$$

$$KClO_3 + KClO_3 \longrightarrow KCl + KClO_4$$

$$-1-(+5)=-6$$

公倍数为 6，因此：

$$KClO_3 + 3KClO_3 \longrightarrow KCl + 3KClO_4$$

左右元素相等，因此方程是：

$$4KClO_3 = KCl + 3KClO_4$$

2．离子电子法

本法适用于溶液中的反应，配平原则是氧化剂和还原剂得失电子数相等，其方法要点有：

(1) 根据实验，确定产物、反应物在溶液体系中的存在形式，写出相应的离子反应式。

(2) 将反应分成两部分(两个半反应)，即还原剂的氧化反应及氧化剂的还原反应。

(3) 按物料、电荷平衡原则配平两个半反应。

(4) 根据得失电子数相等的原则确定各半反应的系数。

(5) 根据反应条件确定反应的酸碱介质，分别加入 H^+，OH^-，H_2O，使方程配平。

例 11－4　配平酸性介质下 $KMnO_4$ 溶液与 Na_2SO_3 的反应。

解：先写出相应的离子反应式：

$$MnO_4^- + SO_3^{2-} + H^+ \longrightarrow Mn^{2+} + SO_4^{2-}$$

还原剂的氧化反应：

$$SO_3^{2-} \longrightarrow SO_4^{2-} + 2e \qquad (反应物缺氧)$$

氧化剂的还原反应：

$$MnO_4^- + 5e = Mn^{2+} \qquad (反应物氧过剩)$$

配平半反应：

$$SO_3^{2-} + H_2O \longrightarrow SO_4^{2-} + 2e + 2H^+ \qquad ①$$

$$MnO_4^- + 5e + 8H^+ \longrightarrow Mn^{2+} + 4H_2O \quad ②$$

①×5+②×2 得：

$$2MnO_4^- + 5SO_3^{2-} + 16H^+ + 5H_2O = 2Mn^{2+} + 8H_2O + 5SO_4^{2-} + 10H^+$$

即：
$$2MnO_4^- + 5SO_3^{2-} + 6H^+ = 2Mn^{2+} + 5SO_4^{2-} + 3H_2O$$

可见，在酸性条件下，半反应中反应物缺氧时，可以加水配平半反应；半反应中反应物氧多时，可以加 H^+ 配平半反应。

例 11-5　写出配平酸性条件下用 $Cr_2O_7^{2-}$ 滴定 Fe^{2+} 的反应。

解：
$$Fe^{2+} + Cr_2O_7^{2-} \longrightarrow Fe^{3+} + Cr^{3+}$$

氧化反应：
$$Fe^{2+} \longrightarrow Fe^{3+} + e \quad ①$$

还原反应：
$$Cr_2O_7^{2-} + 6e \longrightarrow 2Cr^{3+} \quad ②$$

配平①、②两个半反应：

$$Fe^{2+} \longrightarrow Fe^{3+} + e \quad ③$$

$$Cr_2O_7^{2-} + 6e + 14H^+ \longrightarrow 2Cr^{3+} + 7H_2O \quad ④$$

③×6+④×1，得：

$$Cr_2O_7^{2-} + 6Fe^{2+} + 14H^+ = 6Fe^{3+} + 2Cr^{3+} + 7H_2O$$

例 11-6　配平在碱性介质下 MnO_4^{2-} 的歧化反应。

解：
$$MnO_4^{2-} \longrightarrow MnO_4^- + MnO_2$$

氧化反应：
$$MnO_4^{2-} = MnO_4^- + e \quad ①$$

还原反应：
$$MnO_4^{2-} + 2e = MnO_2 \quad ②$$

②式反应物氧多，配平时加入 H_2O：

$$MnO_4^{2-} + 2e + 2H_2O = MnO_2 + 4OH^- \quad ③$$

①×2+③得：
$$3MnO_4^{2-} + 2H_2O = 2MnO_4^- + MnO_2 + 4OH^-$$

可见，在碱性介质下，半反应中反应物中氧多可以加水；产物氧多时，反应物可加入 OH^- 以平衡氢氧数目。

第二节　原电池与电极电位

一、原电池的概念

在如图 11-1 的实验装置中，金属 Zn 片插入 $CuSO_4$ 水溶液中，我们将看到以下反应的发生：

$$Zn + Cu^{2+} = Cu + Zn^{2+}$$

图 11-1　Zn 与 $CuSO_4$ 溶液反应

反应过程中，锌的氧化态从 0→+2，氧化数升高，发生氧化，本身是还原剂；铜的氧化态从+2→0，氧化数降低，发生还原，本身是氧化剂。氧化剂与还原剂间发生电子转移，电子直接由 Zn 片向各方向传递给了 Cu^{2+}，由于电子的传递无一定方向，是杂乱无章的，因此不形成电流，化学能未能转变成电能，只转变为热能。

如果我们改用如图 11－2 的装置，即将锌片插在 $ZnSO_4$ 溶液中，铜片插在 $CuSO_4$ 溶液中，烧杯间用盐桥连接。所谓盐桥，是由 KCl 与琼脂一类物质制成的胶冻，起着维持电子通路的作用。当电流表与 Zn 片及 Cu 片相连时，电子将源源不断从 Zn 极流出，并且 Zn^{2+} 进入溶液，而电子流向铜极，铜离子在铜极上放电，不断地在铜极上沉积，发生以下反应：

锌极（氧化作用）：$Zn - 2e \longrightarrow Zn^{2+}$

铜极（还原作用）：$Cu^{2+} + 2e \longrightarrow Cu$

电子的流向不再是杂乱无章，而是朝一个方向即从 Zn 极向 Cu 极流动，是有序的定向流动，形成电流，反应的化学能转变成电能。

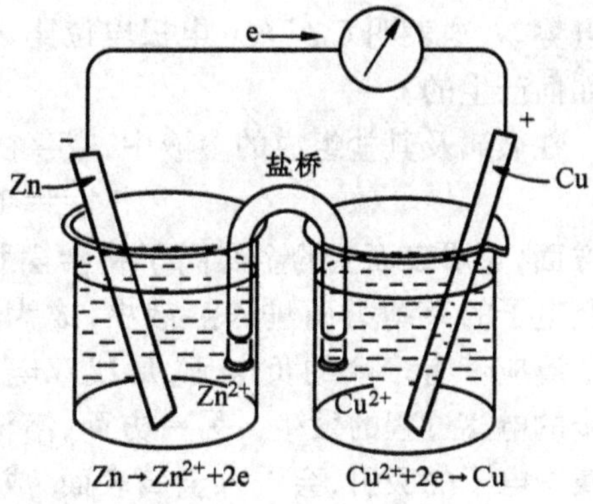

图 11－2　锌-铜电池

图 11－2 的装置称为锌铜电池，也叫丹尼尔电池（Daniell）。Zn－$ZnSO_4$ 溶液构成原电池的负极（电子流出），而 Cu－$CuSO_4$ 构成原电池正极（电子流入），电流方向是从 Cu 极流向 Zn 极，因此，原电池正极发生还原反应，负极发生氧化反应：

正极：　$Cu^{2+} + 2e = Cu$　（氧化态降低）

负极：　$Zn - 2e = Zn^{2+}$　（氧化态升高）

二、原电池的表达形式

对于原电池发生的反应，可以用电池表达式表示。通常，把原电池负极写在左边，原电池正极写在右边。例如，锌铜电池可以表达为：

$$(-)Zn|Zn^{2+}(c_1\ mol\cdot dm^{-3})||Cu^{2+}(c_2\ mol\cdot dm^{-3})|Cu(+)$$

式中："|"表示电极与其离子溶液中两相之间的物相界面；"||"表示盐桥，对于正负电极中相应的离子溶液浓度在电池表达式中应明确地表示出来；$Zn|Zn^{2+}$ 表示 Zn^{2+}/Zn 电对，$Cu^{2+}|Cu$ 表示 $Cu^{2+}|Cu$ 电对。在 $c_{Zn^{2+}}$，$c_{Cu^{2+}}$ 为 1 $mol\cdot dm^{-3}$，298 K 时，锌铜电池的电压（电动势）为 1.10 V，表明 Cu^{2+}/Cu 电对比 Zn^{2+}/Zn 电对高出 1.10 V。

当溶液中是由两种离子参与电极反应时，例如电对 Fe^{3+}/Fe^{2+}，由于 Fe^{3+} 及 Fe^{2+} 处于同一相中，不存在相界面，可以用"，"将它们分开，并必须加上不与相应离子反应的金属惰性电极，或碳电极。例如，由氢电极与 Fe^{3+}/Fe^{2+} 电极构成的原电池表示为：

$$(-)(Pt),H_2(p^\ominus)|H^+(1\ mol\cdot dm^{-3})||Fe^{3+}(1\ mol\cdot dm^{-3}),Fe^{2+}(1\ mol\cdot dm^{-3})|Pt(+)$$

这一电池反应表示了 $H_2 + 2Fe^{3+} = 2Fe^{2+} + 2H^+$ 反应。可以看到，在使用气体电极时，除应指明气体分压及溶液浓度外，还必须使用惰性电极，例如 C 或 Pt。金属电极与气体间用"，"分开。例如，对于反应 $H_2 + Cl_2 = 2H^+ + 2Cl^-$，可以设计以下电池形式：

$$(-)(Pt),H_2(p)|H^+(c\ mol\cdot dm^{-3})|Cl_2(p),Cl^-(c'mol\cdot dm^{-3})(Pt)(+)$$

当氧化还原电对是由金属及其难溶盐构成时，例如 AgCl/Ag 电极，则表达为：

$$Ag, AgCl(s)|\cdots\cdots$$

三、电极电位

在 Daniell 电池中，电位差计的测量表明，Cu^{2+}/Cu 电极与 Zn^{2+}/Zn 电极存在 1.10 V 的电势差，这表明 Cu^{2+}/Cu 电极电位比 Zn^{2+}/Zn 电极电位高出 1.10 V，那末，这个电势差是如何产生的？

在金属及其盐组成的溶液中，应存在着以下平衡：

$$M \rightleftharpoons M^{n+}(\text{水合}) + ne$$

一方面，金属表面上的金属离子将会摆脱其他金属原子及电子的束缚力而进入溶液中，成为水合离子，这时金属应带有多余的负电荷，形成双电层，阻止了进一步的电离过程的发生。另一方面，溶液中阳离子受金属中电子的吸引，会进入金属表面，成为金属原子，金属由于缺电子而带上正电，也形成双电层，阻止以上平衡左移，见图 11－3。

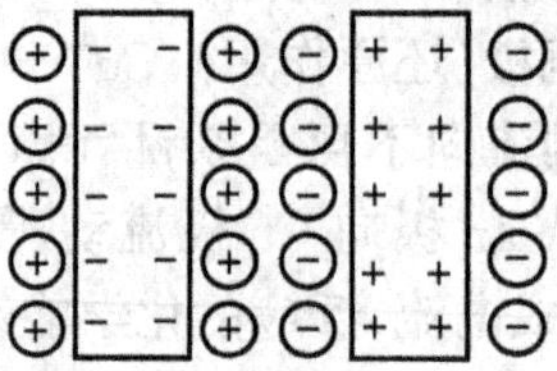

图 11－3　双电层形成

显然，在这一体系中，当金属活泼性越大，盐溶液浓度越低时，金属进入溶液的倾向越大，反之金属离子进入金属的倾向越大。双电层的形成，阻止了金属离子进入溶液或从溶液进入金属表面的过程的发生，表明在金属和溶液间存在相间电势。这种存在于金属及其盐溶液之间的相间电势就称为金属的电极电势。显然，金属的电极电势取决于金属的本身（本性）的活泼性以及溶液中的离子浓度，也取决于体系的温度（$M \rightleftharpoons M^{n+} + ne$ 本身就是一个化学平衡问题）。

由于不同的金属有不同的相间电势（电极电势），因此，不同的金属间应存在电势差，当将分们组成一个通路后，就会产生电流。例如在图 11－2 中，Zn 片聚集了过多的电子，Cu 片上聚集了过多正电荷，一旦接通电路，两极平衡被破坏，电子将源源不断从 Zn 极流向 Cu 极，从而 Zn 片不断溶解，Cu 片不断沉积，直到两极电势差为零时为止。

因此，金属的电极电位（用 $\varphi^{\ominus}_{M^{n+}/M}$ 表示）的大小数值反映了金属在其盐溶液中得失电子能力的大小。但是，至今为止，我们仍无法直接地测量单个电极的电势，因为用电势差计测出的数值只是两个电极间的电势差。但是，从实用的角度出发，只要我们规定某一电极作标准电极，并令其电势为零，在利用该电极与其他电极组成原电池后，从电池的电位差值可以确定其他电极的相对电势值。按 IUPAC 的惯例，我们选择标准氢电极作为理想的标准电极*，并定义 $\varphi^{\ominus}_{H^+/H_2} = 0.00$ V（$\varphi^{\ominus}$表示标准态下的电极电位），即气体分压为 100 kPa，溶液浓度为 1 $mol \cdot dm^{-3}$ 条件下（热力学标准态下）电对的电势。对于 $\varphi^{\ominus}_{H^+/H_2}$，则表示

* 标准氢电极是在铂电极片上镀上一层多孔的细粉状的金属铂粉，由于表面蓬松，对光产生散射而呈黑色，又称铂黑。其作用是消除电极的极化现象。将电极插入 $a_{H^+} = 1\ mol \cdot dm^{-3}$ 的溶液中（如 HCl），并不断地通入 $p_{H_2} = 10^5$ Pa 的氢气流，使电极上吸附氢气达到饱和，此时规定 $\varphi^{\ominus}_{H^+/H_2} = 0.00$ V。

在氢气分压为 10^5 Pa 下，让纯氢气缓缓通入镀有铂黑的铂电极中，并插入 c_{H^+} 为 1.0 mol·dm^{-3}的溶液中构成的电极(图 10－4)，$\varphi^{\ominus}$右下角以氧化态/还原态标明参与电极反应物质的氧化态及还原态，简称为电对，因此 $\varphi^{\ominus}_{M^{n+}/M}$就代表电对 M^{n+}/M 的标准电极电位。根据这一方法从实验测定某电对的电位，即是所谓的标准电极电位(Standard Electrode Potentials)。根据这一原则，设计的实验装置如图 11－5 所示，构成实验装置的电池形式为：

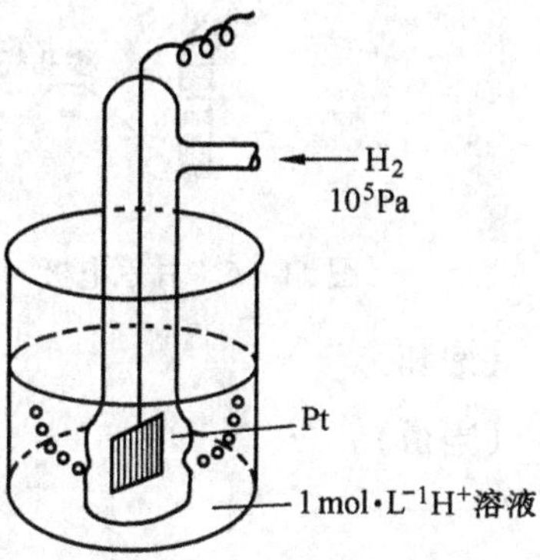

图 11－4　标准氢电极

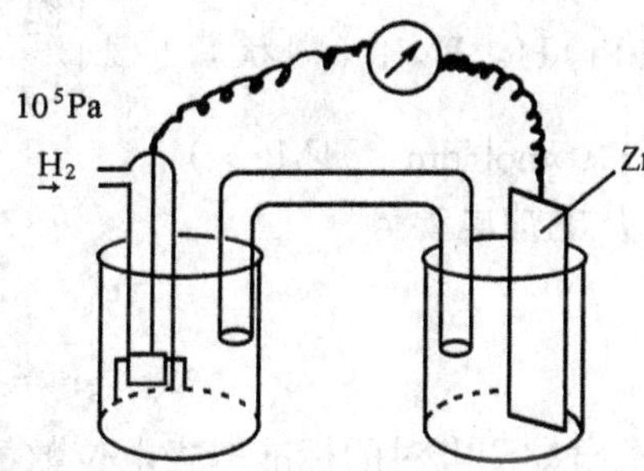

图 11－5　标准电极电位测定

$$(-)(Pt), H_2(10^5\ Pa), H^+(1\ mol\cdot dm^{-3}) \| M^{n+}(1\ mol\cdot dm^{-3}) | M(+)$$

若电位差数值是正值，说明金属 M 的电对 M^{n+}/M 电势比氢电极大，为正值；若电位差数值是负值，说明金属 M 的电对 M^{n+}/M 电势比氢电极小，为负值。例如：

$$(-)(Pt), H_2(10^5\ Pa), H^+(1\ mol\cdot dm^{-3}) \| Zn^{2+}(1\ mol\cdot dm^{-3}) | Zn(+)$$

其 $\varepsilon^{\ominus} = -0.76$ V($\varepsilon^{\ominus}$为标准态下原电池的电动势 electromotive force)，说明 $\varphi^{\ominus}_{Zn^{2+}/Zn}$ 比 $\varphi^{\ominus}_{H^+/H_2}$ 更负，因此 $\varphi^{\ominus}_{Zn^{2+}/Zn} = -0.76$ V。再例，电池：

$$(-)Pt, H_2(10^5\ Pa), H^+(1\ mol\cdot dm^{-3}) \| Cu^{2+}(1\ mol\cdot dm^{-3}) | Cu(+)$$

其 $\varepsilon^{\ominus} = 0.34$ V，说明电对 Cu^{2+}/Cu 的电势 $\varphi^{\ominus}_{Cu^{2+}/Cu}$ 比 $\varphi^{\ominus}_{H^+/H_2}$ 高 0.34V，因此 $\varphi^{\ominus}_{Cu^{2+}/Cu} = 0.34$ V。

四、标准电极电位表

根据以上所述实验方法，我们可以方便地测定任一电对的电极电位数值，因为在原则上，大多数氧化还原反应都可以设计成原电池。但是一些活泼元素，如 Na、F_2 等，它们易于与水直接发生反应，我们是不可能用原电池的方法从实验直接测定，而只能根据有关热力学函数计算出来。

事实上，在测定过程中，氢电极的使用不甚方便，在实验室中常用甘汞电极代替氢电极。常用的甘汞电极有饱和甘汞电极及当量甘汞电极*。所谓饱和甘汞电极，是指电极中介质为饱和 KCl 溶液的电极，而当量甘汞电极则是指电极中介质 KCl 溶液浓度为 1 mol·dm^{-3}的电极，它们的电极反应及电位数值分别是：

---

* 当量甘汞电极应改称为摩尔(浓度)甘汞电极更合适。

$$Hg_2Cl_2 + 2e \rightleftharpoons 2Hg + 2Cl^- \quad (\text{KCl 饱和})$$

$$\varphi_{Hg_2Cl_2/Hg} = 0.2415\ V$$

$$Hg_2Cl_2 + 2e \rightleftharpoons 2Hg + 2Cl^-(c_{KCl} = 1\ mol \cdot dm^{-3})$$

$$\varphi^{\ominus}_{Hg_2Cl_2/Hg} = 0.2800\ V$$

注意到两者在符号上有"⊖"的区别,因为前者并非在标准态下。甘汞电极的结构由图 11-6 给出。电池测量形式是:

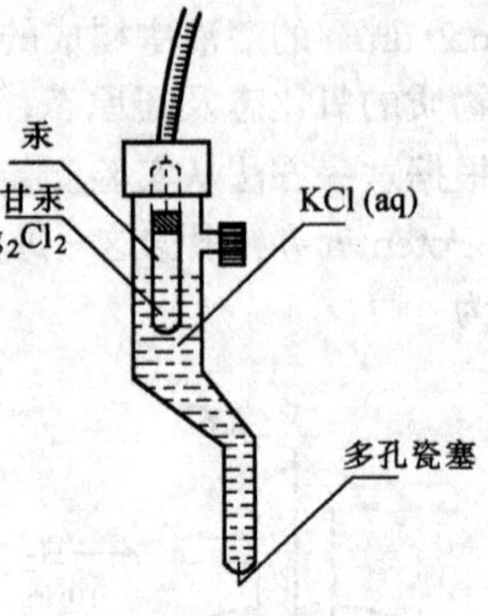

图 11-6 甘汞电极

$$(-)(Pt)Hg, Hg_2I_2(\text{糊状}), KCl\begin{pmatrix}\text{饱和或} \\ 1\ mol \cdot dm^{-3}\end{pmatrix} \| M^{n+}(1.0\ mol \cdot dm^{-3}) | M(+)$$

显然,从电池电动势

$$\varepsilon^{\ominus} = \varphi^{\ominus}_{M^{n+}/M} - \varphi_{Hg_2Cl_2/Hg} \quad (\text{饱和})$$

或

$$\varepsilon^{\ominus} = \varphi^{\ominus}_{M^{n+}/M} - \varphi^{\ominus}_{Hg_2Cl_2/Hg} \quad (\text{当量})$$

可以求出被测电对的标准电极电位数值*。

根据电对的电位数值大小排列组成标准电极电位表(表 11-1),读者在使用电极电位表时应注意电极反应条件,尤其是介质条件。本书附录有 $\varphi^{\ominus}_A$ 及 $\varphi^{\ominus}_B$ 表,$\varphi^{\ominus}_A$ 表示在酸性介质 $a_{H^+} = 1\ mol \cdot dm^{-3}$ 下电对的标准电极电位;$\varphi^{\ominus}_B$ 表示在碱性介质中 $a_{OH^-} = 1\ mol \cdot dm^{-3}$ 下电对的标准电极电位。

表 11-1 水溶液中标准电极电位 $\varphi^{\ominus}$(298 K)

电 极	电 极 反 应	$\varphi^{\ominus}_{M^{n+}/M}$/V
Li^+/Li	$Li^+ + e \rightleftharpoons Li$	-3.04
K^+/K	$K^+ + e \rightleftharpoons K$	-2.93
Ba^{2+}/Ba	$Ba^{2+} + 2e \rightleftharpoons Ba$	-2.90
Sr^{2+}/Sr	$Sr^{2+} + 2e \rightleftharpoons Sr$	-2.89
Ca^{2+}/Ca	$Ca^{2+} + 2e \rightleftharpoons Ca$	-2.87
Na^+/Na	$Na^+ + e \rightleftharpoons Na$	-2.71
Mg^{2+}/Mg	$Mg^{2+} + 2e \rightleftharpoons Mg$	-2.37
Al^{3+}/Al	$Al^{3+} + 3e \rightleftharpoons Al$	-1.66
Zn^{2+}/Zn	$Zn^{2+} + 2e \rightleftharpoons Zn$	-0.76
Cr^{3+}/Cr	$Cr^{3+} + 3e \rightleftharpoons Cr$	-0.74
Fe^{2+}/Fe	$Fe^{2+} + 2e \rightleftharpoons Fe$	-0.45
Ni^{2+}/Ni	$Ni^{2+} + 2e \rightleftharpoons Ni$	-0.26
Sn^{2+}/Sn	$Sn^{2+} + 2e \rightleftharpoons Sn$	-0.15
Pb^{2+}/Pb	$Pb^{2+} + 2e \rightleftharpoons Pb$	-0.13

* 在用实验测定电对电极电势时,我们都用氢电极或甘汞电极为负极、待测电极为正极的方式进行,待测电极发生还原反应,故电极电位又称为还原电位。反之,若以待测电极为原电池负极,电极发生作用为氧化反应,得到的电位是氧化电位,显然,氧化电位与还原电位数值上相等,符号相反。本书使用还原电位。1953 年 IUPAC 规定,只有还原电势才能称为电极电势。

续表 11-1

电　极	电极反应	$\varphi^{\ominus}_{M^{n+}/m}$/V
H^+/H_2	$2H^+ + 2e = H_2$	0
S/H_2S	$S + 2H^+ + 2e = H_2S$	+0.14
Sn^{4+}/Sn^{2+}	$Sn^{4+} + 2e = Sn^{2+}$	+0.15
Cu^{2+}/Cu	$Cu^{2+} + 2e = Cu$	+0.34
O_2/OH^-	$O_2 + 2H_2O + 4e = 4OH^-$	+0.40
I_2/I^-	$I_2 + 2e = 2I^-$	+0.54
Mn(Ⅶ)/Mn(Ⅱ)	$MnO_4^- + e = MnO_4^{2-}$	+0.56
As(Ⅴ)/As(Ⅲ)	$H_3AsO_4 + 2H^+ + 2e = H_3AsO_3 + H_2O$	+0.56
MnO_4^-/MnO_2	$MnO_4^- + 2H_2O + 3e = MnO_2 + 4OH^-$	+0.60
$O_2/O_2{}^{2-}$	$O_2 + 2H^+ + 2e = H_2O_2$	+0.70
Fe^{3+}/Fe^{2+}	$Fe^{3+} + e = Fe^{2+}$	+0.77
Ag^+/Ag	$Ag^+ + e = Ag$	+0.80
NO_3^-/N_2O_4	$2NO_2^- + 4H^+ + 2e = N_2O_4 + H_2O$	+0.80
Hg^{2+}/Hg	$Hg^{2+} + 2e = Hg$	+0.85
Pd^{2+}/Pd	$Pd^{2+} + 2e = Pd$	+0.95
Br_2/Br^-	$Br_2 + 2e = 2Br^-$	+1.07
$HCrO_4^-/Cr^{3+}$	$HCrO_4^- + 7H^+ + 3e = Cr^{3+} + 4H_2O$	+1.35
$Cr_2O_7^{2-}/Cr^{3+}$	$Cr_2O_7^{2-} + 14H^+ + 6e = 2Cr^{3+} + 7H_2O$	+1.23
Cl_2/Cl^-	$Cl_2 + 2e = 2Cl^-$	+1.36
ClO_4^-/Cl^-	$ClO_4^- + 8H^+ + 8e = Cl^- + 4H_2O$	+1.39
BrO_3^-/Br^-	$BrO_3^- + 6H^+ + 6e = Br^- + 3H_2O$	+1.42
Ce^{4+}/Ce^{3+}	$Ce^{4+} + e = Ce^{3+}$	+1.61
ClO_3^-/Cl^-	$ClO_3^- + 6H^+ + 6e = Cl^- + 3H_2O$	+1.45
ClO_3^-/Cl_2	$ClO_3^- + 6H^+ + 5e = \frac{1}{2}Cl_2 + 3H_2O$	+1.47
$HClO/Cl^-$	$HClO + H^+ + 2e = Cl^- + H_2O$	+1.48
MnO_4^-/Mn^{3+}	$MnO_4^- + 8H^+ + 5e = Mn^{2+} + 4H_2O$	+1.51
H_2O_2/H_2O	$H_2O_2 + 2H^+ + 2e = 2H_2O$	+1.78
$S_2O_8^{2-}/SO_4^{2-}$	$S_2O_8^{2-} + 2e = 2SO_4{}^{2-}$	+2.01
MnO_4^{2-}/MnO_2	$MnO_4^{2-} + 4H^+ + 2e = MnO_2 + 2H_2O$	+2.24
F_2/F^-	$F_2 + 2e = 2F^-$	+2.87

由此可以看出，标准电极电位的物理意义是，在电极反应条件下，对某物质氧化型得电子或还原型失电子能力的量度。电对的电极电位数值越正，该电对中氧化型的氧化能力(得电子倾向)越大；电对的电极电位数值越负，该电对中还原型还原能力(失去电子的倾向)越大。因此，一个电对的电极电位数值表征了两种物质的氧化还原性能，其中一者强，另外一者就弱，这是表现出共轭的性质。据此，我们可以比较氧化型氧化能力相对大小，或还原型还原能力的相对大小。例如 $\varphi^{\ominus}_{Cr_2O_7{}^{2-}/Cr^{3+}} = 1.23\ V$，$\varphi^{\ominus}_{Mno_4{}^-/Mn^{2+}} = 1.51V$，可以预言，$MnO_4^-$ 在酸性条件下的氧化性比 $Cr_2O_7^{2-}$ 更强，而 Mn^{2+} 还原能力比 Cr^{3+} 更弱。再

如 $\varphi^{\ominus}_{Fe^{3+}/Fe^{2+}}=0.77\ V$ 与 $\varphi^{\ominus}_{Sn^{4+}/Sn^{2+}}=0.15$。可见，在酸性介质中 Fe^{3+} 的氧化能力大于 Sn^{4+}，而 Sn^{2+} 还原能力又大于 Fe^{2+}。在使用电极电位表时，应注意电对的酸碱条件，反应的酸碱性可以从电对反应方程式作出判断，或者从电对物质的存在形式作出判断。

应该注意的是，任何一个电对都有氧化型和还原型，它们互相依存，缺一不可：

$$\text{氧化型} + n\text{e} \rightleftharpoons \text{还原型}$$

因此，在表示还原电位时，$\varphi^{\ominus}_{M^{n+}/M}$（或 $\varphi^{\ominus}_{\text{氧化型/还原型}}$）应完整表达，任何不完整的表达式都是毫无意义的，例如 $\varphi^{\ominus}_{Fe^{3+}}$，$\varphi^{\ominus}_{Fe^{2+}}$ 或 $\varphi^{\ominus}_{Fe}$ 等。同一种物质在一个电对中可以是还原型，在另一个电对中可以是氧化型。例如在 $\varphi^{\ominus}_{Fe^{3+}/Fe^{2+}}$ 中 Fe^{2+} 为还原型，而在 $\varphi^{\ominus}_{Fe^{2+}/Fe}$ 中 Fe^{2+} 为氧化型。

标准电极电位只是反映了在水溶液中物质得失电子的能力，因此它只适用于水溶液体系，对于高温、固相、非水溶剂体系则不适用。

最后，应该指出的是，电极电位数值是一个具有强度性质的物理量，因此无加和性，它只表示得失电子的趋势大小，而与得失电子数目无关。例如电极反应：

$$Cl_2 + 2e = 2Cl^- \qquad \varphi^{\ominus}_{Cl_2/Cl^-} = 1.36\ V$$

$$\frac{1}{2}Cl_2 + e = 2Cl^- \qquad \varphi^{\ominus}_{\frac{1}{2}Cl_2/Cl^-} = 1.36\ V$$

因此电极电位数值是物质本身的属性。

五、标准电极电位表的应用

应用标准电极电位表可以研究元素不同氧化态下的氧化还原性。如前所述，电极电位越正，氧化态是越强的氧化剂；电极电位数值越负，还原态是越强的还原剂。因此，强氧化剂与强还原剂的反应在热力学上应该是可以自发进行的。据此，我们又可以根据电极电位表数值判断反应进行的方向。例如在 $\varphi^{\ominus}_{A/B} > \varphi^{\ominus}_{C/D}$ 时，

$$A + D \rightleftharpoons B + C$$

反应预期应会发生，如 $\varphi^{\ominus}_{Cu^{2+}/Cu}=0.34\ V > \varphi^{\ominus}_{Zn^{2+}/Zn}=-0.77\ V$，因此，反应 $Zn + Cu^{2+} \rightleftharpoons Cu + Zn^{2+}$ 是会自发进行的，这是我们熟知的反应。根据电极电位的性质，我们可以作如下判断：

1. 判断氧化剂还原剂的相对强弱

从电极电位数值可以看出，当 $\varphi^{\ominus}$ 值越大时，物质氧化态的氧化性越强，在水溶液中热力学性质越不稳定；$\varphi^{\ominus}$ 值越小，物质还原态的还原性越强，在水溶液中热力学性质越不稳定。

2. 判断氧化还原反应进行的程度

我们已经提到，原电池是一个由化学能转变为电能的装置，对于一个氧化还原反应，我们可以设计成一个原电池，则其原电池电动势为 $\varepsilon^{\ominus}$，且 $\varepsilon^{\ominus}=\varphi^{\ominus}_{+}-\varphi^{\ominus}_{-}$。当一定量的电荷 Q 由原电池负极转移到原电池正极时，原电池做的功（电功）为 $-W = Q\cdot\varepsilon^{\ominus}$。当 1 mol 电子从原电池负极转移到原电池正极时，原电池做的功（体系对环境做功，W 取负值）为：

$$-W' = 1.602\,191\,7/10^{-19}(\text{库仑/电子}) \times 6.023 \times 10^{23}(\text{电子/mol}) \times \varepsilon^{\ominus}$$

$$-W' = 96\,500(\text{库仑/摩尔}) \times \varepsilon^{\ominus} = F\cdot\varepsilon^{\ominus}$$

n 摩尔电子从原电池负极转移到原电池正极：

$$-W' = nF\varepsilon^{\ominus} \tag{11-1}$$

在热力学一章中我们提到，在等温、等压、可逆过程中，过程自由能变 $\Delta_r G_m^{\ominus}$ 在数值上表示了体系对外做的最大有用功，即 $\Delta_r G_m^{\ominus} = W'\max$，

$\therefore$
$$-\Delta_r G_m^{\ominus} = nF\varepsilon^{\ominus} \tag{11-2}$$

式中：F 为 Faraday 常数(96 500 C/mol)。

$\because$
$$\Delta G^{\ominus} = -RT\ln K$$

代入(11－2)式，则

$$-RT\ln K = -nF\varepsilon^{\ominus}$$

即
$$\varepsilon^{\ominus} = +\frac{RT}{nF}\ln K = \frac{2.303RT}{nF}\lg K \tag{11-3}$$

在 298K 时
$$\frac{2.303RT}{nF} = \frac{0.059}{n}$$

(11－3)式写作
$$\varepsilon^{\ominus} = \frac{0.059}{n}\lg K \tag{11-4}$$

或
$$\varphi_+^{\ominus} - \varphi_-^{\ominus} = \frac{0.059}{n}\lg K \tag{11-5}$$

(11－5)式说明了热力学平衡常数 K 与 $\varepsilon^{\ominus}$ 的关系。

迄今为止，我们对反应过程的自由能变 $\Delta_r G_m^{\ominus}$ 可以通过以下公式求得：

$$\Delta_r G_m^{\ominus}(T) = \Delta_r H_m^{\ominus} - T\Delta_r S_m^{\ominus}$$
$$\Delta_r G^{\ominus}(T) = -RT\ln K$$
$$\Delta_r G_m^{\ominus}(T) = -nF\varepsilon^{\ominus}$$
$$\Delta_r G_m^{\ominus} = \sum\Delta_f G^{\ominus}(\text{生成物}) - \sum\Delta_f G^{\ominus}(\text{反应物})$$
$$\Delta_r G_m(T) = \Delta_r G_m^{\ominus}(T) + RT\ln Q^r$$

以上公式的应用范围及条件，请读者切实掌握。

通常，$\Delta_r G_m^{\ominus} > 40\ \text{kJ}\cdot\text{mol}^{-1}$ 或 $\Delta_r G_m^{\ominus} < 40\ \text{kJ}\cdot\text{mol}^{-1}$ 时就被认为是单向反应。据此，相应的 $\varepsilon^{\ominus}$ 将依据反应的电子转移数而有所不同：$n=1$ 时，$\varepsilon^{\ominus} > 0.41$ V 或 $\varepsilon^{\ominus} < -0.41$ V；$n=2$ 时，$\varepsilon^{\ominus} = 0.20$ V 或 $\varepsilon^{\ominus} < -0.20$ V；$n=3$ 时，$\varepsilon > 0.138$ V 或 $\varepsilon < -0.138$ 都可以认为是单向完全进行的反应。

例 11－7　计算 Zn－Cu 电池的 $\Delta_r G_m^{\ominus}$ 及 $\varepsilon^{\ominus}$。

解　电池形式是 $(-)\text{Zn}|\text{Zn}^{2+}\ ||\ \text{Cu}^{2+}|\text{Cu}(+)$

$$\varepsilon^{\ominus} = \varphi_+^{\ominus} - \varphi_-^{\ominus} = \varphi_{\text{cu}^{2+}/\text{cu}}^{\ominus} - \varphi_{\text{Zn}^{2+}/\text{Zn}}^{\ominus} = 0.34 - (-0.763) = 1.10\text{V}$$

在反应 $Zn + Cu^{2+} = Zn^{2+} + Cu$ 中，$n=2$

$\therefore\quad \Delta_r G_m^{\ominus} = -nF\varepsilon^{\ominus} = -2\times 96\,500\times 1.10 = -212\,300\ \text{J}\cdot\text{mol}^{-1} = -212.3\ \text{kJ}\cdot\text{mol}^{-1}$

例 11－8　求 $(-)(\text{Pt})\text{H}_2(100\ \text{kPa})|\text{H}^+(1\ \text{mol}\cdot\text{dm}^{-3})\text{Cl}^-(1\ \text{mol}\cdot\text{dm}^{-3}|\text{AgCl},\text{Ag}$ $(+)$ 电池的 $\varepsilon^{\ominus}$ 和 $\varphi_{\text{AgCl/Ag}}^{\ominus}$。(已知 $\frac{1}{2}H_2 + AgCl = Ag + HCl$ 的 $\Delta_r H_m^{\ominus} = -40.44\ \text{kJ}\cdot\text{mol}^{-1}$，$\Delta_r S_m^{\ominus} = -63.6\ \text{J}\cdot\text{mol}^{-1}\cdot\text{K}^{-1}$)。

解：由 $\Delta_r G^{\ominus} = \Delta_r H^{\ominus} - T\Delta S^{\ominus}$

∴ $\Delta_r G_m^{\ominus} = -40.44 - 298 \times (-63.6) \div 1\,000 = -21.49\ \text{kJ}\cdot\text{mol}^{-1}$

∵ $nF\varepsilon^{\ominus} = -\Delta_r G_m^{\ominus}$

∴ $\varepsilon^{\ominus} = \dfrac{21.49 \times 1\,000}{1 \times 96\,500} = 0.22\ \text{V}$

∵ $\varepsilon^{\ominus} = \varphi_+^{\ominus} - \varphi_-^{\ominus} = \varphi_{AgCl/Ag}^{\ominus} - \varphi_{H^+/H_2}^{\ominus} = 0.22\ \text{V}$

∴ $\varphi_{AgCl/Ag}^{\ominus} = 0.22\ \text{V}$

计算表明，$\varphi_{AgCl/Ag}^{\ominus} \neq \varphi_{Ag^+/Ag}^{\ominus}$，这说明氧化型状态不同，电极电位数值不同，氧化型由于是 AgCl，c_{Ag^+} 降低，电极电位数值变得更负。氧化型氧化性减弱。

例 11-9　试求反应 $2Ag + 2HI = 2AgI\downarrow + H_2\uparrow$ 的平衡常数 K。

解：将这一反应设计成电池：

$$\text{负极：} Ag + I^- = AgI + e \quad \text{（氧化）}$$

$$\text{正极：} 2H^+ + 2e = H_2 \quad \text{（还原）}$$

电池形式为：$(-)Ag, AgI|H^+ I^-|H_2(p = 100\ \text{kPa}), (Pt)(+)$

查表：

$$\varphi_{H^+/H_2}^{\ominus} = 0.00\ \text{V}, \varphi_{AgI/Ag}^{\ominus} = -0.15\ \text{V}$$

$$\varepsilon^{\ominus} = 0.00 - (-0.15) = 0.15\text{V}$$

∴

$$\lg K = \frac{2 \times 0.15}{0.059\,2} = 5.08$$

$$K = 1.2 \times 10^5$$

例 11-10　试求反应 $Ag^+ + Cl^- = AgCl(s)$ 的 K 及 K_{SP}。

解：例 11-9 是将氧化还原反应设计成原电池的例子，对于非氧化还原反应，我们也可以将它设计成原电池。以下将反应：$Ag^+ + Cl^- = AgCl(s)$ 设计成原电池：

原电池正极：　$Ag^+ + e = Ag$　　（还原作用）

原电池负极：　$Ag + Cl^- - e = AgCl$　　（氧化作用）

$$(-)Ag, AgCl(s)|Cl^-|Ag^+|Ag(+)$$

$$\varepsilon^{\ominus} = \varphi_+^{\ominus} - \varphi_-^{\ominus} = \varphi_{Ag^+/Ag}^{\ominus} - \varphi_{AgCl/Ag}^{\ominus} = 0.799\,6 - 0.222\,3 = 0.577\,3\ \text{V}$$

∴

$$\lg K = 0.577\,3/0.059\,0 = 9.75$$

∴

$$K = 5.62 \times 10^9$$

$$K_{sp} = 1/K = 1.78 \times 10^{-10}$$

可见，不但氧化还原反应可以设计成原电池来计算反应的平衡常数，而且也可以将非氧化还原反应设计成原电池，计算有关的热力学平衡常数，进而计算其他热力学函数。例如，反应：

$$Ag^+ + 2NH_3 = Ag(NH_3)_2^+$$

就可以设计成电池反应：

正极：$Ag \rightleftharpoons Ag^+ + e$　　$\varphi_{Ag^+/Ag}^{\ominus} = 0.799\ \text{V}$

负极：$Ag(NH_3)_2^+ + e = Ag + 2NH_3$　　$\varphi_{Ag(NH_3)_2^+/Ag}^{\ominus} = 0.373\ \text{V}$

读者不妨自己练习。

3.判别氧化还原反应的方向

如前所述，利用 $\varepsilon^\ominus$ 可以判别一个氧化还原反应进行的方向，但用 $\varepsilon^\ominus$ 作判据时，必须在标准态下比较，或者近似地在标准态下进行比较。其方法是：① 把反应设计成原电池；② 由 $\varepsilon^\ominus = \varphi_+^\ominus - \varphi_-^\ominus$ 的数值进行判断：$\varepsilon^\ominus > 0$ 时自发，$\varepsilon^\ominus < 0$ 时逆向自发，$\varepsilon^\ominus = 0$ 时平衡。

例 11－11 判别 $Fe^{3+} + Sn^{2+} \rightleftharpoons Sn^{4+} + Fe^{2+}$ 反应进行的方向。

解：正极： $Fe^{3+} + e = Fe^{2+}$ $\varphi^\ominus_{Fe^{3+}/Fe^{2+}} = 0.72\ V$

负极： $Sn^{2+} - 2e = Sn^{4+}$ $\varphi^\ominus_{Sn^{4+}/Sn^{2+}} = 0.15\ V$

$$\varepsilon^\ominus = \varphi_+^\ominus - \varphi_-^\ominus = 0.77 - 0.15 > 0$$

∴ 反应在标准态下正向进行。

事实上，该反应由于 $\varepsilon^\ominus = 0.62\ V$，是一个相当大的数值，在改变反应条件时也不可能改变反应方向。

4.判别不同氧化反应进行的趋势的顺序

通常，化学反应的趋向是从热力学角度来研究的，$\Delta_r G_m^\ominus$ 越负，反应趋向越大。但是，我们多次重申，反应的趋向并不决定反应速率大小。对于一个氧化还原反应，可以有很大的反应趋势，但由于动力学的因素而使反应的现实性与可能性产生矛盾，以及氧化还原反应的反应速率通常又比中和反应、沉淀反应速率更慢。因此，研究一个氧化还原反应时必须考虑动力学因素。$\varepsilon^\ominus$ 只说明趋势，不说明反应现实性。例如，反应

$$2Mn^{2+} + 5S_2O_8{}^{2-} + 8H_2O = 2MnO_4^- + 10SO_4^{2-} + 16H^+$$

$$\varepsilon^\ominus = \varphi^\ominus_{S_2O_8{}^{2-}/SO_4{}^{2-}} - \varphi^\ominus_{MnO_4^-/Mn^{2+}} = 2.01 - 1.51 = 0.50\ V$$

反应趋向很大，但实际上，在常温下我们难以观察到这一反应的进行，而在 Ag^+ 的催化作用下，反应可以迅速地完成。

5.选择合理的氧化还原试剂

当混合溶液有一组易于被氧化的物质，例如某溶液中有 Br^-，I^- 时，我们希望可以使 I^- 被氧化，而 Br^- 不被氧化，这就有一个氧化剂的选择问题。例如，从 Fe^{3+}，Ce^{4+} 中作选择时，由于

$$\varphi^\ominus_{I_2/I^-} = 0.54\ V \qquad \varphi^\ominus_{Br_2/Br^-} = 1.06V$$

$$\varphi^\ominus_{Fe^{3+}/Fe^{2+}} = 0.77\ V \qquad \varphi^\ominus_{Ce^{4+}/Ce^{3+}} = 1.60\ V$$

可知选择 Fe^{3+} 作氧化剂是合理的。

6.计算未知电对的电极电位

例 11－12 已知 $\varphi_{A\,ClO_3^-/Cl^-} = 1.45\ V$ $\varphi^\ominus_{A\,Cl_2/Cl^-} = 1.36\ V$ 试求 $\varphi^\ominus_{A\,ClO_3^-/Cl_2}$。

解： $ClO_3{}^- + 6H^+ + 6e = Cl^- + 3H_2O$ $\varphi^\ominus_{ClO_3^-/Cl^-} = 1.45\ V$ ①

$\frac{1}{2}Cl_2 + e = Cl^-$ $\varphi^\ominus_{Cl_2/Cl^-} = 1.36\ V$ ②

虽然，①－②可以得到 $\varphi^\ominus_{ClO_3^-/Cl_2}$ 的电极反应：

$$ClO_3{}^- + 6H^+ + 5e = \frac{1}{2}Cl_2 + 3H_2 \qquad ③$$

但相应的电极电位：$\varphi^{\ominus}_{ClO_3^-/Cl_2} \neq \varphi^{\ominus}_{ClO_3^-/Cl^-} - \varphi^{\ominus}_{Cl_2/Cl^-}$

因为电极电位不具有可加性，它是强度性质的热力学函数，只有将 $\varphi^{\ominus}$ 数值转换成具有加和性的容量性质函数 $\Delta G^{\ominus}$ 后，才可以相加减。显然 $\Delta G^{\ominus} = -nF\varphi^{\ominus}$，因此，③式的 $\Delta_r G_3^{\ominus} = -5F \cdot \varphi^{\ominus}_{ClO_3^-/Cl_2}$，

$$-5F\varphi^{\ominus}_{ClO_3^-/Cl_2} = -6F\varphi_{ClO_3^-/Cl^-} - (-1F\varphi^{\ominus}_{Cl_2/Cl^-})$$

$$\varphi^{\ominus}_{ClO_3^-/Cl_2} = \frac{6 \times 1.45 - 1.36}{5} = 1.47\ \text{V}$$

读者在这里也许要问，为什么在计算原电池的电动势时又用 $\varepsilon^{\ominus} = \varphi^{\ominus}_{+} - \varphi^{\ominus}_{-}$ 的公式计算，这与电极电位不具有加和性有无矛盾？答案显然是否定的，原因是两个电极组成一个电池时，正极与负极得失电子数相等，“电量项”(n)可以消去：

$$\Delta G^{\ominus}_{原电池} = \Delta G^{\ominus}_{正} - \Delta G^{\ominus}_{负}$$

$$\because \quad -nF\varepsilon^{\ominus} = -nF\varphi^{\ominus}_{+} - (-nF\varphi^{\ominus}_{-})$$

$$\varepsilon^{\ominus} = \varphi^{\ominus}_{+} - \varphi^{\ominus}_{-}$$

例如，上述例 11-12 中用 $\varphi^{\ominus}_{ClO_3^-/Cl^-} = 1.45\ \text{V}$ 与 $\varphi^{\ominus}_{Cl_2/Cl^-} = 1.36\ \text{V}$ 相减之后得到的是电池反应 $ClO_3^- + 6H^+ + 5Cl^- = 3Cl_2 + 3H_2O$ 的电动势 $\varepsilon^{\ominus}$：$\varepsilon^{\ominus} = 1.45\ \text{V} - 1.36\ \text{V} = 0.09\ \text{V}$，用电池形式表达将是：(−)C，$Cl_2(p)/Cl^-(c_1)$，$H^+(c_2)/ClO_3^-$，C(+)。

第三节　影响电极电位的因素

影响电极电位的因素较多，归结起来有内因及外因两类。

一、内因

我们都知道，电对的电极电势是表征电对中氧化态(或还原态)物质在其对应的离子水溶液中得失电子能力的量度，是 $M \rightarrow M^{n+} + ne$ 反应趋势的量度，因此，一个直观的感觉是某物质的电离能越小，$M \rightarrow M^{n+} + ne$ 趋势应越大，$\varphi^{\ominus}_{M^{n+}/M}$ 越负。事实上，$\varphi^{\ominus}_{M^{n+}/M}$ 应是综合因素的结果，应取决于反应的 $\Delta_r G^{\ominus}_m$，这就包括了过程的能量效应 $\Delta_r H^{\ominus}_m$，也应包括过程的熵效应：$\Delta_r G^{\ominus}_m = \Delta_r H^{\ominus}_m - T\Delta_r S^{\ominus}_m$。

在数值上，$T\Delta S^{\ominus}$ 一项在温度不太高的情况下与 $\Delta_r H^{\ominus}_m$ 相比，差了很多。因此，对于同一类型的反应，熵变项可以忽略，可以只考虑焓变项对 $\varphi^{\ominus}$ 值的影响，可以认为金属电极过程的 $M \rightarrow M^{n+} + ne$ 反应 $\Delta_r H^{\ominus}_m$ 越负时，$\varphi^{\ominus}$ 将越负，被氧化的倾向越大：

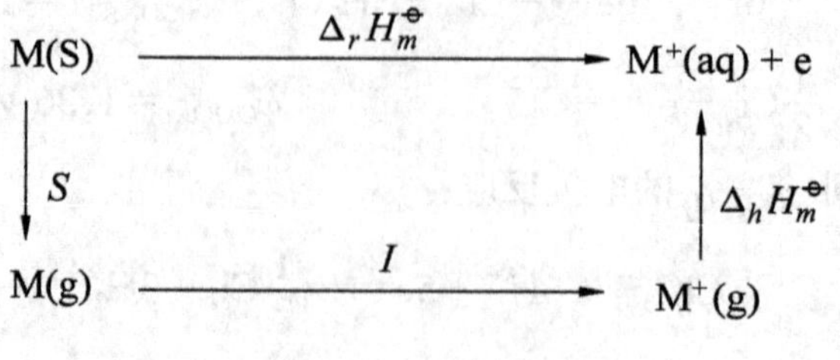

其中：$S, I, \Delta_h H_m^{\ominus}$ 分别代表 M(s)的升华能、电离能及 M^+(g)的水合能。因此反应的 $\Delta H^{\ominus} = S + I + \Delta_h H_m^{\ominus}$ 才可以说明各种因素对电极过程的影响。所以我们不能简单地认为 M 的电离能越小，$\varphi^{\ominus}_{M^+/M}$ 越负。例如 I_{Li}(520 kJ·mol^{-1}) > I_{Na}(496 kJ·mol^{-1}) > I_k(410 kJ·mol^{-1})，但是 $\varphi^{\ominus}_{Li^+/Li} = -3.045$ V，$\varphi^{\ominus}_{Na^+/Na} = -2.71$ V，$\varphi^{\ominus}_{K^+/K} = -2.924$ V。

对于 $\varphi^{\ominus}_{Cl_2/Cl^-}$ 电极过程，设计以下热力学循环：

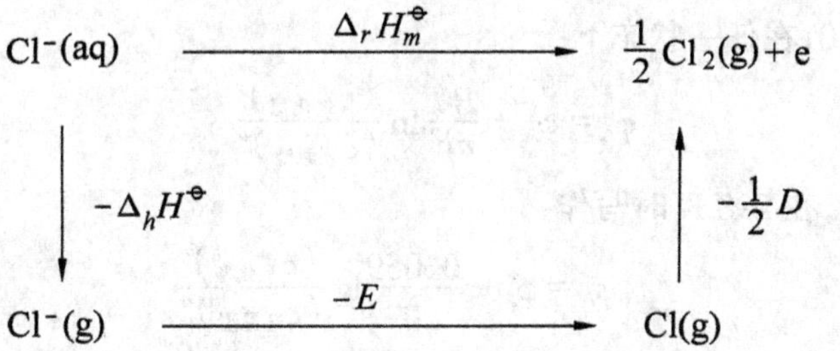

其中：$\Delta_h H_m^{\ominus}, E, D$ 分别代表 Cl^- 的水合能，Cl(g)电子亲合能及 Cl_2 的离解能，因此

$$\Delta_r H_m^{\ominus} = -\Delta_h H_m^{\ominus} - E - \frac{1}{2}D$$

热力学分析说明，电极的热力学过程（涉及物质的本性）是影响电极电位数值的决定因素，是内在因素。

二、外因

1. 浓度对电极电位的影响

对于平衡：

$$M^{n+} + me \longrightarrow M^{(n-m)+}$$

改变氧化型 M^{n+} 的浓度或改变还原型的浓度都会使平衡发生移动。显然，增大氧化型浓度，平衡右移，氧化型氧化能力增大，φ 值增大；增大还原型浓度，氧化型氧化能力减小，φ 值将变得更负。这说明浓度对电极电位有影响。

对于一个给定的氧化-还原反应，设：

$$a\text{A(氧化型)} + b\text{B(还原型)} = a'\text{A(还原型)} + b'\text{B(氧化型)}$$

由化学反应等温式：

$$\Delta_r G_m = \Delta_r G_m^{\ominus} + RT\ln Q^r \tag{11-6}$$

将 $\Delta_r G_m = -nF\varepsilon$，$\Delta_r G_m^{\ominus} = -nF\varepsilon^{\ominus}$ 代入：

$$-nF\varepsilon = -nF\varepsilon^{\ominus} + RT\ln Q^r$$

$$\varepsilon = \varepsilon^{\ominus} - \frac{RT}{nF}\ln Q^r \tag{11-7}$$

$$\because \quad \varepsilon = \varphi_+ - \varphi_- \qquad \varepsilon^{\ominus} = \varphi_+^{\ominus} - \varphi_-^{\ominus}$$

$$\therefore \quad \varphi_+ - \varphi_- = \varphi_+^{\ominus} - \varphi_-^{\ominus} - \frac{RT}{nF}\ln\frac{(c_{A还})^{a'}(c_{B氧})^{b'}}{(c_{A氧})^{a}(c_{B还})^{b}} \tag{11-8}$$

在上述氧化还原反应中，反应物 A 得电子，氧化态降低，成为原电池的正极；反应物 B

失电子，氧化态升高，成为原电池的负极。因此(11-8)式可以写作：

$$\varphi_A-\varphi_B=\left(\varphi_A^{\ominus}+\frac{RT}{nF}\ln\frac{(c_{A氧})^a}{(c_{A还})^{a'}}\right)-\left(\varphi_B^{\ominus}+\frac{RT}{nF}\ln\frac{(c_{B氧})^b}{(c_{B还})^{b'}}\right)$$

从而有

$$\varphi_A=\varphi_A^{\ominus}+\frac{RT}{nF}\ln\frac{(c_{A氧})^a}{(c_{A还})^{a'}} \tag{11-9}$$

的关系，这一关系式说明电对 φ_A 在数值上依照 A 的氧化态、还原态浓度变化而变化。在标准态下 $\varphi_A=\varphi_A^{\ominus}+0$，在任一状态下：

$$\varphi_A=\varphi_A^{\ominus}+\frac{RT}{nF}\ln\frac{(c_{氧化型})^a}{(c_{还原型})^{a'}} \tag{11-10}$$

此即为 Nernst 方程，在 298 K 时写作：

$$\varphi_A=\varphi_A^{\ominus}+\frac{0.059}{n}\lg\frac{(c_{氧化型})^a}{(c_{还原型})^{a'}}$$

式中：n 为电极反应中得失电子的数目。利用 Nernst 方程可以计算任何浓度条件下某电对的电极电位数值。

在应用 Nernst 方程计算电对的电极电位时应注意以下几点：

(1) 在 Nernst 方程中，参与电极反应的纯固体、纯液体物质浓度为常数，取 1。离子浓度以相对活度计，气体以相对压力计，它们都应是无量纲的纯数。

(2) 在电极反应 xA(氧化型) + ne ══ yA(还原型)中，x，y 分别为电极反应物质的系数，应出现在 Nernst 方程中的指数项上。

(3) 当电极反应中有 H^+，OH^- 参与时，H^+，OH^- 的量也应出现在电极反应式中。当 H^+，OH^- 出现在氧化型一方时，H^+，OH^- 的量出现在 Nernst 方程中分子项上；当 H^+，OH^- 出现在还原型一方时，H^+，OH^- 的量写在 Nernst 方程中分母项上。

(4) 当温度是 298 K 时，Nernst 方程 $\varphi_{A/B}=\varphi_{A/B}^{\ominus}+\frac{0.059}{n}\lg\frac{c_A^a}{c_B^b}$；温度不是 298 K 时，Nernst方程应是$\varphi_{A/B}(T)=\varphi_{A/B}^{\ominus}(T)+\frac{RT}{nF}\ln\frac{c_A^a}{c_B^b}$，显然，$\varphi_{A/B}^{\ominus}(298)\neq\varphi_{A/B}^{\ominus}(T)$。

以下举例说明 Nernst 方程的应用。

例 11-13　已知 $\varphi_{O_2/OH^-}^{\ominus}=0.40$ V，试求在 pOH = 1，$p_{O_2}=100$ kPa 时，电极反应(298 K下)O_2+H_2O+4e ══ $4OH^-$ 的 φ_{O_2/OH^-}。

解：

$$pOH=1，即\ c_{OH^-}=10^{-1}\,mol\cdot dm^{-3}$$

$$\because\quad O_2+2H_2O+4e ══ 4OH^-\qquad \varphi_{O_2/OH^-}^{\ominus}=0.40\ V$$

由 Nernst 方程

$$\varphi_{O_2/OH^-}=\varphi_{O_2/OH^-}^{\ominus}+\frac{0.059}{4}\lg\frac{p_{O_2}^r}{(c_{OH^-}^r)^4}$$

$$=0.40+0.059=0.459\ V$$

可见，$\varphi_{O_2/OH^-}>\varphi_{O_2/OH^-}^{\ominus}$。说明在 O_2+2OH^-+4e ══ $4OH^-$ 平衡中，减少体系 OH^- 的浓度，平衡右移，O_2 的氧化能力增大；增大体系 OH^- 的浓度，平衡左移，O_2 的氧化能力将减小。

例 11-14　已知 $\varphi^{\ominus}_{Cl_2/Cl^-}=1.36\ V$，求 298 K 下，$c_{Cl^-}=0.01\ mol\cdot dm1^{-3}$，$p_{Cl_2}=500\ kPa$ 时电极的 φ_{Cl_2/Cl^-}。

解：　　$Cl_2(g)+2e \rightleftharpoons 2Cl^-$　　　$\varphi^{\ominus}_{Cl_2/Cl^-}=1.36\ V$

$$\varphi_{Cl_2/Cl^-}=\varphi^{\ominus}_{Cl_2/Cl^-}+\frac{0.059}{2}\lg\frac{p^r_{Cl_2}}{c^r_{Cl^-}}$$

$$=1.36+0.059\ \lg\frac{(500/100)}{(0.01)^2}=1.36+0.137=1.50\ V$$

同样地，读者可以从平衡移动理解电位数值的变化。

由以上两例可见，还原型浓度降低，电极电位数值上更正，氧化型氧化能力更大；氧化型浓度降低，电极电位数值更负，还原型还原能力增大。

例 11-15　试求在 $c_{MnO_4^-}=c_{Mn^{2+}}=1.0\ mol\cdot dm^{-3}$ 时，pH＝5 的溶液中 $\varphi_{MnO_4^-/Mn^{2+}}$ 的数值。

解：电极反应：$MnO_4^-+8H^++5e \rightleftharpoons Mn^{2+}+4H_2O$　　$\varphi^{\ominus}_{MnO_4^-/Mn^{2+}}=1.49\ V$

$$\varphi_{MnO_4^-/Mn^{2+}}=\varphi^{\ominus}_{MnO_4^-/Mn^{2+}}+\frac{0.059}{5}\lg\frac{c_{MnO_4^-}\times(c_{H^+})^8}{c_{Mn^{2+}}}$$

$$=1.49+\frac{0.059}{5}\lg c^8_{H^+}$$

$$=1.49+\frac{0.059}{5}\lg(10^{-5})^8=1.49-0.47=1.02\ V$$

可见，在 H^+ 参与的电极反应中，溶液[H^+]对氧化型氧化能力影响很大，酸性条件有利于氧化剂氧化能力的提高。尤其在有氧化性的含氧酸参与的反应中，酸性往往是氧化反应进行的条件。因为在电极反应中，H^+ 是参与反应的。

例 11-16　试求 $AgI(s)+e \rightleftharpoons Ag(s)+I^-$ 电极反应的 $\varphi^{\ominus}_{AgI/Ag}$。

解：所谓 $\varphi^{\ominus}_{AgI/Ag}$，是指标准态下电对 AgI/Ag 的电极电位数值，由于存在 $AgI \rightleftharpoons Ag^+ + I^-$ 平衡，在这一体系中，$c_{Ag^+}\neq 1\ mol\cdot dm^{-3}$，因此 $\varphi^{\ominus}_{AgI/Ag}$ 是定义 $c_{I^-}=1\ mol\cdot dm^{-3}$ 下的 $\varphi_{Ag^+/Ag}$ 数值，这样 $\varphi_{AgI/Ag}$ 是由 $\varphi^{\ominus}_{Ag^+/Ag}$ 派生而得的，常称为派生电位或衍生电位。在 $c_{I^-}=1\ mol\cdot dm^{-3}$ 时，$[Ag^+]=K_{sp}/[I^-]$，所以

$$\varphi^{\ominus}_{AgI/Ag}=\varphi_{Ag^+/Ag}=\varphi^{\ominus}_{Ag^+/Ag}+0.059\lg[Ag^+]$$

$$=0.799+0.059\ \lg K_{sp}$$

$$=0.799+0.059\ \lg(8.5\times10^{-17})=0.799-0.948=-0.15\ V$$

即
$$\varphi^{\ominus}_{AgI/Ag}<\varphi^{\ominus}_{H^+/H_2}$$

说明 Ag 可以从酸中置换 H^+ 生成 $H_2\uparrow$，但是实际上，生成的 AgI 将附在金属银表面上，使进一步的反应不能发生。

例 11-17　已知 $\varphi^{\ominus}_{Cu^+/Cu}=0.522\ V$，试求 $Cu(CN)_2^-+e \rightleftharpoons Cu+2CN^-$ 的 $\varphi^{\ominus}_{Cu(CN)_2^-/Cu}$（$K_{稳Cu(CN)_2^-}=1\times10^{24}$）。

解：　∵　　$Cu^++2CN^- \rightleftharpoons Cu(CN)_2^-$　　$K_{稳}=1\times10^{24}$

$\varphi^{\ominus}_{Cu(CN)_2^-/Cu}$表示 $c_{CN^-}=1\ mol\cdot dm^{-3}$，$c_{Cu(CN)_2^-}=1\ mol\cdot dm^{-3}$的条件下 $Cu(CN)_2^-/Cu$ 电对标准电极电位，此时$[Cu^+]=1/K_{稳Cu(CN)_2^-}$，

即：

$$\varphi^{\ominus}_{Cu(CN)_2^-/Cu}=\varphi_{Cu^+/Cu}==\varphi^{\ominus}_{Cu^+/Cu}+\frac{0.059}{1}\lg c_{Cu^+}$$

$$=0.522+\frac{0.059}{1}\lg(1\times10^{-24})$$

$$=-0.92\ V$$

可见，由于向电极体系加入使氧化型络合的试剂，氧化型浓度降低，电极电位数值将变得更负。也就是说，对于电板反应：

$$M^{n+}+me═══M^{(n-m)+}$$

当加入的沉淀剂或络合剂使还原型浓度降低时，平衡将右移，$\varphi^{\ominus}$值将更正，氧化型氧化能力增强，还原型还原能力削弱，例如 $\varphi^{\ominus}_{Cu^{2+}/Cu^+}<\varphi^{\ominus}_{Cu^{2+}/CuI}<\varphi^{\ominus}_{Cu^{2+}/Cu(CN)_2^-}$（分别为 0.158 V，0.86 V，1.12 V）；若加入的沉淀剂或络合剂使氧化型的浓度降低，平衡将左移，$\varphi^{\ominus}$值将更负，氧化型氧化能力削弱，相应地还原型还原能力增强，例如 $\varphi^{\ominus}_{Ag^+/Ag}$（0.799 V）$>\varphi^{\ominus}_{AgCl/Ag}$（0.222 3 V）$>\varphi^{\ominus}_{AgBr/Ag}$（0.071 V）$>\varphi^{\ominus}_{AgI/Ag}$（−0.152 V）$>\varphi^{\ominus}_{Ag(CN)_2^-/Ag}$（−0.31 V）$>\varphi^{\ominus}_{Ag_2S/Ag}$（−0.71 V）。

由于 CuI 沉淀的生成，使 φ_{Cu^{2+}/Cu^+} 变得更正，Cu^{2+} 氧化性增大，因而不可能存在 CuI_2，例如在向 Cu^{2+} 溶液加入 KI 溶液时，将发生以下反应：

$$Cu^{2+}+2I^-═══CuI\downarrow+\frac{1}{2}I_2$$

这一反应定量地进行，成为分析化学中碘量法的基础。

由于浓度对电极电位的影响，因此改变反应物或生成物的浓度，对一些氧化还原反应会起到使反应逆转的作用。但是，由于浓度变化范围有限，一般为 $10^{-3}\sim1\ mol\cdot dm^{-3}$ 范围，因此，浓度的影响是有一定限度的，读者可以通过练习进一步理解。

例 11－18　请判别 $Ni+Pb^{2+}═══Pb+Ni^{2+}$ 反应在以下条件下的反应方向：① 热力学标准态下；② $c_{Pb^{2+}}=1\times10^{-4}mol\cdot dm^{-3}$，$c_{Ni^{2+}}=1.0\ mol\cdot dm^{-3}$；③ $c_{Pb^{2+}}<1\times10^{-4}mol\cdot dm^{-3}$，$c_{Ni^{2+}}>1\ mol\cdot dm^{-3}$。

解 ①　∵　$\varphi^{\ominus}_{Pb^{2+}/Pb}=-0.13\ V$，　$\varphi^{\ominus}_{Ni^{2+}/Ni}=-0.25\ V$

∴　$Pb^{2+}+Ni═══Ni^{2+}+Pb$

反应的

$$\varepsilon^{\ominus}=\varphi^{\ominus}_{Pb^{2+}/Pb}-\varphi^{\ominus}_{Ni^{2+}/Ni}=0.12\ V>0$$

所以在标准态下反应将正向自发进行。

②$c_{Ni^{2+}}=1\ mol\cdot dm^{-3}$，$c_{pb^{2+}}=1\times10^{-4}mol\cdot dm^{-3}$时，

$$\varphi_{Pb^{2+}/Pb}=-0.13+\frac{0.059}{2}\lg(1\times10^{-4})=-0.25\ V=\varphi^{\ominus}_{Ni^{2+}/Ni}$$

∴　体系将处于平衡状态

③当 $c_{Pb^{2+}}<1\times10^{-4}mol\cdot dm^{-3}$，$c_{Ni^{2+}}>1\ mol\cdot dm^{-3}$时

$$\varphi_{Pb^{2+}/Pb}<-0.25\ V,\varphi_{Ni^{2+}/Ni}>-0.25\ V$$

∴　　体系将逆向自发进行

2. 酸碱性对电极电位数值及氧化还原反应的影响

我们在上面已经提到，在有 H^+ 或 OH^- 参加的反应中，溶液的酸碱度对电极电位数值有很大影响，其数值可以从 Nernst 方程中计算得到。在一些氧化还原中，酸度还影响氧化还原反应的产物。例如 $KMnO_4$ 在浓碱性溶液中（>6 mol·dm^{-3} NaOH）的还原产物是 MnO_4^{2-}；在中性或弱酸性或弱碱性介质中，还原产物是 MnO_2；只有在较强酸性介质中才会被还原到 Mn^{2+}：

$$2MnO_4^- + SO_3^{2-} + 2OH^- = 2MnO_4^{2-}(\text{绿}) + SO_4^{2-} + H_2O$$

$$2MnO_4^- + SO_3^{2-} + H_2O = 2MnO_2(\text{棕}) + 3SO_4^{2-} + 2OH^-$$

$$2MnO_4^- + SO_3^{2-} + 6H^+ = 2Mn^{2+} + 5SO_4^{2-} + 3H_2O$$

此外，酸度有时也会影响氧化还原反应的反应速度。例如反应：

$$6Br^- + Cr_2O_7^{2-} + 14H^+ = 3Br_2 + 2Cr^{3+} + 7H_2O$$

在不同的酸性介质中，反应速度不同，如在 H_2SO_4 介质中反应速率较快，在 HAc 溶液中反应速率较慢。

有关 pH 对电极电位的影响，我们可以从对 φ－pH 图的讨论中看到。

总之，一个电极反应的电极电位数值的大小，首先是由电极物质的特性所决定；其次，电极反应条件（如电极物质的浓度、分压和 pH 值等）也会对电极电位产生影响，这些影响都可以利用 Nernst 方程来计算得到。

第四节　Nernst 方程的实际应用，φ－pH 图

有关 Nernst 方程的实际应用主要包括两个方面：① 计算不同浓度条件下的电对电极电位数值；② 计算不同 pH 条件下的电对电极电位数值。

以下主要讨论电对的 φ－pH 图。由于水溶液体系中的氧化还原反应是最重要的反应，水既可能被氧化，又可能被还原，因此讨论单质及其化合物在水溶液中的稳定性及反应性是十分重要的。水的电极反应包括：

水的氧化作用：　$O_2(g) + 4H^+ + 4e = 2H_2O$　　　$\varphi^{\ominus}_{O_2/H_2O} = 1.23\ V$

水的还原作用：　$2H_2O + 2e = H_2 + 2OH^-$　　　$\varphi^{\ominus}_{H_2O/H_2} = -0.8277\ V$

根据 Nernst 方程，分别有：

$$\varphi_{O_2/H_2O} = \varphi^{\ominus}_{O_2/H_2O} + \frac{0.0592}{4}\lg\frac{p_{O_2}c^4_{H^+}}{1}$$

$$\varphi_{H_2O/H_2} = \varphi^{\ominus}_{H_2O/H_2} + \frac{0.0592}{2}\lg\frac{1}{p_{H_2}c^2_{OH^-}}$$

在 $p_{O_2} = 100$ kPa，$p_{H_2} = 100$ kPa 时，上两式分别写作：

$$\varphi_{O_2/H_2O} = 1.23 + 0.0592\lg(c_H^+) = 1.23 - 0.0592\ pH$$

$$\varphi_{H_2O/H_2} = -0.8277 + 0.0592\ pOH = -0.8277 + 0.0592(14 - pH)$$

$= -0.059\,2\ \text{pH}$

根据 pH 值从 0～14 的变化而分别计算两电极的电位数值汇列于表 11－2 中。

表 11－2　φ_{O_2/H_2O}及 φ_{H_2O/H_2} 在不同 pH 值下数值

电极电位关系式	pH＝0	pH＝7	pH＝14
$\varphi_{O_2/H_2O}=1.23-0.059\,2\ \text{pH}$	1.23 V	0.817 V	0.401 V
$\varphi_{H_2O/H_2}=-0.059\,2\ \text{pH}$	0 V	0.414 V	－0.829 V

以 pH 为横坐标，电极电位 φ 为纵坐标，就得到水的 φ－pH 图（图 11－7）。图中，$O_2+4H^++4e═══2H_2O$ 线被称为氧线，因为它表示：凡电对的 φ－pH 图在此线段以上的物质，其氧化态都会氧化水，放出氧。因此，线段以上部分为氧稳定区，线段下方为水稳定区，分别被称为氧区与水区。例如 $\varphi^\ominus_{F_2/F^-}=2.87\ \text{V}$，其电位数值不随 pH 而变，永远处于氧区，因此 $F_2+2H_2O═══4HF+O_2\uparrow$ 反应会发生。图中下方的线段是电极反应 $2H_2O+2e═══H_2\uparrow+2OH^-$ 的平衡线，称为氢线，其下方是还原态（H_2）的稳定区，称为氢区，上方为氧化态（H_2O）的稳定区，为水区。凡电对的 φ－pH 图处于两线之间的物质 M^{n+}/M，在水溶液中的氧化态 M^{n+}、还原态 M 都可以在溶液中稳定存在，而电位处于氢线下方的物质如 $\varphi_{Na^+/Na}$，其还原态将会与 H_2O 反应放出氢。

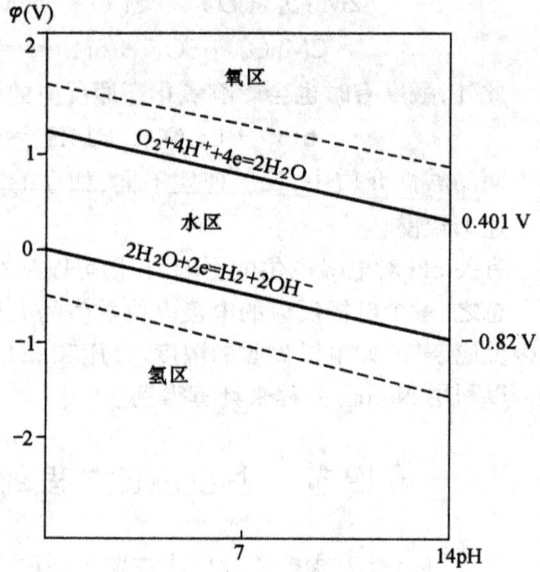

图 11－7　水的 φ－pH 图

实际上，由于电极过程放电速度缓慢*，尤其是气体电极反应放电迟缓，实际析出氧气或氢气的电极反应所需电压比理论值大 0.5 V，或小 0.5 V 左右（对于 φ_{O_2/H_2O} 大 0.5 V，对于 φ_{H_2O/H_2} 小 0.5 V），因此，实际上的 φ_{O_2/H_2O}－pH 及 φ_{H_2O/H_2}－pH 线段是分别上移约 0.5 V 单位或下移 0.5 V（图 11－7 中虚线）。

应用 φ－pH 图，可以讨论氧化剂或还原剂在水溶液中的稳定性。当某电对

* 电极反应中气态物质放电迟缓，使气体分压增大，在 $\varphi_{O_2/H_2O}=\varphi^\ominus_{O_2/H_2O}+\frac{0.059}{4}\cdot\lg\frac{p_{O_2}\cdot c^4_{H^+}}{1}$ 及 $\varphi_{H_2O/H_2}=\varphi^\ominus_{H_2O/H_2}+\frac{0.059}{2}\lg\frac{1}{p_{H_2}\cdot c^2_{OH^-}}$ 中，p_{O_2} 及 p_{H_2} 分别在分子及分母上，若平衡条件中 p_{O_2} 或 p_{H_2} 增加，则电位数值将分别地增大或减少。

$\varphi_{M^{n+}/M}$－pH处于氧区时，M^{n+}将在水溶液体系中表现为不稳定，会氧化水并放出氧气。例如卤素中 $\varphi^{\ominus}_{F_2/F^-}=2.87\ V$，$\varphi^{\ominus}_{Cl_2/Cl^-}=1.36\ V$，我们知道 F_2 可以强烈地分解水，Cl_2 在常温下与水反应(酸性时)反应速度很慢，只有在光照下才缓缓地释放氧气。再如，$KMnO_4$ 溶液，$\varphi^{\ominus}_{MnO_4^-/Mn^{2+}}=1.51\ V$，$\varphi^{\ominus}_{MnO_4^-/MnO_2}=1.68\ V$，电位数值位于氧区，因此预期它在水溶液中会分解水，本身不稳定。因此在实验室中，$KMnO_4$ 溶液可以作氧化还原滴定的试剂，但每次使用前必须标定，并不能长期保留，而且通常需保存于避光的棕色瓶内。当某电对的 $\varphi_{M^{n+}/M}$－pH 位于水区时，该物质无论是氧化态或还原态，都是在水溶液中稳定存在的。例如 $\varphi_{Cu^{2+}/Cu}=0.34\ V$，$Cu^{2+}$ 及 Cu 在水溶液中都稳定存在；又如 $\varphi^{\ominus}_{Fe^{3+}/Fe^{2+}}=0.77\ V$，位于水区，$Fe^{3+}$ 与 Fe^{2+} 都应在水区稳定存在，只是由于在 pH 值增大后，Fe(Ⅲ)及 Fe(Ⅱ)不再以 Fe^{3+} 与 Fe^{2+} 存在于水溶液中，分别以 $Fe(OH)_3$ 及 $Fe(OH)_2$ 形式存在。因此可以预测 Fe－H_2O 体系的 φ_{Fe}－pH 图将相当复杂，读者可以根据 Fe－H_2O 体系 φ－pH 图详细讨论铁及其化合物在水溶液中的性质。当 $\varphi_{M^{n+}/M}$处于 φ_{H_2O/H_2} 线下方时，可以预测 M 在水溶液中不稳定。例如 $\varphi^{\ominus}_{Na^+/Na}=-2.71\ V$，事实上，钠在酸性、中性、碱性溶液中都会从水中析出氢。对于 Fe 和 Sn，虽然 $\varphi^{\ominus}_{Fe^{2+}/Fe}=-0.44\ V$，$\varphi^{\ominus}_{Sn^{2+}/Sn}=-0.14\ V$，都位于 $\varphi^{\ominus}_{H_2/H_2O}$理论线以下，但又处于实际线以上，因此 Sn 和 Fe 在水中都难置换出 H_2，只有在热水、蒸气下才有可能。

利用 φ－pH 图也可以指导科学研究及生产实践。例如某工厂生产铟及镉，由于原料液中含有少量 AsO_2^-，对生产不利，需除去。设生产原料液 $c_{H^+}=2\ mol\cdot dm^{-3}$。为了除去 As(Ⅲ)，可以根据 As 的 φ－pH 图对还原剂 Zn、In、Cd、Fe 进行筛选。图 11－8 是砷的 φ－pH 图，由图可见，Zn 位于 AsH_3 区，因此当用 Zn 粉还原 $HAsO_2$ 溶液时，会产生剧毒的 AsH_3，只有用 In，Cd，Fe 还原 $HAsO_2$ 才能使 AsO_2^- 还原成 As。但是，由于使用 Fe 时会带入杂质离子 Fe^{2+} 到体系中，显然是不合适的。因此，我们可以选用 In，Cd 作还原剂，从原料液中除去 AsO_2^-。

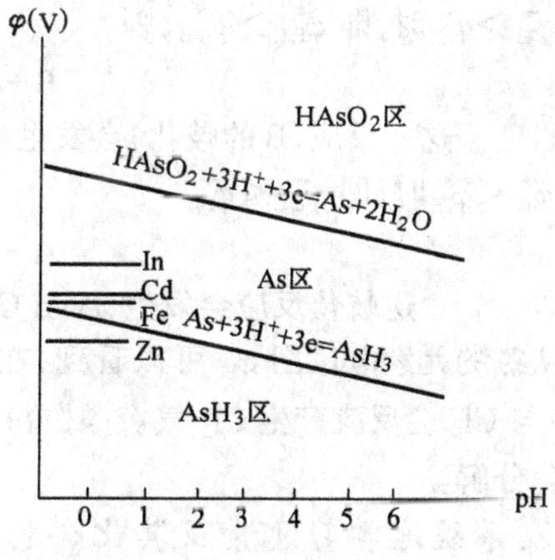

图 11－8　As 的 φ－pH 图

第五节　元素电位图及 $\Delta G^{\ominus}/F-Z$ 图

一、元素电位图

对于 p 区元素及第一过渡系元素，常常有多种氧化态，因此有一系列氧化还原电对，

有一系列的 $\varphi^{\ominus}$ 值，例如 Cl：

$\varphi^{\ominus}_A$：	$\varphi^{\ominus}_{ClO_4^-/ClO_3^-}=1.19\ V$	$\varphi^{\ominus}_B$：	$\varphi^{\ominus}_{ClO_4^-/ClO_3^-}=0.40\ V$
	$\varphi^{\ominus}_{ClO_3^-/HClO_2}=1.21\ V$		$\varphi^{\ominus}_{ClO_3^-/ClO_2^-}=0.35\ V$
	$\varphi^{\ominus}_{HClO_2/HClO}=1.64\ V$		$\varphi^{\ominus}_{ClO_2^-/ClO^-}=0.59\ V$
	$\varphi^{\ominus}_{HClO/Cl_2}=1.63\ V$		$\varphi^{\ominus}_{ClO^-/Cl_2}=0.40\ V$
	$\varphi^{\ominus}_{Cl_2/Cl^-}=1.358\ V$		$\varphi^{\ominus}_{Cl_2/Cl^-}=1.358\ V$

在使用上相当不方便。在 50 年代初期，W. L. Latimer 提出将同一种元素不同氧化态间的电对电位用图解法表示出来，称为 Latimer 图，又称元素电位图，使用起来更为方便。例如卤素的 $\varphi^{\ominus}_A$ 及 $\varphi^{\ominus}_B$ 分别表示 pH=0 及 pH=14 下的电对电极电位：

$$\varphi^{\ominus}_A: ClO_4^- \xrightarrow{1.19} ClO_3^- \xrightarrow{1.21} HClO_2 \xrightarrow{1.64} HClO \xrightarrow{1.63} Cl_2 \xrightarrow{1.358} Cl^-$$

$$\varphi^{\ominus}_B: ClO_4^- \xrightarrow{0.40} ClO_3^- \xrightarrow{0.35} ClO_2^- \xrightarrow{0.59} ClO^- \xrightarrow{0.40} Cl_2 \xrightarrow{1.358} Cl^-$$

元素电位图可以有以下几方面的应用：

1. 方便地判别歧化与逆歧化反应

例如某元素电位图：

$$A \xrightarrow{\varphi^{\ominus}_{左}} B \xrightarrow{\varphi^{\ominus}_{右}} C$$

若在 $\varphi^{\ominus}_{右} > \varphi^{\ominus}_{左}$ 时，即 $\varphi^{\ominus}_{B/C} > \varphi^{\ominus}_{A/B}$，则

$$B+B \longrightarrow A+C$$

∴　这一反应（B 的歧化）会发生。

若在 $\varphi^{\ominus}_{右} < \varphi^{\ominus}_{左}$ 时，即 $\varphi^{\ominus}_{B/C} < \varphi^{\ominus}_{A/B}$

$$A+C \longrightarrow B+B$$

∴　逆歧化反应会发生，A 与 C 发生归中反应。

从氯的元素电位图 $\varphi^{\ominus}_B$ 可以看到，在碱性条件下，单质氯会歧化；而在酸性条件下，HClO 与 Cl^- 会反应产生 Cl_2 气。漂白粉在潮湿空气中会失效的原因之一是由于 ClO^- 的逆歧化分解。

2. 系统地学习元素及其化合物氧化还原性质的变化规律

例如 Cu 的元素电位图：

$$\varphi^{\ominus}_A: \quad Cu^{2+} \xrightarrow{0.153} Cu^+ \xrightarrow{0.521} Cu$$

可知 Cu^+ 在溶液中会歧化，不能稳定存在。但在生成 Cu(Ⅰ)化合物是沉淀时，由于 c_{Cu^+} 下降，$\varphi_{Cu^+/Cu}$ 也将下降，从而使 Cu(Ⅰ)可以稳定存在，如 $Cu^{2+} \xrightarrow{0.86} CuI \xrightarrow{-0.1852} Cu$。

再如，铁的 $\varphi^{\ominus}_A$，$\varphi^{\ominus}_B$ 图为：

$$\varphi^{\ominus}_A: \quad Fe^{3+} \xrightarrow{0.77} Fe^{2+} \xrightarrow{-0.44} Fe$$

$$\varphi^{\ominus}_B: \quad Fe(OH)_3 \xrightarrow{-0.56} Fe(OH)_2 \xrightarrow{-0.88} Fe$$

由于
$$\varphi^{\ominus}_{O_2/H_2O}=1.23\ \text{V}>\varphi^{\ominus}_{Fe^{3+}/Fe^{2+}}=0.77\ \text{V}$$
$$\varphi^{\ominus}_{O_2/OH^-}=0.40\ \text{V}>\varphi^{\ominus}_{Fe(OH)_3/Fe(OH)_2}=-0.56\ \text{V}$$
因此 Fe(Ⅱ)被空气中氧化为 Fe(Ⅲ)是难免的,所以实验室保存 Fe^{2+} 溶液往往是在强酸性下加入铁屑或铁钉。

3. 求算未知电对的标准电极电位

已知 $\varphi^{\ominus}_{A/B}$ 及 $\varphi^{\ominus}_{B/C}$,求 $\varphi^{\ominus}_{A/C}$ 的数值,由于 φ 不具容量性质,因此 $\varphi^{\ominus}_{A/C}\neq\varphi^{\ominus}_{A/B}+\varphi^{\ominus}_{B/C}$。

据
$$\Delta G^{\ominus}=-nF\varphi^{\ominus}$$
则
$$-nF\varphi^{\ominus}_{A/C}=(-n_1F\varphi^{\ominus}_{A/B})+(-n_2F\varphi^{\ominus}_{B/C})$$
$$\varphi^{\ominus}_{A/C}=\frac{n_1\varphi^{\ominus}_{A/C}+n_2\varphi^{\ominus}_{B/C}}{n_1+n_2}$$

推而广之,对于
$$\underbrace{A\xrightarrow{\varphi^{\ominus}_1,n_1}B\xrightarrow{\varphi^{\ominus}_2,n_2}C\xrightarrow{\varphi^{\ominus}_3,n_3}D\xrightarrow{\varphi^{\ominus}_4,n_4}E—\cdots\xrightarrow{\varphi^{\ominus}_i,n_i}K_{i+1}}_{\varphi^{\ominus}(\sum_i n_i)}$$
$$\varphi^{\ominus}=\frac{\sum_{i=1}n_i\varphi^{\ominus}_i}{\sum_i n_i}$$

例 11-19　已知 $\varphi^{\ominus}_A$:$BrO_3^-\xrightarrow{1.50}BrO^-\xrightarrow{1.59}Br_2\xrightarrow{1.07}Br^-$,求 $\varphi^{\ominus}_{BrO_3^-/Br^-}$。

解:
$$\varphi_{BrO_3^-/Br^-}=\frac{4\times1.50+1\times1.59+1.07\times1}{5-(-1)}=1.44\ \text{V}$$

4. 选择合理的氧化剂和还原剂

在生产及科学研究中,常常要求体系某一氧化态稳定存在于溶液中,我们可以通过选择某一合理的氧化剂或还原剂来达到这一目的。

例如在钒的体系中,已知钒的电位图:
$$\varphi^{\ominus}_A:\quad V(Ⅴ)\xrightarrow{1.00}V(Ⅳ)\xrightarrow{0.71}V(Ⅲ)\xrightarrow{-0.20}V(Ⅱ)\xrightarrow{-1.5}V(0)$$
欲使 V(Ⅴ)还原成 V(Ⅱ),试从 Zn,Sn^{2+},Fe^{2+} 三种还原剂中选择其中合适的还原剂。

解:为了使 V(Ⅱ)稳定地存在于体系中,必须保证钒的其他氧化态形式不可能存在,因此凡与 V(Ⅱ)有关的电对电位都应分别求出:
$$\varphi^{\ominus}_{V(Ⅴ)/V(Ⅱ)}=0.37\ \text{V},\varphi^{\ominus}_{V(Ⅳ)/V(Ⅱ)}=0.055\ \text{V}$$
$$\because\quad\varphi^{\ominus}_{Zn^{2+}/Zn}=-0.76\ \text{V},\varphi^{\ominus}_{Sn^{4+}/Sn^{2+}}=0.15\ \text{V},\varphi^{\ominus}_{Fe^{3+}/Fe^{2+}}=0.77\ \text{V}$$
被选择的还原剂必须符合以下条件:

① $\varphi^{\ominus}_{V(Ⅴ)/V(Ⅱ)}>\varphi^{\ominus}_{M^{n+}/M}$,只有 Zn,$Sn^{2+}$ 符合条件。

② $\varphi^{\ominus}_{M^{n+}/M}\leqslant\varphi^{\ominus}_{V(Ⅲ)/V(Ⅱ)}$,$\varphi^{\ominus}_{M^{n+}/M}\leqslant\varphi^{\ominus}_{V(Ⅳ)/V(Ⅱ)}$,这里只有 Zn 符合条件。由以上分析,只有选择 Zn 才是合理的。

二、$\Delta G^{\ominus}/F-Z$ 图

根据元素电位图,对于任一电极反应,例如:

$$XO_m^- + (2m-1)e + 2mH^+ \longrightarrow X + mH_2O \qquad \varphi^{\ominus}_{XO_m^-/X} \tag{11-11}$$

或

$$XO_m^- + (2m-1)e + 2mH^+ - mH_2O \longrightarrow X \qquad \varphi^{\ominus}_{XO_m^-/X} \tag{11-12}$$

两式中反应的自由能变都是

$$\Delta_r G_m^{\ominus} = -(2m-1)F\varphi^{\ominus}_{XO_m^-/X} \tag{11-13}$$

我们以 X(+Z)表示氧化态为 +Z 的某物质 X 的特定组合，例如(11-12)式可改写为

$$X(+Z) + Ze \longrightarrow X \qquad \varphi^{\ominus}_{X(+Z)/X} \tag{11-14}$$

这里的 X(+Z)表示了(11-12)式中的($XO_m^- + 2mH^+ - mH_2O$)这一特定粒子的组合，我们称它为在反应条件下氧化态为 +Z 的某元素的特定粒子组合。对于(11-14)式：

$$\Delta_r G_m^{\ominus} = \Delta_f G^{\ominus}(X)(终态) - \Delta_f G^{\ominus}(X)(+Z)(始态)$$

即

$$\Delta_r G_m^{\ominus} = -ZF\varphi^{\ominus}_{X^{n+}/X}$$

因此，在规定了氧化态为零的单质 X 生成自由能为零的基础上，我们有(11-15)的关系式：

$$\Delta_f G^{\ominus}_{X(+Z)} = ZF\varphi^{\ominus}_{X(+Z)/X} \tag{11-15}$$

这里，$\Delta_f G^{\ominus}_{X(+Z)}$ 则表示了在反应条件(pH=0 或 pH=14)下，某元素的特定粒子组合相对于单质生成自由能为零时的相对生成自由能，简称为某元素在氧化态为 +Z 时的相对自由能，显然，$\Delta_f G^{\ominus}_{X(+Z)}$ 并不是 X^{Z+} 离子的生成自由能。

根据这一原则，我们可以将电极反应归纳为以下两种形式：

$$X(+Z) + Ze \longrightarrow X \qquad \varphi^{\ominus}_{X(+Z)/X} \tag{11-16}$$

或

$$X + Ze \longrightarrow X(-Z) \qquad \varphi^{\ominus}_{X/X(-Z)} \tag{11-17}$$

在单质的 $\Delta_f G^{\ominus}_{(X)} = 0$ 基础上，

$$\Delta_f G^{\ominus}_{X(+Z)} = ZF\varphi^{\ominus}_{X(+Z)/X} \tag{11-18}$$

及

$$\Delta_f G^{\ominus}_{X(-Z)} = -ZF\varphi^{\ominus}_{X/X(-Z)} \tag{11-19}$$

因此，某元素的不同氧化态的相对自由能 $\Delta_f G^{\ominus}_X(\pm Z)$ 可以由(11-18)及(11-19)式计算得到。例如氯的元素电位图 $\varphi^{\ominus}_A$ 及 $\varphi^{\ominus}_B$ 为：

$$\varphi^{\ominus}_A: \quad ClO_4^- \xrightarrow{1.19} ClO_3^- \xrightarrow{1.21} HClO_2 \xrightarrow{1.64} HClO \xrightarrow{1.63} Cl_2 \xrightarrow{1.358} Cl^-$$

$$\varphi^{\ominus}_B: \quad ClO_4^- \xrightarrow{0.40} ClO_3^- \xrightarrow{0.35} ClO_2^- \xrightarrow{0.59} ClO^- \xrightarrow{0.40} Cl_2 \xrightarrow{1.358} Cl^-$$

根据(11-16)及(11-17)式，将计算得到的 $\Delta_f G^{\ominus}(X)$ 数值列于表 11-3 中，并以 $\Delta_f G^{\ominus}_{X(+Z)}/F$ 为纵坐标，元素的氧化态 Z 为横坐标，作 $\Delta_r G^{\ominus}_{X(+Z)}/F - Z$ 图(图 11-9)。

表 11-3　氯不同氧化态下的 $\Delta_f G^{\ominus}_{(Cl)}$ 数值　　(kJ·mol⁻¹)

	ClO_4^-	ClO_3^-	ClO_2^-	ClO^-	Cl_2	Cl^-
$\Delta_f G^{\ominus}$(Cl) pH=0	941.8	712.2	478.6	162	0	-131
$\Delta_f G^{\ominus}$(Cl) pH=14	297	220	152.4	38.6	0	-131

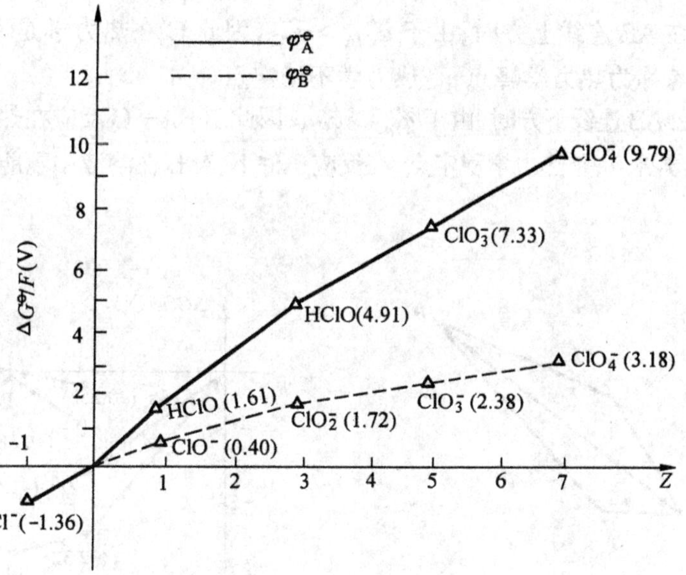

图 11-9 氯的 $\Delta G^{\ominus}/F-Z$ 图

在元素的 $\Delta G^{\ominus}/F-Z$ 图中，任意两点线段的斜率有什么物理意义？我们以 $HClO_4$—$HClO_2$ 线段为例加以说明。由 $HClO_4+7e+7H^+-4H_2O═══\frac{1}{2}Cl_2$ 得：

$$\Delta_f G^{\ominus}_{Cl}(Ⅶ)=\Delta_f G^{\ominus}_{HClO_4}+7\Delta_f G^{\ominus}_{H^+}-4\Delta_f G^{\ominus}_{H_2O} \tag{11-20}$$

由

$$HClO_2+3e+3H^+-2H_2O\longrightarrow\frac{1}{2}Cl_2$$

得

$$\Delta_f G^{\ominus}_{Cl}(Ⅲ)=\Delta_f G^{\ominus}_{HClO_2}+3\Delta_f G^{\ominus}_{H^+}-2\Delta_f G^{\ominus}_{H_2O} \tag{11-21}$$

(11-20)-(11-21)式得：

$$\Delta G^{\ominus}_{Cl}(Ⅶ)-\Delta G^{\ominus}_{Cl}(Ⅲ)=\Delta_f G^{\ominus}_{HClO_4}+4\Delta_f G^{\ominus}_{H^+}-2\Delta_f G^{\ominus}_{H_2O}-\Delta_f G^{\ominus}_{HClO_2}$$

而电极反应 $HClO_4+4H^++4e═══HClO_2+2H_2O$，$\varphi^{\ominus}_{HClO_4/HClO_2}$ 的自由能变 $\Delta_r G^{\ominus}_m$ 为：

$$\Delta_r G^{\ominus}_m=\Delta_f G^{\ominus}_{HClO_2}+2\Delta_f G^{\ominus}_{H_2O}-\Delta_f G^{\ominus}_{HClO_4}-4\Delta_f G^{\ominus}_{H^+}=-[\Delta_f G^{\ominus}_{Cl}(Ⅶ)-\Delta_f G^{\ominus}_{Cl}(Ⅲ)]$$
$$=-(7-3)F\varphi_{HClO_4/HClO_2}$$

$$\therefore \qquad \frac{\Delta G^{\ominus}_{Cl}(Ⅶ)-\Delta G^{\ominus}_{Cl}(Ⅲ)}{F}=\Delta Z\varphi^{\ominus}_{HClO_4/HClO_2}$$

显然，$[\Delta G^{\ominus}_{Cl}Ⅶ/F-\Delta G^{\ominus}_{Cl}(Ⅲ)/F]/\Delta Z$ 还代表了图 11-9 中的 $HClO_4$—$HClO_2$ 线段的斜率，可见，在 $\Delta G^{\ominus}/F-Z$ 图中，任两点线段的斜率代表了由这两点组成的电对的电极电位数值。

如果在某元素的 A,B 氧化态间存在中间氧化态 C，当它分别在图 11-10 中的 C 点、C′点及 C″点上时，我们有以下结论：

① C 点在 AB 连线上时，由于 $\varphi^{\ominus}_{B/C}=\varphi^{\ominus}_{C/A}$，因此 C 点为热力学平衡点，状态 A,B,C 可

以共处于同一体系中。

② C′点在 AB 连线上方时，由于 $\varphi^{\ominus}_{C'/A} > \varphi^{\ominus}_{B/C'}$，因此 C′在热力学是不稳定的，易歧化为 A，B 状态，C′点称为热力学峰点，是热力学不稳定点。

③ C″点在 AB 连线下方时，由于 $\varphi^{\ominus}_{B/C''} > \varphi^{\ominus}_{C''/A}$，因此 B + A→C″反应在热力学上是自发的，C″点被称为热力学谷点，是热力学稳定点，在反应条件下，A，B 在溶液中不能共存，它们会发生逆歧化作用。

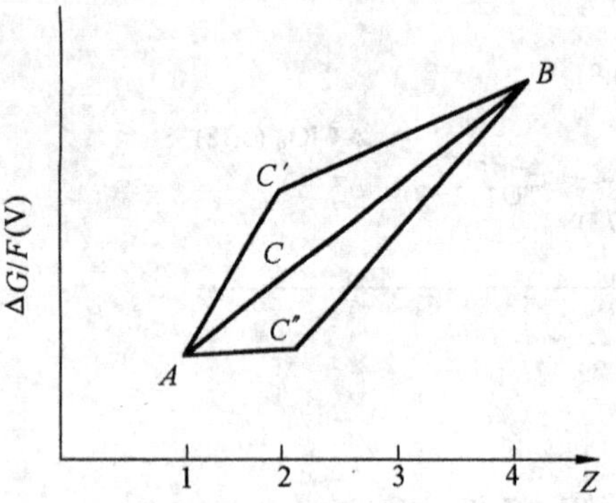

图 11-10　C 处于热力学不同状态下的 $\Delta G^{\ominus}/F-Z$ 图

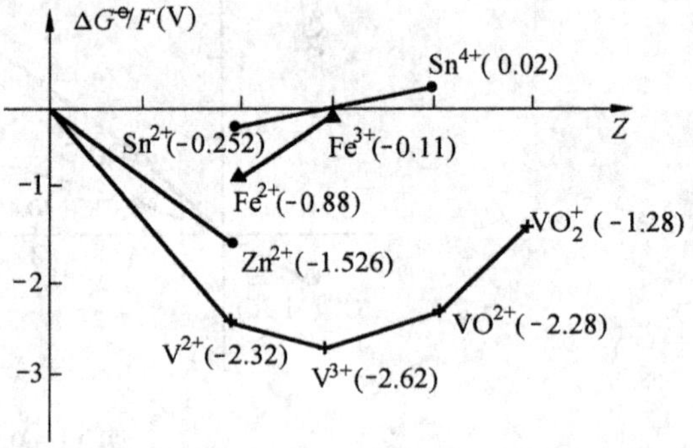

图 11-11　钒的 $\Delta G^{\ominus}/F-Z$ 图

因此，在元素的 $\Delta G^{\ominus}/F-Z$ 图中，以下三点物理意义是十分明确的：①图上任两点的直线斜率在数值上代表了由该两点所代表的电对的标准电极电位数值，斜率越大，氧化型氧化能力越强；斜率越小，还原型还原能力越强。②说明了在给出的反应条件下，某元素不同氧化态的特定粒子组合的相对稳定性。③说明了不同电对间氧化还原反应倾向的大小，斜率数值相差越大，反应倾向越大。

元素的 $\Delta G^{\ominus}/F-Z$ 图有着比元素电位图更多的优点，它更直观、更简单、更实用、更方便，有关它们的具体应用，我们将在元素无机化学中系统地加以说明，以下仅举一例加以说明。如前所述，图 11-11 是钒的 $\Delta G^{\ominus}/F-Z$ 图。在需要将体系中的 VO_2^+ 还原为 V^{2+}、而不产生其他氧化态时，在可供选择的还原剂 Sn^{2+}，Fe^{2+}，Zn 粉中，我们在图中可以方便地看到，只有 Zn 粉可以保证 VO_2^+ 还原为 V^{2+}，而不会产生其他氧化态化合物。我们在这里无需作任何计算就可以作出正确的选择。

第六节　氧化还原平衡与多重平衡

对于一个氧化还原反应，例如：

$$Zn + Cu^{2+} \longrightarrow Zn^{2+} + Cu$$

热力学平衡常数 K 与 $\varepsilon^{\ominus}$ 的关系可以由公式：

$$\varepsilon^{\ominus} = \varphi^{\ominus}_{+} - \varphi^{\ominus}_{-} = \frac{RT}{nF}\ln K = \frac{0.059}{n}\lg K$$

计算得到。

对于一个复杂的氧化还原反应(反应中包括有酸碱平衡、沉淀溶解平衡、配位平衡),其平衡常数的计算可以通过化复杂为简单的方法,即应用多重平衡原理十分方便地得到。以下通过几个实例加以说明。

例 11-20　求 $2Cu+6HCl(浓)=\!=\!=2H_2CuCl_3+H_2\uparrow$ 的平衡常数 K。

解:①
$$2Cu+2H^++6Cl^-=\!=\!=2CuCl_3{}^{2-}+H_2\uparrow$$

$$K=\frac{[CuCl_3{}^{2-}]^2\cdot p_{H_2}}{[H^+]^2[Cl^-]^6}\times\frac{[Cu^+]^2}{[Cu^+]^2}$$

$$=\frac{[CuCl_3{}^{2-}]^2}{[Cu^+]^2[Cl^-]^6}\times\frac{[Cu^+]^2p_{H_2}}{[H^+]^2}$$

$$\because\quad \frac{[CuCl_3{}^{2-}]^2}{[Cu^+]^2[Cl^-]^6}=K^2_{稳CuCl_3^{2-}},$$

而 $\dfrac{[Cu^+]^2p_{H_2}}{[H^+]^2}$ 是简单反应 $2Cu+2H^+=\!=\!=H_2+2Cu^+$ 的 K',可以由 $\varphi^\ominus_{H^+/H_2}-\varphi^\ominus_{Cu^+/Cu}$ 求得:

$$\varphi^\ominus_{H^+/H_2}=0.00\ V$$

$$\varphi^\ominus_{Cu^+/Cu}=0.52\ V$$

$$\therefore\quad \ln K'=\frac{nF\varepsilon^\ominus}{RT}\qquad n=2,\varepsilon^\ominus=-0.52\ V$$

$$\therefore\quad K'=2.6\times10^{-18}$$

$$\therefore\quad 反应平衡常数\ K=K^2_{稳CuCl_3^{2-}}\times K'$$

$$=(2\times10^5)^2\times2.6\times10^{-18}=1.02\times10^{-7}$$

解②:
$$2Cu+2H^++6Cl^-=\!=\!=2CuCl_3{}^{2-}+H_2\uparrow$$

分解成以下过程:$2Cu+2H^+=\!=\!=2Cu^++H_2\uparrow\qquad K'$

$2Cu^++6Cl^-=\!=\!=2CuCl_3{}^{2-}\qquad (K_{稳})^2$

$$\therefore\quad K=K'(K_{稳})^2=1.02\times10^{-7}$$

例 11-21　试求反应 $2Ag+H_2S\longrightarrow Ag_2S\downarrow+H_2\uparrow$ 的平衡常数 K。(已知 $K_{sp(Ag_2S)}=2.0\times10^{-49}$,$H_2S$ $K_{a_1}K_{a_2}=6.8\times10^{-22}$,$\varphi^\ominus_{Ag^+/Ag}=0.799\ V$)。

解:
$$2Ag+H_2S=\!=\!=Ag_2S\downarrow+H_2\uparrow$$

$$K=\frac{p_{H_2}}{[H_2S]}\times\frac{[Ag^+]^2}{[Ag^+]^2}\times\frac{[S^{2-}]}{[S^{2-}]}\times\frac{[H^+]^2}{[H^+]^2}$$

$$=\frac{p_{H_2}\cdot[Ag^+]^2}{[H^+]^2}\times\frac{1}{[Ag^+]^2[S^{2-}]}\times\frac{[H^+]^2[S^{2-}]}{[H_2S]}$$

$$=K'\cdot K_{a_1}K_{a_2}/K_{sp(Ag_2S)}$$

K'是反应 $2Ag+2H^+=\!=\!=H_2+2Ag^+$ 的平衡常数,由 $\varphi^\ominus_+-\varphi^\ominus_-$ 求得:

$$\varphi^\ominus_+=\varphi^\ominus_{H^+/H_2}=0.00\ V\qquad \varphi^\ominus_-=\varphi^\ominus_{Ag^+/Ag}=0.799\ V$$

$$\therefore\quad \varepsilon^\ominus=-0.799\ V,n=2,可求得\ K'=9.21\times10^{-28}$$

$$\therefore \quad K = 9.21\times10^{-28}\times6.8\times10^{-22}/2.0\times10^{-49} = 3.165$$

以上计算表明，对于一个复杂的氧化还原反应，可以通过分解的方法计算反应的平衡常数。

例 11－22　试确定 CuS 在 HNO_3 中是否溶解。

解：(1)设 $CuS + 2NO_3^- + 4H^+ = Cu^{2+} + SO_2\uparrow + 2NO\uparrow + 2H_2O$ 是 CuS 溶在稀 HNO_3 中的反应方程式。该反应可以分解为：

$$CuS \rightleftharpoons Cu^{2+} + S^{2-} \qquad K_{sp} \qquad ①$$

$$2H^+ + S^{2-} = H_2S \qquad 1/K_{a_1}K_{a_2} \qquad ②$$

$$H_2S + 2H^+ + 2NO_3^- = SO_2 + 2NO + 2H_2O \qquad K' \qquad ③$$

①＋②＋③得：

$$CuS + 2NO_3^- + 4H^+ = Cu^{2+} + SO_2 + 2NO + 2H_2O \qquad K = \frac{K'K_{sp}}{K_{a_1}K_{a_2}}$$

$$\because \quad SO_2 + 6H^+ + 6e = H_2S + 2H_2O \qquad \varphi^{\ominus}_{SO_2/H_2S} = 0.35\ V \ (负极)$$

$$2NO_3^- + 8H^+ + 6e = 2NO + 4H_2O \qquad \varphi^{\ominus}_{NO_3^-/NO} = 0.96\ V \ (正极)$$

$$\therefore \quad \varepsilon^{\ominus} = 0.61\ V, n = 6, 可求得\ K' = 1.08\times10^{62}$$

$$\therefore \quad K = K_{sp}\times\frac{K'}{K_{a_1}K_{a_2}} = 1.08\times10^{47}$$

(2)
$$K = \frac{[Cu^{2+}]\cdot p_{SO_2}\cdot p_{NO}^2}{[H^+]^4[NO_3^-]^2}\times\frac{[S^{2-}]}{[S^{2-}]}\times\frac{[H_2S]}{[H_2S]}$$

$$= [Cu^{2+}][S^{2-}]\times\frac{[H_2S]}{[H^+]^2[S^{2-}]}\times\frac{p_{SO_2}\cdot p_{NO}^2}{[H_2S][H^+]^2[NO_3^-]^2}$$

$$= K_{sp}\times\frac{1}{K_{a_1}K_{a_2}}\times K' = 1.08\times10^{47}$$

第七节　化学电源与电解

从理论上来说，任何两个电极电势不同的电对组合就可以产生电流，从而把反应的化学能转化为电能，这就是化学电池。当从外部施加相反方向的电压大于自发的电动势时，就有可能使非自发反应发生，即电解，这就是将电能转化为化学能的装置。

一、化学电源

常见的化学电源有干电池、燃料电池及铅蓄电池，其中干电池包括锌锰干电池、锂电池和银锌电池三种。

1. 锌锰干电池

锌锰干电池结构如图 11－12 所示，电池的负极是外壳锌皮，正极是石墨棒。石墨棒的周围是由 MnO_2、乙炔碳黑及 NH_4Cl 溶液混和压紧的团块，正极与负极间填充由

NH_4Cl、$ZnCl_2$、淀粉及水调成糊状物作电解液。电极反应分别是：

电池负极：　　$Zn + 4NH_4Cl \longrightarrow (NH_4)_2ZnCl_4 + 2NH_4^+ + 2e$

电池正极：　　$2NH_4^+ + 2e = 2NH_3 + H_2$

由于反应过程中碳极上将积集大量氢气泡，妨碍了碳极与 NH_4^+ 进一步的接触，使电池内阻增大，这叫电极的极化作用。因此，干电池中需加入 MnO_2 作去极(化)剂，发生以下反应：

$$2MnO_2 + H_2 = 2MnO(OH)$$

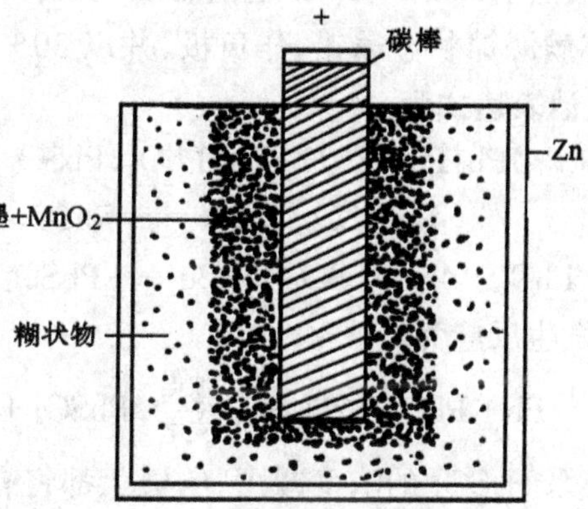

图 11－12　　锌锰干电池结构

2. 锂电池

锂电池具有容量大、电压高、体积小等优点，常用于电子计算器及集成电路中。这种电池用金属锂作负极，二氧化锰为正极，电池反应为：

$$Li + MnO_2 = Mn(\text{III})O_2(Li^+) \quad (Li^+ \text{进入} MnO_2 \text{晶格})$$

3. 银锌电池

这是 50 年代出现的高能电池，单位质量电池可得电能为 Zn－Mn 电池的 5～6 倍。

负极反应：　$Zn + 2OH^- - 2e = Zn(OH)_2$

正极反应：　$AgO + H_2O + 2e = Ag + 2OH^-$

电池表示为　$(-)Zn \mid KOH\ 40\% \mid AgO - Ag(+)$

电池总反应　$Zn + AgO + H_2O \underset{\text{充电}}{\overset{\text{放电}}{\rightleftharpoons}} Ag + Zn(OH)_2$

银锌电池广泛用于电子手表、计算器、宇航器等。

4. 燃料电池

燃料电池是一种使某些可燃性气体(如 H_2、CO、CH_4 等)在电极上发生氧化还原反应，直接将化学能转变为电能的装置。其优点是能量转换效率高(＞75%以上)，大气污染少，反应产物为 H_2O 和 CO_2。例如氢燃料电池，其负极是多孔的 Ni 电极，电极反应是：

$$2H_2 + 4OH^- = 4H_2O + 4e$$

正极是覆盖有 NiO 的 Ni 电极，反应是：

$$O_2+2H_2O+4e \xlongequal{} 4OH^-$$

电解质为 KOH 溶液,电池反应为:

$$2H_2+O_2 \xlongequal{} 2H_2O$$

目前,燃料电池已应用于阿波罗登月飞船及航天飞机中。

5. 铅蓄电池

铅蓄电池是常见的二次电池。在充电时,它将电能转换成化学能;在放电时,它将化学能转换成电能。

常见铅蓄电池在构造上以 Pb－Sb 合金板制成电极。一组格板内充满 PbO_2,作电池正极,另一组格板内充满海棉状金属铅,作负极,并以 30％的 H_2SO_4 溶液作电解质($d\approx1.2\sim1.3\ g\cdot cm^{-3}$),电池表达式为:

$$(-)Pb|PbSO_4,H_2SO_4|PbO_2,PbSO_4|Pb(+)$$

负极: $$Pb+SO_4{}^{2-}-2e \xlongequal{} PbSO_4$$

正极: $$PbO_2+4H^++SO_4{}^{2-}+2e \xlongequal{} PbSO_4+2H_2O$$

电池充电及放电发生反应为:

$$Pb+PbO_2+2H_2SO_4 \underset{\text{充电}}{\overset{\text{放电}}{\rightleftharpoons}} 2PbSO_4+2H_2O$$

可见,在使用过程中体系 H_2SO_4 的浓度减少,电极上都将有 $PbSO_4$ 沉积下来。由 Nernst 方程计算电池电动势:

$$\varepsilon=\varphi_+-\varphi_-=\varphi_{PbO_2/PbSO_4}-\varphi_{PbSO_4/Pb}$$

$$=\left(1.685+\frac{0.059}{2}\lg(c^4_{H^+}\cdot c_{SO_4^{2-}})\right)-\left(-0.3588+\frac{0.059}{2}\lg\frac{1}{c_{SO_4^{2-}}}\right)$$

$$=2.04+\frac{0.059}{2}\lg(c^4_{H^+})+0.059\ \lg c_{SO_4^{2-}}$$

$$=2.04+0.059\lg c^2_{H^+}+0.059\ \lg c_{SO_4^{2-}}$$

可见在 $c_{H_2SO_4}$ 增大时,ε 也增大;当 $c_{H_2SO_4}$ 下降时,ε 也下降。即电解液的浓度的变化影响了蓄电池的电压,当 $d=1.2\ g\cdot cm^{-3}$时,ε＝2.04 V;当 $d=1.05\ g\cdot cm^{-3}$,ε＝1.8 V。在实际使用过程中,当 ε≤1.85 V 时,蓄电池就应充电。充电反应是:

阴极反应: $$PbSO_4+2e=Pb+SO_4{}^{2-}$$

阳极反应: $$PbSO_4+2H_2O=PbO_2+SO_4{}^{2-}+4H^++2e$$

二、电解

电解是在外电源作用下,使电能转变为化学能的装置。例如,对于反应:

$$Ni+Cl_2 \longrightarrow Ni^{2+}+2Cl^- \qquad \Delta_r G^\ominus_m=-311\ kJ\cdot mol^{-1}$$

这一化学反应可以设计成电池:

$$(-)Ni|Ni^{2+}\ ||\ Cl_2(p)Cl^-(Pt)(+)$$

但其逆反应不会自发地发生,要使逆反应发生,必须外加电压在电解池中进行反应。理论上,只要外加电压大于原电池电动势。非自发过程将会发生:

阴极反应：　$Ni^{2+} + 2e \!=\!=\!= Ni$

阳极反应：　$2Cl^- - 2e \!=\!=\!= Cl_2\uparrow$

原电池与电解池是两个不同的概念，它们之间的区别表现在：

(1)电子流向。原电池中电子从负极流出，正极流入；电解池中电子流向阴极，从阳极流出。

(2)氧化还原作用。原电池中负极发生氧化作用，正极发生还原作用；电解池中阴极发生还原作用，阳极发生氧化作用。

(3)离子流向。原电池中阳离子向正极移动，阴离子向负极移动；电解池中阳离子向阴极移动，阴离子向阳极流动。

根据热力学计算氧化还原反应的 Gibbs 自由能变 $\Delta_r G_m^{\ominus}$ 或根据电极电位数据可以确定非自发反应电解的最低电压，又称理论分解电压。例如水电解为 H_2 及 O_2：

$$H_2O \xrightarrow{0.1\ \mathrm{mol\cdot dm^{-3}\,NaOH}} H_2 + \frac{1}{2}O_2$$

由 H_2，O_2 组成原电池：

$$(-)\mathrm{Pt}, H_2 \,|\, \mathrm{NaOH}\ 0.1\ \mathrm{mol\cdot dm^{-3}} \,|\, O_2(\mathrm{Pt})(+)$$

$$\begin{aligned}
\varepsilon &= \varphi_+ - \varphi_- = \varphi_{O_2/OH^-} - \varphi_{H^+/H_2} \\
&= \left[\varphi^{\ominus}_{O_2/OH^-} + \frac{0.059}{2}\lg\frac{p_{O_2}^{1/2}}{(c_{OH^-})^2}\right] - \left[\varphi^{\ominus}_{H^+/H_2} + \frac{0.059}{2}\lg\frac{(c_{H^+})^2}{p_{H_2}^2}\right] \\
&= 0.40 - 0.00 + \frac{0.059}{2}\lg\frac{1}{(c_{OH^-})^2(c_{H^+})^2} \\
&= 1.23\ \mathrm{V}
\end{aligned}$$

但实验测定，用 Pt 作电极时所需施加电压约为 1.7 V，在改用其他电极材质后实际分解电压又有不同。例如用铅作电极时，分解电压为 2.2 V；在石墨作电极时，分解电压约为 2.02 V。

实际分解电压大于理论分解电压的原因在于电解的实际情况中发生了电极极化作用，形成了过电位（超电势），因为理论分解电压是在理想状态下得到的，实际电解过程不可能是理想的。例如，溶液中存在内阻，电解时必须消耗一定的电压（$V = IR_{内}$），这部分电压损失将转化为热能；另外，电极过程的浓差极化及电化学极化导致电极放电超电势产生。让我们通过研究电解水的过程来说明浓差极化及电化学极化。

阴极上，以 H^+ 放电过程为例，从微观上看，存在以下步骤：

$$H^+ + e \longrightarrow \frac{1}{2}H_2(g)$$

$$\underbrace{H^+(\text{溶液中}) \xrightarrow{\text{扩散}} H^+(\text{电极}}_{\text{扩散过程}}\underbrace{\text{表面上}) + e \longrightarrow H \xrightarrow{\text{复合}} \frac{1}{2}H_2\uparrow}_{\text{电化学过程}}$$

由于离子扩散速度极慢，电极附近的氢离子浓度由于氢离子放电必然小于溶液其他部分，根据

$$\varphi_{H^+/H_2}=\varphi^{\ominus}_{H^+/H_2}+\frac{0.059}{2}\lg c_{H^+}/p_{H_2}$$

c_{H^+} 下降时，φ_{H^+/H_2} 也下降

而在阳极上，OH^- 放电 $2OH^- - 2e = \frac{1}{2}O_2 + H_2O$，由于 c_{OH^-} 下降，φ_{O_2/H_2O} 上升将会更正。

因此，$\varepsilon=\varphi_+ - \varphi_-$ 将会大于 $\varphi^{\ominus}_+ - \varphi^{\ominus}_-$；这种由于扩散缓慢导致分解电压增大的过程为浓差极化，我们可以通过搅拌方法消除。

其次，在电化学过程中，由于电化学过程缓慢，电解产物 H_2，O_2 又未能及时离开电极，或者由于不同电极材质对电解气体产物吸附作用能力不同，使阴极将有过多的负电荷积累，阳极又有过多正电荷积累，使 φ_- 变得更负，φ_+ 变得更正，因此阴极分解电压 $\varphi_- = \varphi^{\ominus}_- - \eta^-$，阳极分解电压 $\varphi_+ = \varphi^{\ominus}_+ + \eta_+$，因此，实际分解电压 $E_{实} = \varphi_+ - \varphi_- = \varphi^{\ominus}_+ - \varphi^{\ominus}_- + \eta_+ + \eta_- = E_{理} + (\eta_+ + \eta_-)$，这里$(\eta_+ + \eta_-)$又称为过电位。过电位显然与电解产物有关，通常气体产物过电位较大，气体中又以 H_2，O_2 的过电位为最大；其次，过电位与电极材质（对电极产物的吸附作用）有关，例如用铂电极电解水时，H_2 产生过电位较小，用 Pb 作电极时，过电位较大；此外过电位也与电流密度有关，电流密度大，过电位大；最后其它因素如温度等对过电位也有影响，温度高，过电位小。这些因素的影响，读者可以根据放电过程的分析进一步了解。

例如，在电解 NaCl 水溶液时，阴极电解产物是 H_2，阳极电解产物是 Cl_2，但从电极电势判断，在电解的条件下，（设 pH=4，$c_{Cl^-} = 5.30\ mol\cdot dm^{-3}$），$Cl_2$ 和 O_2 理论分解电压分别为：

$$\varphi_{Cl_2/Cl^-}=1.358+\frac{0.059}{2}\lg\frac{1}{(5.30)^2}=1.351\ V。$$

$$\varphi_{O_2/H_2O}=1.229+\frac{0.059}{4}\lg\frac{[H^+]^4}{1}=0.993\ V$$

应该在阳极析出 O_2，而不是 Cl_2。但由于 O_2 在石墨电极上的过电位为 1.092 V，Cl_2 在石墨电极上的过电位为 0.25 V，因此，实际析出电压 $\varphi_{O_2/H_2O}=2.08\ V$，$\varphi_{Cl_2/Cl^-}=1.57\ V$，实际上应析出 Cl_2，而不是 O_2。

本章教学要求

1. 掌握氧化还原方程式配平。

2. 熟练地应用电极电位表讨论元素不同氧化态下的氧化还原性及判断氧化还原反应的方向。

3. 掌握原电池的表达方式，并用实验手段测定热力学函数及反应平衡常数的方法。

4. 熟练地应用 Nernst 方程。

5. 了解电解池的原理及超电势概念。

6. 熟练地应用多重平衡原理进行计算。

习　题

1. 计算以下化合物中带"*"元素的氧化态。

$KCl^{*}O_3$，$Cu_2^{*}O$，$Na_2O_2^{*}$，S_8^{*}，$Na_2S_2^{*}O_3$，$Na_2S_4^{*}O_6$，$K_2Cr_2^{*}O_7$，$N_2^{*}O$，$N^{*}H_4^{+}$，$Mn^{*}O_4^{-}$，$Pb_3^{*}O_4$

2. 配平以下各氧化还原方程式。

① $HgCl_2 + SnCl_2 \longrightarrow Hg_2Cl_2 + SnCl_4$

② $AgNO_3 \longrightarrow Ag + NO_2 + O_2$

③ $SO_2 + MnO_4^{-} \longrightarrow Mn^{2+} + SO_4^{2-}$

④ $(NH_4)_2Cr_2O_7 \longrightarrow N_2 + Cr_2O_3$

⑤ $HNO_3 + P \longrightarrow H_3PO_4 + NO$

⑥ $H_2O_2 + PbS \longrightarrow PbSO_4$

⑦ $I^{-} + IO_3^{-} \longrightarrow I_2$

⑧ $MnO_2 + KClO_3 + KOH \longrightarrow K_2MnO_4 + KCl$

⑨ $Cu + HNO_3$(稀)$\longrightarrow NO + Cu(NO_3)_2$

⑩ $Zn + HNO_3$(稀)$\longrightarrow Zn(NO_3)_2 + (NH_4)_2NO_3$

⑪ $K_2Cr_2O_7 + KI \longrightarrow Cr_2(SO_4)_3 + I_2$

⑫ $C + H_2SO_4$(浓)$\longrightarrow CO_2 + SO_2$

⑬ $P_4 + HNO_3 \longrightarrow H_3PO_4 + NO$

⑭ $Mg + HNO_3 \longrightarrow Mg(NO_3)_2 + N_2O$

⑮ $P_4 + NaOH \longrightarrow NaH_2PO_2 + PH_3$

⑯ $CuS + HNO_3$(浓)$\longrightarrow CuSO_4 + NO_2 + H_2O$

⑰ $Na_2S_2O_3 + I_2 \longrightarrow$

⑱ $KMnO_4 + NaNO_2 + KOH \longrightarrow K_2MnO_4 + NaNO_3$

⑲ $Na_2C_2O_4 + KMnO_4 \longrightarrow MnSO_4 + CO_2$

⑳ $KMnO_4 + MnSO_4 \longrightarrow MnO_2$

㉑ $As_2S_3 + HNO_3$(浓)$\longrightarrow H_3AsO_4 + NO + H_2SO_4$

㉒ $H_2O_2 + Cr_2(SO_4)_3 + KOH \longrightarrow$

㉓ $H_2O_2 + KMnO_4 + H_2SO_4 \longrightarrow MnSO_4 + O_2$

㉔ $NH_4NO_2 \xrightarrow{\triangle} N_2$

㉕ $KIO_3 + KI \longrightarrow I_2$

㉖ $PbO_2 + Mn(NO_3)_2 + HNO_3 \longrightarrow HMnO_4 + Pb(NO_3)_2$

㉗ $FeSO_4 + HNO_3 + H_2SO_4 \longrightarrow Fe_2(SO_4)_3 + NO$

㉘ $KNO_2 + H_2SO_4 \longrightarrow KNO_3 + NO$

㉙ $KClO \longrightarrow KClO_3 + KCl$

㉚ $FeS_2 + O_2 \longrightarrow Fe_3O_4 + SO_2\uparrow$

3. 配平下列反应方程式，说明铵盐热分解的规律。

① $(NH_4)_2HPO_4 \xrightarrow{\triangle} NH_3\uparrow + H_3PO_4$

② $NH_4NO_2 \longrightarrow N_2 + H_2O$

③ $NH_4NO_3 \xrightarrow{>160℃} N_2 + HNO_3\uparrow + H_2O\uparrow$

④ $NH_4NO_3 \xrightarrow{210℃} N_2O\uparrow + H_2O\uparrow$

⑤ $NH_4NO_3 \xrightarrow{>320℃} N_2\uparrow + O_2\uparrow + H_2O\uparrow$

4. 配平以下反应式，说明浓硝酸被非金属或某些化合物还原时的产物。

① $HNO_3 + S_8 \longrightarrow NO\uparrow + H_2SO_4$

② $HNO_3 + I_2 \longrightarrow NO\uparrow + HIO_3 + H_2O$

③ $HNO_3 + Cu_2S \longrightarrow NO\uparrow + Cu(NO_3)_2 + H_2SO_4 + H_2O$

④ $HNO_3 + Hg_2S + HCl \longrightarrow NO\uparrow + H_2[HgCl_4] + H_2SO_4 + H_2O$

⑤ $HNO_3 + Fe_3C \longrightarrow NO\uparrow + Fe(NO_3)_2 + CO_2\uparrow + H_2O$

5. 写出以下电池的电极反应、电池反应方程式，并计算电池电动势。

① $Zn|Zn^{2+}(1\times10^{-6}mol\cdot dm^{-3})||Cu^{2+}(0.01\ mol\cdot dm^{-3})|Cu$

② $Cu|Cu^{2+}(0.01\ mol\cdot dm^{-3})||Cu^{2+}(2.0\ mol\cdot dm^{-3})|Cu$

③ $Pt, H_2(1\times10^5\ Pa)|HAc(0.1\ mol\cdot dm^{-3})||$ KCl(饱和)，$Hg_2Cl_2|Hg$

6. 含氰污水由于对环境的污染需要经处理后排放，其中一种处理方法是用漂白粉处理，其反应式为：

$Ca(ClO)_2 + CN^- + H_2O \longrightarrow Ca^{2+} + Cl^- + + CO_2\uparrow + N_2\uparrow + OH^-$

试配平以上方程式，并标明相应氧化还原电对符号。

7. 写出以下化学反应的原电池表达式，并计算原电池电动势。

① $Fe + Cu^{2+} = Fe^{2+} + Cu$

② $Cu^{2+} + Ni \longrightarrow Cu + Ni^{2+}$

③ $6Fe^{2+} + Cr_2O_7^{2-} + 14H^+ = 2Cr^{3+} + 6Fe^{3+} + 7H_2O$

8. 根据标准电极电位数值求算以下反应的平衡常数及 $\Delta_r G_m^\ominus$。

① $Fe^{3+} + Ag \longrightarrow Fe^{2+} + Ag^+$

② $2Fe^{3+} + 2Br^- \longrightarrow 2Fe^{2+} + Br_2$

③ $MnO_2 + 4H^+ + 2Br^- \longrightarrow Mn^{2+} + 2H_2O + Br_2$

④ $NO_3^- + 3H^+ + 2Fe^{2+} \longrightarrow 2Fe^{3+} + HNO_2 + H_2O$

9. 试利用有关热力学函数值，求以下电极反应的标准电极电位数值。

① $ClO_3^- + 6H^+ + 6e = Cl^- + 3H_2O$

② $H_2O_2 + 2H^+ + 2e = 2H_2O$

③ $CrO_4^{2-} + 4H_2O + 3e = Cr(OH)_3(s) + 5OH^-$

10. 求下列电池的电动势，并写出该电池放电时的反应方程式（浓度单位：$mol\cdot dm^{-3}$，压力单位:101.325 kPa)。

① $Cu|Sn^{2+}(0.100),Sn^{4+}(0.100)\|Cr_2O_7^{2-}(0.100),H^+(0.100),Cr^{3+}(0.100)|Cu$

② $Ag|AgNO_3(0.010\,0)\|AgNO_3(0.100)|Ag$

③ $Pt,I_2(s)|I^-(0.100)\|Cl^-(0.100)|Cl_2(g,0.100),Pt$

11. 试用标准电极电位数值 $\varphi^\ominus$ 判断以下反应自发进行的方向及反应进行的程度。

① $3Fe(NO_3)_2+4HNO_3 \rightleftharpoons 3Fe(NO_3)_2+NO+2H_2O$

② $Cu+2FeCl_3 \rightleftharpoons CuCl_2+2FeCl_2$

③ $2PbO_2+4HNO_3 \rightleftharpoons 2Pb(NO_3)_2+O_2+2H_2O$

④ $2H_2O_2 \rightleftharpoons 2H_2O+O_2$

⑤ $2CrO_4^{2-}+OH^-+H_2O \rightleftharpoons 2CrO_2^-+3HO_2^-$

⑥ $2MnO_4^-+3SO_3^{2-}+H_2O \rightleftharpoons 2MnO_2+3SO_4^{2-}+2OH^-$

⑦ $2MnO_4^-+SO_3^{2-}+2OH^- \rightleftharpoons 2MnO_4^{2-}+SO_4^{2-}+H_2O$

⑧ $2[Co(NH_3)_6]Cl_2+Cl_2 \rightleftharpoons 2[Co(NH_3)_6]Cl_3$

⑨ $2K_2SO_4+Cl_2 \rightleftharpoons K_2S_2O_8+2KCl$

12. 解释以下事实。

① 金属铁能置换铜离子(Cu^{2+}),而 $FeCl_3$ 溶液又能腐蚀铜板。

② 二氯化锡溶液不宜久存。

③ 硫化钠溶液久贮存后颜色加深。

④ 硫化亚锡(SnS)沉淀不溶于新鲜制备的硫化钠溶液中,但可溶于久置的 Na_2S 溶液中。

⑤ 硫酸亚铁溶液久放后会变黄。

⑥ 过氧化氢是实验室常用的理想氧化剂。

13. 已知 $\varphi^\ominus_{Cu^{2+}/Cu^+}=0.158\ V$,$\varphi^\ominus_{Cu^+/Cu}=0.522\ V$,请计算反应

$$2Cu^+ = Cu^{2+}+Cu$$

在 298 K 时的反应平衡常数。并由此说明 +1 价简单 Cu^+ 阳离子能否稳定存在于水溶液中?

14. 试将下列电对电极电位由大至小排列,并简单讲明判断依据。

$\varphi^\ominus_{Ag_2S/Ag}$,$\varphi^\ominus_{AgCl/Ag}$,$\varphi^\ominus_{Ag(CN)_2^-/Ag}$,$\varphi^\ominus_{Ag^+/Ag}$,$\varphi^\ominus_{Ag(NH_3)_2^+/Ag}$,$\varphi^\ominus_{Ag(S_2O_3)_2^{3-}/Ag}$,$\varphi^\ominus_{AgBr/Ag}$,$\varphi^\ominus_{AgI/Ag}$

15. 已知 $\varphi^\ominus_{Ag^+/Ag}=0.799\,6\ V$,$\varphi^\ominus_{AgCl/Ag}=0.222\,3\ V$,$\varphi^\ominus_{AgI/Ag}=-0.152\,2\ V$,试计算 $K_{sp(AgCl)}$ 及 $K_{sp(AgI)}$ 数值。

16. 假设以下反应中有关的离子浓度为 $1.00\ mol\cdot dm^{-3}$,气体压力为 1×10^5 Pa,欲使下列反应可以正向进行,要求的 HCl 最低浓度为多少?($c_{H^+}=c_{Cl^-}\neq1.00\ mol\cdot dm^{-3}$)

① $MnO_2+HCl \longrightarrow MnCl_2+Cl_2+H_2O$

② $K_2Cr_2O_7+HCl \longrightarrow KCl+CrCl_3+Cl_2+H_2O$

③ $KMnO_4+HCl \longrightarrow MnCl_2+KCl+Cl_2+H_2O$

由以上计算说明实验室制备氯气的反应条件及装置上的区别。

17. 解释以下事实。

① 单质铁与盐酸作用产物是 $FeCl_2$,但在与氯气反应时产物是 $FeCl_3$。

② 单质银没有氢活泼,但 Ag 可从 HI 溶液中置换出氢气。

③ 硝酸钠或稀硫酸溶液都没有明显的氧化性,例如,它们都不可能氧化 Fe^{2+} 为 Fe^{3+},但二者结合后都可以使 Fe^{2+} 氧化为 Fe^{3+}。

④ 久置于空气的 H_2S 溶液会变混浊。

⑤ FeI_3,CuI_2 等化合物不存在。

⑥ 在碱性溶液条件下,金属铁可得到暂时性保护。

⑦ 用简单的锌盐及铜盐混合液进行电镀时,锌和铜不会同时析出。但在混合离子溶液中加入 NaCN 溶液,可使 Cu,Zn 同时析出。

18. 已知 $\varphi_{Cu^{2+}/Cu^+}=0.15\ V$,$\varphi^\ominus_{Cu^+/Cu}=0.52\ V$,求 $\varphi^\ominus_{Cu^{2+}/Cu}$。

19. 已知:$MnO_4^- + 8H^+ + 5e \longrightarrow Mn^{2+} + 4H_2O \qquad \varphi^\ominus_{MnO_4^-/Mn^{2+}} = 1.51\ V$

$MnO_2 + 4H^+ + 2e \longrightarrow Mn^{2+} + 4H_2O \qquad \varphi^\ominus_{MnO_2/Mn^{2+}} = 1.22\ V$

求 $\varphi^\ominus_{MnO_4^-/MnO_2}$。

20. 已知 $\varphi^\ominus_{S/S^{2-}} = -0.476\ V$,求 $\varphi^\ominus_{S/H_2S}$。

21. 下图是氧的元素电位图,试计算有关电极电位,该图说明氧的什么基本性质?

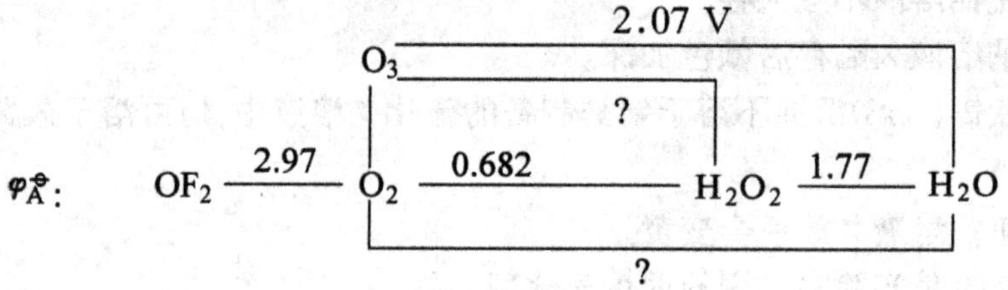

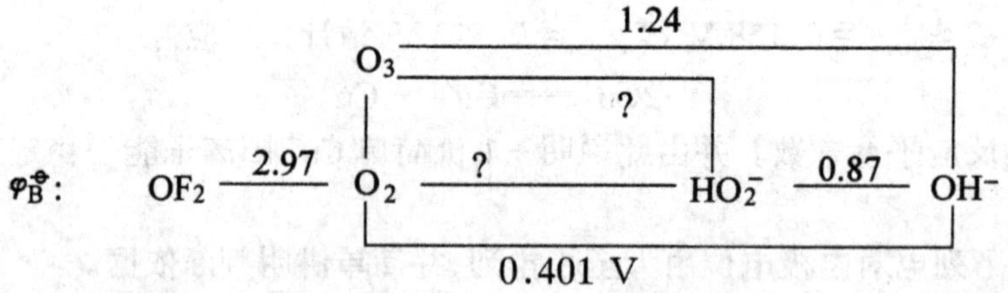

22. 下图是铬的电势图,请根据图上数据说明 Cr 的性质。欲从 Cr(Ⅲ)制备 $Cr_2O_7^{2-}$,应采用什么方法制备最经济合理?

$$\varphi^\ominus_{A}/V: \quad Cr_2O_7^{2-} \xrightarrow{1.33} Cr^{3+} \xrightarrow{-0.41} Cr^{2+} \xrightarrow{-0.91} Cr$$

$$\varphi^\ominus_{B}/V: \quad CrO_4^{2-} \xrightarrow{-0.12} CrO_2^- \xrightarrow{-0.80} Cr(OH)_2 \xrightarrow{-1.4} Cr$$

23. 已知:$Hg_2Cl_2(S) + 2e \longrightarrow 2Hg + 2Cl^- \qquad \varphi^\ominus_{Hg_2Cl_2/Hg} = 0.28\ V$

$Hg_2{}^{2+} + 2e \longrightarrow 2Hg \qquad \varphi^\ominus_{Hg_2^{2+}/Hg} = 0.79\ V$

求 $K_{sp(Hg_2Cl_2)}$。

24. 往 0.10 $mol \cdot dm^{-3}$ AgCl 沉淀中加入少量 H_2O 及过量 Zn 粉，使溶液体积为 1.0 cm^3，试计算说明 AgCl 能否被 Zn 全部转化为 Ag(s)及 Cl^-(aq)。

25. 试用两种方法计算以下氧化还原反应平衡常数：

$$3CuS(s) + 2NO_3^-(aq) + 8H^+(aq) = 3S(s) + 2NO(g) + 3Cu^{2+}(aq) + 4H_2O(l)$$

26. 已知下列反应的 $\varphi^{\ominus}$值：

$$CrO_4^{2-}(aq) + 4H_2O(l) + 3e \rightleftharpoons Cr(OH)_3(s) + 5OH^-(aq) \qquad \varphi^{\ominus} = -0.12\ V$$

$$[Cu[NH_3]_2]^+(aq) + e \rightleftharpoons Cu(s) + 2NH_3(aq) \qquad \varphi^{\ominus} = -0.10\ V$$

试计算用 H_2 还原 CrO_4^{2-} 和$[Cu(NH_3)_2]^+$时的 $\varepsilon^{\ominus}$及 $\Delta_r G_m^{\ominus}$。

27. 为了测定 $PbSO_4$ 的 K_{sp}，选择 Cu^{2+}/Cu 及 Pb^{2+}/Pb 电对，试设计实验装置，说明测定方法。

28. 计算在 1 $mol \cdot dm^{-3}$ $NH_3 \cdot H_2O$ 溶液体系中，当 $c_{Ag(NH_3)_2^+}$ 为 1.00×10^{-3} $mol \cdot dm^{-3}$ 时的 $\varphi_{Ag(NH_3)_2^+/Ag}$为多少？（已知 $K_{不Ag(NH_3)_2^+} = 6.3 \times 10^{-8}$）

29. 已知 $\varphi^{\ominus}_{Cu^{2+}/Cu^+} = 0.16V$，$\varphi^{\ominus}_{I_2/I^-} = 0.54\ V$，$K_{sp(CuI)} = 1 \times 10^{-12}$，试问以下反应能否定量进行？由计算结果设计一个分析测定溶液中 $c_{Cu^{2+}}$ 的方法。

$$Cu^{2+} + 2I^- = CuI + \frac{1}{2}I_2$$

30. 为了测定 Sn－Pb 合金中 Sn 的含量，拟用氧化还原法测定。试设计利用 $K_2Cr_2O_7$ 标准液进行分析，说明实验方法、反应条件、终点指示、计算方法。

31. 试根据以下数据给出 H_3AsO_4/H_3AsO_3 及 I_2/I^- 电对的 φ－pH 图，并由该图讨论以下反应：

$$H_3AsO_4 + 2I^- + 2H^+ \rightleftharpoons H_3AsO_3 + I_2 + H_2O$$

进行的方向及条件。

pH	$\varphi_{H_3AsO_4/H_3AsO_3}$ /V	φ_{I_2/I^-} /V
0	0.581	0.533
2	0.492	
4	0.334	
6	0.104	
8	−0.225	
9	−0.334	

32. 将 1 A/h 的电量通入 $AgNO_3$ 溶液中电解，在阴极上能析出几克金属银？相同电量通入 $CuSO_4$ 溶液中，可得几克金属铜？通入 $Al_2(SO_4)_3$ 溶液中，能得多少铝？

33. 在常温常压下电解 $c_{H^+} = 1$ $mol \cdot dm^{-3}$的硫酸溶液，阳极放出 O_2(10^5 Pa)，阴极放出 H_2(10^5 Pa)，利用

$$2H^+ + 2e = H_2 \qquad \varphi^{\ominus}_{H^+/H_2} = 0.00\ V$$

$$H_2O + \frac{1}{2}O_2 + 2e \longrightarrow 2OH^- \qquad \varphi^\ominus_{O_2/OH^-} = 0.40\ V$$

计算理论分解电压,实际分解电压将比理论值大还是小?为什么?若用 0.10 $mol \cdot dm^{-3}$ 的 NaOH 代替硫酸,分解电压为多少?

34. 已知 $\varphi^\ominus_{Au^{3+}/Au} = 1.50\ V$, $\varphi^\ominus_{AuCl_4^-/Au} = 1.00\ V$,试求 $K_{稳AuCl_4^-}$。

35. 已知 $\varphi^\ominus_{Au^+/Au} = 1.68\ V$,试计算下列电对的标准电势。

① $[Au(CN)_2]^- + e \longrightarrow Au + 2CN^-$

② $[Au(SCN)_2]^- + e \longrightarrow Au + 2SCN^-$

($K_{稳[Au(CN)_2]^-} = 2 \times 10^{38}$, $K_{稳[Au(SCN)_2]^-} = 1 \times 10^{13}$)

36. 在水溶液中,Co^{3+} 是强氧化剂,$\varphi^\ominus_{Co^{3+}/Co^{2+}} = 1.84\ V$,能氧化水;但在氨水溶液中,$[Co(NH_3)_6]^{2+}$ 极易被氧化为 $[Co(NH_3)_6]^{3+}$。①试用有关数据来说明这一事实(已知 $K_{稳[Co(NH_3)_6]^{3+}} = 1.4 \times 10^{35}$, $K_{稳[Co(NH_3)_6]^{2+}} = 2.4 \times 10^4$);②从平衡移动原理说明这一事实;③从有关配合物的晶体场理论说明这一事实;④写出 Co^{3+}(aq)氧化水的反应式,并计算反应的标准自由能变。

37. 已知 $\varphi^\ominus_{Au^+/Au} = 1.70\ V$,试查阅有关数据计算:

① 反应 $4Au + 8CN^- + 2H_2O + O_2 \rightleftharpoons 4Au(CN)_2{}^- + 4OH^-$ 的平衡常数 K。

② 在中性条件下,当溶液中 $c_{HCN} + c_{CN^-} = 0.10\ mol \cdot dm^{-3}$, $c_{Ag(CN)_2^-} = 0.10\ mol \cdot dm^{-3}$, $p_{O_2} = 20.3\ kPa$ 时上述反应的 $\Delta_r G_m$。

38. ①根据电极电位表数据计算反应:

$$O_2 + 4Co(NH_3)_6^{2+} + 2H_2O \rightleftharpoons 4Co(NH_3)_6^{3+} + 4OH^-$$

的平衡常数 K。

②现将空气($p_{O_2} = 20.3\ kPa$)通入到含有 0.10 $mol \cdot dm^{-3}$ $Co(NH_3)_6^{3+}$, 0.10 $mol \cdot dm^{-3}$ $Co(NH_3)_6^{2+}$, 2.0 $mol \cdot dm^{-3}$ NH_4^+ 及 2.0 $mol \cdot dm^{-3}$ $NH_3 \cdot H_2O$ 的混合溶液中,能否发生上述反应?

39. 根据溴的元素电位图:

$$\varphi^\ominus_A: \quad BrO_4^- \xrightarrow{1.76} BrO_3^- \xrightarrow{1.50} HBrO \xrightarrow{1.60} Br_2 \xrightarrow{1.065} Br^-$$

$$\varphi^\ominus_B: \quad BrO_4^- \xrightarrow{0.93} BrO_3^- \xrightarrow{0.54} BrO^- \xrightarrow{0.355} Br_2 \xrightarrow{1.065} Br^-$$

及 $\varphi^\ominus_{Cl_2/Cl^-} = 1.358\ V$。

① 绘制 Br 的 $\Delta G^\ominus/F - Z$ 图。

② 由 $\Delta G^\ominus/F - Z$ 图讨论溴元素的基本性质。

③ 怎样由海水中制取溴?

④ 用图计算 $Br_2 + OH^- \longrightarrow BrO^- + BrO_3{}^-$ 反应的 K。

⑤用图计算 $\varphi^\ominus_{A\ BrO_4^-/Br_2}$ 及 $\varphi^\ominus_{B\ BrO_4^-/Br_2}$。

⑥根据 $\Delta G^\ominus/F - Z$ 图讨论高溴酸盐制备的方法及反应条件。

附录1　一些常用的物理化学常数（IUPAC 1988 推荐值）

名　称	符　号	数值和单位
理想气体摩尔体积	V_m	$22.414\,10 \pm 0.000\,19\ dm^3 \cdot mol^{-1}$（273.15 K，101.3 kPa） $22.711\,08 \pm 0.000\,19\ dm^3 \cdot mol^{-1}$（273.15 K，1 bar）
标准压力	$P^{\ominus}$	$1\ bar = 10^5\ Pa$
摩尔气体常数	R	$8.314\,510(70)\ J \cdot mol^{-1} \cdot K^{-1}$
Boltzman 常数	k	$1.380\,658(12) \times 10^{-23}\ J \cdot K^{-1}$
Avogadro 常数	N_A	$6.022\,136\,7(36) \times 10^{23}\ mol^{-1}$
水的三相点	$T_{tp}(H_2O)$	273.16 K
水的沸点	$t_b(H_2O)$	99.975℃（1990.1.1）
Faraday 常数	F	$9.648\,530\,9(29) \times 10^4\ C \cdot mol^{-1}$
Planck 常数	h	$6.626\,075\,5(40) \times 10^{-34}\ J \cdot s$
真空光速	c_0	$299\,792\,458\ m \cdot s^{-1}$
电子电荷	e	$1.602\,177\,33(49) \times 10^{-19}\ C$
电子质量	m_e	$9.109\,389\,7(54) \times 10^{-31}\ kg$
Rydberg 常数	R_∞	$10\,973\,731.534(13)\ m^{-1}$
Bohr 半径	a_0	$5.291\,772\,49(24) \times 10^{-11}\ m$
Bohr 磁子	μ_B	$9.274\,015\,4(31) \times 10^{-24}\ J \cdot T^{-1}$
真空电容率	ε_0	$8.854\,187\,816 \times 10^{-12}\ C^2 J^{-1} m^{-1}$
原子质量常数		
$\frac{1}{12}m(^{12}C)$	u	$1.660\,540\,2(10) \times 10^{-27}\ kg$

附录2　一些非推荐单位、导出单位与SI单位的换算

物理量	换算单位
长度	1Å$=10^{-10}$ m, 1 in$=2.54\times10^{-2}$ m
质量	1(市)斤$=0.5$ kg, 1(市)两$=50$ g, 1 b(磅)$=0.454$ kg, 1 oz(盎司)$=28.3\times10^{-3}$ kg
压力	1 atm$=760$ mmHg$=1.013\times10^{5}$ Pa, 1 mmHg$=1$ Torr$=133.3$ Pa 1 bar$=10^{5}$ Pa, 1 Pa$=1$ N·m^{-2}
温度	$\frac{T}{\mathrm{K}}=\frac{t}{℃}+273.15$ $\frac{F}{°\mathrm{F}}=\frac{9}{5}\frac{T}{\mathrm{K}}-459.67=\frac{9}{5}\frac{t}{℃}+32$
能量	1 cal$=4.184$ J, 1 eV$=1.602\times10^{-19}$ J, 1 erg$=10^{-7}$ J
电量	1 esu(静电单位库仑)$=3.335\times10^{-10}$ C
其他	R(气体常数)$=1.986$ cal·K^{-1}·mol$^{-1}=0.08206$ dm^{-3}·atm·K^{-1}·mol^{-1} $=8.314$ J·K^{-1}·mol$^{-1}=8.314$ kPa·dm^{3}·K^{-1}·mol^{-1} 1 eV/粒子相当于96.5 kJ·mol^{-1}, 1 cm$^{-1}=12.0$ J·mol^{-1} 1 D(Debye)$=3.336\times10^{-30}$ C·m

附录3　一些物质的$\Delta_f H_m^\ominus$, $\Delta_f G_m^\ominus$和$S_m^\ominus$

(298.15 K, 101.3 kPa)

物质	$\frac{\Delta_f H_m^\ominus}{\mathrm{kJ\cdot mol^{-1}}}$	$\frac{\Delta_f G_m^\ominus}{\mathrm{kJ\cdot mol^{-1}}}$	$\frac{S_m^\ominus}{\mathrm{J\cdot K^{-1}\cdot mol^{-1}}}$
Ag(s)	0.0	0.0	42.55
Ag^{+}(aq)	105.58	77.12	72.68
$Ag(NH_3)_2^{+}$(aq)	−111.3	−17.2	245
AgCl(s)	−127.07	−109.80	96.2
AgBr(s)	−100.4	−96.9	107.1
Ag_2CrO_4(s)	−731.74	−641.83	218
AgI(s)	−61.84	−66.19	115
Ag_2O(s)	−31.1	−11.2	121
Ag_2S(s, α)	−32.59	−40.67	144.0
$AgNO_3$(s)	−124.4	−33.47	140.9

续表

物质	$\Delta_f H_m^\ominus$ / $kJ \cdot mol^{-1}$	$\Delta_f G_m^\ominus$ / $kJ \cdot mol^{-1}$	$S_m^\ominus$ / $J \cdot K^{-1} \cdot mol^{-1}$
Al(s)	0.0	0.0	28.33
Al^{3+}(aq)	−531	−485	−322
$AlCl_3$(s)	−704.2	−628.9	110.7
α−Al_2O_3(s)	−1676	−1582	50.92
B(s,β)	0.0	0.0	5.86
B_2O_3(s)	−1 272.8	−1 193.7	53.97
BCl_3(g)	−404	−388.7	290.0
BCl_3(l)	−427.2	−387.4	206
B_2H_6(g)	35.6	86.6	232.0
Ba(s)	0.0	0.0	62.8
Ba^{2+}(aq)	−537.64	−560.74	9.6
$BaCl_2$(s)	−858.6	−810.4	123.7
BaO(s)	−558.15	−528.44	70.29
$Ba(OH)_2$(s)	−944.7	—	—
$BaCO_3$(s)	−1216	−1138	112
$BaSO_4$(s)	−1473	−1362	132
Br_2(l)	0.0	0.0	152.23
Br^-(aq)	−121.5	−104.0	82.4
Br_2(g)	30.91	3.14	245.35
HBr(g)	−36.40	−53.43	198.59
HBr(aq)	−121.5	−104.0	82.4
Ca(s)	0.0	0.0	41.2
Ca^{2+}(aq)	−542.83	−553.54	−53.1
CaF_2(s)	−1220	−1167	68.87
$CaCl_2$(s)	−795.8	−748.1	105
CaO(s)	−635.09	−604.04	39.75
$Ca(OH)_2$(s)	−986.09	−898.56	83.39
$CaCO_3$(s,方解石)	−1 206.9	−1 128.8	92.9
$CaSO_4$(s,无水石膏)	−1 434.1	−1 321.9	107
C(石墨)	0.0	0.0	5.74
C(金钢石)	1.987	2.900	2.38
C(g)	716.68	671.21	157.99
CO(g)	−110.52	−137.15	197.56
CO_2(g)	−393.51	−394.36	213.6
CO_3^{2-}(aq)	−667.14	−527.90	−56.9
HCO_3^-(aq)	−691.99	−586.85	91.2

续表

物质	$\frac{\Delta_f H_m^\circ}{kJ \cdot mol^{-1}}$	$\frac{\Delta_f G_m^\circ}{kJ \cdot mol^{-1}}$	$\frac{S_m^\circ}{J \cdot K^{-1} \cdot mol^{-1}}$
CO_2(aq)	−413.8	−386.0	118
H_2CO_3(aq,非电离)	−699.65	−623.16	187
CCl_4(l)	−135.4	−65.2	216.4
CH_3OH(l)	−238.7	−166.4	127
C_2H_5OH(l)	277.7	−174.9	161
HCOOH(l)	−424.7	−361.4	129.0
CH_3COOH(l)	−484.5	−390	160
CH_3COOH(aq,非电离)	−485.76	−396.6	179
CH_3COO^-(aq)	−486.01	−369.4	86.6
CH_3CHO(l)	−192.3	−128.2	160
CH_4(g)	−74.81	−50.75	186.15
C_2H_2(g)	226.75	209.20	200.82
C_2H_4(g)	52.26	68.12	219.5
C_2H_6(g)	−84.68	−32.89	229.5
C_3H_8(g)	−103.85	−23.49	269.9
C_4H_6(g,丁二烯−1,2)	165.5	201.7	293.0
C_4H_8(g,丁烯−1)	1.17	72.04	307.4
$n-C_4H_{10}$(g)	−124.73	−15.71	310.0
C_6H_6(g)	82.93	129.66	269.2
C_6H_6(l)	49.03	124.50	172.8
Cl_2(g)	0.0	0.0	222.96
Cl^-(aq)	−167.16	−131.26	56.5
HCl(g)	−92.31	−95.30	186.80
ClO_3^-(aq)	−99.2	−3.3	162
Co(s)(α,六方)	0.0	0.0	30.04
$Co(OH)_2$(s,桃红)	−539.7	−454.4	79
Cr(s)	0.0	0.0	23.8
Cr_2O_3(s)	−1 140	−1 058	81.2
$Cr_2O_7^{2-}$(aq)	−1 490	−1 301	262
CrO_4^{2-}(aq)	−881.2	+727.9	50.2
Cu(s)	0.0	0.0	33.15
Cu^+(aq)	71.67	50.00	41
Cu^{2+}(aq)	64.77	65.52	−99.6
$Cu(NH_3)_4^{2+}$(aq)	−348.5	−111.3	274
Cu_2O(s)	−169	−146	93.14
CuO(s)	−157	−130	42.63

续表

物质	$\frac{\Delta_f H_m^\ominus}{kJ \cdot mol^{-1}}$	$\frac{\Delta_f G_m^\ominus}{kJ \cdot mol^{-1}}$	$\frac{S_m^\ominus}{J \cdot K^{-1} \cdot mol^{-1}}$
Cu_2S(s,α)	−79.5	−86.2	121
CuS(s)	−53.1	−53.6	66.5
$CuSO_4$(s)	−771.36	−661.9	109
$CuSO_4 \cdot 5H_2O$(s)	−2 279.7	−1 880.06	300
F_2(g)	0.0	0.0	202.7
F^-(aq)	−332.6	−278.8	−14
F(g)	78.99	61.92	158.64
Fe(s)	0.0	0.0	27.3
Fe^{2+}(aq)	−89.1	−78.87	−138
Fe^{3+}(aq)	−48.5	−4.6	−316
Fe_2O_3(s,赤铁矿)	−824.2	−742.2	87.40
Fe_3O_4(s,磁铁矿)	−1 120.9	−1 015.46	146.44
H_2(g)	0.0	0.0	130.57
H^+(aq)	0.0	0.0	0.0
H_3O^+(aq)	−285.85	−237.19	69.96
Hg(g)	61.32	31.85	174.8
HgO(s,红)	−90.83	−58.56	70.29
HgS(s,红)	−58.2	−50.6	82.4
$HgCl_2$(s)	−224	−179	146
Hg_2Cl_2(s)	−265.2	−210.78	192
I_2(s)	0.0	0.0	116.14
I_2(g)	62.438	19.36	260.6
I^-(aq)	−55.19	−51.59	111
HI(g)	25.9	1.30	206.48
K(s)	0.0	0.0	64.18
K^+(aq)	−252.4	−283.3	103
KCl(s)	−436.75	−409.2	82.59
KI(s)	−327.90	−324.89	106.32
KOH(s)	−424.76	−379.1	78.87
$KClO_3$(s)	−397.7	296.3	143
$KMnO_4$(s)	−837.2	−737.6	171.7
Mg(s)	0.0	0.0	32.68
Mg^{2+}(aq)	−466.85	−454.8	−138
$MgCl_2$(s)	−641.32	−591.83	89.62
$MgCl_2 \cdot 6H_2O$(s)	−2 499.0	−2 215.0	366
MgO(s,方镁石)	−601.70	−569.44	26.9

续表

物质	$\frac{\Delta_f H_m^{\ominus}}{kJ\cdot mol^{-1}}$	$\frac{\Delta_f G_m^{\ominus}}{kJ\cdot mol^{-1}}$	$\frac{S_m^{\ominus}}{J\cdot K^{-1}\cdot mol^{-1}}$
$Mg(OH)_2(s)$	−924.54	−833.58	63.18
$MgCO_3$(s,菱镁石)	−1 096	−1012	65.7
$MgSO_3(s)$	−1 285	−1 171	91.6
Mn(s,α)	0.0	0.0	32.0
$Mn^{2+}(aq)$	−220.7	−228.0	−73.6
$MnO_2(s)$	−520.03	−465.18	53.05
$MnO_4^-(aq)$	−518.4	−425.1	189.9
$MnCl_2(s)$	−481.29	−440.53	118.2
Na(s)	0.0	0.0	51.21
$Na^+(aq)$	−240.2	−261.89	59.0
NaCl(s)	−411.15	−384.15	72.13
$Na_2O(s)$	−414.2	−375.5	75.06
NaOH(s)	−425.61	−379.53	64.45
$Na_2CO_3(s)$	−1 130.7	−1 044.5	135.0
NaI(s)	−287.8	−286.1	98.53
$Na_2O_2(s)$	−510.87	−447.69	94.98
$HNO_3(l)$	−174.1	−80.79	155.6
$NO_3^-(aq)$	−207.4	−111.3	146
$NH_3(g)$	−46.11	−16.5	192.3
$NH_3\cdot H_2O$(aq,非电离)	−366.12	−263.8	181
$NH_4^+(aq)$	−132.5	−79.37	113
$NH_4Cl(s)$	−314.4	−203.0	94.56
$NH_4NO_3(s)$	−365.6	−184.0	151.1
$(NH_4)_2SO_4(s)$	−901.90	—	187.5
$N_2(g)$	0.0	0.0	191.5
NO(g)	90.25	86.57	210.65
NOBr(g)	82.17	82.42	273.5
$NO_2(g)$	33.2	51.30	240.0
$N_2O(g)$	82.05	104.2	219.7
$N_2O_4(g)$	9.16	97.82	304.2
$N_2H_4(g)$	95.40	159.3	238.4
$N_2H_4(l)$	50.63	149.2	121.2
NiO(s)	−240	−212	38.0
$O_3(g)$	143	163	238.8
$O_2(g)$	0	0	205.03
$OH^-(aq)$	−229.99	−157.29	−10.8

续表

物质	$\frac{\Delta_f H_m^\ominus}{kJ \cdot mol^{-1}}$	$\frac{\Delta_f G_m^\ominus}{kJ \cdot mol^{-1}}$	$\frac{S_m^\ominus}{J \cdot K^{-1} \cdot mol^{-1}}$
H_2O(l)	−285.84	−237.19	69.94
H_2O(g)	−241.82	−228.59	188.72
H_2O_2(l)	−187.8	−120.4	(92.05)
H_2O_2(aq)	−191.2	−134.1	144
P(s,白)	0.0	0.0	41.09
P(红)(s,三斜)	−17.6	−12.1	22.8
PCl_3(g)	−287	−268.0	311.7
PCl_5(s)	−443.5	—	—
Pb(s)	0.0	0.0	64.81
Pb^{2+}(aq)	−1.7	−24.4	10
PbO(s,黄)	−215.33	−187.90	68.70
PbO_2(s)	−277.40	−217.36	68.62
Pb_3O_4(s)	−718.39	−601.24	211.29
S(s,斜方硫)	0	0	31.80
S(g)	278.81	238.28	167.71
H_2S(g)	−20.6	−33.6	205.7
H_2S(aq)	−40	−27.9	121
HS^-(aq)	−17.7	12.0	63
S^{2-}(aq)	33.2	85.9	−14.6
H_2SO_4(l)	−813.99	−690.10	156.90
HSO_4^-(aq)	−887.34	−756.00	132
SO_4^{2-}(aq)	−909.27	−744.63	20
SO_2(g)	−296.83	−300.19	248.1
SO_3(g)	−395.7	−371.1	256.6
Si(s)	0.0	0.0	18.8
SiO_2(s,石英)	−910.94	−856.67	41.84
SiF_4(g)	−1 614.9	−1 572.7	282.4
$SiCl_4$(l)	−687.0	−619.90	240
$SiCl_4$(g)	−657.01	−617.01	330.6
Sn(s,白)	0.0	0.0	51.55
Sn(s,灰)	−2.1	0.13	44.14
SnO(s)	−286	−257	56.5
SnO_2(s)	−580.7	−519.7	52.3
$SnCl_2$(s)	−325	—	—
$SnCl_4$(s)	−511.3	−440.2	259
Zn(s)	0.0	0.0	41.6

续表

物质	$\frac{\Delta_f H_m^\ominus}{kJ \cdot mol^{-1}}$	$\frac{\Delta_f G_m^\ominus}{kJ \cdot mol^{-1}}$	$\frac{S_m^\ominus}{J \cdot K^{-1} \cdot mol^{-1}}$
Zn^{2+}(aq)	-153.9	-147.0	-112
ZnO(s)	-348.3	-318.3	43.64
$ZnCl_2$(aq)	-488.19	-409.5	0.8
ZnS(s,闪锌矿)	-206.0	-201.3	57.7

资料来源:Robert C. West,"CRC Handbook Chemistry and Physics",69 ed.,1988—89,D50—93,D96—97(已换算成SI单位)

附录4 某些弱酸和弱碱在水溶液中的电离平衡常数 K^r

弱电解质	t/℃	电离常数	弱电解质	t/℃	电离常数
H_3AsO_4	18	$K_1=5.62\times10^{-3}$	H_2S	18	$K_1=9.1\times10^{-8}$
	18	$K_2=1.70\times10^{-7}$		18	$K_2=1.1\times10^{-12}$
	18	$K_3=3.95\times10^{-12}$	$H_2SO_4^-$	25	1.2×10^{-2}
H_3BO_3	20	7.3×10^{-10}	H_2SO_3	18	$K_1=1.54\times10^{-2}$
HBrO	25	2.06×10^{-9}		18	$K_2=1.02\times10^{-7}$
H_2CO_3	25	$K_1=4.30\times10^{-7}$	H_2SiO_3	30	$K_1=2.2\times10^{-10}$
	25	$K_2=5.61\times10^{-11}$		30	$K_2=2\times10^{-12}$
$H_2C_2O_4$	25	$K_1=5.90\times10^{-2}$	HCOOH	25	1.77×10^{-4}
	25	$K_2=6.40\times10^{-5}$	CH_3COOH	25	1.76×10^{-5}
HCN	25	4.93×10^{-10}	$CH_2ClCOOH$	25	1.4×10^{-3}
HClO	18	2.95×10^{-5}	$CHCl_2COOH$	25	3.32×10^{-2}
H_2CrO_4	25	$K_1=1.8\times10^{-1}$	$H_3C_6H_5O_7$	20	$K_1=7.1\times10^{-4}$
	25	$K_2=3.20\times10^{-7}$	(柠檬酸)	20	$K_2=1.68\times10^{-5}$
HF	25	3.53×10^{-4}		20	$K_3=4.1\times10^{-7}$
HIO_3	25	1.69×10^{-1}	$NH_3\cdot H_2O$	25	1.77×10^{-5}
HIO	25	2.3×10^{-11}	AgOH	25	1×10^{-2}
HNO_2	12.5	4.6×10^{-4}	$Al(OH)_3$	25	$K_1=5\times10^{-9}$
NH_4^+	25	5.64×10^{-10}		25	$K_2=2\times10^{-10}$
H_2O_2	25	2.4×10^{-12}	$Be(OH)_2$	25	$K_1=1.78\times10^{-6}$
H_3PO_4	25	$K_1=7.52\times10^{-3}$		25	$K_2=2.5\times10^{-9}$
	25	$K_2=6.23\times10^{-8}$	$Ca(OH)_2$	25	$K_2=6\times10^{-2}$
	25	$K_3=2.2\times10^{-13}$	$Zn(OH)_2$	25	$K_1=8\times10^{-7}$

资料来源:Robert C. West,"CRC Handbook Chemistry and Physics",69 ed.,1988—89,D 159—164

附录 5　常见难溶电解质的溶度积常数 K_{sp}^{r}(298 K)

难溶电解质	K_{sp}^{r}	难溶电解质	K_{sp}^{r}
$AgCl$	1.77×10^{-10}	$Fe(OH)_2$	4.87×10^{-17}
$AgBr$	5.35×10^{-13}	$Fe(OH)_3$	2.64×10^{-39}
AgI	8.51×10^{-17}	FeS	1.59×10^{-19}
Ag_2CO_3	8.45×10^{-12}	Hg_2Cl_2	1.45×10^{-18}
Ag_2CrO_4	1.12×10^{-12}	HgS(黑)	6.44×10^{-53}
Ag_2SO_4	1.20×10^{-5}	$MgCO_3$	6.82×10^{-6}
$Ag_2S(\alpha)$	6.69×10^{-50}	$Mg(OH)_2$	5.61×10^{-12}
$Ag_2S(\beta)$	1.09×10^{-49}	$Mn(OH)_2$	2.06×10^{-13}
$Al(OH)_3$	2×10^{-33}	MnS	4.65×10^{-14}
$BaCO_3$	2.58×10^{-9}	$Ni(OH)_2$	5.47×10^{-16}
$BaSO_4$	1.07×10^{-10}	NiS	1.07×10^{-21}
$BaCrO_4$	1.17×10^{-10}	$PbCl_2$	1.17×10^{-5}
$CaCO_3$	4.96×10^{-9}	$PbCO_3$	1.46×10^{-13}
$CaC_2O_4\cdot H_2O$	2.34×10^{-9}	$PbCrO_4$	1.77×10^{-14}
CaF_2	1.46×10^{-10}	PbF_2	7.12×10^{-7}
$Ca_3(PO_4)_2$	2.07×10^{-33}	$PbSO_4$	1.82×10^{-8}
$CaSO_4$	7.10×10^{-5}	PbS	9.04×10^{-29}
$Cd(OH)_2$	5.27×10^{-15}	PbI_2	8.49×10^{-9}
CdS	1.40×10^{-29}	$Pb(OH)_2$	1.42×10^{-20}
$Co(OH)_2$(桃红)	1.09×10^{-15}	$SrCO_3$	5.60×10^{-10}
$Co(OH)_2$(蓝)	5.92×10^{-15}	$SrSO_4$	3.44×10^{-7}
$CoS(\alpha)$	4.0×10^{-21}	$ZnCO_3$	1.19×10^{-10}
$CoS(\beta)$	2.0×10^{-25}	$Zn(OH)_2(\gamma)$	6.68×10^{-17}
$Cr(OH)_3$	7.0×10^{-31}	$Zn(OH)_2(\beta)$	7.71×10^{-17}
CuI	1.27×10^{-12}	$Zn(OH)_2(\in)$	4.12×10^{-17}
CuS	1.27×10^{-36}	ZnS	2.93×10^{-25}

资料来源：Robert C. West, "CRC Handbook Chemistry and Physics", 69 ed., 1988—89, B 207—208

附录6 常见配(络)离子的稳定常数 $K^r_{稳}$

配离子	$K^r_{稳}$	配离子	$K^r_{稳}$
$Ag(CN)_2{}^-$	1.3×10^{21}	$FeCl_2$	98
$Ag(NH_3)_2{}^+$	1.1×10^{7}	$Fe(CN)_6{}^{4-}$	1.0×10^{35}
$Ag(SCN)_2{}^-$	3.7×10^{7}	$Fe(CN)_6{}^{3-}$	1.0×10^{42}
$Ag(S_2O_3)_2{}^{3-}$	2.9×10^{13}	$Fe(C_2O_4)_3{}^{3-}$	2×10^{20}
$Al(C_2O_4)_3{}^{3-}$	2.0×10^{16}	$Fe(NCS)_2^+$	2.3×10^{3}
$AlF_6{}^{3-}$	6.9×10^{19}	FeF_3	1.13×10^{12}
$Cd(CN)_4{}^{2-}$	6.0×10^{18}	$HgCl_4{}^{2-}$	1.2×10^{15}
$CdCl_4{}^{2-}$	6.3×10^{2}	$Hg(CN)_4{}^{2-}$	2.5×10^{41}
$Cd(NH_3)_4{}^{2+}$	1.3×10^{7}	$HgI_4{}^{2-}$	6.8×10^{29}
$Cd(SCN)_4{}^{2-}$	4.0×10^{3}	$Hg(NH_3)_4{}^{2+}$	1.9×10^{19}
$Co(NH_3)_6{}^{2+}$	1.3×10^{5}	$Ni(CN)_4{}^{2-}$	2.0×10^{31}
$Co(NH_3)_6{}^{3+}$	2×10^{35}	$Ni(NH_3)_4{}^{2+}$	9.1×10^{7}
$Co(NCS)_4{}^{2-}$	1.0×10^{3}	$Pb(CH_3COO)_4{}^{2-}$	3×10^{8}
$Cu(CN)_2{}^-$	1.0×10^{24}	$Pb(CN)_4{}^{2-}$	1.0×10^{11}
$Cu(CN)_4{}^{3-}$	2.0×10^{30}	$Zn(CN)_4{}^{2-}$	5×10^{16}
$Cu(NH_3)_2^+$	7.2×10^{10}	$Zn(C_2O_4)_2{}^{2-}$	4.0×10^{7}
$Cu(NH_3)_4{}^{2+}$	2.1×10^{13}	$Zn(OH)_4{}^{2-}$	4.6×10^{17}
		$Zn(NH_3)_4{}^{2+}$	2.9×10^{9}

资料来源:"Lange's Handbook of Chemistry", 13 ed., 1985(5): 71～91

附录7 溶液中的标准电极电势 $\varphi^\ominus$(298 K)

一、酸性溶液

	电极反应	$\varphi^\ominus$/V
Ag	$AgBr+e=Ag+Br^-$	+0.07133
	$AgCl+e=Ag+Cl^-$	+0.2223
	$Ag_2CrO_4+2e=2Ag+CrO_4{}^{2-}$	+0.4470
	$Ag^++e=Ag$	+0.7996
Al	$Al^{3+}+3e=Al$	−1.662
As	$HAsO_2+3H^++3e=As+2H_2O$	+0.248
	$H_3AsO_4+2H^++2e=HAsO_2+2H_2O$	+0.560
Bi	$BiOCl+2H^++3e=Bi+H_2O+Cl^-$	+0.1583
	$BiO^++2H^++3e=Bi+H_2O$	+0.320
Br	$Br_2+2e=2Br^-$	+1.066
	$BrO_3^-+6H^++5e=\frac{1}{2}Br_2+3H_2O$	+1.482

续表

	电极反应	$\varphi^{\ominus}$/V
Ca	$Ca^{2+} + 2e = Ca$	−2.868
Cl	$ClO_4^- + 2H^+ + 2e = ClO_3^- + H_2O$	+1.189
	$Cl_2 + 2e = 2Cl^-$	+1.35827
	$ClO_3^- + 6H^+ + 6e = Cl^- + 3H_2O$	+1.451
	$ClO_3^- + 6H^+ + 5e = \frac{1}{2}Cl_2 + 3H_2O$	+1.47
	$HClO + H^+ + e = \frac{1}{2}Cl_2 + H_2O$	+1.611
	$ClO_3^- + 3H^+ + 2e = HClO_2 + H_2O$	+1.214
	$ClO_2 + H^+ + e = HClO_2$	+1.277
	$HClO_2 + 2H^+ + 2e = HClO + H_2O$	+1.645
Co	$Co^{3+} + e = Co^{2+}$	+1.83
Cr	$Cr_2O_7^{2-} + 14H^+ + 6e = 2Cr^{3+} + 7H_2O$	+1.332
Cu	$Cu^{2+} + e = Cu^+$	+0.153
	$Cu^{2+} + 2e = Cu$	+0.3419
	$Cu^+ + e = Cu$	+0.522
Fe	$Fe^{2+} + 2e = Fe$	−0.447
	$Fe(CN)_6^{2+} + e = Fe(CN)_6^{4-}$	+0.358
	$Fe^{3+} + e = Fe^{2+}$	0.771
H	$2H^+ + e = H_2$	0.00000
Hg	$Hg_2Cl_2 + 2e = 2Hg + 2Cl^-$	+0.281
	$Hg_2^{2+} + 2e = 2Hg$	+0.7973
	$Hg^{2+} + 2e = Hg$	0.851
	$2Hg^{2+} + 2e = Hg_2^{2+}$	0.920
I	$I_2 + 2e = 2I^-$	+0.5355
	$I_3^- + 2e = 3I^-$	+0.536
	$IO_3^- + 6H^+ + 5e = \frac{1}{2}I_2 + 3H_2O$	+1.195
	$HIO + H^+ + e = \frac{1}{2}I_2 + H_2O$	+1.439
K	$K^+ + e = K$	−2.931
Mg	$Mg^{2+} + 2e = Mg$	−2.372
Mn	$Mn^{2+} + 2e = Mn$	−1.185
	$MnO_4^- + e = MnO_4^{2-}$	+0.558
	$MnO_2 + 4H^+ + 2e = Mn^{2+} + 2H_2O$	+1.224
	$MnO_4^- + 8H^+ + 5e = Mn^{2+} + 4H_2O$	+1.507
	$MnO_4^- + 4H^+ + 3e = MnO_2 + 2H_2O$	+1.679
Na	$Na^+ + e = Na$	−2.71

续表

	电 极 反 应	$\varphi^{\ominus}/V$
N	$NO_3^- + 4H^+ + 3e = NO + 2H_2O$	+0.957
	$2NO_3^- + 4H^+ + 2e = N_2O_4 + 2H_2O$	0.803
	$HNO_2 + H^+ + e = NO + H_2O$	0.983
	$N_2O_4 + 4H^+ + 4e = 2NO + 2H_2O$	+1.035
	$NO_3^- + 3H^+ + 2e = HNO_2 + H_2O$	+0.934
	$N_2O_4 + 2H^+ + 2e = 2HNO_2$	+1.065
O	$O_2 + 2H^+ + 2e = H_2O_2$	+0.695
	$H_2O_2 + 2H^+ + 2e = 2H_2O$	+1.776
	$O_2 + 4H^+ + 4e = 2H_2O$	+1.229
P	$H_3PO_4 + 2H^+ + 2e = H_3PO_3 + H_2O$	−0.276
Pb	$PbI_2 + 2e = Pb + 2I^-$	−0.365
	$PbSO_4 + 2e = Pb + SO_4^{2-}$	−0.3588
	$PbCl_2 + 2e = Pb + 2Cl^-$	−0.2675
	$Pb^{2+} + 2e = Pb$	−0.1262
	$PbO_2 + 4H^+ + 2e = Pb^{2+} + 2H_2O$	+1.455
	$PbO_2 + SO_4^{2-} + 4H^+ + 2e = PbSO_4 + 2H_2O$	+1.6913
S	$H_2SO_3 + 4H^+ + 4e = S + 3H_2O$	+0.449
	$S + 2H^+ + 2e = H_2S$	+0.142
	$SO_4^{2-} + 4H^+ + 2e = H_2SO_3 + H_2O$	+0.172
	$S_4O_6^{2-} + 2e = 2S_2O_3^{2-}$	+0.08
	$S_2O_8^{2-} + 2e = 2SO_4^{2-}$	+2.010
Sb	$Sb_2O_3 + 6H^+ + 6e = 2Sb + 3H_2O$	+0.152
	$Sb_2O_5 + 6H^+ + 4e = 2SbO^+ + 3H_2O$	+0.581
Sn	$Sn^{4+} + 2e = Sn^{2+}$	+0.151
V	$V(OH)_4^+ + 4H^+ + 5e = V + 4H_2O$	−0.254
	$VO^{2+} + 2H^+ + e = V^{3+} + H_2O$	+0.337
	$V(OH)_4^+ + 2H^+ + e = VO^{2+} + 3H_2O$	+1.00
Zn	$Zn^{2+} + 2e = Zn$	−0.7618

二、碱性溶液

	电 极 反 应	$\varphi^{\ominus}/V$
Ag	$Ag_2S + 2e = 2Ag + S^{2-}$	−0.691
	$Ag_2O + H_2O + 2e = 2Ag + 2OH^-$	+0.342
Al	$H_2AlO_3^- + H_2O + 3e = Al + 4OH^-$	−2.33
As	$AsO_2^- + 2H_2O + 3e = As + 4OH^-$	−0.68
	$AsO_4^{3-} + 2H_2O + 2e = AsO_2^- + 4OH^-$	−0.71

续表

	电 极 反 应	$\varphi^{\ominus}$/V
Br	$BrO_3^- + 3H_2O + 6e = Br^- + 6OH^-$	+0.61
	$BrO^- + H_2O + 2e = Br^- + 2OH^-$	+0.761
Cl	$ClO_3^- + H_2O + 2e = ClO_2^- + 2OH^-$	+0.33
	$ClO_4^- + H_2O + 2e = ClO_3^- + 2OH^-$	+0.36
	$ClO_2^- + H_2O + 2e = ClO^- + 2OH^-$	+0.66
	$ClO^- + H_2O + 2e = Cl^- + 2OH^-$	+0.81
Co	$Co(OH)_2 + 2e = Co + 2OH^-$	−0.73
	$Co(NH_3)_6^{3+} + e = Co(NH_4)_6^{2+}$	+0.108
	$Co(OH)_3 + e = Co(OH)_2 + OH^-$	+0.17
Cr	$Cr(OH)_3 + 3e = Cr + 3OH^-$	−1.48
	$CrO_2^- + 2H_2O + 3e = Cr + 4OH^-$	−1.2
	$CrO_4^{2-} + 4H_2O + 3e = Cr(OH)_3 + 5OH^-$	−0.13
Cu	$Cu_2O + H_2O + 2e = 2Cu + 2OH^-$	−0.360
Fe	$Fe(OH)_3 + e = Fe(OH)_2 + OH^-$	−0.56
H	$2H_2O + 2e = H_2 + 2OH^-$	−0.8277
Hg	$HgO + H_2O + 2e = Hg + 2OH^-$	+0.0977
I	$IO_3^- + 3H_2O + 6e = I^- + 6OH^-$	+0.26
	$IO^- + H_2O + 2e = I^- + 2OH^-$	+0.485
Mg	$Mg(OH)_2 + 2e = Mg + 2OH^-$	−2.690
Mn	$Mn(OH)_2 + 2e = Mn + 2OH^-$	−1.56
	$MnO_4^- + 2H_2O + 3e = MnO_2 + 4OH^-$	+0.595
	$MnO_4^{2-} + 2H_2O + 2e = MnO_2 + 4OH^-$	+0.60
	$MnO_4^- + e = MnO_4^{2-}$	+0.54
N	$NO_3^- + H_2O + 2e = NO_2^- + 2OH^-$	+0.01
O	$O_2 + 2H_2O + 4e = 4OH^-$	+0.401
	$HO_2^- + H_2O + 2e = 3OH^-$	0.88
S	$S + 2e = S^{2-}$	−0.47627
	$SO_4^{2-} + H_2O + 2e = SO_3^{2-} + 2OH^-$	−0.93
	$2SO_3^{2-} + 3H_2O + 4e = S_2O_3^{2-} + 6OH^-$	−0.571
	$S_4O_6^{2-} + 2e = 2S_2O_3^{2-}$	+0.08
Sb	$SbO_2^- + 2H_2O + 3e = Sb + 4OH^-$	−0.66
Sn	$Sn(OH)_6^{2-} + 2e = HSnO_2^- + H_2O + 3OH^-$	−0.93
	$HSnO_2^- + H_2O + 2e = Sn + 3OH^-$	−0.909

资料来源：Robert C. West, "CRC Handbook of Chemistry and Physics", 69 ed., 1988—89, D 151－158

附录8 原子半径 r

H 37.1																	**He** 140
Li 152	**Be** 111.3											**B** 83	**C** 77	**N** 70	**O** 66	**F** 64	**Ne** 160
Na 153.7	**Mg** 160											**Al** 143.1	**Si** 117	**P** 110	**S** 104	**Cl** 99	**Ar** 190
K 227.2	**Ca** 197.3	**Sc** 160.6	**Ti** 144.8	**V** 132.1	**Cr** 124.9	**Mn** 124	**Fe** 124.1	**Co** 125.3	**Ni** 124.6	**Cu** 127.8	**Zn** 133.2	**Ga** 122.1	**Ge** 122.5	**As** 121	**Se** 117	**Br** 114.2	**Kr** 200
Rb 247.5	**Sr** 215.1	**Y** 181	**Zr** 160	**Nb** 142.9	**Mo** 136.2	**Tc** 135.8	**Ru** 132.5	**Rh** 134.5	**Pd** 137.6	**Ag** 144.4	**Cd** 148.9	**In** 162.6	**Sn** 140.5	**Sb** 141	**Te** 137	**I** 133.3	**Xe** 220
Cs 265.4	**Ba** 217.3	**La** 187.7	**Hf** 156.4	**Ta** 143	**W** 137.0	**Re** 137.0	**Os** 134	**Ir** 135.7	**Pt** 138	**Au** 144.2	**Hg** 160	**Tl** 170.4	**Pb** 175.0	**Bi** 152	**Po** 167	**At**	**Rn**
Fr 270	**Ra** 220	**Ac** 187.8															

Ce 182.5	**Pr** 182.8	**Nd** 182.1	**Pm** 181.0	**Sm** 180.2	**Eu** 204.2	**Gd** 180.2	**Tb** 178.2	**Dy** 177.3	**Ho** 176.6	**Er** 175.7	**Tm** 174.6	**Yb** 194.0	**Lu** 173.4
Th 179.8	**Pa** 160.6	**U** 138.5	**Np** 131	**Pu** 151	**Am** 184	**Cm**	**Bk**	**Cf**	**Es**	**Fm**	**Md**	**No**	**Lr**

资料来源:徐光宪,《物质结构》(第二版)(原子半径数据单位为 pm。其中金属原子半径值是金属在其晶体中的原子半径,因金属有不同晶格类型,当配位数为 8,6,4 时,表中金属原子半径值应分别乘以 0.97,0.96,0.88;非金属原子半径值为共价单键半径,其中稀有气体为 van der Waals 半径)

附录 9　元素的电负性 X

								H 2.1								
Li 1.0	**Be** 1.5											**B** 2.0	**C** 2.5	**N** 3.0	**O** 3.5	**F** 4.0
Na 0.9	**Mg** 1.2											**Al** 1.5	**Si** 1.8	**P** 2.1	**S** 2.5	**Cl** 3.0
K 0.8	**Ca** 1.0	**Sc** 1.3	**Ti** 1.5	**V** 1.6	**Cr** 1.6	**Mn** 1.5	**Fe** 1.8	**Co** 1.9	**Ni** 1.9	**Cu** 1.9	**Zn** 1.6	**Ga** 1.6	**Ge** 1.8	**As** 2.0	**Se** 2.4	**Br** 2.8
Rb 0.8	**Sr** 1.0	**Y** 1.2	**Zr** 1.4	**Nb** 1.6	**Mo** 1.8	**Tc** 1.9	**Ru** 2.2	**Rh** 2.2	**Pd** 2.2	**Ag** 1.9	**Cd** 1.7	**In** 1.7	**Sn** 1.8	**Sb** 1.9	**Te** 2.1	**I** 2.5
Cs 0.7	**Ba** 0.9	**La—Lu** 1.0-1.2	**Hf** 1.3	**Ta** 1.5	**W** 1.7	**Re** 1.9	**Os** 2.2	**Ir** 2.2	**Pt** 2.2	**Au** 2.4	**Hg** 1.9	**Tl** 1.8	**Pb** 1.9	**Bi** 1.9	**Po** 2.0	**At** 2.2
Fr 0.7	**Ra** 0.9	**Ac** 1.1														

资料来源：L. Pauling and P. Pauling, “Chemistry”, 1975, p175

附录10　元素的第一电离能 I_1

H 13.598																	**He** 24.587
Li 5.392	**Be** 9.322											**B** 8.298	**C** 11.260	**N** 14.534	**O** 13.618	**F** 17.422	**Ne** 21.564
Na 5.139	**Mg** 7.646											**Al** 5.986	**Si** 8.151	**P** 10.486	**S** 10.360	**Cl** 12.967	**Ar** 15.759
K 4.341	**Ca** 6.113	**Sc** 6.54	**Ti** 6.82	**V** 6.74	**Cr** 6.766	**Mn** 7.435	**Fe** 7.870	**Co** 7.86	**Ni** 7.635	**Cu** 7.726	**Zn** 9.394	**Ga** 5.999	**Ge** 7.899	**As** 9.81	**Se** 9.752	**Br** 11.814	**Kr** 13.999
Rb 4.177	**Sr** 5.695	**Y** 6.38	**Zr** 6.84	**Nb** 6.88	**Mo** 7.099	**Tc** 7.28	**Ru** 7.37	**Rh** 7.46	**Pd** 8.34	**Ag** 7.576	**Cd** 8.993	**In** 5.786	**Sn** 7.344	**Sb** 8.641	**Te** 9.009	**I** 10.451	**Xe** 12.130
Cs 3.894	**Ba** 5.212	**La** 5.577	**Hf** 7.0	**Ta** 7.89	**W** 7.98	**Re** 7.88	**Os** 8.7	**Ir** 9.1	**Pt** 9.0	**Au** 9.225	**Hg** 10.437	**Tl** 6.108	**Pb** 7.416	**Bi** 7.289	**Po** 8.42	**At**	**Rn** 10.748
Fr	**Ra** 5.279	**Ac** 6.9															

资料来源：Robert C. west，"CRC Hardbook of Chemistry and Physics"，63 rd ed.，1988—89，E 78—79（表中数据单位为电子伏特每摩尔（$eV \cdot mol^{-1}$），将其乘以96.4846，所得数据单位即为 $kJ \cdot mol^{-1}$）

附录 11　主族元素的第一电子亲合能 E_{ea_1}

H							He
72.9							<0
							(−21)
Li	Be	B	C	N	O	F	Ne
59.8	<0	23	122	0±20	141	322	<0
				[−58			
	(−240)			−800 *	−780°		(−29)
				−1290 **]			
Na	Mg	Al	Si	P	S	Cl	Ar
52.9	<0	44	120	74	200.4	348.7	<0
	(−230)				−590 *		(−35)
K	Ca	Ga	Ge	As	Se	Br	Kr
48.4	<0	36	116	77	195	324.5	<0
	(−156)				−420 *		(−39)
Rb	Sr	In	Sn	Sb	Te	I	Xe
46.9	—	34	121	101	190.1	295	<0
							(−40)
Cs	Ba	Tl	Pb	Bi			
45.5		50	100	100			
	(−52)						

说明：表中数据单位为 $kJ \cdot mol^{-1}$；加括号者为理论计算值，带有"＊"号或"＊＊"者分别为第二、第三电子亲合能。

资料来源：James E. Huheey. "Inorganic Chemistry-Principles of Structrue and Reactivity"(第三版)p46(表 2.5 中部分数据)

附录 12 Goldschmidt 离子半径和 Pauling 离子半径

离子	r_G/pm	r_P/pm	离子	r_G/pm	r_P/pm
H^-	154	208	S^{2-}	174	184
F^-	133	136	Se^{2-}	191	198
Cl^-	181	181	Te^{2-}	211	221
Br^-	196	195	Li^+	78	60
I^-	220	216	Na^+	98	95
O^{2-}	132	140	K^+	133	133
Rb^+	149	148	Cu^{2+}	72	—
Cs^+	165	169	B^{3+}	—	20
Cu^+	95	96	Al^{3+}	45	50
Ag^+	113	126	Sc^{3+}	68	81
Au^+	—	137	Y^{3+}	90	93
Tl^+	149	140	La^{3+}	104	115
NH_4^+	—	148	Ga^{3+}	60	62
Be^{2+}	34	31	In^{3+}	81	81
Mg^{2+}	78	65	Tl^{3+}	91	95
Ca^{2+}	106	99	Fe^{3+}	53	—
Sr^{2+}	127	113	Cr^{3+}	53	—
Ba^{2+}	143	135	C^{4+}	15	15
Ra^{2+}	—	140	Si^{4+}	38	41
Zn^{2+}	69	74	Ti^{4+}	60	68
Cd^{2+}	103	97	Zr^{4+}	77	80
Hg^{2+}	93	110	Ce^{4+}	87	101
Pb^{2+}	117	121	Ge^{4+}	54	53
Mn^{2+}	91	80	Sn^{4+}	71	71
Fe^{2+}	83	76	Pb^{4+}	81	84
Co^{2+}	82	74			
Ni^{2+}	68	69			

附表 13　有效离子半径 r_e

离子	配位数	r_e/pm	离子	配位数	r_e/pm	离子	配位数	r_e/pm	离子	配位数	r_e/pm	离子	配位数	r_e/pm
F^-	2	114.5	K^+	4	151	Mg^{2+}	6	86	Mn^{2+}	7(HS)	104	Al^{3+}	4	53
	3	116		6	152		8	103		8	110		5	62
	4	117		7	160	Ca^{2+}	6	114	Fe^{2+}	4(HS)	77		6	67.5
	6	119		8	165		7	120		4(SQ)	78	Fe^{3+}	4(HS)	63
Cl^-	6	167		9	169		8	126		6(LS)	75		5	72
Br^-	6	182		10	173		9	132		6(HS)	92		6(LS)	69
I^-	6	206		12	178		10	137		8(HS)	106		6(HS)	78.5
O^{2-}	2	121	Cu^+	2	60		12	148	Co^{2+}	4(HS)	72		8(HS)	92
	3	122		4	74	Ba^{2+}	6	149		5	81	Cr^{3+}	6	75.5
	4	124		6	91		7	152		6(LS)	79	Co^{3+}	6(LS)	68.5
	6	126	Ag^+	2	81		8	156		6(HS)	88.5		6(HS)	75
	8	128		4	114		9	161		8	104	Si^{4+}	4	40
S^{2-}	6	170		4(SQ)	116		10	166	Ni^{2+}	4	69		6	54
Li^+	4	73		5	123		11	171		4(SQ)	63	Sn^{4+}	4	69
	6	90		6	129		12	175		5	77		5	76
	8	106		7	136	Zn^{2+}	4	74		6	83		6	83
Na^+	4	113		8	142		5	82	Cu^{2+}	4	71		7	89
	5	114	Au^+	6	151		6	88		4(SQ)	71		8	95
	6	116	Be^{2+}	3	30		8	104		5	79	Pb^{4+}	4	79
	7	126		4	41	Mn^{2+}	4(HS)	80		6	87		5	87
	8	132		6	59		5(HS)	89	Bi^{3+}	5	110		6	91.5
	9	138	Mg^{2+}	4	71		6(LS)	81		6	117		8	108
	12	153		5	80		(HS)	97		8	131			

注:HS 为高自旋,LS 为低自旋,SQ 为平面正方形配位。

附录14 键能与键长一览表

键	键能/kJ·mol⁻¹	键长/pm	键	键能/kJ·mol⁻¹	键长/pm	键	键能/kJ·mol⁻¹	键长/pm
H—H	432.0	74.2	C—Br	28.5	194	$H_2N—NH_2$	247	145
H—F	535.1	91.8	C—I	213	214	N═N	418	125
H—Cl	404.5	127.4	C—N	304.6	147	N≡N	941.69	109.8
H—I	272.2	160.8	C═N	615		N—F	283	136
H—O	458.8	96	C≡N	887	116	N—Cl	201	175
H—S	363	134	C—O	357.7	143	N—O	201	140
H—N	386	101	C═O	798.9	120	N═O	607	121
H—P	322	144	C≡O	1071.9	112.8	$P—P(P_4)$	201	221
H—C	411	109	C—S	272	183	P≡P	481	189.3
H—CN	531	106.6	C═S	573	160	$P—F(PF_3)$	490	154
H—Si	318	148	C—Si	318	185	$P—Cl(PCl_3)$	326	203
H—Ge	289	153	Si—Si	222	235.2	$PBr(PBr_3)$	264	—
H—Sn	251	170	Si—F	565	157	P—O	335	160
H—B	389	119	Si—Cl	381	202	P═O	≈544	186
B—B	293	—	Si—Br	310	216	P═S	≈335	—
B—F	613.1	130	Si—I	234	244	$As—As(As_4)$	146	243
B—Cl	456	175	Si—O	452	166	As≡As	380	
B—Br	377	195	Sn—Sn	146.4		$As—F(AsF_3)$	484	171.2
C—C	345.6	154	$Sn—F(SnF_2)$	48		$As—Cl(AsCl_3)$	321.7	216.2
C═C	602	134	Sn—Cl	323	233	As—O	301	178
C≡C	835.1	120	Sn—Br	272.8	246	As═O	≈389	—
C—F	485	135	$Pb—F(PbF_2)$	394.1		$Sb—Sb(Sb_4)$	121	—
C—Cl	327.2	177	$Pb—Cl(PbCl_2)$	303.8	242	Sb≡Sb	295.4	—
$Sb—F(SbF_3)$	≈440	—	Se═Se	272	215.2	(ClF_3)	172.4	160.8
$Sb—Cl(SbCl_3)$	314.6	272	$Se—F(SeF_6)$	284.9	—	(ClF)	248.9	162.8
Bi—Bi	105	—	(SeF_4)	310	—	Br—Br	189.1	228.4
Bi≡Bi	192	—	(SeF_2)	≈351	—	$Br—F(BrF_3)$	201	—
$Bi—F(BiF_3)$	≈393	—	$Se—Cl(SeCl_4)$	≈192	—	I—I	148.95	266.6
$Bi—Cl(BiCl_3)$	274.5	248	F—F	154.8	141.8	$I—F(IF_7)$	231	183
HO—OH	207.1	—	Cl—Cl	239.7	198.8	(IF_5)	267.8	175.2
O═O	493.59	—	Cl—OH	218	—	(IF_3)	≈272	—
O—F	189.5	142	O—ClO	243	—	(IF)	277.8	191
$S—S(S_8)$	226	205	$Cl—F(ClF_5)$	≈142	—	$Xe—F(XeF_6)$	126.2	190
$S—Cl(S_2Cl_2)$	225	207	(XeF_2)	130.8	200	(XeF_4)	130.4	195

附录15　金属原子化热和熔点

Li	Be										
161.5	324.3										
180°	1283°										
Na	Mg	Al									
108.4	146.4	326.4									
97.5°	650°	660°									
K	Ca	Sc	Ti	V	Cr	Mn	Fe	Co	Ni	Cu	Zn
90.0	177.8	376.6	468.6	514.6	397.5	284.5	415.5	428.4	430.1	339.3	130.5
63.4°	850°	1539°	1725°	1730°	1900°	1247°	1535°	1493°	1455°	1083°	420°
Rb	Sr	Y	Zr	Nb	Mo	Tc	Ru	Rh	Pd	Ag	Cd
81.6	163.2	424.7	608.8	719.6	656.9	661.1	640.2	556.5	380.7	284.5	111.7
38.8°	770°	1509°	1852°	2487°	2610°	—	2400°	1960°	1550°	961°	321°
Cs	Ba	La	Hf	Ta	W	Re	Os	Ir	Pt	Au	Hg
78.2	177.8	431.0	619.2	782.4	849.4	782.4	786.6	669.4	564.8	368.2	61.0
28.7°	704°	920°	2300°	2997°	3380°	3150°	2700	2454°	1769°	1063°	−38.9°

资料来源：W.L.Jolly，"The Principles of Inorganic Chemistry"McGraw-Hill(1976)或参见周公度，《结构化学基础》p366(表8.11)(金属原子化热单位为 $kJ \cdot mol^{-1}$，熔点为℃)

附录16 元素周期表

原子序数 → 19
元素符号 → K 钾 ← 元素名称（注*的是人造元素）
方括号指放射性元素
$4s^1$ ← 外围电子的构型（圆括号指可能的构型）
原子量 → 39.0983

注:

1. 原子量录自1997年国际原子量表，以^{12}C=12为基准。原子量末位数的准确度加注在其后括号内。
2. 商品Li的原子量范围为6.94—6.99.

周期	I A 1	II A 2	III B 3	IV B 4	V B 5	VI B 6	VII B 7	VIII 8	VIII 9	VIII 10	I B 11	II B 12	III A 13	IV A 14	V A 15	VI A 16	VII A 17	0 18	电子层	0族电子数
1	1 H 氢 $1s^1$ 1.00794(7)																	2 He 氦 $1s^2$ 4.002602(2)	K	2
2	3 Li 锂 $2s^1$ 6.941(2)	4 Be 铍 $2s^2$ 9.012182(3)											5 B 硼 $2s^22p^1$ 10.811(7)	6 C 碳 $2s^22p^2$ 12.0107(8)	7 N 氮 $2s^22p^3$ 14.00674(7)	8 O 氧 $2s^22p^4$ 15.9994(3)	9 F 氟 $2s^22p^5$ 18.9984032(5)	10 Ne 氖 $2s^22p^6$ 20.1797(6)	L K	8 2
3	11 Na 钠 $3s^1$ 22.989770(2)	12 Mg 镁 $3s^2$ 24.3050(6)											13 Al 铝 $3s^23p^1$ 26.981538(2)	14 Si 硅 $3s^23p^2$ 28.0855(3)	15 P 磷 $3s^23p^3$ 30.973761(2)	16 S 硫 $3s^23p^4$ 32.066(6)	17 Cl 氯 $3s^23p^5$ 35.4527(9)	18 Ar 氩 $3s^23p^6$ 39.948(1)	M L K	8 8 2
4	19 K 钾 $4s^1$ 39.0983(1)	20 Ca 钙 $4s^2$ 40.078(4)	21 Sc 钪 $3d^14s^2$ 44.955910(8)	22 Ti 钛 $3d^24s^2$ 47.867(1)	23 V 钒 $3d^34s^2$ 50.9415(1)	24 Cr 铬 $3d^54s^1$ 51.9961(6)	25 Mn 锰 $3d^54s^2$ 54.938049(9)	26 Fe 铁 $3d^64s^2$ 55.845(2)	27 Co 钴 $3d^74s^2$ 58.933200(9)	28 Ni 镍 $3d^84s^2$ 58.6934(2)	29 Cu 铜 $3d^{10}4s^1$ 63.546(3)	30 Zn 锌 $3d^{10}4s^2$ 65.39(2)	31 Ga 镓 $4s^24p^1$ 69.723(1)	32 Ge 锗 $4s^24p^2$ 72.61(2)	33 As 砷 $4s^24p^3$ 74.92160(2)	34 Se 硒 $4s^24p^4$ 78.96(3)	35 Br 溴 $4s^24p^5$ 79.904(1)	36 Kr 氪 $4s^24p^6$ 83.80(1)	N M L K	8 18 8 2
5	37 Rb 铷 $5s^1$ 85.4678(3)	38 Sr 锶 $5s^2$ 87.62(1)	39 Y 钇 $4d^15s^2$ 88.90585(2)	40 Zr 锆 $4d^25s^2$ 91.224(2)	41 Nb 铌 $4d^45s^1$ 92.90638(2)	42 Mo 钼 $4d^55s^1$ 95.94(1)	43 [Tc] 锝 $4d^55s^2$	44 Ru 钌 $4d^75s^1$ 101.07(2)	45 Rh 铑 $4d^85s^1$ 102.90550(2)	46 Pd 钯 $4d^{10}$ 106.42(1)	47 Ag 银 $4d^{10}5s^1$ 107.8682(2)	48 Cd 镉 $4d^{10}5s^2$ 112.411(8)	49 In 铟 $5s^25p^1$ 114.818(3)	50 Sn 锡 $5s^25p^2$ 118.710(7)	51 Sb 锑 $5s^25p^3$ 121.760(1)	52 Te 碲 $5s^25p^4$ 127.60(3)	53 I 碘 $5s^25p^5$ 126.90447(3)	54 Xe 氙 $5s^25p^6$ 131.29(2)	O N M L K	8 18 18 8 2
6	55 Cs 铯 $6s^1$ 132.90545(2)	56 Ba 钡 $6s^2$ 137.327(7)	57—71 La—Lu 镧系	72 Hf 铪 $5d^26s^2$ 178.49(2)	73 Ta 钽 $5d^36s^2$ 180.9479(1)	74 W 钨 $5d^46s^2$ 183.84(1)	75 Re 铼 $5d^56s^2$ 186.207(1)	76 Os 锇 $5d^66s^2$ 190.23(3)	77 Ir 铱 $5d^76s^2$ 192.217(3)	78 Pt 铂 $5d^96s^1$ 195.078(2)	79 Au 金 $5d^{10}6s^1$ 196.96655(2)	80 Hg 汞 $5d^{10}6s^2$ 200.59(2)	81 Tl 铊 $6s^26p^1$ 204.3833(2)	82 Pb 铅 $6s^26p^2$ 207.2(1)	83 Bi 铋 $6s^26p^3$ 208.98038(2)	84 [Po] 钋 $6s^26p^4$	85 [At] 砹 $6s^26p^5$	86 [Rn] 氡 $6s^26p^6$	P O N M L K	8 18 32 18 8 2
7	87 [Fr] 钫 $7s^1$	88 [Ra] 镭 $7s^2$	89—103 [Ac—Lr] 锕系	104 [Rf]* 𬬻 $(6d^27s^2)$	105 [Db]* 𬭊 $(6d^37s^2)$	106 [Sg]* 𬭳	107 [Bh]* 𬭛	108 [Hs]* 𬭶	109 [Mt]* 鿏	110 [Uun]*	111 [Uuu]*	112 [Uub]*								

镧系	57 La 镧 $5d^16s^2$ 138.9055(2)	58 Ce 铈 $4f^15d^16s^2$ 140.116(1)	59 Pr 镨 $4f^36s^2$ 140.90765(2)	60 Nd 钕 $4f^46s^2$ 144.24(3)	61 [Pm] 钷 $4f^56s^2$	62 Sm 钐 $4f^66s^2$ 150.36(3)	63 Eu 铕 $4f^76s^2$ 151.964(1)	64 Gd 钆 $4f^75d^16s^2$ 157.25(3)	65 Tb 铽 $4f^96s^2$ 158.92534(2)	66 Dy 镝 $4f^{10}6s^2$ 162.50(3)	67 Ho 钬 $4f^{11}6s^2$ 164.93032(2)	68 Er 铒 $4f^{12}6s^2$ 167.26(3)	69 Tm 铥 $4f^{13}6s^2$ 168.93421(2)	70 Yb 镱 $4f^{14}6s^2$ 173.04(3)	71 Lu 镥 $4f^{14}5d^16s^2$ 174.967(1)
锕系	89 [Ac] 锕 $6d^17s^2$	90 [Th] 钍 $6d^27s^2$ 232.0381(1)	91 [Pa] 镤 $5f^26d^17s^2$ 231.03588(2)	92 [U] 铀 $5f^36d^17s^2$ 238.0289(1)	93 [Np] 镎 $5f^46d^17s^2$	94 [Pu] 钚 $5f^67s^2$	95 [Am]* 镅 $5f^77s^2$	96 [Cm]* 锔 $5f^76d^17s^2$	97 [Bk]* 锫 $5f^97s^2$	98 [Cf]* 锎 $5f^{10}7s^2$	99 [Es]* 锿 $5f^{11}7s^2$	100 [Fm]* 镄 $5f^{12}7s^2$	101 [Md]* 钔 $(5f^{13}7s^2)$	102 [No]* 锘 $(5f^{14}7s^2)$	103 [Lr]* 铹 $(5f^{14}6d^17s^2)$